Benita Quadflieg - v. Vegesack

Ungewöhnliche Kleinkinder

und ihre heilpädagogische Förderung

Benita Quadflieg - v. Vegesack

Ungewöhnliche Kleinkinder und ihre heilpädagogische Förderung

von der Geburt bis zur Einschulung

edition tertium

Die Deutsche Bibliothek – CIP-Einheitsaufnahme
Quadflieg- v. Vegesack, Benita:
Ungewöhnliche Kleinkinder und ihre heilpädagogische Förderung : von der Geburt bis zur Einschulung / Benita Quadflieg- v. Vegesack. - Ostfildern vor Stuttgart : Ed. Tertium, 1998
ISBN 3-930717-53-0

Gestaltung
Burkhard Finken, Matthias Bumiller
Finken & Bumiller, Stuttgart

Herstellung
Druckerei Wagner, Nördlingen

INHALT

Zu diesem Buch

Dieses Buch wurde aus eigenem Erleben und eigener Erfahrung in einer langjährigen Praxis zur Förderung entwicklungsgehemmter oder -gestörter Kleinkinder konzipiert. Es ist als Orientierungshilfe und Anregung für die gedacht, die aus Schicksal oder Beruf mit ungewöhnlichen Kleinkindern konfrontiert werden, aber auch für diejenigen, die sich um ein tieferes Verständnis für diesen Problemkreis bemühen. Ungewöhnlich, weil so anders als erwartet, möchte ich sowohl die Kleinkinder, die »aus dem Rahmen fallen«, als auch die, die »aus der Reihe tanzen«, bezeichnen. Die retardierten gehören ebenso dazu wie die überbegabten, die zu früh geborenen wie die sinnes- oder körpergeschädigten Kinder. Man könnte sie auch unter dem Begriff »kleine Sonderlinge« zusammenfassen, denn alle benötigen sie, um ihre Anlagen sinnvoll entfalten, um Lebensglück und Daseinsfreude empfinden zu können, besondere Zuwendung.

Die Erfahrung lehrt, daß Kinder, die sich zu schnell entwickeln – seien sie hyperaktiv, erethisch oder hypersensibel veranlagt –, durch Unverständnis der Bezugspersonen verhängnisvolle Verhaltensstörungen entwickeln können. Daraus resultieren dann später im Jugendalter psychische, emotionale, ja sogar moralische, d.h. charakterliche Behinderungen. Ein Erkennen der Gefahr und einsichtsvolle Anleitung des Kindes im Säuglings- und Kleinkindalter kann dem vorbeugen. Es wurde versucht, dies an Beispielen zu veranschaulichen.

Der weitaus größte Teil der Kleinkinder, die »aus dem Rahmen fallen«, gehört aber zu denen, die unter bestimmten Stigmata – angeborenen oder nach der Geburt erworbenen – zu leiden haben. Wie diesen Kindern zu helfen ist, wie sie gefördert, wie kompensierende Fähigkeiten geweckt, Behinderungen gemildert und verborgene Möglichkeiten entdeckt werden können, nimmt dementsprechend einen größeren Raum ein.

Es werden keine Programme oder theoretischen Methoden vorgestellt, wie sie bereits in der vorhandenen Literatur nachzulesen sind; gegebenenfalls wird auf sie hingewiesen. Ich habe vielmehr versucht aufzuzeigen, wie von den Betreuenden, Behandelnden und Erziehenden, nicht zuletzt den Eltern durch Einfallsreichtum, Einfühlungsvermögen und kreative Umsetzungsfähigkeit unerwartete Entwicklungsfortschritte erzielt werden können und welche Voraussetzungen erstrebt werden müssen, um solche Inventionen für das Kind hilfreich, geordnet und zielsicher einsetzen zu können – Invention heißt Einfall,

Erfindungsgabe, in der englischen Sprache geläufig, in Deutschland ein Begriff in der Musik. Hier: eine Bezeichnung für die Idee des therapeutischen Vorgehens, das als drittes aus der Aktion des Therapeuten unter Wahrnehmung der leisen intentionalen Regungen des Kindes entspringt. Der Begriff »intuitiv« ist in der heutigen Bedeutung von »aus dem Bauch heraus« nicht verwendbar. Die abwägende Vernunft darf nicht ausgeschaltet sein.

Unerläßlich ist es, auf die Quelle, die Handeln und Fühlen ständig belebt hat, hinzuweisen. Auch die Kenntnisse über das Zusammenwirken der leiblichen mit der seelischen Konstitution in der Entwicklung des Kindes und über das mögliche Vorgehen bei auftretenden Störungen entspringen dieser Quelle. Gemeint ist hier die Geisteswissenschaft und Menschenkunde Rudolf Steiners. Nach dieser verläuft die Kleinkindentwicklung ganz aus dem Nachahmungstrieb. Das setzt eine ungeheure Sensibilität des Nervensystems voraus, und folglich wird das Kind in den ersten Jahren als ganz und gar »Sinnesorgan« betrachtet, aus dem durch »Aufmerken« das Bewußtsein erwacht und sich die Empfindungen allmählich auf die differenzierten Sinnesorgane konzentrieren.

Fast jede irreguläre Entwicklung des Kindes beruht auf einer Störung dieses labilen Zentralnervensystems oder eines einzelnen Sinnesorgans. Somit liegt das Hauptgewicht der heilpädagogischen Ganzheitsbehandlung, wie sie hier vertreten wird, auf der *Sinnespflege* (Wahrnehmungsschulung), und zwar insbesondere auf der Pflege der basalen Sinne der Eigenempfindung (Tiefensensibilität). Diese Tatsache machte es erforderlich, die Zwölf-Sinnes-Lehre, auf deren Grundlage die praktisch-therapeutische Arbeit erfolgt, ausführlicher zu interpretieren. Eine solche Sinnespflege setzt aber voraus, daß die Lebensprozesse des Kindes gesund verlaufen, bzw. daß Unregelmäßigkeiten beachtet und behandelt werden. Darum sah ich mich veranlaßt, die *Lebensprozesse* im Zusammenhang mit erkenntnistheoretischen Grundlagen zu erläutern.

Es ging mir nicht um eine im medizinischen Sinne vollständige Darstellung vorkommender Symptome und der daraus resultierenden Diagnosen bzw. Therapie-Maßnahmen, sondern vielmehr darum, aufzuzeigen, wie bereits eine andere Betrachtungsweise der irregulären Entwicklung sich bei der Behandlung hilfreich und förderlich erweisen kann.

Die Auswahl der Kinder, die vorgestellt und angesprochen werden, wurde nicht nach Gesichtspunkten einer erfolgreichen Therapie getroffen – die wird schließlich jeder Therapeut aufweisen können. Es lag mir nur daran, auf bestimmte Phänomene aufmerksam zu machen und – damit einem Kind rechtzeitig geholfen werden kann – den Leser anzuregen, genauer auf ähnliche Erscheinungen zu achten.

Nur solche therapeutische Konzepte werden angeführt, die erstens aus eigenen Tätigkeitsbereichen stammen, zweitens anschaulich nachvollziehbar und aufschlußreich sind. Einen weiteren Schwerpunkt bildet die mobile *Frühförderung*, auch in ihrer weiteren Ausgestaltung als Mehrfach- und Schwerstbehinderten-Förderung. Darüber hinaus lag mir viel daran, den Leser eingehend über den Arbeitsbereich, über Ausbildung und Beruf der Heilpädagogen innerhalb von Frühförderung und Vorschule zu informieren.

KINDERIMPRESSIONEN

Kleine Kinder zu betrachten, ihre Art sich zu geben und unmittelbar zu reagieren, empfinden wir als erholsam, erfrischend und lehrreich zugleich. Befremdend ist dagegen der Anblick eines Kindes, das anders ist, ungewöhnlich ist. Es führt einem die üblicherweise kaum wahrgenommenen Probleme des Menschwerdens vor Augen. Das kann zunächst erschrecken, und manche Erwachsene reagieren dementsprechend bei einer Begegnung abwehrend. Das ist schade, denn würden sie sich Zeit lassen, diese erste Reaktion abklingen zu lassen und sich liebevoll dem Kind zuzuwenden, könnte es durchaus sein, daß sie dadurch mit neuen Erfahrungen beschenkt werden. Kommt es dann allmählich zu einer größeren Vertrautheit mit einem dieser kleinen Geschöpfe, steigert sich unter Umständen die Empfindung des Bereichertwerdens noch.

Als Betreuer oder Therapeut hat man keineswegs nur Last und Mühe, auch wenn man nicht immer mit einem Lächeln belohnt wird. Man gewinnt stets Erkenntnisse und Einblicke in Entwicklungsprozesse, die der eigenen Lebensgestaltung dienlich sein können. Wissenschaftlich könnte man es auch so ausdrücken: Man lernt aus Fallstudien. Es widerstrebt mir jedoch, von einem Kind, das mir begegnet ist, als von einem »Fall« zu sprechen. Es waren immer wahre Begegnungen. Manche verliefen kürzer, manche dauerten über Jahre, manche haften intensiver, manche flüchtiger im Gedächtnis: aber alle haben Spuren hinterlassen.

Wenn ich eine kleine Auswahl dieser Kinderschar vorstelle, so geschieht das *nicht*, um sensationelle Heilerfolge an »Fallbeispielen« zu demonstrieren. Das ist in diesem Rahmen nicht vorgesehen. Vielmehr möchte ich Beispiele erwähnen, die mir geeignet scheinen, Verständnis für manche Absonderlichkeiten eines ungewöhnlichen Kindes zu wecken. Die Kinder geben immer Signale. Es kommt darauf an, diese sowohl innerhalb der Familie als auch im Kindergarten richtig zu deuten und Bedürfnisse zu erraten. Außerdem möchte ich auf Fehleinschätzungen der verborgenen Möglichkeiten eines Kindes, auf versäumte Frühförderung und auf Vorurteile hinweisen. Bestimmte Kontakte zwischen Kindern mit verschiedener Art von Behinderung können für ihre Entwicklung förderlich sein – auch dafür möchte ich Beispiele anführen.

Anfügen möchte ich noch, daß die Kinder, von denen ich jetzt spreche, größtenteils den Kinderschuhen entwachsen sind – andere wurden umbenannt.

Gestörte Phantasie – Hannelore

Hannelore, ein 4jähriges Mädchen mit den deutlichen Merkmalen eines Langdon-Down-Syndroms, kam in Begleitung beider Eltern zu mir in die Praxis.[1] Sie schien vorbildlich geführt und betreut. Ihre Sprache war zwar etwas undeutlich und nuschelig, aber fast altersgemäß, und sie zeigte sich offen, ohne aufdringlich oder schwatzhaft zu sein. Die Eltern waren Akademiker, Hannelore ihr einziges Kind. Von Geburt an war Hannelore, abgesehen davon, daß sie krankengymnastisch betreut worden war, wie ein ganz gewöhnliches Kind behandelt worden. Allerdings hatte sie wohl mehr Zuwendung erhalten, als es heutzutage bei Säuglingen üblich ist. Es war viel mit ihr gesprochen worden, sie hatte immer mit den Eltern zusammensein dürfen. Die Eltern nahmen sie immer mit, auch wenn sie Besuche machten oder in einem Restaurant speisten. Sie standen beide, sowohl Vater als auch Mutter, voll zu ihrem Kind – ohne jede Verkrampfung, liebevoll, aber zugleich sachlich. Also geradezu ein Idealfall. Worin bestand dann das Problem, das sie zu mir führte?

Wer Kinder mit dieser konstitutionellen Behinderung kennt, weiß, daß sie gelegentlich recht »bockig« werden können, aber eine solche Phase zieht meistens wie ein kurzes Gewitter vorbei, dann ist wieder eitel Sonnenschein. Bei Hannelore verlief das anders, sie wurde zunehmend aggressiv und ließ sich dann nicht mehr bändigen. Nun kommt bei jedem Kind einmal um das 3. Lebensjahr eine Trotzperiode, und bei einer verzögerten Entwicklung wäre diese dementsprechend etwas später zu erwarten; das wäre eigentlich ganz natürlich. Bei Hannelore verstärkte sich diese Phase der Auflehnung jedoch mit anhaltender Verbissenheit über ein natürliches Maß hinaus. Sie gab damit ein deutliches Signal, das wahrgenommen und verstanden werden mußte.

Aus Erfahrung wußte ich, daß überforderte Down-Syndrom-Kinder mit Trotz reagieren. Wodurch wurde Hannelore überfordert, oder woran mangelte es ihr in diesem doch so wohlbehütenden Elternhaus? Ich zog mich zum Spielen mit ihr zurück. Zu meinem größten Erstaunen stellte ich fest, daß sie überhaupt nicht in der Lage war zu spielen. Sie entwickelte keine Phantasie. Sie nahm Gegenstände von den Borden und aus den Körben, benannte sie, zeigte auf Details, erwähnte die Farben, zählte Holzperlen einer Kette etc. Sie blätterte in Bilderbüchern und benannte die Figuren, ohne die Situation zu schildern. Es war klar, was ihr fehlte. Sie war stets liebevoll »gefördert« worden, aber es hatte nie jemand mit ihr gespielt. Geschwister hatte sie keine, einen Kindergartenplatz hatte sie nicht bekommen.

Ich besprach Hannelores Nachholbedarf an kindlichem Spiel mit den Eltern. Hannelore müßte zuerst von einer Heilpädagogin regelrecht in das Spielen eingeführt werden, um befähigt zu werden, in Kindergruppen zu spielen. Ich stellte den Eltern eine Mitarbeiterin vor, die diese Spielstunden übernehmen könnte. Dann fragte ich, ob Hannelore eine Puppe besäße. Ja, eine Stoffpuppe liege in ihrem Bett, aber sie spiele nie mit ihr. Es wurde abgemacht, daß Hannelore die (namenlose!) Puppe mitbringen und die Eltern vorerst alle ihre häuslichen Förderprogramme einstellen sollten. Mit Hannelore wurden nun also einmal wöchentlich Mutter-Kind-Spiele durchgeführt – mit imaginärem Kochen und Füttern, mit Schlafenlegen, Singen und Erzählen und mit viel behutsamem Wiegen in der Puppenwiege und auf dem Arm.

Nach einigen Wochen betrat ich gegen Ende der Spielstunde den Therapieraum, um nachzuschauen, wie sich die kleine Puppenmutter Hannelore inzwischen entwickelt hat. Hannelore selbst war weich und zärtlich gestimmt, sie wiegte ihr Püppchen in den Armen und summte mit ihrer rauhen Stimme ein wenig dazu. Ihre Mutter kam sie abholen, Hannelore legte die Puppe behutsam hin, und ihr wurde von der Mutter, die offensichtlich in Eile war, schnell in den Mantel geholfen. Hannelore quengelte, sie wollte die inzwischen so geliebte Puppe »Mary« mitnehmen. Die Mutter packte kurzerhand die Stoffpuppe an den Haaren und stopfte sie kopfüber in ihren Einkaufskorb. Ich habe kaum je ein so drastisches Beispiel vor Augen gehabt, wie einem Kind die Phantasie zerstört werden kann.

Die Phantasie, die sich aus der Nachahmung entfaltet, ist ein wichtiger Faktor für die gesunde Entwicklung der Seele eines Kindes, und je kleiner das Kind, desto intensiver wirkt sie auch auf die plastische Ausgestaltung der Organe. Es wurde mir bewußt, daß ich bisher versäumt hatte, in Elterngesprächen auf diese in der Erziehung so wichtige Tatsache hinzuweisen.

Dieses Beispiel zeigt deutlich, wie ernst man die Phantasie eines Kindes nehmen muß, aber auch, was man bei allem Wohlwollen so leicht vergißt: Das Phantasie-Spiel muß zu einem Abschluß kommen. In Kindergärten und beim

Zubettgehen der Kinder wird diese Regel, indem das Spiel jäh abgebrochen wird, häufig verletzt. Um auf Hannelore zurückzukommen: Sie hätte »ihr Kind« auf den Arm nehmen und zu Hause ins Bettchen packen oder aber behutsam, gemeinsam mit der Mutter, in dem Einkaufskorb unterbringen können.

Ein anderes Beispiel dafür, wie real die Kinder ihre Phantasiespiele erleben, habe ich auf einem Bauernhof beobachtet, wo einige Kinder im Vorschulalter zu Besuch waren.

Es wurde zum Essen gerufen, und alle Kinder kamen hungrig angelaufen. Ein Kind fehlte aber. »Wo habt ihr denn gespielt?« fragte die Mutter des Kindes, bevor sie loszog, es zu suchen. »Im Pferdestall«, lautete die Antwort. Die Mutter kam alsbald mit dem weinenden Mädchen zurück. »Warum bist du nicht gekommen?« riefen die Kinder. »Ihr hattet mich ja nicht losgebunden«, schluchzte das Mädchen. Was war geschehen? War das Mädchen angebunden gewesen? Es stellte sich heraus, daß die Kinder Pferde und Reiter gespielt hatten. Das Mädchen war in der Rolle eines Pferdes von der Tränke in die Box geführt worden. Die Kinder besaßen weder Leinen noch Schnüre, die Phantasie genügte. Nur in ihrer Phantasie war das Mädchen angebunden gewesen – jemand hätte den Zauber lösen müssen. Das hatte nun die Mutter nachgeholt.

Unterbundene Intentionen – Reinhold

Reinhold war das erste Kind, das mir tiefere Einsichten in die Vorstellungs- und Empfindungswelt eines mehrfach behinderten Kleinkindes vermittelte. Das liegt sehr lange zurück, und Reinhold gehörte nicht zu den Kindern, mit denen ich selbst zu arbeiten hatte; er streifte nur kurz meinen Lebensweg. Die Einblicke, die mir Reinhold gewährte, waren jedoch so eindrucksvoll, daß sie künftige Therapiekonzepte entscheidend mit beeinflußten. Darum mögen sie hier erzählt werden. Denn es bestätigte sich in eindrucksvoller Weise, daß der Erziehende auch von einem Kind mit äußerst schweren Behinderungen zu lernen hat. Der Erziehende ist zwar die Autorität, aber dem Kampf einer Individualität mit ihrem gestörten Organismus kann man nur mit Respekt und Einfühlungsvermögen begegnen. Gelingt das, wird man unvermutete Entdeckungen machen können.

Als ich Reinhold zum ersten Mal sah, war er etwa 5 Jahre alt. Er saß in einem Sonderkindergarten an einem Tisch, und eine Erzieherin übte »Zuordnen« mit dem – wie sie sagte – »geistig behinderten Kind«. Allerdings, es war ein mehrfach behindertes Kind: Sämtliche Glieder litten unter cerebralen Dysfunktionen. Reinhold konnte zwar unbeholfen laufen und auch die Arme etwas betätigen, war aber nicht imstande, Tasse oder Löffel zum Mund zu führen. Die einzelnen Wörter, die er sprach, waren einigermaßen gut zu verstehen. Wieweit sein Sprachverständnis reichte, mußte erst herausgefunden werden. Es spielte sich in dieser Behinderteneinrichtung das gleiche ab, wie ich es schon so oft beobachten konnte. Die Kinder wurden vor didaktisch ausgearbeitetes Lehrmaterial gesetzt und hantierten mit verschiedenfarbigen Klötzen und Figuren in Holzkästen und Steckbrettern. Das Lernziel hieß: »Zuordnen«.

Selbstverständlich muß das Kind lernen, wie Dinge zusammengehören und wie bestimmte Ordnungen herzustellen sind. Wenn das jedoch lebensfremd und stur vor sich geht, wird wohl jedes Kind auf Dauer stupide. Die Hersteller dieser Geräte haben an vieles gedacht: Geschicklichkeitstraining der Finger, Erkennen von Farben, Unterscheiden von Größen und wohl auch die Entlastung des Erziehers, denn immerhin kann sich ein Kind eine Weile allein mit einem solchen Gegenstand beschäftigen. Das alles hat seine Berechtigung, nur dürfte das Kind in seinen individuellen schöpferischen Gedanken nicht irritiert werden. Diese müssen unbedingt respektiert und sinnvoll eingeplant werden.

Wie ging dieser Junge vor? Er hatte ein viereckiges Steckbrett und einen Haufen Holzzylinder in verschiedenen Größen und Farben vor sich. Letztere sollten in die Löcher hineingestellt und nach Größen und Farben in Reihen geordnet werden. Er stellte die Zylinder mühsam, mit großer Konzentration und Ausdauer hinein, aber leider immer falsch, meinte die Erzieherin und kippte das Brett wieder um. »Versuch es noch einmal«, sagte sie und ging zum nächsten Kind.

Reinhold begann von neuem: Er stellte Farben und Größen ungeordnet hinein, aber genauso wie zuvor. Dabei fiel mir auf, daß er bestimmte Gruppen bildete und dazu flüsterte. Ich beugte mich zu ihm hinunter und hörte nun, was er sagte. Mit jedem Wort setzte er einen Zylinder in das Loch: »Mama – Papa« und dann undeutlich drei Namen, die ich doch als »Reinhold – Berta – Heini« heraushören konnte. Die Zylinder standen nicht in einer Reihe, aber eng gruppiert. Reinhold arbeitete konzentriert und verbissen weiter. In einer anderen Ecke des Brettes entstand die gleiche Gruppe: »Mama – Papa – Reinhold – Berta – Heini«. Reinhold benutzte die gleichen Größen und Farben. Es konnte keine Rede von Willkür und Unordnung sein. Er hatte nur für ihn sinnvolle Gruppen anstelle »sinnloser« Reihen gebildet. Er hatte seine Familie mit einbezogen; die verschiedenen Größen und Farben der Zylinder hatten ihn dazu inspiriert.

Reinhold dachte – wie viele der schwer lernbehinderten Kinder – nicht linear, sondern eher zyklisch, aber trotzdem folgerichtig in realen und nicht abstrakten Bezügen. Wenn man ein derartiges Verhalten respektiert und das Lernkonzept entsprechend ausrichtet, sind bei diesen Kindern durchaus größere Entwicklungsschritte möglich. Diesen Fingerzeig erhielt ich durch Reinhold.

Des weiteren konnte ich bei dieser Gelegenheit den ungeheuren Willenseinsatz von Reinhold beobachten. Mit Mühe und Ausdauer steuerte er seine behinderte Motorik und setzte seinen Willen durch. Er hatte sein Erfolgserlebnis in dem vervielfältigten Abbild seiner geliebten Familie, die er dreifach auf dem Steckbrett unterbrachte. Ein solches Resultat darf nicht gering geachtet werden. »Mit-Begeisterung« wäre die richtige Reaktion. Mit Phantasie anstelle grauer Theorie läßt sich auf solchen Willen manches aufbauen. Ausgehend von dieser Begegnung, möchte ich allen heilpädagogisch Tätigen dringend empfehlen, auf diese versteckten Potenzen des Willens Aufmerksamkeit zu richten. Der Wille des Behinderten entscheidet über das Gelingen eines Konzepts, auch die Prognose ist davon berührt. Hätte ich nicht gelernt, auf diese Intentionen zu achten, hätte ich auch dem Jungen, von dem jetzt als Beispiel für einen eisernen, unermüdlichen Willen erzählt werden soll, nicht helfen können.

Verborgener Wille – Heinz

Heinz ging schon in die 2. Klasse einer Grundschule, als er erkrankte. Durch eine Enzephalitis (Gehirnentzündung) war er erneut zum Baby geworden. Er konnte nicht mehr laufen, nicht mehr sprechen und sich nicht mehr sauber halten. Um eine Therapie durchführen zu können, waren Hausbesuche erforderlich.

Als ich in das Zimmer trat, lag er bäuchlings auf dem Boden; er sabberte und hatte einen unbeschreiblich hilflosen Ausdruck in seinen großen, braunen traurigen Augen. Von meinem Besuch oder einer Anrede seiner Mutter nahm er keinerlei Notiz. Er robbte ein wenig herum. Die Arme schien er recht zielgerichtet bewegen zu können, aber seine Hände flatterten von Zeit zu Zeit, und die Finger zitterten bei jeder Intention, wie es bei Hirnschäden zuweilen vorkommt. Er beschäftigte sich mit 4 kleinen Eisenbahnwaggons, die er auf dem Fußboden hin- und herschob – nur damit die Räder ein wenig rollten. Es war ein zutiefst erschütterndes Bild.

Mein Blick tastete die ganze Erscheinung des Jungen ab. Was nahm dieses Kind noch wahr, wo wäre ein Ansatzpunkt für eine Behandlung zu finden, wo zeigte sich ein sinnvolles Tun oder Wollen? Würde ich mit einem Willenspotential rechnen können? Für den Aufbau einer Therapie ist das von entscheidender Bedeutung. Da fielen mir seine Hände auf. Nicht, weil sie sich unstet und ungesteuert bewegten – das gehört meistens zu den Symptomen einer Postenzephalitis –, sondern ich entdeckte dabei, daß Heinz sich ganz offensichtlich ein Ziel gesetzt hatte. Die Waggons wurden nicht absichtslos gerollt: Es sollte ein Wagen an den anderen angekoppelt werden. Die Haken waren klein, und das Vorhaben mißlang ständig, da seine Hände immer wieder vom krankhaften »Bewegungssturm« befallen wurden. Heinz gab nicht auf. Eisern versuchte er es immer wieder. Vor Anstrengung lief der Speichel noch heftiger; tieftraurig schauten seine Augen, denn es glückte ihm nicht, die Waggons aneinander zu koppeln. Unermüdlich setzte er dennoch seine Versuche fort. Welches Konzentrationsvermögen zeigte sich hier!

So etwas mitzuerleben, geht tief unter die Haut. Mein Herz begann ganz heftig zu schlagen, weil ich wußte: Wo ein so starker Wille gezielt vom Bewußtsein gelenkt wird, da ist die Prognose gut, da kann viel erreicht werden. So war es auch. Bald brauchte Heinz keine Hausbesuche mehr, sondern konnte zu mir ins Institut gebracht werden. Denn durch die Anregung sämtlicher Sinne mittels einer basalen Stimulation (wie in einer Frühförderung) und durch ein Nachvollziehen seiner Entwicklung vom Säugling zum Kleinkind, lernte er wieder Stehen, Gehen, Laufen, Balancieren und Springen, rhythmisch zu atmen – und schließlich kehrte auch die Sprachfähigkeit wieder zurück.

Bei postenzephalitischen Kindern liegt in der Regel keine funktionelle Störung der Sprache vor; sie scheint vergessen worden zu sein und kann, wenn die Atmung wieder in Ordnung gekommen ist, durch einen plötzlichen »Erinnerungsstoß« hervorbrechen.[2] Der Schweizer Kinderpsychiater Jakob Lutz nennt diese Störung »ein *Nichtbenützen der Sprache*«.[3] Er erwähnt auch das häufige Vorkommen von Halluzinationen während des Krankheitsverlaufs der Enzephalitis.

Heinz erzählte, nachdem seine Sprache schließlich wieder in vollen Sätzen verlief, ein wenig von seinen Erlebnissen. Besonders bedeutsam schien mir seine

Aussage: »Die Menschen im Krankenhaus sahen alle aus wie Bäume.« Heinz hat in seinem Zustand offenbar Ätherisches, Vegetatives an den Menschen wahrnehmen können. Es wäre gut, es sich zur Gewohnheit zu machen, »Gesichte« und Traumerlebnisse der Kinder zu notieren, sie können aufschlußreich sein.

Nach einem Jahr konnte Heinz tatsächlich in seine Klasse zurückkehren. Da er emotional noch nicht sehr belastbar und durch den Schulbetrieb schnell auch physisch erschöpft war, nahm er vorerst nur an einigen Vormittagsstunden teil. Nachmittags erhielt er Nachhilfeunterricht, um das versäumte Schulpensum nachzuholen, und brauchte die bisherige heilpädagogische Behandlung nicht mehr.

Der Eindruck, den ich von dem Selbstheilungswillen dieses Kindes habe, von seinem eisernen Willen, trotz Erschöpfung oder durchlittenen emotionalen Anfällen immer wieder zu üben, ist unauslöschbar. Er ist mir zum Vorbild bei manchen Geduldsproben geworden und hat mich ermutigt, selbst wenn Erfolge gering erscheinen, mit Beharrlichkeit die erforderlichen Übungen weiter durchzuführen – ohne Prognosen zu stellen.

Skurrile Bewegungsmuster – Monica, Harald und Richard

Es gibt Hirnschäden, in deren Folge sich bei den betroffenen Kindern eine merkwürdige Gestik entwickelt. Damit sind hier nicht die verzögerten, schwerfälligen, mit Lähmungserscheinungen einhergehenden Bewegungen gemeint, wie sie zuweilen nach Hirnverletzungen auftreten (diese sind auch für Laien leicht zu erkennen). Nein, ich möchte an dieser Stelle aufmerksam machen auf die unkontrollierten, hastigen, ruckartigen Bewegungen und auf das »Flattern« oder »Wedeln« mit den Händen, meistens vor dem Gesicht, wie es so häufig in Verbindung mit Fußspitzengang oder hüpfenden Schritten vorkommt.

Monica war 3 Jahre alt, als sie mit Mutter und Vater zu einem Aufnahmegespräch kam. Ihre Sprache schien den Eltern nicht altersgemäß, aber »die kommt wohl doch noch«, meinte der Vater. »Sonst ist sie ja so ein hübsches, liebes, lustiges Kind«, fuhr er, mit dem Kind schmusend, fort. Die Mutter war durch das Verhalten der Tochter deutlich mehr beunruhigt. Nun, Monica wurde aus den Armen des Vaters entlassen und glitt auf den Fußboden hinunter. Sie war in der Tat ein außergewöhnlich hübsches Kleinkind, von molliger Statur, mit dichten, kräftigen, blond glänzenden schulterlangen Haaren und verschmitzten dunkelbraunen Augen. In der einen Wange bildete sich beim Lächeln ein allerliebstes Grübchen. Sie begann einen hüpfenden Tanz, wobei die Fersen selten den Boden berührten, die Ärmchen hielt sie hochgehoben in Schulterhöhe, die Hände flatterten. »Ist sie nicht entzückend? Wie ein kleiner Schmetterling«, rief der Vater aus. Ich fühlte einen dicken Kloß im Hals und spürte den gespannt auf mein Gesicht gerichteten fragenden Blick der Mutter. »Sie ist wirklich ganz entzückend anzuschauen«, sagte ich zunächst lächelnd und dann, so locker wie es mir eben gelang: »Aber wenn sie einige Jahre weiter in die Zukunft denken – eines Tages werden diese Tänzchen nicht mehr als niedlich empfunden werden. Wir müssen Monica helfen, mehr Kontrolle über ihre Bewegungen zu bekommen. Dann wird sich vermutlich auch die Sprache entwickeln können.« Der Vater konnte das bedrohliche Bild, das mir vor Augen schwebte, natürlich nicht wahrnehmen. »Aber sie ist doch noch so klein und so lustig, sie wird sich doch von alleine, von Natur aus zum Schulkind entwickeln«, entgegnete er.

Wie schwer sind doch solche Stunden! Die Eltern haben ein Recht darauf zu erfahren, daß ihr Kind einen Hirnschaden hat und daß noch nicht absehbar ist, ob oder inwieweit Heilung möglich ist. Selbst wenn sich die Schäden mittels Elektroenzephalogramm lokalisieren lassen, eine exakte Prognose läßt sich nicht stellen. Die Entwicklung des Kleinkindes hängt von so vielen Imponderabilien ab. Es kann sich um gravierende Lernbehinderung mit lebenslanger Hilfsbedürftigkeit handeln. Andererseits ist es aber durchaus möglich, daß eine rechtzeitige und angemessene Therapie die drohende Behinderung mildern oder gar abwenden kann. Welches Bild muß man den Eltern, die bisher doch recht ahnungslos waren, vor Augen halten? Wie werden sie reagieren?

Wäre es bei Monica nur nach dem Vater gegangen und das Kind ohne fachkundige Hilfe geblieben, hätten sich gewiß irreversible Schäden und absurde Verhaltensweisen entwickelt. Die Mutter hatte zum Glück zutiefst empfunden, wie unnatürlich das Gehabe ihrer kleinen Tochter war. Auch das Fehlen einer verbalen Kommunikation hatte sie sehr beunruhigt. So wurde eine Therapie vereinbart, die sowohl Einzel- wie Gruppenstunden umfaßte. Schwerpunktmäßig wurde das Augenmerk auf den Faktor »Rhythmus« gerichtet, im Tagesablauf, im Singen, Sprechen, Bewegen (Heileurythmie, Musiktherapie). Des weiteren wurde, wie bei allen Hirnschäden, eine Stimulation der basalen Sinne vorgenommen. Auch Konzentrations- und Koordinationsübungen zum Eindämmen der Fahrigkeit in Bewegungen und Verhalten fehlten nicht in dem Programm.

Monica wurde bis zur Einschulung täglich von der Mutter zum Institut gebracht und auch wieder abgeholt. Nach und nach gewann sie langsam Kontrolle über ihre Glieder. Durch Krankengymnastik und Heileurythmie war es bei diesem Kind gelungen, den Spitzfüßchengang zu korrigieren. Die Füße mußten weder operiert noch durch Gipsverbände korrigiert werden. Das wäre sicher unumgänglich gewesen, wenn die Behandlung später begonnen hätte. Auch ihre Sprache wäre ohne Sprachheilbehandlung nicht zu verstehen gewesen.

Das letzte Jahr im Institut nahm Monica an einem Vorschulprogramm teil, das ihr den Einstieg in eine Regelgrundschule erleichtern sollte. Dieser erfolgte dann auch, und Monica konnte sich dank der einsichtigen Lehrerin auch dort behaupten. Ihre heitere und kameradschaftliche Art war sehr beliebt, und ihre etwas monotone, verzögerte Sprechweise wurde ohne weiteres von den anderen Kindern akzeptiert. Das Wedeln der Hände trat im Schulalter bei Monica nicht mehr in Erscheinung – auch nicht bei psychischer Belastung.

Nicht immer ist eine Therapie so erfolgreich wie bei Monica. Bizarre Bewegungen oder Ticks in irgendeiner Form bleiben häufig latent und kommen bei Erregungen wieder zum Vorschein. Als Beispiele möchte ich Harald und Richard anführen. Beide hatten ein Jahr vor der Einschulung an einem Förderprogramm teilgenommen und mit Hilfe rhythmischer Übungen langsam gelernt, ihre unfreiwilligen Bewegungen besser zu steuern. Die neue Situation nach Schulbeginn bedeutete für beide Kinder eine große Anspannung, und so erhielten sie zur Überbrückung in bestimmten Abständen noch Einzeltherapie.

Besonders *Harald* hatte in seiner Klasse große Integrationsprobleme, weil er sich bei leisester Erregung verbeugen mußte, und zwar mit dem ganzen Oberkörper. Es sah wirklich grotesk aus, und man konnte es seinen Mitschülern nicht übel nehmen, wenn sie immer wieder diese skurril anmutenden Bewegungen nachzumachen suchten. Harald wurde steif wie eine Holzpuppe, aber die Hände flatterten an den seitlich heruntergestreckten Armen, und sein Oberkörper machte hastig drei- bis viermal hintereinander tiefe Verbeugungen. Schon der geringste Anlaß genügte, z.B. bereits die leise Angst vor dem Einsteigen in die S-Bahn. Harald mußte zuerst stehenbleiben und war nicht in der Lage einzusteigen, solange sich die »Zeremonie des Verbeugens« abspielte.

Bei *Richard* war äußerlich gar nichts Absonderliches zu bemerken. Er hatte sich gut entwickelt. Sein Lehrer war mit ihm zufrieden. Die körperliche Unruhe und die »verhuschte« Sprache hatten sich sehr gebessert, und die Behandlungen sollten abgeschlossen werden. Durch Zufall wurde ich eines Tages Zeuge der noch verborgenen Spannungen des mittlerweile 9 Jahre alten Jungen: Mit dem Auto fuhr ich in unmittelbarer Nähe des Instituts eine größere Straße entlang, knapp hinter mir fuhr der Bus einer Verkehrslinie. In einigen 100 Meter Entfernung vor mir befand sich die Einbuchtung der Haltestelle. Es warteten dort mehrere Menschen auf den Bus; ich achtete nicht weiter darauf. Plötzlich aber sah ich hochgestreckte flatternde Hände. Ich verlangsamte die Fahrt und erblickte das blasse verspannte Gesicht von Richard. Er konnte mich nicht erkennen. Er schaute gebannt in die Richtung des ankommenden Omnibusses. Es war wohl die Vorstellung, den rechtzeitigen Einstieg zu verpassen, die ihn in solche Erregung versetzt hatte.

Diese Eindrücke möchte ich nicht unerwähnt lassen. Es ist schwer nachzuvollziehen, wie vielen Schrecksekunden die Kinder heutzutage ausgesetzt sind. Wenn besondere Schäden oder auch nur Sensibilitäten vorliegen, werden von den Kindern ständig die verschiedensten Arten von Mutproben verlangt. Der Erwachsene sollte das berücksichtigen und versuchen, Oasen der Ruhe und Entspannung in den Alltagsablauf einzufügen – einige Ferienwochen im Jahr genügen dafür nicht. Die Mühe, die es vielleicht kostet, solche Oasen im Alltag tatsächlich auch zu realisieren, ist gering im Vergleich zum Gewinn. Das Kind wird ausgeglichener, gewinnt mehr Vertrauen und lernt besser, mit seinen Angstzuständen zurechtzukommen. Beim Planen der Ferienzeiten wäre auch zu bedenken, daß zu viel »action« und zu viele fremde Eindrücke für sensible Kinder eine große Überforderung bedeuten.

Mit »Abhärten«, wie mir ein Vater vorschlagen wollte (»der Junge muß mehr Mumm bekommen«), werden keine Ängste überwunden. Man würde dabei nur das Gegenteil erreichen. Ängste können nur dann in kleinen behutsamen Schritten abgebaut werden, wenn die Kinder bereits für kleine Fortschritte viel Anerkennung erfahren und eine langsame Gewöhnung an die für sie prekäre Situation eintritt. Durch Wiederholungen wird das Kind langsam sicherer und kann zu neuen Schritten ermuntert werden, bis es den ganzen Vorgang beherrscht und den Ablauf selbständig bewältigen kann. Ich habe Mütter gekannt, die, nachdem das Kind alleine den Bus besteigen konnte, die Strecke mit dem Auto vorwegfuhren, um gleich an der Zielhaltestelle das Kind in Empfang zu nehmen, es zu loben und die nächste Wegstrecke wieder gemeinsam mit ihm zu gehen. Das Auffangen und Auflösen von Spannungen sollte nach jeder Anstrengung gewährleistet sein. Ebenso wichtig ist es, daß die nächste Anforderung nicht erfolgen sollte, bevor die erste mühelos bewältigt werden konnte.

Ein Wort noch an Erzieher, die bei einem Kind in ihren Gruppen ein plötzliches Händeflattern, ein Sich-Drehen oder Auf-der-Stelle-Hüpfen bemerken. Liegt das Alter des Kindes unter 3 Jahren oder zeigt sich dieses Verhalten als Ausdruck der Freude über ein Ereignis, kann es sich um eine Äußerung von kindlichem Temperament handeln. Gleichwohl sollte man dies im Auge behalten. Tritt es häufig auf, tritt es bei Erwartungshaltungen auf, oder ist das Kind bereits älter? *Dann ist es nicht nur ein Warnsignal, sondern zeigt an, daß Spannungen vorliegen, die einer heilpädagogischen Behandlung und medizinisch-therapeutischen Betreuung bedürfen.*

Das gleiche gilt auch für kleinere Ticks, sofern sie nicht auf Nachahmung beruhen. Man muß schon versuchen, die Hintergründe kennenzulernen, um beurteilen zu können, ob diese Ticks permanent fixiert sind, denn sie können auch vorübergehend und recht harmlos sein. Das gilt aber nicht für allzu unruhige Hände und Füße. Ein solches Merkmal ist ernstzunehmen. Wenn derart geplagte Kinder nicht frühzeitig eine Therapie bekommen, ist die Prognose recht ungünstig. Man hat es meistens mit hirnorganischen Schäden zu tun. Frühe Aufmerksamkeit der Erzieher kann für die Zukunft des Kindes von entscheidender Bedeutung sein. Den Eltern fehlt meistens das objektive Bild, und sie kennen die Hintergründe dieser anomalen Bewegungsmuster nicht.

Versäumte Frühförderung, erste Lernschritte – Petra

Petra ist eigentlich ein hübsches Mädchen mit ihrem blonden Lockenkopf und den lebhaften großen, blauen Augen – wären da nicht der unsichere Gang und die steifen, staksigen, ruckartigen Bewegungen. Sie ist bereits 6 Jahre alt, aber vorläufig von jeder Schulpflicht befreit, weil sie nicht sprechen kann und als sowohl geistig wie körperlich behindert bezeichnet wird. So verbringt sie ihre Tage in einem Kindergarten. Sie stört dort nicht. Sie sitzt in einer Ecke auf einem Sitzkissen und schaukelt ihren Oberkörper sachte vor und zurück. Manchmal sagt ihr die Erzieherin ein freundliches Wort, zieht sie hoch, führt sie zur Toilette, zum Tisch, zum Frühstück, oder sie bringt ihr einen Ball. Petra nimmt ihn eine Weile zwischen ihre Hände, stößt ihn beim Schaukeln gegen die Oberschenkel und läßt ihn dann fallen. Er rollt irgendwo hin. Ab und zu findet sich jemand, der ihn wieder zurückbringt.

Warum konnte Petra sich nicht so entwickeln wie andere Kleinkinder? Sie war als Säugling bei einer Flutkatastrophe fortgerissen worden und fast ertrunken; sie mußte wiederbelebt werden. Nach einer längeren Zeit im Koma erlangte sie ihr Bewußtsein zurück, doch blieben Hirnschäden bestehen. Zunächst waren diese nur als spastische Störungen (Ataxie) erkennbar, erst nach und nach zeigte sich das volle Ausmaß der Behinderung. Sie erhielt krankengymnastische Behandlungen. Die allgemeine Meinung lautete, daß außer karitativer Pflege »ja weiter nichts zu machen sei«.

Ein Dasein – ein Leben lang – auf einem Sitzkissen, lediglich mit Fürsorge für körperliche Bedürfnisse, reicht das aus? Im Kollegenkreis denkt man wohl, daß so etwas heutzutage nicht mehr vorkommt. Tatsächlich ist inzwischen ein Training zur Selbständigkeit bei den alltäglichen Verrichtungen des Lebens in Schulen für »geistig Behinderte« (GB) obligatorisch. Damals aber war in dem nördlichen Landkreis eine Schulpflicht für Kinder wie Petra nicht vorgesehen. Die Eltern suchten daher nach einer Alternative. So kam Petra in einen Sonderkindergarten und wurde aufgrund ihres Alters in eine damals von mir geführte Vorschulgruppe aufgenommen. Das Kind signalisierte mit seinen wachen, lebhaften Augen, daß es Bedürfnisse nach Betätigung empfand, und zwar nach anderen Betätigungen als nur den durch einen programmierten Tagesablauf gegebenen – ohne selbständiges Tun und ohne Kommunikation.

Das stumme staksige Mädchen wurde in den Spielkreis genommen. Zwischen einem Erwachsenen und einem Kind mit stabilem Gleichgewicht stehend, war sie voll in die Gruppe integriert. Wir versuchten es mit einem Reigenspiel – Petra lachte. Dann durfte sie sich hinsetzen – wie alle anderen Kinder auch –, immer noch im Kreis, damit sie Bewegungen und Mienenspiel der anderen miterleben konnte. Petra war bisher kaum seelisch angesprochen worden, und diese Mangelerscheinung war bei ihr deutlich zu bemerken. Wir sprachen Verse und Laute mit deutlichen Gesten dazu. Bei Petra zeigte sich erstaunliche Aufmerksamkeit, und ihr Schaukeln ließ nach. Im Lauf der Zeit begann sie, einzelne Laute und Worte mitzutönen. Sie brauchte nicht zu verstehen, sie brauchte nur emotional mitzufühlen. Rhythmisch gesprochene Sprache wirkt heilend, harmonisierend auf die Seele des Zuhörenden und weckt allmählich den Wortsinn.

Petra bekam Aufgaben – sie begann zu begreifen. Allerdings mußte alles sorgfältig erübt werden und zunächst den absolut gleichen Verlauf haben. Noch war sie an Programmierung gebunden. Für Erzieher, die noch nicht mit Behinderungen dieser Art konfrontiert wurden, kann vielleicht folgendes Beispiel verdeutlichen, wie wichtig es für ein Kind sein kann, daß alles immer gleich verläuft: Petra hatte schon vieles dazugelernt und war dadurch selbständiger geworden. Sie ging jetzt auch allein zur Toilette. Eines Vormittags ertönte aus diesem Raum ein kummervolles Weinen. Ich eilte hinzu; schluchzend stand Petra vor mir. Es dauerte eine Weile, bis ich den Grund erriet. Es waren Handwerker im Sanitärraum gewesen und hatten den Spülkasten ausgewechselt. Um zu spülen, hatte man früher einen Stöpsel hochziehen müssen. Petra hatte es gelernt. Jetzt mußte man drücken: Das war eine gänzlich andere Anforderung an die Hand. Ich hockte mich neben Petra und zeigte ihr, wie man es machen muß. Es dauerte, bis ihre Muskeln sich umdirigieren ließen. Wir übten eine Weile, dann strahlte sie glücklich und schlug ihre Arme um meinen Hals. Ihr Selbstvertrauen war wieder hergestellt.

Es ist für den Erzieher wichtig zu bedenken, daß Kinder, die in ihrer Entwicklung gebremst wurden, nicht so schnell damit beginnen, Dinge auszuprobieren. Die erforderliche Selbständigkeit haben sie vielleicht noch nicht erreicht; sie sind noch lange auf Nachahmung angewiesen. Alles muß man ihnen vormachen: Ziehen, Drücken, Kneten, Drehen, Wenden, Schrauben, Wickeln – waagerecht, senkrecht, von links nach rechts, von vorne nach hinten und umgekehrt – auch Kreisbewegungen. Darum gehören Verschlüsse, Schraubdeckel, Mühlen und Wollwickler aller Art zum Fundus eines fördernden Kindergartens. Da muß Einfallsreichtum walten; angefangen beim Überdenken der Einrichtung einer Teeküche mit Pfeffer- und Kaffeemühle bis hin zur Puppenküche und Puppenkleidung, von der Backstube bis zum Hantieren mit Pinsel und Anspitzer. Auch Handwerks- und Handarbeitsmaterial muß sorgfältig auf die Fähigkeiten des Kindes abgestimmt werden.

Bei Petra befand sich der Verstand noch in einem Traumzustand. Das, was sie wahrnahm, verarbeitete sie zwar emotional, aber ein folgerichtiges Denken lag ihr fern. Körperlich gesehen waren die Organbildung und Sinnesentwicklung weitgehend abgeschlossen, die zweiten Zähne brachen hervor. Der physiologischen Entwicklung nach waren bei ihr also – trotz körperlicher Behinderung und kognitiver Retardierung – die bisher im Leiblichen tätigen Kräfte so weit entlastet, daß sie für das Entwickeln von Vorstellungsvermögen beansprucht werden konnten. In welcher Weise würden diese Kräfte bei Petra aktiviert werden können?

Die anderen Kinder erhielten Hefte im DIN A4-Format und machten graphomotorische Übungen, um vor Schulbeginn Hand und Finger auf das spätere

Schreiben vorzubereiten und sich an Arbeitshaltung und Ausdauer zu gewöhnen (vgl. Die Vorschulgruppe, Seite 361). Selbst geringfügig behinderten Kindern fällt es sehr schwer, mit Stift und Federhalter umzugehen. Ich wollte Petra in keiner Weise ausschließen. Einen Pinsel konnte sie inzwischen halten; sie hatte sich regelmäßig mit Wasserfarben beschäftigen dürfen, aber nun? Ein ganz dicker weicher Buntstift konnte aufgetrieben werden (Filzstifte mußten aus verschiedenen Gründen in diesem Fall abgelehnt werden).

Petra konnte den Stift normal halten und einen zarten senkrechten Strich von ca. 2 1/2 cm Länge ziehen. Bogen, Kreis, Kreuz, Dreieck gelangen ihr nicht. Wir blieben dabei, den geraden Strich möglichst sauber und gleichmäßig im Heft zu üben. Eine Reihe, eine zweite Reihe – noch gerieten die Striche ein wenig durcheinander, aber im Lauf der Wochen wurden sie immer deutlicher, sauberer, dynamischer. Petra strahlte, war integriert, bewies Ausdauer. Es wurden verschiedene Farben ausprobiert, es wurden »Strichgruppen« zusammengestellt. Den Strichen wurden Namen gegeben, die rhythmisch – gleichzeitig mit dem Ziehen des Striches – gesprochen und wiederholt wurden: »Mama, Papa« zuerst, dann »Mama, Papa, Kind« (vgl. Reinhold, Seite 18). Später erfolgte auch die Nennung weiterer Familienmitglieder.

Für ein behindertes Kind muß zunächst alles sehr konkret vorstellbar sein. Wird eine solche Tätigkeit wie oben beschrieben aber längere Zeit geübt, können die aufgezählten Namen eines Tages durch Zahlen ersetzt werden: Zuerst »1 und 2«, dann »1, 2 und 3«. Bei Petra verlief dieser Austauschvorgang ohne Probleme, und bald erwachte das Mengenverständnis bis »5«. Ihr Heft sah dann aus wie etwa ein Bierdeckel in einer Gastwirtschaft, auf dem der Kellner mit Strichen die Anzahl der bestellten Gläser markiert.

Nicht jedem Kind gelingt ein rhythmisches Zählen. Man muß versuchen, den Grund dafür zu finden. Wie und in welcher Phase ist das Kind daran gehindert, die Aufgabe zu lösen? Es ist, schlicht gesagt, nicht zulässig, die Angelegenheit einfach mit den Worten: »Es kann das nicht lernen«, auf sich beruhen zu lassen. Vielleicht fasse ich als Erzieher die Aufgabe falsch an, vielleicht muß sie anders durchgeführt werden, vielleicht wurde etwas übersehen. Der Erzieher vergißt sehr oft, daß manche Kinder durch ihre Wahrnehmungsstörungen Laute nicht gut voneinander unterscheiden und somit auch die genannten Zahlen nicht auseinanderhalten können.

Gerade in der deutschen Sprache gibt es für diese Kinder beim Zählen viele Fallen. Bereits die drei ersten Zahlen sind verhängnisvoll. Das Kind hört unter

Umständen nur: »ei-ei-ei«. Im Plattdeutschen oder Englischen ist es schon einfacher, einen lautlichen Unterschied herauszuhören. Manchmal ist es zweckmäßig, auf solche Laute auszuweichen; da die s-, z- und r-Laute für sprachbehinderte Kleinkinder sehr schwer nachzusprechen sind, sollte man beim Zählen »ein – wo – dei« gelten lassen.

Um zu Petra zurückzukehren: Sie konnte die Laute unterscheiden und annähernd richtig aussprechen. Eines Tages gelang es ihr schließlich, anstatt der Striche leichte Bögen und Schleifen in Gruppen und Farben im Heft zu gestalten, also ein einfaches, schlichtes dynamisches Zeichnen mit Konzentriertheit und Freude auszuführen. Sie war sehr stolz auf ihre Leistung, und nach der Sommerpause konnte sie, wie die anderen Kinder auch, von einer Sonderschule als ein – trotz der schweren Lernbehinderung – heiteres, aufmerksames, lernwilliges Mädchen aufgenommen werden. Trotzdem muß in diesem Fall hervorgehoben werden, daß eine bald nach solchem Unfall einsetzende Frühförderung größere Möglichkeiten hat, ausgleichend auf erlittene Schäden einzuwirken. Erst durch das »Gewähren-Lassen« war der Entwicklungsrückstand bei Petra so bedrohlich geworden, und sie so in Apathie versunken.

Schäden durch frühkindlichen Hospitalismus – Ricarda

Als *Ricarda* in den Sonderkindergarten kam, um 3 Jahre vor der Einschulung heilpädagogisch betreut zu werden, war sie ausgesprochen das, was man eine kleine Nervensäge nennt. Sie wirbelte im Raum umher, ließ nichts unberührt stehen und schubste alles weg, was sich ihr in den Weg stellte, selbst dann, wenn das ein anderes Kind war. Sie redete pausenlos mit einer verhuschten, sich ständig verhaspelnden Stimme, und zwar nicht nur während der Ausatmung, sondern auch einatmend. Nur wenige Male habe ich eine solche Sprechweise in der Praxis beobachten können, und nie so ohne Unterlaß wie bei Ricarda. Wenn sie schließlich einmal erschöpft eine Pause machte, mußte sie sich entweder kratzen oder an ihren Haaren lutschen und herumkauen. Wer war wohl dieser kleine Wirrkopf, der im eigentlichen Zentrum seiner Atmung, in seinem Rhythmus, so gestört wirkte und dennoch so hübsch anzuschauen war? Ricarda hatte einen feingliedrigen Körperbau, große dunkle Augen, glänzende, schwarze, leicht gelockte Haare. Als Säugling war sie in einer Anstalt untergebracht worden. Von ihrer Herkunft war nichts bekannt. Man wußte nur, daß sie eine schwierige

Geburt und einen schweren Start ins Leben gehabt hatte. Erst mit 2 Jahren war sie von rührenden Adoptiveltern aufgenommen worden, die sie mühsam von den schlimmsten Folgen des Hospitalismus befreit hatten. Nur an ihrer Rast- und Distanzlosigkeit war diese einmal gestellte Diagnose noch zu erkennen.

Als die Adoptiveltern Ricarda übernahmen, konnte sie weder mit dem Löffel essen (die Flasche war bequemer gewesen), noch hatte sie irgendwelche hygienische Gewohnheiten erlernt. Sie kroch auf dem Fußboden herum und aß nur, wenn der Teller direkt auf den Boden gestellt wurde – wie eine Katze. Sie wiegte sich im Kniestand vor und zurück und brabbelte unentwegt vor sich hin. Sie näßte und kotete ein. Durch liebevolle Zuwendung hatten die Eltern unendlich viel erreicht. Sogar eine sprachliche Kommunikation hatten sie dem verschlossenen Mädchen entlocken können. Jetzt aber hatten sie ein anderes Problem. Bei dem durch die frühe Vereinsamung in sich gekehrten Kind hatte sich alles ins Gegenteil gewandelt. Es hatte sich eine ausgeprägte Distanzlosigkeit bei ihm entwickelt. Dies beunruhigte die Eltern.

Die Kleine sprach jeden Erwachsenen an, klammerte sich sozusagen an jedem fest oder lief wie ein Hündchen, aber sprechend, hinter jedem her. Aus anderen Kindern machte sie sich gar nichts. Sie übersah sie, schob sie weg, konnte nicht spielen und nicht nachahmen. Die Schäden, die Ricarda in frühester Kindheit erlitten hatte, waren zu manifest, als daß man sie hätte spurlos tilgen können. Der Weg aber, den man, heilpädagogisch gesehen, einzuschlagen hatte, zeichnete sich deutlich ab. Ricardas gestörte Atmung und ihre Fahrigkeit konnten nur durch rhythmische Übungen überwunden werden. Zugleich mußte sie aber auch, da sie so sehr an Erwachsenen hing, lernen, sich einer Kindergruppe anzuschließen. Darum wurden die Therapiestunden in dem rhythmisch gestalteten Tageslauf der Gruppe abgehalten, mit gemeinsamen Reigenspielen, Liedersingen und rhythmischen, von Gesten begleiteten Versen. Viele Spiele dienten ebenfalls der Förderung von Ausdauer und Konzentration.

Es wurden außerdem Sprechübungen in Einzeltherapie durchgeführt, z.B. Vor- und Rückwärtssprechen. Ricarda erhielt auch Heileurythmie und Musiktherapie, und im letzten Jahr durfte sie am »therapeutischen Reiten« teilnehmen. Sie lernte, sich schweigend einem fremden Rhythmus hinzugeben. Auch das Bürsten und Füttern des Pferdes gehörte dazu, und ihr Tätigkeitsdrang half ihr, die anfängliche Angst zu überwinden.

Da Ricarda in allen Sinnen sehr wach und rege, ja nahezu übersensibel war, lag der Schwerpunkt der Wahrnehmungsschulung auf dem Differenzieren und

Vertiefen der zumeist sehr oberflächlichen Eindrücke, z.B. mußte das Lauschen, das genaue Hinhören intensiv mit ihr geübt werden. Im Lauf der Jahre wurde Ricarda nicht nur gruppenfähig, sondern ging freundschaftliche Bindungen zu anderen Kindern ein, und ihre Emsigkeit lebte sich in Hilfsbereitschaft für die körperlich Behinderten aus. Im 8. Lebensjahr konnte sie dann ihren Platz in einer 1. Grundschulklasse einnehmen.

Ich führe diese Kinderbiographie an, um zu veranschaulichen, wie verheerend sich Lieblosigkeit, Verwahrlosung und Vereinsamung im Säuglings- und Kleinstkindalter auswirken. Ganz zu beheben sind solche Folgeschäden nicht, aber sie können durch elterliche Liebe und fachkundige Betreuung soweit eliminiert werden, daß ein selbständiges Leben im Erwachsenenalter denkbar wird.

»Leerlauf« zu Hause, Freundschaft zwischen Sonderlingen – Sylvia und Erwin

Ich erinnere mich an meinen ersten Besuch bei der noch nicht 2jährigen blinden *Sylvia.* Sie stand im Kinderzimmer auf einem weichen weißen Fell, hielt sich mit den Händen an den Stäben eines Gitterbettes fest und wiegte nach den schrillen Tönen einer Musikkassette den Oberkörper hin und her, auch ihren Kopf schaukelte sie. Als die Musikkassette abgestellt wurde, ließ sie die Stäbe los und rieb sich die Augen mit den Handrücken.

Hier war es geboten, dafür zu sorgen, daß die Mutter mehr Zeit für ihr Kind einplanen konnte, Sylvia Ausgleichserlebnisse über andere Sinne angeboten bekam und die Mutter Anleitung erhielt, wie und womit sie Sylvia fördern könnte.

Erst einmal wurde Haus-Frühförderung eingerichtet. Die Heilpädagogin kam in die Wohnung. Der zwischenmenschliche Kontakt wurde über die Geruchs-, Geschmacks-, Gehörs- und Gleichgewichtssinne und vor allem über das Tasten (Berühren) aufgebaut. Sylvia lernte das freie Stehen, Gehen und Zurechtfinden im Zimmer und schließlich auch in der kleinen Wohnung. Die Heilpädagogin ließ schwingende, lange nachklingende Töne auf einer kleinen pentatonischen Kinderharfe erklingen und lehrte das Kind, diese Töne selbst hervorzulocken. Sylvia lernte zu lauschen und wurde zusehends ruhiger. Das Bohren mit dem Handrücken in den Augen hörte bald ganz auf.

Nach einiger Zeit konnte Sylvia ins Institut geholt werden. Sie wurde dort mit den Räumlichkeiten vertraut gemacht und bewegte sich nach kurzer Zeit frei zwischen den anderen Kindern, die sie nach Geruch und Geräusch unterscheiden konnte. Nach und nach wurde sie von ihrer Bezugstherapeutin gelöst. Sie bekam in Einzelstunden Musiktherapie. Das Kopfschaukeln wurde seltener und kam nur dann vor, wenn sie sich von der Gruppe verlassen fühlte, z.B. draußen beim Fangenspielen und anderem, wobei sie nicht so gut mitmachen konnte.

Ich glaube, daß es den Mitarbeitern des Instituts wirklich gelungen ist, diesem liebenswürdigen kleinen, zarten Mädchen vor dem Eintreten in die Schule wirklich wertvolle Wahrnehmungen über andere Sinne als die der Augen zu vermitteln. Viele Erfahrungen und Erinnerungen sammelte es in diesen Jahren. Seine Selbständigkeit konnte optimal gefördert werden; soziales Engagement und Selbstwertgefühl entwickelte es ebenfalls. Außerdem wurde durch Sylvias Verhalten die von mir aufgestellte These, daß Kinder mit verschiedenen Behinderungen sich gegenseitig fördern können, geradezu exemplarisch erhärtet. Das kam so:

Sylvia, die beim Kennenlernen eines anderen Kindes gerne ihren Tastsinn einsetzte und die Finger nach seinem Gesicht ausstreckte, machte es beim kleinen Autisten *Erwin* genauso. Zu ihrem und der Betreuer Erstaunen zog sich der Junge (3 Jahre) nicht zurück. Im Gegenteil, er hatte sofort ihren »blinden Blick« erkannt und fühlte sich ohne Blickkontakt entspannt. Er hielt nicht nur still, sondern streckte ihr sogar sein Gesicht entgegen. Er nahm ihre Hand und führte sie weiter. Er wollte verschiedene Gegenstände im Raum mit ihren Händen betasten. Er bemerkte ihre Orientierungslosigkeit und führte sie zum Essen an den Tisch. Dann war seine Kontaktnahme erschöpft, aber der Anfang war gemacht. Sylvia rief nach ihm, und er ließ sich betasten. Er führte sie auch zur Tür, zum Frühstück und zur Toilette. Ein fröhliches und etwas verschmitztes Lächeln und ein zärtlicher Zug erhellten dann das sonst so verschlossene kühle Gesicht des Jungen. Sylvia wiederum bemerkte seine Sprachlosigkeit und versuchte unermüdlich, ihn mit kleinen Sätzen aus der Reserve zu locken. Beide Kinder haben davon in einer Weise profitiert, wie es sich die Therapeuten nie hätten vorstellen und mit anderen Mitteln nie hätten erreichen können.

Leider mußten die Kinder beim Schulbeginn getrennt werden: Sylvia wurde von einer Blindenschule, Erwin von einer Schule für »geistig Behinderte« aufgenommen. Leider konnte dieser Kontakt auch privat nicht weiter gepflegt werden – eine andere Wohngegend, andere Umstände usw. führten die Kinder vorerst auseinander. Erinnerung aber wird bestehen bleiben.

Verlangen nach Tastwahrnehmungen – Bruno

Als es termingerecht, wie verabredet, an der Haustür des Instituts klingelte, eilte ich die Treppe hinunter, um das angemeldete Kind, *Bruno* – einen blinden Buben von knapp 5 Jahren –, mit seiner Mutter gleich selbst in Empfang zu nehmen. Ein dunkelblonder Haarschopf schob sich mir entgegen. Bruno hielt seinen Kopf nach vorne gebeugt und schnalzte mit der Zunge. Sein Gesicht konnte ich nicht erkennen, aber als ich ihn fragte, ob er der Bruno sei, hob er den Kopf und sagte mit einer warmen, eigentlich unkindlichen Stimme: »Ja, der Bruno bin ich!« Seine Züge waren harmonisch, das Gesicht gut proportioniert, ein ausgesprochen hübsches Kind, aber seine Augen wirkten farblos verwaschen und irrten unstet umher. Wovon sollten sie auch gesteuert werden, Bruno kann mit den Augen nichts sehen – nur mit den Händen, wie er später selbst sagte.

Bruno zeigte sich offen, zutraulich, selbstsicher und fand im Aufnahmezimmer ihn interessierende Spiele: Kugelbahn, Spieldose, Bimmelbahn und anderes mehr. Er begann hingebungsvoll zu spielen, während ich mich mit der Mutter unterhielt. Welche Sorgen hatte sie? Der Junge war seit längerer Zeit in einem kleinen privaten Kindergarten gut untergebracht und hatte bis jetzt fröhlich mit den Kindern gespielt. Neuerdings zeigte er sich aber unruhig, ungeduldig, spielunlustig und fing an, mit dem Kopf hin und her zu wiegen und mit den Fingern in den Augen zu bohren. Er fand offensichtlich keine ausreichenden Möglichkeiten, sein Wahrnehmungsvermögen zu verfeinern, sondern litt unter Langeweile und Unterforderung. Es wurde verabredet, daß Bruno im gewohnten Kindergarten verbleiben, aber zweimal in der Woche zu einer Einzeltherapie in das Institut kommen sollte.

Er zeigte sich hochbegabt, sprachgewandt und originell. Er fand selbst ein Mittel der Raumorientierung, und zwar über das Gehör. Aber nicht etwa durch Stampfen oder Klatschen, wie man bei manchen blinden Kinder beobachten kann, sondern durch Schnalzen! Es hat einige Minuten gedauert, bis ich begriff, worum es sich handelte, als Bruno relativ sicher den großen leeren Raum, der für Bewegungstherapie vorgesehen war, betrat und schnalzend die Wand entlang lief. Er schnalzte, drehte den Kopf und lauschte in verschiedene Richtungen. Er hörte am Schall, wo sich die Wand oder ein größeres Hindernis befand, ohne die Arme tastend ausstrecken zu müssen. (Dieses Beispiel zeigt ebenfalls, wie vorsichtig man mit »Marotten« der Kinder umgehen muß, oftmals sind sie für das Kind lebenswichtig.) Für Musik interessierte er sich sehr, und er sang sehr gerne.

Es war eine große Enttäuschung für ihn, als er später, nach der Aufnahme in die Blindenschule, feststellen mußte, daß dort kaum gesungen wurde. Die Mutter erzählte mir das nach der Einschulung, und beide waren wir darüber verblüfft.

Aber nun zurück zu Brunos Therapieprogramm. Aufgrund seiner Unruhe erhielt er (durch eine Heileurythmistin) Heileurythmie. Zu Beginn und immer wieder mußte sie ihn führen, weil er ihre Bewegung ja nicht nachmachen und die Stellung der eigenen Glieder im Raum schlecht wahrnehmen konnte. Mit der Zeit erfaßte er aber die Bewegungen und lernte, sie sehr schön und harmonisch auszuführen. Das wirkte zusehends beruhigend auf ihn und erheiterte auch sein etwas melancholisches Gemüt.

Seine Sinnespflege und -förderung hatte ich übernommen. Er fand Spaß an den Tastübungen, lernte Lebensmittel wie Bohnen, Erbsen, Mehl und Linsen zu unterscheiden. Schließlich gelangen ihm so feine Unterscheidungen wie Salz von Zucker. Um ihm mehr verbale Richtungshilfe geben zu können, brachte ich ihm das Ertasten der Uhrzeit bei. Üblicherweise werden bei erwachsenen Blinden die Raumrichtungen unter Zuhilfenahme der Windrose (einer Scheibe, die Himmelsrichtungen angibt) erlernt. Bei diesem kleinen Jungen erschien es mir aber angebracht, einem schwedischen Muster zu folgen und die Uhr mit einzubeziehen. Am Tisch sitzend, war es kein Problem für ihn, seine Sachen zu finden, wenn ich z.B. die Angabe machte: »Dein Becher steht auf Armlänge in Richtung 2, der Radiergummi liegt in deiner Nähe bei der 9.« Oder: »Gehe zum Regal Richtung 10 und hole das Buch vom 2. Regal.« Bruno wurde schließlich sehr bewegungssicher. So recht fröhlich und ausgelassen wurde er aber erst, als er eines Tages ein speziell für ihn hergestelltes Bilderbuch erhielt.

Es gibt inzwischen »Bilderbücher« zum Tasten für blinde Kinder. Einige davon sind aber von ehemals sehenden Erwachsenen konstruiert, die im Hinterkopf noch eine Vorstellung vom Aussehen der Dinge haben. Sie gestalten darum durch Erhebungen im Papier die Konturen von Gegenständen und Tieren. Das ist sehr lobenswert und zu begrüßen, stößt aber auf Schwierigkeiten, vor allem für sehr kleine Kinder, weil sie viele Begriffe noch nicht bilden können, und Erhebungen bleiben eben nur Erhebungen. Der eigentliche Spaß beginnt erst dann, wenn sie lesen können (Braille-Schrift).

Freude haben sie aber an allen unterschiedlichen Tastempfindungen. Darauf baut ein dänischer Verlag. Die Bilder erzählen von kleinen Pünktchen, Plätzchen, Strichen, von dem Gestreiften, dem Kugelrunden. Man kann sie mit den

Fingern fühlen und ihre Abenteuer erleben. Davon können die Kinder nie genug bekommen.

Manche Mütter stellen auch hübsche Tastbücher für die Kinder her, in die sie Federn, Blätter, Blüten, Fell- oder Wollfäden einkleben und eine Geschichte dazu erzählen. Für die Kleinsten sind diese Bücher durch nichts zu ersetzen. Wenn sie aber größer werden, haben sie Verlangen danach, empfundene Konturen (wie Sehende die Bilder) nacherzählen zu können.

So war es auch bei Bruno. Seine Aufgewecktheit brauchte einfach Beschäftigung. Er durfte viel aus Knetwachs herstellen, und zwar des Geruchs wegen aus echtem Bienenwachs. Einige Dinge und Tiere kannte er bereits aus der Spielzeugproduktion; Hund, Katze, Hase waren ihm vertraut. Einen Vogel und einen Fisch hatte er auch schon in der Hand gehabt.

Ich bin dann dazu übergegangen, Symbole aus dem Bliss-Symbol-Kommunikationssystem mit Knetwachs herzustellen.[4] Für Sehende werden die Symbole natürlich nur gezeichnet, aber fühlbar gemacht, eignen sie sich ganz hervorragend dazu, kleineren blinden Kindern – bevor sie Braille-Buchstaben ertasten können – das »Lesen« kleiner Geschichten zu ermöglichen. Darum möchte ich dieses Bliss-Symbol-Kommunikationssystem an dieser Stelle Erziehern, die mit blinden Kindern zu tun haben, wärmstens empfehlen.

Bruno gab mir die Gelegenheit, mit dieser Methode zu experimentieren. Knetwachs eignet sich gut – das ist gar keine Frage –, aber die Figuren lösen sich leicht vom Papieruntergrund, und das Büchlein wird unförmig dick. Es passen ja nur wenige Symbole auf jede Seite. Außerdem lassen sich die Symbole um so günstiger von den sensiblen Fingern des Blinden ertasten, je kleiner sie sind. Unter den verschiedenen Materialien, die ich ausprobiert habe, waren z.B. Wollfäden, mit denen ich die Symbole auf das Papier klebte, oder Stickgarn, mit dem ich sie aufstickte. Beim Aufnähen entstehen im Papier notgedrungen Löcher, die dann leider beim Tasten irritieren. Schließlich bin ich dazu übergegangen, die Symbole mit Zuckerguß aus Tuben, die man zum Kuchenbeschriften braucht, auf festem Papier nachzubilden. Bei Bruno verwendete ich außerdem fein ausgewalztes Bienenwachs, das eigentlich für das Ausschmücken von Kerzen hergestellt wird. Er hatte sich an Wachs gewöhnt, und er roch es auch gerne. Bis zur Einschulung hatte Bruno seine Verhaltensstörungen überwunden, wirkte harmonisch und zeigte viel Sinn für Humor. Er wird seinen Weg schon finden.

In sich gefangen – Adrian

Adrian, 2 3/4 Jahre alt, wird von seiner Mutter gebracht. Er geht, ohne mich anzuschauen, an mir vorbei direkt in das bereits erspähte Spielzimmer, findet die Kugelbahn, nimmt sie und kniet sich auf den Fußboden oder, besser gesagt, versackt mit dem Popo zwischen den nach auswärts gedrehten Füßen (siehe Seite 313): eine deutliche Demonstration seiner schlappen, überdehnbaren Muskulatur. Er war jetzt total absorbiert von der Kugelbahn, und ich konnte mich der Mutter zuwenden.

Das vorrangige Problem: Der Junge spricht kein Wort, schreit nur wiederholt »i – i – i – i«, wenn er etwas will. Sonst verbringt er den Tag mit Klötzen und Kugelspielen auf einer Matte im Stellgitter. Er ist sehr lieb, läßt sich aber nicht gern anfassen. Probleme gibt es auch beim Essen. Er ißt nur in Würfel geschnittenes Butterbrot und trinkt nur aus seinem eigenen Becher. Diesen Becher hat Adrian dann auch immer mitbekommen, als er einige Wochen später in eine Gruppe von fünf etwa gleichaltrigen Kindern aufgenommen werden konnte.

In einem Regelkindergarten wäre Adrian lange nicht aufgefallen, vorausgesetzt, man hätte ihn den Vormittag über in seiner Ecke mit Klötzen und Murmeln spielen lassen. Wurde er dabei gestört, stieß er gellende Schreie aus. Das tat er auch, wenn irgendeine Ordnung, z.B. die Tischordnung, gestört wurde, wenn sich jemand auf einen anderen Platz setzte, wenn die Gedecke nicht symmetrisch aufgelegt waren, wenn sein Löffel nicht am rechten Platz lag etc. Er benutzte ausschließlich das von zu Hause mitgebrachte Gedeck. Wollte er mehr Marmelade auf seine Brotwürfel, die vorsichtig von Monat zu Monat etwas vergrößert wurden, so streckte er ganz steif den rechten Arm und rechten Zeigefinger aus, und sein »i – i – i – i« ertönte. Weder von den anderen Kindern noch von den Erwachsenen nahm er irgendeine Notiz – es sei denn, er benötigte sie als Hilfesteller.

Ein Vormittag ist mir besonders in Erinnerung geblieben. Bis zum Frühstück war alles ganz normal verlaufen. Adrian hatte sich in einigen Wochen ganz gut eingelebt. Es war ihm noch nicht möglich, die anderen Kinder im Reigenspiel anzufassen, aber immerhin blieb er auf einem der Hocker im Kreis sitzen und fing auch an, die eine oder andere Bewegung wie Klatschen oder Stampfen im Rhythmus mitzumachen, und zwar nachdem es mir gelungen war, über einen Spiegel Blickkontakt mit ihm herzustellen (siehe Seite 154). Nun aber folgte an diesem erwähnten Vormittag, nachdem wir alle schon einige Zeit am Tisch gesessen hatten, dieser gellende, nicht zu bremsende Schrei von

Adrian. Meine Mitarbeiterin und ich versuchten vergebens zu entdecken, was denn wohl heute anders als sonst sein könnte. Im Raum, am Tisch, an seiner Kleidung: alles war scheinbar wie immer. Aber eben doch nicht ganz, denn aus Versehen waren ihm bei der Ankunft die Schuhe nicht gewechselt worden. Schnell wurden die kleinen Schuhe geholt und ihm die Stiefelchen ausgezogen. Der Schrei verstummte jäh. Das also war es gewesen. Die Stiefel an den Füßen hatte er erst am Tisch verspürt.

Er war wie ein kleiner Gefangener seiner selbst und seiner stereotypen Gewohnheiten. Er benötigte die festen Rituale aber auch, um seiner Furcht Herr zu werden. Erst mit zunehmender Kommunikationsfähigkeit, langsamem Erwachen des Wortsinnes und der Sprechfähigkeit wurde er zutraulicher. Nach einem Dreivierteljahr etwa war er recht gut in die Gruppe integriert und machte gerne alles mit. Darum sah ich kein Hindernis, ihn an einer Einladung der Gruppe zum Kinderfest eines kleinen privaten Regelkindergartens teilnehmen zu lassen. Alle waren schon versammelt: Kinder, Erzieher und wir Heilpädagogen bildeten einen großen Kreis für ein Reigenspiel. Es waren auch viele zuschauende Eltern anwesend, dadurch war es ein wenig eng im Raum. Plötzlich ertönte Adrians gellender Schrei, kleine Kinder fingen an zu weinen. Es entstand Unruhe. Was war zu tun, wie konnte man Adrian aus seiner Erstarrung helfen? Blitzschnell durchfuhr mich der Gedanke: Einen Ort muß es hier geben, der ihm vertraut vorkommt. Schnell nahm ich den starren Jungen in meine Arme und trug ihn auf die Toilette. Ich ließ ihn vor dem Waschbecken nieder und drehte den Wasserhahn auf. Er verstummte, streckte die Hände aus und ließ das Wasser über die Finger laufen. Er spielte eine Weile mit dem Strahl und entspannte sich. Als ich dann fragte, ob wir wieder zu den Kindern gehen wollen, antwortete er: »Kinder gehen«, und kehrte an meiner Hand wieder in den Kreis zurück. Er nahm dann fröhlich an Spiel und Schmaus bis zum Schluß teil.

Adrian blieb allerdings immer ein wenig ein Fremdling unter seinen Altersgenossen. Sie fühlten, auch nachdem er ganz gut zu sprechen gelernt hatte, seine innere Isoliertheit. Er sprach langsam, ein wenig verzögert und leise. Seine Stimme hatte keinen rechten Klang. Ein Jahr vor Schulbeginn wechselte er in einen größeren Kindergarten. Die Eltern wollten es so. Sie waren der Meinung, er hätte sich jetzt völlig normal entwickelt, aber er kam in eine Schule für Lernbehinderte. Ich denke, es hätte ihm gut getan, noch ein therapeutisches Schonjahr im Institut verbringen zu dürfen. Seine Entwicklung war noch gefährdet, und er selbst nicht stabil genug für einen größeren Gruppenverband.

Adrian war glücklicherweise frühzeitig genug gekommen. Es war möglich gewesen, seine Schäden zu mildern, und zwar durch Anregen der Kommunikationsfähigkeit, angefangen vom Blickkontakt über Körperkontakt bis zur Nachahmung von Gesten und Sprache. *Die Sprache selbst ist das Heilmittel, um einem in sich verschlossenen Kind einen Zugang zur Umwelt zu vermitteln.* Auch wenn das Kind nicht spricht, muß ihm vorgesprochen oder vorgelesen werden. Die Mütter dürfen nicht aufgeben und denken: Es hat keinen Sinn. Geduld und Liebe bewirken in jedem Fall sehr viel, ganz gleich, ob es sichtbare Erfolge gibt oder nicht. Die Seele des Kindes nimmt die sprachliche Zuwendung in jedem Fall wahr.

Überdurchschnittlich begabte, aber verhaltensgestörte Kinder – Jens, Hans-Peter und Thomas

So wie es »schwach-sinnig« veranlagte Kinder gibt, die als behindert zu bezeichnen sind, so gibt es »über-sinnig« (hypersensibel) veranlagte Kinder, die als behindert bezeichnet werden müssen, da sie trotz guter oder überdurchschnittlicher Intelligenz durch ihre leichte Reizbarkeit, Übererregbarkeit oder aggressive hyperaktive Veranlagung nicht in der Lage sind, ihr Leben selbständig zu meistern und sich in das soziale Umfeld einzuordnen. Seit dem 1.1.1995 lautet die offizielle Bezeichnung für diese Entwicklungsstörung: »seelische Behinderung«.

Diese Kinder erscheinen ihrer Umwelt zunächst lieb, nett, drollig, charmant, aber enttäuschen dann, wenn ihre Unruhe, Ungeschicklichkeit und aggressive Reaktionsweise zum Vorschein kommt. Mitunter zeigen sie sich ungezogen und »boshaft«. Weil sie dadurch Ablehnung und Isolation erfahren, entsteht ein Teufelskreis, der sie vollends in die Verhaltensgestörtheit hineintreibt. Erst wenn sie ins Schulalter kommen und auf bestimmten Gebieten überdurchschnittliche Leistungen aufweisen können, finden sie etwas mehr Verständnis für ihre Probleme. Bleibt diese Anerkennung jedoch aus, verlieren sie sozusagen die Nerven und müssen oftmals in kinderpsychiatrische Behandlung gegeben werden. Natürlich versuchen Ärzte mit Psychopharmaka und sonstigen Tabletten Abhilfe gegen die motorische Unruhe zu schaffen. Leidtragende sind zumeist die Mütter. Es kommt gar nicht so selten vor, daß sie, um endlich einmal Ruhe zu haben, ihren Kindern auf eigene Faust großzügig Schlaftabletten verabreichen.

In unserer Gesellschaft hat ein Kind vor allem pflegeleicht zu sein und sich in bestimmte Normen einzuordnen. In den Bemühungen darum wird aber übersehen, daß man dabei zugleich eine spezielle oder originelle Begabung an ihrer Entfaltung hindern kann. Als Kleinst- und Kleinkinder haben es diese hochgradig sensiblen Geschöpfe, die kleinen »Schlauberger«, besonders schwer, und es kommt sehr darauf an, daß sie als solche erkannt und geschont werden und mit ihrer lebhaften Phantasie auf Verständnis stoßen. Manche der Kinder sind von schweren Ängsten geplagt, weil harmlose kleine Lebewesen oder Dinge – wie vielleicht eine Ameise oder ein Gummibärchen – in ihrer Phantasie zu gewaltigen Ungeheuern heranwachsen. Oder weil Geräusche, wie sie Rasierapparate, Staubsauger oder Flugzeugmotoren verursachen, in ihren Ohren bedrohliche Ausmaße annehmen. Je nach Veranlagung ergreifen sie die Flucht, wie z.B. *Jens*, der bereits vor dem Geräusch beim Reißen von Papierschnitzeln im Kindergarten blitzschnell ausriß und damit die Erzieher immer wieder in helle Aufregung versetzte. Oder sie rasten vollkommen aus: Dann fliegt schon einmal ein Becher durch die Luft oder, wenn das Kind kräftig ist, auch ein Hocker.

Hans-Peters Mutter sagte mir einmal in ihrer Verzweiflung nach einem mißglückten Dampferausflug: »Die Mütter von geistig behinderten Kindern, denen man ihre Behinderung ansieht, haben es viel leichter, ich wünschte, Hans-Peter wäre geistig behindert.« Was war passiert? Hans-Peter war ausgerastet, hatte mit Bestecken geworfen, geschrien und Leute angespuckt. Wohl wissend, daß ein solcher Anfall schnell verpufft, hatte sie, um den Zustand nicht noch zu verschlimmern, gezögert einzugreifen. Da hatten sie empörte Passagiere wegen des ungezogenen Kindes angepöbelt und angeschrien. Die auslösende Ursache war ihr nicht bewußt geworden. Es könnten das Gedränge, die Gerüche, die Hitze gewesen sein. Ich vermute aber, daß es das Ertönen der Sirene des Dampfers gewesen ist. Bei Hans-Peter war die niedrige Reizschwelle des Gehörs Verursacher solcher Anfälle. Auch wenn die Ausbrüche anfallartig erscheinen, dürfen sie nicht mit den Anfällen eines epileptoid veranlagten Kindes verwechselt werden, die unter Umständen ähnlich beginnen. Bei epileptoiden Kindern beruhen die Anfälle in der Regel auf Stauungen in der Konstitution, die ohne besondere Reizeinwirkungen eintreten. Allerdings steigert Überreizung, vor allem durch Lichtflimmern, die Gefahr, einen epileptischen Anfall zu erleiden, dieser mündet dann aber meistens in Bewußtlosigkeit.

Es ist wichtig für die Erzieher, diese Arten von Behinderungen erkennen zu können, denn ein Vorgehen mit üblichen Erziehungsmaßnahmen bringt keine Abhilfe, sondern verschärft nur das Problem. Diese hypersensiblen Kinder brauchen dringend heilpädagogische Hilfe. Viel Geduld und Verständnis müssen ihnen vom Erzieher entgegengebracht werden. Ihre Phantasie braucht außerdem ständige Nahrung, denn Kinder, die intelligent veranlagt sind, rebellieren auch, wenn sie sich langweilen oder zu lange stillsitzen müssen.

Eines Tages wurde mir *Thomas* vorgestellt. Er war 4 1/2 Jahre alt, aber bereits als untragbar aus Kindergarten, Kindergruppe und anderen Einrichtungen wieder herausgesetzt worden. Es schien – wenn man dem Jungen in seine verschmitzten, klaren blauen Augen blickte und sein feines charmantes Lächeln betrachtete – unfaßbar, aber tatsächlich war über ihn bereits eine seitenlange, dicke Akte behördlicherseits angelegt worden. Thomas war von kleiner, drahtiger gelenkiger Statur. Er hatte einen großen, schön geformten Kopf und eine hohe Stirn. Seine Haut war sehr hell und zart, die Haare blond und recht kurz geschnitten. Er zeigte keine Scheu und erzählte bereitwillig von Erlebnissen aus den Ferien mit den Eltern und anderes mehr. Er sprach leise und schnell, mit gelegentlichen Stammelfehlern. Und dieser kleine Kerl sollte nun untragbar sein und aggressiv auf andere Kinder losgehen, sie kneifen, beißen, an den Haaren ziehen, schreien und um sich schlagen? Wie war das zu verstehen?

Schon bei der ersten Beobachtung und den kleinen Tests, die ich nebenbei vornahm, wurde mir klar, daß Thomas nicht recht im eigenen Körper zu Hause war. Die basalen Sinne waren nicht dem Alter entsprechend entwickelt: Er hatte es schwer mit der Raumorientierung und, wie die Mutter erzählte, mit dem Essen. Zu Hause war er kaum zum Essen zu bewegen. Meine Bitte, mir ein Bild zu malen, lehnte er ab. Das ist bei aufgeweckten Kindern meistens ein Zeichen dafür, daß sie sich ihres Unvermögens, Bilder so zu gestalten wie ihre Altersgenossen, bewußt sind. Vielfach bekam ich die traurig klingende Antwort: »Ich kann nur Krikel-Krakel.« Nicht so von Thomas. Sein Stolz hinderte ihn daran zuzugeben, daß er nichts bildlich gestalten konnte. »Ich will eben nicht«, war seine Ausrede.

Später bestätigte sich meine Annahme. Dem Jungen fehlte ein sogenanntes »Körperimago«, er war total raumlagelabil (siehe Seite 266). Seine seelisch-geistige Persönlichkeit konnte sich in dem ihm angebotenen Körper einfach nicht richtig verankern. Er konnte einen runden Kreis als Kopf zeichnen, aber wohin nun Arme und Beine gehören, war ihm nicht einsichtig. Er malte keine Kopffüßler, aus dem Stadium war er heraus, aber die Beine wurden irgendwo oberhalb des Kopfes untergebracht. Körper konnte er nicht nachempfinden, weder bei Menschen noch bei Tieren oder Dingen. Es wurden unzusammenhängende Dinge, ungeordnete Gebilde daraus, gänzlich anders als Kinder in seinem Alter ihre Eindrücke gestalten.

Nachdem er bereits einige Stunden Einzeltherapie erhalten hatte, malte er eines Tages nach der Stunde freiwillig ein Bild. Er brachte es mir und fragte: »Was ist das?« Ich schaute darauf und sah zwei untereinander gemalte verschobene, ungleichmäßig in die Länge gezogene Dreiecke. Was wollte er damit ausdrücken? Ich war völlig ratlos. »Nanu, erkennst du das nicht?« ertönte seine helle Knabenstimme. »Das ist doch Amerika, Nord- und Südamerika, kannst du das nicht sehen?« In der Tat, es wäre zu erkennen gewesen, nur darauf wäre ich bei diesem Knirps niemals gekommen. »Woher kennst du denn das?« fragte ich dann erstaunt. »Wir haben einen Globus zu Hause, darauf habe ich das gesehen«, gab er zur Antwort. »Ich schenke es dir«, fuhr er fort, das war typisch für ihn. Hier hatte er etwas gestaltet, das nicht nur eine intelligente Leistung war, sondern seinen Altersgenossen in gewisser Weise voraus. Zumindest war seine Wahrnehmungsschwäche hier nicht erkennbar. Von all seinen mißlungenen Zeichenversuchen hatte er mir keinen schenken wollen. Er fühlte sich im Zwiespalt mit seiner Behinderung, die er nicht begreifen konnte. Wie sollte er auch, das konnten nicht einmal die Ärzte. Sie sprechen in einem solchen Fall von Teilleistungs- oder Hirnfunktionsstörungen.

Mit Hilfe der Erkenntnisse aus der geisteswissenschaftlichen Menschenkunde und des Wissens um die Bedeutung des basalen Nerven-Sinnes-Systems versuchte ich, Thomas die fehlenden Entwicklungsschritte vom Säuglingsalter an nachvollziehen zu lassen und sein Körperimago zu wecken. Er war in allem völlig verunsichert. Seine Art, Ängste zu bewältigen, war Aggressivität. Sein liebstes Spielzeug war die Pistole, und wenn er keine bei sich hatte, formte er das rechte Fäustchen mit dem spitzen Zeigefinger zu einer solchen und schoß »paff, paff« auf sich nähernde Kinder. Es wäre unmöglich gewesen, ihn bei diesem aggressiven Verhalten in die Gruppe aufzunehmen, das hätte nur zu einer Katastrophe geführt.

Er kam also zunächst zur Einzeltherapie, beginnend mit Balanceübungen, Bewegungstherapie, Sprachheilbehandlung, Malen »Naß in Naß«. Vor allen Dingen lag mir daran, sein verunsichertes Selbstgefühl so zu stabilisieren, daß er nach und nach an meiner Hand, ohne auszurasten, die Kindergruppe aufsuchen konnte. Auch das Frühstück, das sehr problematisch verlief, nahm ich separat mit ihm ein. Er warf mit Brot, spuckte aus, goß vergnügt feixend den Becher aus, stand auf und lief herum.

Meine einzigen Chancen, in dieser Situation irgendwie Kontakt zu schaffen, bestanden darin, mit Humor zu reagieren und seine Phantasie zu fesseln. Die Reaktion: er setzte sich wieder dazu, und zwischen den Geschichten mußten dann auch kleine Happen gegessen werden – zuerst ohne Brot –, ein Tomatenscheibchen, eine Rosine, ein Löffel Joghurt. Ich mußte als erstes erreichen, daß sein empfindlicher Mundbereich etwas toleriert. Als diese Prozedur nach einigen Wochen erfolgreich verlief und Thomas dünne, mit Butter bestrichene Brotscheiben, zumindest bis zur Hälfte, aufessen konnte, ging ich mit ihm zusammen zum Frühstückstisch der Kindergruppe. Nach einigen Minuten goß er lachend den Becher aus und freute sich über die entsetzten Kindergesichter. Wortlos verließ ich mit Thomas den Raum, und wir kehrten ohne Frühstück in unser Zimmer zurück. Er wollte in die Kindergruppe zurück. Ich sagte ihm, erst wenn er bessere Witze herausgefunden hätte, als Becher auszugießen, könnten wir mit den anderen zusammen frühstücken. Eine Mitarbeiterin brachte uns das Frühstück, und wir blieben (beide ohne Groll!) zu zweit.

Nach einiger Zeit wiederholte ich den Versuch. Als Thomas seine Nachbarin an den Haaren zog, verließen wir wieder den Raum. Sie hatte ein wenig zu laut gekreischt, und Thomas war noch nicht genügend desensibilisiert. Er hatte aber immerhin angefangen, richtig zu essen, zu kauen. Zu Hause lebte er noch ausschließlich von Brei und Trinkbarem.

Mit der Zeit lernte er es, die gesamte Frühstückszeit in der Gruppe auszuhalten. Noch war er allerdings von meiner Anwesenheit abhängig, und es durfte kein anderes Kind anfangen zu weinen oder zu schreien oder irgendeinen Lärm zu verursachen, dann war es mit seiner Beherrschung vorbei.

Am schwierigsten war morgens seine Ankunft – nie ohne Pistole (sein Zeigefinger) und immer gleich die anderen Kinder provozierend. Eines Morgens holte ich Thomas aus dem Gedränge der ankommenden Kinder heraus und ging gleich mit ihm in den Therapieraum. Ich erzählte ihm eine Geschichte von früheren Zeiten, als Ritter noch Säbel trugen, die sie vor einem Fest oder dem Besuch einer Kirche im Vorraum aufhängen mußten, und daß die gleichen Gesetze für Soldaten mit Koppel und Pistolen gelten. Ich malte ihm entsprechend bildlich aus, wie alle Waffen vor dem Betreten eines Kirchenraums oder Versammlungssaals abgelegt und aufgehängt werden mußten. Ich hatte nicht fehlgegriffen, seine lebhafte Phantasie nahm das Bild vollständig auf. Am nächsten Morgen und an allen folgenden Tagen hängten wir gemeinsam vor Betreten des Gruppenraums das imaginäre Koppel an einem Haken im Korridor auf. Viel später noch, als Thomas bereits gut in die Gruppe integriert war, aber einen Wutanfall mit »Paff, Paff«-Allüren erlitt, konnte es helfen, wenn ich ihm zurief, ob er vergessen hätte, sein Koppel aufzuhängen, und ihn daraufhin – gespielt empört – an der Hand ergriff und in den Korridor hinausführte. Imaginär holten wir das Versäumte nach; die kleine Pause genügte für ihn, sich wieder zu fangen, und wir konnten zum Spiel zurückkehren.

Ich erwähne dieses Beispiel nicht, um die Entwicklung von Thomas im einzelnen darzulegen. Mir geht es hier nur darum, an einigen erlebten Situationen aufzuzeigen, wie sich Wege finden lassen können, aggressives Fehlverhalten eines kleinen Kindes abzufangen, indem man auf seine Vorstellungswelt und Phantasie eingeht.

Nachdem der Morgen und auch das Frühstück in der Folgezeit fast ohne Zwischenfälle verlief, sollte versucht werden, Thomas über einen Spielgefährten an gemeinsames Spielen heranzuführen. Dieser Spielgefährte durfte aber auf keinen Fall ein Rivale sein, und das Spiel mußte Möglichkeiten zur Kooperation bieten. Diese Möglichkeit schien mir beim Sandspiel gegeben. In einer stillen Ecke des Gruppenraums befand sich ein Kindertisch mit eingesenkter Wanne, die mit Wasser oder Sand gefüllt werden konnte. Ich hatte Thomas bereits öfter an diesem Tisch beschäftigt, erstens um seinen Tastsinn zu stimulieren, zweitens um ihm durch Baukonstruktionen zu helfen, seine Raumlagelabilität zu überwinden. Außerdem bot ihm das Sandspiel Gelegenheit, seine Phantasie umzusetzen und auftretende Aggressivität in einem Spielverlauf abzuleiten.

Eines Tages entschloß ich mich dann, ein körperbehindertes Kind hinzuzunehmen. Es mußte für Thomas klar sein, daß von diesem Kind keine Aggressivität ausgehen konnte, daß es im Gegenteil auf Hilfe angewiesen war. Ich holte *Axel* dazu. Er war ein sehr lieber, sanfter, 3jähriger spastischer Junge. Er konnte damals noch nicht frei stehen und nur wenige Worte hervorbringen. Mit den Händen konnte er nur unbeholfen im Sand formen. Darum protestierte Thomas auch sofort, aber ich wies jedem seine Ecke am Sandtisch an. Thomas hatte im Grunde ein sehr mitfühlendes Herz, und es dauerte nicht lange, bis er bemerkte, wie ich Axel am Tisch stützen und seine Hände beim Erzählen führen mußte. Wir bauten eine Sandburg, und ich bat Thomas, behilflich zu sein, einen Weg dorthin zu bauen. Das führte er dann bereitwillig aus.

Wenn andere Kinder sich neugierig näherten, warf er schon einmal mit Sand, aber niemals bewarf er Axel. Axel war intelligent, und Thomas hatte schnell heraus, was Axel in seiner Unbeholfenheit beabsichtigte. Das Unglaubliche geschah: Er half Axel, etwas fertigzustellen, und ging auf sein Spiel ein. Das waren seine ersten Schritte auf dem Weg zur sozialen Integration.

Nach einiger Zeit konnte Thomas sich von mir lösen und am Gruppenleben teilnehmen, nur vor unerwarteten Geräuschen mußte man ihn schützen oder beiseite nehmen. Einzelne Therapiestunden, wie z.B. Musiktherapie, verliefen wie vordem separat. Der Schulbeginn wurde um ein Jahr verschoben. Dennoch wäre es für Thomas zu früh gewesen, nach einer behüteten Spielgruppe in eine große lebhafte Grundschulklasse eingeschult zu werden, und in einer Sonderschule für Verhaltensgestörte wäre er erst recht fehl am Platz gewesen. Zum Glück fand sich eine einsichtige Lehrerin, die in diesem Jahrgang eine ungewöhnlich kleine Klasse zu betreuen hatte. Die Einschulung gelang problemlos. Thomas hatte noch rechtzeitig desensibilisiert werden können und auch eine gewisse innere Ausgeglichenheit erlangt.

Im Fall von Thomas kann man nicht von dem Erfolg einer bestimmten heilpädagogischen Methode sprechen, wohl aber davon, wie entscheidend es sein kann, den richtigen Zugang zur Empfindungswelt eines Kindes zu finden und seine Nöte mit ihm zusammen in aller Gelassenheit durchzustehen. Das ist nicht durch Bücher, sondern nur durch ernsthafte Selbstschulung und durch Erfahrung zu lernen.

Verletzende Vorurteile bei spastischer Lähmung und endogen bedingter Behinderung – Birthe, Ralf und Detlef

Die 5jährige *Birthe* hatte es mit ihrer Umwelt schwer. Sie wurde von fast allen Erwachsenen und auch von Kindern gemieden, denn ihre äußere Erscheinung hatte so gar nichts Liebliches an sich. Ihr dunkles Haar war schütter und strähnig. Das Gesicht war aufgrund einer cerebralen Lähmung verzogen und ein wenig schief, ihr Kinn war lang und erschreckend spitz gebildet. Ihr Mund stand immer offen, wobei ihr der Speichel über die Unterlippe lief. Ihr rechter Arm war verkrampft zusammengezogen und ihr Gang humpelnd. Sie litt unter Hemiplegie (halbseitige Lähmung) und Dysarthrie (gestörte Artikulationsfähigkeit).

Birthe war nur mit äußersten Bemühungen der Ärzte während der Geburt am Leben geblieben. Sie hatte unter Sauerstoffmangel gelitten und dementsprechend cerebrale Schädigungen davongetragen. Nicht betroffen waren Verstand, Gemüt und ihr kommunikationsbereites Wesen. Um so schwerer war es für das an sich freundlich und fröhlich veranlagte sprechunfähige Mädchen zu ertragen, daß sich viele Menschen vor ihm ekelten und kein Kind mit ihm spielen mochte. Sogar dem Institut entstanden Probleme, denn die Eltern protestierten, wenn ihre Kinder in eine Gruppe, der Birthe angehörte, integriert werden sollten. Es schien zunächst schier unmöglich, eine Gruppe zusammenzustellen.

Was Birthe aber vor allen Dingen brauchte, war die Gemeinschaft mit anderen Kindern. Schließlich gelang es, erste Kontakte mit einem blinden gleichaltrigen Jungen, *Jan*, der sogar die unartikulierten Laute des Mädchens akzeptierte, herzustellen. Der Erzieher mußte natürlich als Dolmetscher fungieren und Birthes Intentionen verbalisieren. Jan zog sich nicht zurück und hatte im Morgenkreis keine Probleme beim Reigenspiel. Er ekelte sich nicht wie die anderen vor dem Anblick Birthes und scheute sich nicht, ihr die Hand hinzuhalten. Birthes Augen strahlten dabei vor Freude, und ihr ganzes Gesicht erhellte sich.

Birthe war zwar mehrfach behindert, aber sie war nicht als Schwerstbehinderte einzustufen. Sie konnte laufen, sie konnte vieles selbständig erledigen, und es zeigte sich auch sehr bald, daß ihre Intelligenz nicht durch die körperlichen Handicaps gelitten hatte. Sie durfte auf keinen Fall *unterfordert* werden. Und vor allen Dingen brauchte dieses kleine Mädchen Anerkennung, wie die Blume das Sonnenlicht, um zu gedeihen. Der Kontakt zu dem blinden Jungen war ein erster Erfolg. Als nächstes gelang es (durch Musiktherapie), ihre Spannungen des rechten Arms so weit zu lösen, daß sie kleine Melodien auf einer Kinderharfe spielen konnte. Die Gruppe war begeistert, und manche Eltern zogen ihre Bedenken zurück.

Sätze wie: »Nein, hierher schicke ich *mein* Kind nicht«, »mit solch einem Kind soll *mein* Kind nicht spielen – es ist ja nicht blöd«, wurden seltener. Trotzdem blieb die Situation kritisch, wenn Neuaufnahmen von Kindern bevorstanden und die Eltern die Kindergruppen sehen wollten. Ständig bewegte mich die Frage: Was kann man bloß gegen all diese Vorurteile tun? Birthe selbst wies den Weg. Sie interessierte sich für die Schreibmaschine im Büro. Ich besorgte ihr ein ausrangiertes Exemplar, setzte sie davor, band ihr ein dunkles Frotteelätzchen um, damit die Tasten nicht vom Sabbern naß wurden, und ließ sie mit der gesunden linken Hand tippen. Es machte ihr unwahrscheinlichen Spaß, und die anderen Kinder waren ganz fassungslos, daß Birthe nunmehr Texte abtippen konnte. Sie lernte später in der Vorschulgruppe auch das Lesen, d.h. sie führte aufgeschriebene Aufforderungen durch, denn den Text aussprechen, konnte sie ja nicht. Diese Tätigkeiten verschafften Birthe das Selbstwertgefühl, das ihr bis dahin so sehr gefehlt hatte.

Es berührte mich schmerzlich, als ich bemerkte, daß Birthe bei Besuch von Fremden von sich aus die Schreibmaschine ansteuerte. »Hast du das wirklich nötig, liebes Kind?« dachte ich jedes Mal, aber ich wußte, daß sie es nötig hatte, um sich zu beweisen. Aus der Sicht des Instituts war ich dankbar dafür, denn dort, »wo so etwas« einem behinderten Kind beigebracht wird, »darf mein Kind gerne bleiben«, sagten manche Eltern erleichtert.

Diese oberflächliche Art zu urteilen, in völliger Unkenntnis der vielen Varianten von Behinderungen und unter Mißachtung der Person des betroffenen Kindes, zwingt den Therapeuten geradezu, Lernziele vorwegzunehmen, die sonst erst später angestrebt worden wären. Für Birthe war es, psychologisch gesehen, entscheidend, sich angenommen fühlen zu können. Ihr Gemüt hätte sich sonst immer mehr verdüstert, und die Tendenz, sich zu verkriechen, hätte sich verstärkt. Mit 8 Jahren wurde Birthe in eine Sonderschule für Körperbehinderte eingeschult. Von Lernbehinderung war nicht mehr die Rede.

Ich habe Birthe als Beispiel genannt, um zu verdeutlichen, daß der Heilpädagoge in besonderen Fällen bereit sein muß, ungewöhnliche, individuell ausgerichtete Maßnahmen zu ergreifen, um die Wege des anvertrauten Kindes zu ebnen.

Ich hätte an dieser Stelle auch *Ralf* nennen können, denn er war ein absoluter Parallelfall zu Birthe, aber er verkraftete seine Behinderung viel besser, denn erstens war er mit Geschwistern aufgewachsen und gewohnt, sich zwanglos unter anderen Kindern zu bewegen. Die ablehnende Haltung der Umwelt, die ihm neu war, ignorierte er vollständig. Zweitens hatte er lustige Einfälle, die andere Kinder bald zu schätzen lernten. Was mir in diesem Fall wie in all den Jahren meiner Tätigkeit schmerzhaft bewußt wurde, ist die Tatsache, daß Erwachsene eher Nachsehen mit einem Jungen haben, wenn sein Aussehen weniger vorteilhaft ist. Ein kleines Mädchen, das nicht niedlich ausschaut, hat es doppelt so schwer, die Herzen der Erwachsenen zu erobern.

»Ein 4jähriger Junge mit leichten cerebralen Dysfunktionen«, sagte am anderen Ende der Telefonleitung der Facharzt, der mir *Detlef* überwies. Das war die erste einer Reihe von im Lauf der Jahre bei diesem Jungen immer wieder neu gestellten Diagnosen. Er war mit seinen nicht zueinander passenden, widersprüchlichen Symptomen einfach nicht einzuordnen.

Einerseits war er etwas retardiert, andererseits zeigte er Pfiffigkeit und Witz. Er sprach etwas stotternd und undeutlich, in Zwei-Wort-Sätzen, hatte aber Spaß an aufgeschnappten komplizierten Wörtern und Redewendungen, die er durchaus behalten und wiederholen konnte. Seine Bewegungsstörungen fielen zunächst nicht auf, zeigten sich aber in unkontrollierten Überschußbewegungen und Unruhe. Dennoch war er nicht als hyperaktiv zu bezeichnen. Emotional war er schwer gestört und wurde oft ohne ersichtlichen Grund aggressiv. Die leichte Erregbarkeit machte sich in zunehmender Röte des Gesichts und im heftigen Hin- und Herpendeln des großen schmalen Kopfes bemerkbar. Das war dann ein Alarmzeichen, denn kurz darauf flogen wahllos die Gegenstände durch den Raum.

Autistische Züge waren nicht zu übersehen (Autismus war auch eine der Diagnosen, die später gestellt wurden). Aber zu diesem Krankheitsbild paßte wiederum nicht sein Vermögen, hingebungsvoll einer Geschichte zu lauschen und mit ruhigen, erstaunten großen Augen daumenlutschend dem Blick der ihn betreuenden Person lange standzuhalten. Im allgemeinen vermied er jedoch den Blickkontakt und jede Berührung. Zu der Diagnose Autismus paßten auch nicht seine Hilfsbereitschaft und sein Mitempfinden, wenn einem anderen Kind ein Mißgeschick zugestoßen war. Wie gesagt, ein Kind voller Widersprüche.

Ich erwähne Detlef in diesem »Bilderbogen« der Kinder, weil ich zwei Erfahrungen aus der langjährigen Bekanntschaft mit ihm weitergeben möchte. Die erste ist, daß dort, wo keine handfeste medizinische Diagnose aufzustellen ist, meistens die Psychotherapie zu Hilfe gerufen wird, und zwar mit der Tendenz: »Wenn man beim Kind nichts erreicht, muß es an der Mutter liegen.« Daß solche Fälle vorkommen, soll nicht bestritten werden. Aber unsägliches Leid wird dadurch mancher Mutter auferlegt, die schon genug unter den Absonderlichkeiten des Kindes zu leiden hat. Und dann wird ihr noch gesagt, daß die Schuld bei ihr liege. Sie wird zu regelmäßigen Therapiestunden bestellt, deren Sinn sie nicht einsehen kann und die sie gänzlich überfordern, denn die Alltagsprobleme, die sie zu bewältigen hat, bleiben nicht nur bestehen, sondern wachsen durch zusätzlichen Zeitdruck und Verlust des Selbstwertgefühls an.

Genau so verhielt es sich in Detlefs Fall. Die verunsicherte Mutter unterzog sich mehreren Sitzungen, bis sie selbst diese für sie quälende und, wie sich zeigte, völlig wirkungslose Maßnahme – gegen den Willen des Arztes – abbrach.

Meines Erachtens muß sehr viel sensibler mit solchen Verfahren umgegangen werden. Wenn man mit mehr Geduld und vor allem über einen längeren Zeitraum hinweg (nicht stundenweise – Tage oder Wochen gehören dazu!) das Verhalten des Kindes unter den anderen Kindern und Erwachsenen genau beobachten und die auftretenden Probleme so, wie es eine Mutter macht, anpacken würde, käme man möglicherweise dahin, feststellen zu müssen, daß die Mutter schwierige Situationen hervorragend meistert. Es wäre dann die Aufgabe des Therapeuten, sie zu bestärken und ihr Mut zu machen, statt sie zu verunsichern.

Das abwegige Verhalten des Kindes kann durchaus konstitutionell endogen (durch innere Ursache) bedingt sein, auch wenn sich zunächst keine medizinische Diagnose findet – sich kein Syndrom anbietet, vielleicht weil es noch gar nicht entdeckt worden ist oder ganz selten vorkommt. Wenn ein solcher Wirrwarr an Widersprüchlichkeiten, an vermuteten Diagnosen und vorgeschlagenen Therapien entsteht, darf man sich – und das ist die zweite Erfahrung, die ich weitergeben möchte – als Heilpädagoge auf der Basis anthroposophischer Menschenkunde nicht beirren lassen. Zum ersten geht es immer darum, zu versuchen, den Persönlichkeitskern des Kindes zu erreichen und zu bestärken, und zum zweiten, Hilfeleistung bei den auftretenden Schwächen zu geben, ohne zu verzagen, wenn große Fortschritte ausbleiben.

Schon der erste Blick auf den ausgeprägten, großen, schmalen, unkindlich wirkenden, unruhig auf langem Hals pendelnden Kopf Detlefs (Umfang 72 cm) und auf seine sonstigen Gestaltphänomene, wie die kurzen, unrhythmisch »hämmernden«, sich hastig fortbewegenden Unterschenkel, ließ den Beobachter ahnen, daß manifeste Inkarnationsprobleme vorlagen, die wohl therapeutisch zu beeinflussen, aber nicht zu beheben sein würden. Das war eine schwere Einsicht bei dem zunächst als »leichten Fall« angekündigten Jungen. Diese meine ersten Beobachtungen und die damit verbundenen Befürchtungen habe ich damals umgehend dem Arzt mitgeteilt. Ich wollte von vornherein Enttäuschungen über zu geringe Fortschritte vorbeugen. Ich hielt die Behinderung nicht für einen »leichten Fall«, selbst wenn die spastische Komponente nur als minimal betrachtet werden mußte: Hier lag ein Kampf des Kindes mit einer nicht adäquaten Konstitution vor.

Es konnte bei Detlef nur einen Weg der Therapiefindung geben. Man mußte sich sein Bild, seine äußere Erscheinung intensiv vergegenwärtigen, die Gestaltphänomene »reinlich anschauen« und sich nachahmend und mitempfindend in seine Verhaltensweisen hineinversetzen (siehe Seite 66).

Einige Gestaltphänomene nannte ich schon. Es wären noch die eingedrückte Schläfenpartie, die ausgeprägte Unterlippe, die hellen, fast rötlich blonden Haare und die braunen Augen zu erwähnen. Die Haut war zart und so durchscheinend, daß viele bläuliche Adern zu erkennen waren. Seine Gesichtsfarbe wechselte ständig, und er schwitzte leicht, oftmals so sehr, daß die Haare naß wurden und feuchte Locken sich auf die Stirn legten. Sein Wuchs war schlank und die Hände schmal, mit langen, ungeschickten und sehr unruhigen Fingern. Es zeigte sich bald, daß sich seine beim Sitzen auftretende Unruhe durch Betätigung der Finger, z.B. indem man ihm einen kleinen Knetwachsklumpen in die Hand gab, ein wenig dämpfen ließ. Als Detlef in den Kindergarten aufgenommen werden konnte, näßte er und kotete gelegentlich noch ein.

Trotz aller erwähnten Anzeichen handelte es sich bei Detlef keineswegs um eine kindliche Form der Hysterie. Er befand sich, psychisch gesehen, nicht »außerhalb« seiner selbst. Im Gegenteil, er nahm mit groß aufgerissenen, staunenden Augen und mit offenem Mund deutlich alle Begebenheiten rundherum wahr – er *sog* förmlich alle Eindrücke in sich hinein. Eine solche Verhaltensweise kann auf Verschiebungen innerhalb der Stoffwechselchemie hindeuten.[5] Bei Detlef wurde ein Jahrzehnt später tatsächlich die endogene Ursache der Störungen und das selten auftretende Syndrom, unter dem der Junge zu leiden hatte, diagnostiziert. Das Ergebnis ist in diesem Zusammenhang nicht von Interesse, denn es gab keine Hinweise auf therapeutische Maßnahmen, die eventuell auch schon früher hätten eingesetzt werden können; es bestätigte lediglich die »Unheilbarkeit«.

Hier geht es jedoch um die Frage, wie einem Kleinkind mit diffusen, nicht einzuordnenden Behinderungen heilpädagogisch geholfen werden kann.

Zu dem bereits erwähnten Erscheinungsbild gehörte eine unregelmäßige Zirkulation: Äußere Anzeichen waren neben wechselnder Gesichtsfarbe und häufigem Schwitzen das Anschwellen der Halsader und zeitweiliges Herzrasen. Detlef atmete stoßweise, flach und schnell und zeigte sich absolut arhythmisch. Bei dieser Feststellung war der Ausgangspunkt für eine Therapie gegeben: neben einer rhythmischen Sprachheilbehandlung rhythmische Übungen in jeder Form, Stampfen, Schreiten, Klatschen, Schwingen etc., und Heileurythmie. Der Unruhe der Finger war schwer beizukommen, Detlef hatte wenig Kontrolle über seine Bewegungen und keinerlei Formvorstellungen. Darum war im ersten Jahr der Behandlung eine Maltherapie noch nicht angezeigt. Als hilfreich erwies sich aber das Kneten und Formen in lauwarmem Teig. Das machte ihm Spaß, beruhigte ihn und ließ seine Atmung tiefer werden. Auch die Augen-Hand-Koordination ließ sich dadurch verbessern.

Die Fähigkeit, mit den Augen eine Handtätigkeit zu begleiten, fehlte Detlef zu Beginn der Therapie vollständig. Bei seinen unkontrollierten Überschußbewegungen war aber, sollte eine praktische oder gestaltende Tätigkeit ausgeübt werden, eine Steuerung durch die Augen unerläßlich. Da diese nur mangelhaft funktionierte, mißlang ihm alles, und darüber wurde er wütend. Er stieß Becher um, bekleckerte sich beim Essen oder Malen. Er konnte sich nicht so recht anziehen und keine Verschlüsse schließen. Er konnte weder einen Ball werfen noch auffangen etc. Die aggressiven Anfälle wurden vorrangig ausgelöst durch das Mißlingen von Versuchen, durch Abwartenmüssen, durch Gedränge, ansteigende Wärme bei verringertem Sauerstoffgehalt des Raums oder durch einen gesteigerten Geräuschpegel. Bei besonderen Veranstaltungen oder Vorführungen mußte ihm vorbeugend der Pullover ausgezogen und häufiger gelüftet werden. Er brauchte einen geräumigen geschützten Sitzplatz, und es durften nicht allzu laute Kinder in seine Nähe kommen.

Es sollen hier nicht alle kleinen Schritte erwähnt werden, die Detlef zur Bekämpfung seiner angeborenen Behinderungen gegangen ist. Er machte im Lauf der Vorschulzeit, die um ein Jahr verlängert wurde, beachtliche Fortschritte, so daß ihm bei einem Test im kognitiven Bereich die Grundschulfähigkeit bescheinigt wurde. Zu dieser positiven Entwicklung trugen sein Sinn für Witz und Humor, seine Freude an sprachlichen Feinheiten und sein gutes Gedächtnis bei. Diese anlagenbedingten Stärken waren in der Sprachheilbehandlung unterstützt und weiter geschult worden. Daß er konstitutionell und emotional einem normalen Schulalltag auf Dauer nicht gewachsen war, hing mit der Schwere seiner endogen konstitutionellen Behinderung zusammen.

Ich habe aus vielen ähnlich gelagerten Fällen, die geeignet wären, die eher schädlich als hilfreich wirkenden psychotherapeutischen und analytischen Behandlungen von Mutter und Kind zu demonstrieren, Detlef ausgewählt, und zwar allein aus dem Grund, weil bei ihm nachträglich die, naturwissenschaftlich-medizinisch betrachtet, verursachenden Komponenten in der physischen Struktur entdeckt wurden, was die völlige Nutzlosigkeit der für die Mutter seelisch und körperlich belastenden Maßnahmen erwies.

Solche Erfahrungen sind eine Mahnung, nicht vorschnell auf Erziehungsfehler und mangelnde Liebe einer Mutter oder auf einen psychoanalytisch zu erschließenden Hintergrund zu verweisen. *Bemerkt man beim Kind auffallende*

Gestaltphänomene, unharmonische Bewegungsabläufe, und/oder mangelhafte Koordination, wird die Mutter vor allen Dingen verständnisvolle Unterstützung und Beratung benötigen. Behutsame, einfühlsame Kontaktaufnahme ist die Aufgabe eines Heilpädagogen.

Gerade die zunächst »ungeklärten Fälle« sind besonders geeignet zu veranschaulichen, wie sich aus einem innerlich erarbeiteten menschenkundlichen Ganzheitsbild auch bei diffusen Symptomen individuell fördernde Therapiemaßnahmen herausfinden und praktizieren lassen. Allerdings nicht ohne eine Grundhaltung, die Geduld, Konsequenz und Lebenshumor mit einschließt.

Ungewöhnliche Kinder – Betroffene Eltern

Bereits die Vorbereitung für die Ankunft eines ersehnten Kindes ist erfüllt von glücklicher Spannung und Erwartung. Wird es ein Mädchen, ein Junge sein? Wie und wo sollen das Bettchen, die Wiege und der Wickeltisch aufgestellt werden? Welche Farbe, welches Material paßt am besten? Die Liste der Fragen läßt sich nahezu endlos verlängern. Je näher der Geburtstermin heranrückt, desto aufgeregter werden die Gefühle der Mutter, wobei sich vielleicht auch ein wenig Angst einzuschleichen beginnt. Ist dann schließlich die Entbindung glücklich überstanden, befindet sich für eine Weile buchstäblich der Himmel auf Erden.

Schlägt dann – wie ein feuerzündender Blitz – die Nachricht ein, daß etwas mit dem Kind »nicht ganz in Ordnung« ist, daß es eine schwere, lebensprägende Behinderung haben wird, kann der Schock verheerend sein. Alle Hoffnungs- und Glücksgefühle fallen wie Asche in sich zusammen. Eine Mutter, die ein Kind mit Langdon-Down-Syndrom zur Welt gebracht hatte, drückte das so aus: »Ich fiel in ein schwarzes Loch, aus dem ich lange nicht herausgekommen bin.«

Manche Mutter wird von Panik ergriffen und möchte davonlaufen, nicht anders als mancher, der Unfallflucht begeht. Diese Reaktion stellt man auch öfter bei Vätern fest, sofern die Behinderung schwer und sofort zu erkennen ist. Andernfalls neigen sie dazu, zu bagatellisieren und die Sorgen ihrer Frauen zu ignorieren.

Aus der so freudig erwarteten Geburt ist – so will es scheinen – ein Unfall oder Unglück im wahrsten Sinne des Wortes geworden, und zwar eines, das Mutter und Kind auf Jahre hinaus in eine Art Symbiose zwingt, wie in eine gemeinsame Haut. Denn die besondere Art des Kindes und seine Bedürfnisse trennen auf Jahre die Mutter von anderen Müttern, zuweilen auch die ganze Familie von bisherigen Verwandtschafts- und Freundeskreisen.

Wird die Mutter verzweifelt im »schwarzen Loch« verharren, wird sie ihr Leben mit dem Kind als Gefängnis erleben, oder wird es ihr aus eigener Kraft gelingen, sich daraus zu befreien und neue Bande zu knüpfen? Wird sie die Entdeckung machen, daß es gerade diese enge Symbiose ist, die ihr die einmalige Chance anbietet, Schicksal umzuformen? Wird das Unglück eines Tages als Segen erlebt werden können?

Es gibt unendlich viele Beispiele dafür, wie es Müttern gelungen ist, ihre Schutzbefohlenen so zu führen und anzuleiten, daß sie wie Oasen in der heutigen sozialen Wüste der Unmenschlichkeit und Kontaktarmut wirken. Ihnen gegenüber kann man nur Hochachtung und Bewunderung empfinden!

Es kann hier nicht darum gehen, Trost zu spenden, stehen die Betroffenen doch in einem langwierigen Prozeß, der sich im engsten Raum zwischen den Angehörigen vollziehen muß. Aber es soll der Versuch unternommen werden, Verständnis und die Bereitschaft zur dringend benötigten Hilfeleistung zu wecken. Erstens, um dem Kind eine innerhalb seiner Möglichkeiten optimale Förderung zukommen zu lassen, zweitens zur Entlastung der Mutter und möglicherweise der ganzen Familie.

Wie Förderung und Pflege gestaltet werden müssen, hängt von dem Erscheinungsbild des Kindes ab, aber für jedes »Handikap« gilt, daß begleitende Hilfsmaßnahmen, die die Entwicklung positiv beeinflussen können, sobald wie möglich zu beginnen sind. Dies zu versäumen, bedeutet nichts Geringeres als eine Unterlassungssünde zu begehen.

Eine Unterlassungssünde ist es auch, wenn Ärzte keine ausreichenden Informationen über den Zustand des Neugeborenen geben. Es kommt vor, daß – nachdem akute Krankheitserscheinungen behoben worden sind – Neugeborene ohne weitere Instruktionen als gesund nach Hause entlassen werden. Die Behinderungen werden einfach verschwiegen.

Der Vater eines mehrfach behinderten Jungen schilderte mir das so: »Wir erfuhren nur, daß unser Junge vorerst im Krankenhaus verbleiben müsse, da es Probleme mit seinem Magen und der Ernährung gäbe. Es bestünde Lebensgefahr. Man bangt und hofft, bis nach einigen Wochen die Krise überstanden ist und der Junge als gesund nach Hause entlassen wird. Da steht man nun völlig allein mit so einem Würmchen und weiß sich bei dem ständigen Spucken und kläglichen Weinen nicht zu helfen. Später erst erfährt man, daß der Junge durch Hirnschaden und

Magen/Darm-Anomalie eine lebenslängliche Behinderung haben wird, und es heißt nur: ›Ihr müßt sehen, wie ihr damit fertig werdet.‹ Grausam war das! Kein Rat und keine Hilfe! Schließlich hat es meine Frau doch gepackt. Sie hat ihren Beruf aufgeben müssen, aber heute (nach 3 Jahren) sind die zwei fröhlich miteinander. Damals gesund entlassen, ja, aber mit schwerer Mehrfach-Behinderung. Wie ratlos, wie hilflos steht man da – es ist nicht zu beschreiben!« In diesem Fall hätten Sofortmaßnahmen zur Unterstützung der Mutter eingeleitet werden müssen.

Ebenso falsch wie die Nicht-Information ist aber auch der Usus mancher Ärzte, nur den Vater oder sonstige Bezugspersonen einzuweihen. Das bedeutet keineswegs – wie diese Ärzte wohl meinen – eine Schonung für die Mutter, und selten ist es angebracht, den Zeitpunkt der Information zu verschieben. Denn wenn sich bei der Mutter erst Illusionen eingestellt haben, wird die Enttäuschung heftiger. Außerdem wird sie durch solchen Ausschluß innerlich tief gekränkt und verletzt. Der Schock kann ihr so oder so nicht erspart bleiben, aber wenn sie ihn gemeinsam mit dem Partner verarbeiten und sich mit ihm zusammen dem Schicksal stellen kann, wird es erträglicher. *Gleichzeitig mit der Information sollte unbedingt auf Chancen und nicht nur auf Risiken und Defizite hingewiesen werden.* Das verlangt die schlichte Menschlichkeit!

Viele Mütter klagen über die teilnahmslose, unmenschliche Form der schließlich erfolgten Diagnose-Mitteilung, insbesondere darüber, welche verheerenden Prognosen gestellt werden. Das wäre das andere Extrem. Nach meinen Erfahrungen scheint aber die Anzahl der Mütter, die überhaupt nicht informiert werden, die weitaus größere zu sein, ja es kommt sogar häufig vor, daß die Mütter selbst Besonderheiten bei ihrem Säugling bemerken und vergebens um Aufklärung bitten.

Ist dies der Fall, wird eine Mutter dazu verdammt, in einem Schwebezustand zwischen Hoffnung und Verzweiflung zu verharren. Und weil das nicht auf lange Zeit auszuhalten ist, entstehen dem Kind gegenüber ablehnende Gefühle. Im Hin- und Hergerissensein zwischen zärtlicher Zuneigung, Ungewißheit und Abneigung keimen Schuldgefühle auf, die keineswegs geeignet sind, die Schicksalssituation besser zu bewältigen und seelisch zu verarbeiten. Je nach Veranlagung verfällt die Mutter in Mißtrauen und Lethargie, oder sie wirbelt hektisch von einem Arzt zum anderen oder von einer Therapie zur anderen. Beides, die Resignation wie die Übertherapie, schadet dem Kind.

Bis dato sind jedoch viele Kinderärzte nicht in der Lage, Kleinkinder ganzheitlich zu betrachten und Behinderungen sowie neurologisch bedingte Verhaltensauffälligkeiten zu erkennen. Sie behandeln Krankheiten, und wo es keine gibt, gibt es für sie auch keine medizinische Indikation. Mit Redensarten wie: »Nur mit der Ruhe, das wächst sich alles zurecht«, oder: »Es ist halt ein Spätentwickler« oder ein »retardiertes« oder »hyperaktives Kind«, werden die Mütter beruhigt. Die eine oder andere bekommt eine Beruhigungstablette für sich oder das Kind. Im günstigsten Fall wird eine spezielle Krankengymnastik verschrieben, und damit ist die Angelegenheit dann abgetan. So geht für das Kind entscheidende Zeit verloren, die durch gezielte Frühförderung hätte genutzt werden können.

Ein wenig anders ist der Verlauf bei Frühgeborenen. Diese Geburten bedeuten immer ein gewisses Risiko für die Weiterentwicklung des Säuglings. Wenigstens werden diese kleinen Geschöpfe zumindest für eine gewisse Zeit sorgfältig beobachtet. Das gilt auch für Neugeborene, die während der Geburt unter Sauerstoffmangel litten, und für diejenigen, bei denen ein Blutaustausch vorgenommen werden mußte: die »Risiko-Kinder«.

In diesen Fällen ist es meistens nicht möglich, eine bestimmte Diagnose zu stellen, denn jedes Neugeborene bringt große Reserven an Lebens- und korrigierenden Wachstumskräften mit und überwindet oft einen ungünstigen Start ins Leben. Dennoch gilt, was gesagt wurde: Jedes Risiko-Kind sollte möglichst früh eine begleitende vorbeugende Behandlung erhalten. Es geht darum, falsche Bewegungsmuster abzubauen, natürliche anzubahnen oder kompensierende Kräfte zu mobilisieren. Bei früher fachkundiger Betreuung kann ein Drittel aller Behinderungen geheilt und ein weiteres Drittel gemildert werden.

Die Bezeichnung »Risiko-Kind« ist, psychologisch gesehen, nicht sonderlich glücklich gewählt. Wenn die Entwicklung des Kindes in den Augen der Eltern halbwegs gut verläuft, halten sie das Risiko leicht für überstanden und verdrängen diesen Begriff. Sie registrieren als Eltern Ungewöhnlichkeiten nicht oder bagatellisieren sie. Wenn die Mutter dennoch zum Kinderarzt geht, wird ihr gesagt, daß sie sich unnötig Sorgen mache, vielleicht sogar, daß sie hysterisch sei. Der gleichen Meinung ist dann meistens auch der Vater.

Geradezu absurd scheint es mir zu sein, wenn bei einem wohlig-schmatzenden, rosig-gesunden, lächelnden Säugling aufgrund einiger Körpermerkmale, z.B. des Down-Syndroms, von einer »geistigen Behinderung« gesprochen wird. Zwar ist vorauszusehen, daß seine Entwicklung verzögert verlaufen und er infolge von Intelligenz-Defiziten auch als Erwachsener ständig eine begleitende Hilfe benötigen wird, aber das hängt mit der Strukturierung seiner

Körperzellen zusammen. Es sagt nichts über seine geistige Individualität aus, die es mit diesen Einschränkungen aufzunehmen und ein Schicksal zu erfüllen hat. An anderer Stelle werde ich versuchen deutlich zu machen, wie das zu verstehen ist.

Für mich ist jedes dieser Kinder ein kleiner Sonderling, der – um sich optimal zu entwickeln – besonders vorsorgliche, liebevolle Begleitung und Hilfe benötigt. Der Begriff »kleiner Sonderling« diskriminiert nicht, er macht nur bewußt, daß jedes Kleinkind mit abweichendem Entwicklungsmuster zusätzlicher Körper-, Sinnes- und Seelenpflege bedarf.

Zu den betroffenen Eltern gehören dann aber noch diejenigen, deren Kinder zunächst nicht als kleine Sonderlinge zu betrachten waren, sondern erst infolge von Krankheit oder Unfall eine erhebliche Verschiebung ihrer Entwicklung (bis zur Schwerstbehinderung) hinnehmen mußten.

Als »Unfall« könnte es auch bezeichnet werden, wenn ein Kind Umwelt- oder Milieuschäden ausgesetzt worden ist. Viele Verhaltensgestörte gehören in diese Kategorie, und häufig sind dann die Betroffenen die Adoptiv- oder Pflegeeltern.

Ich erwähnte schon, daß sich viele der betroffenen Väter – oft durch Schockwirkung – zunächst von einem behinderten Säugling abwenden und die Mutter mit ihrem Baby allein lassen. Es wäre ungerecht, die Väter nicht zu erwähnen, die mit kühlem Kopf den Erscheinungen auf den Grund gehen und sich die Sorgen ihrer Frauen zu eigen machen, bis sie die für das Kind geeignete Therapie gefunden haben. Diese Väter gibt es selbstverständlich auch.

Besonders rührend besorgt verhalten sich aber Väter, deren Töchter oder Söhne erst im Lauf der Kindheitsjahre eine Behinderung erfuhren: Sie kannten ihren Sprößling schon, konnten sich mit ihm identifizieren und bemerkten die Veränderung.: »Das Kind war und bleibt doch mein Sohn (meine Tochter).« Ein solches Bekenntnis fällt schwerer bei einem behinderten Neugeborenen, und nicht selten wird der Frau die alleinige »Schuld« zugeschoben. Das trifft sie dann doppelt. Zu dem ersten kommt der zweite Schock.

Es scheint mir überaus wichtig, daß Angehörige, Freunde und Bekannte gleich nach Bekanntwerden der Behinderung durch positive Einstellung und Hilfsbereitschaft eine so betroffene Familie unterstützen. Sie sollte in ihrem ersten Kummer nicht allein gelassen werden!

Eine positive Einstellung setzt aber Kenntnis und Verständnis voraus, und wer helfen will, muß auch wissen, wie er sich zu verhalten hat und was machbar ist. Die kleinen Sonderlinge brauchen außer inniger Zuneigung und liebevoller Fürsorge eine individuell auf sie abgestimmte Behandlung. Ein spastisch gelähmtes Kind braucht eine ganz andere Förderung als ein blindes. Ein Kind mit Down-Syndrom benötigt andere Maßnahmen als ein verhaltensauffälliges. Nicht selten ist ein kleiner Sonderling darum von Mehrfachbehinderung bedroht, weil ein Defizit zumeist sekundäre Behinderungen nach sich zieht. Wahrnehmungsstörungen verursachen z.B. Verhaltensstörungen, wer taub ist, lernt nicht sprechen, wer nicht greifen oder gehen lernen kann, bleibt vielfach in der intellektuellen Entwicklung retardiert. Dieser Umstand kann eine interdisziplinäre Betreuung durch Fachkräfte unterschiedlicher Ausbildung erfordern. Es müssen alle therapeutischen Maßnahmen koordiniert werden, aber die *drei Aspekte der Betreuung* dürfen dabei nicht verlorengehen: An erster Stelle steht die angemessene Hilfe für das Kind, an zweiter die Bemühung um eine intakte Mutter-Kind-Beziehung, die als der beste Nährboden für die Fortentwicklung des Kleinkindes bezeichnet werden kann. Dazu gehört zunächst die praktische Anleitung der Mutter: Wie sie mit dem Kind umzugehen hat, welche Übungen wie ausgeführt werden müssen, wie ein Tagesrhythmus unter gegebenen Umständen gestaltet werden kann etc. Es gehört aber auch dazu – und das ist der dritte Aspekt –, die Mutter im Ringen um eine positive innere Einstellung zu ihrer Gesamtsituation – zu ihrem und des Kindes Schicksal – zu unterstützen. In manchen Familien ist auch der betroffene Vater mit einzubeziehen.

Wie nun kann man der Mutter beistehen, daß sie, ohne sich durch die Maßstäbe der Norm, also des Durchschnitts, irritieren zu lassen, befähigt wird, die Entwicklungsschritte ihres kleinen Sonderlings – und seien sie noch so minimal – freudig zu verfolgen und zu erleichtern?

Diese Frage ist schwerwiegend und ohne eine heilpädagogische Methode, die seelische und geistige Bedürfnisse mitberücksichtigt, nicht zu beantworten. Auch die Frage nach dem Sinn, nach dem »Wert« eines behinderten Lebens erfordert eine Anwort und innere Stellungnahme – besonders heutzutage, wenn längst überwunden geglaubte Begriffe aus Deutschlands dunkelster Zeit aus der Versenkung auftauchen und manche Mutter bereits vor der Geburt des Kindes in schwerste Bedrängnis und Gewissenskonflikte bringen.

Daß es eine Heilpädagogik gibt, die sowohl den betroffenen Eltern als auch den Therapeuten bzw. Heilpädagogen auf der Suche nach Antworten wegweisend sein kann, möchte ich in diesem Buch zeigen.

Imponderabilien im Umgang mit dem Kind

In der allgemeinen Pädagogik handelt es sich darum, die Verbindung zwischen Seele und Geist des Kindes zu stärken, damit ein eigenes Streben nach Wissen und Ethik veranlagt und befriedigt werden kann. Die Heilpädagogik hat eine gänzlich andere Aufgabe. Sie muß versuchen, das gestörte Verhältnis zwischen Seele und Leiblichkeit zu beheben. Denn infolge einer geschädigten leiblichen Konstitution (z.B. Hirnfunktionsstörung) mit Ausfall gewisser Sinnesprozesse ist bereits die seelische Erlebniswelt des Kindes beeinträchtigt, sein Verhalten gestört und somit der Weg zur kognitiven Entwicklung verstellt. Das Kind ist wahrnehmungsgestört, nachahmungsunfähig, erlebnisarm, reaktionslos, hyperaktiv, autistisch, um nur einige der häufig vorkommenden Schäden zu erwähnen. Es bedarf einer intensiven Seelenpflege, die im Kleinkindalter nahezu mit der Sinnespflege gleichzusetzen ist.

Um eine solche Pflege durchführen zu können, muß sich ein Heilpädagoge nicht nur theoretische Kenntnisse aneignen, sondern auch selbst seine Sensibilität und Beobachtungsfähigkeit schulen. Das gleiche gilt auch für eine Mutter, wenn sie den Willen hat, selbst herauszufinden, was dem Kind hilft. Darüber hinaus kommt es auf die innere Haltung an, die man dem Kind gegenüber einnimmt. Die beste Methode kommt ohne Einfühlungsvermögen und eine liebevolle positive Einstellung zum Kind nicht zum Tragen. Das ist ein oft in der Praxis festgestelltes Phänomen.

Viele Pädagogen und erfolgreiche Therapeuten haben selbst diese Erfahrungen gemacht, ohne aber ausreichende Erklärung dafür geben zu können. Als Beispiel möchte ich die amerikanische Psychologin Violet Oaklander anführen. Sie schreibt in ihrem Buch »Gestalttherapie«: »Ich erkannte, daß ich das Wichtigste nicht etwa in Seminaren oder aus Büchern gelernt hatte, sondern von den Kindern selbst, mit denen ich gearbeitet hatte. Ich stellte fest, daß sich die verschiedenen theoretischen Ansätze oft widersprachen, auch wenn sie sich auf den selben namhaften ›Experten‹ beriefen. Ich lernte, daß alle anderen – genau wie ich – im Dunkeln tappten. Viele leisteten gute Arbeit, es schien aber keine zusammenhängende theoretische Begründung dafür zu geben.« Eine Begründung läßt sich finden, wenn man sich mit den hier vertretenen Anschauungen über die Wirkung von Imponderabilien auseinandergesetzt hat. Was unter Imponderabilien zu verstehen ist, wird im Lauf der Ausführungen deutlich werden.

An anderer Stelle fährt Violet Oaklander fort: »Wenn ich mit Kindern arbeite, bringe ich etwas anderes als Bücher und Schulwissen in meine Arbeit und meine Beziehung zu Kindern ein. Ich bemühe mich sehr zu verstehen, was dieses ›etwas‹ ist, denn ich bin sicher, daß es etwas sehr Wichtiges ist, das aus einer inneren Quelle stammt, die so sehr Teil meiner selbst ist, daß ich nicht mehr darüber ›nachdenke‹. Wenn ich mit einem Kind zusammen bin, merke ich, daß ich mich, ohne mich selbst zu verlieren, sehr gut in das Kind einfühlen kann. Für mich ist dieses Kind kein Fremder. Damit meine ich nicht, daß ich alles über das Kind weiß, sondern daß ich leicht mit ihm eine Beziehung herstellen kann – und das Kind spürt das.«

Violet Oaklander spricht vom Einfühlen, von Beziehung herstellen. Rudolf Steiner verwendet im zwölften Vortrag des »Heilpädagogischen Kurses«[5] adäquat den Begriff »wirkliche Liebe«. Was umfaßt ein Begriff wie »wirkliche Liebe«? Eine blutsgebundene, eine instinktgebundene, eine triebhafte Liebe kann damit nicht gemeint sein. Es muß sich um eine objektive Zuneigung handeln, die frei von emotionalen Regungen aus der ideellen Gesinnung hervorgeht.

Eine objektive, wirkliche Liebe darf sich von Gemütsschwankungen der Sympathie oder Antipathie nicht beirren lassen. Denn Sympathie allein reicht nicht aus, um sich in die Situation des Kindes einfühlen zu können. Sympathie empfindet man dort, wo einem etwas behagt und man sich selbst wohlfühlt. Dagegen ist im täglichen Umgang miteinander gewiß nichts einzuwenden. Wer jedoch therapeutisch tätig sein will, muß subjektive Gefühle zurückhalten können, um zu einer objektiven Beobachtung des kleinen Sonderlings vorzudringen und um seine Bedürfnisse mit Einfühlungsvermögen erkennen zu können. Mutterliebe ist dazu selten in der Lage. Sie ist oft eine sehr subjektive und auch egoistische, instinktive Liebe: »*Mein Kind*«. Die Mutter und auch der Vater überschütten das Kind mit Spielsachen, die es sich wünscht, und solchen, die es sich nicht gewünscht hat. Der kleinste Wunsch wird erfüllt, jeder Stein aus dem Weg geräumt. Mit dieser »selbstbezogenen« Liebe wird unter Umständen geradezu ein kleiner Tyrann herangezüchtet. Das hat absolut nichts mit wirklicher Liebe zu tun.

Parallel dazu wäre die verborgene, d.h. unbewußte, selbstverwirklichungsbedürftige Betriebsamkeit von Angehörigen und Freunden anzuführen, die man mit dem Wort »Helfer-Syndrom« bezeichnet.

Von manchen Müttern allerdings können Heilpädagogen, die dafür sensibilisiert sind, unendlich viel lernen. Nämlich von denjenigen, denen es aus wirklicher, großer Liebesfähigkeit gelingt, in ihrem behinderten Kind die eigenständige Person zu sehen und ihre Beobachtungsgabe dermaßen zu schulen, daß sie die leisesten Intentionen des Kindes bemerken und soweit nachempfinden können, daß sie aus eigener *Invention* eine heilende Maßnahme entdecken, die manchmal an Wunder grenzende Fortschritte beim Kind hervorruft.

Als Beispiel sei die durch den beeindruckenden Film »Mein linker Fuß« so bekannt gewordene Mutter von Christy Brown genannt. Sie hatte bei ihrem gelähmten Sohn die Beobachtung gemacht, daß er den linken großen Zeh willentlich bewegen konnte. An diesem Punkt knüpfte sie an. Mit Geduld und Liebe setzte sie unermüdlich die Übungen mit dem Zeh fort, aber im Abwarten der eigenen Intention des Kindes. Sie gab immer nur Hilfestellungen, ohne zu drängen, und auch diese nicht mehr als unbedingt erforderlich. Als er begann, mit dem linken Fuß Kreidezeichen auf den Boden zu kritzeln, erkannte sie – trotz Widerspruchs aus Fachkreisen – diese Kritzeleien als Versuch, Buchstaben nachzuzeichnen. Es gelang ihr, den Jungen so zu fördern, daß dem sprechunfähigen Kind schließlich eine schriftliche Kommunikation mit seinen Angehörigen möglich wurde. Diese Mutter war aus wirklicher Liebe zu einer objektiven Beobachtung fähig und konnte dadurch eine individuelle Entwicklungsmöglichkeit für ihren Sohn finden.

Die wirkliche Liebe ist ein sehr hohes Ziel und wird nicht ohne großen Einsatz erreicht. Man kann aber nach ihr streben und es erst einmal mit echter liebevoller Zuwendung versuchen. Die Reaktionen des Kindes darauf werden nicht ausbleiben. Es erscheint vielleicht simpel, auf die Qualitäten von Liebe und Zuwendung hinzuweisen. Ihre Auswirkungen lassen sich nicht ohne weiteres messen. Es gibt so viele individuelle Unterschiede. Es könnte sich doch, so meint man zuweilen, schlicht um die rechte Handhabung handeln – also um die Anwendung von fachlichem Können?

Die Erfahrungen, die in großen Kliniken und Anstalten gemacht worden sind, belehren uns eines Besseren. Ohne Zuwendung, ohne Zuspruch und Liebkosungen gedeihen die Kinder – auch die gesunden Kinder – nicht. Man weiß heute sehr genau, welche verheerenden psychischen, aber auch physischen Mangelerscheinungen fehlende Zuwendung verursachen kann. Die individuellen Unterschiede verwischen sich. Die Kinder zeigen alle die gleichen Symptome in mehr oder weniger ausgeprägter Weise.

Es ist sehr wichtig für Heilpädagogen, solche Symptome zu kennen, um die Ursachen, die nicht beim Kind liegen, nach Möglichkeit zu beheben oder, wie es des öfteren der Fall ist, Adoptiveltern in ihren Bemühungen unterstützen zu können. Darum möchte ich, bevor ich weiter auf die Schulung der Heilpädagogen eingehe, kurz die am häufigsten vorkommenden Merkmale dieser Mangelerscheinung schildern.

Folgeerscheinungen bei mangelnder Zuwendung (Hospitalismus)

Liebevolle Zuwendung ist nicht meßbar, aber, wie es sich in der Praxis gezeigt hat, so unentbehrlich für das Gedeihen eines Kindes wie die Nahrung. Wo diese Zuwendung fehlt, verkümmert das Kind. Ganz besonders betrifft das die allerersten Lebensjahre. Diese Verkümmerung ist so augenfällig, daß sogar die Diagnosebezeichnung »Hospitalismus« dafür gefunden wurde. Es handelt sich um eklatante Störungen, die bei Kindern, die in Kliniken und Säuglingsheimen versorgt werden, einheitlich auftreten.

Welche Verhaltensmuster zeigen diese Kinder? Sie schaukeln liegend im Bettchen oder auf dem Boden sitzend, sie schlagen mit dem Kopf hin und her, unter Umständen sogar so fest auf den Boden oder an die Wand, daß Beulen entstehen. Sie kratzen und beißen sich selbst oder reißen sich die Haare aus. Obwohl keine Behinderung, keine erkennbare cerebrale Schädigung vorliegt, sind sie in ihrer Entwicklung retardiert. Die kleineren lernen mitunter nicht laufen, nicht sprechen. Die größeren sind distanzlos, fahrig oder aggressiv und stopften sich andauernd wahllos sowohl Eßbares als auch Unverdauliches in den Mund. Ähnliche Verhaltensstörungen können auch bei total verwahrlosten Kindern auftreten. Sozialarbeiter kennen das. Ein wesentlicher Unterschied besteht jedoch.

Man hat es niemals als verwunderlich empfunden, wenn ein Kind, das mit Nahrung, Hygiene, Kleidung etc. schlecht versorgt und außerdem viel verprügelt und herumgestoßen worden ist, so reagiert. Bei angemessener Pflege erholen sich diese Kinder in der Regel rasch, denn leibliche Not allein hinterläßt keine gravierenden psychischen Störungen (von Mißhandlung und Gewalt ist hier nicht die Rede). Ganz anders ist die Situation bei Hospitalismus, der meistens, und das ist das Verwunderliche, bei bestens gepflegten Kindern vorkommt und nur schwer zu beheben ist. Auch wenn für absolute Hygiene, pünktliche und genau zusammengestellte Nahrung, ausreichenden Schlaf, frische Luft und Vitamine gesorgt worden ist: aus Unkenntnis oder Zeitmangel der Betreuer hat diesen Kindern eine liebevolle Zuwendung gefehlt. Hunger und Armut können gewiß die körperliche Konstitution, aber nicht in gleicher Weise wie fehlende Zuwendung das intakte seelische Gefüge eines Kindes stören. In Konsequenz dieser Erkenntnis wird heute in modernen Kliniken gut vorgesorgt, indem die Kleinen beschäftigt werden und vor allem dadurch, daß man viel mit ihnen spricht. So gesehen müßte, nachdem diese Zusammenhänge erforscht sind, der Hospitalismus nahezu eliminiert sein. Leider ist das nicht der Fall, weil erstens immer wieder sogenannte Personalengpässe vorkommen oder eine liebevolle Haltung fehlt und zweitens sich dieses Symptom bisweilen aus der Klinik in die Familie verlagert hat.

Man spricht heute also auch von »Wohlstands-Hospitalismus« oder »Wohlstands-Verwahrlosung«. Die Schäden sind zwar nicht immer so eklatant sichtbar, wer aber die Symptome kennt, sieht auch in abgeschwächten Verhaltensformen die Folgen mangelnder Zuwendung. Solche Entwicklungsverkümmerungen des Kleinkinds erfordern einen intensiven, geduldigen Einsatz aller Bezugspersonen. Eine ambulante Therapie reicht nicht immer aus. Manchmal muß sogar ein Milieuwechsel für das Kind vorgeschlagen werden.

Ich führe das Beispiel Hospitalismus deswegen an, um dem Leser zu verdeutlichen, wie das Vernachlässigen »seelischer Nahrung« – »psychischer Stimulation« würde man heute vielleicht sagen – bei ursprünglich völlig unauffälligen Kindern schwerste Schäden hervorrufen kann (siehe Beispiel Ricarda, Seite 29).

Ein Kind mit angeborener Behinderung, seien es Blindheit, Taubheit, Spastizität oder andere Störungen, benötigt den Erwachsenen und seine vertraute Stimme noch viel mehr als das unauffällige Kind, um nicht zusätzlich zur Behinderung dem Hospitalismus zu verfallen. Darüber hinaus benötigt ein ungewöhnliches Kind selbstverständlich zugleich Betreuende mit fundierten Fachkenntnissen.

Erforderliche Fachkenntnisse

Wie sieht es nun in der Praxis aus, wie kann man sich konkret beruflich auf die Behandlung von ungewöhnlichen Kleinkindern vorbereiten? Die allererste Anforderung, die Rudolf Steiner stellt, lautet: Es muß der Ausbildung »eine wirklich eindringliche Erkenntnis der Erziehungspraxis gesunder Kinder vorangehen«. Wer die Norm nicht kennt, kann Abweichungen und Störungen – vor allem im Frühstadium – nicht wahrnehmen. Das macht sich auch bei Eltern bemerkbar, die als erstes Kind einen kleinen Sonderling zu erziehen haben. Es ist sehr viel schwerer, ihr Verständnis und ihre Mitwirkung zu erringen, als es bei Eltern der Fall ist, die bereits größere Kinder haben und durch Erfahrung wissen, worauf es ankommt. Eine solche Erfahrung sollte sich jeder schon vor Beginn der Ausbildung angeeignet haben.

Manche junge Menschen beginnen erst nach einer abgeschlossenen Berufsausbildung oder nach einigen Jahren Praxis, sich die Heilpädagogik als eine zweite, zusätzliche Ausbildung zu erarbeiten. Es liegt auf der Hand, daß es vorwiegend Lehrer sind, die einen solchen Entschluß fassen, zunehmend Erzieher, die sich den kleineren Kindern zuwenden wollen. Darin sehe ich durchaus eine latente Gefahr, denn verschiedentlich machte ich die Erfahrung, daß Studierende, die als Grundstudium Pädagogik absolviert hatten, nicht ausreichend Geduld aufwiesen und dazu neigten, belehren und Leistungen beurteilen zu wollen. Es fiel ihnen schwer, diese Gewohnheit aufzugeben und zu einer objektiven, vorurteilsfreien Beobachtung vorzudringen.

Wer dagegen eine Vorbildung im medizinischen, therapeutischen oder pflegerischen Bereich erhalten hatte, brachte andere Voraussetzungen mit und war gewohnt, Krankheits- und Heilungsprozesse – auch in kleinsten Schritten – wertfrei beobachtend zu verfolgen. Diese Fähigkeit machte sich, besonders in der Frühförderung, sehr positiv bemerkbar. Einem psychologisch gut geschulten Pädagogen fiel es wiederum leichter, bei ausgeprägten Verhaltensstörungen die spontan richtigen Maßnahmen zu treffen, ohne emotional zu reagieren.

Wenn im Vorschulalter zuweilen pädagogisch-psychologische Erwägungen angebracht sein können, im frühkindlichen Alter sind sie nicht angemessen. In der Frühförderung sollten nicht pädagogische, sondern therapeutische Maßnahmen im Vordergrund stehen.

Innerhalb eines heilpädagogischen Instituts werden natürlich zusätzliche therapeutische Fachkräfte benötigt. Zu nennen wären die Fächer Musik- und Kunsttherapie, Massage, Physio- und Hydrotherapie, Logopädie und Heileurythmie. Als Zusatz- oder Weiterbildung wird für Heilpädagogen auch die Frühförderung oder – wie sie als Spezialfach genannt wird – die »Sonderpädagogische Hausfrühförderung« angeboten.

Es liegt in der Initiative des einzelnen, sich aus der Verknüpfung mit der Sonderpädagogik herauszulösen und sich die nötigen therapeutischen Fachkenntnisse in Selbststudien, Seminaren und Praktika anzueignen. »Early stimulation«, »sensorische Integration«, sensomotorische oder psychomotorische Übungsbehandlung sind Methoden, die sich nicht an der schulischen, sondern mehr an der klinischen Heilpädagogik orientieren. Anstelle von Frühförderung sprechen die Vertreter dieser Methoden dann auch lieber von »Frühbehandlung«. Wer mit Klein- und Kleinstkindern arbeiten will, muß diese Methoden kennen – auch wenn er die Ergänzung seines Grundwissens in der geisteswissenschaftlichen Menschenkunde sucht.

Außer einem sehr umfassenden fachlichen Wissen verlangt die Frühförderung, da sie oft an abgelegenen Orten und innerhalb der Familie durchgeführt werden muß, vom Ausübenden die Fähigkeit zu selbständiger Arbeit und zur Kooperation mit sonstigen Bezugspersonen (eventuell auch mit Krankengymnasten und Ärzten). Ebenso werden Kenntnisse über Lern-, Spiel- und Hilfsmittel sowie über mögliche soziale Unterstützungsansprüche vorausgesetzt.

Es handelt sich also um eine sehr komplexe fachliche Berufsausbildung. Da sie auch ein hohes Maß an manueller Geschicklichkeit und Einfühlungsvermögen verlangt, würde ich Berufsanfängern, die eine Tätigkeit in der Frühförderung – oftmals gleichbedeutend mit Schwerst- und Mehrfachbehinderten-Förderung – anstreben, immer dazu raten, eine Basisausbildung im medizinisch-therapeutischen Bereich zu absolvieren, z.B. als Kinderkrankenschwester/pfleger oder Krankengymnast. Danach kann dann nach Möglichkeiten eines Aufbaustudiums Ausschau gehalten werden. Selbstverständlich ist ein medizinisches Vollstudium sehr zu begrüßen, denn es fehlt an Ärzten, die Eltern beraten, Frühförderer anleiten und Institute betreuen können.

Je vielseitiger die Fachkenntnisse sind, desto mehr Aufgaben können von einer einzigen Person übernommen werden, die sogenannte multi-disziplinäre Betreuung läßt sich einschränken, was für die Betreuung des sehr kleinen Kindes von großem Vorteil ist. Der Frühförderer wird also immer danach streben, diejenigen Fachkenntnisse zu erwerben, die er benötigt, um den individuellen Fall, der ihm anvertraut wird – sei es ein blindes, taubes, sprech- oder gehunfähiges Kleinkind –, ausreichend fördern zu können. Er muß jedoch sein Können richtig einschätzen, seine Grenzen genau kennen und im Bedarfsfall, ohne zu zögern, weitere Therapeuten hinzuziehen oder veranlassen, daß sich ein Elternteil auf einem bestimmten Gebiet ausbilden läßt – um beispielsweise die Gebärdensprache für taube Kinder oder spezielle Übungen für spastische Kinder zu erlernen.

Mit diesen Erläuterungen sollte die häufig sowohl bei den Eltern als auch bei Pädagogen vorkommende Auffassung widerlegt sein, daß es bei kleineren Kindern leichter sein müsse als bei größeren, eine heilpädagogisch-therapeutische Maßnahme durchzuführen. Die Eltern sind oft der Meinung, die mit der Frühförderung beauftragte Person »spiele ja bloß mit dem Kind«, und »immer wieder das gleiche«. Sie verstehen wenig davon, wie eine bestimmte Fähigkeit gerade im Spiel erübt, wie die reguläre sensorische und sprachliche Entwicklung angebahnt, wie jede erteilte Stunde nachträglich verarbeitet und über alle Beobachtungen Protokoll geführt werden muß. Darauf werde ich im folgenden noch ausführlicher einzugehen haben.

Ebenso deutlich muß hervorgehoben werden, daß eine Heilpädagogik auf der Basis, wie sie in diesem Buch vertreten wird, keine »schmalspurige Ausbildung« zuläßt. Sie ist – genauso wie die anthroposophische Medizin eine Erweiterung der Heilkunst ist – eine Erweiterung der allgemeinen Heilpädagogik. Nur mit der Einschränkung, daß bisher selten eine ambulante oder mobile Frühbehandlung (d.h. Behandlung in der Familie) außerhalb des klinischen Bereichs durchgeführt werden konnte. Der neue Beruf des Heilpädagogen in der Frühförderung befindet sich ja erst im Aufbau. Für den an einer Ausbildung interessierten Leser und für Mütter, die öfters danach fragen, möchte ich kurz skizzieren, welche Kenntnisse und Fähigkeiten Heilpädagogen vor Beginn ihrer Ausbildung beherrschen sollten.

Zunächst geht es darum, die grundlegenden allgemeinen Forderungen an *Können*, *Wissen* und *Haltung* zu erfüllen. Unter Können wird vorausgesetzt, daß es der Heilpädagoge gelernt hat, wie mit einem spastischen Baby umzugehen ist, wie Wahrnehmungen sensibilisiert oder desensibilisiert und Entwicklungsverzögerungen überwunden werden und wie Stereotypien und falschen Bewegungsmustern zu begegnen ist.

Daß sie spieltherapeutische Ansätze beherrschen, Fähigkeiten beim Kind feststellen und ausbauen und das Trainingsprogramm strukturieren können, wird ebenfalls erwartet. Die Fähigkeit der eigenen Selbstkontrolle (Supervision), der Gesprächsführung, des Verfassens von Protokollen und Berichten müssen noch hinzukommen.

Als Grundwissen werden Kenntnisse der Medizin, Soziologie, Pflege- und Rehabilitationssysteme sowie rechtlicher Bestimmungen des Bundessozialhilfegesetzes (BSHG) und des Kinder- und Jugendhilfegesetzes (KJHG) erwartet.

An Fachkenntnissen werden – außer Sonder- und Entwicklungspädagogik – vermittelt:

- Entwicklungspsychologie
- Kenntnisse verschiedener Lerntheorien
- Kenntnisse über Spielzeug und Hilfsmittel
- Kenntnisse über verbale Kommunikation
- zusätzlich Grundkenntnisse der Anthroposophie, insbesondere auf den Gebieten der Menschenkunde, Kleinkind- und Heilpädagogik, sowie Fachkenntnisse auf folgenden Gebieten:
- Lebens- und Sinnesprozesse
- Ernährungslehre (des Säuglings und Kleinkindes)
- Wirkung und Bedeutung von Rhythmus und Nachahmung
- verbale und nonverbale Kommunikation
- Sprachanbahnung.

Die Sprachanbahnung ist deswegen so wichtig, weil kein Kleinkind ohne eigene Vorübungen zum Sprechen kommt und es sich in der Frühförderung häufig um verzögerte Entwicklung oder Artikulationsprobleme handelt.

Was unter Haltung angeführt ist, wird je nach Lehrmeinung unterschiedlich interpretiert. Ich möchte auf eine Haltung hinweisen, die sich aus einer ernsthaften inneren Schulung ganz von selbst ergibt.

Selbstschulung und eigene Maßstäbe

Auf welchem Weg auch immer eine berufliche Qualifikation angestrebt wurde, das Selbststudium wird niemals abgeschlossen sein. Ein Heilpädagoge, der seine Arbeit nach den in diesem Buch aufgezeigten Kriterien ausüben möchte, bleibt in bezug auf seine Kenntnisse stets ein Lernender und in der Selbstschulung seines eigenen Charakters und Könnens ein in innerer Wachheit immerfort Übender.

Alle medizinischen Berufe setzen Gewissenhaftigkeit und Verantwortungsgefühl voraus. Es sollte aber noch etwas hinzukommen, was Rudolf Steiner »*Mut zur inneren Entscheidung*« nennt (Heilpädagogischer Kurs, 2. Vortrag). Dieser Mut ist seiner Meinung nach Vorbedingung, wenn man in diesem Bereich tätig sein will. Und ich meine, daß dies ganz besonders für das erst im Aufbau befindliche Fach »Heilpädagogik im Säuglings- und Kleinkindalter« zutrifft.

Abgesehen von diesen inneren Qualitäten, um die sich jeder nach eigenen Maßstäben zu bemühen hat, gibt es aber andere Fähig- und Fertigkeiten, die man sich nur durch Selbstschulung aneignen kann und die von jedem Menschen, der mit ungewöhnlichen Kleinkindern zu tun hat, erstrebt werden sollten, sei es, um als Therapeut den anvertrauten Kindern besser helfen zu können, sei es, um als Mutter die Intentionen des Kindes besser wahrzunehmen – oder einfach zu dem Zweck, kleinen Sonderlingen mit mehr Liebe und Verständnis begegnen zu können.

Um welche Qualitäten es sich dabei handelt und wie diese geübt oder entwickelt werden können, soll durch folgende zusammenfassende Aufzählung verdeutlicht werden, die den Leitgedanken von Rudolf Steiners »Heilpädagogischem Kurs« folgt.

Das Aneignen eines kritiklosen sachlichen Beobachtungsvermögens

Die Naturbeobachtung scheint mir der beste Weg zu sein, eine solche Fertigkeit zu üben, angefangen beim Beobachten von Wetter, Wind und Wolken, von Landschaften, Bergen und Meer, von Veränderungen durch Jahres- und Tageszeiten, Sonnenauf- und -untergang bis hin zu Flora und Fauna. Damit meine ich auch die Aufmerksamkeit für Verhaltensweisen von Pflanzen und Tieren bis zur Wahrnehmung dessen, was sich in Lautäußerungen und Bewegungen mitteilen will. Beim Beobachten eines Menschen käme das Betrachten individueller Merkmale hinzu, *ohne* aber Schlüsse zu ziehen oder Urteile zu bilden. Als weiterer Schritt auf dem Weg der Selbstschulung wird empfohlen:

Symptomstudien betreiben

Dabei gilt es jedoch, das Symptom nicht mit der Ursache zu verwechseln und niemals Symptom mit Symptom zu vergleichen, sondern nur Symptom mit dem Umkreis (nicht Blatt mit Blatt, sondern Blatt mit Baum). Das jeweilige Umfeld muß berücksichtigt werden. Das ist auch deswegen wichtig, damit keine wertenden oder moralisierenden Tendenzen den Blick trüben (»reinlich anschauen«). Rudolf Steiner sagt darüber: »Niemals dasjenige verwechseln, was im Symptomenkomplex liegt, mit demjenigen, was eigentlich der substantielle Inhalt der Krankheit ist.«

Weiter wird den Pädagogen – um die genannten Fertigkeiten zu vervollkommnen – empfohlen, »nicht den Lehrer, sondern den Künstler in sich zu erwecken«. Das ist möglich durch:

Eigene künstlerische Tätigkeit

Sie fördert außerdem die innere Beweglichkeit und die Begeisterungsfähigkeit.

Das Empfinden für Körpersprache (einschließlich der eigenen) schulen

»Wenn wir in die Schule hineinkommen und Gebärden machen, ja, wenn diese Gebärden adäquate Ausdrücke sind desjenigen, was wir seelisch erleben, wirken sie ungeheuer auf das Kind.«

In erhöhtem Maß gilt das für das Bewegungsverhalten des Erwachsenen dem Kleinkind gegenüber (in Anbetracht seines Nachahmungsbedürfnisses). Aber auch für die Bewegungssignale, die vom Kind ausgehen, sollte der Erwachsene eine Empfindung entwickeln. Er muß den »seelischen Hintergrund« einer Bewegung möglichst »ertasten« und nachfühlen können, wann dem Kind gegenüber Distanz geboten ist (bei Übersensibilität z.B.), welche Gehemmtheiten des Kindes seelischen, welche physiologischen bzw. neurologischen Ursprungs sind.

Um eine nonverbale (nichtsprachliche) Kommunikation mit einem körpergeschädigten oder sprechbehinderten Kleinkind aufbauen zu können, ist eine allgemeine Kenntnis der Körpersprache nicht ausreichend. Eine weitere Anforderung an die Selbstschulung lautet daher:

Das Imitationsvermögen pflegen und trainieren

Pantomimische Übungen sind nicht nur der nonverbalen Kommunikation wegen wichtig. Sie helfen in der Praxis, dem eigentlichen Problem des Kindes auf die Spur zu kommen. Wenn es einem gelingt, in dessen Gestik und Mimik »*hineinzuschlüpfen*«, ihnen mit dem eigenen Leib nachzuspüren, so empfindet man auch die psychische Verfassung des Kindes.

Auf Polaritäten und harmonischen Ausgleich achten

Wenn man die geisteswissenschaftliche Menschenkunde studiert, wird man feststellen, daß der Polarität – sowohl der Polarität der Eigenschaften als auch der Polarität des Körperbaus und der Krankheitserscheinungen – große Bedeutung beigemessen wird (z.B. das großköpfige und das kleinköpfige Kind, Hysterie und Epilepsie). In der Heilpädagogik tritt das ganz besonders hervor, und viele therapeutische Maßnahmen beruhen auf Kenntnissen von Polaritäten – nicht nur, weil es sich meistens um Kinder handelt, die nach der einen oder anderen Seite abweichen; etwa weil sie in ihrer Entwicklung verzögert oder beschleunigt sind, weil sie vielleicht einen zu gespannten oder zu schlaffen Muskeltonus aufweisen, um nur einige Vorkommnisse zu nennen. Für diese Phänomene sollte in jedem Fall Sensibilität entwickelt werden. Auch die Selbstbeobachtung ist wichtig: Rede ich zu schnell, ohne Pausen, oder findet sich bei mir nur langsam ein Wort zum anderen, habe ich einen schleppenden Gang oder bin ich zappelig?

Nach einem harmonischen Ausgleich zu suchen, darf aber nicht heißen, nach dem Normalen zu streben. Besonders Eltern machen auf diesem Sektor große Fehler. Die Aufgabe lautet nicht, das »Normale«, sondern das »Optimale« zu suchen. Es gilt, die für das Kind optimalen Entwicklungsmöglichkeiten zu finden. Es könnte sonst passieren, daß man, wie Rudolf Steiner es ausdrückt: »*ein Stück Genialität heraustreibt*«.

Bei den nächsten drei anzustrebenden Fähigkeiten, die ich hier anführen möchte, handelt es sich eigentlich um innere Anlagen, die zu verstärken sind. In welcher Weise das geschieht, durch Versenkung in geistige, religiöse oder künstlerische Inhalte, bleibt jedem einzelnen selbst überlassen:

»Interesse für das Mysterium der menschlichen Organisation entwickeln«

Dabei muß man sich jeder Sympathie oder Antipathie enthalten. Es gilt, sich in verständnis- und mitleidvoller *Gelassenheit* ein objektives Bild einer Erscheinung zu formen. Rudolf Steiner: »... *so lange man in Erregung kommen kann dabei, so lange kann man eigentlich nicht wirksam erziehen*« (z.B. wenn es nicht gelingt, ein Kind zum Gehen zu bringen).

Außerdem muß die *Ehrfurcht* vor dem Leben, vor der Schöpfung, vor dem Schicksal, dem Schönen und den Idealen gepflegt werden. In vielen grundlegenden Vorträgen erwähnt Rudolf Steiner außerdem (in Anlehnung an Goethe) die dreifache Ehrfurcht, die es zu entwickeln gilt, nämlich: Die Ehrfurcht vor dem, was *über* uns, *in* uns und *unter* uns ist.

Das Interesse für das Mysterium der menschlichen Organisation muß sich auch aufs Detail beziehen. Ein Ohrläppchen, ein Fingernagel oder das Haar müssen ebenso interessieren wie die Planeten, denn »*es ist schließlich darinnen ein ganzer Kosmos enthalten*«. Rudolf Steiner nennt dieses Interesse: »Die *Andacht* zum Kleinen und zum Kleinsten«, die in »aller bescheidenster Weise« entwickelt werden sollte (auch als ein Schutz gegen jede Überheblichkeit). »Ohne daß wir diese kosmische, religiöse Einstellung haben, werden wir unmöglich dazu vorrücken können, die richtige Haltung gegenüber dem Kinde zu entwickeln – und auf diese Haltung kommt es an.«

Humorvoll sein

»Vor allen Dingen, was gehört zum Erziehen von solchen Kindern dazu? Nicht die bleierne Schwere, sondern Humor, wirklicher Humor, Lebenshumor. Man wird trotz allen möglichen gescheiten Kunstgriffen solche Kinder nicht erziehen können, wenn man nicht den nötigen Lebenshumor hat.«

Ein Kind lacht gerne, und man sollte das nicht unterbinden, sondern unterstützen und hervorzulocken versuchen. Es gibt, vom Kind aus gesehen, oft komische Situationen und Anlaß zur Heiterkeit. Man bemerke sie und lache mit dem Kind, auch dann, wenn man selbst »die komische Figur« abgegeben hat. Über sich selbst lachen zu können, ist wichtig.

Ich möchte nicht mißverstanden werden. Was man dem Kind vorträgt, sollte in der Stimmung wechseln wie Sonnenschein und Regen. Sein Mitempfinden, auch das Mitleiden, will geweckt und angeregt werden. Bei einem selbst aber muß im Hintergrund immer der Humor beheimatet sein, bereit, bei jedem Anlaß hervorzublitzen. Ein griesgrämiges Gesicht und eine wehleidige Stimme haben auf die Psyche des Kindes die gleiche belastende Wirkung wie verdorbene Nahrung auf den Leib.

Die kindlichen Entwicklungsschritte wollen mit Humor, mit Freude und – fügt Rudolf Steiner hinzu – mit »*Enthusiasmus*« begleitet werden. Dem muß die Heilpädagogik das gleiche Gewicht wie den äußeren Handgriffen beimessen – das sollte bei der Selbstschulung nicht vergessen werden.

Eine Arbeitshypothese

Der erste Hinweis, den die ratsuchenden Heilpädagogen von Rudolf Steiner erhielten, bevor überhaupt ein Wort von therapeutischen Maßnahmen oder Kursen gesprochen wurde, war der Hinweis auf die Bedeutung ihres Impulses für das künftige Karma. Das bezog sich sowohl auf das der ihnen Anvertrauten als auch auf ihr eigenes, das damit verflochten sein würde. Karma bedeutet Schicksal und sinnvolle Entwicklung durch Reinkarnation, d.h. durch Wiedergeburt in sich wiederholenden Erdenleben des menschlichen Individuums. Es handelt sich hier also nicht um »Seelenwanderung«, wie sie in manchen östlichen Religionen vertreten wird.

Mancher Leser wird bei diesem Hinweis zunächst etwas wie Abwehr empfinden und die Frage stellen: »Was haben weltanschauliche Aspekte mit einer heilpädagogischen Praxis zu tun?« Wer wirklich in der Praxis steht, stellt diese Frage nicht mehr, denn er wird von den Eltern tagtäglich mit weltanschaulichen Fragen wie diesen konfrontiert: »Warum gerade ich?« – »Was für einen Sinn hat eine schwere Behinderung?« Oder: »Was ist konkret unter der Würde des Menschen zu verstehen?«

Um solchen Fragen begegnen zu können und selbst den Mut in scheinbar hoffnungslosen Fällen nicht zu verlieren, bedarf es anderer Einsichten, als die Naturwissenschaften sie zu vermitteln vermögen. Wir alle haben erfahren, welche Konsequenzen aus einer rein materialistischen, auf Nützlichkeit und Leistung ausgerichteten Weltsicht gezogen werden können. Wir kennen die Terminologien von »unwertem Leben« und »Euthanasie«, die letztlich zu einer Brutalisierung des Lebens führten und führen. Selbstverständlich sind unter den Betroffenen auch Eltern, die für sich eine Antwort gefunden haben, entweder in ethischen Grundsätzen oder in einem tiefreligiösen Glauben. Von ihnen werden solche Fragen nicht gestellt.

Viel häufiger jedoch kommt es vor – und zwar im zunehmenden Maße –, daß die Betroffenen mit dem Schicksal hadern. Es gelingt ihnen nicht, ihrem Leben positive Perspektiven abzugewinnen und ihr Kind so zu bejahen, wie es das verlangt. Dieses Hadern mit dem Schicksal ist Gift für das Kind, für die Stimmung, für das Zusammenleben einer Familie. Jeder Psychologe wird das bestätigen und sich in vielen »Sitzungen« bemühen, bei den Verantwortlichen eine andere Einstellung anzuregen. Aus Vernunftgründen findet sich dann schließlich irgendwie ein Modus, damit »fertig zu werden«, aber emotional, im Unterbewußtsein, ist das Schicksal, wie es so schön heißt, »noch lange nicht bewältigt«. Die »Sinn-Frage« bleibt nach wie vor unbeantwortet. Besonders Eltern schwerstbehinderter Kinder haben darunter sehr zu leiden, und manche gestehen ein, daß ihnen mitunter der Gedanke: »Wäre es nicht humaner, dieses Kind sterben zu lassen?« in den Sinn kommt. Was kann man in solcher Bedrängnis tun?

Bei jeder gewissenhaften Forschung – in der Naturwissenschaft wie in der anthroposophischen Geisteswissenschaft – werden Phänomene und Gesetzmäßigkeiten entdeckt, für die es zunächst keine Erklärungen im üblichen Sinn oder Beweise gibt. Es gilt, sie vorurteilsfrei zu beachten und ihre Wirkung im praktischen Leben zu prüfen. Man nennt das »eine Arbeitshypothese aufstellen«. Entweder zeigt sich im Lauf der Zeit, daß eine Annahme falsch gewesen ist oder aber, daß sie sich im Leben bewährt. Dann kann man getrost danach handeln, ohne die verborgenen Gesetze enträtseln zu können. Versucht man auf diese Weise, die Aussagen der Karma-Lehre als Arbeitshypothese in den eigenen Lebenslauf einzubeziehen, hat das nichts mit Autoritäts- oder Aberglauben zu tun. Es steht jedem frei, seine eigenen Erfahrungen zu machen.

In Gesprächen mit Betroffenen stellte sich bemerkenswert oft heraus, daß sie selber oder Anverwandte der Meinung sind, ein behindertes Kind sei irgendwie eine Strafe Gottes. Manche unterstellen einen Grund, andere wiederum fragen sich: »Wofür werde ich denn so hart bestraft?« Sie leben mit quälenden Schuldgefühlen oder laden sozusagen die Schuld auf die Vorfahren. Auch nicht-religiöse, mehr rational denkende Eltern tun das – sie suchen dann die Schuld im Erbgut der Vorfahren (der Mutter oder des Vaters). Zuweilen wird diese Art des Denkens auch auf die Vorstellungen von karmischen Gesetzmäßigkeiten übertragen: Es wird angenommen, die Schuld stamme aus einem vorhergehenden Leben. Vor solchen vorgefaßten Meinungen muß man sich sehr hüten. Unter Karma ist etwas ganz anderes zu verstehen, und jede Spekulation ist strikt abzulehnen!

Es geht nicht um die Frage, ob vielleicht der Behinderte, der vor einem steht, eine Strafe (»Gottesstrafe«) zu verbüßen habe. Die Fragestellung muß eine ganz andere sein. Man könnte sich etwa fragen: »Habe ich mich vielleicht bereits in einer derartigen Inkarnation in einem vorangegangenen Leben bewähren können, oder steht mir selbst eine solche Prüfung noch bevor?« Oder: »Welche psychischen Kräfte könnten durch die Konfrontation mit der Andersartigkeit des Kindes in mir wachgerufen werden«? Oder: »Welche neuen Fähigkeiten kann ich für die weitere Gestaltung meines Lebens aus einer solchen Begegnung erwerben?« Man könnte auch folgende Frage in sich bewegen: »Knüpfe ich mit dem mir anvertrauten Kind Bande für zukünftige gemeinsame Erdenschicksale?« Eine Antwort auf diese Fragen darf man nicht erwarten, aber indem man sie in sich bewegt, fällt ein anderes Licht auf menschliche Beziehungen und mögliche Schicksalsgegebenheiten.

Denn Karma ist als ein Evolutionsgesetz zu betrachten. Es führt das Individuum in wiederholten Erdenleben durch verschiedene Zeitepochen, Kulturen, Rassen, Situationen, in unterschiedliche, immer aber menschliche Verkörperungen. Unter veränderten Bedingungen und Umständen hat die Individualität volle Freiheit, ihr Leben im gegebenen Rahmen selbst zu gestalten, begangene Fehler aus der letzten Inkarnation auszugleichen, neue Erfahrungen zu machen, neue Schicksalsverbindungen einzugehen und am künftigen Karma mitzuwirken.

Es handelt sich um einen Reifungsprozeß, der nicht mit dem Tod abgeschlossen ist. Primitivität und Egoität sind zu überwinden und in Humanität und geistige Potenz umzuwandeln – ein fernes Menschheitsziel, das innerhalb einer einzigen Inkarnation niemals zu erreichen wäre. Vor einer solchen Ansicht schwindet jede Überheblichkeit und jedes Hadern. Mein Gegenüber, ganz gleich ob aus fremder Rasse, als Kranker, Behinderter oder Bettler, könnte mir eine Station meiner eigenen Entwicklung vor Augen führen, die ich entweder in der Vergangenheit durchgemacht oder in der Zukunft noch durchzustehen habe – genau so, wie ich den Zustand eines hilflosen Säuglings durchgemacht habe, ohne eine Erinnerung daran zu haben, und vielleicht im Alter durch Krankheit oder durch Unfall wiederum auf Hilfe angewiesen sein werde.

Jede Daseinsform dient der Persönlichkeitsentwicklung. Keine Erfahrung, keine Einsicht geht verloren, sondern wird weiterverarbeitet und ausgewertet – das ist ein Aspekt. Ein anderer Aspekt bezieht sich nicht auf das Leben nach dem Tod, sondern auf das Leben vor der Geburt, also auf die Präexistenz, auf das Gesetz, nach dem das Neugeborene »angetreten« ist. Was bringt ein Neugeborenes mit? Warum staut sich seine Entwicklung? Weshalb kann es sich nicht »normgerecht« entfalten? Welche Aufgabe wird mir da gestellt? In welchem Umfang müssen Hilfeleistungen erbracht werden, damit das Kind den ihm angemessenen Lebensweg meistern kann?

Es ist ein großer Unterschied, ob man in seiner therapeutischen Tätigkeit davon ausgeht, ein »reduziertes« Menschenkind vor sich zu haben, bei dem man sich bemühen wird, es mehr oder weniger »funktionsfähig«, »anpassungsfähig« oder vielleicht »leistungsfähig« zu machen, oder ob man in dem kleinen Sonderling eine geistige Potenz sieht, mit der man schicksalhaft verbunden ist oder sein wird. Im ersten Fall besteht die Gefahr, daß man das Kind in ungeduldiger Erwartung von Fortschritten einer »Übertherapie« aussetzt, ohne den seelischen Schaden zu beachten, den es dabei erleiden kann. Oder daß man, bei fehlenden Fortschritten, die Arbeit als »sinnlos« betrachtet, das Kind innerlich »abschreibt« und es der Familie oder der professionellen Wohltätigkeit als Pflegefall überläßt. Im zweiten Fall hingegen – ausgehend von der Arbeitshypothese – wird man eine ganz andere Haltung einnehmen. Man wird der Persönlichkeit des Kindes Achtung und liebevolle Zuwendung entgegenbringen und danach trachten, seine eigenen Intentionen wahrzunehmen, um ihm in seinem Inkarnationsprozeß mit den Mitteln, die einem durch Kenntnis und Können gegeben sind, in unermüdlicher Geduld behilflich zu sein. Die gemeinsamen Bemühungen des Therapeuten (oder Heilpädagogen), des Kindes und der Eltern sind es, die sich zum Schicksalsgewebe verknüpfen, oder – negativ – die Unterlassungen.

Wie unschwer zu erkennen ist, hilft diese Betrachtungsweise dem Heilpädagogen, die Eigenschaften zu entwickeln, die unter dem Stichwort Selbstschulung angeführt wurden. Es bleibt kein Raum für Fatalismus oder Nachlässigkeit. Nichts wird für »definitiv« genommen, sondern als veränderbar, als »Aufgabe« – und nichts ist sinnlos.

Das Kind annehmen heißt nicht, es gewähren zu lassen

Daß die Liebe zum Kind nicht subjektiv emotional, nur auf Sympathie begründet sein sollte, wurde schon gesagt, und daß die Arbeitshypothese nicht fatalistisch aufgefaßt werden darf – so als ob nichts weiter zu tun wäre, als eben den kleinen Sonderling »liebzuhaben« und gewähren zu lassen. Das wäre keine »wirkliche Liebe«. Das Kind voll zu akzeptieren, ist das eine – es in seinem Kampf gegen das »Handikap« zu unterstützen, das andere. So früh wie nur irgend möglich und so intensiv wie nur immer machbar muß eine Förderung oder Rehabilitation in Angriff genommen werden. Ausnahmslos gilt das für eine Rehabilitation nach Enzephalitis und Unfällen, wenn bereits vorhanden gewesene Fähigkeiten verlorengingen, insbesondere die Sprache.

Niemand kann dann besser helfen als die Mutter selbst, wenn sie über das richtige Einfühlungsvermögen verfügt. Sie muß zum Verbündeten des Kindes im Kampf um die Genesung werden. *Das muß man als Heilpädagoge unterstützen.* Das kann man, indem man Hinweise oder Anleitung gibt. Man muß es aber auch tolerieren, wenn eine Mutter nach den unterschiedlichsten Mitteln oder Methoden sucht und es vielleicht auf sich nimmt, Widersprüchliches zu kombinieren. Nichts ist so verletzend für eine Mutter wie die »Besserwisserei« der Fachleute und die tausend »guten Ratschläge« wohlwollender Freunde, die das Kind doch nicht so genau wie die Mutter kennen können.

In solchen Umbruchphasen des Lebens braucht sie Vertrauen und Zuspruch, damit sie ohne blinden Autoritätsglauben das für ihr Kind individuell Richtige herausfinden kann. Der Heilpädagoge, der sich den emotionalen Schwankungen der Mutter ausgesetzt sieht, darf sich nicht irritieren lassen, sondern muß Gelassenheit und Objektivität wahren. Denn einzelne Therapiestunden genügen in solchen Fällen meistens nicht – man muß der Mutter vermitteln, was »rund um die Uhr« getan werden kann, und sehen, wie weit es möglich ist, für ihre Entlastung zu sorgen, damit sie durchhält. Ein Miteinander ist unerläßlich – meistens müssen noch andere Therapeuten hinzugezogen werden.

Die Kriterien, nach denen man die Handlungsweise der Mutter als Berater oder Therapeut beurteilen kann, sind in erster Linie die Auswirkungen auf das Kind: Gedeiht es, macht es kontinuierliche Fortschritte im Blickkontakt, in der Kommunikation, in der sozialen Kontaktaufnahme, dann ist kein Grund zur Besorgnis gegeben, auch nicht, wenn es sich gelegentlich wehrt. Wirkt es aber in Bewegungsmustern, Sprache und kognitiver Entwicklung zunehmend mechanisch gedrillt, zeigt es verstärkte Isolation oder Abwehr gegen die eigene Mutter, müssen die Maßnahmen neu überdacht werden. Zweitens müssen die Motive der Mutter nachempfunden werden. Wird sie von Panik, von Ehrgeiz oder anderen selbstsüchtigen Motiven oder von einsatzwilliger Opferbereitschaft, Energie und Vernunft geleitet? Wenn man den letzten Fall voraussetzen darf, kann eine sinnvolle Arbeitsteilung mit gegenseitig befruchtenden Anregungen entstehen.

Nur eines muß dabei im Auge behalten werden: Wenn beim Kleinkind die körperliche Geschicklichkeit, die Wahrnehmungs- und Kontaktfähigkeiten während der Behandlung eine steigende Kurve aufweisen, sollte man sich zufriedengeben. Für die kognitive Entwicklung muß dem Kleinkind viel Zeit gelassen werden, und vor allen Dingen sollte man nicht nach genormten Programmen vorgehen. Das Kind soll schließlich als Persönlichkeit gefördert und nicht gegängelt werden. Die Persönlichkeitsentwicklung wird aber nicht durch eine sogenannte antiautoritäre Erziehung gefördert. Ein Kind mit »Handikap« bedarf noch mehr als andere Kinder einer festen, zuversichtlichen, konsequent durchgeführten Erziehung und einer Anleitung zu guten Gewohnheiten im Tagesablauf. Das gibt ihm die nötige Selbstsicherheit im weiteren Leben.

Im Kleinkindalter steht die Entwicklung des Nerven-Sinnes-Systems im Vordergrund. Von ihm gehen alle Entwicklungsimpulse aus. Es ist ein hochgradig sensibles System, das durch vielerlei schädliche Einwirkungen sowohl vor als auch während oder nach der Geburt gestört werden kann. Darum beginnt eine frühe Therapie meistens mit einer Behandlung der Reflexe auf neurophysiologischer Basis mit Stimulation der Sensorik oder sogenannter »Sensorischer Integration«. Sind die Nerven- oder Gehirnschäden nur minimal, fallen sie als solche nicht auf, wenn das Kind normal laufen gelernt hat. Wohl aber sind Folgeerscheinungen wie Lernschwierigkeiten, Ungeschicklichkeiten, abnorme Verhaltensweisen, Hyperaktivität, Sensorismen oder verzögerte Sprachentwicklung bemerkbar.

An derart betroffenen Kindern stellt man bei der Untersuchung fest, daß sie unter »Teilleistungsschwächen« leiden und nur über ein eingeschränktes Wahrnehmungsvermögen verfügen. Dieses gilt es durch heilpädagogische Maßnahmen zu erweitern.

Dabei geht man zunächst von der heute üblichen Vorstellung von den fünf äußerlich erkennbaren Sinnen aus. In zunehmendem Maße – vor allen Dingen bei offensichtlichen Störungen des Gleichgewichtssinns – wird auch dieser mit einbezogen. Es wird versucht, durch entsprechendes Training die Funktionsfähigkeit dieser Sinne zu stimulieren. Man spricht von Sinnestraining oder Wahrnehmungsschulung.

Daß die Sinneslehre Rudolf Steiners, die von zwölf verschiedenen Sinnesbereichen ausgeht, bereits dadurch zu einer Erweiterung der therapeutischen Möglichkeiten beiträgt, leuchtet ein. Aber nicht das ist das Entscheidende eines Therapiekonzepts auf der Grundlage dieser Sinneslehre. Es liegt vielmehr in dem Bestreben, auch die übersinnlichen, seelisch-geistigen Kräfte des Kleinkindes mit einzubeziehen, sie zu aktivieren, zu unterstützen und zu stärken, damit sie soweit wie möglich Störungen und Hindernisse der leiblichen Strukturen überwinden und diese in harmonischer Weise durchdringen können. Dieses

Durchdringen geschieht in zweifacher Weise. Einmal durch die Verbindung mit den von Geburt an gegebenen Strukturen – damit sind hier die Wesensglieder gemeint –, zum anderen über die drei Funktionssysteme: Nerven-Sinnes-System, rhythmisches System und Stoffwechsel-Gliedmaßensystem, die sich erst im Lauf der Kleinkindentwicklung zur Grundlage der seelischen Fähigkeiten von Denken, Fühlen und Wollen heranbilden. Davon wird später noch die Rede sein.

Hier kann nicht ausführlicher auf die Wechselwirkungen zwischen der leiblichen und der übersinnlichen Organisation des Kindes eingegangen werden.[6] Ich beschränke mich darauf, diejenigen Gesichtspunkte aus Menschenkunde und Physiologie vorzubringen, die unmittelbar zu Konsequenzen in der Kleinkindbetreuung führen, sei es:

- weil sie die Wahl der Therapie beeinflussen,
- weil sie geeignet sind, den Therapeuten durch tiefere Einsichten in seinem Tun zu beflügeln, zu begeistern und zu ermutigen, oder
- weil sie zum Verständnis der angewandten Methode beitragen können.

Wie ist es möglich, durch Anregung der Sinne Seele und Geist des Kindes aufzuwecken? Die Sinnesempfindungen führen zu Erfahrungen und entwickeln das Gehirn des Kleinkindes – davon kann empirisch ausgegangen werden. Darauf bezieht sich sowohl das erwähnte methodische Sinnestraining als auch die Krankengymnastik auf neuro-physiologischer Basis. Auch daß eine Reizüberflutung zu Mißempfindungen führen kann, läßt sich vielleicht physiologisch begründen, nicht aber das Auftreten von psycho-somatischen Beschwerden und Krankheiten, die sich durch negative Umwelterlebnisse z.B. im Atmungs- oder Verdauungssystem bemerkbar machen. Man kann also feststellen, daß eine Wechselwirkung zwischen dem Nervensystem und bestimmten Lebensprozessen stattfindet und daß Wahrnehmung ohne ein harmonisches Zusammenwirken derselben überhaupt nicht möglich wäre. Darum muß der Heilpädagoge vor einer Wahrnehmungsschulung zuerst sein Augenmerk auf diese Lebensprozesse und ihre Rhythmen richten.

Das ist einer der Gründe, warum ich mich entschlossen habe, eine Einführung in die Wirkensweise dieser Prozesse der Sinneslehre voranzustellen. Ich habe aber noch andere Gründe: Einmal scheint es mir ein gangbarer Weg zu sein, gleichsam aus den Erfahrungen der Praxis, den therapeutisch Tätigen an die notwendigen Grundlagen heranzuführen. Zum anderen wird vielleicht auch derjenige Leser, der sich bereits mit anthroposophischem Gedankengut auseinandergesetzt hat, unter diesem Blickwinkel neue Anregungen erhalten. Und schließlich glaube ich, daß Eltern über ein Verständnis für diese Lebensprozesse besser motiviert werden können, das Ihre zur Unterstützung der Therapie beizutragen. Denn die Aufgabe, Lebensprozesse zu unterstützen und zu harmonisieren, ist eng mit dem Beachten von Tagesrhythmen und Ernährung verbunden und vorwiegend in die Verantwortung der Eltern gegeben.[7]

Welche Lebensprozesse sind hier nun gemeint, und wie kann man, von ihnen ausgehend, zu einem Verständnis für das Zusammenwirken von Leib, Seele und Geist vordringen? Inwiefern kann ein solches Verständnis zu Konsequenzen in der Praxis führen? Sieben verschiedene Prozesse sind notwendig, um die Leibesorganisation am Leben zu erhalten und zum Wachstum und zur Erneuerung zu führen. Sie versorgen gleichzeitig und gemeinsam alle Organe – auch die zwölf Sinnesorgane –, sind aber nicht so voneinander abgegrenzt wie diese. Sie »*durchfluten*« (Rudolf Steiner) sämtliche Sinnesbezirke.

Daß der Mensch, aus dem Makrokosmos heraus, gewissermaßen spiegelbildlich als Mikrokosmos gestaltet worden ist, ist eine mit dem Aufkommen der modernen Naturwissenschaft langsam schwindende Weisheit. Nur eine rudimentäre Ahnung davon lebt im Unterbewußtsein der Menschen weiter, die immer wieder neugierig ihr Horoskop befragen. Die anthroposophische Geisteswissenschaft hingegen hat sich von Anbeginn der Aufgabe gewidmet, Zusammenhänge zwischen Planeten- und Fixsternwirkungen im Aufbau, Leben und Empfinden des menschlichen Leibes zu erforschen und aufzuzeigen. An diesem Punkt wird an die tiefsten Geheimnisse des Menschen gerührt, und diese können nicht – genauso wenig wie die höhere Mathematik – jedem sofort ohne Mühe offenbar werden. Man kann aber die Ergebnisse mit vorurteilsfreiem Verstand auf ihre Auswirkungen im praktischen Leben, und das heißt hier auf ihre Bedeutung für die Therapie, überprüfen.

In diesem Sinn soll nun auf die einzelnen Lebensprozesse, die, geozentrisch gesehen, ein mikrokosmisches Abbild der sieben Hauptplaneten darstellen, eingegangen werden. Zunächst hat man es mit einer Dreiheit zu tun, d.h. mit drei Prozessen, die durch die Aufnahme von außerhalb des Organismus befindlichen Stoffen angeregt werden. Wobei unter »Stoffen« nicht nur chemisch nachweisbare Substanzen, sondern auch solche ätherischen Ursprungs wie Licht und Wärme gemeint sind.

Lebensprozesse, die von äußeren Stoffen angeregt werden

Atmung (der »Luftmensch«)

Wie beim Menschen, naturwissenschaftlich betrachtet, durch den rhythmisch verlaufenden Ein- und Ausatmungsprozeß der Austausch zwischen dem lebenserhaltenden Sauerstoff und der »verbrauchten Atemluft«, der Kohlensäure, stattfindet, weiß heute jedes Schulkind. Aber ist das alles – ist die Atmung nur ein sich mechanisch-chemisch abspielender Vorgang? Erklärt diese Kenntnis jene psychischen Vorgänge, die so intim mit der Atmung verbunden sind? Womit hängt es denn zusammen, daß sich der Atmungsrhythmus bei emotionalen Empfindungen verändert? Daß im Schlaf – und anderen bewußtseinslosen Zuständen – die Atmung eine andere wird (Tiefenatmung)? Warum geht bei Leid und Schmerz die Atmung in mehrere kurze Einatmungszüge (Schluchzen) über, gefolgt von langer Ausatmung, während bei Freude kurze Ausatmungen (Lachen) mit langen Einatmungen wechseln? Aus eigener Erfahrung weiß man doch, wie Gefühle die Atmung beeinflussen können, wie einem das Atmen leichtfallen oder schwer werden kann, wie beim Erschrecken der Atem stockt oder wie man erst einmal »tief Luft holen« muß. Da hat man doch die Empfindung, als ob der eigentliche emotionale Mensch, der man auch ist, in diesem Luftholen beheimatet wäre.

In der geisteswissenschaftlichen Menschenkunde wird ausführlich erläutert, wie der Atmungsprozeß in planetarischen Welten veranlagt ist und wie sich durch den Vorgang der Atmung im menschlichen Leib sozusagen ein »Luftmensch« bildet: Die Seele, aus dem Kosmos stammend (und deswegen auch »Astralleib« genannt), zieht mit dem ersten Atemzug in den physischen Leib ein und verläßt ihn wieder beim letzten Atemzug. In früheren Jahrhunderten hat man mehr davon gewußt. Auf einem solchen Wissen beruhen etwa auch die indischen Yoga-Lehren, und in der Bibel (1. Mose 2) heißt es: »Und Gott der Herr machte den Menschen aus einem Erdenkloß, und er blies ihm ein den lebendigen Odem in seine Nase. Und also ward der Mensch eine lebendige Seele.«

Gleichsam fluktuierend zieht die empfindende Seele in diesen »Luftmenschen« ein. Sie verbindet sich fester oder lockerer mit ihm. In bestimmten Rhythmen »glimmt sie auf und glimmt sie wieder ab«, einmal in der Ein- und Ausatmung, zum anderen im Wechsel zwischen Wachen und Schlafen. In

Schlaf wird der Mensch versetzt, wenn die Seele sich weit hinauszieht – weder Denken, Fühlen noch Wollen ist ihm in dieser Phase möglich, und auch die Einatmung verändert sich. Welchen Weg nun nimmt dieses Luft- oder Gasförmige, das neben Sauerstoff und Stickstoff noch verschiedene Gase und Spurenelemente sowie Substanzen kosmischen Ursprungs enthält, innerhalb des Organismus?

Der Sauerstoffkreislauf durch die Lungen in den Blutkreislauf hinein ist bekannt. Es taucht sozusagen ein Teil des Luftmenschen in den »Flüssigkeitsmenschen« ein und verbindet sich mit diesem. Von diesem »Flüssigkeitsmenschen«, der der Träger der Lebens- und Wachstumskräfte des Organismus ist, soll im Zusammenhang mit anderen Lebensprozessen ausführlicher gesprochen werden. Zuerst möchte ich auf den Luftmenschen als den sozusagen feineren Teil eingehen. Dazu muß man wissen, daß es im menschlichen Organismus immer zu einer Polarisierung kommt, zwischen dem oberen Kopf- oder Nerven-Sinnes-Pol und dem unteren Stoffwechsel-Gliedmaßenpol. Dementsprechend gliedert sich der Luftmensch ebenfalls in einen feineren und einen gröberen Teil. Mit dem feineren Teil des Luftförmigen verbinden sich, neben einigen chemischen Elementen, vor allen Dingen kosmisches Licht und kosmische Wärme, die ebenfalls mit der Atmung aufgenommen werden. Diese Elemente begleiten in den Markscheiden die Nervenbahnen in feinsten Verzweigungen bis in den Kopf, wo sie in fein zerstiebtem Zustand anlangen (Rudolf Steiner am 2. Februar 1924). Dieser Vorgang ist es, der aus der Reizempfindung eine seelische Wahrnehmung macht.

Der gröbere Teil des Luftförmigen verbindet sich über die Zirkulationswege mehr mit den tätigen Bewegungskräften, und von diesen gehen auch die emotionalen, instinktgebundenen Impulse aus. Besonders empfindlich darauf reagierende Organe sind die Nieren, die für ihre Tätigkeit sehr viel Sauerstoff verbrauchen und bei unregelmäßiger Funktion Atemnot auslösen können. Der feinere Teil des Luftmenschen wird als Empfindungs*seele* bezeichnet, der gröbere Teil, der mit dieser so eng verbunden ist *wie das Schwert mit der Schwertscheide,* als Empfindungs*leib.* Zusammen bilden sie den Astralleib. Gerade auf mangelndem Zusammenschluß dieser Glieder des Astralleibs beruhen viele Entwicklungsstörungen im Kleinkindalter.

Gewinnt man eine Vorstellung davon, wie sich dieser Prozeß abspielt und wie die Seele des Kindes von Geburt an die Verbindung mit seinem physischen Körper sucht, erst gleichsam tastend, um ihn dann mit Beginn der eigentlichen

Erdenreife, der Pubertät, vollständig zu durchdringen, dann versteht man auch, wie wichtig es ist, im Kleinkindalter für eine störungsfreie Atmung zu sorgen. Manche Kinder atmen ganz flach, nehmen wenig Luft auf und atmen kaum aus. Andere wiederum leiden an Hyperventilation. Die Einatmung erfolgt normalerweise unwillkürlich, spontan, während das Ausatmen der Kohlensäure und der Feuchtigkeit einige Aktivität der Lebenskräfte voraussetzt, und diese sind häufig bei Kindern mit abweichender Entwicklung schwach und müssen erst gestärkt werden.

Die vollständige Ausatmung ist auch deswegen so wichtig, weil dadurch ein zusätzlicher, in sich schwingender Rhythmus ausgelöst wird. Indem sich nämlich das Zwerchfell beim Ausatmen nach oben wölbt, löst es eine Druckwelle auf die Rückenmarkflüssigkeit aus, die zum Gehirnwasser hochsteigt und dieses rhythmisiert. Das wirkt belebend auf die Gehirntätigkeit.

Man muß versuchen herauszufinden, wodurch die Atmung des Kindes behindert wird und ob das Kind vielleicht im ganzen arhythmisch ist (vgl. Ricarda und Detlef, Seite 29, 49). Vielleicht ist es im Gefühlsbereich äußerst sensibel oder labil? Vielleicht liegen ungünstige Familien- oder Umwelteinflüsse vor? Bekommt es manchmal Atemnot und Angstzustände? Fürchtet es sich vor dem Einschlafen? Auch wenn beim Kleinkind die Schwingungen der Seele zwischen Wachen und Schlafen noch nicht so ausgeprägt sind, wie es beim Schulkind zunehmend der Fall sein wird, schwinden ihm beim Einschlafen die Sinnesempfindungen und verwischen sich die Grenzen zwischen Traum, Phantasie und Realität. Davor fürchten sich viele Kleinkinder sehr. Unterbewußt beschäftigt sie die Frage: »Finde ich mich morgen wieder in meiner Behausung, meinem Leib, zurecht?«

Der Heilpädagoge muß versuchen, Eltern über diese Zusammenhänge aufzuklären und Vorschläge für das Zubettbringen des Kindes zu machen. Vorlesen und Singen am Bett wird oft praktiziert, aber häufig läßt das Kind anschließend die Mutter oder den Vater doch nicht gehen. Es hat die Furcht nicht überwunden, es fehlt ihm etwas zum Abschluß. Es muß dem Kind vermittelt werden, wie seine kleine Gestalt während des Schlafes behütet bleibt und auf das Wieder-Erwachen seiner Seele wartet. Man spricht nicht ohne Grund vom »Schutzengel« oder, wie es in dem bekannten Lied von Engelbert Humperdinck heißt:

Abends wenn ich schlafen geh,
Vierzehn Englein um mich stehn.
...
Zweie, die mich decken,
Zweie, die mich wecken,
Zweie, die mich weisen
Ins himmlische Paradeisen.

Können diese Gedankengänge nicht nachvollzogen werden, wird man vielleicht auf andere beruhigende Bilder zurückgreifen können. In Deutschland spricht man vom »Sandmännchen«, in Skandinavien gibt es eine Sagengestalt namens »John Blund« (John Schlummer). Diese Gestalt schwebt, wenn das Kind die Augen schließt, auf die Bettkante nieder und spannt über ihm ihren riesengroßen bunten Schirm auf. Dann dreht sie den Schirm, und lauter zauberhafte Traumbilder ziehen über das Kind hinweg. Immerzu und unermüdlich dreht sie langsam. Bei dieser Vorstellung ist so manches Kind schon eingeschlafen. Man kann die Phantasie des Kindes auch ein wenig anregen und kleine Szenen schildern. Erzählen Eltern ein Märchen vor dem Einschlafen, muß es kurz sein, mehrere Wochen hindurch das gleiche bleiben und mit genau dem gleichen Wortlaut wiederholt werden. Darauf legen die Kinder meistens von sich aus großen Wert. Das Kind muß nicht unbedingt dabei einschlafen, sondern gerade den Schluß als Bild in den Schlaf mitnehmen können.

Am nachhaltigsten wirkt es aber, wenn man zum Abschluß einen Spruch spricht, der dem Kind hilft, die Furcht zu überwinden. Rudolf Steiner hat einen solchen Abendspruch für kleine Kinder niedergeschrieben. Dieser wird zuerst vorgesprochen. Wenn das Kind den Spruch kennt, wird es mitsprechen und ihn eines Tages vielleicht allein sprechen können:

Vom Kopf bis zum Fuß
Bin ich Gottes Bild,
Vom Herzen bis in die Hände
Fühl ich Gottes Hauch.
Sprech ich mit dem Mund,
Folg ich Gottes Willen.
Wenn ich Gott erblick',
Überall in Mutter und Vater,

In allen lieben Menschen,
In Tier und Blume,
In Baum und Stein,
Gibt Furcht mir nichts,
Nur Liebe zu allem,
Was um mich ist.

Auch darüber, wie viel und wie lange das Kind schläft, sollte mit der Mutter gesprochen werden. Wenn es zu wenig zur Ruhe kommt, kann sich das später auf Sprache und Bewegung auswirken. Die Sprache wird dann unter Umständen verhuscht, hastig oder polternd, und der Gang schlenkernd. Umgekehrt, wenn man das Kind zu viel schlafen läßt, wird es ihm später schwer, den Redefluß anzuhalten, es wird lange Sprechpausen zwischen Wörtern und Sätzen einlegen, und die Bewegungen werden träge werden. Hauptsächlich betrifft dies den Vor- und Nachmittagsschlaf sowie das Zu-spät-ins-Bett-Bringen der Kleinkinder. Auf dieses Thema und auf sonstige Einschlafprobleme werde ich zurückkommen.

Vor allen Dingen kommt es darauf an, den für das Kind richtigen Rhythmus zu finden und zu unterstützen. Je größer die psychosomatischen Beschwerden des Kindes sind, desto aufmerksamer muß man die rhythmischen Vorgänge betrachten. Das darf aber nicht so verstanden werden, als ob man mit Atemübungen oder durch eine Art von Yoga-Training die Atmung des Kindes behandeln sollte (Ausnahme: bestimmte Formen der Epilepsie). Der therapeutische Weg ist ein anderer. Im »Heilpädagogischen Kurs« heißt es: »Die Atmung hat nicht das Sprechen, sondern das Sprechen die Atmung zu dirigieren.«

Ausgehend von dieser Tatsache, findet man leicht den Weg zu einem Therapiekonzept. Das rhythmische Sprechen, besonders das gemeinsame Sprechen in der Gruppe, in Verbindung mit Reigenspielen, mit Körperbewegung (Klatschen, Stampfen) und unterstreichenden Gebärden, läßt das Kind zugleich Spaß und Freude empfinden. So wird über die Sprache auch seine Psyche berührt, die Atmung wird tiefer und entspannter, die Sinnesprozesse werden angeregt. Eine Musiktherapie kann diese Wirkung noch verstärken, da harmonische Töne ganz besonders die Empfindungsseele anzuregen vermögen. Vielleicht gibt man dem Kind sogar ein Musikinstrument, etwa eine kleine pentatonische Harfe, in die Hand. Die zarten Klänge dieses Instruments sind hervorragend geeignet, dem

Kind zu entspanntem Lauschen zu verhelfen (vgl. Gehörsinn, Seite 175). Es kann aber – um die Ausatmung zu aktivieren – auch ein kleines Blasinstrument wie eine Kuckucksflöte oder Choroiflöte mit einem bis drei Löchern sein. Eine solche Therapie wird genauestens individuell ausgewählt und nur in Einzeltherapiestunden erteilt.

Bei manchen Kindern eignet sich die Maltherapie besser, um Spannungen in den Atmungsprozessen zu beheben. Je nach Indikation wird in Einzeltherapie oder mit einer kleinen Gruppe und zwei Therapeuten auf großflächigen Papierbögen in Naß-in-Naß-Technik frei mit Wasserfarben gemalt. Nach einer Weile wird man bei jedem Kind eine Veränderung der Atmung feststellen können. Diese stellt sich jedoch nur dann ein, wenn das Material sorgfältig ausgewählt und behandelt wird. Das kann mit einer kleinen »Zeremonie« verbunden werden, so daß es dem Kind ein wenig feierlich zumute wird und es sich empfindungsmäßig mit den fließenden Farben verbinden kann. Während der Vorbereitung kann man mit dem Kind etwas singen. Während des Malens sollte Musik aber besser unterbleiben. Ich weiß, daß manche Pädagogen der Meinung sind, Kinder brauchten Gelegenheit, so richtig mit den Farben herumschmieren zu können, und zwar durch Stimulation von »heißer« und lauter Musik. Harmonisierend auf die Atmung wirkt ein solches Verfahren nicht, zuweilen löst es sogar Krämpfe aus. Ein besseres Mittel, Spannungen zu lösen und die Einatmung zu fördern, wäre es, beim Kind ein fröhliches und ausgiebiges Lachen hervorzuzaubern.

Die Ursachen von Spannungen und Verkrampfungen sind oft darin zu suchen, daß das Verhältnis zwischen dem Astralleib und dem physischen Leib auch zu fest werden kann. Denn wenn der mit den Bewegungskräften verbundene Empfindungsleib nicht ein harmonisches, schwingendes, fluktuierendes Verhältnis mit der in den Sinnen wahrnehmenden, seelisch erlebenden Empfindungsseele herstellen kann, entstehen Krämpfe oder Lähmungen spastischer Art. Es fällt auf, daß sich die meisten spastischen Verkrampfungen im Schlaf lösen. Dann lassen sich die Glieder leicht und mühelos bewegen.

Solche Verkrampfungen werden durch Physiotherapie bekämpft, können aber auch durch Reittherapie gelockert werden. Als therapeutischer Faktor spielt dabei sowohl der durch die Gangart des Pferdes entstehende Rhythmus als auch die sich beim Reiten entwickelnde Wärme eine Rolle. Außerdem wird die Atmung aktiviert, und in diesem »Hoch-Sitz« stellt sich beim Kind zusätzlich ein inneres »Hoch-Gefühl« ein, das es für eine Weile seine Behinderung vergessen läßt. Auf einige Krampfzustände, wie sie gelegentlich bei Fieber und epileptischen Anfällen auftreten, werde ich im nächsten Abschnitt eingehen.

Bisher wurde nur der Prozeß der Lungenatmung betrachtet. Natürlich muß man aber auch an die Zellatmung der Haut denken. Diese verläuft nicht rhythmisch, ist aber gleichermaßen lebenswichtig (es hat sich als lebensbedrohend erwiesen, wenn große Hautpartien am Luftaustausch gehindert werden). Erhält der Körper des Kindes ausreichenden Kontakt mit den kosmischen Ätherelementen? An Kleidung und Körperhygiene muß genauso gedacht werden wie an Licht und Luft im Zimmer. Denn Licht ist nicht nur als Sonnenschein ein Schutz gegen Rachitis, sondern auch ein außerordentlich wichtiger Faktor für die Anregung der Sinnesorgane (vgl. Gesichtssinn, Seite 149). Eine in diesem Zusammenhang interessante Beobachtung: Es kommt vor, daß Kinder, die unter Atmungsbeschwerden wie Asthma (gestaute Ausatmung) leiden, bei unverträglicher medikamentöser Behandlung statt dessen von einem Hautleiden, von Neurodermitis, befallen werden. Auch das Umgekehrte kommt vor: Eine medikamentös behandelte Neurodermitis kann in Asthma übergehen. Beide Erkrankungen sind psychosomatisch bedingt und stehen in einer gewissen Wechselbeziehung zueinander. In den meisten Fällen werden die betroffenen Kinder vom Arzt behandelt werden müssen, aber es wäre gut, wenn Arzt und Heilpädagoge ihre Beobachtungen austauschten.

Selbstverständlich müssen alle akuten Erkrankungen der Luftwege nach medizinischen Gesichtspunkten behandelt werden. Dennoch gilt, daß die psychische Komponente bei Kindern eine große Rolle spielen kann und bei den angeordneten Heilmaßnahmen mitberücksichtigt werden sollte. Das gilt z.B. auch bei Keuchhusten.

Ich bin mir dessen bewußt, daß bei diesen kurzen Andeutungen viele Fragen offen bleiben, hoffe aber, daß sich im Lauf der Lektüre nach und nach ein Gesamtbild ergeben wird, so wie schließlich mehrere Puzzle-Teile, wenn sie den entsprechenden Platz erhalten, immer mehr von dem zugrundeliegenden Bild erkennen lassen.

Zusammenfassend sei gesagt: Wenn ich mir eine Vorstellung davon bilden kann, wie sich die Seele eines Kindes über den makrokosmisch initiierten Atmungsprozeß ihren Weg über die Blutzirkulation und die Markscheiden des Nervensystems in den Organismus sucht, und wie das Wahrnehmen und Begreifen eines Kindes vom richtigen Rhythmus der Atmung und dem Wechsel zwischen Schlafen und Wachen (nicht Dämmern) abhängt, dann werde ich auch erkennen, wie ich bei gestörter Verbindung zwischen dem Seelischen und Leiblichen des Kindes methodisch vorzugehen habe, um diese Störungen so weit wie möglich zu beseitigen.

Wärmung (der »Wärmemensch«)

Geht man an einem frostigen, klaren sonnigen Wintertag bei mehreren Minusgraden aus dem Haus, so sieht man den eigenen Atem wie eine Rauchsäule aus Mund und Nase hochsteigen. Dieser Atem ist warm. Man kann damit seine kalt gewordenen Hände erwärmen, ja vielleicht sogar eine dünne Eisschicht auf Metall oder Fensterglas zum Schmelzen bringen. Woher stammt eigentlich diese Wärme? Die Sonne kann zwar die winterlich kalte Luft um einige Grade erwärmen, aber dadurch würde sich meine Temperatur nicht auf das für den menschlichen Organismus notwendige Maß halten lassen. Wie überhaupt entsteht im Menschen ein Prozeß wie Wärmung? Wie kommen die Temperaturen zustande? Womit kann man sie messen?

Jeder feste Körper dehnt sich bei Einwirkung von Wärme aus, verflüssigt sich, geht bei seinem spezifischen Siedepunkt in Gas über. Bei Abkühlung ziehen sich anorganische Substanzen wieder zusammen (bei Wasser und Eis besteht allerdings ein umgekehrtes Verhältnis). Sehr gut läßt sich dieser Vorgang des Ausdehnens und Zusammenziehens beim bereits flüssigen Metall Quecksilber beobachten, das darum im Thermometer verwendet wird. Daß durch die Ausdehnung außerdem ein Druck entsteht, ist auch allgemein bekannt, und ebenfalls, wie dadurch ein Kolben in Gang gesetzt und ein Teil – aber eben nur ein Teil – der Wärme in Mechanik umgewandelt wird (Beispiel: Dampflokomotive).[8] Die Wärme hat also die Eigenschaft, sich druckerzeugend auszudehnen, alles zu durchdringen und Temperaturausgleich herbeizuführen.

Wie macht es nun der menschliche Organismus, die für ihn notwendige Durchschnittstemperatur von 37 °C zu halten? Diese Wärme entsteht nicht aus sich selbst, sie wird von außen zugeführt, und zwar über die Atmung; einmal durch den Sauerstoff (siehe Seite 94), der eine Art Verbrennung erzeugt,[9] zum anderen durch kosmische Wärme. Die anthroposophische Geisteswissenschaft erachtet die Wärme nicht als Zustand eines Stoffes, sondern als ein sich differenziert verteilendes, unendlich feines, aus kosmischen Welten stammendes *Element*. Es tritt genau wie das Licht auf dem Weg der Atmung in die Blutzirkulation des physischen Leibes ein. Es bewirkt die Durchwärmung des Blutes bis in die feinsten Verzweigungen hinein, bis zu der jeweils von den einzelnen Organen benötigten Temperatur. Nach dieser Durchwärmung verläßt die kosmische Wärme wieder den physischen Leib, und zwar durch die Sinnesorgane und die Nervenvernetzungen in der Haut. Es findet gleichsam ein metamorphosierter Ausatmungsprozeß statt. Diese Wärmeabgabe des Körpers muß der Heilpädagoge sehr genau beobachten. Sie kann sowohl zu schwach als auch zu stark sein und sich bis zum Fieber steigern. Sie kann aber auch lokalisiert verstärkt auftreten, z.B. oberhalb der Schädeldecke (bei manchen Gehirnschäden), oder sich periodisch bemerkbar machen. Es kann ein Kind aber auch vor Wut in Hitze geraten (sein Gesicht wird hochrot) oder vor Furcht kalt und starr werden (dann wird das Gesicht kreideweiß). Worauf das zurückzuführen ist, werde ich versuchen deutlich zu machen, aber zunächst möchte ich auf die Wärmeabgabe bei sinkender Außentemperatur eingehen.

Bei zunehmender Kälte entsteht ein Sog, durch den Wärme dem Körper regelrecht entzogen wird. Dieser Wärmeverlust ist zugleich ein Kräfteverlust. Die Wärmekräfte müssen intensiviert werden, und das geht nur bis zu einem gewissen Grad. Es besteht da eine Grenze, und je kleiner ein Kind ist, desto empfindlicher reagiert es auf diesen Wärmeverlust; durch seinen Temperatursinn nimmt es Schwankungen sehr deutlich wahr. *Darauf ist besonders in der Frühförderung zu achten; denn ohne Hilfe des Erwachsenen kann ein Kleinkind seine Eigenwärme noch nicht halten.* Bei sinkender Temperatur werden auch die Gelenke steif. Sie benötigen für ihre Funktion eine gewisse Wärme. Diese kann durch Intensivierung der Tätigkeit (Willensimpuls) erzeugt werden. Jeder Sportler weiß, daß seine Gelenke ohne Wärme nicht geschmeidig werden und daß er sich vor einer Leistung notwendigerweise warmtrainieren muß; und mit klammen Fingern kann kein Musiker sein Instrument spielen.

Diese physiologische Erwärmung geschieht in einem rhythmisierten Blutkreislauf, der sehr viel schneller pulsiert als der Atmungsrhythmus. Beim Erwachsenen erfolgen während einer Ein- und Ausatmung durchschnittlich vier Pulsschläge, beim Kleinkind pendelt sich dieses Verhältnis erst langsam ein. Diese Rhythmen steigern sich bei körperlichen Anstrengungen oder im Kampf gegen manche Krankheiten (Fieber), aber auch aus psychischen Gründen. Eine ansteigende innere Wärme bewirkt ebenfalls eine solche Beschleunigung, denn sie ist – das kann man an sich selbst feststellen – eng mit den eigenen seelisch-geistigen Regungen verbunden. Etwas kann »mein Herz höher schlagen lassen«, man kann »Herzklopfen« vor Erwartung bekommen, es kann einem »warm ums Herz werden«, man kann einen Vorgang mit Wärme und Interesse begleiten. Sagt man von jemandem, daß er mit einer »warmen Stimme« spricht, meint man gewiß nicht die Wärme seiner Ausatmung. Und was meint man mit einem »warmen Händedruck«, mit einem »warmen Blick«? Was drückt sich in all diesen Redewendungen aus? Wie kommt es, daß man so spontan eine solche Wortwahl trifft, daß man sich als Person eins fühlt mit seiner inneren Wärme, sich in ihr erlebt, sich mit ihr identifiziert?

Im letzten Abschnitt war von der Empfindungsseele die Rede, die während des Wachzustands den Luft-Organismus ergreift und durch subjektive Empfindungen und Vorstellungen den Atmungsvorgang beeinflussen kann. Das kann aber nur ein Teil oder eine Seite der Seele sein, denn »mein Ich« kann diese Empfindungen und Vorstellungen willentlich nach Motiven steuern und gezielt nach ethischen oder geistig-moralischen Impulsen handeln. Ein »Ich« kann Entscheidungen treffen, Urteile fällen, sich aber auch zu schwach fühlen, um mit den emotionalen Stürmen der eigenen Seele fertig zu werden. Dieser höheren, geistigen Instanz der Seele kann man sich bewußt werden. Das bin »ich selbst«, *mein* innerster Kern in eigener Verantwortung – die mir niemand abnehmen kann –, der Kern, mit dem *ich mir mein* eigenes Karma bereite.

In der Antike machte man sich von diesen inneren Erfahrungen eine bildhafte Vorstellung. Die höchste geistige Instanz sah man als den »Wagenlenker« eines Gespanns, das von feurigen Pferden gezogen wird. Auch Kinder erleben bildhaft. Zwar können sie das Herrschen und Beherrschen noch nicht so empfinden, weil in ihnen das Seelenleben noch traumhaft ist und sich erst mit der Entwicklung des körperlichen Organismus aufhellt, aber die »*innere* Würde« eines Menschen können sie sehr wohl in sich verspüren. Nicht umsonst ist die Gestalt des Königs im Märchen so beliebt und schlüpft ein Kind so gern in eine solche Verkleidung. Im Unterbewußtsein empfindet es sich als kleiner König, als werdender Träger von besonderer Würde: der *Menschenwürde.*

Wer in seinem Innern nicht die zu ihm gehörende übersinnliche Instanz, sein »persönliches« *Ich* erlebt, verliert die Selbstachtung, und das gehört zum Furchtbarsten, was einem Menschen geschehen kann. Davor muß man ein behindertes Kind bewahren und immer bemüht sein, sein Selbstwertgefühl zu stärken. Der Zeitpunkt, an dem ein Kind dazu übergeht, sich mit »*ich*« statt mit seinem Namen zu benennen, ist von großer Bedeutung in seiner Biographie. Bei gestörter Entwicklung findet diese eigene Umbenennung möglicherweise gar nicht statt, und es kann tief erschütternd sein mitzuerleben, wie etwa Kinder mit autistischen Merkmalen sich selbst nicht wahrhaft erleben und zwischen »Du« und »Ich« nicht unterscheiden können.

Wie verhält es sich nun aber mit diesem »Ich-Gefühl« und dem Erlebnis der inneren Wärme? Die geisteswissenschaftliche Menschenkunde beschreibt, wie das »Ich-Wesen« des Menschen den Zugang zum physischen Leib über das Medium der Wärmeorganisation findet. Wie die Empfindungsseele sich mit dem Gasförmigen in den Luftwegen verbindet, so verbindet sich die geistige Individualität – das Ich – mit der kosmischen Wärme im Blutkreislauf. Rudolf Steiner sagte am 2. Januar 1924:

»... in bezug auf den Wärmemenschen ist es ja keinen Augenblick zweifelhaft, daß in dem Raume, den der Mensch physisch einnimmt, und sogar noch darüber hinaus, eine differenzierte Wärme vorhanden ist [...]. Diese Wärmeorganisation ist ursprünglich zugeteilt der Ich-Organisation [...]. Wir haben also im ganzen Organismus, in der festen, flüssigen, gasförmigen und Wärme-Organisation, überall zu sehen das Eingreifen der Ich-Organisation, aber nur auf dem Umwege über die Wärmeorganisation.«

Der Geist eines Menschen – sein Ich-Wesen – ist eng mit seiner ihm zugehörigen Empfindungsseele verbunden. Vielleicht kann man den Vergleich mit einer Kerzenflamme, die zugleich Licht und Wärme in sich vereint, heranziehen. Oder man kann das Bild von dem Schwert noch einmal aufgreifen und an eine Legierung von zweierlei Metallen denken, in der das weniger edle Metall immer mehr von dem edleren, von dem »Gold«, durchzogen und verbessert wird. Bezieht man dieses Bild auf die Heilpädagogik und denkt an einen kleinen Sonderling, muß man sich sagen: Das »Gold« ist immer vorhanden, aber es kann daran gehindert sein, sich »hineinzugießen«. Das ist nur bildlich gesprochen. Man darf sich diesen Vorgang nicht stofflich vorstellen, sondern als einen Kräftestrom, der auf dem Umweg über die Wärmeorganisation am Aufbau des Leibes (bis in den individuellen Fingerabdruck), an der Tätigkeit der Organe und an willentlichen Handlungen beteiligt ist.

Beim Einschlafen jedoch zieht sich das Ich mit der ihm zugehörigen Empfindungsseele bis auf eine bestehenbleibende »Verankerung« – so kann man es vielleicht ausdrücken – in den Kosmos zurück.[10] Die Temperatur sinkt etwas ab. Die notwendigen physiologischen Lebensprozesse werden während des Schlafs aber weiter vom Kosmos aus gelenkt. Individuelles Bewußtsein und individueller Wille sind dabei wie ausgelöscht, und die Empfindungsfähigkeit mehr oder weniger ausgeschaltet. Steigt ein äußerer Reiz über eine gewisse Grenze, wird der Mensch (sofern keine narkotischen Mittel angewendet wurden) geweckt. Wenn das zu hastig oder schreckhaft geschieht, durch plötzlichen Lärm, schrille Wecker, grelles Licht, kann es beim »Wiedereinziehen« der genannten übersinnlichen Wesensglieder (Astralleib und Ich) zu Mißempfindungen und selbst zu krisenhaften Situationen wie Herzjagen, Migräne, epileptischen Anfällen kommen. Auch das nächtliche Angsthochschrecken des Kleinkindes (parvus nocturnus) hängt mit der Spannung zwischen Verankerung und Loslösung des Astralleibes zusammen.

Beim Wiedereinziehen in den physischen Leib bleiben die Ich-Kräfte aber nicht in den Organen haften, sondern dringen durch diese hindurch und verbinden sich direkt mit irdischen Kräften wie der Schwerkraft, Hydromechanik, Aerodynamik und der äußeren Wärme. Das ist von entscheidender Bedeutung für das Aufrichten, für den die Schwerkraft überwindenden Gang des Menschen und für die Bewußtseinsentwicklung. Wird diese Verbindung unterbrochen, schwindet das Bewußtsein aus dem Körper und der Mensch fällt um. Beim neugeborenen Kind dringt der Kräftestrom noch nicht bis in die Außenwelt. Erst nach und nach ergreift sein Ich die äußeren irdischen Kräfte und vermag das Kind, die Statik seines Leibes zu beherrschen, sich hinzustellen und zu gehen. Treten Störungen in den Organstrukturen auf, die das Durchdringen der Ich-Kräfte erschweren, entstehen Stauungen – diese zeigen sich in Krämpfen, in sogenannten epileptischen Anfällen (siehe Heilpädagogischer Kurs, 3. Vortrag).

Andere Krämpfe, wie die Fieberkrämpfe der Kleinkinder, sind ebenfalls Auseinandersetzungen des Ich-Wesens mit seiner leiblichen Hülle. Diese umsichtig zu steuern, ist Aufgabe des Arztes – ebenso wie die Behandlung der Kinderkrankheiten. Die typischen Kinderkrankheiten deuten auf Bemühungen des Individuums hin, mit Hilfe der Wärmeorganisation – des Fiebers – ererbte Strukturen zu überwinden. Das Fieber schafft, so drückt man sich heute allgemeinverständlich aus, individuelle Abwehrkräfte – Immunität – und sollte nur in Extremfällen mit allopathischen Mitteln bekämpft werden. Die Naturheilkunde hat auf diesem Gebiet manches anzubieten. Nach überstandener Krankheit wird man in der Regel einen Entwicklungsschub beim Kleinkind feststellen können. Die Individual-Kräfte des Kindes treten stärker hervor. Bei genauerer Selbstbeobachtung ist das nicht schwer zu verstehen, denn man kann durchaus bemerken, wie die Selbstwahrnehmung durch Widerstände intensiviert wird.

Die Tätigkeit meines *Ich-Wesens* innerhalb meiner Wärmeorganisation nehme ich nicht sonderlich wahr. Wohl erlebe ich mich in mir als Person, aber ein *Bewußtsein* meines Selbst erhalte ich erst durch *Empfindungen meiner Sinnesorgane.* In diesen kommen mir gewissermaßen meine durch mich hindurchströmenden Ich-Kräfte wieder entgegen. Sie werden gleichsam reflektiert; wenn ich mich z.B. an einem Gegenstand gestoßen habe, empfinde ich mich selbst. Wenn ich etwas schmecke oder einen Geruch wahrnehme, erlebe ich auch mich selbst in meiner Empfindung. Es ist ein Vorgang, der sich vielleicht mit dem Blick in den Spiegel vergleichen läßt, aus dem man sich selbst entgegenkommt. So kommt einem aus dem Umkreis das eigene Ich *in der Wahrnehmung* entgegen. Für die Bewußtseinsentwicklung des Kindes ist es also dringend erforderlich, daß es die benötigte Durchwärmung erhält und daß für eine angemessene Stimulation seiner Sinnesorgane gesorgt wird.[11]

Ein weiterer Lebensprozeß, der von äußeren Agenzien angeregt wird, ist der Ernährungsprozeß, dem ich mich jetzt zuwenden werde. Bei dessen Schilderung wird es aber auch darum gehen, ein weiteres Wesensglied des Menschen zu charakterisieren: den »Ätherleib«, der als erstes übersinnliches Glied *fest* mit dem physischen Leib verbunden ist und als ein zweiter Leib des Menschen betrachtet wird. Bei den bis jetzt besprochenen Wesensgliedern handelte es sich um höhere, weiterentwickelte Strukturen, die als dritter (Astralleib) und als vierter Leib des Menschen (Ich) bezeichnet werden.

Dieses stufenweise Fortschreiten, sowohl in der Evolution als auch in der individuellen Entwicklung, tritt bei der Schilderung der Wesensglieder im Zusammenhang mit den Lebensprozessen nicht deutlich zutage, darum möchte ich es an dieser Stelle besonders hervorheben. Das Wissen um diese Stufenfolge in der Entwicklung des Kindes schützt die Heilpädagogen davor, das Kind zu überfordern, und hilft ihnen bei der Wahl ihrer Mittel. Im Lauf der weiteren Ausführungen wird nach und nach deutlich werden, wie das zu verstehen ist.

Ernährung (der »Flüssigkeitsmensch«)

Welch ein unwiderstehlicher Zauber geht doch von einem gesättigten, friedlich und entspannt schlafenden Kleinkind aus. Das unergründliche ewige Pulsieren des vegetativen Lebens in Harmonie mit der Schöpfung bietet sich dem Betrachter gleichsam wie eine schöne, unberührte, grünende Landschaft dar und regt unwillkürlich auch in ihm unbewußte Lebenskräfte an. Lebenskräfte, die aus übersinnlichen, die Erde umgebenden Ätherwelten belebend in die leblose Materie hineinwirken. Als »ätherische Bildekräfte« sind sie fortwährend formend und wachstumsanregend in der gesamten Pflanzen-, Tier- und Menschenwelt tätig. Beim Anblick des schlafenden Kleinkindes kann man zuweilen ahnend erleben, wie seine kleine Gestalt noch von den Äther- oder Bildekräften – wie in einem zweiten Uterus ruhend – umhüllt ist. Unermüdlich, Tag und Nacht bilden sie an der leiblichen Lebensgrundlage des Menschen; an der Grundlage, die ihm von Erbgut und Schicksal gegeben ist und sich erst durch das Einwirken seiner ureigenen seelisch-geistigen Eigenschaften zu einem persönlichen Instrument entwickeln kann. Diese seine Eigenschaften prägen sich der ätherisch-physischen Leiblichkeit ein wie die Petschaft dem Siegellack. Störungen beruhen, um im Bild zu bleiben, auf ungünstigem Siegellack oder geschwächten Prägekräften.

Wo Wachstum und Wandel sich abspielen, wird der räumlichen Gestalt eine zeitliche hinzugefügt, die einer bestimmten Entwicklung in bestimmten Lebensrhythmen unterliegt; davon wird in anderen Abschnitten noch gesprochen werden. Hier sei nur vorweg erwähnt, daß sich das Kind erst um das 6. bis 7. Lebensjahr aus der es umgebenden Ätherhülle – wie durch eine Art zweite Geburt – herauslöst, es kommt zu einem »Freiwerden« seines selbständigen Ätherleibes. Äußerlich erkennbar wird das durch das Hervorbrechen der zweiten Zähne. Auch am Gestaltwandel des Kindes, der sich schon früher bemerkbar macht, kann man die beginnende Umwandlung wahrnehmen. Die knubbeligen Rundungen verschwinden nach und nach. Das Fußgewölbe bildet sich aus. Aus dem mittelpunkt-bezogenen Kleinkindkörper strecken sich die Gliedmaßen in die Umwelt, und es bildet sich die Taille. Der erste Kindheitszauber schwindet und gleichzeitig auch des Kindes hochgradige Empfänglichkeit für Sinnesreize. Die Wahrnehmungen der Umwelt differenzieren sich und wirken nicht mehr in der vorherigen Weise gestalt-, sondern zunehmend gedanken- und gedächtnisbildend, der Nachahmungstrieb verebbt.

Diese belebenden ätherischen Bildekräfte, die den ersten übersinnlichen Leib des Kindes bilden, benötigen – wie der beseelende Astralleib den Luftorganismus und das Ich-Wesen den Wärmeorganismus – ein Medium, durch das sie einwirken können. Dieses Medium ist das »Wasser« bzw. der Flüssigkeitsorganismus. Man macht sich das meistens nicht klar, aber der physische Leib ist in Wahrheit eine »Flüssigkeitssäule« und besteht zu 80 bis 90 Prozent aus Wasser, das im Blutsystem (Plasma), in Lymphe, Chylus und Sekreten und im Muskel-,

Zell- und Fettgewebe enthalten ist. Sogar die Nervenscheiden und das Gehirn werden von Flüssigkeiten umspült.[12] Aus der Haut und mit der Ausatmung dunstet fortwährend Feuchtigkeit aus (vgl. Absonderung, Seite 98). Diese wäßrigen Lebenssäfte, die unermüdlich kreisen, sind die Träger des ätherischen Leibes. Ein Sich-Herauslösen des Ätherleibes aus dem physischen Leib würde einen Zerfall der physischen Materie bedeuten. Wenn dieser Vorgang nicht (z.B. durch Reanimation) aufgehalten werden kann, tritt letztlich der Tod des physischen Leibes ein. Der Ätherleib ist demnach viel fester in der Physis verankert als die Wesensglieder der Seele (Astralleib und Ich) und schwingt nicht im Wachen und Schlafen zwischen irdischem und kosmischem Dasein, ist aber wie diese eng mit einem Lebensprozeß verbunden, nämlich mit dem der Ernährung.

Durch den *Ernährungsprozeß* werden verbrauchte Energien ersetzt, und ohne ausreichende Nahrungsstoffe vermag ein Mensch in der Regel nur wenige Wochen am Leben zu bleiben. Fehlt die Flüssigkeitszufuhr, erlischt das Leben bereits nach 2 bis 4 Tagen. Ohne Sauerstoffzufuhr wird das Gehirn schon nach wenigen Minuten geschädigt, und es tritt allmählich der Gehirntod ein. Der Nahrungsbedarf macht sich triebhaft in Hunger und Durst bemerkbar, der Lufthunger hingegen nur, wenn der Sauerstoff entzogen wird: sonst verläuft der Vorgang der rhythmischen Atmung unbewußt.

Das Verlangen nach Nahrung, das Erleben von Hunger und Sättigung wechselt bei einer einigermaßen geregelten Lebensführung – ganz deutlich ist das bei Kindern zu beobachten – in einem Zeitraum von 3 bis 4 Stunden. Im schlafenden Zustand lassen sich längere Phasen ohne Nahrung überbrücken, und nach üppigen Mahlzeiten, d.h. nach Übersättigung, kann es längere Zeit dauern, bis wieder Hunger auftritt. Beim Kleinkind allerdings ist die Abhängigkeit vom inneren Stoffwechselrhythmus stärker, weshalb sich das Hungergefühl oftmals auch dann nach der gewohnten Zeit einstellt, wenn der Bedarf nach Nahrung, z.B. wegen einer Zwischenmahlzeit, noch nicht vorhanden ist. Darum muß sehr darauf geachtet werden, daß es nicht überfüttert wird, denn nicht jedes Kleinkind spuckt von allein das Überflüssige aus. Das anomale ständige Eßbedürfnis der Kinder, die an »Schwach-Sinn« leiden, d.h. überwiegend ihren vegetativen Funktionen unterworfen sind, ist allgemein bekannt. Ein ähnliches Verhalten zeigen auch Kinder, die mehr oder weniger ständig, ohne geregelte Zeiten, etwas in den Mund gesteckt bekommen. Das erregt Gier- und Suchtverhalten.

Je nachdem, wie sich der Astralleib mit dem Ätherleib im Stoffwechsel-Gliedmaßenbereich mitbetätigt – zu lasch oder zu intensiv –, können verschiedene Magen-Darmstörungen als psychosomatische Erkrankungen in Erscheinung treten, die durchaus heilpädagogisch behandelt werden können.[13] Eine Essensverweigerung kann verschiedene psychische Ursachen haben. Besonders im Gespräch ist heute die »Magersucht«. Sie tritt aber erst bei älteren Kindern auf und wird infolgedessen hier nicht behandelt. Die Verweigerungen eines Kleinkindes dagegen beruhen häufiger auf einem gesunden Instinkt, denn es hat aus seiner Natur heraus ein sehr feines Empfinden dafür, was ihm bekömmlich ist. Wenn man ihm den Geschmack nicht verdirbt, kann man sich in der Auswahl der Speisen weitgehend nach dem Kind richten und weglassen, was verweigert wird, oder es wenigstens einschränken, um allergische Reaktionen zu vermeiden. Das Kind muß in der Lage sein, die aufgenommenen Substanzen umzuwandeln. Dazu werden sowohl Kräfte seines individuellen Astralleibes als auch seines Ich-Wesens benötigt. Keiner der chemischen Stoffe kann so verbleiben, wie er in der Natur vorkommt. Es werden alle durch Essen und Trinken zugeführten Substanzen aufgelöst, chemisch gespalten, neu zusammengefügt und dem lebendigen Säftestrom eingegliedert.

Dieser Vorgang beginnt bereits mit der Einspeichelung im Mundbereich. Täglich werden 1 bis 2 Liter Sekret gebildet, das unter Mitwirkung von körpereigenen Enzymen eine erste chemische Aufspaltung herbeiführt. Im weiteren Durchgang des Speisebreis durch den Verdauungskanal wird diese Aufspaltung unter Zusetzung von weiteren Sekreten (darauf komme ich noch zurück) fortgesetzt. Dieser Prozeß muß andauern, bis die derart zubereiteten Stoffe von den Darmzotten ins Innere des Organismus aufgesogen und der Zirkulation von Lymphe und Blut zugeführt werden, d.h. bis die aufgenommenen Mineralsalze, wie sie z.B. in der Wurzelnahrung vorkommen, so fein potenziert und dynamisiert sind, daß sie sich in Wärme umwandeln.

Nur die Pflanzen können mineralische Salze für ihren Aufbau direkt aus dem Erdreich beziehen. Auf dieser ersten Stufe der Vitalisierung werden die Salze den Pflanzenfasern eingegliedert. Diese können dann wiederum anderen Lebewesen als Nahrung dienen. Im tierischen Organismus werden die Substanzen um eine weitere Stufe gehoben und gewissermaßen beseelt. Der Mensch kann sich das zunutze machen und seine Nahrung teilweise auf dem Umweg über das Tier zu sich nehmen. Jede Nahrung des Menschen muß aber, damit sie für das Ich-Wesen eine geeignete leibliche Grundlage schafft – ganz gleich, ob sie der Pflanzen- oder Tierwelt entnommen wurde –, innerhalb des menschlichen Organismus stufenweise »emporgehoben«, d.h. vergeistigt werden. Das gilt auch für die eigentlichen Bausteine der Physis, für die Eiweißstoffe, die als fremdes Eiweiß für den Körper Gift bedeuten und – soweit sie nicht völlig zerlegt und nach der individuellen Struktur in neue Eiweißmoleküle umgewandelt werden können – abgestoßen werden müssen. Außer den genannten Stoffgruppen, Salzen und Eiweiß, benötigt der Mensch noch Kohlehydrate und Fette, die ebenfalls aufgelöst und umgewandelt werden. Alle genannten Substanzen sind in der vegetabilen Welt vorhanden und werden bereits innerhalb der einzelnen Pflanzen einem Vergeistigungsprozeß unterzogen. Die oberste Stufe erreichen durch Sonnenreifung die Früchte (auch die eiweißhaltige Getreideähre, die »Kornfrucht«, gehört zu den sonnengereiften Früchten).

Zur Umwandlung der Nahrungsstoffe ist ein gewisser Kraftaufwand erforderlich, der von kleinen Kindern, von schwächlichen oder kranken Personen nicht aufgebracht werden kann. Darum muß man ihnen erwärmte Flüssigkeiten, Brei oder Mus, gekochte Früchte oder sogenannte Schonkost verabreichen, sonst ist ihr Körper nicht in der Lage, die Substanzen zu verwerten und die nötige leibliche Wärme zu bilden.

Die ideale Nahrung ist für das Neugeborene die Muttermilch, weil sie außer den erforderlichen Aufbaustoffen und Immunstoffen die mütterliche Wärme enthält. Nach und nach werden andere Milch-Gemische mit Zusätzen von »*Wurzelhaftem*« (wegen der Salze) und »*Fruchtigem*« verabreicht (vgl. Heilpädagogischer Kurs). Solange sich die Nährstoffe als abgetötete (gekochte) und zersetzte Substanzen im Verdauungskanal befinden, sind sie noch außerhalb desselben. Denn die Darmwand schließt gewissermaßen gegen die Außenwelt ab. Das wird deutlich erkennbar an der Tatsache, daß ein nicht auflösbarer Stoff oder Gegenstand mittels der Peristaltik des Darmes bis zum After hin weitergeschoben und ausgeschieden wird. Außerdem können Giftstoffe erbrochen oder mittels Magenpumpe entfernt werden. Dennoch darf man sich den Verdauungskanal nicht wie ein Leitungsrohr vorstellen, denn in ihm spielen sich differenzierteste Vorgänge ab. Einmal findet hier, indem der Sauerstoff sich dem Nährstoffstrom verbindet, die mittlere Stufe der Verbrennung statt. Zum anderen greifen in diesem Bereich die Individualkräfte stark in die Lebensprozesse ein. Das erklärt auch, warum gerade der Verdauungsvorgang sich als so anfällig für psychosomatische Störungen erweist.

Wenn sich also bei einem Kind im Verdauungsstoffwechsel Störungen einstellen, ist sowohl der Arzt als auch der Heilpädagoge aufgerufen zu erkennen, ob medizinische, diätetische oder heilpädagogische Maßnahmen ergriffen werden müssen. Vor allen Dingen sollte ein Heilpädagoge ein fundiertes Wissen von der Wirkung diätetischer Verordnungen anstreben. Im heilpädagogischen Bereich hat man es häufig mit Kindern zu tun, die Schwefel – vorrangig in Obst enthalten – oder Phosphor nicht verarbeiten können. Darauf sind einige typische Formen der Übererregbarkeit und Aggressivität zurückzuführen.[14] Seit einigen Jahren wird die krankhafte Hyperaktivität mancher Kinder auf den hohen Phosphatgehalt vieler Lebensmittel durch Zusätze und auf die Überdüngung der Felder mit Phosphaten zurückgeführt.[15]

Das wären Beispiele dafür, wie das, was dem einen bekommt, für den anderen eine unzumutbare Belastung bedeuten kann, was auch an den heute so häufig auftretenden Allergien abzulesen ist. Das heißt insbesondere für den Heilpädagogen, daß er sich darum bemühen muß, tiefere Kenntnisse einer geisteswissenschaftlichen Substanzlehre zu erwerben, um zu wissen, welche psychisch-physische Wirkung die Substanzen in dem jeweiligen Organismus hervorrufen können. Kaffee gilt als schädlich für Kinder. Dennoch hat Rudolf Steiner ihn im Einzelfall verordnet.[16] Fleisch wird häufig als Kindernahrung abgelehnt. Rudolf Steiner untersagte einem Kind mit übererregtem Astralleib den Fleischgenuß nicht, empfahl aber, die Fleischschüssel mit Säure einzureiben oder dem Fleisch etwas Fruchtsäure beizumengen.[17] Wann ein kleiner Sonderling von der vegetabilen Mahlzeit an eine gemischte, Fleisch enthaltende Kost herangeführt werden soll, und wieweit das überhaupt erforderlich ist, muß von Fall zu Fall entschieden werden.

Es kann auch eine ererbte Veranlagung für das Vorziehen der einen oder anderen Nahrung gegeben sein. Unter Umständen hängt es von der Länge des Verdauungskanals ab, welche Nahrung die geeignetste ist. Tiere, die von Pflanzennahrung leben, haben einen sehr langen Darmtrakt, Rinder sogar mehrere Mägen. Raubtiere haben einen kurzen Darm. Der Mensch hat die Möglichkeit, die Nährstoffe sowohl aus der Pflanzen- als auch aus der Tierwelt zu entnehmen – nur sollten dabei auch seine Konstitution, Klima- und Umwelteinflüsse bedacht werden.

Wie vorhin erwähnt, sind die Stoffe, die der Tierwelt entnommen werden, nicht nur vitalisiert, sondern auch bis zu einem gewissen Grad beseelt, was den Kraftaufwand des Astralleibes im menschlichen Organismus verringern hilft. Das kann aber auf die Dauer ein ähnliches Resultat wie das Schonen eines Muskels zur Folge haben, denn wenn bestimmte Kräfte nicht benötigt werden, ziehen sie sich zurück, oder der Überschuß ruft Störungen hervor. Ein wachsender Organismus benötigt schon eine ausgewogene Mischkost.

Je konkreter man sich ein Bild vom Zusammenspiel der individuellen höheren Wesensglieder im kindlichen Organismus machen kann, desto besser sind die Inkarnationsprobleme eines Kindes zu begreifen und zu behandeln. Der Heilpädagoge kann, insbesondere beim Kleinkind, Einfluß auf die Wechselwirkungen zwischen den Wesensgliedern des Kindes und den leiblich-organischen Prinzipien ausüben, wie sie in den Lebensprozessen wahrzunehmen sind. Zumindest trifft das für die ersten vier Prozesse zu, von denen der Absonderungsprozeß jetzt noch zu erläutern bleibt. Dieser Prozeß nimmt eine zentrale Stellung auf dem Weg der Individualisierung ein, d.h. dieser Prozeß verhindert das Überhandnehmen der rein vegetabilen Vorgänge, damit die Substanz für das Einwirken der Psyche durchlässig bleibt.

Lebensprozesse, die innere Stoffe verarbeiten

Absonderung

Der Absonderungsprozeß vollzieht sich innerhalb des Organismus und hat die Aufgabe, Stoffe zu lösen, zu trennen, zu sortieren. Um eine solche Trennung handelt es sich schon bei der Herauslösung der Kohlensäure aus den Zellen. Schon dieser Prozeß stellt sich gleichsam dem vegetativen Werdeprozeß entgegen und führt diesen Stoff über die venöse Zirkulation zum Herzen und von dort zur ausatmenden Lunge. Des weiteren findet eine Aufspaltung der Nahrungsmittel mit Hilfe einer Absonderung von verschiedenen Sekreten, Enzymen und Hormonen statt. Diese werden in aufeinander folgenden Phasen des Verdauungsvorgangs dem sich auflösenden Speisebrei hinzugefügt, bis sämtliche Substanzen so zergliedert und neu belebt sind, daß der individuelle Organismus sich ihrer bedienen kann. Fremdes Eiweiß wirkt wie Gift und wird vom Körper abgestoßen.[18]

Die allererste Aufspaltung geschieht bereits durch das Sekret der Mundspeicheldrüsen. (Mit der starken Wirkung dieses Sekrets, des Ptyalins, hat wohl jede Hausfrau gelegentlich beim Kochen Bekanntschaft gemacht, wenn eine mit Stärkemehl versetzte Flüssigkeit sich einfach nicht eindicken ließ oder wieder dünnflüssig wurde, weil sie versehentlich den schon einmal benutzten Abschmecklöffel in die Speise eingetunkt hatte. Die Speichelreste am Löffel hemmten durch ihre stärkelösende Wirkung das Eindicken.) Sowie der Speisebrei hinuntergeschluckt wird und durch die Speiseröhre in den Magen gelangt, werden zugleich mit der Magensäure neue Enzyme, die die Auflösung vorantreiben, abgesondert. Einige Salze können direkt von der Schleimhaut aufgenommen werden, aber der Gesamtbrei gleitet nach ca. 3 Stunden durch den Magenpförtner weiter in den Darm und wird mit zusätzlichen Sekreten der Bauchspeicheldrüse – darunter auch das Insulin, das für den Zuckerstoffwechsel so wichtig ist – vermengt. Und von der Gallenblase aus ergießt sich die in der Leber produzierte Galle in den Nährstoffstrom. Die Galle zersetzt die letzten noch unaufgelösten Substanzen, die Fette, und die Resorption durch den Dünndarm in den Flüssigkeitsmenschen kann vor sich gehen. Zur vollständigen Sortierung müssen aber noch zwei Stationen passiert werden. Die Leber nimmt eine ungeheure Menge Blut und Nährflüssigkeit in sich auf und tastet gleichsam die Substanzen ab. Sie verhält sich wie ein inneres Wahrnehmungsorgan, nimmt die Qualitäten der Stoffe wahr und wandelt einige – insbesondere Kohlehydrate – um. Schädliche werden entgiftet, andere wiederum mit dem venösen Blut den filtrierenden, ausscheidenden Organen, den Nieren, zugeführt.

Manche leicht lösliche Stoffe und Getränke umgehen den Verdauungskanal, d.h. sie werden fast unmittelbar, wie von einem Schwamm, vom Gewebe aufgesogen und gelangen daher schnell in die Blutbahn und von dieser in die Nieren, wie Traubenzucker, Alkohol, verschiedene Spurenelemente, Salze oder Medikamente. Das nicht Verwertbare wird alsbald mit dem Urin ausgeschieden. Somit dient der Urin häufig als Hilfe zur Diagnostik. In früheren Zeiten wurden auch Färbung und Geruchsunterschiede des Urins direkt vom Arzt untersucht. Heute übernimmt das die Analyseapparatur. Trotzdem sollte man bei den Kindern Auffälligkeiten bei den Ausscheidungen bemerken können (z.B. süßlich stechender oder fauliger Geruch, der auf Stoffwechselstörungen hindeutet), um rechtzeitig den Arzt zu konsultieren.

Dieser Vorgang des Herausspülens nicht brauchbarer Stoffe mit der von den Nieren gebildeten Flüssigkeit wird heute – einfach ausgedrückt – als »Blutwäsche« bezeichnet und bei erkrankten Nieren künstlich durchgeführt. Die in dieser Weise gefilterte Flüssigkeit wird erneut vom Blutstrom aufgenommen und zum Herzen zurückgeführt. Dabei vollzieht sich eine ähnliche Absonderung aus den Venen, wie sie auch in den Lungen mit der schon erwähnten Absonderung der Kohlensäure stattfindet. An diesen Vorgängen in Lungen und Nieren sind der Astralleib und das Ich beteiligt. Dadurch ergibt sich nach Rudolf Steiner für das Individuum ein Eigenbewußtsein von inneren Vorgängen, die es sonst nicht auf sich beziehen würde.

Die bis jetzt erwähnten Absonderungsvorgänge umfassen bei weitem nicht alle Funktionen dieser Prozesse, im Grunde genommen finden sie in jeder Zelle statt, aber sie sind auch nicht alle bei Störungen des Verlaufs mit heilpädagogisch-therapeutischen Maßnahmen (zumindest nicht direkt) zu behandeln, sondern benötigen medizinisch-medikamentöse Versorgung durch den Arzt. Mit einer Ausnahme. Ich meine damit die Absonderungen der Haut durch die Schweißdrüsen. Normalerweise erfüllt die Schweißabsonderung, wie die Hautatmung, eine wichtige Aufgabe in der Zirkulation und im Temperaturausgleich. Diese Funktion kann aber, und zwar nicht nur durch Erkrankungen mit Fieber, sondern auch aus psychischen Gründen, gestört werden. Man spricht zum Beispiel von Angstschweiß.

Leicht erregbare, häufig auch aggressive Kleinkinder, die zugleich hochgradige Berührungssensibilitäten aufweisen, leiden häufig an unterschwelligen Ängsten. Sie befinden sich innerlich gewissermaßen immer auf der Flucht. Der Astralleib reagiert zu intensiv. Im Absonderungsprozeß reißt er sozusagen die Flüssigkeiten mit sich. Er fährt »aus der Haut«, er »fließt« förmlich aus. Das Kind schwitzt permanent übermäßig, unter Umständen wird das Haar klatschnaß, und häufig näßt es auch ein.[19] Es gibt aber auch das polare Gegenbild zu diesem Verhalten. Das Kind wirkt schreckhaft, zieht sich (seinen Astralleib) in sich zurück, verstummt manchmal sogar. Seine Haut wird blaß, seine Pupillen groß. Hier handelt es sich nicht um unterschwellige Angst, sondern um Furcht. Es wird dem Erwachsenen selten bewußt, wie sehr ein Kleinkind von Furcht geplagt sein kann. Sein Leben wird, da es Ursachen noch nicht begrifflich erfaßt, fortwährend von schreckhaften Erlebnissen durchkreuzt, besonders, wenn verunsichernde Behinderungen vorliegen. Es liegt an den Bezugspersonen, solche Anwandlungen mit Liebe aufzufangen und zu versuchen, ihm ein Vertrauen zu vermitteln, das ihm hilft, die Furcht zu überwinden.[20]

Leider verhalten sich in dieser Beziehung viele Mütter unwissentlich falsch. Die Symptome der inneren Furcht werden nicht erkannt. Das Kind entspricht in manchen Beziehungen ihren Erwartungen nicht und wird beschimpft oder bestraft, ohne daß es den Grund versteht. Das ist oft der Fall im Zusammenhang mit Nahrungsaufnahme oder Ausscheidungen. Es kommt vor, daß Mütter eine falsche Einstellung zur Reinlichkeitserziehung haben und daß ein Kind mit beschmutzter Windel bestraft wird. In einem verschreckten Kind aber wächst die

Furcht, und das führt dazu, daß es nicht nur kontaktscheu wird, sondern oftmals mit längerer Stuhlverhaltung reagiert. Die Haut übernimmt dann zusätzlich das Aussondern einiger schädlicher Stoffe. Das macht sich durch einen übelriechenden, kalten, klebrigen Schweiß bemerkbar. In einem solchen Fall muß das Kind auf abführende Diät gesetzt werden (z.B. saure Milchprodukte, Milchzucker, aufgeweichte Dörrpflaumen in Kompott oder Suppe) und durch liebevolle Zuwendung und Akzeptanz der Beschmutzung von seiner Furcht befreit werden.

Nicht immer zeigt sich die Schreckhaftigkeit eines Kindes so drastisch. Der Heilpädagoge muß ein Auge für diesen Rückzug des Kindes in sich selbst entwickeln. Steigert sich seine Furcht, wird der Hals trocken, die Sekretionen der Mundschleimhäute und Schilddrüse bleiben aus – »es verschlägt ihm die Sprache« – und Durst tritt auf. Dieser Zustand kann sich noch verschlimmern, das Schlucken wird unmöglich, oder der »Magen dreht sich um«, das Kind übergibt sich oder kotet ein. Häufig entwickelt sich daraus eine Essensverweigerung. Auch bei Wutanfällen kann dem Kind die »Spucke weg bleiben«. Beim größeren Kind spricht man auch davon, daß ihm die »Galle überläuft«. Das sind alles Anzeichen, die deutlich machen, wie die höheren Wesensglieder des Kindes mit den Lebensprozessen verbunden sind und die regulären Rhythmen durch Affekte und Empfindungen stören können.

Bei schwer behinderten Kindern wird man zuweilen eine Hypersalivation, ein ständiges Sabbern, feststellen können. Das ist das Gegenteil vom trockenen Mund, hängt aber nicht mit einem gestörten Empfindungsleben zusammen, sondern beruht entweder auf einer spastischen Lähmung (vgl. Birthe, Seite 44) oder auf einer Entwicklungsstörung. Beim Säugling ist das Sabbern physiologisch normal, denn das Zusammenspiel der Muskel-, Nerven- und Drüsenfunktionen ist noch nicht vollständig ausgebildet. Liegt eine neurologische Schädigung vor, findet unter Umständen diese Entwicklung nicht statt. Das Kind verbleibt gleichsam in einem vegetativen Zustand. Das zeigt sich meistens auch in einer stark retardierten kognitiven Entwicklung. Wenn die Absonderungsprozesse störungsfrei verlaufen, gliedern sie sich in den ganzen Strom der Zirkulation und in den Rhythmus der anderen Lebensprozesse ein.

Einige dieser Rhythmen wurden erwähnt, sie lassen sich im Atmungsvorgang und Stoffwechsel gut verfolgen, andere wiederum entziehen sich der unmittelbaren Beobachtung, insbesondere in der Wechselwirkung mit den noch zu erwähnenden Prozessen. Es werden z.B. ununterbrochen abgestorbene Zellen nach außen abgesondert und abgedrängt. Im Abstand von ca. 4 Wochen erneuert sich die Haut, eine Schicht schuppt ab, und innerhalb von 7 Jahren sind alle Körperzellen ausgetauscht. Dennoch bleibt die Grundstruktur des Individuums erhalten, und man kann die Züge des Kindes nach Jahrzehnten noch erkennen. Das wird durch die Erhaltungsprozesse bewirkt.

Erhaltung

Verbrauchte Stoffe und Energien werden durch die Ernährung ersetzt. Was ist aber unter dem Begriff »Erhaltung« zu verstehen? Man kann den physischen Leib mit einem bewohnten Gebäude vergleichen, dessen Bewohner die Seele des Menschen ist. Dieses Gebäude muß, obwohl es ständig abgenutzt wird, in seiner Grundstruktur erhalten bleiben. Durch Schicksal, Unfälle, Krankheiten können Teile des leiblichen Gebäudes, die nicht ersetzbar sind, zerstört werden, und der Bewohner selbst kann es ruinieren. Sonst bleibt die eigene Struktur aber bestehen, trotz des Austausches aller Zellen, trotz Wachstum, Fettansatz und Altersveränderungen. Diese Erhaltungsprozesse wirken allgemein so im Verborgenen, daß man sich keine Gedanken darüber macht, obwohl es häufig genug Anlässe gibt, die Wunder wirkenden, den Organismus erhaltenden Kräfte zu bestaunen. Man stelle sich vor, die Mutter schickt das Kleinkind zum Spielen hinaus, zum Sandkasten, es stolpert, fällt gegen einen Stein und kehrt weinend mit einer blutenden Schramme zurück. Die Mutter entfernt Sand und Schmutz und desinfiziert die verletzte Stelle. Anschließend wird ein Verband oder Pflaster darauf gegeben, und nach einigen Tagen sieht alles genauso aus wie zuvor. Oder das Kind fällt aus einer schwingenden Schaukel und schlägt mit der Stirn so auf, daß eine große Platzwunde entsteht. In diesem Fall wird ein Arzt helfen und die offene Wunde schließen.

Man muß das ganz deutlich vor Augen haben: Der Arzt kann helfen, kann operieren, kann vernähen, kann Störungen beseitigen, aber *heilen* kann er die Wunden nicht. Die heilenden, erhaltenden Kräfte kommen aus dem Kosmos und wirken mit den Ätherkräften im Flüssigkeitsmenschen zusammen. Es ist mit diesen Kräften allerdings nicht anders als mit allen dynamischen Vorgängen – es sind ihnen Grenzen gesetzt. In dem eben genannten Fall bleibt eine Narbe zurück.

Im Verhalten des Kindes, in der Art, wie es auf den Schmerz reagiert, ist die Seele zwar stark beteiligt, aber sie hat zunächst nicht unmittelbar etwas mit den heilenden, erhaltenden Prozessen zu tun. Diese spielen sich zwischen den ererbten leiblichen Strukturen, die unter kosmischem Einfluß stehen, und den im Kind wirkenden ätherischen Kräften ab. Bei einigen Kindern verheilen Verletzungen schnell, werden auftretende Störungen bald überwunden, bei anderen wiederum sind die vitalen Kräfte schwach, und die Heilung verzögert sich. Diese konstitutionellen Kräfte können durch medizinische Mittel verstärkt und erstaunlicherweise – jedem Arzt ist das bekannt – auch durch den Willen des Patienten beeinflußt werden.

Bei einem kleinen Sonderling bedeutet dies, daß man ihn motivieren muß, gegen seine Behinderungen anzukämpfen. Auch da, wo keine Heilung erreichbar ist, weil dem Organismus Grenzen gesetzt sind, eröffnet jede willentliche Intention der Persönlichkeit des Kindes gewisse Entwicklungsmöglichkeiten. Je verborgener die Störungen sind, desto mehr gewinnen in der Behandlung die Imponderabilien an Bedeutung: das »Wie« gegenüber dem »Was«.

Wachstum

Die Wirkungen der Wachstumsprozesse kann man dort, wo sie schnell verlaufen, mit Augen verfolgen. Besonders ist das bei Pflanzen, bei jungen Geschöpfen, beim Säugling, beim Kind und Jugendlichen der Fall, aber auch generell beim Haar- und Nagelwachstum. Das kleine Kind ist wie eingebettet in diese vitalen, gestaltbildenden Kräfte. Sein individueller Anteil schnürt sich erst langsam von diesen ab (wie eine zweite Geburt) und setzt sich mit den ererbten Strukturen auseinander, Persönlichkeitsmerkmale werden deutlicher, die zweiten Zähne treten hervor.

Etwas Lebloses kann nicht wachsen. Es kann sich strukturieren, kann ansetzen, kann sich kristallisieren, aber auch nur dann, wenn gestaltbildende, kosmische Kräfte einwirken. Wo aber organisches Wachstum in lebenden Organismen vor sich geht, findet gleichzeitig Bewegung statt. Es entstehen Rhythmen: Werden und Vergehen. Zu dem »Raum« fügt sich noch die »Zeit« in den Organismus. Jeder Zeitabschnitt hat seine eigene Aufgabe, die Beachtung verlangt. Der Therapeut sollte nicht versuchen, dem vorzugreifen. Es wäre falsch, mit Bewegungsübungen anzufangen, für die der Organismus noch nicht reif ist, und auch im kognitiven Bereich darf keine Aufgabe gestellt werden, der das Kind nicht »gewachsen« ist. Mütter machen oft verheerende Fehler, und Väter auch: »Mein Kind kann schon …« Das ist schlimm, denn man muß sowohl dem inneren Reifen wie dem äußeren Wachstum Zeit lassen. »Laß' mir Zeit«, und »Schenke mir Zeit«: das ist der stille Notruf fast aller Kinder heute, ganz gleich, ob eine Behinderung vorliegt oder nicht. Allerdings darf – wie ich hier oft betont habe und immer wieder betonen werde – die Behinderung nicht übersehen werden. Diese muß selbstverständlich behandelt werden. *Man darf das Kind nicht stehenlassen.*

Zu den äußeren Wachstumsstörungen wäre noch zu erwähnen, daß eine therapeutische Einflußnahme sehr beschränkt ist, auch der Arzt hat wenig Möglichkeiten, ein Kind, das z.B. von Zwergwuchs betroffen ist, zu beeinflussen. Die empfohlenen Hormoninjektionen sind sehr umstritten und haben nicht immer den gewünschten Einfluß auf das Längenwachstum. Es muß also vorerst bei dem Bestreben bleiben, die gestaltbildenden Kräfte, die sich den kosmischen Wirkungen aufschließen können, aufzurufen und zu unterstützen. In manchen Fällen wird die ärztliche Konstitutionstherapie zusammen mit Heileurythmie gewisse Erfolge erzielen können.

Das sind seltene, extreme Fälle. Häufiger begegnet man in der Praxis Kindern mit der Tendenz, im Wuchs steckenzubleiben oder wie Streichhölzer emporzuschießen. Die Angaben Rudolf Steiners zu diesem Thema beziehen sich auf ältere Kinder, auf Schulkinder, aber sie zeigen Zusammenhänge auf zwischen Wachstumskräften und den seelischen Kräften, vor allen Dingen den Gedächtniskräften, die man auch im Kindergartenalter berücksichtigen kann. Die Wachstumskräfte, die über den Ätherleib des Kleinkindes noch ganz im leiblichen Organismus wirken, würden erheblich gestört werden, wenn man zu früh (d.h. vor dem Zahnwechsel) damit beginnen würde, sein Gedächtnis zu belasten oder zu schulen.[21]

Reproduktion oder Hervorbringung

Unter Prozessen der Reproduktion hat man sich zweierlei vorzustellen: zum einen die Hervorbringung neuer Gestalten in der Generationenreihe, zum anderen die Hervorbringung neuer Zellen im eigenen Körper. Diese letztgenannte Reproduktion ist ein fortwährender Prozeß. Man denke daran, wie schnell sich nach einem Blutverlust im Knochenmark und in der Milz wieder neue Blutzellen bilden. Im Zusammenhang mit dem Absonderungsprozeß wurde schon darauf hingewiesen, daß sämtliche Zellen im Lauf von 7 Jahren ausgewechselt werden. Im Absonderungsprozeß werden sie abgestoßen, im Reproduktionsprozeß neu gebildet (Ausnahme: die Gehirnzellen).

Ist dieser Prozeß gestört, dann ist der Organismus krank, und die Krankheit bedarf der Behandlung durch den Arzt. Gleichwohl ist zu berücksichtigen, daß sämtliche Lebensprozesse gemeinsam im Organismus wirken und immer in einem dynamischen Verhältnis zu den Wesensgliedern des Individuums stehen. Insofern haben sowohl der Therapeut als auch die Bezugspersonen indirekten Einfluß auf diese verborgenen Prozesse, je nachdem, wie sie auf die Probleme des Kindes eingehen und harmonisierend auf seine Wesensglieder wirken.

Die Wesensglieder des Menschen und das »Pädagogische Gesetz«

Nach diesem Versuch, aus den Erkenntnissen der geisteswissenschaftlichen Menschenkunde wenigstens skizzenhaft den Flüssigkeits-, Luft- und Wärmemenschen im Zusammenhang mit den Lebensprozessen darzustellen, hoffe ich, beim Leser etwas konkretere Vorstellungen von der Gliederung des Menschen nach Leib, Leben, Seele und Geist erweckt zu haben. Die Lehre von den verschiedenen Wesensgliedern des Menschen ist in der geisteswissenschaftlich erweiterten Medizin, Heilpädagogik und Pädagogik von eminenter Bedeutung. Fruchtbar für die Praxis werden diese Begriffe allerdings nur dann, wenn sich ihnen eine immer lebendiger werdende Vorstellung hinzugesellt. Es hat keinen Wert, wenn sich jemand die vier Wesensglieder – wie ich es manchmal erlebt habe – etwa so wie ineinandergesteckte Holzpuppen, gleich einer russischen »Babuschka«, vorstellt.

»Das, worauf zunächst durch intellektuelle Begriffe hingewiesen wird, das ist eigentlich in der Anthroposophie nur eine Art Richtlinie, um die Lebensbeobachtung, die Weltbeobachtung in diejenige Richtung zu bringen, in der man die Wirklichkeit, die vollständige Wirklichkeit, überschauen kann […]. Ein solches Schema erhält man ja verhältnismäßig früh, wenn man sich darauf einläßt, die anthroposophische Geisteswissenschaft kennen zu lernen. Und ein solches Schema ist es, was uns anleitet, den Menschen so zu betrachten, daß wir zugrunde legen dieser Betrachtungsweise physischen Leib, Ätherleib, Astralleib und Ich. […] Aber recht gegenständlich, lebendig, werden einem diese Dinge dann, wenn man eingeht auf das, was sich im Menschenleben, was sich in den Beziehungen des Menschen zur Welt, was sich in der Welt überhaupt offenbart und was dann die zunächst schematisch hingepfahlten Begriffe mit einem ganz bestimmten Inhalte erfüllt.« (Rudolf Steiner am 12. August 1921)

Diese Inhalte muß man sich nach und nach erarbeiten. Im hier gesteckten Rahmen kann nur auf Konsequenzen für die Praxis hingewiesen, Anregung zu eigenem Weiterstudium und zur Schulung der eigenen Wesensglieder gegeben werden, denn man kann bewußt an den eigenen Wesensgliedern arbeiten und sie stärken. In diesem Bereich ist die Erklärung für die Wirkung der Imponderabilien zu finden. Die Wirkung unterliegt einer bestimmten Gesetzmäßigkeit, die Rudolf Steiner das »Pädagogische Gesetz« genannt hat.[22] Dieses besagt, daß in der erzieherischen Tätigkeit ein Wesensglied des Erwachsenen auf ein bestimmtes Wesensglied des ihm anvertrauten Kindes einwirkt. Das heißt:

Der Ätherleib des Erziehers wirkt auf den physischen Leib des Kindes.

Der Astralleib des Erziehers wirkt auf den Ätherleib des Kindes.

Das Ich des Erziehers wirkt auf den Astralleib des Kindes.

Auf das Ich des Kindes vermag ein Erzieher keinen direkten Einfluß zu nehmen. Mit Hilfe der Sprachgenien ist jedoch eine Einwirkung möglich, z.B. durch Heileurythmie oder durch Logotherapie. Will der Heilpädagoge auf die Wesensglieder des Kindes einwirken, so ist nach diesem Gesetz die Selbstschulung Voraussetzung. Am schwierigsten gestaltet sich die Arbeit am eigenen Ätherleib. Denn der Ätherleib wird stark von unseren Gewohnheiten geprägt. Man kann also versuchen, sich bewußt von alten, eingefleischten Gewohnheiten zu lösen und neue zu bilden – zumindest eine innere Beweglichkeit zu erreichen. Tiefere Wirkungen erzielen Übungen der Konzentration und Meditation und die Hingabe an künstlerische und religiöse Werte. Auch die Schulung der Seele wirkt prägend auf den Ätherleib, aber im Verhältnis eben gering; so wie der Minutenzeiger eben nur langsam den Stundenzeiger mitzieht.

Es gibt Menschen, die mit besonderen Heilkräften ihres Ätherleibes begabt sind. Man spricht z.B. von heilenden Händen durch Handauflegen oder dergleichen. Als Heilpädagoge wird man solche Gaben bei sich nicht voraussetzen können. Aber man kann sozusagen als »Vorbild« über die Nachahmungsfähigkeit des Kindes anregend auf die Ausgestaltung der physischen Strukturen einwirken, so lange sich ein physischer Leib noch im Aufbau befindet. Das sollte man im Berufsalltag immer bedenken. Und bevor man sich therapeutischen Maßnahmen zuwendet, wäre der erste Schritt, auf eigene Gewohnheiten zu achten und alle innere und äußere Nachlässigkeit zu vermeiden. Ein Kind dazu anzuhalten, gewisse Hygiene- und Ordnungsregeln einzuhalten, ist gänzlich sinnlos, wenn man sie selbst nicht einhält.

Es kann zu guter Gewohnheit werden, abends oder nach einem Spiel alles wieder aufzuräumen, andererseits muß der Kreativität des Kindes Rechnung getragen werden. Hat also ein konstruktives Spiel stattgefunden, das noch fortgesetzt werden kann – also nur aus zeitlichen Gründen unterbrochen werden mußte –, so sollte ein Aufbau, eine Konstruktion stehenbleiben dürfen. Da hat eine innere Ordnung Vorrang vor der äußeren pedantischen Regelung. Mit Grausen erinnere ich mich an die Zeit meiner Tätigkeit in einem Institut, in dem wir Heilpädagogen jeden Tag, nachdem die Kinder das Institut verlassen hatten, alle Spielsachen in den Schränken zu verschließen hatten und für die Putzkolonne »freie Bahn« schaffen mußten, indem wir Hocker und Stühle auf die Tische stapelten. Die Kinder suchten am nächsten Tag dann traurig nach ihren schönen Spielecken und Konstruktionen, und es wurde schwer, sie erneut zu motivieren. Sie meinten dann: »Es wird nur alles wieder puttmacht.«

Innere Beweglichkeit und Humor des Erwachsenen können vor sturen Regeln schützen – denn diese sind gewiß nicht mit guten Gewohnheiten gemeint. Es kann sehr heilsam für den Erziehenden sein, wenn er beim nachahmenden Kind sein eigenes Verhalten, eine Geste, eine Redewendung oder eine Miene, Naserümpfen etwa, bemerkt und sich plötzlich bewußt wird, daß diese Ausdrucksweise oder »Marotte« von ihm selber »abgeguckt« worden ist. Er oder sie wird es sich dann schnell abgewöhnen müssen – und gleichzeitig bemerken, wie schwer das ist.

Unterstützende Maßnahmen im Elternhaus

In den seltensten Fällen wird ein Kind mit abweichender Entwicklung, das noch nicht im schulpflichtigen Alter steht, einem Vollheim anvertraut. Es wird nur für bestimmte Stunden des Tages Therapeuten oder Heilpädagogen übergeben, verbringt aber den weitaus größten Teil des Tags und die Nacht in der häuslichen Umgebung. Darum müssen, wenn Störungen der Lebensprozesse vorliegen, die therapeutischen Maßnahmen des Heilpädagogen, die auf ein Rhythmisieren der Lebensvorgänge zielen, unbedingt in dem 24-stündigen Tagesablauf vom Elternhaus ergänzt werden. Vor allen Dingen betrifft das den Wechsel zwischen Wachen und Schlafen und zwischen Hungergefühl und Sättigung. Aber auch Tätigsein und Ruhephasen, Spielen und Zuhören können im Tageslauf ihre bestimmte Zeit zugewiesen bekommen, ebenso hygienische Belange wie Windelwechsel oder Toilettengang, Händewaschen etc. Es darf sich natürlich auch dabei keine Pedanterie entwickeln; das würde die wohltuende Wirkung aufheben. Es handelt sich darum, daß ein bestimmter Rhythmus einfach zur Gewohnheit wird – das hilft einem Kind, sich in die Welt einzugliedern –, und genau damit hat ein kleiner Sonderling die größten Probleme. Nebenbei bemerkt, erleichtern feste Gewohnheiten, wenn sie sinnvoll geordnet sind, der Mutter die Haushaltsführung.

Ein weiterer Rhythmus, der im Elternhaus gepflegt werden könnte und der für den Seelenleib (Astralleib) des Kindes von großer Bedeutung ist, ist der 7-Tage-Rhythmus.[23] Das bedeutete, daß der Sonntag ein Tag der »Seelenpflege« würde, daß also wenigstens einige Stunden für Freude, innere Wärme und ein wenig Festlichkeit gesorgt wäre. Und daß, je nach Alter des Kindes, sein Interesse für Umwelt und Natur geweckt und gepflegt würde – allerdings noch nicht verstandes-, sondern nur erlebnismäßig, mit gebührender Ehrfurcht vor allen Naturvorgängen. Die Einstellung des Erwachsenen überträgt sich ohne viele Worte auf das Kind und stärkt sein Vertrauen zum Leben.

Größere Rhythmen, die heilsam auf die Gesundheit von Leib und Seele des Kindes wirken, sind die Jahresrhythmen mit ihren bestimmten Festtagen. Man braucht nur an die eigene Kindheit zurückzudenken: Was wäre ein Jahr ohne Weihnachtsfest, Osterfest, Sommererlebnisse? Und ohne Geburtstage? Solche Feste bilden einen Erinnerungsschatz nicht nur für die Kindheit. Wie solche kleinen Oasen im Jahreslauf eingefügt werden können, werden am besten Eltern und Heilpädagogen gemeinsam beraten.

Aber zurück zur Alltagssituation zu Hause. Die Kinder leiden vielleicht unter Mißempfindungen, sind quengelig, unruhig, wirbeln herum, haben keinen Hunger, spucken bei Tisch, können die Nacht nicht durchschlafen, schaukeln nachts im Bett oder nässen ein, um nur die am häufigsten auftretenden Anzeichen gestörter Lebensprozesse zu erwähnen. Als erstes wird man darauf bedacht sein, den Rhythmus zwischen Wachen und Schlafen – gegebenenfalls auch zwischen Nacht- und Mittagsschlaf der Kleinsten – zu unterstützen.

Neben der Furcht vor dem Einschlafen abends gibt es noch andere Ursachen, durch die der kindliche Schlaf gestört werden kann. Kleinkinder mit überempfindlichen Sinnen können diese nur schwer ausschalten und haben einen äußerst leichten Schlaf. Alle denkbaren Störungen aus der nächsten Umgebung des Kindes müssen daher als erstes beseitigt werden. Da wäre zunächst die Frage nach der Schlafstätte und danach, was man bei ihrem Herrichten zu bedenken hat.

Das Bett Die Matratze darf nicht zu weich sein, sollte aus Naturmaterialien bestehen, und falls noch nicht auf Feuchtigkeitsschutz verzichtet werden kann, sollte sie mit einer Lage aufsaugenden Baumwollmaterials (z.B. Frottee) bedeckt werden. Kleine Sonderlinge müssen ein geräumiges, aber nicht zu großes Bett erhalten – sie sollten sich nicht darin verlieren. Spastische Kinder bedürfen besonderer Lagerung, aber auch den anderen Kindern tut es gut, wenn man sie seitlich hineinlegt und ihnen eine feste Rolle (aufgerolltes Badetuch oder dergleichen) hinter den Rücken legt. Man muß natürlich Neigungen des Kindes berücksichtigen, aber warum Bauchlage bei Kleinstkindern nicht zu empfehlen ist, wird noch erläutert werden. Leidet das Kind unter nächtlichem Schaukeln (yactus nocturnus), müssen die Bettseiten zusätzlich abgepolstert werden, aber so, daß das Kind sich nicht in Tücher verwickeln kann.

Das Kopfkissen sollte recht flach und fest sein. Man kann den Bezug mit zusammengelegten Frotteetüchern oder Hirse füllen. Bei Daunen muß beachtet werden, daß der Kopf nicht zu tief einsinkt, Nase und Mund müssen frei bleiben, es muß geprüft werden, ob das Kind nicht allergisch auf Daunen reagiert.

Womit das Kind zugedeckt wird, muß wohl bedacht werden. Erstens: Welche Temperatur herrscht im Raum? Das Kind darf nicht ins Schwitzen kommen, aber seine gleichmäßige Körperwärme sollte sich problemlos während des Schlafes halten lassen. Zweitens: Manche Kleinkinder bedürfen, um sich wohlfühlen zu können, eines gewissen Drucks auf den Körper, wie ihn eine schwere Decke bewirkt, andere wiederum können das nicht vertragen. Was richtig ist, muß man ausprobieren. Man achte auch darauf, daß die Bettwäsche keinen starken Geruch verbreitet, wie er durch wiederholtes Einnässen oder durch parfümierte Waschmittel entsteht.

Der Raum Das Kind braucht während des Schlafes viel frische Luft, aber in der Regel genügt es, den Raum vor dem Zubettgehen gut zu durchlüften und danach die Fenster zu schließen, denn Kälte, Luftzug, Lärm etc. und im Sommer fliegende Insekten stören den Schlaf eines empfindlichen Kindes. Das gleiche gilt für Licht, besonders in der Sommerzeit, darum sollten die Fenster abgedunkelt werden. Daß in dem Zimmer nicht geraucht werden darf und daß sich keine stark duftenden Pflanzen darin befinden sollten, ist selbstverständlich. Auch das Unterbringen von Haustieren im Schlafraum des Kindes sollte möglichst vermieden werden. Von der Behinderung und von der Art der Schlafstörungen wird es abhängen, ob das Kind den Raum mit anderen teilen kann. Anzustreben wäre es, wenn Geschwister vorhanden sind, auf jeden Fall. Aber das Kind sollte sich möglichst nicht im Schlafzimmer seiner Eltern befinden (ausgenommen die Säuglingszeit, siehe Seite 291).

Einhalten der Schlafzeiten Im Biorhythmus des Kindes sind die notwendigen Schlafzeiten zum Teil an das Alter oder den Entwicklungsstand gebunden und lassen sich nach allgemeinen Richtlinien ermitteln, zum Teil aber sind sie individuell. Darum muß genauso auf Anzeichen von Schläfrigkeit wie auf ein erwachendes Wahrnehmungsbedürfnis geachtet werden. Eine Übermüdung ist zu vermeiden, aber auch das Zu-lange-im-Bett-Verweilen des Kindes.[24]

Wenn die für das Kind optimale Schlafzeit – einschließlich des eventuell notwendigen Vormittags-Nickerchens und des Nachmittagsschlafs – herausgefunden ist, muß sie eine längere Zeit hindurch (oft Monate) eingehalten und in den gleichmäßigen Tagesrhythmus eingegliedert werden. Unauffällige Kinder verkraften ohne weiteres gelegentliche Verschiebungen. Allerdings brauchen auch sie bei durchgreifenden Änderungen eine Eingewöhnungszeit von 7 bis 14 Tagen (z.B. bei der Umstellung auf die Sommerzeit).

Bei den kleinen Sonderlingen ist jede Umstellung mit Problemen verbunden. Erstens benötigen sie ein Gefühl der Sicherheit – dieses wird durch das Einhalten bestimmter Zeiten unterstützt –, zweitens haben sie die Tendenz, in bestimmten Situationen zu verharren. Werden sie am Tag zum Schlafen hingelegt, müssen sie womöglich geweckt werden, weil ihre Gesamtschlafdauer sonst zu lang wird. Tobt man mit den Kindern vor dem Zubettgehen am Abend, können sie mit dem Toben nicht aufhören und kommen überhaupt nicht mehr zur Ruhe. Im Gegenteil, sie werden richtig aufgedreht. Der Astralleib – das Seelisch-Geistige des Kindes – verbindet sich zu stark mit dem Tätigkeitsbereich und kann sich nicht, wie bei natürlich einsetzender Schläfrigkeit, loslösen.

Es ist ein Irrtum zu glauben, daß ein Kind von solchem Toben (Balgen, Hochgeworfen- und Gekitzelt-Werden etc.) schläfrig wird. Das Schlafbedürfnis tritt als ein Erholungsbedürfnis nach längeren die Sinne anregenden Tätigkeiten auf und durch Ausleben des Bewegungsdrangs (Befriedigung der basalen Sinne). Eine Überreizung der Sinne behindert den Einschlafvorgang. Das natürliche Bewegungsbedürfnis des Kindes sollte am besten nach dem Mittagsschlaf oder vor dem Abendbrot befriedigt werden. Es kommt dem Kind dabei ja hauptsächlich auf die fröhliche Zuwendung, z.B. des heimkehrenden Elternteils, und den Körperkontakt an. Eine Unterbrechung dieses Kontakts durch ein Ins-Bett-geschickt-Werden ist schmerzlich. Die Unterbrechung durch eine Abendmahlzeit, womöglich gemeinsam eingenommen, ist tröstlich und in den Tagesrhythmus sinnvoll eingebunden. Auf das Einschlafen begünstigend wirken Wärme, Sättigung, beruhigende Geräusche, die die Anwesenheit einer vertrauten Person anzeigen und, vor dem Abendschlaf, eine die Furcht beseitigende Abendzeremonie (wie z.B. auf Seite 81 vorgeschlagen).

Wärme In unseren Breitengraden kommt es selten vor, daß Kinder vor übermäßiger Hitze geschützt werden müssen, und wenn, weiß jede Mutter, wie Abhilfe zu schaffen ist. Sie leidet ja selbst unter der Hitze. Ganz anders ist die Situation bei fehlender Wärme. Der Mutter kann es warm genug erscheinen, einem labilen Kind genügt die Wärme vielleicht aber nicht, um zu entspannen.

Bei blassen, leicht frierenden Kindern, auch bei solchen mit verspannter Muskulatur (Spastikern) oder vor Übermüdung frierenden, muß man darauf achten, daß das Bett warm ist, und sollte eventuell eine Wärmflasche hineinlegen. Manchmal helfen auch kleine Pulswärmer um Hand- und Fußgelenke. Ob man ein Kind jeden Abend vor dem Schlafengehen warm (35–37°) baden läßt, richtet sich zum einen nach der Konstitution des Kindes, zum anderen nach den häuslichen Möglichkeiten. Vom Abduschen ist wegen der anregenden Wirkung bei sensitiven Kindern abzuraten.

Bäder Mitunter werden aus medizinischen Gründen Bäder mit bestimmten Zusätzen verordnet, die zum Teil im Institut verabreicht werden müssen, etwa weil Öle im Wasser verteilt werden (Öldispersionsbäder), zum Teil aber im Haus durchgeführt werden können. Die Häufigkeit und die Badedauer bestimmt dann der Arzt.

Einmal in der Woche kann man ein Kind schon ausgiebig vor dem Abendbrot in der Badewanne die feuchte Wärme genießen lassen, aber wenn tägliche Reinigungsbäder erfolgen müssen, sollten diese kurz sein, sonst wird das Kind (wie beim Toben) zu verspielt und sperrt sich gegen das Herausgenommen-Werden. Es sollte auch nicht beim Baden alleingelassen werden! Meistens genügt ein kurzes Sitzbad (besonders für Windelträger sind sie wichtig) oder ein warmes Fußbad (37°). Manchen Kindern kann man an besonders »unruhigen« Tagen vor dem Einschlafen einen warmen Bauchwickel anlegen (siehe Seite 173).

Vom Baden und kühl Abduschen am Morgen ist abzuraten. Bis auf wenige Ausnahmen brauchen die Kinder einen sanften Übergang in den Tag. Das sollte unbedingt mit Ärzten oder Heilpädagogen besprochen werden. Maßnahmen zur Abhärtung vorzunehmen, ist gänzlich verfehlt. Das betrifft auch die Kleidung. Gesicht und Hände vertragen kühlere Luft, Arme, Beine und Füße nicht in demselben Maß. Kniestrümpfe im Frühjahr und stundenlanges Barfußlaufen auf kalten Fliesen, im feuchten Sand oder regennassen Gras an kühlen Sommertagen können in späteren Jahren zu rheumatischen Beschwerden führen.

Das Baden im Meer, in natürlichen Gewässern oder Schwimmbädern und -hallen kann für ein Kind zu einem wunderschönen Erlebnis werden, aber auch zu einem Alptraum. Ein Spastiker z.B. braucht, zumindest im Vorschulalter, unbedingt eine Wasserwärme von mindestens 33°, und Kinder, die zart besaitet sind oder noch nicht schwimmen können, ebenfalls. Manche Kinder haben einfach zu große Angst vor dem Wasser, und bei manchen Kindern, die den Chlorgehalt des Wassers im Schwimmbad nicht vertragen, stellt sich abends im warmen Bett anstelle der natürlichen Müdigkeit ein unerträglicher Juckreiz ein. Man muß folglich sorgfältig auf die Konstitution des Kindes achten und sich gegebenenfalls fachkundig beraten lassen.

Abendessen Zu den das Einschlafen fördernden Faktoren gehört auch die Sättigung. Die Kleinsten, die noch mit der Flasche ernährt werden, schlafen ja meistens sofort nach Stillung des Hungers ein, ja manchmal sogar während des Trinkens. Wie verhält man sich aber bei Kindern, die schon mit am Tisch sitzen können? Sollen sie mit vollgestopftem Bäuchlein gleich ins Bett kriechen?

Jeder Haushalt ist anders, und die Rolle des kleinen Sonderlings in der Familie erst recht. Wie man sich den auftretenden Problemen gegenüber verhält, z.B. bei Essensverweigerung, Spucken etc., sollte, unter Berücksichtigung sonstiger Belange der Familie, gemeinsam von Mutter und Heilpädagogen erarbeitet werden. Auch ob das Kind andere Speisen und diese vielleicht zu anderer Zeit benötigt, muß besprochen werden.

Das Kind sollte zwar gesättigt ins Bett gebracht werden, aber nicht sofort nach dem Essen, wenn es an einer üppigen warmen Mahlzeit der Erwachsenen teilgenommen hat. Es sollte mindestens noch eine Stunde mit ruhiger Beschäftigung oder Spiel zubringen. Vor dem Zubettgehen sind für kleine Kinder schwere Gerichte nicht angebracht, aber die Wärme einer Speise tut dem Kind vor dem Einschlafen gut. Eine warme Milchsuppe (Weizenmehl-Einbrenne) oder Grießbrei sind wohltuend, ebenso ein Becher warmer Milch, mit wenig Honig gesüßt, und dazu ein Butterbrot oder Zwieback. Wenn das Kind Milch oder Weizenmehl nicht verträgt, muß natürlich eine andere Lösung gefunden werden. Gesüßte Teegetränke sollten tabu sein, wenn man nicht genau die Wirkung der verschiedenen Kräuter und Blüten kennt und sie gezielt – aus medizinischen Gesichtspunkten – einsetzen kann. Außerdem nehmen die Kinder durch gezuckerte Getränke zuviel Flüssigkeit auf, die später die Blase belastet. Gibt man Obstsäfte, ist die zusätzliche Wirkung der Säure, die ein Muntermacher ist, zu bedenken (vgl. Geschmackssinn, Seite 135). Kleine Kinder haben viel Durst und brauchen viel zu trinken; um dieses Bedürfnis zu befriedigen, sollte man aber andere Tageszeiten und nicht die Zeit unmittelbar vor dem Zubettgehen wählen.

Beruhigende Geräusche Die Geräusche, die aus der Großstadt in ein Schlafzimmer dringen, sind meistens störend und müssen möglichst abgeschirmt werden. Bei einem Landaufenthalt kann das anders sein. Vertraute Geräusche von einem Hof, von einem rieselnden Bach, entfernten Kuhglocken etc. können beruhigen. Das ist bei Geräuschen innerhalb der Wohnung nicht anders. Sie sollten wohl gedämpft, aber nicht völlig abgestellt werden. Das gewohnte ruhige Ticken einer großen Wanduhr aus dem Nebenzimmer, die an- und abschwellenden Stimmen von Erwachsenen, die sich unterhalten, oder gedämpfte Hausmusik können einschläfernd wirken. Aber auch andere vertraute Geräusche wie das Klappern der Mutter mit den Töpfen in der Küche verstärken das Gefühl der Geborgenheit beim Kind – vorausgesetzt, daß die Geräusche nicht lauter sind als die Reizschwelle des Kindes es zuläßt. Das Abspielen von Kassetten und mechanischen Spieldosen ist nicht zu empfehlen. Die Laute sollten die Anwesenheit der Bezugspersonen bezeugen, nicht als Ersatz bei ihrer Abwesenheit verwendet werden. Das gilt auch für die Waschmaschine, die häufig mit Erfolg von Müttern als Einschlafhilfe eingesetzt wird. Abträglich für die Einschlafphase ist das Fernsehen. Sind die Bildgeschichten auch noch so »niedlich«, z.B. beim »Sandmännchen«: Sie sind kein Ersatz für die inneren Phantasiebilder, die ein Kind beim Hören einer Geschichte selbst entwickelt. Außerdem wird durch das Flimmern der Bilder das Nervensystem überreizt. Deshalb sollten kleine Kinder und Kinder mit labiler Konstitution vor dem Schlafengehen nicht mehr fernsehen (siehe Gesichtssinn, Seite 152).

Einnässen Im allgemeinen stört das Einnässen ein Kind nicht im Schlaf. Erst die nicht zu übersehenden Folgen am Morgen und die Reaktion der Familienmitglieder versetzen es in Schrecken und haben nachteilige Auswirkungen auf seine Psyche. Ganz kleine und schwerer behinderte Kinder brauchen deswegen zweifellos eine Nachtwindel und eine Unterlage. Der Bequemlichkeit halber lassen viele Mütter diese Entwicklungsstufe aber viel zu lange andauern und vernachlässigen ihre Aufgabe, dem Kind Hilfe zukommen zu lassen. Dann gewöhnt es sich an den feuchtwarmen Zustand und den Geruch und bemerkt das Wasserlassen gar nicht. In einzelnen Fällen kommt es sogar vor, daß sich ein Kind so an den Uringeruch gewöhnt hat, daß es darauf gar nicht mehr verzichten kann. Peinliche Hygiene ist darum angesagt.

Die Kinder, die aufgrund psychischer Fehlentwicklung oder organischer Schwächen Probleme mit der Blasenkontrolle haben, brauchen eine geeignete Therapie. Von ihnen aber ist an dieser Stelle nicht die Rede, sondern von Möglichkeiten, einem Kind zu ungestörtem und ungetrübtem Schlaf zu verhelfen, wenn man sich nur die Mühe macht, auf den Biorhythmus des kindlichen Organismus zu achten.

Was ist darunter zu verstehen? Es findet ein wiederholter Wechsel, meistens vierstündlich, zwischen tiefen und leichten Schlafphasen statt.[25] Etwa 3 bis 4 Stunden nach dem Einschlafen kommt eine kurze leichte Phase. In dieser leichten Phase geschieht meistens das Einnässen. Man kann dem zuvorkommen, indem man das Kind aus dem Bett heraushebt und es auf dem Töpfchen abstützt. Wieder ins Bett gesteckt, fällt es schnell in den nächsten Tiefschlaf. Eine weitere Phase, in der Kinder zum Einnässen neigen, liegt zwischen 4 und 5 Uhr morgens. Ein Kind, das um diese Zeit hochgenommen wird, schläft danach meistens ruhig weiter und stellt beim Aufwachen einige Stunden später erfreut fest, daß das Bettchen trocken ist. Von der Seite der Ernährung her kann man die »Kontrollfunktionen« etwas stärken, indem man der Kinderkost ein wenig Pfeffer oder Paprika zusetzt (nicht übertrieben).[26]

Vom Anwenden einer elektronischen Klingelanlage, die beim Feuchtwerden der Unterlage ausgelöst wird, ist im Vor- und Grundschulalter abzuraten. Das anonyme Gewecktwerden verstärkt beim Kind das Gefühl des Alleingelassenseins, und dieses wiederum vermehrt die Angst, die oft Ursache des Einnässens ist. Es sei denn, man verfährt so, wie es mir von einem Elternpaar berichtet wurde: Sie hatten die Klingelanlage bis in ihr eigenes Zimmer verlegt. Vom Klingeln wurde also nicht das Kind, sondern ein Elternteil geweckt, der dann zum Kind ging und es hochnahm. In kurzer Zeit hatten die Eltern den rhythmischen Ablauf der Schlafphasen herausbekommen und konnten dem Einnässen vorbeugen, bis das Kind den eigenen Rhythmus bemerkte und sich selbst zu helfen vermochte. Welche Rolle die opferbereite, liebevolle Einstellung der Eltern und ihre starke Einfühlsamkeit in die Probleme des Kindes dabei spielte, läßt sich nicht feststellen, aber ich bin sicher, daß diese psychische Zuwendung für den Erfolg ausschlaggebend war.

WAHRNEHMUNGSSCHULUNG – SINNESPFLEGE (AUF DER GRUNDLAGE DER ZWÖLF-SINNES-LEHRE)

Die Naturwissenschaft hat sich in den letzten Jahrhunderten bemüht, die Sinnesqualitäten immer feiner zu differenzieren, zu definieren und den neu entdeckten Nervenbahnen und Rezeptoren zuzuordnen. Es ist interessant zu verfolgen, wie immer neue Erkenntnisse gewonnen werden und die Forscher immer noch keine Einigung darüber erzielt haben, wie viele voneinander zu unterscheidende Sinne dem Menschen eigentlich zuzuordnen sind.

Zu Beginn dieses Jahrhunderts sprachen die Schul- und Lehrbücher noch von fünf Sinnen. Man unterschied Geruchs-, Geschmacks-, Gehör- und Gesichtssinn (Sehsinn) und den damals als Gefühlssinn benannten komplexen Sinn, der sowohl das Gleichgewichtsempfinden wie auch die Hautsinne umfaßte. Schließlich wurde, nach Entdeckung der Bedeutung der Bögen im Innenohr, dem Gleichgewichtssinn – als sechstem Sinn – eine eigene Domäne zugewiesen. Gleichzeitig wurde die Bezeichnung Gefühlssinn, soweit er die Wahrnehmung mittels der Hautsinne betrifft, durch den Sammelbegriff Tastsinn ersetzt. Erst in jüngster Zeit hat die Forschung verschiedene Gebilde (Körperchen oder Zwiebelchen) in der menschlichen Haut entdeckt, die unterschiedliche Informationen an das Gehirn weiterleiten, z.B. Wahrnehmungen von Druck, Vibration, Schmerz oder Materialeigenschaften wie rauh, glatt, spitz, stumpf etc. Außerdem unterscheidet man heute zwischen den mehr an der Oberfläche liegenden Tastkörperchen und den tiefer liegenden Rezeptoren, die mit Muskelspindeln, Sehnen und Gelenken verbunden sind und Lage und Bewegung der Muskeln zum Bewußtsein bringen. Man spricht von Propriozeptoren und Tiefensensibilität. Des weiteren unterscheidet man Rezeptoren, die über die ganze Haut verteilt sind und nur auf Wärme und Kälte reagieren. Man hat sie »Thermosinne« genannt. Immerfort wird weiter differenziert, man findet Chemorezeptoren, die auf chemische Substanzen, und Noxirezeptoren, die auf Zerstörung und Zersetzung reagieren. Diese Differenzierung dient gewiß der Forschung, es ist nur die Frage, ob man bei dieser Art des punktuellen Betrachtens nicht den Blick für übergeordnete Sinnesqualitäten verliert.

Rudolf Steiner wies darauf hin, daß ein Sinnesorgan einen Ort der Konzentration darstellt, einen Ort, an dem sich ein Erlebnis aus einem größeren Umkreis, aus einem »Erlebnisfeld« intensiviert, und vergleicht diesen Ort mit der Hauptstadt eines Landes. (Die Naturwissenschaft verwendet heute zuweilen analog den Ausdruck »Erlebnisareal«.) Er definiert »Sinn« als eine Erfahrung, die unter Ausschaltung des Denkens zustandekommt, und verfolgt, wie die Wahrnehmung als physisch-psychisches Erlebnis[27] zunächst halb unbewußt in den »unteren« Sinnen ein objektives Geschehen im eigenen Organismus registriert (z.B. Gleichgewicht und Bewegung), um dann immer mehr aus der unterbewußten Empfindung »aufzutauchen« und sich der Außenwelt zuzuwenden (z.B. im Geruchssinn). Je intensiver die Wahrnehmung in die äußere Objektwelt eindringt, insbesondere durch die »oberen« Sinne (z.B. den Gehörsinn), desto mehr werden die Erlebnisse gefühlsmäßig subjektiv »gefärbt«. Rudolf Steiner stellt also eine Art *Stufenfolge* der Wahrnehmungen auf.

Als ersten Sinn nennt er den *Lebenssinn*, den Sinn, durch den ich ohne Mitwirkung des Verstandes eine Wahrnehmung meiner eigenen Leiblichkeit erhalte. »Alles ist in bester Ordnung, ich fühle mich wohl.« Dieses Befinden bleibt unbewußt, bis eine Unregelmäßigkeit eintritt, die vom Lebenssinn signalisiert wird: »Ich fühle mich unwohl, etwas ist in mir nicht in Ordnung.«

Eine nächste Erkenntnis ist die Wahrnehmung der Stellung und Kraft von Muskeln und Gliedern, vermittelt durch den *Eigenbewegungssinn*. Dieser Begriff deckt sich in etwa mit dem, was heute mit dem Begriff Propriozeption bezeichnet wird.

Eingehend schildert Rudolf Steiner den darauffolgenden Sinn, den *Gleichgewichtssinn*, und weist zugleich auf das bei Verschiebung des Gewebes entstehende Druckempfinden hin. Die Schmerzempfindung wird nicht mit einem speziellen Sinnesorgan in Verbindung gebracht, jeder Sinn antwortet bei Überreizung mit Schmerz.

Als eigenständiger Sinn wurde der Temperatursinn von ihm erforscht und mit der Bezeichnung *Wärmesinn* versehen. Da dieser Wärmesinn auch Auskunft von Dingen vermittelt, die außerhalb des eigenen Körpers liegen, wird er nicht der Gruppe der unteren, sondern den mittleren Sinnen zugerechnet, die Rudolf Steiner mit dem Geruchs-, Geschmacks-, Gesichts- und Wärmesinn als gefühlsverwandt charakterisierte.

Bei dieser Aufzählung fällt auf, daß der Tastsinn unerwähnt bleibt. Wie ist das zu verstehen? Als Rudolf Steiner die ersten Vorträge über die Sinneslehre hielt, wies er auf die damals »wirren Begriffe« auf diesem Gebiet hin und lehnte zunächst den Begriff »Tastsinn« ab. Er war der Auffassung, daß die Eigenschaft des Tastens, des Abtastens und des Ertastens allen mittleren Sinnen zukommt. Seine Forschungsergebnisse wiesen zu diesem Zeitpunkt auf zehn Sinnesbereiche hin. Einige Jahre später wurden dann zwei weitere Sinne als zu den physischen Sinnesbereichen gehörig vorgestellt. Als *erster* Sinn wurde jetzt der *Tastsinn* genannt und den Sinnen der Körperempfindung zugeordnet. Bei diesem Sinn handelt es sich folglich nicht um das, was man allgemein unter Abtasten versteht, sondern um die Wahrnehmung der Berührung am eigenen Körper, durch die man zugleich eine Erkenntnis von den berührenden Objekten erhält. Dieses Gefühl von »Berührt-Werden« (spüren) gewinnt zunehmend an Bedeutung in der heutigen Psychologie. Man spricht von »Streicheleinheiten«, die jedes Kind zum Gedeihen benötigt. Aber auch in der Neurologie, z.B. bei der Methode der »Sensorischen Integration«, wird mehr und mehr von diesem Erlebnisfeld ausgegangen.

Als ein weiterer neu erforschter Sinn wurde ein zusätzlicher, nach außen gewandter Sinn genannt und als »Ichsinn« bezeichnet. Durch diesen Sinn wird ein anderer Mensch als Person wahrgenommen. Diese Wahrnehmung ist ebenfalls ein gesondertes Erlebnisfeld. Nach dieser letzten Analyse der Erlebnisfelder lautet die Stufenfolge der oberen Sinne wie folgt: *Gehör- oder Tonsinn, Wort-, Sprach- oder Lautsinn, Denk- oder Begriffssinn* und *Ichsinn.*

Im Verfolgen dieses Fortschreitens der geisteswissenschaftlichen Forschung kann einem deutlich werden, mit welcher äußersten Exaktheit diese von Rudolf Steiner durchgeführt wurde. Insofern kann es aufschlußreich sein, die Vorträge von 1909 zu studieren und die Aussagen, die er später selbst dazu gemacht hat, nachzulesen. Aus dem fragmentarischen Büchlein zur Anthroposophie von 1910 möchte ich folgende Sätze anführen: »Auch die anthropologische Wissenschaft spricht gegenwärtig noch von anderen Sinnen als denjenigen, welche in obiger Aufzählung [der 5 bekannten Sinne] ins Auge gefaßt sind. Es ist hier nicht notwendig, auf die von der Anthropologie gegebene Aufzählung einzugehen. Es soll nur bemerkt werden, daß hier einer der sehr erfreulichen Punkte liegt, wo die auf die bloßen sinnenfällig-physischen Tatsachen sich stützende Wissenschaft durch ihre eigenen Beobachtungen zu Ansichten hingedrängt wird, die mit dem teilweise übereinstimmen, was der Geistesforscher feststellen muß. Solche Berührungspunkte werden sich im Laufe der Zeit immer mehr ergeben; und wenn guter Wille auf den verschiedenen Seiten waltet, wird doch eine Zeit bald möglich werden, in welcher für Natur- und Geistesforschung gegenseitiges Geltenlassen herrschen wird.«

An anderer Stelle heißt es: »Zu dem Geistigen sollte man sich, wenn man von den Sinnen spricht, so stellen, daß man abwartet, inwiefern sich naturgemäß aus der Sinnesbeobachtung der *Hinweis* auf das Geistige ergibt. Weder abgewiesen noch vorausgesetzt darf das Geistige werden; es muß sein Hereinscheinen *erwartet* werden.«

Als Rudolf Steiner 1916 mit seinen Forschungsergebnissen vor die Öffentlichkeit trat, stellte er nicht nur die *Zwölf-Sinnes-Lehre* vor, sondern führte zugleich aus, wie das Geistige in den Sinnesorganismus hereinwirkt. Er erläuterte, wie die Sinnesbezirke in Beziehung zum Kosmos stehen und mit dem ganzen Fixsternhimmel verbunden sind. Es war die Rede vom Menschen als Abbild eines makrokosmischen Urbilds.[28] Man sollte sich vorstellen, daß das menschliche Bewußtsein so in den Sinneswahrnehmungen erscheint wie die Sonne am Tages- und Nachthimmel in den verschiedenen Tierkreiszeichen, und daß die Lebensprozesse so durch die Sinnesbezirke ziehen wie die Planeten zwischen den Fixsternen (vgl. Lebensprozesse, Seite 77).

Auch wenn diese Aussagen zunächst nicht faßbar scheinen, lassen sie doch vor dem inneren Auge des Studierenden ein großartiges Panorama entstehen. Sie erwecken eine Ahnung von den Wechselwirkungen zwischen Makro- und Mikrokosmos, von übergeordneten ordnenden Instanzen, was sehr wohl ermutigend und beflügelnd auf die Seele wirken kann und somit auch eine therapeutisch-erzieherische Tätigkeit zu inspirieren vermag.

Die Kenntnis der Zwölf-Sinnes-Lehre ist zugleich aber ein Wegweiser für das methodische Vorgehen und führt, wie noch zu zeigen sein wird, in vielfältiger Weise zu praktischen Konsequenzen. In unzähligen Vorträgen zur Pädagogik hat Rudolf Steiner immer wieder auf die Bedeutung der Kenntnis von den Sinnesbezirken und ihrer Vernetzungen untereinander hingewiesen (Synästhesien). Darunter versteht man das Zusammenspiel verschiedener Sinne. Es sind oft drei bis vier Sinne am Zustandekommen einer Empfindung beteiligt, mindestens sind aber zwei erforderlich, um eine Wahrnehmung konkret werden zu lassen. Ein Beispiel: Sieht man in einem haltenden Zug durch das Fenster einen anderen haltenden Zug, kann man das Anfahren eines der Züge mit den Augen erkennen. Zunächst bleibt man aber im Zweifel, ob es der eigene Zug ist, der anfährt, bis man mit den Füßen die Bewegung der Räder spürt. Erst mit Unterstützung der Körperempfindungen wird der Vorgang für die Augen konkret.

Auf dieses Konkretwerden einer Wahrnehmung legt Rudolf Steiner großen Wert; ebenso auf das Wiederzusammenfügen der Dinge, die durch die zwölf Sinne in ihre Bestandteile zerlegt werden. Denn nur dadurch nimmt man am inneren Leben der Dinge teil. Deshalb – so führt er aus – sei es so unendlich wichtig, daß alle Sinne gleichmäßig in der Kindheit gepflegt und dabei die Beziehungen zwischen den Sinnen, zwischen den Wahrnehmungen, ganz bewußt aufgesucht werden. Er schildert die Sinnesentwicklung vom Kleinkind, Schulkind und Jugendlichen und beschreibt, wie sich im Alter des Zahnwechsels die erfahrenen Körperwahrnehmungen sublimieren und das Verständnis für die Theorien des Raumes, der Geometrie, der Arithmetik und Logik erwecken.[29] Immer wieder lenkt er die Aufmerksamkeit der Zuhörer auf die Sinnesentwicklung des Säuglings und des Kleinkindes und erläutert, wie Sprechen und Denken ebenfalls aus Metamorphosen der unteren in obere Sinne hervorgehen.

Geht man von solchen Gesichtspunkten aus, wird es verständlich, daß man durch Pflege und Stimulation gerade der unteren Sinne die Entwicklung des Kindes günstig beeinflussen kann. Ganz besonders trifft das für Kinder zu, die unter Wahrnehmungsstörungen leiden. Alle Sinne sollen gleichmäßig gepflegt werden, doch wird man bei kleinen Sonderlingen feststellen, daß sie gerade durch ihre besonderen Wahrnehmungsdefizite auffällig werden. Man muß bestrebt sein, diese Defizite, die häufig in den unterbewußten körperbezogenen Sinnen vorhanden sind, zu beheben. Bei gravierenden Schäden müssen kompensierende Sinne verstärkt stimuliert werden.

Unter Stimulation ist hier nicht ein bloßes Reizen der Sinne gemeint. Es gilt, das Interesse des Kindes für die Wahrnehmung zu wecken, es »aufmerken« zu lassen. Ein Erfolg der Therapie ist nur dann zu erwarten, wenn es gelingt, die seelischen Empfindungen des Kindes mit seiner physischen Sinnesempfindung zu verknüpfen und in der konkreten Wahrnehmung zu intensivieren. Heute hat man es häufig damit zu tun, daß die Sinnesorgane zwar völlig intakt sind, die Seele des Kindes aber bei dem physischen Vorgang gänzlich unbeteiligt bleibt, z.B. bei »Seelenblindheit« (vgl. Gesichtssinn, Seite 162).

So ist also die *Sinnespflege*, heute vielfach Wahrnehmungsschulung genannt, zugleich als *Seelenpflege* zu verstehen. Davon soll in den nächsten Abschnitten die Rede sein. Vorausschicken möchte ich jedoch, daß in dieser Ausführung die verschieden angewandten Bezeichnungen »untere« oder »innere« Sinne mit dem Begriff »basale Sinne« zusammengefaßt bzw. ersetzt werden. Das hängt mit dem therapeutisch-methodischen Vorgehen zusammen, das als »basale Sinnespflege« seit Anfang der 70er Jahre in der mobilen heilpädagogischen Frühförderung von mir durchgeführt und heute noch im Institut Haus Mignon praktiziert wird. Mit diesen wenig bewußten, kaum in der Erinnerung haftenden Sinnen möchte ich die Darstellung der Wahrnehmungen und der ihnen zugrundeliegenden Organe aber nicht beginnen, sondern mit den mittleren Sinnen, in denen das Bewußtsein heraufdämmert oder – um den erwähnten Vergleich Rudolf Steiners noch einmal aufzugreifen – »die Sonne aufgeht«.

Die Pflege der mittleren Sinne

Unter dem Oberbegriff »mittlere Sinne« werden zusammengefaßt: Geruchssinn, Geschmackssinn, Gesichts- oder Sehsinn und Wärmesinn. Kennzeichnend für diese vier Sinne ist, daß zwischen den Wahrnehmungen der Außenwelt und den Erlebnissen der Innenwelt eine Wechselwirkung hervorgerufen wird, die subjektive Gefühle der Sympathie, der Antipathie, Lust und Unlust entstehen läßt. Das ist auch der Grund, warum sie mitunter als innerlich-äußerliche oder äußerlich-innere Sinne bezeichnet werden. Diese Sinne appellieren also stark an das Gefühlsleben des Kindes und beeinflussen dadurch das rhythmisierte Zirkulationsgeschehen, das dem gesamten Gefühlsleben zugrundeliegt. Darin liegt begründet, daß man es dem kleinen Kind immer ermöglichen muß, mit allen diesen Sinnen zu genießen und Lust zu empfinden. Das fördert seine Aufbauprozesse und seine Gesamtentwicklung. Dies ist allerdings nur dann möglich, wenn die Dosierung, sowohl in Qualität wie Intensität, ausgewogen ist. Ein Zuviel kann sich als genau so schädigend erweisen wie ein Zuwenig.

Geruchssinn

Mit der Atemluft dringen aus der Umwelt fremde gasartige Stoffe in den Organismus ein. Diese werden zwar vom Riechnerv wahrgenommen, der sich vom Gehirn ausgehend im oberen Nasenraum fächerartig ausbreitet und mit einem Ast in den Gaumen ragt, aber das Erlebnisfeld reicht, besonders bei einem Kleinkind, bis in die Region der Zirkulation hinein, und es entstehen, gewissermaßen als Antwort, gefühlsbetonte Reaktionen. Man könnte fast von einer ersten nonverbalen Kommunikation des Kindes mit der Außenwelt sprechen.

Einerseits verbindet sich der Astralleib des Kindes mit dem Ätherischen und der Astralität der Umwelt, und andererseits wird das Erlebte dem eigenen ätherischen Leib »eingegraben« – es bleibt tief im Erinnerungsleben haften.[30] Ein erstes Bewußtsein dämmert im Geruchsleben herauf. Nach Rudolf Steiner ist es die Bewußtseinsseele (die durch das Ich sich bewußt werdende Seele) selbst, die in Aktion tritt, wenn gerochen wird. »Es ist wie ein Fühler des astralischen Leibes, was durch die Bewußtseinsseele entsteht« (Vortrag vom 25. Oktober 1909).

Wenn man sich dies vor Augen hält, können Phänomene und Abnormitäten, die in der Praxis zu beobachten sind, besser verstanden und beurteilt werden. Zugleich wird deutlich, welche Möglichkeiten für Erzieher und Therapeuten bestehen, gerade über diesen Sinn gesundend, aufbauend oder – bei Unverständnis – schädigend auf den Kinderorganismus einzuwirken.

Was bedeutet der Geruchssinn für die menschliche Existenz? Wie ist die Situation eines Kindes, das keinerlei Information durch den Geruchssinn erhält? Es ist nicht nur so, daß ihm alle Genüsse durch Wohlgerüche entgehen, nein, dieses Kind ist ausgesprochen gefährdet und als behindert zu bezeichnen. Es erhält ja keine Vorwarnung bei Gas- oder Brandgeruch, hat keine Wahrnehmung von giftigen Dämpfen, keine Orientierung durch Duftstoffe. Außerdem sind, da der Geruchssinn über den Gaumen eng mit dem Geschmackssinn verbunden ist, seine Möglichkeiten zu schmecken stark eingeschränkt. In manchen Gegenden spricht man von »schmecken«, wenn »riechen« gemeint ist; das deutet auf diese enge Verbindung hin. Somit ist das Erlebnisfeld eines solchen Kindes erheblich reduziert, und seine Erfahrungen und Erinnerungen bleiben lückenhaft.

Von den Schädigungen des Riechnervs wird es abhängen, ob durch übendes Vorgehen – durch Stimulation – eine Besserung erzielt werden kann. Wenn nicht, muß für einen Ausgleich durch andere Erlebnisfelder gesorgt werden. Andernfalls kann es geschehen, daß die Kinder scharfe und ätzende Gerüche suchen, sogar Freude am Geruch von Urin und Fäkalien zeigen, wie es bei hirnorganischen Schäden vorkommen kann.[31] Als erstes wird man also zu beobachten haben, wie sich ein Kind Gerüchen gegenüber verhält. Nimmt es diese überhaupt wahr? Vielleicht reagiert es zu heftig?

Ein Kind, das in unserer technisierten Welt aufwächst, wird wohl immer unter dem Mangel an Geruchserlebnissen zu leiden haben. Das kann bereits beim Säugling beginnen, wenn er nicht an der Mutterbrust angelegt wird. So intim, wie die Empfindungen von Wärme, Liebkosung, Sättigung, Süße und Geruch der Mutter verschmelzen und sich zu einem innigen Lusterlebnis dem Unterbewußten einprägen, läßt sich ein Ersatz nicht gestalten. Ist die Umgebung des Säuglings noch dazu eine städtische, wird der Kinderwagen, statt im blühenden Garten, vielleicht auf dem Balkon stehen, wo Autoabgase den Geruch durchsonnter Luft verdrängen, und das größer werdende Kind wird beim Krabbeln nur selten in Berührung mit grünendem Rasen oder blühenden Wiesen kommen.

Dem Kind, das in der Stadt aufwächst, fehlen die Geruchserinnerungen an Stallungen, Heuernte, Kartoffelfeuer, Molkerei, Mosterei, Waschküche etc. und an Handwerksbetriebe wie Schmiede, Schusterei, Tischlerei. Diese Aufzählung ließe sich endlos erweitern. In einer Stadt herrscht weitgehend der Einheitsgeruch nach Motoren. Pommes-frites- und Pizzabuden ziehen die Kinder nicht nur wegen Hungergefühlen an. Die Weihnachtsmärkte mit Lebkuchen-, Tannen- und Bratapfelgeruch sind eine Wohltat für kleine Kindernasen, und daß nicht nur die Geschenke den Kindern zu Weihnachten wichtig sind, habe ich in der Praxis nach den Weihnachtsferien erfahren können, wenn ich nach den schönsten Erinnerungen an das Fest gefragt habe. Oft habe ich die erstaunliche Antwort erhalten: »Der Geruch von den Tannenzweigen und das Knistern, wenn ich sie über die brennende Kerze halten durfte.« In Skandinavien war es noch in der ersten Hälfte dieses Jahrhunderts üblich, zu Festzeiten frische Wacholderzweige auf die geschrubbten Holzböden zu streuen. Butternapf und Buttermesser waren selbstverständlich aus duftendem Wacholderholz hergestellt. Die Gerüche waren also wichtig, wenn es galt, eine festliche Stimmung zu erzeugen.

Ein bestimmter Geruch kann demnach ein Gefühl von Vertrautheit und Wohlbehagen wecken. Ein anderer Duft wiederum kann unter Umständen besondere seelische Fähigkeiten stimulieren. Von Friedrich Schiller etwa heißt es, daß er schrumpelige faule Äpfel in seiner Schreibtischschublade aufbewahrte, weil ihn der Geruch dieser Äpfel beim Schreiben anregte. Kinder und Jugendliche suchen solche Anregungen. Mir scheint es nicht ausgeschlossen, daß die heutige Erlebnisarmut des Geruchssinns eine Rolle beim Mißbrauch von Narkotika spielt. Schon kleine Kinder beginnen mit dem »Schnüffeln«. Das bedeutet eine Vergiftung durch schädliche Substanzen und ist ein polares Gegenbild zu der bewußtseinserweckenden Wirkung des Geruchssinns. In früheren Zeiten verwendete man weitgehend Riechfläschchen gegen Ohnmachtsanfälle (man denke nur an den Ausruf von Gretchen im »Faust«, bevor sie in Ohnmacht sinkt:

»Nachbarin – euer Fläschchen«). Auch die Verwendung von Schnupftabak und Riechsalz diente der Erfrischung.

Was kann man im Kindergarten tun, um der außerordentlichen Bedeutung des Geruchssinns gerecht zu werden? Wodurch kann man diesen Sinn pflegen? Man kann backen und Puppenkleiderwäsche veranstalten, Früchte dörren und Kerzen aus Bienenwachs ziehen. Das ist ein Anfang und bereichert in jedem Fall die Kindheitserinnerungen, ist aber durchaus nicht hinreichend. Der Einfallsreichtum der Erzieher ist gefragt.

Man könnte hier die Frage aufwerfen: Wie viele Geruchsarten gibt es, die gepflegt werden müssen? Gerüche sind noch schwerer zu differenzieren als Geschmacksrichtungen. Sie haben keine Namen, man sagt: »Es riecht nach …, z.B. Kaffee.« Das zeigt, wie wenig wach (bewußt) dieser Sinn noch ist. Die erste bekannte Geruchsdifferenzierung stammt von Carl von Linné und wurde 1756 publiziert. Sie umfaßt 7 Nuancen, nämlich aromatische, balsamische, ambrosische, zwiebelähnliche, bocksähnliche (stinkende), widerwärtige (z.B. verbrannte), eklige (Aas und Leichengeruch). Rudolf Steiner spricht von 12 Nuancen, ohne sie zu benennen.

Im Kindergarten sollte alles beschnuppert werden, nicht nur Obst, Blüten, Kräuter, sondern auch Harzartiges (z.B. Fichtennadeln), Holz, Gras, Erde, Fauliges und Verbranntes. Die heutige pädagogisch-didaktisch orientierte Spielzeugindustrie ist bemüht, die Lücken im Wahrnehmungsleben des behinderten Kindes auszufüllen. Es gibt – den Steckbrettern analog – Brettchen mit eingelassenen Aromanäpfchen. Sie sind aber gänzlich nutzlos. Was bedeutet z.B. das Einziehen eines künstlichen Bananenaromas durch die Nase im Vergleich zu dem multiplen Erlebnis: Banane? Die *konkrete* Banane ist zu sehen, zu betasten, zu schmecken, zu riechen, zu zerdrücken etc.[32] Es bilden sich Erfahrung und Erinnerung zu einer Einheit, ohne daß der Erzieher etwas theoretisch abfragen muß. Man spricht von einem kinästhetischen Gedächtnis, das sich durch einen solchen komplexen Eindruck bildet. Verstand und Urteil des Kleinkindes dürfen nicht strapaziert werden, sie entwickeln sich naturgemäß auf der Grundlage eines gesunden Empfindungslebens.

Wie verhält man sich nun beim »schwach-sinnigen« Kind, das einen gänzlich unbenutzten Geruchssinn aufweist? Es fällt meistens dadurch auf, daß es den Mund offen hält – es ist, mit anderen Worten, ein Mundatmer. Die Düfte finden niemals den Weg durch die Nase und können somit die Riechnerven auch nicht anregen. Natürlich sind hier nicht die Kinder mit äußeren Behinderungen durch verstopfte Nasen, geschwollene Schleimhäute oder Polypen gemeint. Solche Beeinträchtigungen müssen einfach nur erkannt und einer medizinischen Versorgung zugeführt werden. Nein, es sind die Kinder gemeint, die durch ihre schlappe Konstitution auffallen oder durch Störungen der oberen Sinne des Begreifens im wahren Sinne des Wortes schwach-sinnig und stumpf sind. Diese Kinder brauchen viel Zeit und Geduld seitens des Heilpädagogen.

Alles, was dem Kind angeboten wird, muß ihm erst unter die Nase gehalten werden. Das gilt natürlich besonders für Dinge, die dann gegessen oder getrunken werden können. Man wird veranlassen müssen, daß der Mund zunächst geschlossen bleibt und daß erst einmal geschnuppert wird. Gegebenenfalls muß man es dem Kind vormachen und vielleicht erst einen Brocken auf die Hand legen. *Mit ätzenden Gerüchen ist Vorsicht geboten.* Man kann ein riech-unerfahrenes Kind für immer damit abschrecken! Aus der Pflanzenwelt lassen sich viele echte, charakteristische Düfte heraussortieren. Man denke an Eukalyptus, Veilchen, Rosen, Lavendel, Rosmarin und andere Kräuterauszüge. Man kann Säckchen damit füllen oder Schwämmchen mit einem Extrakt tränken und verschiedene Spiele damit veranstalten. Wenn man z.B. einige gleich aussehende Dosen mit Schwämmchen beklebt, nur eines mit einem wohlriechenden Tropfen versieht und in dieses Döschen eine kleine Überraschung legt, bevor man es unter die übrigen zurückstellt, kann man auch ein ungeübtes Kind zum Nachschnuppern veranlassen. Beim Herausfinden der riechenden Dose ist ihm die Belohnung gewiß.

Mir ist bewußt, daß manche Leser in diesem Beispiel ein Abgleiten in dressurähnliche Erziehungsmethoden argwöhnen. Solche Spiele oder Tricks sollten auch nur kurzfristig benutzt und immerfort weiterentwickelt werden. Dann haben sie durchaus ihre Berechtigung, denn es geht darum, das Kind zum Aufmerken zu bringen. Das *Aufmerken* und das *Nachahmen* sind die beiden Hauptfaktoren in der Kleinkindentwicklung. Das Aufmerken kann behindert sein, weil das Sinnesorgan geschädigt oder unterentwickelt ist. In Fachkreisen spricht man dann davon, daß das »input« gestört ist. Es kann aber auch so sein, daß keine Voraussetzung vorhanden ist, den Eindruck verarbeiten zu können. Es kommt nicht zum Erlebnis, und nichts wird in der Erinnerung vermerkt, weil eine Störung in der Wahrnehmungsverarbeitung vorliegt; man bezeichnet das als Perzeptionsstörung. Schließlich begegnet man noch einer dritten Form der Behinderung: Es kann auf den Eindruck oder das Erlebnis nicht reagiert oder nicht adäquat gehandelt werden: Das »output« ist blockiert (ein total gelähmtes

Kind kann die Fliege nicht vom Gesicht scheuchen). Beim Geruchssinn würde es im letzten Fall bedeuten, daß das Kind sich nicht abwendet, nicht die Nase zuhält, wenn ekelerregende oder ätzende Gerüche in der Umgebung vorhanden sind, obwohl es diese wahrnehmen kann.

Ich denke, der Leser wird nachempfinden können, wie unterschiedlich sich die Empfindungen und die Seelenhaltung beim Heilpädagogen gestalten, je nachdem, ob er von dieser mechanistischen Vorstellung des »input« oder »output« aus die therapeutische Maßnahme entwickelt, oder ob eine geisteswissenschaftliche Menschenkunde als Ausgangspunkt gewählt wird.[33]

Wenn einem einsichtig geworden ist, daß das kleine Kind mit der Atemluft unwillkürlich das einzieht, was sich durch Verdunsten als Düfte aus der Flora nicht nur der irdischen, sondern auch der außerirdischen Umgebung aufschließt – sich vergeistigt –, und daß dieses Astralische der Umgebung mit dem Astralleib des Kindes, also mit seiner Seele in Kommunikation tritt, dann hat man eine ganz andere Basis, von der aus die Sinnespflege als Seelenpflege erfolgen kann.

»Da, wo Riechen und Schmecken im Menschen ist, da ist im Grunde genommen eine in der physischen Welt befindliche Offenbarung des Ätherischen in seinen Beziehungen zum Astralischen und zum Physischen. [...] Es wird diese Betrachtungsweise erst dann fruchtbar, wenn wir auf die konkreten Erscheinungen eingehen können, wenn wir in diesem konkreten Sinne das Innerlichwerden der äußeren Vorgänge betrachten, z.B. also indem wir im Riechen und Schmecken tatsächlich dasjenige, was äußerlich, verwandt dem Menschen, lebt, das Ätherische betrachten, wie das sich verinnerlicht, wie wir in diesem vielleicht gröbsten oberen Sinnesprozesse unmittelbar ein Innerlichwerden der äußeren Vorgänge sehen. Das ist für unsere Zeit so außerordentlich wichtig, hinauszukommen über das bloß Abstrakte, Mystische.« (aus Rudolf Steiners Vortrag vom 28. März 1920)

So wird verständlich, warum gerade Düfte aus der Pflanzenwelt eine therapeutische Wirkung ausüben können. Ein Spaziergang in sonnenerwärmter Luft durch eine blühende Lindenallee kann eine Ahnung von diesen flutenden Ätherkräften erwecken, die gesundend und aufbaufördend bis in die Zirkulationsvorgänge des Kindes wirken.

Was kann man nun weiterhin tun, um den Geruchssinn des Kindes zu entwickeln? Man könnte beispielsweise probieren, ob ein Kind von sich aus einen versteckten Blütenstrauß oder aromatische Früchte, die im Beutel liegen, wahrnehmen kann. Das Einordnen und Urteilen hat mit Wahrnehmung nichts gemein, sondern ist eine Tätigkeit des Verstandes und, wie bereits betont wurde, eine Angelegenheit der Pädagogik. *Nur das Benennen der Dinge ist für das erste Jahrsiebt angezeigt und sollte mit der Wahrnehmungsübung zusammen gepflegt werden.*

Bei der Einschätzung des kindlichen Geruchssinns stellen sich leicht Fehlurteile ein. Manche Kinder etwa nehmen durchaus wahr, verarbeiten das Wahrgenommene auch, aber sie scheinen nicht zu reagieren. Gleichwohl tun sie es, aber sie leiden unter Verzögerungserscheinungen und brauchen lange Zeit, um eine Intention auch auszuführen. Eine Episode, die als Beispiel hierfür dienen könnte, steht deutlich vor meinem inneren Auge: Die Anordnung der Räume im Institut war eine Zeitlang so beschaffen, daß eine Gruppe, um aus ihrem Gruppenraum in den Therapieraum zu gelangen, durch das schmale, langgezogene Büro gehen mußte. Ich sah die etwa 4- bis 6jährigen Kinder durch die Tür kommen. Sie eilten an mir vorbei. Unter ihnen befand sich *Erika*, ein sehr liebes, ernstes, etwas unbeholfen scheinendes Mädchen mit leicht athetotischen, verzögerten Bewegungen.[34] Als letzte ging die Erzieherin durch die Tür. Da entstand ein Gedränge, Erika wollte unbedingt zurück. »Lassen Sie sie nur, sicher hat sie ein bestimmtes Anliegen«, sagte ich dann, und Erika tapste auf mich zu. Ganz aufgeregt fragte sie: »Wo sind die Rosen?« Natürlich habe ich dem Kind dann die Vase, die etwas abseits verdeckt auf dem Ecktisch stand, gezeigt und es genüßlich schnuppern lassen. Den Duft der Rosen hatte Erika sofort im Vorbeigehen wahrgenommen, aber es hat eben seine Zeit gedauert, bis Empfindung, Erfahrung und Bewegungsintention auch zum tatsächlichen Handeln führten. Alle Abläufe verliefen bei ihr wie im Zeitlupentempo. Sie war in sämtlichen Sinnesbereichen, aber besonders im Geruchssinn, hoch sensibilisiert und verlangte auch nach Nahrung durch Geruchserlebnisse.

Diese Übersensibilität des Geruchssinns ist das polare Gegenbild zum »Schwach-Sinn«. Gerade in den mittleren Sinnen sowie im Berührungssinn (Tastsinn) und Gehörsinn sind die Valeurs der Empfindungsmöglichkeiten breit gefächert. Wie bereits erwähnt, kann ein Zuviel an Sensibilität genauso gesundheitsbeeinträchtigend sein wie ein Zuwenig. Vor allem sind es hirnorganisch geschädigte Kinder, Spastiker und Kinder mit »minimaler cerebraler Dysfunktion« (MCD-Kinder), die von einer übermäßigen Sensibilität bedroht werden bzw., in der Sprache der Fachwelt, eine zu niedrige Reizschwelle aufweisen. Auch bei Kindern, die von dem mit Autismus bezeichneten Leiden betroffen sind, kann das der Fall sein. Es gilt weiterhin für Kinder, die eine sogenannte hysterische Konstitution zeigen. Bei leisestem Reiz reagieren sie überaus heftig, schreien oder werden aggressiv.

So manches Kind wird in seiner Aggressivität vom Pädagogen falsch beurteilt. Sein Verhalten wird als Ungezogenheit gedeutet, während es sich um eine konstitutionell bedingte Verhaltensstörung handelt, die einer heilpädagogisch-medizinischen Therapie bedarf. Besonders deutlich tritt das beim übersensibilisierten Gehörsinn hervor, aber auch beim Geruchssinn können ähnliche Situationen auftreten.

Ein Parfum oder penetranter Körpergeruch des Erziehers, ein Desinfektionsmittel oder eine intensiv riechende Pflanze können ein Kind buchstäblich zur Raserei bringen. Ein unangemessenes Verhalten des Kindes in Arzt- oder Zahnarztpraxen kann durch solch eine niedrige Reizschwelle bedingt sein. Während der Menstruation sollte die Erzieherin auf Abstand bedacht sein, und der Erzieher, der unter Schweißfüßen oder Mundgeruch leidet, muß sorgfältige Hygiene walten lassen. Mit Kaschieren oder Überdecken allein ist es nicht getan, das verwirrt ein sensibles Kind nur um so mehr.

Ich erinnere mich an einen Fall, in dem eine Heilpädagogin überhaupt keinen Kontakt zu einem kleinen Jungen aufbauen konnte. *Peter* zeigte deutliche Antipathie und lehnte nicht nur Berührungen, sondern jegliche Nähe ab. Um die Ursache zu ergründen, habe ich die Therapiestunde in dem kleinen warmen Spielzimmer aufgesucht und den Jungen beobachtet. Ich sah sein Zurückweichen, sein verzogenes Gesicht, und dann nahm auch ich es wahr: das orientalisch anmutende, etwas zu intensive Parfüm der Heilpädagogin. Nach der Stunde habe ich ihr empfohlen, das Zimmer vor der Therapiestunde gut durchzulüften und die Temperatur etwas zurückzustellen. Dann bat ich sie, auf ihr Parfüm zu verzichten und dieses gegen ein frisches pflanzliches Duftwasser oder mildes ätherisches Öl auszutauschen. Bereits in der nächsten Stunde tauchten keine Probleme auf, der Kontakt wurde nicht nur bald hergestellt, sondern besonders gut, und die therapeutischen Spielstunden verliefen hervorragend.

An dieser Stelle möchte ich das Verhalten zweier weiterer Kinder schildern, obwohl sie bereits dem Kleinkindalter entwachsen waren; ihr Verhalten veranschaulicht jedoch sehr bezeichnend mögliche Sensibilitäten des Geruchssinns. *Matthias* war ein recht unauffälliger zarter Junge im Grundschulalter von 9 Jahren. Er war hellblond und dünnhäutig, man durfte ihn nicht anfassen, denn jede Berührung tat ihm weh. Er gehörte zu den Kindern, die unter »*innerem Wundsein*« – wie Rudolf Steiner die Konstitution der kindlichen Hysterie bezeichnet – zu leiden haben, und mußte sehr behutsam geführt werden. Er lebte in einem Heim, das aus mehreren Gebäuden bestand, und ich hatte vormittags eine Übungsstunde (dynamisches Zeichnen) mit ihm durchzuführen (siehe Seite 361).

Zwischen dem Haupthaus und dem Haus, in dem wir uns befanden, lag ein zweites Gebäude. Ich hielt wegen der erhöhten Erregbarkeit des Jungen die Fenster geschlossen, um von vornherein alle Gerüche und Geräusche von draußen fernzuhalten. Mir schien das zunächst auch möglich, obwohl ich niemals einen Duft von außerhalb des Hauses wahrgenommen hatte. Matthias meldete mir jedoch regelmäßig gegen 11 Uhr 30, welche Speisen im Hauptgebäude gekocht und zubereitet wurden. Auch wenn er bei seiner Tätigkeit ganz konzentriert und selbstvergessen beschäftigt war, rief er plötzlich: »Heute gibt es Rotkohl«, oder: »Heute gibt es Fenchelgemüse.« Er konnte also sogar die Gemüsesorten durch den Geruchssinn differenzieren und benennen – keineswegs nur durchdringenden Brat- oder Fischgeruch. Oft nannte er sogar den Nachtisch, falls Pudding oder Obst gekocht wurde. Wenn Matthias nicht gleich herausbekam, welche Speisen ihn erwarteten, wurde er ganz unruhig. Er stand auf und sog die Luft ganz heftig ein. Dabei vibrierte seine Nase, die Konzentration war ihm auch anzusehen. Entspannen konnte er sich erst, wenn er die Gerüche erkannt hatte. Dann war er zufrieden. Matthias war in gewisser Weise begünstigt. Er konnte, was viele übersensible Kinder nicht vermögen, eine Mahlzeit genießen. Manche erleben die Gerüche so sehr, daß sie sich vor dem Essen ekeln. Man sollte dieses Faktum bei Essensverweigerern mit in Betracht ziehen. Mit Geduld muß man dann versuchen, das Kind zu desensibilisieren.

Tobias hieß der zweite Junge, den ich hier als Beispiel erwähnen möchte. Er hat mir viele Einblicke in die Welt des mehrfach behinderten Kindes vermittelt, und es wird an anderer Stelle noch von ihm die Rede sein. Hier soll jedoch nur von unserer ersten Begegnung berichtet werden. Tobias war spastisch gelähmt, blind und – als ich ihn aufsuchte – 12 Jahre alt. Er saß im Rollstuhl. Ich ging auf ihn zu und nahm seine Hand, um ihn zu begrüßen. Er packte die meine ganz fest und zog sie blitzschnell für ein paar Sekunden an sein Gesicht. Seine Mutter sprach entschuldigende Worte, es sei ihr so peinlich, aber Tobias hätte nun einmal diese Angewohnheit, die wie eine Marotte sei, und man könne sie ihm einfach nicht abgewöhnen. »Das dürfen Sie aber auch um keinen Preis anstreben«, entgegnete ich ihr, denn ich hatte genau beobachtet, wie Tobias mit der Nase schnupperte. Er wollte mich, da er mich nicht sehen konnte, noch besser kennenlernen, als es ihm mittels Gehör möglich war. Ich erklärte es der Mutter, worauf sie erwiderte: »Ach, jetzt wird es mir klar. Wir haben uns schon darüber gewundert, daß Tobias genau weiß, wer von den Verwandten ihm die Hand reicht. Er nennt den Namen, bevor der Betreffende ein einziges Wort geäußert hat.« Tobias war hier ein Ausgleich gegeben, der für ihn, da er auch durch Abtasten keine Informationen erhalten konnte, besonders bedeutsam war. Sein Tastsinn war nämlich genauso beeinträchtigt wie sein Gesichtssinn.

Blinde Kinder stützen sich häufig auf die Erfahrungen des Geruchssinns, der neben Gehör- und Tastsinn für sie eine wichtige Informationsquelle ist. Falls sich bei einem blinden Kind keine Sensitivität in diesem Bereich bemerkbar macht, muß der Wahrnehmungstherapeut bzw. der Heilpädagoge sich ganz intensiv darum bemühen, den Geruchssinn seines kleinen Sonderlings weiter zu sensibilisieren.

Um noch einmal auf Geruchserlebnisse und -erinnerungen der Kinder zurückzukommen: Ich glaube, der Erwachsene kann sich kaum eine Vorstellung davon machen, wie sehr Gerüche die Kindheit eines sensiblen Kindes beeinflussen und prägen können. Um sich davon ein Bild zu machen und das Einfühlungsvermögen zu schulen, scheint es mir hilfreich zu sein, in Memoiren bekannter Persönlichkeiten nach solchen Impressionen zu suchen. Zwei Schilderungen, einmal negativ, einmal positiv, die mich persönlich sehr beeindruckt haben, seien hier genannt: Die erste fand ich in der Biographie von Ingmar Bergman, in der er den unerträglichen Geruch eines Teppichs und die davon ausgehende Wirkung auf das noch mehr krabbelnde als laufende Kleinkind beschreibt. Die andere Kindheitserinnerung las ich in Marcel Prousts »Auf der Suche nach der verlorenen Zeit«, wo in der Geschichte vom Weißdorn eine Wunderwelt der erlebten Gerüche vor dem Leser ausgebreitet wird.

Hier aber möchte ich *Georgi* zu Wort kommen lassen. Dieses autistische Kind war durch Desensibilisierung des Gehörsinns auf dem Weg der Heilung, und erst dabei war von der Mutter entdeckt worden, daß auch andere Wahrnehmungsorgane überspannt waren. Ich zitiere aus dem Gespräch mit seiner Mutter Annabel Stehli. »Du hast den Geruch bestimmter Gerichte gemocht und den von anderen gehaßt, Georgi, aber was ist mit den Menschen? Und Tieren? Wie haben die gerochen?« fragte die Mutter. »Ich habe immer noch Schwierigkeiten damit«, antwortete Georgi. »Hunde und Katzen und Gerüche wie von

Deodorant und Aftershave, sie riechen so stark, daß ich es nicht aushalten kann, und Parfüm treibt mich bis zum Wahnsinn. Ich kann nicht verstehen, warum Leute sich parfümieren, und Handcreme kann ich noch im Zimmer nebenan riechen.« … »Wenn Du keine Tiere magst, wie kommt es dann, daß Du Seehunde liebst? Und Insekten?« »Weil sie nicht riechen. Und aus irgendeinem Grund mochte ich die Geräusche, die Seehunde machen. Es hat mich nicht so gestört wie Kläffen von Hunden und das Miauen von Katzen.«[35]

Hat man sich als Elternteil, Erzieher oder Therapeut einmal daran gewöhnt, auf solche Sensorismen eines Kindes zu achten und es zu schonen, wird man viele Alltagsprobleme besser lösen, Gefahrenquellen besser erkennen und, besonders wenn es den Geruchssinn betrifft, die Seele des Kindes anregen und seine Erinnerungen bereichern können.

In diesem Zusammenhang ist die empirische Entdeckung des Amerikaners Carl Delacato wichtig, die er in bezug auf die Sinnesqualitäten Riechen, Schmecken, Sehen, Hören, Tasten bei autistischen Kindern gemacht hat. Er schildert in seinem Buch »Der unheimliche Fremdling« – auf jeden der Sinne bezogen – die Auswirkungen von Überempfindlichkeit, Unempfindlichkeit und demjenigen Empfinden, das er *»weißes Geräusch«* nennt. Warum er diesen Ausdruck gewählt hat, weiß ich nicht; vielleicht war das Gehör das erste Sinnesorgan, bei dem er seine Beobachtungen machte; und *»weiß«* bedeutet ihm so viel wie indifferent. Auf den Geruchssinn angewandt, führt er folgendes aus: Neben den übersensiblen Kindern, die einen Geruch viel zu heftig empfinden, gibt es sowohl Kinder, die keinerlei Empfindung zeigen, als auch Kinder, die ein »weißes Geräusch« wahrnehmen. Er meint, sie sind unfähig, Fremdgerüche wahrzunehmen, weil sie ihren Eigengeruch viel zu stark empfinden. Dieser übertönt jeden anderen Duft. Diese zunächst so unverständlich scheinende Behauptung bekommt, wie mir scheint, eine sinnvolle Erklärung, wenn die geisteswissenschaftliche Menschenkunde zu Rate gezogen wird. Sie weist des öfteren darauf hin, wie bei einem geschwächten Astralleib die vegetativen Stoffwechselvorgänge in den Sinnesorganen überhandnehmen können. Und wo Stoffwechselvorgänge überwiegen, wird nicht wahrgenommen. Nimmt der Stoffwechsel nun in einem Sinnesorgan überhand, ist anzunehmen, daß das betroffene Organ diesen stärker wahrnimmt als die äußeren Sinneseindrücke, z.B. könnte das der Fall sein, wenn die eigenen Organgeräusche (Pulsschlag, Blutrauschen) bei gesundem Gehör die Umweltinformationen übertönen, auch bei den »Zungenlutschern«, die den eigenen Speichel mögen (siehe Geschmackssinn, Seite 140).

So betrachtet, könnte Heilung dadurch bewirkt werden, daß die astralischen Kräfte des Kindes gestärkt werden. Das würde die vegetativen Prozesse auf das gesunde Maß zurückdrängen. Es gibt verschiedene Möglichkeiten, das zu bewirken, etwa durch medizinische, vom Arzt verordnete Konstitutionstherapie in Verbindung mit Heileurythmie und eine entsprechend behutsame Sinnespflege, die über ein nur äußerlich angewandtes Wahrnehmungstraining hinausgeht. Nicht durch eine bestimmte Maßnahme kann dem Kind geholfen werden, sondern durch eine Kombination von individuell angepaßten Anwendungen. Diese müssen sich durch Beobachtung, Gespräch, Konferenz und Kontakt mit dem Arzt entwickeln – also fachübergreifend eingesetzt werden.

Durch den nächsten Sinn in der Stufenfolge, den Geschmackssinn, erfährt das Kind noch mehr über eine Substanz und nimmt mit dem Bewußtsein wacher an der Wahrnehmung teil.

Geschmackssinn

Der Geschmackssinn erfordert, um Wahrnehmungen vermitteln zu können, ganz andere Voraussetzungen als der Geruchssinn. Mit dem Geruchssinn können, selbst über große Entfernungen hinweg, Stoffe, die sich durch Verdunstung, Verdampfung oder Verbrennung dem Luft- und Wärme-Element verbunden haben, wahrgenommen werden. Es handelt sich um einen »Fern-Sinn«. Beim Geschmackssinn handelt es sich dagegen um einen »Nah-Sinn«. Die Substanzen müssen sich in einem flüssigen Zustand befinden oder durch den Speichel der Mundhöhle aufgelöst werden. Erst, wenn die sogenannten Geschmackszwiebeln oder -knospen umspült werden, erhalten die Geschmacksnerven einen Reiz und können »schmecken«. Wie viele Geschmacksnuancen wirklich eindeutig geschmeckt werden können, ist umstritten. Die Naturwissenschaft geht von vier verschiedenen Varianten aus: süß, sauer, bitter, salzig.

Geschmacksrichtungen wie herb und Negativempfindungen wie laugig, scharf oder faul werden nicht berücksichtigt; die Vielfalt der Geschmackswahrnehmungen wird auf die gleichzeitige Anregung der in den Gaumen hineinreichenden Riechnerven zurückgeführt. Sowohl Riech- wie Geschmackswahrnehmungen lassen sich sensibilisieren und verfeinern. Man denke an Feinschmecker, Wein-, Kaffee- oder Teekoster. Sind die Sinne stumpf, schmeckt alles fade und der Appetit schwindet, sofern nicht durch schärferes Würzen nachgeholfen wird.

Bei der Sinnespflege eines kleinen Sonderlings kommt es auf eine Sensibilisierung oder Desensibilisierung der vier genannten dominanten Geschmacksvarianten an. Empfinden die Kinder einen Geschmack zu intensiv (hypersensibel), fangen sie an zu würgen, haben sie keine Wahrnehmung (hyposensibel), fehlt ihnen der Anreiz zum Essen, und sie müssen mitunter gefüttert werden. Außerdem wird der Stoffwechsel nicht angeregt. Womit das zusammenhängt, wird im Lauf dieses Kapitels verständlich werden. Die Tatsache als solche macht aber deutlich, daß es nicht nur auf bestimmte Nahrungsbausteine, sondern auch auf den Vorgang des Schmeckens, d.h. auf die durch das Schmecken hervorgerufenen Lustgefühle ankommt. »Es ist nicht richtig, wenn man glaubt, daß nur die Zufuhr der Nahrungsmittel es ist, die das menschliche Leben unterhält. Es ist einfach nicht richtig, sondern es ist das andere ebenso richtig: daß der Unterhalt des lebendigen Kräftespieles in der Gewebeflüssigkeit das Leben unterhält. Wenn Sie also Speisen so gestalten, daß sie anregend wirken auf diese Tätigkeit in der Gewebeflüssigkeit, so unterhalten Sie dadurch das Leben ...« (Rudolf Steiner, Vortrag vom 16. April 1921)

Es wurde bereits erwähnt, daß beim Säugling der gesamte Organismus als Sinnesorgan betrachtet werden kann. Das Kleinkind schmeckt die Speisen noch mit dem Magen und bis in den kleinen Zeh. So ganz unvorstellbar muß das nicht sein. Bei Fischen und Lurchen befinden sich die Geschmacksorgane an der Körperoberfläche, und die Insekten schmecken mit den Füßen. Ein Säugling empfindet die Geschmacksreize nicht nur über die Nerven der Zunge, sondern über das ganze, noch weitgehend undifferenzierte Nerven-Sinnes- und Gefühlssystem. Man kann es ihm förmlich ansehen, die Zehchen bewegen sich beim Saugen mit, und der ganze Körper strahlt beim Trinken Wohlbehagen aus – natürlich nur, wenn ihm die Speise zusagt.

Wie verhält es sich nun mit den Geschmacksempfindungen beim größeren Kleinkind? Rudolf Steiner äußerte sich in einem Vortrag vom 6. Januar 1922 zu diesem Thema folgendermaßen: »Der Erwachsene hat ja nur noch die Möglichkeit, Geschmacksempfindungen in seinem Gaumen und dessen Nachbarorganen zu haben [...], und dadurch unterscheidet er sich von dem Kinde, das im Säuglingsalter durch und durch Geschmacksorganismus ist. [...] Und mit dem Ende des Säuglingsalters hört dieses Durch-und-durch-Schmecken auf.«

Er schildert weiterhin, wie das Entwachsen aus dem Säuglingsalter darin besteht, daß sich bestimmte organische Kräfte im Kopf zusammenziehen, die dann die zweiten Zähne hervorstoßen, und fährt fort: »Das ist natürlich so auf dem Wege im ganzen Lebensalter von der Geburt bis zum Zahnwechsel hin, und das lebt sich auf den verschiedensten Gebieten aus, also nach dem Säuglingsalter darinnen, daß der Geschmack zunächst heraufzieht nach dem Kopf, und daß das Kind dann damit beginnt, nicht bloß mit dem Leibe zu essen, sondern mit der Seele zu essen, daß es wenigstens mit der Seele unterscheiden lernt, dann auch differenziert die einzelnen Nahrungsmittel. Und da müssen wir in der Lage sein, den Dingen nachgehen zu können. Da müssen wir Verständnis entwickeln können für das Kind. Wir müssen Verständnis entwickeln für das, was dem Kinde schmeckt und nicht schmeckt, denn darinnen liegt noch ein sehr guter Regulator für dasjenige, was beim Kinde auch gesundend und kränkend ist. Allerdings muß man sich zu diesem Zwecke eben eine richtige Anschauung über das Ernähren des Menschen überhaupt erwerben.«

Es wird geschildert, wie sich die Geschmacksempfindungen in der frühen Kindheit nach und nach differenzieren und in den Kopfbereich zurückziehen bzw. im Mundbereich lokalisieren. Darauf, wie sich die verschiedenen Geschmacksnuancen auf Zunge, Gaumen und Kehlkopfdeckel verteilen, werde ich gleich eingehen, aber zunächst sei die Aufmerksamkeit auf die psychische Wirkung des Schmeckens gelenkt. Der Säugling schmeckt mit dem ganzen Leib und erlebt die Süße der Milch. Nach und nach erwacht sein Bewußtsein, und er nimmt zunehmend andere Nuancen wahr, sein Geschmackswahrnehmen differenziert sich. Dadurch erfährt er mehr über eine Substanz als ihm allein durch den Geruchssinn vermittelt werden konnte.

Daraus ergibt sich ein wunderbares Zusammenspiel der sich auflösenden, ätherisierenden und verflüchtigenden Substanzen mit dem inneren Luft- und Flüssigkeitsmenschen. Sowohl von innen als auch von außen findet eine Begegnung dieser übersinnlichen Welten im subjektiven Erleben statt. Das kann verdeutlichen, wie direkt das seelisch-astrale Empfinden der Kinder über diese Brücke der Geschmacksempfindung angesprochen werden kann. Das Kind beginnt, »*mit der Seele*« zu essen.

Dazu bedarf es natürlich auch der äußeren Einstimmung, einer entspannten, freundlichen Atmosphäre, sorgfältig abgeschmeckter und liebevoll zubereiteter Speisen und angenehmer Düfte. Im modernen Haushalt muß alles schnell gehen und darf keine Mühe verursachen. Man geht vielfach davon aus, daß eine gekaufte, fertig zusammengestellte Kost alle für die Ernährung nötigen Ingredienzen, Ballaststoffe und Vitamine enthält und nur erwärmt zu werden braucht. Danach, ob oder wie diese Kost dem Kind schmeckt, wird kaum gefragt. Wird es noch gefüttert, wird ihm oft nicht genügend Zeit zum Nachschmecken gegönnt. Es wird nicht erkannt, wie wichtig der Vorgang des Schmeckens für sein Wohlbefinden und Gedeihen ist. *Ein Nichtbeachten der Vorlieben und Abneigungen eines Babys kann dazu führen, daß es seinen gesunden Nahrungsinstinkt verliert, ein absonderliches Verhalten beim Essen annimmt oder die Nahrung verweigert.*

Eine Erfahrung allerdings hat jede Mutter gemacht: Auf die Geschmacksempfindung *süß* reagiert die Psyche des Kindes sofort. Es beruhigt sich, wird fröhlich gestimmt und kann durch diese Empfindung auch getröstet werden. Das verleitet sie häufig dazu, bei der Ablehnung einer Speise sofort nachzuzuckern und ihm, wenn es weint, eine mit süßem Saft gefüllte Nuckelflasche in den Mund zu stecken. Da man heute durch den erhöhten Zuckergenuß ein Zunehmen der Zahnkaries sogar beim Baby festgestellt hat, sind die Hersteller von Säuglingsnahrung vielfach dazu übergegangen, Süßstoff an Stelle des Zuckers für ihre Produkte zu verwenden. Ob der Süßstoff aber in gleicher Weise die Lebenskräfte des Kindes anregen kann, diese Frage muß mit einem »Nein« beantwortet werden. Nur die echten, mineralischen Zuckerkristalle, die, chemisch vom Speichel aufgelöst, sich in Wärme umwandeln und ins Blut übergehen, führen zu einer Verinnerlichung des Empfindens. Zwar reagieren die Nerven auch auf den Süßstoff, das führt aber nicht zu einer inneren Erwärmung. Künstliche Süß- und Aromastoffe müssen als »lieblose Attrappen« betrachtet werden. Außerdem gewöhnt sich das Kind bei der Einnahme von Süßstoff an einen künstlichen, viel zu süßen Geschmack, der seinen gesunden Nahrungsinstinkt verunsichert.

Für ein hypersensibles Kind ist ein Zuviel an Wahrnehmung über den Geschmackssinn nicht zu ertragen. Die Reaktion darauf ist, wie bereits erwähnt, Würgen oder Essensverweigerung. Stellt man solche Reaktionen fest, wird man nur sehr kleine Mengen von mildem Geschmack, nur leicht gezuckert und gering gesalzen, anbieten – und zwar am besten mit dem Löffel, damit die Speise den oberen Gaumen und nicht gleich die Zungenspitze berührt. Auf Saures und Bitteres muß verzichtet werden, bis sich das Kind durch winzige Beigaben daran gewöhnt hat. Getränke, die Kohlensäure enthalten, sollten nicht verabreicht werden.

Wie weit darf man nun, bei der Vorliebe des Kindes für Zucker, seinem Verlangen nachgeben? Wird es durch Süßigkeiten verwöhnt? Welche Grenzen muß man setzen? Wie bei allen Maßnahmen muß die sorgfältige Beobachtung zu einer Antwort führen. Konstitution, Veranlagung und individuelle Situation des

Kindes spielen eine Rolle. Ein gesteigertes Bedürfnis nach Zucker wird man bei Kindern finden, die aus irgendeinem Grund »Trost« suchen oder melancholisch veranlagt sind. Einem melancholischen Kind, das »zu nahe am Wasser gebaut« hat, kann man durchaus helfen, wenn man ihm häufig Gelegenheit gibt, natürliche *Süße* zu schmecken. Das hellt sein Gemüt auf. Das hängt mit dem Glykosestoffwechsel seiner Leber zusammen. Konstitutionsmäßig benötigt in einem solchen Fall die Leber eine erhöhte Menge vollwertigen Zuckers.

Dagegen wird man bei einem Kind mit einem sanguinischen, lebhaften Temperament, das sich ständig unkonzentriert, sprunghaft und naschsüchtig zeigt, die Süßigkeiten stark einschränken müssen. Seine starke Reizbarkeit und Gier überdeckt seinen Instinkt. Zucker bekommt ihm nicht, sondern steigert nur seine Gier. Befindet sich in der Gruppe ein Kind mit hypoglykämischer Veranlagung (Unterzuckerung), ist es unerläßlich, eine Süßigkeit zur Hand zu haben. Sowie sich die Lippen des Kindes blau färben oder sich unnatürliche Blässe zeigt, braucht es eine Zufuhr an Zucker. Nach meiner Erfahrung ist auch sehr zu empfehlen, ein Päckchen Traubenzucker im Erste-Hilfe-Schrank vorrätig zu halten. Denn viele Kleinkinder erleiden, besonders, wenn sie irgendwie behindert sind, bereits bei einer winzigen Schnittwunde oder geringfügigen Beule einen regelrechten Schock. Das kleine Kind hat ja mit Verletzungen noch keine Erfahrung und versteht nicht, was ihm zugestoßen ist. Dann ist es gut, ihm gleich ein Traubenzuckerplätzchen auf die Zunge zu legen. Die Empfindung der Süße, im Zusammenhang mit der Umsorgung, gibt im seelischen Bereich Trost und wirkt auf den ganzen Organismus entspannend. Das Kind läßt sich dann viel leichter versorgen, und bald lächelt es wieder.

Wie bereits erwähnt, kann ein Becher warmer Milch mit wenig Honig (vorzugsweise von Lindenblüten oder Fenchel), vor dem Einschlafen gereicht, über manche Einschlafprobleme hinweghelfen. Es ist interessant zu beobachten, wie die entspannende, schlaffördernde Wirkung beim Süßen mit Süßstoff ausbleibt. Da keine wahre Zuckerzufuhr erfolgt, werden statt Entspannung Hungergefühle erzeugt. Aus der alltäglichen Erfahrung kann also jeder bemerken, wie sehr der Genuß von natürlichem Zucker einen Einfluß auf die Gestimmtheit der Seele auszuüben vermag, und auch ermessen, was es für die Seele eines Kindes bedeuten kann, wenn die Geschmacksnerven gestört sind.

Die Wahrnehmung von süß wie auch von salzig ist besonders auf die Zungenspitze lokalisiert. Zunächst möchte ich mich aber der Empfindung von *sauer*, die sich mehr auf die Ränder der Zunge konzentriert, zuwenden. Die Geschmackswahrnehmung von sauer bewirkt genau das Gegenteil der Empfindung von süß. Zwar steigert jeder starke Sinnesreiz das Ich-Empfinden, aber während süß zur Entspannung beiträgt, wirkt sauer zusammenziehend. Der Astralleib zieht sich intensiver in den Organismus hinein. Dadurch wird die Eigenempfindung des Kindes gestärkt, das macht es übermütig und heiter. »Sauer macht lustig«, ist eine vertraute Redewendung. Es kann aber auch eine Anforderung jemandem »sauer werden«. Ein Zuviel wirkt sich eben immer negativ aus. Es erscheint dann das »saure Gesicht« (Säure kann auch ätzen).

Sauer, richtig dosiert, erfrischt. Es hat auch das Vermögen, den Durst zu löschen. Daran sollten Eltern öfter denken, wenn Säfte verabreicht werden. Zu stark gezuckerte Getränke können den Durst nicht löschen, außerdem schwächen sie den Geschmackssinn und machen süchtig nach Süßem. Eine frische saure Komponente des Getränks würde ein solches Ergebnis ausschließen.

Aus therapeutischen Gründen kann es manchmal erforderlich sein, das Geschmackserlebnis von sauer bei einem Kind zu verstärken, so bei Konzentrationsschwäche und Fahrigkeit. Ich erinnere mich an ein kleines Mädchen namens *Rita*. Rita hatte einen leichten Hirnschaden, konnte in ihrem chaotischen Familienverband nicht umsorgt werden und war darum zur Behandlung in ein Heim eingewiesen worden. Sie war motorisch unruhig, ausgesprochen unordentlich, zerstreut und vergeßlich. Ihre Atmung war flach, die Sprache verhuscht. Der Kinderpsychiater Kurt Gäch verordnete ihr außer heilpädagogischen Maßnahmen die Einnahme eines halben Eßlöffels Zitronensaft vor den drei Hauptmahlzeiten.[36] Bereits nach zwei Wochen zeigten sich erhebliche Verbesserungen der Konzentrationsfähigkeit und weniger Fahrigkeit. Dieser Effekt wurde nicht nur durch die diätetische, ernährungsbeeinflussende Maßnahme bewirkt. Die größere Wirkung erzielte das Geschmackserlebnis des Mädchens. Man konnte an seinem Gesichtchen förmlich ablesen, was in ihm vorging, wie alle seine Empfindungen sich auf dieses Geschmackserlebnis konzentrierten.

Zu therapeutischen Zwecken werden häufig auch *bittere* Substanzen verabreicht. Man kennt die Wirkung von Bitterkräutern und -tropfen auf den Magentrakt bei Verdauungsschwierigkeiten, auch eine wärmende Wirkung kann nach einer Einnahme empfunden werden. Die von den Bitterstoffen ausgehende Heilkraft beruht ebenfalls nicht nur auf der diätetischen Maßnahme, sondern auf den Anregungen, die vom Geschmacksempfinden ausgelöst werden. Die empfindsamste Region für die Nuance bitter befindet sich teils hinten auf dem

Zungenrücken, teils im Bereich der Riechnerven im hinteren Gaumen. Der Geschmack von bitter macht das Kind wacher, wirkt auf seinen Wärmeorganismus und stärkt seine Persönlichkeitskräfte. Diese Wirkung kann man sich zunutze machen, indem man einem Kind, das einen schwachen Stoffwechsel aufweist, sich träge, verschlafen und reaktionsarm zeigt, Bitterstoffe zum Schmecken gibt (Wermuth, Enzian, Ingwer, Pfeffer, Bitterkräuter und -beeren). Da diese als sehr scharf empfunden werden und eine stark zusammenziehende Wirkung haben (Astralleib und Ich enger mit dem Leib verbinden), lehnt ein Kind diesen Geschmack häufig ab. Darum wird man diese Stoffe meistens mit der entspannenden und zugleich den Wärmeorganismus anregenden Wirkung von süß kombinieren. Man wird z.B. Bitterelixier, Bittersirup und gesüßten Tee von Bitterkräutern anbieten. Im übertragenen Sinn verbirgt sich hinter mancher Sprachwendung eine Kenntnis davon, wie Bewußtseinskräfte durch die Empfindung bitter angesprochen werden. Man macht »bittere Erfahrungen«, kommt zu einer »bitteren Erkenntnis«, muß die »bitteren Pillen schlucken«, und eine Fehlentscheidung hinterläßt einen »bitteren Geschmack«.

Das Schmecken von *Salz* ist im frühen Kindesalter eine abenteuerliche Angelegenheit, und das Kleinkind sollte schon mal ab und zu ein wenig Salz probieren dürfen. Denn im Babyalter war es ausschließlich auf die Wahrnehmung von süß eingestellt. Die Muttermilch enthält nämlich einen besonderen, leicht verdaulichen Milchzucker, der um ein Vielfaches süßer schmeckt als der Milchzucker der Kuhmilch. Salze sind nur in geringsten Mengen, wie Spurenelemente, vorhanden. Das ist schon ein Hinweis darauf, wie die Ernährung im Säuglingsalter gestaltet sein muß. Die Geschmackserfahrung von *Salzigem* ist in diesem Alter noch nicht vorgesehen. Erst mit der Differenzierung der Sinne und zunehmender Gehirntätigkeit gewinnt Salz eine Bedeutung für die Kindesentwicklung.

Es muß nur unterschieden werden, was unter Salz zu verstehen ist. Einmal handelt es sich bei der Nahrung um Mineralsalze verschiedenster Art, wie sie z.B. in Pflanzenwurzeln enthalten sind. (Nebenbei bemerkt, sind Kartoffeln keine Wurzeln, sondern Knollen, d.h. verdickte Stengel, und also keine Salz- sondern Stärkespender.) Zum anderen handelt es sich um das sogenannte Kochsalz (NaCl), das aus dem Salzstock in der Erde oder aus dem Meer gewonnen wird und preiswert im Handel zu haben ist. In kleinen Mengen wird es alltäglich fast jeder Speise zugefügt und als Geschmackserlebnis sehr intensiv empfunden. Ein Gericht kann nur allzu leicht versalzen werden.

Bei liebevoller Zubereitung wird man die Gerichte selbstverständlich mit weiteren Zutaten, Kräutern und Gewürzen, sorgfältig abschmecken und sich nicht nur auf Salz beschränken. Aber Kochsalz hat die Eigenschaft, andere Geschmackserlebnisse zu verstärken und fade Speisen schmackhaft zu machen. Sogar ein süßer Geschmack kann mitunter durch eine Zugabe von Salz intensiviert werden. Ein Beispiel dafür ist das Kochen von Rhabarber. Wird zuviel Zucker genommen, um den sehr sauren Geschmack zu dämpfen, mundet das Kompott nicht mehr. Fügt man beim Kochen ein wenig Salz hinzu, wird das erwünschte Ergebnis mit Zugabe von weniger Zucker erreicht.

Warum ist nun das Probieren von Salz für das kleine Kind eine abenteuerliche Angelegenheit? Man stelle sich nur lebhaft ein etwa 3jähriges Kind vor, wie es der Mutter in die Küche nachläuft und mit Vorliebe nach dem Puddingkochen oder Kuchenbacken die Schüsseln und Töpfe ausschleckt. Das ist eigentlich ein typisches Bild für ein Kleinkind in diesem Alter. Darum wird in vielen Kinderreimen der »neugierige« kleine Zeigefinger auch »Schleckermann« oder so ähnlich genannt. Dieses Schleckbedürfnis entsteht beim Kind im Zusammenhang mit dem sich differenzierenden Geschmackssinn, und das Schmeckerlebnis der Zunge will angeregt werden. Mit dem Auge sind die weißen Kristalle von Zucker und Salz kaum zu unterscheiden. Steckt nun das Kind den feuchten Zeigefinger in ein Schälchen mit Zucker und führt ihn dann an die Zungenspitze, erlebt es mit Wonne den vertrauten Geschmack. Hat es statt der Zuckerkristalle etwa Salz erwischt, ist es höchst erstaunt und wird in der Regel den Versuch noch einmal wiederholen.

Es ist rührend zu beobachten, wie zaghaft, ja fast ein wenig ängstlich ein Kind die kleinen Salzkörner vom Fingerchen schleckt und diesem Geschmack »nachsinnt«, vielleicht sogar wiederholt. Besonders tief hat es mich berührt, wenn ich den gleichen Vorgang bei blinden Kindern miterleben konnte. Das geschah des öfteren in meiner Praxis, denn blinde Kinder müssen früh das Tastvermögen ihrer Finger sensibilisieren und lernen, mit den Fingern feinen Streuzucker von Salz zu unterscheiden. Dabei wird gerne auch mal geschmeckt. Nach dem Vertrautwerden mit dem Geschmack mögen die meisten Kinder Salz. Sie essen Salzstangen, Salzbrezel und bestreuen gerne ein Butter- oder Schmalzbrot mit Salz.

Süßigkeiten sind Genußmittel; man »gönnt« sich etwas. Das Salz macht eine Speise »herzhaft«. Diese Redewendungen drücken es eigentlich aus: Vom Salzerlebnis geht eine konsolidierende, stabilisierende Wirkung aus. Salz festigt. Es zieht Wasser an und beeinflußt die Gewebeflüssigkeit. Zuviel davon macht durstig, bei zuwenig »mundet« die Speise nicht mehr. Beides, das Schmecken von Salz und die Nahrungszufuhr von Mineralsalzen, kann manchmal als therapeutische Maßnahme verordnet werden. Solche Maßnahmen sind hilfreich bei Kindern, die sich zu sprunghaft, zu flüchtig und unruhig zeigen, bei solchen also, die stark sanguinisch veranlagt sind, aber auch bei Kindern, die zu träge und phlegmatisch sind. Das beruht darauf, »daß das Kind die Bildekräfte angeregt bekommt, die es befähigen, stärker aufmerksam zu sein auf die Außenwelt; das geschieht durch Beibringung des Salzigen« (Rudolf Steiner in der Lehrerkonferenz am 6. Februar 1923). Im ersten Fall könnte man das Kleinkind abwechselnd auch sauer schmecken lassen (aber keinen Zucker). Im zweiten Fall würde man das Salz mit herb-bitteren Komponenten verbinden.

Inzwischen lassen sich junge Menschen zu Musik-, Sprach-, Mal- und Bewegungs-, ja sogar auch zu Aroma-Therapeuten ausbilden. Therapeuten, die es gelernt haben, über den Geschmackssinn mit entsprechenden Diäten heilend auf den kindlichen Organismus einzuwirken, wird man kaum finden. Die Zunahme der Eßstörungen, der Allergien, der Suchtgefährdung, nicht nur bei Jugendlichen, sondern schon bei Kindern, ist besorgniserregend. Ich denke, dem könnte mit einer Geschmackskultivierung und einem individuell, je nach Konstitution zusammengestellten Speiseplan bereits im Kleinkindalter entgegengewirkt werden. Dies soll aber nicht heißen, daß ein Kind verwöhnt werden darf.[37]

Zunächst muß man feststellen, ob und wie ein Kind auf Geschmackserlebnisse reagiert. Spuckt es die Speise aus, würgt es, verschlingt es alles wahllos, zeigt es Vorlieben, nascht es gerne, sinnt es einem Geschmack nach? Kann es gut differenzieren, schnuppert es dabei oder schmatzt es? In einer Kindergartengruppe kann man ganz gut das Verhalten beobachten, wenn man zum Frühstück allerlei Verschiedenes auftischt, z.B. Radieschen, Tomaten, frische und saure Gurken, »Mixed Pickles«, Quark mit verschiedenen Kräutern, Schnittlauch oder Zwiebeln. Dazu könnten dann unterschiedliche Käsesorten, Früchte, Joghurt, Mandel- oder Nußmus, Marmelade – auch bittere – oder Honig und gelegentlich auch eine Wurstscheibe auf den Tisch kommen. Natürlich meine ich nicht, daß alles zugleich aufgedeckt werden muß, aber unterscheidbare Geschmacksrichtungen müssen immer im Angebot sein, so daß man verfolgen kann, welche Neigungen die Kinder entwickeln. Die Grundnahrung dazu ist die möglichst vom Kind selbst mit Butter bestrichene Brotschnitte. Zu einem solchen Frühstück wählt man am besten ein Mischbrot aus fein gemahlenem Roggen und Weizen (bei Kaubehinderung mittelfeines Knäckebrot).

Beginnt ein Kind, intensiver zu schmecken, kann man es verschiedene Sorten Marmelade und auch Honigsorten kosten und ausgiebig beschnuppern lassen, durchaus auch mit geschlossenen Augen. Dabei sollte man die Beeren und Blüten benennen. Ich möchte hier einfügen, daß bei bestimmten Formen der Epilepsie (siehe den Heilpädagogischen Kurs Rudolf Steiners) eine Therapie darin bestehen kann, die Aufmerksamkeit des Kindes auf Geschmacksdifferenzierungen zu richten. Diese Hinweise haben mich veranlaßt, ein melancholisches Kind mit leichten Absencen zum Kindergartenfrühstück verschiedene Honigsorten kosten zu lassen. Das Resultat war ermutigend, und ich hätte diese Maßnahme gerne länger durchgeführt, mußte sie dann aber, weil das Kind schulpflichtig wurde, den Eltern überlassen.

Sind die Nerven im Mundbereich oder bestimmte Gehirnzellen geschädigt, fehlt dem Kind meistens nicht nur das Geschmacksempfinden, auch sein Temperatur- und Tastempfinden ist gestört. Es kann weder Kerne noch Gräten heraussortieren, kann weder die Konsistenz noch den Geschmack von dem, was es zu sich nimmt, empfinden. Es ißt wie ein »Müllschlucker«; und weil es auch nicht-eßbare Dinge in sich hineinstopft, muß ihm nicht selten der Magen ausgepumpt werden. Speisen werden ohne Lustgefühl von ihm verschlungen. Es führt ein erlebnisarmes, aber zugleich auch ein gefährdetes Leben. Bei derart gravierenden Störungen der Geschmacksempfindungen wird man gezieltere Maßnahmen durchführen müssen.[38]

Wenn im Kindergarten absonderliche Gewohnheiten des Kindes und Reaktionslosigkeit beim Schmecken – selbst dann, wenn Geschmacksrichtungen der Zutaten erheblich verstärkt werden – auffallen, besteht die Möglichkeit, während des Spielens kleine Übungen einzuführen. Sehr geeignet dafür sind »Mutter-Kind-Spiele«, Puppenspiele und das Sortieren in »Kaufmannsläden«. Bei diesen Spielen wird man aber dem Unterschied zwischen dem Spielverhalten des Durchschnittskindes und dem des Sonderlings Rechnung tragen müssen.

Im Kleinkindalter ist die Phantasie der Kinder in der Regel so ausgeprägt, daß alle Spiele »als ob« verlaufen können. Man sollte solche Spiele unterstützen, denn für die kreative Phantasie ist die Vorstellung zugleich die Wirklichkeit. Die Speisen, die auf dem Puppentisch aufgedeckt werden, brauchen nicht real gegessen zu werden. Es können verschiedene Blätter, Blüten, Schalen etc. als Puppenspeise oder auch als Geschirr dienen. Bei einem »schwach-sinnigen« Kind bilden sich die Vorstellungen dagegen langsamer und nur bei getreuer Wiederholung des Selbsterfahrenen. Daher müssen, wenn das Spiel gelingen soll, schon echtes

Puppengeschirr und richtige, *schmeckbare* Zutaten verwendet werden – auch im Kaufmannsladen (wie z.B. Maria Montessori es empfiehlt).

Hat man eine Spielecke dementsprechend ausgestattet, lassen sich Geschmacksempfindungen spielerisch stimulieren. Der einen Puppe schmeckt dieses, der anderen etwas anderes. Einer Puppe muß vielleicht Medizin (bittere Tropfen) verabreicht werden, die natürlich auch Puppenmütter oder -väter vorher probieren müssen. Kleine Geschichten sollten dazu erfunden werden – auch darüber, weshalb im Kaufmannsladen dieses oder jenes probiert oder berochen werden muß. Wenn nicht schwerste Sinnesstörungen vorliegen, wird man nach einigen Wochen der Übung schon eine Veränderung sowohl beim Essen als auch im Sozialverhalten bemerken können. Die Kinder werden ganz allgemein kontaktfreudiger und finden mehr Vergnügen an einer gemeinsamen Mahlzeit. Wenn man sich vor Augen führt, welche verbindende Rolle das gemeinsame Genießen für das familiäre, soziale und gesellige Leben spielt, kann man ermessen – ganz abgesehen von der positiven Einwirkung des Schmecken-Könnens auf den Stoffwechsel –, was es für das Kind bedeutet, Zugang zu solchen Erlebnissen gewonnen zu haben. Außerdem wirkt ein gemütliches gemeinsames Essen anregend auf die sprachliche Kommunikation.

Schließlich möchte ich noch auf eine andere Gruppe von Kindern aufmerksam machen, deren Geschmackssinn weder hyper- noch hyposensibel ist, die aber trotzdem im Sinnesbereich des Schmeckens eine Anomalie aufweisen. Das sind die sogenannten »Zungenlutscher oder -nuckler«. Man übersieht sie wohl meistens, bzw. die Ursache ihres Verhaltens. Ich habe etliche Jahre Praxiserfahrung absolvieren müssen, bis mir diese Kinder mit ihrer seltsamen Gewohnheit auffielen und mir klar wurde, wie sehr sie mit ihrem Eigengeschmack beschäftigt sind. Erst als mir in der kleinen Gisela ein sehr eklatanter Fall begegnete, wurden mir die Augen für die Probleme dieser Kinder geöffnet.

Man findet die Zungenlutscher unter verträumten, ihre Lebensprozesse mitempfindenden Kindern, bei einigen mit Down-Syndrom und bei einigen Hirngeschädigten, bei denen man diese Angewohnheit zunächst als Marotte einstuft. Diese Kinder essen viel, aber nicht, weil sie die Speisen genießen, sondern weil sie den Verdauungs- bzw. den Auflösungsvorgang und ihren eigenen Speichel schmecken und mögen (vgl. Seite 129). Sie lutschen an ihrer Zunge, entweder bei geschlossenem Mund oder indem sie die Zungenspitze zwischen die Lippen schieben. Manche verstärken ihre Empfindung »Zunge« noch, indem sie auf sie beißen.

So auch die 4jährige *Gisela*. Sie litt unter einer Gaumensegel-Lähmung, und auch ihre Zunge war schwer beweglich. Abgesehen von einigen vokalischen Atemstoßlauten hatte sie keine Möglichkeit, sich sprachlich zu äußern. Da somit die Zunge für sie wie ein Fremdkörper war, schob sie sie halb aus dem Mund heraus und nuckelte daran. Wenn sie das Nuckeln unterbrach, z.B. beim intensiven Zuhören, hielt sie die Zunge mit den Zähnen fest und biß gelegentlich darauf herum. Die Zunge war dabei voll ausgestreckt, und dieser Anblick war für das Aussehen des Mädchens nicht gerade vorteilhaft.

Bei diesem Kind hatte ich mich zunächst auf die Sprachheilbehandlung und auf die Stimulation des Bewegungssinns im Mundbereich konzentriert. Die Einschränkung des Geschmackssinns war mir zunächst nicht bewußt geworden. Gisela zeigte sich beim Essen keineswegs auffällig. Das lange und ungeschickte Herumlutschen an der Nahrung hielt ich für eine feinmotorische Störung, zum Teil war es das ja auch. Erst langsam fiel mir auf, wie sehr dieses Kind nach »innen gekehrt« war und seinem Eigengeschmack nachhing. Später habe ich sehr auf die Angewohnheit des Zungennuckelns geachtet und neben Sprach- und Bewegungsübungen auch die Geschmacksnerven stimuliert. Das gelingt bei diesen Kindern am besten, wenn man kleine Happen von intensivem Geschmack, wie Zuckerstückchen, Salzstangen, Lakritzen etc., in die Backentasche steckt, wo sie länger liegenbleiben können. Man muß hierbei von wohlschmeckenden Beigaben, die die Kinder mögen, ausgehen. Meistens wird das der Zucker sein. Es kommt nur darauf an, daß der Geschmack intensiv genug ist, um den Eigengeschmack des Speichels zu übertönen, und daß er möglichst lange anhält, damit das Kind darauf aufmerksam wird. Dann setzt man mit verschiedenen Geschmacksnuancen im Wechsel fort. Mit der Zeit bemerkt das Kind dann doch die Unterschiede und lernt, zu differenzieren und nicht nur unbeteiligt zu »verdauen«.

Bei Kindern mit Down-Syndrom ist, weil sie vielfach von der anatomischen Veranlagung her eine vergrößerte Zunge aufweisen, die Ausgangssituation eine andere. Bei dem oft schlaff herunterhängenden Kinn schiebt sich die Zunge aus dem offenen Mund vor. Welche Maßnahmen dagegen zu treffen sind, kann individuell sehr unterschiedlich sein. Ich habe keinen Fall gehabt, bei dem eine sogenannte Gaumenplatte zwingend erforderlich wurde. Mir scheint es möglich, diese Angewohnheit, die Zunge hängen zu lassen, im frühkindlichen Alter durch Stimulierung der Sinne erfolgreich zu bekämpfen. Dabei muß dann aber beachtet werden, daß sich kein »Zungennuckeln« einstellt. Dies führt nämlich gleichzeitig zur Verdickung der Zunge, zu Speichelbildung und einem ständigen Verlangen nach Nahrung. Durch Differenzierungen in der Zubereitung der Speisen und regelmäßige Zeiten der Nahrungsaufnahme kann man dem permanenten Essensbedürfnis dieser Kinder entgegenwirken. Das ist einmal für ihren Stoffwechsel wichtig, zum anderen, weil sie sonst zu pummelig und schwer werden. Die Tendenz, übermäßig und andauernd zu essen, kann auch – unabhängig vom Geschmackserlebnis – einen rein psychischen Grund haben. Leidet ein Kind etwa unter dem Verlust eines geliebten Menschen, der Trennung von einem Freund oder der Scheidung der Eltern, klammert es sich gewissermaßen an seinen eigenen Leib und verspürt einen verstärkten Trieb nach Sättigung.

Viele Kinder haben kein Gefühl für die Speisen und Getränke im Mundbereich, sie bemerken Fremdkörper nicht und auch nicht, ob eine Speise zu heiß ist. Haben sie dann einmal eine schlechte Erfahrung gemacht, sich einmal verschluckt oder verbrannt, bleibt die Angst vor dem Essen bestehen – sie kann sogar panikartig auftreten. Von einem solchen Trauma war *Christopher* befallen, ein spastischer Junge, der erst 5jährig in den heilpädagogischen Kindergarten kam. Er hatte viele Klinikaufenthalte hinter sich, und die Mutter konnte nicht sagen, seit wann er diese Ängste, vor allem vor Getränken, entwickelt hatte. Er war ein sehr liebenswertes Kind mit einem strahlenden Gesicht und offenem, sprechendem Blick, auf den man auch sehr achten mußte, denn Christopher konnte nicht sprechen. Er litt an Dysarthrie (schwere Artikulationsstörung). Die Lähmungen der Glieder waren weniger ausgeprägt, er konnte recht gut gehen und auch Arme und Hände, zwar mit Mühe, aber doch gezielt bewegen. Seine Feinmotorik war jedoch betroffen, und er war beim Essen auf Hilfe angewiesen. Vor Getränken hatte er eine panische Angst. Er nahm sie nur dann an, wenn sie direkt aus dem Kühlschrank auf den Tisch kamen. Er verweigerte die Milch bereits nach einigen Minuten der Aufwärmung im Raum. Er konnte sie dann nicht mehr im Mund fühlen, hatte Angst vor dem Verschlucken und lehnte sie deswegen ab. Er ging zum Kühlschrank in die Küche und zeigte auf die Milchkanne, um zu verdeutlichen, worauf es ihm ankam. Ob dieser Ausweg, eine Behinderung zu umgehen, gesundheitlich zuträglich war, sei dahingestellt. Wie behutsam mit sensorischen Schwächen im frühen Kindesalter umgegangen werden muß, damit sich nicht erst solche Ängste entwickeln, wurde jedenfalls durch Christopher sehr deutlich demonstriert.

In der Frühförderung verwendet man durchaus auch »Kälte«, um den Mundbereich zu sensibilisieren, aber sehr vorsichtig und nur, indem man den Lippenbereich mit Eisstückchen, die weder gelutscht noch geschluckt werden sollen, berührt. Um einem Kind mit verzögertem Schluckreflex das Trinken zu erleichtern, würde ich, um den Reiz zu steigern, nicht unterkühlte Getränke in Bechern anbieten, sondern angemessen temperierte Flüssigkeiten mit einem Löffel portionieren oder, wenn das Kind gut saugen kann, ihm ein biegbares durchsichtiges Saugröhrchen geben, in dem es das Steigen der Flüssigkeit mit den Augen verfolgen kann.

Nach diesen Vorschlägen zur Handhabung und Therapie bei Anomalien im Mundbereich möchte ich zu dem Thema »mit der Seele essen« zurückkehren und noch einen Gesichtspunkt hervorheben. Versteht man die Sinnespflege zugleich als Seelenpflege, wird man nicht nur den momentanen Effekt im Auge haben, sondern die Einwirkung auf die Erinnerung des Kindes mit beachten. Denn die Geschmacksempfindungen können sich in Verbindung mit erlebten Situationen oder Stimmungen (ähnlich wie Gerüche) tief in die Erinnerung eingraben, d.h. sie werden gespeichert. Jeder kennt es: Manche Speisen aus der Kinderzeit werden nie vergessen. »Es schmeckt wie bei Muttern«, drückt ein höchstes Lob aus, auch bei einer einfachen Mahlzeit. Es gibt Gerichte, die speziell in einer Familie, in einem Volksstamm, in einer Gegend oder zu bestimmten Festen oder Jahreszeiten zubereitet werden und zur Tradition geworden sind und die sich besonders durch wiederholte Einnahme dem Kindergemüt unvergeßlich einprägen.

Ein Leben lang kann sich ein Kind an das Kartoffelgrillen bei der Kartoffelernte oder an die Bratäpfel im Herbst, an das Weihnachtsgebäck, an die Füllung der gebratenen Gans, an die Ostereier und dergleichen mehr erinnern. In vielen Haushalten werden am Sonnabend ein Eintopf oder süße Klöße mit Kompott und am Sonntag Kuchen mit Schlagsahne verzehrt. In Skandinavien kennt man die »Donnerstags-Erbsensuppe« und als darauf folgenden Nachtisch die bei Kindern so beliebten spiegeleigroßen Pfannkuchen, die übereinander gestapelt mit Marmelade gegessen werden. In den vier Wochen Fastenzeit vor Ostern gibt es die »fetten Dienstage«, an denen nach dem Hauptgang mit Marzipan gefüllte warme Semmeln in tiefen Tellern mit Milch gereicht werden. So schnell wie an diesen Dienstagen werden beim Läuten der Schulglocken die Schulklassen sonst nicht geräumt.

Hat man die Bedeutung der Geschmackserlebnisse für die Kindheitserinnerung erkannt, wird man bestrebt sein, diese zu pflegen und zu vermeiden, daß bestimmte, vom Kind gemiedene Speisen sich in der Erinnerung als negative Empfindungen mit einem bestimmten Tag oder Ereignis verbinden. Wenn an jedem Freitag ein Fischgericht zubereitet wird, das ein Kind aus Veranlagung und Geschmacksempfindung ablehnen muß, überträgt sich die Abneigung auf den gesamten Begriff »Freitag«, und der Freitag wird am Ende lebenslänglich zu einem abscheulichen Tag. Gäbe es diese Mahlzeit nur ab und zu und nicht an einem bestimmten Tag, würde die negative Erinnerung daran nicht so deutlich werden, zumindest nicht zusätzlich einen Tag belasten. Für ein Kind hingegen, dem dieses Gericht schmeckt, ist die Regelmäßigkeit ein Vergnügen, und der Freitag wird ihm angenehm in Erinnerung bleiben.

An solchen Sitten darf nicht übertrieben festgehalten werden. Pausen und jahresbedingte Veränderungen wollen auch beachtet sein. Von Bestrebungen, für jeden Tag der Woche ein bestimmtes Gericht festzulegen, halte ich nicht viel. Ein Speiseplan muß ausreichend Platz für Entdeckungen, Überraschungen und Kreativität lassen. *Ein gepreßter Rhythmus ist kein Rhythmus mehr. Die Lebensprozesse und Zirkulationsvorgänge benötigen einen in die Zeit integrierten Rhythmus (wie Schlafens- und Essenszeiten), die Sinnesprozesse brauchen vielfältige Anregungen, die durch angemessene Wiederholung in Erinnerung bleiben.*

Wie Speisen aufgetragen werden, spielt selbstverständlich auch eine Rolle in der Erinnerungsbildung, hat aber außerdem – und das will bedacht sein – einen Einfluß auf den Sehsinn. Dieser ist aus psychischer Sicht sehr mit dem Geschmackssinn verbunden. »Es sieht lecker aus« oder »beim Anblick läuft mir das Wasser im Munde zusammen«, sind häufige Redensarten. Die letzte Äußerung stimmt tatsächlich; durch den Anblick einer Speise kann die Speichelbildung sehr gesteigert werden. Das wirkt anregend sowohl auf den Appetit als auch auf die Verdauungstätigkeit und steigert damit die Bekömmlichkeit der Mahlzeit.

Bei einem Kleinkind findet eine Art Übertragung der Reaktionen beim Schmecken auf andere psychische Erfahrungen statt. Das äußert sich im jeweils gleichen Mienenspiel und in spontanen Gesten. Wenn dem Kind etwas nicht schmeckt, verzieht es das Gesicht, schiebt den Happen mit der Zunge aus dem Mund und sagt »bah« oder »bäh«, desgleichen, wenn es sich ekelt oder ihm etwas mißfällt. Wenn ihm dagegen etwas schmeckt, stellt sich meistens ein leichtes Schmatzen ein, es sagt »mmh-mmh« und führt einen oder mehrere Finger kreisend über die Brust, seltener über die Bauchgegend. Ich habe Kinder beobachtet, die, wenn sie auf einer Puppenbühne eine schöne Märchenkulisse mit hübschen kleinen Figuren sehen und dazu eine liebliche Musik hören, ganz unbewußt leise zu schmatzen anfangen und die Fingerchen über die Brust kreisen lassen. Hier zeigt sich, wie tief Geschmackserlebnisse Spuren im Seelenleben des Kindes hinterlassen.

Man kann auch beobachten, wie größere Kinder von sich aus nach Geschmackserlebnissen greifen, um Erregung und Spannung abzubauen. Wenn man z.B. eine Kindervorstellung im Kino besucht, fällt auf, daß jedes Kind mit Süßigkeiten und Knabberzeug versehen ist, und es gibt Szenen, bei denen alle Kinder nach ihrer Tüte greifen. Das ist wiederum ein Hinweis darauf, wie Erregungen über den Sehsinn nach Ausgleich durch den Geschmackssinn verlangen; auch Daumennuckeln kann Erregung abbauen.

Der nächste Sinn in der Stufenfolge vermittelt keine Leiberfahrungen, sondern öffnet sich ganz der Umwelt.

Gesichtssinn (Sehsinn)

»*Wär nicht das Auge sonnenhaft, wie könnten wir das Licht erblicken.*« (Goethe) Mit dem Auge ist dem Menschen ein wunderbares, vielseitiges Organ gegeben, das einzig und allein »am Licht für das Licht«, wie Goethe es formuliert, gebildet worden ist. Es kann im Gegensatz zu anderen Sinnesorganen lediglich bei Helligkeit wahrnehmen. Gleichwohl ist das Auge nicht nur als Wahrnehmungsorgan für Licht- und Farbenqualitäten zu betrachten. Es ist auch ein Bewegungsorgan und nimmt Formen, Gestalten, Räumlichkeit und Bewegungsabläufe wahr. Es sieht sowohl in der Nähe als auch in die Ferne – bis zu den Sternen. Diese Fähigkeiten machen das Auge immer mehr zu einem dominierenden Organ. Der heutige Mensch ist fast ausschließlich ein »Augenmensch« und den Gesichtseindrücken so restlos hingegeben, daß viele andere Sinne kaum noch aktiviert werden, sondern sogar verkümmern. Eine dritte Eigenheit des Auges ist noch hervorzuheben: Es ist so veranlagt, daß in dem Blick seelische Regungen soweit ihren Ausdruck finden, daß sie von Mitmenschen wahrgenommen und auch richtig gedeutet werden können. Man kann im Auge »lesen«, das Auge kann »sprechen«, »lächeln«, »verletzen«. Im Auge spiegeln sich Gefühle der Liebe und des Mitleids wie der Geringschätzung und des Hasses.

Bevor im einzelnen auf diese drei Möglichkeiten des Auges und die im Zusammenhang damit auftretenden Störungen eingegangen wird, sei noch erwähnt, daß außer den Gefühlen von Sympathie und Antipathie, die beim Betrachter entstehen, auch der Wille im Blick wirksam werden kann. Bei jeder Tätigkeit ist, bewußt oder unbewußt, der Wille die auslösende Kraft. In jedem Blick, der ein Bild fixiert, in jedem Blickkontakt ist Wille wirksam. Darum ist es für den Heilpädagogen so wichtig, das Auge zu studieren, beginnend mit den theoretisch-physikalischen Gegebenheiten, und Beobachtungen in der Praxis anzustellen: Wie blicken und fixieren die Kinder – nah oder weit, intensiv, flüchtig, unbewußt, mit »leerem« Blick? Es sind gerade – neben den Wahrnehmungsstörungen – die Willensdefekte, die mangelnden, gestörten oder gehemmten Willensimpulse, die eine heilpädagogische Behandlung des Kindes erfordern.

Der Leser kann sich durch ein ganz simples kleines Experiment selber davon überzeugen, wie Wille im Auge eingespannt werden kann: Wenn man z.B. die Skizze eines Würfels betrachtet, kann man die quadratische Fläche A-B; C-D sowohl als Vorderseite wie, nach einiger Anstrengung, als hintere Fläche sehen oder umgekehrt.

Erst wenn man die Erkenntnis, daß der Wille im Auge wirksam ist, in Betracht zieht, erhält man Zugang zum Verständnis der Phänomene des Nicht-Sehen-Könnens mancher Kinder mit völlig intakten Augen. Es handelt sich dabei um Störungen der zentralen Hirnfunktionen, die in manchen Fällen über das Schulen von Wille und Aufmerksamkeit gemildert werden können. Denn das Sehvermögen ist nicht das gleiche wie die Sehkraft. Die Sehkraft hängt weitgehend vom Willen ab.

Auch für die eigene Entwicklung des Heilpädagogen ist es ratsam, die Augenorganisation eingehend zu betrachten: »Sie können sich durch nichts mehr erziehen, etwas vom Ätherleib eines Menschen zu erhaschen, als dadurch, daß Sie achtgeben auf die Augenorganisation eines Menschen. Das andere richtet sich in Ihnen schon selbst ein. Wenn Sie sich eine Gewohnheit dafür aneignen, darauf Acht zu geben, ob ein Mensch nahe oder weit guckt, und das auf sich wirken lassen, dann erzieht eine solche Gewohnheit in Ihnen die Empfänglichkeit für das Wahrnehmen des Ätherleibes. Kommen Sie der Sache noch meditativ zu Hilfe, meditieren Sie dazu, so wird es Ihnen nicht mehr so schwer werden, von dem hingebungsvollen Betrachten dessen, was im Menschen durch die Augenorganisation hervorgerufen wird, zu einer Betrachtung des Ätherleibes aufzurücken.« (Rudolf Steiner am 3. April 1920)

Um das *Auge als Organ* in seiner ganzen Komplexität erfassen zu können, ist es erforderlich, seine unterschiedlichen Funktionen getrennt zu betrachten:

- das Auge als Organ der Licht- und Farbenwahrnehmung,
- der Raum-, Gestalt- und Bewegungswahrnehmung und
- der Kommunikation durch Blickkontakt.

Licht- und Farbenwahrnehmung

Das für das Licht geschaffene Auge ist, physikalisch gesehen, wie eine Kamera aufgebaut. Es hat eine bikonkave Linse, und die Menge des durch die Pupille hereindringenden Lichts wird durch glatte ringförmige Muskelfasern (Ziliarmuskel) wie von einer Blende reguliert. Auch die richtige Einstellung zur Entfernung geschieht reflexartig durch die Akkomodationsfähigkeit: Die Linse wird durch die Zusammenziehung der sie festhaltenden Muskelfasern so weit gekrümmt, wie es der Abstand zum Objekt verlangt, um ein scharfes Bild zu erhalten. Mit Hilfe von Kenntnissen der Optik läßt sich also in gewisser Weise erklären, wie ein Auge analog einer Kamera funktionieren kann. Allerdings entsteht im Augenhintergrund ein umgekehrtes Abbild. Wie dieses Negativbild zweier Augen sich zu einem realen Bild entwickelt, wie dieses in der Erinnerung gespeichert wird, wie schließlich bildhafte Vorstellungen in der Seele entstehen, ist weder von der Physik noch von der Neurologie zu erfassen.

Das kostbare Organ des Gesichtsinns ist von außen wie ein kleiner Apfel in die Augenhöhle eingestülpt – in der Embryologie schön zu verfolgen –, wo es von den umgebenden Schädelknochen gut geschützt wird. Zusätzlich kann es noch durch das Augenlid gegen Strahlen und Staubpartikel abgeschirmt werden. Das Augenlid schließt sogar wasserdicht ab. Die Innenseite des Lids ist von einer hauchdünnen Haut überzogen, die sich auch über den Augapfel ausdehnt und ihn als Bindehaut zusätzlich schützt. Die eigentliche Substanz dieses kleinen Globus ist der Glaskörper. Er besteht aus einer klaren, durchsichtigen, gallertigen Masse, die sich in keiner Weise mit einer äußeren Flüssigkeit vergleichen läßt, denn sie ist, nach Rudolf Steiner, voll lebendiger Vitalität dem Licht zugewandt.[39] Dieser lebendige Glaskörper ist von drei Häuten umschlossen.

Die *innerste* der drei Häute ist die lichtempfindliche Netzhaut (Retina), in der verschiedenste Photozellen, Zapfen und Stäbchen für differenzierte Licht-, Farb- und Formwahrnehmungen verankert sind. Sie umschließt den ganzen Augenglobus mit Ausnahme des nach außen gerichteten Pols, vor dem die Linse an Muskelfasern festgehalten wird. Dieses Netz gleicht dem dichten Geäst eines

Baums, dessen Stamm von den im Augengrund gebündelten Fasern des Sehnervs gebildet wird und dessen Wurzeln im Sehzentrum des Gehirns fußen. Der Fixierpunkt des Auges liegt seltsamerweise nicht in diesem etwas nasenwärts ins Auge tretenden Nervenbündel – da ist das Auge blind –, sondern in der Achse des Globus, genau der Linse gegenüber.

Die *zweite* Haut, die mittlere, ist die mit kleinsten Blutkapillaren versehene nährende Aderhaut. Sie zieht sich etwas weiter über die Linse als die Netzhaut und bildet, durch den Einschluß von Pigmenten, die Regenbogenhaut (Iris), die nur ein kleines rundes Loch, die Pupille, für den Lichteinfall freiläßt. Die Menge des einfallenden Lichts wird durch den in der Regenbogenhaut eingelagerten Ziliarmuskel reflexbedingt reguliert. Allerdings kann sich die Pupille auch durch Stimmungen des Gemüts verändern. Nur bei Gifteinwirkung, psychotischen Zuständen, bestimmten neurologischen Schäden oder bei Blindheit bleibt sie starr, eng oder geweitet (z.B. stechender Blick als Indiz für Drogenmißbrauch oder Atropintropfen bei Untersuchungen des Augenhintergrunds).

Die *dritte* Haut schließlich, die den Glaskörper schützend umhüllt, ist ein festes, sehniges, fast blutleeres Gebilde, die Lederhaut. Die blasse, fast weiße Lederhaut wird vor der Linse zur durchsichtigen Hornhaut und wölbt sich über sie wie ein Uhrenglas. Zwischen der Wölbung der Hornhaut und der Regenbogenhaut befindet sich, die Linse umfassend, eine klare Flüssigkeitsmenge. Diese ist wie reines Wasser und – wie die Linse und die Hornhaut auch – in der Evolution von außen durch die Einwirkung des Lichts gebildet worden. Dieser äußere Pol des Auges ist, wie Rudolf Steiner hervorhebt, ganz und gar Außenwelt: »Hier wirkt die Natur des äußeren Lichtes und bewirkt jene Umwandlung, die Flüssigkeit und Linse hervorbringt. Auf das reagiert das Wesen von innen und schiebt ihm ein Lebendigeres, Vitaleres entgegen, den Glaskörper. Gerade im Auge treffen sich die Bildungen, die von außen angeregt werden, und diejenigen, die von innen aus angeregt werden, in einer ganz merkwürdigen Weise.« (25. Dezember 1919)

Im Auge findet also eine Begegnung zwischen dem äußeren ätherischen Licht und der inneren Vitalität statt: Im Seh-Akt strömt das Astralische des Menschen zu den Gegenständen hin und »dringt so weit, bis ihm irgendwo in der Ferne Widerstand geboten wird und sich ihm ein anderes Astralisches entgegensetzt. [...] An der Grenze des äußeren und inneren Astralischen entsteht die Farbe.« (Vortrag vom 25. Oktober 1909)

Wenn man das so auffassen kann, wird die Wirkung des Lichts und der Farben sowohl auf das Gemüt als auch auf den Ätherleib des Menschen verständlich. Sie ist mehr als nur eine Stimulation, sie bedeutet tatsächlich kosmische Nahrung für Seele und Lebenskräfte. Man denke an Sonnenauf- und -untergang, an den gestirnten Himmel, an Erscheinungen des Nordlichts oder auch des Regenbogens, an ein Meer von Obstblüten – an alle Farbenwunder, einschließlich der durch die Malkunst erlebbaren, die den Menschen ergötzen können. Wie beschwingt, wie gesundheitlich gestärkt kann man sich doch durch solche Eindrücke fühlen, und wie lange können solche inneren Bilder in der Erinnerung haften bleiben, unter Umständen ein Leben lang. Eigene Erfahrungen dieser Art sollte man in der frühkindlichen Erziehung sehr wohl bedenken.

Auch die medizinische Naturwissenschaft muß zunehmend solche Wirkungen des Lichts zugeben, ohne Erklärungen dafür zu haben. In jüngster Zeit wurde sogar festgestellt, daß eine intensive Lichtbestrahlung (Phototherapie) schwere Anfälle von Depression verhindern kann und daß hellere Tageslichtlampen Müdigkeit in Büros beseitigen können. Von der belebenden Wirkung der *Farben* ist man auch im Klinikbetrieb schon längst überzeugt. Es gibt so gut wie keine weißen Wände mehr, sogar weiße Kittel werden in farbige umgetauscht. Nicht nur in einigen anthroposophischen Sanatorien sind sowohl durch eine spezielle Lichttherapie als auch durch farbiges Licht erfreuliche Resultate erzielt worden, insbesondere bei blinden Kindern, aber davon später mehr.

Nicht umsonst läßt ein unbewußter Instinkt Eltern nach bunten Farben greifen, wenn es um die Einrichtung eines Kinderzimmers oder um das Aussuchen von Kinderkleidung geht. Das Kind soll fröhlich gestimmt werden. Leider geschehen auch gravierende Fehler. Das Auge des Kleinkindes entwickelt sich in seinen vielfältigen Funktionen nur langsam und darf keine Überreizung erfahren. Der Licht-Farben-Sinn verlangt ein ruhiges Fluidum, benötigt zu seiner Stimulation aber auch Haltepunkte und Farbenwechsel, wodurch der ebenfalls im Auge tätige Bewegungssinn beginnen kann, sich einzuspielen. Ein zartes Muster mit einzelnen kleinen Pünktchen, Kreisen oder Blümchen regt das Kind an, die Finger danach auszustrecken. Ein zart getöntes Mobile, über der Wiege angebracht (noch besser ein Pflanzenzweig), oder, wenn die Wiege unter Bäumen stehen kann, rauschende Blätter können einen Säugling stundenlang beglücken. Sein Blick nimmt vom Licht-, Schatten- und Farbenspiel mehr auf als gemeinhin vermutet. Er wird davon rundum leiblich-seelisch ernährt. Ein so umsorgtes Baby entwickelt sich nicht nur dem Verhalten nach günstig, es gedeiht auch ganz anders, als wenn es insgesamt einer Reizüberflutung ausgesetzt oder in einer total reizlosen Umgebung »kaltgestellt« wird.

Dazu schreibt Hans Erhard Lauer: »… und doch findet eine ›Ernährung‹, freilich eine solche von allerfeinster Art, auch noch dort statt, wo wir von der Sinneswahrnehmung in ihrer reinsten Gestalt zu sprechen haben: in Auge und Ohr. Allerdings geht hier nicht mehr ein Austausch von ponderablen Stoffen, sondern ein solcher von imponderablen Bildekräften vor sich. Wir nehmen im Wahrnehmen diese Kräfte in uns auf und wir strahlen solche auch in die Welt hinaus und zurück.«[40] Was aber erfährt der Betrachtende durch die Wahrnehmungen des Sehsinns konkret von der erhellten Umwelt? Das Licht selbst kann man nicht sehen. Man kann nicht direkt in die Sonne schauen, und in einem hellen leeren Raum sieht man nicht das Licht, wohl aber, durch die im hereinscheinenden Lichtkegel reflektierten Staubpartikel, die Sonnenstrahlen.

Das Licht zeigt dem Betrachter nur die *Oberfläche* der Dinge, durch die Farbe hingegen erfährt er mehr von ihrem *Wesen*. Die Farbe sagt etwas aus über das Verhältnis eines Gegenstands zum Licht, indem es einen Teil von ihm aufnimmt und andere Teile reflektiert. Die Farben entstehen durch Brechungen, Filterungen und Reflektierungen des hellscheinenden Lichts, die die Zäpfchen der Netzhaut im Augenhintergrund reizen. Der Sehsinn führt somit zu einer tieferen Erkenntnis der Umwelt als die Erfahrungen durch die Eigenempfindungen des Geschmackssinns.

Raum-, Gestalt- und Bewegungswahrnehmung

Bis hierher wurde das Auge nur als ruhendes Organ beschrieben. In der Realität befindet es sich in ständiger Bewegung, und es sind immer zwei Augen, die ihre Gesichtseindrücke koordinieren und dadurch räumliches Sehen ermöglichen. Halt – und Beweglichkeit zugleich – erhält der Augapfel durch sieben Muskelgruppen, die an ihm befestigt sind. Diese Muskeln ziehen das Auge nach oben, unten, innen und in zwei schrägen Diagonalrichtungen nach außen. Einer der Muskeln betätigt das Augenlid. Durch diese Anordnung ist es möglich, den Fixationspunkt des Auges in Bruchteilen von Sekunden auf Bruchteile von Millimetern einzustellen. Die Lichteinstellung erfolgt, wie erwähnt, reflexbedingt, ebenso die Krümmung der Linse, je nachdem, ob in die Nähe oder in die Weite fixiert wird. Zum vollständigen Raum- und Gestalterfassen gehört dann schließlich das Zusammenspiel beider Augen unter Mitwirkung des Willens.

Die genannten Filigranbewegungen des Auges werden von Rezeptoren registriert, die den Reiz an das Gehirn weiterleiten. Außer den licht- und farbempfindlichen Zapfen im Augenhintergrund befinden sich auch Stäbchen in der

Retina, die mehr im weiteren Umkreis des Glaskörpers angehäuft sind. Diese dienen nach Angaben Rudolf Steiners der Wahrnehmung der Augenbewegungen und sind dem Eigenbewegungssinn zuzuordnen. Dieser Einschaltung des Eigenbewegungssinns in den Sehvorgang ist es zu verdanken, daß Formen, Figuren, Gestalten und Entfernungen als solche wahrgenommen werden (vgl. Filigranbewegungen, Seite 241). Zusätzlich zu diesen Nervenfasern befinden sich im Auge solche, die dem vestibulären System angehören, also mit dem Gleichgewichtssinn verbunden sind.[41] Jede Kopfneigung wird durch Rollen der Augäpfel ausgeglichen. Trotz der Bewegungen wird also stets ein ruhendes, aufrecht stehendes Bild der Umwelt wahrgenommen.

Eine ungestörte Koordination dieser drei Sinnesbereiche, der Licht-, Form-, Raumwahrnehmungen, ist auch notwendig, um das Lesen zu erlernen. Die Raumlage der Buchstaben und Symbole muß erkannt werden. Erst seit jüngster Zeit, in der zunehmend Störungen im Zusammenhang mit der visuellen Wahrnehmung auftreten, beginnen die Neurologen, auf diese Differenzierungen im Auge aufmerksam zu werden. Es treten Fälle auf, bei denen völlig gesunde Augen den Vordergrund (Figuren) nicht vom Hintergrund unterscheiden oder Formen und Symbole nicht erkennen können. Zu dieser Gruppe gehören auch die Legastheniker.

Ausgehend von den Erkenntnissen der Sinneslehre Rudolf Steiners lag es nahe, mit diesen Kindern intensive gleichgewichts- und bewegungstherapeutische Übungen durchzuführen, und vielen konnte dadurch geholfen werden. Diese Vorgehensweise hat sich schließlich aufgrund der empirischen Erfahrung allgemein als therapeutische Maßnahme durchgesetzt, ohne daß man von naturwissenschaftlicher Seite hinreichende Erklärungen für diese Erfolge finden konnte.

Eine Sondereigenschaft der Augen sei noch angesprochen: Sie können geschlossen werden und sich den Sinneseindrücken entziehen, sowohl im Schlaf als auch willentlich. Wenn sich ein Mensch ganz auf eine einzelne Sinnesempfindung konzentrieren möchte, schließt er häufig die Augen, etwa beim Lauschen oder Tasten. Andererseits vermag das weltoffene, für Farben und Formen sensibilisierte Auge, Empfindungen anderer Sinne anzuregen (z.B. den Geschmackssinn). Diesen anregenden, die Seele des Kindes nährenden Effekt sollte man bei der Anschaffung von Bilderbüchern bedenken und eine gute Auswahl treffen. Bei Unsicherheit diesbezüglich lasse man sich ohne Scheu von einem Pädagogen beraten. Nicht nur allzu plakative Farben sind wenig angemessen, man sollte auch auf die gezeichneten Figuren achten. Es ist wichtig, daß das Gesehene beim Kind Sympathie erweckt. Darum sind karikaturhafte Zeichnungen für dieses Alter gänzlich unangebracht. Sie verzerren die erst sich bildenden Vorstellungen, und Furcht einjagende Figuren verfolgen die Kinder bis in ihre Träume.

Das ist eine weitere Eigenheit der Gesichtswahrnehmung: Es entstehen innere Bilder. Diese können aus der Erinnerung, mehr oder weniger exakt, »hervorgeholt« werden. Sie können aber auch beweglich sein und sich wandeln oder eben als Traum- und Phantasiebilder auftauchen, auch ganz ohne Vorbild. Für diese inneren Bilder ist die Seherfahrung eine Voraussetzung. Blindgeborene träumen Geräusche, Töne, Stimmen und andere Wahrnehmungen. Für jedes Kleinkind ist der innere Bilderschatz genauso wichtig wie die Bilder der Außenwelt, und für einen behinderten kleinen Sonderling gilt das noch viel mehr. Da innere Bilder aber nur aus Erlebtem entstehen, wird man für vielfältige Sehwahrnehmungen zu sorgen haben.

Die tiefsten Eindrücke auf das Kind machen Naturerlebnisse, die es unbewußt mit allen Sinnen wahrnimmt, aber besonders intensiv mit dem Sehsinn. Wie des öfteren betont, ist es aber nicht angebracht, dem Kleinkind alles zu erklären und ihm Hinweise geben zu wollen. Es genügt, mit ihm in die Landschaft hinauszugehen: in den Wald, in die Berge, oder eine Bootsfahrt zu unternehmen, bei der die Augen in die Ferne schweifen können. Nicht das schnelle Autofahren, sondern das ruhige Verweilen des Blicks schafft bleibende Erinnerungen und stärkt die Bildekräfte. Diese sollte das Kind dann auch in eigene Kreativität einbringen dürfen, z.B. indem man es mit Buntstiften oder Wasserfarben malen läßt.

Kommunikation durch Blickkontakt

Die Sprache ist nicht immer aufrichtig. Der Mensch kann sich in der sprachlichen Kommunikation verstellen, er kann lügen und andere täuschen. Dabei fällt meistens auf, daß er den direkten Augenkontakt meidet: Ein verlogener Blick weicht aus und schweift ab.

Allerdings gibt es auch andere Gründe, die einem Menschen Anlaß geben, den Blickkontakt zu meiden. Es kann aus Scheu oder Gehemmtheit oder, weil ein Geheimnis zu hüten ist, der Fall sein. Es können aber auch Störungen der Seele oder des Gehirns einem solchen Verhalten zugundeliegen. Man findet es bei vielen Kindern mit Hirnfunktionsstörungen bzw. Gleichgewichtsstörungen.

Ganz besonders auffallend ist dieses Verhalten bei Autisten, die einen sehr fixierten Blick haben, aber immer an einer Person vorbeischauen. *In solchen Fällen muß man wissen, daß Blickkontakt niemals herausgefordert oder gar erzwungen werden darf. Das Gegenteil von dem, was beabsichtigt ist, wird ansonsten erreicht.*

Sympathie und Antipathie spiegeln sich unweigerlich im Auge. Ein Blick kann vielsagend sein. Er kann ermuntern, aber auch sein Gegenüber in Furcht oder Scham versetzen. Er kann über das Befinden der eigenen Person Auskunft geben und anderen Menschen eine Botschaft, eine Bestätigung zukommen lassen. Es können sogar Verständigungssignale mittels der Augen ausgetauscht werden, und man freut sich darüber, wenn ein Blick beantwortet wird. Wie meine eigenen Äußerungen aufgenommen und empfunden werden, kann ich weitgehend an den Augen des Angesprochenen ablesen. Jeder kennt es: Manche Mißverständnisse, die durch ein Telefongespräch entstanden sind, hätten, wenn ein Blickaustausch möglich gewesen wäre, nicht sein müssen. Um in ein wahres Gespräch zu kommen und einen mitmenschlichen Kontakt aufzubauen, sucht jeder unwillkürlich die zusätzliche Kommunikation durch Blickaustausch.

Was geht da eigentlich vor, wieso kann man von einem Blick so tief ergriffen werden? Warum sucht man bei Empfindungen der Liebe diesen Kontakt und schaut sich gegenseitig tief in die Augen? Es handelt sich um ein Phänomen, das weder mit optischen, elektrischen oder sonstigen Kenntnissen der Physik zu erklären ist. Wenn man sich aber vergegenwärtigt, daß das Auge ein vitales Lichtorgan ist, mit dem imponderabile Bildekräfte nicht nur aufgenommen, sondern auch zurückgestrahlt werden, und daß die Seele und das Ichbewußtsein in den ätherischen Lichtkräften »fluktuieren«, lassen sich Anhaltspunkte für ein Verständnis finden. Dies um so mehr, als man bereits aus Erfahrung eine unbewußte Kenntnis davon besitzt, daß im Blick Individuum und Individuum einander begegnen können. Dennoch bleibt diese Erfahrung ein Wunder.

Jede Mutter, die ein Neugeborenes in den Arm nimmt, ersehnt dieses Wunder. Unentwegt schaut sie ihr Kleines an. Mit ihrem Blick sucht sie die Kommunikation: »Wer bist du?« Aber es braucht Zeit, bis sich das Wunder der Begegnung ereignet, denn das Baby muß zunächst dem Tag und dem Licht begegnen. Wenn dann vielleicht nach zwei, drei Wochen der Blick des Kindes dem Mutterauge antwortet und ein Lächeln über sein Gesicht huscht, ist eine seelische Brücke entstanden, über die Verständigung, Freude, Liebe ausgetauscht werden können, aber auch Kümmernisse. Enthält der Blick der Mutter seelische Wärme, wird die Entwicklung des Kindes im positiven Sinne verlaufen können.

Das gilt selbstverständlich nicht nur für den Kontakt mit den Eltern, sondern auch mit künftigen Bezugspersonen, einschließlich Erziehern und Lehrern. Falls Störungen der Entwicklung vorliegen sollten, gilt auch für die therapeutische oder heilpädagogische Maßnahme, daß eine erfolgreiche Arbeit am ehesten dort möglich ist, wo es zu einem Blickkontakt kommt. Bei blinden Kindern muß versucht werden, diesen Kontakt durch das Timbre der Stimme und durch häufigere Berührungen zu ersetzen.

»Blickkontakt« hat in der heutigen Pädagogik und Psychologie einen hohen Stellenwert. Dieser Wert steht ihm aber nur dort zu, wo er aus Vertrauen und Zuneigung in freier Spontaneität entspringt. Die dazu notwendige Beziehung herzustellen, kann bei gestörten Kindern sehr mühsam sein und lange Zeit beanspruchen. Wenn es dann gelingt, einen solchen spontanen Blick hervorzulocken – und sei es nur für Momente –, bedeutet das auf jeden Fall einen großen Schritt vorwärts in der Entwicklung des Kindes.

Welche Kinder aber sind es, die einem Blick ausweichen? Oft wird man es mit kleinen Schelmen zu tun haben, die etwas ausgefressen haben oder bei Lügen ertappt werden – oder aber mit sehr scheuen oder schüchternen Kindern. Doch hier handelt es sich, zumeist jedenfalls, um vorübergehende Erscheinungen. *Zeigt sich die Vermeidung des Blickkontakts als manifest oder bereits in allerfrühester Kindheit, deutet dies auf schwerwiegende Störungen hin, die sorgsam vom Heilpädagogen oder Frühförderer beachtet werden müssen.* Diesen Kindern darf man – ich wiederhole es – auf keinen Fall direkt in die Augen blicken. Es scheint ihnen – wie der Lichtreiz bei sensitiven Kindern – Schmerz zu verursachen; in der Folge ziehen sie sich gänzlich in sich zurück.

Manchmal kann es hilfreich sein, den Kontakt über einen Spiegel zu suchen. Mir ist das mit einem 3jährigen Jungen gelungen, der sich gar zu gern im Toilettenraum aufhielt (vgl. Adrian, Seite 36). Dort war ein sehr großer Spiegel angebracht. Ich habe ihm bei offener Tür vom Korridor aus Geschichten erzählt und Fingerspiele gemacht. Er hat das alles über den Spiegel sehen können. Wir konnten uns im Spiegel gegenseitig betrachten. Über den Spiegel lernte er, meinen Blick zu ertragen. Nach etwa einem halben Jahr brauchte er für den Blickkontakt keinen Spiegel mehr, sondern begegnete meinem Blick mit offenen Augen.[42]

Ich hatte Gelegenheit, mit dem namhaften Schweizer Kinderpsychiater Jakob Lutz über dieses Kind zu sprechen und ihm von meinen Erfahrungen zu berichten. Er bestätigte, daß das erwähnte Verhalten für manche autistische

Kinder typisch sei, und ermunterte mich, auf dem begonnenen Weg fortzufahren und dabei viel mit dem Kind zu sprechen. Diese Hinweise konnte ich Mitarbeitern weitergeben, und auch in anderen ähnlichen Fällen zeigte sich der Spiegel als guter Helfer. Einen weiteren Hinweis auf günstige Beeinflussung eines autistischen Kindes gibt das Beispiel der blinden Sylvia (siehe Sylvia, Seite 31). Die Zusammenführung eines autistischen Kindes mit einem blinden, dessen Blick nicht irritieren kann, erwies sich als überaus hilfreiche pädagogische Maßnahme.

Als letztes wäre noch zu erwähnen, daß es gerade heute unerläßlich ist, die Eltern auf die Dringlichkeit der Pflege des Blickkontakts hinzuweisen. Das Zeigen, Anfassen und Benennen wird gefördert, das stille Sich-Anschauen häufig unterlassen. Das moderne Leben ist nicht sehr darauf ausgerichtet, Erlebnissen zwischenmenschlicher Beziehung durch Blicke Raum zu geben. Man hat eher die Notwendigkeit äußerer Reize betont und etwa die Kinderwagen so konstruiert, daß Kinder nur in die Umwelt blicken, aber ihre Bezugsperson nicht sehen können. Meistens kommt dies einer Reizüberflutung gleich, die auch Angst auslösen kann. Wenn jedoch ein Kind während der Fahrt das Mienenspiel seiner Bezugsperson betrachten und liebevolle Blicke auffangen kann, wird es sich geborgen fühlen und ausreichend Anregung erhalten.

Die Entwicklung des Gesichtssinns beim Säugling

Das normal entwickelte Neugeborene hat bereits Hell- und Dunkelwahrnehmungen, aber es dauert relativ lange – anders als beim Geruchs- und Geschmackssinn –, bis dieser so komplexe Sehsinn voll ausgereift und funktionstüchtig ist. Insbesondere mit den Bewegungsfunktionen der Augen kann es in den ersten Monaten Probleme geben. Darum sind die Eltern aufgefordert, die Entwicklung der Augen und der Sehkraft ihres Kindes besonders aufmerksam zu verfolgen.

Zunächst werden sie finden, daß die Augen nur mit kurzem Blinzeln auf Lichtreflexe reagieren. In der dritten Woche etwa, bei manchen Kindern auch früher, kann es zu momentanem Blickkontakt kommen. Dieser Kontakt intensiviert sich in den folgenden Wochen, und um die 6. bis 8. Woche wird man häufig feststellen, daß das Kind, anstatt der Mutter ins Gesicht zu schauen, gerne einen Punkt oberhalb ihres Kopfes betrachtet. Das ist kein Grund zur Beunruhigung. Die Fähigkeit, physische Konturen wahrzunehmen, entwickelt sich erst allmählich, und es hat den Anschein, als würde das Baby zunächst mehr auf die ätherischen Lichtkräfte im Umkreis der Mutter achten. Diese spiegeln sich dann auch im strahlenden Blick des Kindes wider.

Sollte ein blauäugiges Strahlen sich langsam trüben und abdunkeln, hat dies nichts anderes zu bedeuten, als daß die Pigmentbildung in der Iris voranschreitet. Die Menge des Pigments bestimmt die Augenfarbe. Je mehr Pigment, desto brauner erscheint das Auge. Diese Abdunkelung, die der Strahlfähigkeit des Blickes keinen Abbruch tut, hängt mit der Erbanlage zusammen und kann Wochen oder Monate dauern. In seltenen Fällen sogar bis zu zwei Jahren. Mitunter vollzieht sie sich nur an einem Auge. Nebenbei bemerkt, gestaltet sich die Struktur der Iris so individuell, daß sie wie ein Fingerabdruck zur Identifizierung dienen kann. Das gelegentliche Schielen in den ersten Wochen ist meistens bedeutungslos und zeigt nur an, daß die Fähigkeit zur Koordination beider Augen zu ihrer Vervollkommnung eine gewisse Zeit braucht.

Es ist ein sehr entscheidender Moment in der Entwicklung des Kindes, wenn sich die Sehachsen der beiden Augen im Blickpunkt begegnen und durch Überkreuzung der Sehnerven ein einziges Bild vom Bewußtsein aufgenommen wird. Viele Kinder freilich haben damit Schwierigkeiten. In seltenen Fällen entstehen diese Probleme dadurch, daß der Augenabstand ungewöhnlich groß ist (Hypertelorismus) und die Kinder sich an ein Parallel-Sehen gewöhnen. Als Heilpädagoge muß man darauf achten, denn diese Kinder werden sehr unsicher in ihren Bewegungsintentionen und brauchen sowohl ein Übungsprogramm als auch augenärztlich verordnete Hilfsmittel.

In anderen Fällen kann es sich um neurologische Störungen handeln. Ob solche vorliegen, zeigt sich in der Regel erst gegen Ende des zweiten Monats, denn um diese Zeit beginnt das Baby, in der Nähe befindliche Gegenstände mit dem Blick zu verfolgen. Es vermag dies allerdings noch nicht über einen Winkel von 90° hinaus, also nicht über die mittlere Körperlinie hinweg. Um einen Umkreis von 180° betrachten zu können, muß es noch weitere 4 bis 6 Wochen durchleben. Erst im Alter von einem Vierteljahr kann man das erwarten. Halbjährig schaut es umher und greift nach entfernten Gegenständen, sogar nach dem Mond, weil es Entfernungen noch nicht abschätzen kann.

Bleibt diese physiologische Entwicklung zurück, benötigt der Säugling auf jeden Fall eine heilpädagogische Stimulation, auch bei Blindheit, erstens, weil die Lichtwahrnehmung mittels einer speziellen Lichttherapie gesteigert werden kann, zweitens, weil die »Ersatzsinne« frühzeitig geschult werden müssen. Eine erblindende Frau erzählte mir einmal: »Ich erlebe es so: Je mehr ich erblinde, desto mehr verstärkt sich die Sehkraft meiner Finger.« Das ist es, was der Heilpädagoge erreichen muß: daß die »Sehkraft« des blinden Kindes in die Finger geleitet wird. Ein blindes Kind wird nie sagen: »Ich taste«, es sagt selbstverständlich: »Ich sehe« (interessanterweise bezeichnet man Behinderte mit fehlendem Tastsinn als tastblind).

Wenn das 1- bis 2jährige Kind noch abwechselnd mit dem linken oder rechten Auge schielt, kann dies vielfach durch eine heileurythmische Augentherapie behoben werden. Erweist sich aber ein Auge als schwächer, wird es erforderlich, mit einer Brille bzw. Augenklappe eine Korrektur vorzunehmen, denn für die Entwicklung des Kindes ist es unerläßlich, daß es reale und keine verzerrten Bilder in seinem Erfahrungsschatz speichert. Selbstverständlich muß auch darauf geachtet werden, daß die physikalisch-optischen Funktionen des Auges, z.B. der Linse, optimale Sicht ermöglichen: Bei Sehfehlern ist eine Korrektur durch Brillengläser zumeist unerläßlich. Manchmal ist es schwer, Eltern von dieser Notwendigkeit zu überzeugen. Hat das Kind dann eine Brille, wird häufig versäumt, darauf zu achten, daß die Brillengläser tatsächlich auch sauber und nicht verschmiert sind. An einen solchen Defekt darf ein Kind sich nicht gewöhnen, und ich möchte den Erziehern empfehlen, die Brillen zu kontrollieren und, falls erforderlich, mit den Eltern Kontakt aufzunehmen.

Das vollständig ausgereifte Sehen mit Raum- und Entfernungserkennen entwickelt sich parallel zur Körperbeherrschung. Der im Auge mitwirkende Gleichgewichtssinn muß erst voll entfaltet sein, und die Bewegungsabläufe der Feinmotorik müssen allmählich dem Willensbereich zur Verfügung stehen. Manche Ärzte sind der Meinung, das Kind erreiche die volle perspektivische Sehfähigkeit zwischen dem 6. und 9. Lebensjahr, andere wiederum nennen ein Alter von 10 bis 12 Jahren. Solche fundamentale und lebenswichtige Tatsachen sollten zur Allgemeinbildung gehören. Es würde vermutlich mancher Verkehrsunfall verhindert, wenn die Unfähigkeit kleiner Kinder, Abstand und Geschwindigkeit einzuschätzen, mehr berücksichtigt würde.

Eine andere Frage ist, ab welchem Alter ein Kind wirklich reif ist für das Fahrradfahren im Verkehr. Das Stadtkind findet im freien Spiel wenig Gelegenheit, räumliches Sehen zu trainieren. Es sitzt statt dessen vor dem Bildschirm, der durch Flimmern und Lichtraster die Augen überreizt und durch die fehlende Räumlichkeit des Bildes die Akkommodationsfähigkeit erlahmen läßt, mit ähnlicher Wirkung auf das Auge wie das Lahmstellen eines Unterarms in der Schlinge auf die Fingerfertigkeit.

Ganz allgemein kann man die Entwicklung des Gesichtssinns fördern, indem man dem Kind

- Bewegungsmöglichkeit in durchsonnter Natur und in hellen, farblich behutsam gestalteten Räumen – ohne grellbunte Tapeten, die die Augen verwirren – anbietet,
- es in schönen, kindgerechten Büchern blättern läßt,
- es an den Fäden beweglicher Figuren in Büchern (es gibt sie wieder im Handel) oder an Holzspielzeugen ziehen läßt,
- es viel mit Buntstiften hantieren und mit Wasserfarben malen läßt. Man achte dabei auf die Ungiftigkeit der Stifte und meide grelle Farben, wie sie bei Filzstiften üblich sind.

Daß die Lichteinwirkung der Sonne auf den Säugling Rachitis verhindern kann, ist allgemein bekannt. Ich möchte es aber trotzdem hier erwähnen, um vor Übertreibungen zu warnen: Der Kinderwagen sollte nie direkt in die Sonne gestellt werden. Auch wenn die Haut des Babys gegen Sonnenbrand geschützt ist, ist das direkte Sonnenlicht für die Augen schädlich und überdies auch schmerzhaft. Das vom blauen Himmel reflektierte Licht und die sonnendurchflutete Luft genügen vollauf, um die Vitamin D-Produktion anzuregen. Ist man mangels Garten oder Balkon darauf angewiesen, mit dem Kinderwagen spazieren zu gehen, sollte man besonders in der dunklen Jahreszeit die Vormittagsstunden bei steigendem Sonnenlicht wählen. Man beachte aber, daß die Augen des liegenden Kindes dem Sonnenschein nicht erbarmungslos ausgesetzt werden. Beim sitzenden Kind besteht diese Gefahr kaum, sofern es nicht besonders lichtempfindlich ist.

Blinde und sehbehinderte Kleinkinder

Wie mag ein total erblindetes Kind die Welt erleben? Es ist einfach nicht vorstellbar. Um sich in seine Welt hineinzuversetzen, genügt es nicht, für einige Stunden eine Augenbinde umzulegen. Das Wissen um Farben und Formen bleibt im Hinterkopf, die Sensibilität des blinden Kindes für andere Qualitäten stellt sich nicht ein. Vor allen Dingen aber kann man nicht ermessen, was es für einen Säugling und ein Kleinkind bedeutet, den Blickkontakt zu entbehren. Menschen, die im Erwachsenenalter erblinden, bezeichnen den Verlust des Blickkontakts oft als das schmerzlichste Erlebnis beim Nachlassen des Sehvermögens. Beim Kleinstkind bedeutet dies zugleich eine Hemmung des Nachahmungsimpulses, der für seine Entwicklung so entscheidend ist.

Bei Kindern, die erst im Lauf ihrer frühen Kindheit das Sehvermögen verloren haben, bleiben als Erfahrungsschatz Vorstellungen von Farben und Formen bestehen, auf die eine Erziehung zurückgreifen kann. In der Heilpädagogik hat man es jedoch meistens mit Kindern zu tun, deren Blindheit auf eine zu frühe Geburt zurückzuführen ist. Sie mußten ihre ersten Lebenswochen im Brutkasten verbringen. Die Dosierung der darin benötigten Sauerstoffzufuhr ist eine höchst diffizile Angelegenheit. Zu wenig Sauerstoff kann eine Hirnschädigung verursachen, zu viel dagegen schädigt das Sehvermögen der Augen. Vor dieses Dilemma gestellt, entschließt sich der behandelnde Arzt im Zweifelsfall eher dazu, die Sauerstoffzufuhr zu erhöhen als das Kind dem Risiko eines Hirnschadens auszusetzen.

Was kann man aus heilpädagogischer Sicht tun, um diesen Sekundärschaden zu mildern? Als erstes hat man zu bedenken, daß das Auge ein Lichtorgan ist, das zugleich die ätherischen Kräfte des übersinnlichen Lichts in sich aufnimmt. Man wird also festzustellen haben, ob bei dem Kind noch eine Wahrnehmung von Hell und Dunkel vorhanden ist. Es gibt Institute, die Vorrichtungen haben, um die Lichtwahrnehmung zu verbessern (siehe Seite 160). Ansonsten ist zu berücksichtigen, daß auch allen Sinneswahrnehmungen ätherische Kräfte zugrundeliegen, die dem Licht entstammen. Auf diese Kräfte muß man vertrauen und die Intensivierung der Wahrnehmung anderer Sinnesorgane anstreben.

Man denke zunächst an die Vibrationen der Luft, die als Ton wahrgenommen werden können. Ebensolche Kräfte leben auch in den Wahrnehmungen des Geruchs- und Tastsinns. Man kann das warme Sonnenlicht riechen und auch an der Haut empfinden. Es wird also darauf ankommen, diese Sinne sorgfältig zu sensibilisieren. Auch für die Gemütsstimmung und das Gedeihen des Kindes sind solche Stimulationen, in erster Linie die der erwärmten, durchsonnten Luft, außerordentlich wichtig.

Bleiben solche Stimulationen aus, beginnen blinde Kinder die inneren Vorgänge ihres Stoffwechsels zu stark zu beachten. Sie wiegen sich, drehen und schaukeln den Kopf hin und her. Manche beginnen, ihre Finger oder sogar die ganzen Fäustchen in die Augen hineinzubohren – bis zur Schädigung der Augäpfel. Dieser Druck reizt den Sehnerv, und es entsteht aus dieser Reizung im Auge selbst ein Lichteindruck (siehe Sylvia und Bruno, Seite 31, 33). Ähnlich verhalten sich auch die Kinder, die aufgrund zentraler Sehstörungen bei – medizinisch gesehen – gesunden Augen ihre Gesichtseindrücke nicht verarbeiten und den Blickkontakt nicht ertragen können.

Auch Kinder, die nicht genügend empfindsam auf Licht reagieren, könnten von einer Lichttherapie profitieren. Leider gibt es in Deutschland derzeit nur wenige Einrichtungen, die so etwas durchführen. In dem Buch »Heilpädagogische Aspekte der Camphill-Institute« schildert Ilse Rascher Versuchsreihen aus England, die die Möglichkeit, Lichtwahrnehmungen zu verbessern, überzeugend belegen. Bei verschiedenen Sehstörungen wird im dortigen Institut auch mit farbigem Licht und dem Baden in farbig beleuchtetem Wasser gearbeitet. Diese Art der Hydrotherapie ist auch bei Kindern angebracht, die unter Sensorismen des Gesichtssinns leiden, deren Augen in jeder Beziehung zu heftig auf Lichtreize reagieren. Dieses Phänomen findet sich bei manchen Kindern mit sog. Wasserkopf (Hydozephalus) und Autisten.

Die Kinder mit hyperempfindlichem Gesichtssinn vertragen das Licht deswegen nicht, weil es ihnen Schmerzen verursacht, und es tut ihnen gut, sich in farbig abgedunkelten Räumen aufzuhalten. Bei intensivem Sonnenlicht empfinden sie es als wohltuend, eine Sonnenbrille aufsetzen zu können. Ihre Reizschwelle dem Licht gegenüber ist äußerst niedrig, und sie reagieren auf grelles Licht überaus heftig, auch auf Scheinwerfer. Sie werden unruhig, zappelig, und wenn die Ursache nicht beseitigt werden kann, antworten sie mit Aggressivität.

Das kann in der Öffentlichkeit für die Mutter so aussehen, daß ihr vermeintlich »ungezogenes«, in Wahrheit hypersensibles Kind Aufruhr verursacht, und sie daraufhin fluchtartig den Ort verlassen muß. Das kann an einem Strand mit Südseelicht und glitzernden Wasserflächen geschehen oder in einem Kino mit flimmernden Lichtbildern. Denn auch der schnelle Wechsel von Schwarz zu Weiß oder fluktuierende Farben können beim Kind Überreaktionen auslösen.

Diese photosensiblen Kinder neigen außerdem dazu, kleinste Details auf Bildern oder Mustern herauszusuchen und zu fixieren. Bei manchen Kindern artet diese Gewohnheit fast zur Zwanghaftigkeit aus. In jedem Bild wird ein bestimmtes Detail immer wieder betrachtet, aber die Aussage des Bildes interessiert sie nicht. Das beruht auf »cerebralen Dysfunktionen«, die einerseits die Überempfindlichkeit der Wahrnehmungsorgane, andererseits eine Sucht nach Reizen auslösen können.

Daß auch der im Auge befindliche Bewegungssinn betroffen sein kann, zeigt sich im seltsamen Bewegungsverhalten so betroffener Kinder. Sie sind gefesselt vom Anblick drehender Räder, rotierender Schallplatten, rollender Murmeln und von beweglichen Lichtreflexen. Auch nehmen sie mit Vorliebe kleine Fäden oder Fusseln auf, fixieren sie und drehen sie mit Begeisterung zwischen ihren

Fingern. Sie drehen sich auch gerne um sich selbst und bewegen sich bei Helligkeit schnell und gezielt. Im Dunkeln fürchten sie sich. Auch die in der Gesichtswahrnehmung schwachen hyposensiblen Kinder drehen sich gerne, aber es sind dann meistens rhythmisierte, schaukelnde Bewegungen. Sie zeigen sich in vielen Dingen äußerst ungeschickt, weil sie Umrisse und Formen nicht deutlich erkennen. Man muß sie zum Tasten ermuntern. Wenn man sie Bilderbücher betrachten läßt, sollte man ihnen genügend Zeit lassen, die Konturen zu erkennen, und nur langsam die Seiten umblättern. Geschwindigkeit in jeder Form jagt ihnen Angst ein. Sie mögen, im Gegensatz zu den überempfindlichen Kindern, metallisch glänzendes Spielzeug, Glas und Spiegel.

Wichtig ist vor allen Dingen, daß man erkennt, welche Probleme dem Kind durch seine schwache oder auch überempfindliche Lichtwahrnehmung erwachsen. Man muß versuchen, die Reizschwelle langsam zu normalisieren, und mit den Eltern absprechen, wie sie Licht abschirmen oder Licht zuführen müssen. Außer diesen direkt auf das Auge gerichteten Maßnahmen gibt es aber auch Möglichkeiten, den Sinnesorganismus ganzheitlich zu entlasten, z.B. durch künstlerische Therapie (mit Farben oder Knetwachs), Musiktherapie, Heileurythmie oder auch Massage. Diese Anwendungen müssen individuell ausgerichtet werden.

Die Heileurythmie erweist sich als besonders hilfreich, wenn es darum geht, die Bewegungsstereotypien zu mildern. Man kann aber auch im täglichen Gruppenleben therapeutisch darauf einwirken, indem man die Bewegung des Kindes auffängt und seine Bewegungstendenz von außen dirigiert – in rhythmischen Spielen oder mit Hilfe der Musik.

Schließlich wäre in diesem Zusammenhang noch das Kind zu erwähnen, das dem Licht gegenüber weder eine niedrige noch eine hohe Reizschwelle aufweist, sondern sozusagen mehr nach innen schaut. Es hat in der Regel weite Pupillen, reagiert nicht auf Augenkontakt, fixiert nicht, schaut durch alles hindurch, ohne wirklich wahrzunehmen. Es verhält sich fast wie ein blindes Kind. Es will die Lichtreize im eigenen Auge erleben und reibt und beklopft seine Augen. Hier gilt es um jeden Preis, dem Kind zur Aufmerksamkeit zu verhelfen. Man spielt gemeinsam mit Licht, Taschenlampen, beleuchtetem Spielzeug, wechselt dabei zwischen Hell und Dunkel, setzt Farben ein, wechselt Richtungen und Entfernungen. Allerdings muß der Erwachsene dabei immer die Führung behalten. Hat man das Interesse des Kindes für Licht geweckt, kann man mit Hilfe eines hell erleuchteten großen Spiegels versuchen, Aufmerksamkeit für Bewegungen zu wecken. Zuerst muß man sie vormachen, dann vom Kind vor dem Spiegel nachahmen lassen.

Meiner Erfahrung nach fehlt bei diesen letztgenannten Wahrnehmungsstörungen auch der sonst angeborene Nachahmungstrieb; das Kind ruht zu sehr in sich, sein Wille (Ich und Astralleib) greift nicht genügend in die Organe ein. Heileurythmie kann hier die richtige Therapie sein, das Nachahmungsvermögen zu wecken, wie Rudolf Steiner betonte. Zum anderen kann mit einer hydrotherapeutischen Maßnahme, bei der das Kind abwechselnd und verhältnismäßig kurz in mäßig warmes Wasser getaucht und dann mit kühlerem Wasser geduscht wird, viel erreicht werden (vgl. Heilpädagogischer Kurs).

Gestörte Verarbeitung der Wahrnehmung

Es treten in der heilpädagogischen Praxis noch andere Sehbehinderungen auf, z.B. durch Perzeptionsstörungen hervorgerufene: Die Kinder können ihre Wahrnehmungen nicht verarbeiten und das, was sie sehen, nicht einordnen und deuten. Ein in dieser Weise betroffenes Kind betrachtet die Dinge wohl, aber das Gesehene macht keinen Eindruck. Man bezeichnet diese Behinderung als »Seelenblindheit«. Das Kind blättert im Bilderbuch, ohne die einzelnen Bilder zu verstehen, ohne eine Situation zu erkennen. Obwohl es Konturen wahrnimmt und Figuren benennen kann, bildet es keine Assoziationen. Es interessiert sich nicht weiter für das Geschehen auf dem Bild. So auch im realen Leben, es erfaßt eine Situation nicht – ist *situationsblind* – und verfolgt einen Bewegungsablauf nur momentweise, ohne Sinn für Ursache und Wirkung.

Bei einem *seelenblinden* Kind wird der Heilpädagoge anstreben müssen, daß sich vor den Augen des Kindes reale Vorgänge abspielen, bei denen gleichzeitig mehrere Sinne beansprucht werden. Zur Veranschaulichung seien einige Beispiele genannt: Man befestigt ein kleines Licht, Puppenkerze oder Docht, in einer halben Walnußschale, zündet es an und setzt die Walnußhälfte wie eine kleine Barke auf die Wasseroberfläche einer Schüssel, um sie schwimmen zu lassen. Das Kind kann die Bewegungen der schaukelnden Barke mit dem *Blick* verfolgen, durch *Pusten* verstärken und die Hitze des Flämmchens mit dem *Finger* empfinden. Oder man versenkt ein Zuckerstück in ein gefülltes Teeglas, läßt das Kind *beobachten,* wie das Zuckerstück sich auflöst, und mit den Händen die Wärme des Glases *fühlen.* Erst nach völliger Auflösung des Zuckers darf es den Tee dann *kosten.*

Wenn das Kind in der Lage ist, sich länger zu konzentrieren, kann man es auf einen krabbelnden Käfer aufmerksam machen, es mit den Augen verfolgen lassen, wie der Käfer auf Finger oder Arm hochkrabbelt, bis es ein Kitzeln empfindet. Wenn sein Blick bis dahin nicht abgeschweift ist, kann man das schon als Fortschritt verbuchen, auf den weiter aufgebaut werden kann.

Man kann das Kind auch dazu anleiten, Dinge in Bewegung zu setzen, die durch ihren Ablauf Spannung erzeugen, weil etwas auftaucht oder ertönt: ein Spielzeug an einer langen Schnur unter einer Decke hervorziehen oder eine Kugel in einer Bahn rollen lassen, an deren Ende eine Glocke angebracht ist (Vorsicht bei Murmelbahnen, die zu Fixation verleiten können). Je schwerer und größer die Kugel, desto besser. Ältere oder geschicktere Kleinkinder können die Wollwinde mit Kasperle betätigen (siehe Seite 363) oder eine Kuckucksuhr aufziehen. Hilfreich sind auch die schon erwähnten Bilderbücher mit beweglichen Figuren, die die Kinder durch Ziehen an Fäden selber bewegen können. Ist das Kind in der Lage, eine Schere zu betätigen, sind Ausschneidebögen für Bilderbücher oder Anziehpuppen weitere gute Hilfsmittel, um den Blick des Kindes zu fesseln und seine Wahrnehmungsfähigkeit zu erweitern. Gegebenenfalls kann man für das Kind ausschneiden und ihm nur das »Bekleiden« überlassen. *Für Linkshänder sind besondere Scheren erforderlich!*

Bei allen Übungen ist es entscheidend, daß Empfindungen und Motivationen durch begleitendes Sprechen – kleine Verse oder Erzählungen – und liebevolle Gesten angeregt werden. Das verschüttete Gemütsleben des Kindes muß behutsam geweckt werden. Darum müssen solche Übungsstunden erst in Einzeltherapien stattfinden, um das Kind zum Mittun zu veranlassen.

Mit ähnlichen Übungen, etwas dynamischer gestaltet, kann man auch Erfolge bei konzentrationsgestörten, unruhigen, hyperkinetischen Kindern erzielen, deren Augen umherirren, ohne haften zu bleiben. Man beachte aber, daß sie, im Gegensatz zu den sich stereotyp drehenden Kindern, angehalten werden müssen, Bewegungen selbständig durchzuführen. Ihr ungezügelter Bewegungsdrang muß sich *bewußte* Ziele setzen. Der Wille im Auge, der bei ihnen wenig in Erscheinung tritt, muß durch Unterstützung anderer Sinnesbezirke aktiviert und die Augen-Hand-Koordination gefördert werden. Es kommt immer darauf an, in kleinsten Schritten, in immer länger werdenden Phasen Aufmerksamkeit über mehrere Sinne anzuregen. Doch wird auf die durch Hyperaktivität verursachten Störungen erst im Kapitel »Raumlagelabilität und andere Gleichgewichtsstörungen« (siehe Seite 262) eingehender eingegangen werden, denn die Bewegungsunruhe muß vorwiegend von den basalen Leibessinnen her behandelt werden.

Zum Schluß noch einige Worte über die heute so häufig auftretenden Teilleistungsstörungen bzw. Teilsinnesschwächen. Von diesen Störungen sind vorwiegend Seh- und Gehörsinn betroffen. Wie diese Störungen des Gesichtssinns zustande kommen, ist noch nicht geklärt. Sind es neurologisch bedingte Fehlleistungen, oder beruhen sie auf visuellen Irritationen? Der holländische Augenarzt J. J. M. Sauter weist auf Fehlsichtigkeit hin, er hat mit speziell hergestellten Brillen positiv verlaufende Versuche unternommen.[43] Diese Forschungen sind mit Aufmerksamkeit zu verfolgen, denn selbstverständlich ist jedes Hilfsmittel zu begrüßen. Tatsache ist, daß sich diese Schwäche meistens erst nach der Einschulung zeigt.

Im Kindergarten fällt es nicht sonderlich auf, wenn ein Kind Vorder- und Hintergrund nicht unterscheiden kann und sich als ungeschickt beim Zusammensetzen von Teilen erweist. Beim Lesenlernen zeigt sich dann, daß es Lage und Reihenfolge der Buchstaben nicht recht erkennt und daß sein Wahrnehmungsbild unter Umständen lückenhaft ist. Würden die Erzieher entsprechend geschult werden, so könnten diese Teilleistungsstörungen bereits im Kleinkindalter festgestellt und mit sehr viel größerer Aussicht auf Erfolg behandelt werden.

Woran erkennt man diese Sehprobleme eines Kindes? Ungeschicklichkeit kann verschiedene Ursachen haben; eine davon ist unzureichende Gesichtswahrnehmung aufgrund eines gestörten Gleichgewichtssinns. Dem muß man nachgehen. Unschwer stellt man beim Betrachten frei gezeichneter oder gemalter Bilder diese Unregelmäßigkeiten im Sehsinn der Kleinen fest. Beim Männchen-Malen wissen sie mit 4 bis 5 Jahren noch nicht, wo Arme und Beine hin gehören oder was als Oben oder Unten zu bezeichnen ist. Sie sind *raumlagelabil*, d.h. ihre Gleichgewichts- und Eigenbewegungssinne sind nicht ausreichend wahrnehmungsfähig. Sie erkennen nicht, in welche Reihenfolge bildbeklebte Klötze gelegt werden müssen, um ein vollständiges Bild zu zeigen. Zusammensetzspiele von wenigen Teilen gelingen ihnen oft nicht. Ihr eigenes Körperimago ist meistens auch noch nicht stabil. Das sind alles Zeichen, die darauf hindeuten, daß zunächst einmal die basalen Leibessinne stimuliert werden müssen, darauf komme ich zurück. Nähert sich das Kind dem Einschulungsalter, kann man mit einer Wahrnehmungsschulung des Gesichtssinns unter Berücksichtigung der rhythmischen Wiederholung beginnen. Ich meine damit das sogenannte »dynamische Zeichnen«, das später vorgestellt werden wird (siehe Seite 361).

Bisher ging es um die Lichtsensibilität des Kindes, um das Erkennen von Bildinhalt, von Formen, von Vorder- und Hintergrund und Raumlage. Wie verhält es sich nun aber mit der Farbenwahrnehmung?

Farben erkennen und benennen

Auf die Bedeutung der farbigen Lichtwirkung für die Kleinkindentwicklung wurde schon hingewiesen. Wie lernt das Kind nun aber Farben erkennen und benennen? Abgesehen von der allgemein bekannten Farbenblindheit – grün-rot oder blau-orange – gibt es bei minder lichtempfindlichen Augen Schwierigkeiten, Farbnuancen zu differenzieren; besonders blaue und grüne Töne werden oft schlecht voneinander unterschieden. Man muß daher auf ausreichende Belichtung (Tageslicht) achten und bei Verdacht auf Farbenblindheit den Augenarzt befragen. Besitzt man die für eine solche Beurteilung vorgesehenen Bildertafeln, kann man allerdings selbst eine allererste Diagnose stellen. Farbenblindheit ist jedoch selten zu beheben, wohl aber kann ein Ausgleich durch kontrastreiche andere, vom Kind gut zu erkennende Farben heilsam auf das Gemüt des Kindes einwirken. Das farbenunsichere Kind lasse man viel in hellem Licht mit Wasserfarben malen, allerdings dann nicht, wenn die Augen Lichtreize schlecht vertragen. In solchen Fällen darf nur gedämpftes Licht scheinen. (Manche Kinder erkennen die roten Nuancen sonst nicht.) Das Alter, in dem die Benennung der Farbe dem Kind wichtig wird, ist sehr unterschiedlich. Es kann nur davor gewarnt werden, diese Fähigkeit zu früh trainieren zu wollen, denn dadurch kann die unmittelbar beim Kind hervorgerufene Empfindung der Farbe erheblich gestört und das Kind unter Umständen sehr verunsichert werden.

Erst dann, wenn das Kind läuft und kleine Aufträge ausführen kann, ist es angebracht, Übungen ins Spiel einzufügen. Man sagt vielleicht einmal: »Bring doch den roten Ball.« Voraussetzung ist natürlich, daß genau der gleiche Ball in einer anderen Farbe vorhanden ist. Ein Ball eignet sich besonders gut für solche Übungen: erstens, weil er ein geliebtes Spielzeug ist, zweitens, weil er sich von anderen gleich großen Bällen nur durch seine Farbe unterscheidet. Natürlich kann man aber auch andere bunte gleichgeformte Gegenstände wählen: Löffel, Klötze, Tücher etc.

Wenn es sich zeigt, daß ein Kind ganz sicher ist und nicht auf andere Merkmale als auf die Farbe achtet, kann man dazu übergehen, sich Mützen, Schuhe oder sonst etwas in verschiedenen Farben bringen zu lassen. Beliebt sind auch verschiedenfarbige Kästchen (genau wie bei dem Beispiel unter »Geruchssinn«, siehe Seite 123). Das Laufen und Holen ist dabei besonders günstig, weil der Bewegungssinn gleichzeitig angeregt wird, und das stärkt das kinästhetische Gedächtnis. Man kann das Kind auch etwas nach eigenem Wunsch holen lassen und es dann erst nach der Farbe fragen.

Selbstverständlich wird beim Malen mit bunten Stiften dieses Gedächtnis ebenfalls angeregt. Dabei spielt aber die Gemütsempfindung eine viel intensivere Rolle, und diese seelische Begegnung mit der Farbe hinterläßt einen Eindruck, der vom Erwachsenen leicht übersehen wird. Auf dieser Tatsache beruhen viele Mißverständnisse beim Durchführen gewisser Vorschulprogramme.

Ein Kind schwingt z.B. innerlich in einem Gefühl von Geborgenheit beim Betrachten einer blauen Farbfläche, Himmel oder Meer, wird aber nach der Farbe eines gelben Gegenstandes auf dem Bild gefragt und gibt in seiner Versonnenheit die Antwort: »Blau«. Die Erzieherin wird verbessern: »Nein, das ist nicht blau, das ist gelb.« In der Erinnerung des Kindes bleibt haften: »Dieses Gefühl nennt man Gelb.« Es hat den gelben Gegenstand gar nicht wahrgenommen. Ein nächstes Mal nennt das Kind vielleicht eine blaue Jacke »gelb«.

Solche Fehlschlüsse müssen ausgeschlossen werden – auch solche, die vom Schielen oder Zucken der Augen herrühren. Die Mutter zeigt z.B. mit dem Finger auf das Bilderbuch und benennt die Farbe, ohne zu bemerken, daß der schielende Blick des Kindes etwas anderes im Auge hat. Dadurch entsteht große Unsicherheit bei dem Kind. Es ist überhaupt so, daß die Benennung Kindern recht gleichgültig ist. Sie verbinden damit nichts. Ihre Empfindungen und die damit verbundenen Assoziationen sind ihnen wichtiger. Eine kleine Begebenheit aus der heilpädagogischen Praxis möge hier verdeutlichen, wie das zu verstehen ist.

Eines Tages erschien eine Mutter mit ihrem leicht sehbehinderten 5jährigen Mädchen im Institut und bat um Hilfe, weil die kleine *Elisabeth* bei den üblichen Vorschulprogrammen versagte. Die Mutter hatte alles, was sie den Lehrbüchern irgendwie entnehmen konnte, mit ihr trainiert. Trotzdem gelang es Elisabeth nicht, die Farben auseinanderzuhalten und sie richtig zu benennen. Elisabeth war ein für ihr Alter hoch aufgeschossenes, mageres, dünnhäutiges, aber fröhliches Mädchen. Sie zeigte, trotz der einseitig beklebten Brille, die sie wegen eines schielenden Auges tragen mußte, lebhaftes Interesse an der Umgebung und ging, um besser sehen zu können, sehr nahe an die Gegenstände heran. Außer unter Fahrigkeit und Konzentrationsschwäche litt sie unter einem schwachen Gedächtnis. So wie die Schulsituation zu diesem Zeitpunkt war – es gab damals noch keine Integrationsklassen –, kam für Elisabeth nur eine Sonderschule in Frage. Die Mutter hoffte allerdings, daß durch eine Therapie die nötige Schulreife für die Grundschule innerhalb eines Jahres noch erreicht werden könnte. Elisabeth wurde in eine Kindergartengruppe des Instituts aufgenommen. Als erstes mußte sie von dem Leistungszwang befreit werden. Sie durfte ihrer fröhlich zwitschernden Stimme freien Lauf lassen und in ihrer Art mit unvollständigen Sätzen berichten, was ihr so durch den Kopf ging. Sie wurde zutraulich, zeigte sich sozial veranlagt, betreute mit Begeisterung die kleineren Kinder und lernte es, mit Puppen zu spielen. Fragte sie jedoch jemand nach Farben, erstarrte sie und nannte sicherheitshalber gleich drei bis vier nacheinander: »Gelb, Rot, Blau, nein Gelb«, oder so ähnlich (Farbenblindheit lag bei ihr nicht vor).

Eines Tages erhielt ich Gelegenheit, zu beobachten, wie die Mutter mit ihr das »Farbenerkennen« übte. Das Kind saß auf einem Hocker neben der Mutter, die eine Tafel mit farbigen Quadraten auf den Knien hielt. Die Mutter zeigte auf ein grünes Quadrat und fragte: »Ist das grün?« Elisabeth sagte: »Nein – gelb.« Die Mutter sagte darauf: »Falsch, es ist grün.« Schnell setzte ich mich auf den Fußboden, um den Blick des Kindes besser von unten beobachten zu können. Dann zeigte die Mutter auf ein gelbes Quadrat und fragte: »Welche Farbe ist das?« Das Auge des Kindes streifte in seiner Fahrigkeit nur kurz den Finger der Mutter auf dem gelben Viereck, um gleich ängstlich die Reihe entlangzufahren. Die Antwort wurde erwartet. Schließlich verweilte Elisabeths Auge auf einem roten Viereck. Sie lächelte unsicher und sagte: »Rot.« »Aber Elisabeth, das ist doch Gelb«, tönte es von der Mutter. Ich bat die Mutter, diese Übungsstunde zu beenden und sie nie wieder in dieser Form durchzuführen.

Diese Erfahrung war mir sehr lehrreich. Ich habe es immer wieder erlebt, daß Kinder verunsichert werden, weil sie nach Farben gefragt werden, die sie im Moment gar nicht anschauen, oder weil sie für abstrakte Benennungen kein Gedächtnis haben. Das kleine Kind lernt durch Erfahrung und Empfindung. Es muß die Farbe empfinden und selbst eine Benennung aus der Erinnerung heraus erfinden dürfen.

Elisabeth wurde nicht mehr nach Farben gefragt, aber sie durfte nach Herzenslust auf großen DIN A3-Bögen mit Wasserfarben malen, erst nur mit einer einzigen, später mit einer zweiten und schließlich mit den drei Grundfarben. Es dauerte nicht lange, dann sagte sie zu Rot »Lippenstift« und zu dem sich aus dem zusammenfließenden Gelb und Blau entstehenden Grün »Gras«. Wir bildeten zusammen die Begriffe »Lippenstiftrot« und »Grasgrün«. Es folgte »Himmelblau« und »Zitronengelb«. »Orange« bedurfte keiner weiteren Stütze. »Lila, wie meine Mütze«, folgte bald, und zunehmend wurden ihre Kleidungsstücke als Gedächtnisstütze für die Benennung der Farben gewählt.

Nach einem Vierteljahr gab es keine Unsicherheiten mehr. Im Gegenteil, Elisabeths Farbenempfinden erwies sich als besonders differenziert entwickelt. Und diese Fähigkeit, das Einzelne in der Vielfalt wahrzunehmen, die für das Kleinkindalter so charakteristisch ist, hatte es ihr erschwert, zu einem Oberbegriff zu kommen. Im Grunde genommen weichen wir Erwachsenen ja auch auf solche Analogiebegriffe aus, wenn wir eine Farbe genauer angeben wollen; z.B. Olivgrün, Kirschrot, Flieder etc. Die vermeintliche Schwäche Elisabeths war also gar keine. Es hatte nur am Beobachtungs- und Einfühlungsvermögen von seiten der Erwachsenen gefehlt. Man muß sich davor hüten, ein Kind *dumm* zu nennen – es stellt sich nur zu oft heraus, daß man selbst der uneinsichtig Dumme war.

Zum Schluß noch ein Wort über das therapeutische Malen (künstlerische Therapie). Da viele Entwicklungsstörungen im Kleinstkindalter darauf beruhen, daß die ätherischen Bildekräfte des Kindes entweder zu schwach sind oder durch seinen zu heftig und zu früh eingreifenden Astralleib zurückgedrängt werden, können Heilungen durch Harmonisierung des Verhältnisses zwischen diesen Wesensgliedern erzielt werden. Dies kann unter bestimmten Umständen die Mal-Therapie leisten, die über die Wirkung im Augenhintergrund tief in den Organismus eingreifen kann. Um diese ausüben zu können, bedarf es einer speziellen Ausbildung. Näher kann in diesem Rahmen nicht darauf eingegangen werden, aber da die Grenzen zwischen der Pflege eines Sinnes und der Therapie fließend sind, möchte ich hier etwas zu der Methode des Naß-in-Naß-Malens, wie sie z.B. in Waldorfschulen und -kindergärten gehandhabt wird, anführen.

Es werden große Bögen Aquarellpapier in Wasser eingeweicht. Manchmal ist es aus pädagogischen Gesichtspunkten angebracht, das Kind daran teilnehmen zu lassen. In anderen Fällen bereitet man alles sorgfältig vor, so daß das Kind sich nur davor zu setzen oder, je nachdem was anliegt, davor zu stellen braucht. Die Farbe ist in einem Napf fertig aufgelöst, und es werden bei diesen Anlässen sehr breite, weiche Pinsel verwendet. Die Kinder sollen auf dem feuchten Papier weder »schrubben« noch »anstreichen«, sondern frei gestalten. Man beginnt mit einzelnen Farben auf verschiedenen Bögen.

Bevor man die Wirkung der Farbe auf ein Kind nicht kennt, muß man es gut im Auge behalten. Es soll reine Freude am Farbenerleben haben und rosige

Bäckchen bekommen. *Zeigt es durch Erblassen oder starke Erregung, daß die Farbe seinen Organismus angreift, lasse man das Kind nur unter Anleitung eines Maltherapeuten in dieser Weise malen.* Ich habe in der Praxis einen kleinen Jungen betreut, der bei seinem gelben Bild einen Brechreiz bekam und ganz fahl im Gesicht wurde. Selbstverständlich wurde das Malen sofort unterbrochen und nie wieder in dieser Art aufgegriffen. Mit Buntstiften malte er sehr gerne, auch gelegentlich ein paar Sonnenstrahlen, aber orange. Die gelbe Farbe hat er noch lange Zeit gemieden.

Lebhafte Kinder mögen rötliche und orange-gelbe Farbtöne sehr gern. Es sind lebhafte Farben, die ihrem Temperament entsprechen. Man muß aber die Wirkung beispielsweise einer Wandfarbe in einem vertrauten Zimmer von einer Farbe unterscheiden, die nur eine kurze Weile im Blickfeld des Kindes auftaucht. Bei längerer Einwirkung einer Farbe bildet sich im Auge die Komplementärfarbe. Man kann das in einem einfachen Experiment selbst feststellen. Hält man vor eine weiße Fläche eine rote Scheibe und fixiert diese eine Weile, sieht man, wenn die Scheibe weggezogen wird, an derselben Stelle eine grüne Scheibe und umgekehrt.

Lebhafte und warme Farbtöne in einem Raum erzeugen bei längerem Verweilen die entgegengesetzte Stimmung; das Kind wird ruhiger und konzentrierter. Darum sind in Waldorfschulen die Zimmer der ersten Klassen in kräftigen, lebhaften Farben gestaltet. (In Therapieräumen, die für Kinder verschiedenen Alters und mit unterschiedlichen Behinderungen bestimmt sind, sollten die Wände ruhig und farblich neutral gehalten sein.)

Farben werden gemütsmäßig als warm oder kalt empfunden, aber über die Durchwärmung eines Gegenstandes erfährt man durch den Gesichtssinn nichts. Dafür benötigt man einen weiteren Sinn, den *Wärmesinn.*

Wärmesinn (Temperatursinn)

Der nächste Sinn in der Stufenfolge der Zwölf-Sinnes-Lehre ist der Wärmesinn.[44] Er dringt tiefer in ein Objekt ein als die bisher genannten Sinne. Das Auge bleibt bei der Wahrnehmung von reflektiertem Licht an der Oberfläche des Gegenstands. Der Wärmesinn vermittelt Kenntnisse über die innere Durchwärmung, über die Temperatur einer Substanz. Das Eis fühlt sich beim Anfassen durch und durch kalt an, eine heiße Kartoffel ist beim Durchbeißen durch und durch heiß. Das punktuelle Erleben von Wärme oder Kälte bei Berührung kommt durch Reizung der Thermozellen der Haut zustande, aber die Gesamtwahrnehmung des Wärmesinns ist nicht in einem einzelnen Organ lokalisiert. Der ganze Mensch ist sozusagen das Erlebnisfeld dieser Wahrnehmung. Das Charakteristische an diesem Sinn ist, daß er in inniger Verbindung mit dem Lebensprozeß der Wärmung – mit dem Wärmemenschen – steht. »Wir haben da als Menschen ein Stückchen Wärmewelt in uns, und diese Wärmewelt nimmt die andere Welt um sich herum wahr. Nur, wenn wir etwas angreifen, das heiß oder kalt ist, nehmen wir es natürlich nur an der Stelle wahr, wo wir es angreifen. Aber wenn es im Winter kalt ist, nehmen wir die ganze Kälte um uns herum wahr als Mensch, sind ein ganzes Sinnesorgan, und ebenso im Sommer die Hitze.« (Rudolf Steiner am 20. Dezember 1922)

Das Erkennen des Wärmesinns als einer ganz eigenen Domäne der Wahrnehmungswelt hat für Diagnose und Therapie in der täglichen Praxis eine außerordentlich große Bedeutung.[45] Schon beim Kleinstkind kann ein Stimulieren des Wärmesinns Reaktionen hervorrufen, die das Kind aufmerken lassen. Und jedes Aufmerken regt zugleich die Gehirntätigkeit an. Bei Kindern mit Störungen oder Schädigungen des Gehirns ist die Anregung der Hirnzellen ein erstes therapeutisches Ziel.

Damit eine Wärmewahrnehmung zustandekommt, muß der von außen eindringenden Wärme eine seelische Empfindungskraft entgegenströmen. Darauf beruht die lösende, entspannende oder auch einschläfernde Wirkung der Wärmeempfindung. Sind äußere und innere Wärme ausgeglichen, wird Wärme nicht empfunden – in einem Bad mit gleicher Temperatur wie meine Körpertemperatur fühle ich mich nicht erwärmt. Ist die äußere Umgebung wärmearm, so saugt sie die Eigenwärme aus, und es entsteht die Empfindung von Kälte. Ist die Umgebung wohltuend wärmend, schenkt sie mir etwas – ich fühle mich belebt. Die der Wärme entgegenströmende Empfindungskraft reicht allerdings nur bis zu einer gewissen Grenze, dann reicht ihre Kraft nicht mehr aus. Wenn ein angefaßter Gegenstand zu heiß ist, entstehen Blasen und Verbrennungen an der Haut. Ein übermäßig kalter Gegenstand verhindert ebenfalls diesen Gegenstrom, und das ruft die gleiche Wirkung hervor. Man empfindet ein Brennen, und es werden ebenfalls Blasen erzeugt.

Durch den ständigen Austausch der eigenen mit der äußeren Wärme wird die Temperaturempfindung subjektiv gefärbt. Ein beliebtes Experiment, um diese Tatsache zu demonstrieren, ist dasjenige mit den drei Schüsseln mit jeweils heißem, lauem und kaltem Wasser. Die mittlere enthält das laue Wasser, in das beide Hände kurz eingetaucht werden. Darauf wird die linke Hand in das heiße, die rechte in das kalte Wasser gehalten. Nach einer Weile taucht man wieder beide Hände in die mittlere Schüssel hinein. Die kalte Hand wird das Wasser als warm, die warme Hand als kalt empfinden. Dieser Sachverhalt muß bei Kleinkindern wohl bedacht werden. Man darf niemals von der eigenen Empfindung ausgehen. Beim Einlassen des Badewassers in die Wanne kann man sich am Thermometer orientieren, aber es ersetzt niemals die Beobachtung der individuellen Reaktion des Kindes. Wenn ein Kind das Badewasser als zu warm empfindet, dann ist es das auch. Und wenn ein Kind im Schwimmbad fröstelt, obwohl das Thermometer mehr als 32° anzeigt, dann ist diese Temperatur für das betreffende Kind immer noch zu niedrig. Für Kinder mit geringer Eigenwärme (z.B. Spastiker) bedarf es zum Schwimmen einer Temperatur von mindestens 33°. Für epileptoide oder blutarme Kinder kann auch diese Temperatur zu gering sein, und für das Säuglingsalter erst recht.

Je kleiner das Kind ist, desto abhängiger ist es von der *Empfindung* einer wohligen äußeren Wärme, sei es durch wärmende Umhüllungen, durch erwärmte Nahrung oder das Anfassen von angenehm warmen Gegenständen. Es schreckt sehr vor Kälte zurück und sollte dieser auch nicht ausgesetzt werden. Es ist absolut verfehlt, ein kleines Kind abhärten zu wollen. Natürlich ist damit nicht gemeint, daß es permanent zum Schwitzen gebracht werden muß, aber an eine Temperatur, die unter seiner eigenen liegt, sollte der Körper des Säuglings nur behutsam und allmählich gewöhnt werden. Er muß sonst zu viel eigene Wärme abgeben, was Energieverlust bedeutet.

Heutzutage gibt es erfreulicherweise Geburtshelfer, die sich dafür einsetzen, daß Neugeborene nicht sofort gebadet, sondern nur gesäubert werden, damit die wärmende Fettschicht (die Käseschmiere) ihnen möglichst lange erhalten bleibt (sie trocknet alsbald ein). Man muß bedenken, daß die Raumtemperatur in der Regel um etliche Grade niedriger ist als der Innenraum des Uterus, und es muß unbedingt vermieden werden, daß das Kind einen Kälteschock erleidet, wie es zuweilen vorkommt. Diesen Schock soweit als möglich abzuwenden, ist die Aufgabe des Geburtshelfers, der Hebamme oder der Mutter. Legt die Mutter – zwecks Hautkontaks – das nackte Neugeborene direkt auf ihren Körper, müssen zusätzlich wärmende Decken gegen die niedrige Raumtemperatur umgelegt werden. Trinkt das Kind nicht an der Brust, muß die Temperatur der Säuglingsflasche sehr genau geprüft werden, und zwar nicht nur an der Oberfläche. Durch tüchtiges Umschütteln muß für homogene Wärme gesorgt werden. Seit Generationen führt jede Mutter beim Prüfen der Temperatur des Inhalts erst einmal die Flasche an ihre eigene Wange. Ganz instinktiv, ohne zu überlegen weiß sie, daß ihre Hände nicht so sensibel auf Hitze reagieren wie die Gesichtshaut. Das hängt damit zusammen, daß die Thermorezeptoren unterschiedlich dicht in der Haut verteilt sind. Hochgradig sensibel reagieren Lippen, Zunge und Mundhöhle. Das ist beim Füttern des Kindes, wie es bereits im Zusammenhang mit dem Geschmackssinn erwähnt wurde, sehr zu beachten.

Wie ist nun die Situation eines Kindes, dessen Wärmesinn gestört ist? Es können einzelne Hautpartien von Störungen des Temperatursinns betroffen sein, meistens – aber nicht immer – in Verbindung mit dem Tastsinn. Das ist bei vielen organischen Hirnschäden der Fall. Es kann aber auch der gesamte Bereich der Warm- und Kaltempfindung bei diesen Kindern schwach entwickelt sein. Bei Kindern mit hysterischer Konstitution findet sich dagegen meistens eine Überempfindlichkeit des Wärmesinns. Diese Auffälligkeit erleichtert sogar die Diagnosestellung.

Schwerwiegende Folgen kann es haben, wenn dieser Sinn gänzlich ausfällt. Um das zu verdeutlichen, möchte ich einen Fall schildern, der mir in meiner Praxis zwar nie in so extremer Form begegnet ist, aber aufzeigen kann, wie wachsam und aufmerksam Betreuer und Heilpädagogen bei ihren Beobachtungen sein müssen: Es handelt sich um einen kleinen Jungen, der eines Tages auf den Möbeln in einer Küche herumkrabbelte. Schließlich setzte er sich auf eine noch heiße Kochplatte. Aufgrund seines gestörten Wärmesinns konnte er deren Hitze nicht empfinden. Nur durch seinen Geruchssinn nahm er plötzlich die Verbrennung wahr, aber da war seine Haut bereits erheblich verletzt. Es ist also immer erforderlich zu prüfen, wie weit sich ein Kind seines Wärmesinns bedient, welche Hautpartien abgestumpft oder hypersensibel sind.

Bei Kindern mit abgestumpftem Wärmesinn kann man häufig eine feuchte, warme Haut feststellen. Sie schwitzen leicht und nehmen eine sich abkühlende Luft nicht wahr. Daher erkälten sie sich leicht, denn sie vermissen weder Pullover noch Mantel. Beim Baden in offenen Gewässern bleiben sie zumeist zu lange im kalten Wasser – ohne zu frieren. Man muß versuchen, ihren Wärmesinn zu stimulieren, und zwar im Wechsel von Wärme und Kälte. Man kann dazu feuchte Frotteetücher, warme und kühlere, verwenden und Körperpartien damit abreiben oder warme und kalte Wechselbäder an Armen und Beinen vornehmen. Eine spezielle Badetherapie mit ätherischen Ölen kann ebenfalls hilfreich sein.[46] Bei dem einen oder anderen Kind wird man empfehlen, die unempfindlichen

Hautpartien mit Kampferöl einzureiben oder mit einer Senfpackung oder einem Senfpflaster zu versehen.

Bei hysterischen Kindern muß ein sanftes, desensibilisierendes Programm erarbeitet werden. Es ist zwar wegen der subjektiven Wahrnehmung nicht unbedingt erforderlich, aber, heilpädagogisch betrachtet, für die Gesamtkonstitution von Bedeutung. Es sind dies Kinder mit den Anzeichen des *inneren Wundseins,* von denen schon im Zusammenhang mit dem Geruchssinn die Rede war und, wenn es um die basalen Sinne geht, nochmals die Rede sein wird (vgl. Seite 221). Desensibilisieren heißt aber nicht, sie gegen die Kälte abhärten zu wollen, sondern sie im Gegenteil anzuleiten, Wärme in angemessenen Grenzen zu ertragen. So weit nämlich, daß sie sich im normal temperierten Raum aufhalten können, ohne sich sofort diverser Kleidungsstücke zu entledigen oder zu jammern.

Im Kindergarten kann man den Kindern warmen Teig zum Kneten geben und sie beim Spielen Warmes und Kaltes anfassen lassen. Auch Differenzierungsübungen können durchgeführt werden. Sehr beliebt ist das Anfassen von Bechern mit verschieden warmem Inhalt und ihr reihenweises Aufstellen nach steigender oder fallender Temperatur. Beobachtet man, *wie* die Kinder nach einem erwärmten Becher greifen, findet man schnell die übersensiblen oder zur Hysterie neigenden Kinder heraus, die immer der Meinung sind, sie würden sich verbrennen.

Bei Kindern, die Einschlafprobleme haben, kann es von Nutzen sein, ihnen beim Zubettgehen einen feuchtwarmen Bauchwickel anzulegen. In Verbindung mit Feuchtigkeit und der länger dauernden Einwirkung wird die sich entfaltende Wärme intensiver vom Kind gespürt. Einerseits lösen sich dabei noch verbliebene Spannungen, andererseits wird sich das Kind der Wärmeempfindung bewußt. (Nach 20 bis 30 Minuten kühlt ein solcher Wickel aus und muß entfernt werden. Reicht diese Zeit nicht aus, um ein Kind zu entspannen, kann man statt dessen einen Ölwickel anlegen.)

Manche Störungen des Wärmesinns sind zunächst recht schwer zu erkennen, da sie oft im Verbund mit Taktilismen, also Störungen des Tastsinns, auftreten und sich die daraus resultierenden Verhaltensstörungen, die aus Mißempfindungen eines dieser Sinnesbezirke stammen können, in ähnlicher Weise äußern. Das Kind sucht in beiden Fällen Hautsensationen. Man kann aber beobachten, daß sich manche Kinder nicht nur selbst kratzen oder beißen, sondern eine Vorliebe für »brenzlige Situationen« haben. Sie stecken ihre Finger in die Kerzenflamme, laufen gefährlich dicht an offene Feuer heran und zündeln gerne. Es dürfen keine Streichhölzer in ihrer Reichweite liegen. Außerdem kann man bemerken, daß sie nicht unbedingt vor einer Berührung, vor einem Händedruck zurückschrecken, wohl aber vor einer kühlen Hand.

Diese Kinder haben ein Defizit an Hauterlebnissen und meistens ein sehr geringes Selbstwertgefühl. Man muß versuchen herauszufinden, welche Hautanregungen ihnen gut bekommen: Kräuterbäder, Einreibungen, Bürstenmassage, auch Akkupressurbälle oder kräftige Brausen beim Duschen etc. Darüber hinaus ist es aber dringend erforderlich, ihr Selbstwertgefühl zu stärken, sie frei gestalten zu lassen und sie mit kleinen Aufgaben zu betrauen. Des weiteren muß man ihre Aufmerksamkeit auf andere Sinneswahrnehmungen lenken, insbesondere auf die oberen Sinne, durch die sie mit der mitmenschlichen Welt in sozialen Kontakt kommen und seelische Wärme, unabhängig von ihrem mehr oder weniger intakten Temperatursinn, erfahren können.

Die Pflege der oberen Sinne

Bei den jetzt zu betrachtenden Sinnen, Gehör- oder Tonsinn, Wort-, Sprach- oder Lautsinn, Denk- oder Begriffssinn, Ichsinn (Personenwahrnehmung), wird man als erstes das Alter des Kindes zu berücksichtigen haben, denn diese Sinne – abgesehen vom Gehörsinn – entwickeln sich erst sukzessiv. Latent sind sie vorhanden, treten aber erst dann in Erscheinung, wenn das Kind beginnt, seine Bezugspersonen wahrzunehmen und sich der Umwelt aufzuschließen. Erst nach und nach erlangt es die Reife, Botschaften und Wesensart anderer Menschen wahrzunehmen. Unter diesen Sinnen (alle sind sie Fernsinne) nimmt der Gehörsinn eine zentrale Stellung ein.

Gehör- oder Tonsinn

In dreifacher Weise kommt dem Gehörsinn eine Sonderstellung zu: Das Ohr ist das älteste, also auch das erste Sinnesorgan des Menschen, sowohl in der Evolution als auch in der Embryonalentwicklung (bereits wenige Tage nach der Befruchtung setzt die Ausbildung der Ohranlage ein). Das ungeborene Kind nimmt schon im Uterus Geräusche und Rhythmen wahr. Es vernimmt den mütterlichen Herzschlag und reagiert sogar auf Klänge und Musik aus der Außenwelt.

So früh dieser Sinn in Aktion tritt, so ist er auch der letzte Sinn, der beim Ableben eines Menschen oder bei Bewußtseinsverlust erlischt. Immer wieder findet man bestätigt, daß Patienten im Koma auf Gehörreize – Musik oder Stimme – reagieren. Diese Tatsache sollte auch bei gravierend behinderten Kindern beachtet werden. Solange die Seele noch mit dem Leib in Verbindung steht, bleibt das Ohr immer empfangsbereit und offen. Es kann sich nicht, wie das Auge, durch ein Lid abschließen.

Nicht allein die große zeitliche Ausdehnung der Hörfähigkeit zeichnet diesen Sinn aus, sofern er nicht geschädigt wird. Der Gehörsinn, der Tonsinn, ist zugleich derjenige unter den sieben Tagessinnen mit dem höchsten »Bewußtseinsstand«. Nach dem in der Einführung zur Zwölf-Sinnes-Lehre genannten Vergleich ist im Gehör »Mittagszeit«. Die Sonne, das Bewußtsein, steht sozusagen hoch am Himmel. Man muß bei dieser Aussage Rudolf Steiners vom 20. Juni 1916 allerdings berücksichtigen, daß sie auf den Erwachsenen gemünzt ist. Für das kleine Kind muß sie modifiziert werden. Sein Bewußtsein lebt vorerst im *Aufmerken*, und das Erlebnis wird in der Nachahmung verarbeitet. Man darf kleine Kinder nicht zum Urteilen anleiten wollen. Die reine Sinnesempfindung soll als solche gepflegt werden, von der Unaufmerksamkeit zur Aufmerksamkeit. In seiner Potenz erreicht der Tonsinn den höchsten Bewußtseinsgrad: Er ist hellwach.

Die Tonwahrnehmung wird durch bestimmte Schwingungen (Schallwellen) der Luft ausgelöst, die den Gehörnerv im Innersten des Ohrs erreichen. Im Innenohr sind die Zentralorgane. Das »Erlebnisfeld« aber breitet sich – und das ist die dritte Besonderheit des Gehörs – im ganzen Organismus aus. Bei keinem anderen Sinn reagiert noch im Erwachsenenalter der ganze Körper in gleicher Weise. Ertönt aus der Ferne Marschmusik, wird man feststellen können, daß Fußgänger auf der Straße ihre Schritte nach dem Takt ausrichten. Bei beschwingten Rhythmen fangen kleine Kinder schnell an, sich zu drehen und zu tanzen. Kleine und große Leute werden beim Zuhören, je nach Charakter der Musik und eigenem Temperament, unwillkürlich anfangen, mit einer Fußspitze zu klopfen, mit dem Kopf zu nicken, mit den Händen zu klatschen; oder sie geben sich im Wiegen oder gar Verrenken ganz dem Tonerlebnis hin. Das erscheint als eine banale, jedem vertraute Selbstverständlichkeit, ist und bleibt aber, genau besehen, ein Phänomen.

Bei einem Knall stockt einem der Atem, die Wucht einer Detonation spürt man bis in den Bauch oder in den Kopf, das Quietschen einer Kreide an der Tafel läßt »Gänsehaut« entstehen. Bei unheimlichen Lauten »sträuben sich die Haare«, und »es läuft einem eiskalt den Rücken herunter«. Es ist tatsächlich so, daß die Gehörwahrnehmungen den ganzen Menschen ergreifen. Sind es reine Töne, wohllautende Harmonien, kann der Mensch gleichsam in Klängen »baden«, so wie er durch den Wärmesinn in der Wärme der Sonne »baden« kann, und er empfindet dabei die gleiche wohltuende, entspannende Wirkung. Er fühlt sich als Mittelpunkt von den Klängen umgeben (das Erlebnis des Sehens bleibt immer eine frontale Wahrnehmung).

Bevor ich auf das Ohr als zentrales Sinnesorgan eingehe, möchte ich die drei genannten Merkmale dieses Sinnes kurz wiederholen, denn sie sind für Therapeuten, insbesondere für Musiktherapeuten, Heileurythmisten und Heilpädagogen, in der Betreuung von Schwerstbehinderten von außerordentlicher Bedeutung. Der Tonsinn ist, soweit nicht geschädigt:

- immer *empfangsbereit* (auch bei schwerer Behinderung),
- in seiner höchsten Potenz *hellwach:* die höchstmögliche Wachheit des Kindes läßt sich mittels Tonwahrnehmung erreichen,
- die wahrgenommenen Klänge *durchziehen* den gesamten Organismus.

Womit hängt es zusammen, daß ein Klang den Organismus derart durchziehen kann? Was ist ein Ton? Jeder weiß, daß man durch Anschlagen oder Beklopfen eines Körpers Luftschwingungen auslöst, die vom Gehörnerv als Geräusch wahrgenommen werden. Jedes Material hat seinen eigenen Klang. Man kann Holz, Metall, Glas etc. unterscheiden, und auch den Zustand, z.B. massiv, hohl, leer oder gefüllt. Der Arzt beklopft den Brustkorb des Patienten, um mittels seines Gehörs mehr über Lage und Beschaffenheit der Organe zu erfahren. Über den Gehörsinn erfährt man folglich mehr vom Wesen der Objekte (vgl. Stufenfolge) als über die bisher erwähnten Sinne. Wann aber empfindet man einen Klang als lästig, als Geräusch oder Lärm, und wann empfindet man ihn als angenehmen Ton?

Die Physik hat es erforscht: In der Musik gelten ganz bestimmte mathematische Gesetze. In den Schulen pflegt man, diese durch Unterteilen von Saiten oder mit verschieden langen Pfeifen zu demonstrieren. Je länger die Saite oder Pfeife, desto tiefer ist der Ton, und je kürzer, desto höher. So hat man Zahlenverhältnisse und Harmonien gefunden, die dem Ohr angenehm sind, und bestimmte Gesetzmäßigkeiten festgestellt. Das ist allgemein bekannt, anders als die Tatsache, daß dieselben Gesetzmäßigkeiten im Universum herrschen. Der ganze Kosmos tönt und ist voller Klänge und Rhythmen (Pythagoras nannte sie »Sphärenharmonie«, Goethe schrieb im Prolog zum »Faust«: »Die Sonne tönt nach alter Weise«).

Mit dem Ohr vermag der Mensch solche Töne nicht wahrzunehmen, aber der ganze menschliche Organismus ist genau nach den gleichen Gesetzmäßigkeiten aufgebaut, wie sie in der Musik festzustellen sind. Besonders deutlich läßt sich das am Skelett und dem Gehörorgan aufzeigen. Mit diesem Thema hat sich der bekannte Musikschriftsteller Joachim Ernst Berendt in seinem populären Buch »Die Welt ist Klang« eingehend beschäftigt, und im Kapitel »Vom Makro- zum Mikrokosmos« stellt er genaue Zahlenvergleiche an. In diesem Zusammenhang erwähnt er auch die überaus eigenartige Konstruktion der Gehörknöchelchen, die gelenkartig miteinander verbunden sind und die Vibrationen des Trommelfells ins Innere des Ohrs leiten. Man bezeichnet diese als Hammer, Amboß und Steigbügel. Auch sie unterliegen den gleichen kosmischen Gesetzmäßigkeiten.

Rudolf Steiner hat oft beschrieben, wie sich die kosmischen Prinzipien im physischen Leib des Menschen wiederholen. Dies ließe sich im Grund bei jedem Sinnesorgan aufzeigen, aber, so führt er aus, am Gehörorgan trete es besonders deutlich hervor. Das Gehörorgan sei wirklich wie eine menschliche Gestalt im kleinen. Um diese Aussage nachvollziehen zu können, muß man den Aufbau des Organs genau betrachten.

Das Ohr als zentrales Sinnesorgan

Die Schwingungen der Luft streifen zuerst die Ohrmuschel[47] mit ihren Windungen, um dann in den äußeren Gehörgang einzudringen, wo sie an eine dünne Membran stoßen, die durch die Schallwellen in Vibration versetzt wird: das Trommelfell. Hinter dem Trommelfell beginnt die Paukenhöhle, das Mittelohr mit den oben erwähnten Gehörknöchelchen. Außerdem endet dort die Ohrtrompete (Eustachische Röhre), die in den Schlund hinunter führt und u.a. für Druckausgleich sorgt. Auf ihre Bedeutung für die Sprache werde ich noch zurückkommen (siehe Seite 329), aber zunächst geht es um die Gehörknöchelchen. Diese gleichen, nach Rudolf Steiner, umgewandelten Gliedmaßen. Das erste Knöchelchen (Hammer) tastet wie ein winziger »Fuß« den Boden, das vibrierende Trommelfell ab. Das Erzittern dringt weiter zum »Kniegelenk« mit der Kniescheibe (Amboß) bis in den metamorphosierten »Oberschenkel«. Rudolf Steiner am 9. Dezember 1922: … und dasjenige, »was die Wissenschaft Steigbügel nennt, das nimmt sich aus wie ein umgewandelter, metamorphosierter Oberschenkel mit seinem Ansatz an der Hüfte«. Dieser Ansatz ist direkt mit dem sogenannten ovalen Vorhoffenster verbunden, das an das Innenohr grenzt, und überträgt die Schwingungen auf die im Innenohr befindliche klare Flüssigkeit, die Perilymphe. Das ist, wenn man ihm ein wenig nachsinnt, ein wundersamer Vorgang: Die pulsierende Luft überträgt die Schwingungen direkt auf »lebendiges Wasser«, d.h. auf den »Flüssigkeitsmenschen«, und die Schallwellen setzen sich im ganzen Ätherleib fort.

In der Perilymphe und in zarten knöchernen Windungen des Schläfenbeins (im »Labyrinth«) schlängelt sich ein feiner Hautschlauch, der innen mit zarten Flimmerhärchen versehen und ebenfalls mit klarer Flüssigkeit (Endolymphe) gefüllt ist: die Ohrschnecke (Cochlea). »Es muß sich das, was der Fuß abtastet am Trommelfell, fortsetzen nach dieser im Inneren der Ohrhölung liegenden Schnecke. Oberhalb unserer Oberschenkel liegt das Eingeweide. Diese Schnecke im Ohr ist nämlich ein sehr schön ausgebildetes Eingeweide, ein umgewandeltes Eingeweide, so daß Sie eigentlich sich vorstellen können, da drinnen im Ohre liegt in Wirklichkeit ein Mensch. Der Kopf ist in das eigene Gehirn hineingesenkt.« (Rudolf Steiner am 9. Dezember 1922) Vom Gehirn verläuft der Hörnerv in das Innenohr und verzweigt sich in feinsten Fäden zu der Basilarmembran in den Windungen der Schnecke. Über diese erreichen die Vibrationsreize Gehirn und Bewußtsein und werden als Klänge oder Geräusche wahrgenommen. Dabei spielen die Flimmerhärchen, die in den Windungen verankert sind, eine besondere Rolle. Die einzelnen Härchen reagieren verschieden auf bestimmte Schallwellen, Frequenzen, und vermitteln so die Wahrnehmung von unterschiedlichen Tönen (Geräusch und Lärm sind vermischte Frequenzen).

In diesem Raum des Labyrinths befindet sich aber nicht nur die Schnecke mit dem Hörnerv. Von dem kleinen Vorhof (dem Vestibul mit dem Vestibularsystem) direkt oberhalb der Schnecke treten beim Vorhoffenster häutige Bögen hervor, die in drei verschiedenen Richtungen stehen und das Zentralorgan für die Wahrnehmung des Gleichgewichts und des Raumes bilden (siehe Seite 254). Da sie im Innenohr stationiert sind und folglich zum Bau des Ohrs gehören und ebenfalls von den Schallwellen der Perilymphe umspült werden, müssen sie an dieser Stelle angeführt werden. Diese enge Nachbarschaft zwischen Gehör- und Gleichgewichtssinn ist von besonderer Tragweite.

Das Erlebnisareal des Gehörsinns

Tonhöhe Nicht alle Luftschwingungen sind über den Gehörsinn wahrnehmbar. Die Frequenzen sind nach mathematischen Prinzipien zu erfassen und können nach ihrer Schwingungszahl geordnet werden. In der Akustik werden sie in Hertz gemessen (Schwingungen pro Sekunde). Das menschliche Ohr kann in der Jugend, solange das Trommelfell noch elastisch bleibt, Frequenzen in einem Umfang von 10 Oktaven umfassen. Das sind 16 bis 20.000 Hertz. Frequenzen, die darunter oder darüber liegen (Infra- und Ultraschall), werden vom Ohr nicht mehr wahrgenommen. Joachim Ernst Berendt hat die Frequenzen, d.h. die Umlaufzeiten der Planeten (wonach Rotationen mit Schwingungen gleichzusetzen sind), erforscht und schreibt: »Unser Sonnensystem hat einen Tonumfang von exakt zehn Oktaven. Den aber – schon wieder solch ein Wunder – hat auch unser Ohr.« (»Das dritte Ohr«)

Tonstärke Neben der Wahrnehmung der Höhe eines Tons nimmt man auch seine Stärke wahr. Diese wird, ausgehend vom Normalton (1.000 Hertz), in Phon gemessen. Der Hörumfang reicht von der Hörschwelle (Null Phon) über das hörbare leise Schwirren einer winzigen Mücke bis zum lauten Rotieren der Flugzeugpropeller. Auch bei der Tonstärke gibt es eine Toleranzgrenze (70 bis 80 Phon). Wird sie überschritten, wird der Mensch krank oder das Ohr geschädigt. Es können sogar Hörschäden entstehen, die zu völliger Taubheit führen (die Schmerzgrenze liegt bei 130 Phon). Hinzuzufügen wäre, daß das Differenzieren der Töne bei *leisen* Tönen leichter fällt als bei lauten.

Klangfarbe Schließlich vermittelt der Gehörsinn auch die Wahrnehmung der Klangfarbe. Das Zusammenschmelzen der Wahrnehmungen von Zartheit oder Intensität einer Melodie (Tonfolge), der Harmonie (gleichzeitige Töne) und dem Rhythmus führt zu einem musikalischen Erlebnis, das den ganzen Menschen durchziehen kann. »Das musikalische Erlebnis hat zunächst nicht jene Beziehung zum Ohr, die man gewöhnlich annimmt. Das musikalische Erlebnis betrifft nämlich den ganzen Menschen, und das Ohr hat eine ganz andere Funktion im musikalischen Erlebnis, als man gewöhnlich annimmt [...]. Das Ohr ist eigentlich dazu da [...], uns das reine Äthererlebnis des Tones ins Innere zurückzuwerfen. Es ist ein Reflektionsapparat für das Tonempfinden.«[48]

Diese Aussage Rudolf Steiners kann man bestätigt finden, wenn man einmal taube Kinder und Jugendliche, die sich nach Musik bewegen, beobachtet hat. Ich hatte Gelegenheit, bei der inzwischen verstorbenen Musik- und Rhythmikpädagogin Mimi Scheiblauer in Zürich zu hospitieren. Sie hatte sich besonders für von Geburt an taube Kinder eingesetzt und mit den von ihr ausgearbeiteten Bewegungs- und Ausdruckstänzen wirklich den Beweis erbracht, daß die Kinder nicht nur Vibrationen wahrnehmen, sondern gewissermaßen von dem musikalischen Erlebnis durchdrungen werden können, ohne mit dem Ohr zu hören. (Mit Filmmaterial versehen, hat Mimi Scheiblauer vielerorts Vorträge darüber gehalten.) Den Schilderungen von und über Helen Keller kann man gleiche Erfahrungen entnehmen. Auch die Tatsache, daß der ertaubte Beethoven noch weiter komponieren konnte, erscheint mit diesen Erkenntnissen in neuem Licht.

Jeder kennt auch das Phänomen, wie Klänge und Melodien im Kopf weiterklingen können, daß sie sogar im negativen Sinn als lästiger Ohrwurm haften bleiben können. Das zeigt, wie sehr der Ätherleib von den Klängen berührt wird und sie in der Erinnerung speichert. Eine Melodie wird besser behalten als der Text eines Liedes.

Der Ausdruck Klangfarbe oder Tonfärbung ist nicht von ungefähr gewählt. Man kann mit Tönen malen. Es können sowohl Farben- als auch Bildwahrnehmungen beim Zuhören entstehen, nicht nur weil Geräusche und Klänge in der Vorstellung mit Bildern assoziiert werden – wie etwa brausende Meereswogen oder galoppierende Pferde –, sondern weil Stimmungen, die auch in Farben ihren Ausdruck finden können, entstehen. Manche Kinder sehen, wie viele Künstler auch, bei bestimmten Tönen ganz bestimmte Farben (Hörbilder).[49] Die Töne verhalten sich aber anders als die Farben: Farben, die die gleiche Stelle einnehmen, vermischen sich zu einer neuen Farbe, verschiedene Klänge von gleicher Frequenz bleiben aber nebeneinander bestehen. Ein sensibilisiertes Ohr kann jedes Instrument in einem Orchester und jede Stimme in einem Chor heraushören.

Begleitende Musik vermag auch visuelle Eindrücke zu verstärken. Die Musik wird häufig zur Untermalung verwendet (z.B. Filmmusik). Diese vielfach unbewußt aufgenommene Musik dringt tief ins Unterbewußtsein. Das Ohr hört immer, auch wenn die Aufmerksamkeit auf andere Wahrnehmungen oder Tätigkeiten gerichtet ist.

Viele moderne Lernprogramme machen sich diese Tatsache zunutze, aber ganz besonders wird sie von der Werbung ausgenutzt, bis zu der permanenten Berieselung in Warenhäusern. Auch im Elternhaus wird ein Kleinkind häufig unbedacht einer Beschallung durch das Radio ausgesetzt. Für das sensible Gehör des kleinen Kindes ist das über die Maßen schädlich. Man bedenke: Zum einen befinden sich alle Organe noch in Ausbildung, und alle Schallwellen greifen tief in den Organismus ein, zum anderen soll das Gehör lernen, differenzierte Laute zu unterscheiden. Es ist auf *Lauschen* und nicht auf *Weghören* eingestellt, und das letztere dürfte einem Kind auf keinen Fall zur Gewohnheit werden. Denn das Weghören, das Erlahmen der Aufmerksamkeit, ist die einzige Gegenwehr der Ohren, die sich nicht schließen lassen. Gewohnte Geräusche werden nicht mehr wahrgenommen, sie verkommen zur Geräuschkulisse, und der Gehörsinn stumpft ab.

Rhythmus Zu dem Gesamterlebnis Musik gehört selbstverständlich auch die Wahrnehmung der Rhythmen, die so mitreißend auf den Bewegungsorganismus wirken können. Jede körperliche Arbeit geht leichter vonstatten, wenn sie rhythmisiert werden kann. Bewegungsgestörte Kinder können durch Rhythmikstunden (oder Heileurythmie) eine bessere Qualität ihrer Bewegungen erüben, d.h. die Abläufe werden müheloser und geschmeidiger. Sie gewinnen eine bessere Kontrolle ihrer unsicheren, ruckartigen oder zappelnden Bewegungen.

Wodurch wird die Rhythmusempfindung im menschlichen Organismus ausgelöst? Sie entsteht in der Auseinandersetzung der schwerelosen Klangwellen mit dem Flüssigkeitsmenschen. Der Empfindungsleib nimmt die entstehenden Rhythmen wahr und bringt sie zum Erlebnis. Joachim Ernst Berendt kommt in seinem Vergleich der Zahlenverhältnisse von Rhythmen und Klängen zu folgender Definition: »Rhythmen sind Klänge, die so langsam schwingen, daß sie als Klänge nicht mehr gehört werden können.«

Die *belebende* Wirkung der Rhythmen (bei gleichzeitiger Entspannung) besteht jedoch nur so lange, wie sie das Ohr *bewußt* wahrnimmt. Erlahmt die Aufmerksamkeit beim Zuhören so weit, daß nur noch die Schwingung der Schallwellen, das Wiegen in gleichmäßigem Rhythmus empfunden wird, führt die Entspannung eher zum Einschlafen. Beispiel: die Wiegenlieder oder das ruhige Vorlesen am Bett des Kindes, aber auch ein leiser Wellenschlag am Strand oder das gluckernde Wasser gegen Bootsplanken. Das Gegenteil tritt bei schnellen, lauten, aufreizenden, »heißen« Rhythmen ein. Das Ohr »ertaubt«, die Gliedmaßen folgen unkontrolliert dem Takt, und die »Emotionen schlagen hohe Wellen«. Die von solchen Rhythmen Bewegten geraten in einen aggressiven oder betäubten Zustand. Davor muß man insbesondere Kinder mit Hirnfunktionsstörungen bewahren – auch, wenn sie zunächst erheitert wirken –, denn eine solche Musik kann bei ihnen Krampfanfälle auslösen.

Es wäre sehr zu begrüßen, wenn sich mehr Erzieher einer Zusatzausbildung in Rhythmik unterziehen würden, denn es gibt kaum ein Mittel, das so hilfreich sein kann, wenn es gilt, gegenseitige Rücksichtnahme, Ordnung, Regelbeachtung zu fördern, wie gerade die Rhythmik. Sie erweckt bei Kindern auch ein Empfinden für selbstverständliche Autorität. Denn die Kinder erleben, wie sich auch der Erzieher den Rhythmen und Spielregeln unterordnet. »Nicht ich, die Musik ist die Autorität, der wir alle gern folgen.« (Mimi Scheiblauer) Und um das Empfinden für Rhythmen zu stärken, verwendete sie bei Musik wie beim Liedersingen häufig kleine runde Klangstäbe aus Holz (2 x 18 cm), die ich sehr empfehlen möchte. Sie machen den Kindern mehr Spaß als das Händeklatschen, und die Kinder lernen besser hinzuhören. Außerdem verwendete sie kleine, leere metallene Nescafé-Dosen, die sie mit farbigen Lackfarben übermalte und mit verschiedenen Substanzen 1/4 bis 3/4 füllte, so daß beim Schütteln verschiedene Geräusche ertönten. Auch Orffs Instrumente, behutsam eingesetzt, können demselben Zweck dienlich sein.

Bei verhaltensgestörten Kindern kann häufig durch Rhythmikübungen oder Musiktherapie eine Heilung bewirkt werden. *Bei Kindern mit ausgeprägten Bewegungsstörungen und -verzögerungen oder bei denen, die arhythmisch sind, muß man vorerst nach anderen Mitteln suchen.* Sie werden sonst unter Umständen total frustriert. Darauf muß in einer Kindergruppe besonders geachtet werden.

Sprechlaute Ein wesentliches Erlebnis der mitmenschlichen Kommunikation vermittelt der Gehörsinn durch die Wahrnehmung der Sprechlaute. Man darf sich aber nicht täuschen lassen. Charakteristische Laute, Sprachmelodie, Timbre und auch seelische Wärme oder Kälte einer Stimme können vom Ohr wahrgenommen und nachempfunden werden. Aber ein Vernehmen oder ein Verstehen der Aussage ist dadurch nicht gegeben. Dazu sind andere Sinne erforderlich. Das wird deutlich, wenn man in eine Volksgruppe, deren Sprache man nicht kennt, versetzt wird. Informations- und Gesprächsverständnis werden nicht allein über die Wahrnehmung des Gehörs ausgelöst, sondern nur im Zusammenspiel von Wort-, Denk- und Bewegungssinn vermittelt. Die Sprache muß erst erlernt werden, auch die Muttersprache. Sobald man eine Sprache beherrscht, bemerkt man beim Zuhören die Mitwirkung der anderen Sinne nicht mehr.

Im Ertönen eines Liedes, eines Gesangs, einer Sprachmelodie oder vokalischer Sprechlaute verbinden sich für die Lauschenden die Wahrnehmungen des

Gehör- und Wortsinns in intimer Weise. Sie verschmelzen zu einer Einheit, ähnlich wie Geruchs- und Geschmackssinn in der Mundhöhle. Instinktiv wählt man darum in der Unterhaltung mit einem Kleinkind, dessen Wortsinn noch nicht voll erwacht ist, eine mehr singende, sich ständig wiederholende Sprechweise: »ei, ei, ei« und dergleichen mehr. Kleine Sätze werden im »Singsang« gesprochen. Töne braucht man nicht zu verstehen, um von ihnen emotional bewegt zu werden.

Auf den Säugling wirken die so vernommenen Laute nicht nur beruhigend, sie durchdringen ihn und beeinflussen seine Vitalität. Nur wenn man die Wesensglieder des Menschen mit in Betracht zieht, wird ein solcher Vorgang verständlich.

Das musikalische Erlebnis als therapeutisches Mittel Es gibt Tonfolgen und Harmonien, die wie ein Hauch aus dem Übersinnlichen empfunden werden können; eine Wahrnehmung, die nur dem Menschen möglich ist. Unterbewußt spricht man von »himmlischer Musik«, von »Engelschören« und »musizierenden Engeln«. Kinder- und Weihnachtslieder sind voll solcher Motive. In der Kunst werden musizierende Engel mit Flügeln dargestellt – ein uraltes Wissen von höheren Wesen, die sich mit den Schallwellen dem menschlichen Ohr nähern können. In einem Vortrag vom 25. Oktober 1909 erwähnt Rudolf Steiner die Einwirkung höherer Wesenheiten auf die in das Ohr eindringenden Luftschwingungen: »Es sind dies die Wesen, die wir Angeloi nennen.« Solche Äußerungen werfen ein neues Licht auf die Möglichkeit, mittels Musik therapeutisch auf den Organismus einzuwirken.

Die heilende Wirkung besonderer Harmonien und Klänge (z.B. Terz und Quint, Dur und Moll) von unterschiedlichen Instrumenten ist der Menschheit wohlvertraut. Heute bewährt sich die Musiktherapie im Kleinkindalter besonders bei Kontaktproblemen des Kindes, sei es ein mangelhafter Kontakt zu den Elementen oder, wie bei Autismus und anderen Verhaltensstörungen, zum menschlichen Umfeld.[50] Hier kann darauf nicht näher eingegangen werden, denn Heilpädagogen haben eine andere Aufgabe zu erfüllen als Musiktherapeuten. Sie müssen feststellen, ob überhaupt und *wie* Erlebnisse dem Kind über die Sinne zukommen. Im Fall des Gehörsinns: ob das Kind gehörgeschädigt ist, welche Töne und Laute wahrgenommen werden, und auf welche Reize das Kind zu heftig oder überhaupt nicht reagiert.

Das schließt aber nicht aus, daß ein Erzieher, der mit musikalischen Klängen umzugehen weiß und sie auch altersgemäß einzusetzen versteht, über ein vorzügliches Mittel verfügt, harmonisierend auf die emotionale Ebene des Kindes einzuwirken.

Das Gehör als Orientierungshilfe

Leitfähigkeit der Tonträger Das Hören hat auch eine räumliche Komponente. So wie zwei Augen erforderlich sind, um räumlich sehen zu können, so sind zwei Ohren erforderlich, um räumlich (stereo) hören zu können und zu wissen, woher ein Ton oder Geräusch kommt. Natürlich ist daran auch der Gleichgewichtssinn beteiligt (siehe Seite 254).

Um sich mittels der Augen orientieren zu können, bedarf es des Lichts. Die Ohren sind auch im Dunkeln fähig, der Orientierung zu dienen. Hat man sich verirrt, kann man sich an vertrauten Geräuschen orientieren. Man hört den Bach, das Meer, die Kirchturmglocken, Hundegebell, Autos oder Eisenbahnen etc. Für Sehbehinderte ist die Orientierung mittels Gehör lebenswichtig. Die Luft trägt die Schallwellen von weit her. Mit zunehmender Entfernung wird der Ton leiser und benötigt eine längere Zeitspanne, um das Gehörorgan zu erreichen. Darauf beruhen, weil die Geschwindigkeit der Schallwellen bekannt ist, viele Entfernungs- und Standortsberechnungen: das Orten, das besonders auch in tiefen Gewässern mit Hilfe des Widerhalls (siehe unten) ausgeübt wird. Der Tonträger kann aber von unterschiedlicher Leitfähigkeit sein. Es gibt schall-leitende oder -schluckende bzw. dämmende oder hemmende (in moderner Zeit auch speichernde) Materialien. Daß feuchte Luft ein besserer Tonträger ist als trockene, hat jeder, der einmal im Nebel gewandert ist, selbst erfahren können, und ebenso, wie leise die Umwelt wird, wenn Schnee gefallen ist.

Stadtkinder haben selten Gelegenheit, solche Naturphänomene zu erfahren. Sie lernen statt dessen die Hellhörigkeit von Wohnungen, geräuschleitende Heizungsrohre, Lärmschutzwände und ähnliches kennen. Nicht einmal in den Dörfern finden sich noch Telefonmasten, an die man das Ohr legen und das Singen der Drähte hören kann, oder Pferde, deren Getrappel aus großer Entfernung wahrzunehmen ist, wenn man das Ohr lauschend an den Erdboden drückt. Den größeren Kindern kann man in Geschichten davon erzählen und sie manches nachspielen lassen. Ein großer Reiz der Indianergeschichten beruht darauf, daß die angespannte Stille so oft zum Ausdruck kommt. Es geht in diesen Geschichten doch häufig um Lauschen und lautloses Heranschleichen-Können.

Für die kleineren oder entwicklungsverzögerten Kinder muß man andere Spiele erfinden, bei denen es um Lauschen und Flüstern geht, Versteckspiele etwa oder Spiele in der Puppenecke bei »schlafenden« Puppen. Mir scheint, es wird in den Kindergärten wenig beachtet, welche Faszination vom Flüstern und Lauschen ausgehen kann. Die heutige Welt ist durchgehend sehr laut, und in der Stille zu hören, wird wenig geübt. Man kann eine Ruhestunde dazu nützen, wenn die Kinder sich auf Matten oder Matratzen ausgestreckt haben, indem man sie – bei geschlossenen Augen – erzählen läßt, was sie hören. Meistens sind vielfältige Geräusche wahrzunehmen, aber die Erzieher können auch gezielt bestimmte Laute einsetzen wie Papierknistern, Uhrticken, Wassergetropf. Man kann einen Ton anschlagen, eine Saite zupfen, die Flöte anblasen etc., und zwar abwechselnd aus der Nähe und aus größerer Entfernung, vielleicht aus einem Nebenraum.

Mit solchen Übungen befindet man sich ganz auf dem heilpädagogischen Gebiet der Sinnespflege und der Willensaktivierung. Denn Lauschen, Horchen, Hinhören kann nur der, der hören *will*. Gleiches gilt für das Zuhören. Nicht-Zuhören-Können ist heute das Hauptproblem bei mitmenschlichen Kontakten. Das wirkt sich selbstverständlich auf die Kinder aus. Ihre Fähigkeit, Geräusche, Töne und Laute zu unterscheiden, ist eigentlich erschreckend gering und beschränkt sich bei den Kleinsten oft nur auf Motorengeräusche, die sie pausenlos laut und lebhaft nachmachen. Insofern ist es wichtig, daß ein Kindergartenkind Phänomene der Schallwellen kennenlernt, aber leiblich, aus dem Erleben, und nicht im Sinne der Physik. *Für blinde Kinder sind solche Hörübungen unerläßlich und sollten in ihrem täglichen Therapieprogramm enthalten sein.* Auch im Elternhaus des blinden Kindes ist darauf zu achten, daß dem Kind Geräusche erklärt werden. Der Gehörsinn ist (abgesehen vom Geruchssinn) der einzige Fernsinn, der dem blinden Kleinkind Umweltorientierung und Kommunikation ermöglicht (vgl. Bruno, Seite 33).

Vibration, Widerhall und Resonanz So oft sich eine Gelegenheit bietet, sollte man die Kinder die von Schallwellen verursachten Vibrationen mit den Händen, Wangen oder sogar Füßen spüren lassen. Beim Verwenden von Musikinstrumenten oder der Stimmgabel ergibt sich so etwas fast von selbst. *Bei Kindern mit Hörbehinderungen ist dieses Fühlen des Tons die einzige Möglichkeit, den Hörverlust zu kompensieren.*

Als geradezu abenteuerlich empfinden es Kinder, wenn man sie mit dem Widerhall, dem Echo, vertraut macht. Es entsteht dort, wo eine Schallwelle nicht weitergeleitet, sondern zurückgeworfen wird. Besonders schön kann es draußen in der Natur erlebt werden, wenn bei einem Ruf ganze Silbenreihen von einer Bergwand oder einem Waldrand zurückgeworfen werden. Ein einfacher Ton oder eine letzte Silbe läßt sich aber auch in einem größeren Raum oder einer Ecke zwischen zwei Häusern als Echo hervorlocken. Hat sich ein solcher Platz gefunden (die Entfernung muß etwas mehr als 30 Meter betragen), können auch Kinder, die sonst nicht leicht zu motivieren sind oder kaum sprechen können, sich unendlich lange mit dem Rufen und Lauschen beschäftigen.

Ähnlich wie das Echo löst auch der hohle Widerhall, der beim Hineinrufen in ein Metallgefäß, z.B. eine Milchkanne, entstehen kann, Hemmungen bei sprechscheuen Kindern. Dieser Effekt kann auch bei der Sprachheilbehandlung eine große Hilfe sein. Noch einen anderen Widerhall gibt es. Ich meine das Phänomen der Resonanz: Wenn das Material, auf das ein Ton trifft, so beschaffen ist, daß es in gleichen Wellenlängen mitschwingen kann, vibriert es nicht nur, sondern beginnt mitzutönen. Man kann das an Instrumenten, manchmal auch an anderen Gegenständen, bemerken. Am eigenen Leib wird eine Resonanz zwar nicht äußerlich hörbar, aber die Schwingungen werden innerlich erlebt, vorwiegend am Erzittern bestimmter Teile des Knochengerüsts. Die Seele kann davon zutiefst berührt werden. In der Musiktherapie spielt dieses Phänomen eine große Rolle.

Behinderungen des Gehörsinns

Es kann Monate, manchmal sogar Jahre dauern, bis Eltern bemerken, daß ihr Kind Probleme mit dem Gehör hat. Ist ein Kind durch Schäden des Gehörorgans taub, müßte das spätestens bemerkt werden, wenn es in ein Alter kommt, in dem man Reaktionen wie etwa Kopfdrehen nach einem Geräusch oder Nachplappern von Lauten erwarten kann – also etwa um den 3. bis 4. Monat. Oft wird das Baby seine Wahrnehmungsschwäche durch Lebhaftigkeit und durch den Sehsinn so weit kompensieren, daß keiner auf die Idee kommt, daß es nicht auf akustische Reize reagiert. Außerdem hat es vermutlich eines Tages angefangen zu lallen, weil es ja zum Sprechen veranlagt ist. Wenn es langsam damit aufhört, weil eine sprachliche Kommunikation mit den Bezugspersonen ohne Gehörwahrnehmungen nicht möglich ist, machen sich Eltern im allgemeinen noch keine Sorgen (siehe Seite 329).

Finden die empfohlenen Vorsorgeuntersuchungen in dem angegebenen Alter des Kleinkinds statt, lassen sich die die kindliche Entwicklung beeinträchtigenden tragischen Fehldeutungen meistens vermeiden, und eine angemessene

Frühförderung kann eingeleitet werden. Diese ist notwendig, damit das Kind im kognitiven Bereich keine Entwicklungsverzögerung erleidet und kompensierende Sinne sorgfältig gepflegt werden können (Vibrationen wahrnehmen, Mund- und Mienenspiel beobachten). Denn nicht in allen Fällen kann man dem Kind mit Hörgeräten helfen.

Wenn man die zentrale Stellung des Gehörsinns bedenkt, wird es verständlich, wie sehr die Taubheit ein Kind von mitmenschlichen Kontakten und der unmittelbaren Umwelt isoliert. Es gibt viele Erzählungen Betroffener, die als Erwachsene schildern, wieviel schwerer die Taubheit zu kompensieren ist als die Blindheit. Auch Helen Keller, die sowohl blind als auch taub war, äußert sich in diesem Sinn.

Organbedingte Hörschäden Die Taubheit kann unterschiedliche Ursachen haben, und es ist Aufgabe des Arztes, das Gehör zu untersuchen und Möglichkeiten der Abhilfe zu erwägen. Der Zusammenhang zwischen einer Röteln-Erkrankung der Mutter und den Gehörschäden des erwarteten Kindes ist so allgemein bekannt, daß hier nicht darauf eingegangen werden muß. Aber auch andere Infektionskrankheiten in der Schwangerschaft können Schäden verursachen, ebenso unangebrachte Medikamente. Vorbeugende und ganzheitliche Maßnahmen zur Gesunderhaltung der Mutter sind für das Kind der beste Schutz. Sollte jedoch eine Erkrankung auftreten, ist dringend von einer Selbstmedikamentation abzuraten. Im Interesse des Kindes ist die Konsultation des Arztes erforderlich.

Aber nicht nur das ungeborene Kind ist durch Infekte gefährdet. So manches Kleinkind wurde ebenfalls nach einer Infektionskrankheit gehörgeschädigt. Um noch einmal Helen Keller zu erwähnen: Im Alter von 2 Jahren war sie schwer an Masern erkrankt, und das führte zu Taubheit, Sprachverlust und Blindheit. Es handelt sich in all diesen Fällen um Organschäden, die verschieden ausgeprägt sein können. Bei einigen Kindern bestehen keine oder kaum Hörreste, andere sind nur schwerhörig, und vielleicht auch nur auf einem Ohr. Andere wiederum weisen lediglich Schall-Leistungsschwächen auf, d.h. sie nehmen nicht alle Frequenzen wahr und hören darum gesprochene Worte nur zum Teil oder verzerrt. Dadurch verstehen sie oft nicht, was gemeint ist, und sprechen selbst fehlerhaft. Das ist eine Teilleistungsstörung wie sie auch andere Sinnesorgane zuweilen befällt.

Handelt es sich um eine irreparable Taubheit bei sonst normalem Entwicklungsstand, werden an die Mutter höhere Anforderungen in bezug auf Kommunikationsfähigkeit und Gebärdensprache gestellt. Es gibt bislang wenige Therapeuten, die die Gebärdensprache beherrschen und der Mutter Anleitungen geben können. Ich würde den Bezugspersonen eines jeden gehörlosen Kindes immer dazu raten, sich mit dem Institut für Gebärdensprache in Hamburg in Verbindung zu setzen, denn die individuelle Zeichensprache, die das Kind und seine Mutter als Nothilfe entwickeln, hat mit der vollentwickelten eigenen Sprache der Tauben wenig gemein. Trotzdem sollte man die Spontangebärden des Kindes nicht unterdrücken, es sei denn, es bestehen Hörreste bzw. Ausgleich durch Hörgerät und gute Aussichten, eine Lautsprache zu erlernen.[51]

Zentrale Störungen Als zentrale Gehörschäden bezeichnet man Schädigungen des Gehörzentrums im Gehirn bei völlig intaktem Gehörorgan. Die größte Gruppe unter den betroffenen Kindern bilden Schwer- und Mehrfach-Behinderte, die aufgrund von Hirnschäden vielerlei Ausfälle zeigen. Aber es gibt auch andere Gruppierungen. Ich meine die kleinen Sonderlinge, bei denen man zunächst nicht dahinterkommt, warum sie entweder gar nicht auf akustische Reize reagieren, d.h. »seelentaub« sind, oder extreme Reaktionen zeigen. Und dann die, die Probleme mit der Verarbeitung der Eindrücke haben oder erst mit großer Verzögerung reagieren. Die Schwierigkeit, Gehöreindrücke zu verarbeiten, muß allerdings nicht immer auf eine Hirnfunktionsstörung zurückgeführt werden. Es kann sich auch um »Schwach-Sinn« handeln, d.h. um eine Erlebnisarmut der Sinne, weil der Astralleib und das Ich den Organismus nicht ganz ergreifen.

Alle genannten Gruppen brauchen intensive Sinnespflege und vielfach auch Sprachheilbehandlung und Musiktherapie, Rhythmik oder Heileurythmie. Wie bei jeder heilpädagogischen Behandlung muß sorgsam Schritt für Schritt vorgegangen werden. Der Raum muß, um die Vorrangstellung des Gesichtssinns zu dämpfen, möglichst reizarm gestaltet sein, aber eine Wärmequelle wäre zu wünschen, denn Wärmeempfindungen wirken entspannend und dienen der Gehörwahrnehmung. Wie die Therapie aufzubauen ist, muß von Kind zu Kind individuell entschieden werden.

Viele Übungen, die der Pflege des Gehörs dienen und in der Gruppe durchgeführt werden können, wurden bereits erwähnt. Sie müssen aber so gestaltet sein, daß die Kinder sie als Spiel auffassen und selber aktiv einbezogen werden. Beispiele: Wo soll die tickende Uhr versteckt werden? Wer zupft den leisesten Ton auf der Kantele. Wer hört es, wenn der Wasserhahn tropft oder mit den

Füßen im Nebenzimmer gescharrt wird? Man wechselt die kleinen Assistenten aus und wird bald merken, wer größere Schwierigkeiten hat. Als abschließendes Spiel ist »Blinde Kuh« sehr beliebt, vorausgesetzt, die Kinder vertragen eine Augenbinde. Andernfalls muß man das Spiel mit einem Vorhang oder einer Trennwand variieren. Anstatt des üblichen »Piep« läßt man das Kind wenige Worte sprechen, beispielsweise die Frage stellen: »Wer bin ich wohl?« Viele Kinder sind nicht in der Lage, die verschiedenen Stimmen ihrer Freunde zu erkennen. Sie sind eben nicht daran gewöhnt hinzuhören. Sie haben, weil sie ständig von lauter Beschallung umgeben sind, das Lauschen verlernt, und um sich Gehör zu verschaffen, werden sie immer lauter. Man könnte fast meinen, sie schreien sich gegenseitig an, und ihre zarten Stimmbänder leiden auch darunter. Wenn die Erzieher ihrerseits nun versuchen, die Kinder mit noch durchdringenderer Stimme zu übertönen, so ist das ein falscher Weg. Die Kinder werden dadurch nicht leiser, sie sind ja auf Nachahmung eingestellt. Das normale Ohr ist so geschaffen, daß es leise Laute besser selektieren kann. Eine im Flüsterton erzählte Geschichte empfinden Kinder sogar als besonders spannend, und die Überempfindlichen nehmen sie dankbar an.

Die akustische Reizschwelle des Kindes Unter den hyperaktiven Kindern befinden sich viele mit hochgradig sensiblen Ohren. Sie zucken zusammen oder fangen an zu schreien, wenn der Staubsauger brummt, wenn der Vater den Rasierapparat einschaltet, wenn ein Flugzeug in der Nähe vorüberbraust, wenn ein Bahngleis quietscht etc. Trotzdem kann es durchaus vorkommen, daß das Kind selbst laute Geräusche produziert und dazu Spielgeräte benutzt wie Hammer, Schlagzeug oder dergleichen. Daher ist es so schwer, Eltern zu erklären, daß das Kind unter einer Überempfindlichkeit im Hörbereich leidet, daß seine Reizschwelle ganz niedrig ist. Wegen seiner Empfindlichkeit versteckt es sich gleichsam hinter den selbst produzierten Lauten, reagiert aber nicht, wenn es angesprochen wird. Das führt vielfach dazu, daß es als schwerhörig oder taub bezeichnet wird. Manche von diesen kleinen Sonderlingen werden sogar in den Tests als taub diagnostiziert, und wegen des empfindlichen Innenohrs haben sie zusätzlich Gleichgewichtsprobleme. Diesen Kindern wird schwindelig, wenn sie schnell bewegt oder gedreht werden, bei Zug- oder Autofahrten wird ihnen übel.

Manche Mutter wird auch besorgt von der Tendenz ihres Kindes berichten, ständig weglaufen zu wollen. Wenn man dem nachgeht, stellt sich heraus, daß es vor Geräuschen flieht. Bei Ansammlungen, wie in Kaufhäusern, Schwimmhallen, Bahnhöfen, bei Lautsprecheranlagen etc., reißt es einfach aus. Aber auch zu Hause flieht es unter Umständen aus der Küche, aus dem Badezimmer und sonstigen Räumen, wo es gekachelte, Schall verstärkende Wände gibt. Für diese kleinen Geschöpfe muß vieles in der häuslichen Umgebung verändert werden. Wo nur irgend möglich, muß für Schalldämmung gesorgt, müssen Vorhänge und Teppiche, vielleicht sogar neue Fenster, Türen oder Trennwände angeschafft werden. Selbstverständlich müssen auch alle Apparate abgedämpft, und es muß leise mit dem Kind gesprochen werden.

In England gibt es für Kinder mit niedriger akustischer Reizschwelle einen speziell entwickelten Ohrenschutz. In Deutschland muß man bislang auf Ohrenschutz für Schwimmer oder notfalls auf gewachste Watte zurückgreifen. Wichtig ist, daß man das Kind über bevorstehende, zu erwartende Geräusche informiert, z.B. Donner oder Sirenengeheul. Wenn es vorbereitet ist, gerät es nicht so leicht außer sich, und die Gefahr von aggressiven Anfällen wird geringer (vgl. Jens und Hans Peter, Seite 39).

Der Zusammenhang zwischen Gehörbelästigung und Aggressivität wird viel zu wenig beachtet. Ich bin überzeugt davon, daß die Schuld für die Aggressivität und Gewaltbereitschaft vieler Jugendlicher zum großen Teil der lauten Beschallung, der sie sich permanent aussetzen, zuzuschreiben ist. Aber auch die unverhältnismäßig heftige Reaktion Erwachsener auf lärmende Kinder oder Jugendliche beruht vielfach auf den zu lauten akustischen Reizen. Schmerzhafte Gehörreize lösen reflexartig Abwehrreaktionen aus. Ich möchte den Leser bitten, in der Erinnerung nach eigenen Erfahrungen auf diesem Gebiet zu suchen. Ich glaube, jeder Mensch hat mindestens einmal erlebt, wie ihm die Selbstbeherrschung bei »nervenden« Geräuschen abhanden kam.

Wenn man die starke Irritation nachempfinden kann, wird man auch die im Gehör hypersensiblen Kinder besser verstehen können. Für sie ist der reizarme Therapieraum ein Labsal. Behutsam werden sie an leise wohlklingende Töne herangeführt und stufenweise, im Wechselspiel mit dem Erwachsenen, an vollere Klänge gewöhnt. Man bedenke, daß die Kinder Laute, die sie selbst hervorbringen, nicht als schmerzhaft empfinden. Das Vorbereitet-Sein, das Wissen um das, was folgt, bildet gleichsam einen Schutz. Darauf kann man aufbauen, man kann das Kind auf den Ton, den man erzeugen will, vorbereiten und es mitspielen lassen. Ein solcher Weg der Desensibilisierung braucht viel Geduld und Zeit – auch von Seiten der Eltern –, wenn er zum Erfolg führen soll.

Sehr viel leichter erkennt man Kinder mit einer hohen Reizschwelle, d.h. die Kinder, die erst auf laute Geräusche und Ansprache reagieren. Diese Schwerhörigkeit kann, muß aber nicht, wie bereits erwähnt, von einem geschädigten Sinnesorgan herrühren. Sie kann auch durch eine neurologische Störung bedingt sein. Diese Kinder mit hoher Reizschwelle suchen mit Vorliebe laute Plätze auf, aber sie können schwer erfassen, woher die Geräusche kommen, und sind daher gefährdet, wenn sie auf Apparate und Motoren zulaufen. In der Therapie wird man einzelne reine, klangvolle Töne einsetzen, und zu Hause sollte dem Kind erlaubt sein, selbst *einzelne* Töne anzuschlagen. Es gibt Xylophone, die aus einzelnen Tonelementen zusammengestellt oder aber auch auseinandergenommen werden können. Das Kind darf die Töne nicht vermischen, jeder Ton muß ganz zu Ende schwingen dürfen. Man darf nicht nachlassen, bis das Kind *aufmerkt* und den Ton erlebt. Meistens werden auch andere Sinne stumpf sein, besonders das Hautgefühl. Daher sollte die Therapie um Wannenbäder (Öle) und Massagen ergänzt werden. Es muß laut und deutlich mit dem Kind gesprochen werden.

Dann wären noch die Kinder zu erwähnen, die unberührt von Geräuschen der Umwelt ihren eigenen inneren Geräuschen lauschen. Um sie aus ihrer Versunkenheit herauszulocken, muß man sehr erfinderisch sein. Die angegebenen Übungen und Spiele können selbstverständlich durchgeführt werden, aber das reicht nicht aus. Das Kind muß in Bewegung gehalten werden, im Haushalt mithelfen dürfen, vor allem bei Tätigkeiten, die geräuschvoll sind; z.B. mit Töpfen, Pfannen, Tellern klappern, mit Holzschuhen auf Kacheln und gepflasterten Plätzen laufen, Bollerwagen ziehen, hupen und pfeifen. Eine kleine Mundharmonika kann ebenfalls nützlich sein. Man sollte dem Kind gelegentlich auch spannende Kasperlespiele mit vielen lauten Zurufen vorspielen. Es muß sich abgewöhnen, in die eigene Hörwelt zu versinken. Sein Interesse für äußere Sinnesreize muß geweckt werden. Man darf ihm keine Zeit lassen, in sich hineinzuhorchen.

Gerade bei diesen scheinbar nach innen gekehrten Kindern muß der Betreuer jedoch gut beobachten und differenzieren lernen. *Sie dürfen nicht mit den still verträumten Kindern, die in ihre Phantasie versunken sind, verwechselt werden.* Diese können, wenn sie dazu Veranlassung haben, sehr gut zuhören und brauchen sogar Ruhepausen, damit sie die inneren Selbstgespräche abschließen oder Phantasiedialoge zu Ende spielen können.

Bei Kindern, die von inneren Eigengeräuschen überwältigt sind, ist es aber ähnlich wie bei den Zungennucklern, sie sind nur mit ihrer eigenen Leiblichkeit, mit ihrem eigenen Stoffwechsel beschäftigt. Das behindert ihre Entwicklung, denn sie achten nicht auf Sprechlaute und ahmen diese auch nicht nach, d.h. ihre Sprache entfaltet sich nicht von selbst, sie bleiben »hörstumm«. Ohne besondere Therapie und Zuwendung bleiben sie kontaktarm und meiden die sprachliche Kommunikation.

Wort-, Sprach- oder Lautsinn

Hört man jemanden aus größerer Entfernung sprechen, ohne ihn zu sehen oder die einzelnen Worte wahrnehmen zu können, kann man erkennen, ob es sich um eine fremde oder vertraute Stimme handelt, möglicherweise auch, in welcher emotionalen Lage sich die betreffende Person gerade befindet. Dies vermittelt der Tonsinn.

Eine geliebte Stimme kann eine Welle der Sympathie hervorrufen und unauslöschlich in der Erinnerung haften bleiben. Eine unangenehme Stimme löst andere Empfindungen aus, kann sogar Grauen und Gänsehaut hervorrufen. Das sind ebenfalls Wahrnehmungen, die durch den Tonsinn vermittelt werden. Sie beruhen auf der Fähigkeit des Gehörsinns, die beseelte Welt der Umgebung wahrzunehmen. Noch weiter dringen aber die Wahrnehmungen des nächsten Sinnes, die zum Wortverständnis führen, in die menschliche Umwelt ein.

Um dieses nur dem Menschen zukommende Wahrnehmungsfeld des zehnten Sinnes zu verdeutlichen, verwendete Rudolf Steiner drei unterschiedliche Ausdrücke: Wort-, Sprach- oder Lautsinn. Zunächst wurde anscheinend der Ausdruck Lautsinn aufgegriffen, analog der Bezeichnung für die gleichzeitig mit der Verbreitung der Zwölf-Sinnes-Lehre sich entwickelnde Ton- und Lauteurythmie (vgl. Seite 199). Heute verwendet man meistens den Ausdruck »Sprachsinn«, obwohl das zu dem Mißverständnis führen kann, es handele sich um eine Sprachgewandtheit in der eigenen oder einer fremden Sprache. Was jedoch mit diesem zehnten Sinn bezeichnet werden soll, ist im engeren Sinn das mit der Wahrnehmung gekoppelte *Verstehen* eines Wortes, einer Mitteilung. Dieser Sinn bleibt, nachdem er sich einmal entwickelt hat, auch unabhängig von der Gehörwahrnehmung bestehen. Die Erfassung des Wortes kann also ebensogut über den Sehsinn (Symbole, Schrift), den Tastsinn (Blindenschrift) und über die durch Bewegungs- und Sehsinn wahrgenommene Körpersprache (Gebärdensprache, Flaggensignale, Pantomime) erfolgen. Es kommt nur darauf an, daß die Bedeutung des Wahrgenommenen entziffert werden kann, und das muß erlernt werden (Sprache, Code). Das ist die erste Voraussetzung für eine sprachliche Kommunikation mit einem anderen Menschen.

Die Entdeckung des Sprachzentrums

Stellt man nun die Frage nach dem Zentralorgan des Wortsinns und wo dieses im Körper zu finden ist, muß man sich vergegenwärtigen, daß jeder Sinnesreiz über Rezeptoren und Neuronen mittels der Nervenbahnen seinen Weg in ein ganz bestimmtes Areal des Gehirns nimmt. Man kann also ein Sinnesorgan entweder vom Reizentstehungspunkt oder vom Ausgangspunkt der Gehirnnerven aus entdecken (in manchen Fällen ist das Rückenmark dazwischengeschaltet). Bei den bisher genannten Sinnen kann genaugenommen nur von zwei Zentralorganen gesprochen werden, von einem licht- und einem tonwahrnehmenden. Die Nase ist zum Atmen, Mundhöhle und Zunge sind zum Essen und Sprechen veranlagt. Die Rezeptoren für Riechen und Schmecken sind in der Haut (Schleimhaut) unterschiedlich verteilt, wie bei den anderen Hautsinnen auch.

Für den Wortsinn gilt nun, daß man sehr genau den wahrnehmenden Bezirk im Gehirn kennt. Dieser wurde 1861 von Paul Broca in der linksseitigen dritten Stirnwindung des Großhirns entdeckt. Ein Teil dieses Gebiets dient dem Verständnis, ein anderer Teil impulsiert das Sprechen des Wortes. (In diesem Zusammenhang kann von der späteren Entdeckung der rechten Gehirnwindung durch Wernicke abgesehen werden, denn beide Zentren können alternierend, je nach Händigkeit, stimuliert werden; wobei dem letzteren größere Bedeutung bei der Entschlüsselung von Symbolen zuzukommen scheint.) Wird dieses Broca-Zentrum geschädigt, z.B. durch äußere Verletzung oder Hirnschlag, geht das Wortverständnis verloren, es tritt eine sogenannte Aphasie oder eine Wortfindungsstörung ein. Es wurde gleichzeitig auch entdeckt, daß sich dieses Sprachzentrum parallel mit der Entwicklung der feinmotorischen Geschicklichkeit des Kindes in immer feinere, sich vervielfältigende Windungen der Gehirnrinde strukturiert, und zwar vornehmlich hinter dem *linken* Schläfenbein.

Nun befindet sich bekanntlich im Organismus eine Überkreuzung der reizleitenden Nerven von der einen Körperseite zur ihr entgegengesetzten Gehirnhälfte. Somit gibt es eine starke Korrespondenz zwischen der rechten Hand und dem hinter dem linken Schläfenbein gelagerten Sprachzentrum. Besteht dagegen eine Dominanz der linken Hand, so entwickelt sich die *rechte* Gehirnhälfte dementsprechend zum Sprachzentrum. Bedenkt man diesen Zusammenhang, wird es ganz verständlich, warum eine Umschulung der Händigkeit zu schweren Sprach- und Konzentrationsstörungen führen kann.

Rudolf Steiner äußert sich zu Brocas Entdeckung im Vortrag vom 27. August 1911: Mit der Entdeckung von Broca »war ein wichtiger Fortschritt getan, der geisteswissenschaftlich verwertet werden kann und ein Beleg für die geisteswissenschaftlichen Tatsachen ist. Warum? Weil sich gerade daran, wie dieses Sprachzentrum sich ausbildet, zeigt, daß die äußeren Bewegungen des Menschen, die Bewegungen seiner Hände, also das, was der Mensch halb unbewußt im Leben vollzieht, mitwirkt an der Konfiguration dieses Sprachzentrums. Warum ist dieses Sprachzentrum [...] auf der linken Seite besonders ausgebildet? Weil der Mensch nach den bisherigen Kulturbedingungen die rechte Hand besonders gebrauchte. So ist es der ätherische und der astralische Leib, der aus dem Unterbewußtsein die Gesten der Hände ausführt, der hineinwirkt in das Gehirn und dieses formt.«

Es kann nun aber nicht über die Sprach- bzw. Wortwahrnehmung gesprochen werden, ohne die Sprechfähigkeit zu berücksichtigen, denn mit dem Zuhören wird sozusagen reflektorisch das Mitsprechen im Ätherleib ausgelöst, zugleich jedoch in diesem zurückgestaut, d.h. nicht in Bewegung umgesetzt; darauf ist die Wortwahrnehmung zurückzuführen (siehe Seite 195). Diese Gleichzeitigkeit kann man leicht an sich selbst wahrnehmen. Wenn, etwa beim Lesen, die Worte nicht innerlich mitgesprochen werden, wird der Text nicht verständlich. Erst wenn das Wort verstanden worden ist, wird die Antwort, die sprachliche Kommunikation, das Sprechen, ausgelöst. Alle diese Impulse entspringen dem genannten Broca-Zentrum. Auf welchem Weg aber erreichen die Reize dieses Zentrum, welche Nerven leiten sie zum Gehirn, wo sind die Rezeptoren im Organismus zu finden?

Der »Sinnesapparat« für das Wort

Es gibt viele Theorien darüber, wie Sprachwahrnehmung zustandekommt, aber auf diese Diskussionen einzugehen, gehört nicht zum Thema dieser Ausführungen über das Sinnesorgan des Wortsinns. Die Aussage Rudolf Steiners besagt, daß die Wissenschaft in Zukunft diese inneren Sinnesorgane schon erkennen würde, und er weist darauf hin, wie sie mit den Nerven des »Bewegungsorganismus« verbunden sind: »Wir könnten keine Worte verstehen, wenn wir nicht in uns einen physischen Bewegungsapparat hätten. Wahrhaftig, insofern von unserem Zentralnervensystem die Nerven zu unserem gesamten Bewegungsvorgang ausgehen, liegt darinnen auch der Sinnesapparat für die Worte, die zu uns gesprochen werden.«

Das Zitat habe ich dem Büchlein »Die ersten drei Jahre des Kindes« von Karl König entnommen. König geht darin ausführlich auf den Sprachsinn ein und erläutert, inwiefern das ganze pyramidale Nervensystem, das von der Gehirnrinde über das Rückenmark bis in die einzelnen Muskeln reicht, als Sinnesapparat für das gesprochene Wort angesehen werden kann. Er schreibt dazu: »Dieser ›menschlichste‹ aller Nervenverbände, der unter dem Namen ›Pyramidenbahn‹ zusammengefaßt wird, ist heute funktionell unerkannt.[52] Wir kennen seine pathologischen Leistungen [...], seine normale Funktion aber ist durchaus ins Dunkel gerückt. [...] Es könnte aber so sein, daß gewisse morphologische Strukturen, die uns ihrer Gestalt nach wohl bekannt sind, bisher funktionell mißdeutet wurden und dadurch Tätigkeiten zugeschrieben bekamen, die sie im Grunde gar nicht ausführen. Daß also ganz spezielle Teile unseres Leibes wirklich die Organe des Denk- und Wortsinnes sind, aber deshalb als solche noch nicht erkannt wurden, weil diese Sinne selbst unbekannt waren.«

Der »gestaute Bewegungsimpuls«

Als Quintessenz der genannten Aussagen ergibt sich eine Vorstellung davon, wie sich durch das Betätigen des Bewegungsorganismus das Sprachzentrum sowohl zum verstehenden Wahrnehmen des Wortes als auch zum Impulsvermittler für das Sprechen ausbildet. Die seelischen Regungen lösen die Bewegungsimpulse aus. Durch das Innehalten und Nicht-Ausführen der Bewegung entsteht das Wahrnehmen und Verstehen des Wortes.

Es gilt also als erstes, sich darüber klar zu werden, daß der Wortsinn bei Neugeborenen wohl angelegt, aber noch nicht wie das Gehör und die mittleren Sinne funktionsfähig ist. Erst durch eine Wechselwirkung zwischen dem Sprachzentrum im Gehirn und dem sich entwickelnden Bewegungsorganismus sowie durch das Nachahmen von Mimik und Artikulationsbewegungen der Bezugspersonen und das Lauschen auf die umgebende Laut-Welt wird der Sinn für die Wortwahrnehmung sensibilisiert. Die durch das innere Mitsprechen ausgelösten Bewegungsimpulse werden nicht ausgeführt – auch die des Kehlkopfs nicht –, sie werden gebremst. Anstelle der Bewegungswahrnehmung entfaltet sich die Wortwahrnehmung (nach Karl König im pyramidalen System). Wenn man seine Aufmerksamkeit auf dieses Phänomen richtet, kann man es auch beobachten. Solange man spricht, führt man mehr oder weniger begleitende Bewegungen oder Gesten aus, manchmal wird auch heftig gestikuliert. Um die Rückäußerung wahrnehmen zu können, wird die Bewegung gestoppt, man hält inne.

Solange die Kinder toben, können sie nicht zuhören. »Seid erst einmal ruhig«, wird der Erzieher sagen, der etwas mitzuteilen hat. Wenn es sich um eine sehr wichtige Mitteilung handelt, vielleicht auch: »Setz dich erst einmal hin.« Das mitgeteilte Wort braucht nicht nur ein ruhiges zuhörendes Ohr, sondern, wenn es um ein tieferes Erfassen der Worte geht, auch einen entspannten Körper. Bei der Behandlung von Sprachstörungen in der Praxis ist dieses Bremsen-Können eines Bewegungsablaufs eminent wichtig, um den Sprechimpuls auszulösen.

Störungen der Wortwahrnehmung und ihre Behandlung im Kindergarten

Das sensible Zusammen- oder Wechselspiel zwischen Wahrnehmung *und* Nachahmung von Laut und Gebärde, gestauten Bewegungsimpulsen der Stimmbänder *und* der Gestik, der Atmung *und* der Feinmotorik (Artikulation) und der Wahrnehmung der eigenen Stimme durch die Ohrtrompete *und* Korrektur der eigenen Sprechversuche kann in jedem einzelnen oder mehreren der genannten Bereiche während der Kindheitsentwicklung gestört sein und als lebenslange Behinderung bestehen bleiben. Um solche Behinderungen der sprachlichen Entwicklung behandeln zu können, braucht der Heilpädagoge eine zusätzliche Ausbildung in Sprachheilbehandlung (oder der Logopäde eine zusätzliche heilpädagogische Ausbildung). Aber auch hinsichtlich der Wahrnehmungsschulung, der Sinnespflege, kann in einem Kindergarten sehr viel getan werden, um leichtere Behinderungen zu beseitigen und schlechte Sprechgewohnheiten zu überwinden.

Die Kinder sprechen heute meistens sehr schlampig – aber sie können nichts dafür; es liegt an den schlechten Vorbildern und daran, daß die Erwachsenen nicht genau hinhören, wenn die Kinder sprechen. Kaum eine Mutter bemerkt beispielsweise, daß ihr Kind nicht »Mama«, sondern »Wawa« ruft. Die Lippen sind zu faul, um sich zu begegnen, ist es doch einfacher, nur den Unterkiefer gegen die oberen Zähne auf und ab zu bewegen. Es ist schon auffallend, wie wenig die Kinder heute eine Lippenartikulation durchführen, und dabei sind gerade die Lippenlaute (M, B, P) die Laute des Gemüts.[53] Auch die »runden« Vokale O und U werden nicht mit gerundeten Lippen, sondern mit einem in die Breite gezogenen Mund ausgesprochen. Daß die Kinder beim Sprechen so wenig die Lippen, um so mehr aber die Kiefer benutzen, führe ich auf zwei Ursachen zurück: erstens das viele unnötige Nuckeln an der Flasche ohne zu saugen, auch über die Säuglingszeit hinaus; zweitens das Anschauen von sprechenden Fernsehfiguren und Kasperspielen mit sogenannten Sockenpuppen, die über die Hand gezogen werden und den »Mund«, während eine Stimme dazu spricht, nur auf- und zuklappen können. Auch in Filmen werden Phantasie-Wesen und Tiere auf diese Weise sprechend dargestellt. Die Kinder ahmen diese Sprechweise nach. Ein unbewegter Mund wäre besser, denn das Kind kennt das innere Mitsprechen sehr wohl, und wenn deutlich gesprochen wird, ahmt es das durch das *Gehör* Wahrgenommene nach.

Das ist also die erste Forderung an die Erzieher und Eltern: sorgfältiges, wohlartikuliertes Vorsprechen – nicht unnatürlich, aber eben nicht schlampig. Das gilt sowohl für die tägliche Kommunikation als auch für das gemeinsame Spiel unter Verwendung von Liedern und Versen. Das wäre ein Appell an die kindliche Nachahmung.

Die zweite Forderung ist eine intensive Pflege der Motorik, sowohl der Grob- als auch der Feinmotorik. Auf dieses Schulen der Geschicklichkeit kommt es sehr an (vgl. Seite 243). Die so oft vernachlässigten Kreisspiele einschließlich der Hand- und Fingerspiele sollten also im Kindergarten einen regelmäßigen Platz im Tageslauf eingeräumt bekommen, z.B. zu Beginn, als Abschluß oder nach einer Mittagspause. Eine Erzählstunde, kleine Kommunikationsspiele und »Theaterstücke« mit Verkleiden (sich selbst oder Puppen) würden der Sprachentfaltung ebenfalls sehr dienlich sein. (Mit dem letzten Beispiel wird zusätzlich noch die Handgeschicklichkeit trainiert.)

Daß die Wortwahrnehmung in hohem Grad der Körperwahrnehmung entspringt, kann man zuweilen in der Praxis sehr deutlich bemerken, wie die folgende Situation mit dem 3jährigen Marcus beispielhaft zeigt: *Marcus* hatte eine leichte, sehr ungewöhnliche spastische Lähmung. Diese zeigte sich am Oberkörper als »schlaffe« und von der Taille abwärts als »steife« Lähmung. Er war seit frühestem Säuglingsalter mit intensiver Bobath-Gymnastik behandelt worden und hatte seine Körperkontrolle soweit erlangt, daß er stehen und gehen konnte; allerdings mit sehr steifen Beinen und wackelnder Gangart. Marcus' Hörvermögen war normal, er zeigte aber weder Wortverständnis noch irgendeinen Ansatz zum Sprechen. Sein Unterkiefer stand unter großer Spannung, und der Mund war stets etwas starr in die Breite gezogen. Er lächelte freundlich, aber seine Lippen zeigten kein Artikulationsvermögen. Diese gestörte Sprachentwicklung war es auch, die den Kinderarzt einer großen städtischen Klinik veranlaßte, mich anzurufen und zu fragen, ob ich den Jungen in Behandlung nehmen könnte.

Marcus wurde von seiner Mutter gebracht, und ein täglicher Termin innerhalb einer kleinen Gruppe zum Teil sprachgestörter Kinder festgelegt. Es zeigte sich, daß Marcus die Sprache Wort für Wort, wie ein Ausländer, lernen mußte. Sein Wortschatz umfaßte nicht viel mehr als Mama, Papa, Auto. Er war jedoch lernbegierig und betrachtete alles um sich herum mit wachen Augen. Er bekam guten Kontakt zu den anderen Kindern und konnte sowohl konzentriert spielen als auch nachahmen. Durch die verzögerten Bewegungen war er zwar in allem etwas unbeholfen, aber eben nicht gravierend behindert. Warum sprach er also nicht?

Bei keinem Kind habe ich so deutlich die Trennung von Gehör- und Wortsinn beobachten können wie bei Marcus. Er hörte jeden Laut, die Laute sagten ihm aber nichts. Er nahm sie nur emotional auf, wie es ein kleiner Hund auch tut. Für die Grobmotorik war in der Krankengymnastik viel getan worden, die Feinmotorik der Hände und die Artikulationsmuskulatur betätigte sich aber kaum. Er konnte den Unterkiefer nur öffnen und schließen und so gut wie gar nicht kauen. Es mußte also vorerst eine Sprachanbahnung vorgenommen werden. Darüber wird in den nächsten Kapiteln zu sprechen sein. Hier geht es mir darum aufzuzeigen, wie bei ihm das Wortverständnis aus der Körperwahrnehmung entsprang. Ich möchte eine Situation herausgreifen, die sich etwa ein Vierteljahr nach Beginn der Behandlung ereignete. Marcus sprach inzwischen einzelne Wörter. Er tastete sie gleichsam ab, prüfte ihre Verwendungsmöglichkeit durch vielfache Wiederholung. Eines Tages konnte ihn seine Mutter nicht wie üblich mit dem Bus abholen. Ich hatte mich bereit erklärt, ihn mit dem Auto nach Hause zu bringen. Ich öffnete also die Autotür, und Marcus bemühte sich einzusteigen. Er setzte sich aber auf den Fahrersitz, legte die Arme auf das Steuerrad und drückte wiederholt nach unten. Ich ließ ihn gewähren, da ich seine Art, mit dem Körper zu fühlen, kannte.

Er schaute zu mir hinauf und sagte fragend: »Tisch?« Ich stutzte, mußte aber zugeben, daß er sich, wenn ihm kein Sitzkissen untergelegt worden war, in genau der gleichen Weise gegen einen Tisch drückte. Ich sagte: »Nein« und zwängte mich hinter ihn, nahm seine Hände, legte sie um das Steuerrad und ließ ihn es ein wenig hin und her drehen. Dabei wiederholte ich: »Steuern, steuern, du kannst steuern, und das hier ist das Steuer-rad« (das »L« von Lenkrad hätte er mit der Zunge nicht bilden können). Dann hielt ich inne und ließ ihm Zeit. Er strahlte, und dann, nach der Drehbewegung, kam es – er wiederholte: »Scheue-hat, Scheue-hat«, auch noch, nachdem ich ihn auf den hinteren Sitz verfrachtet hatte. Ich konnte im Rückspiegel sein fröhliches Gesicht sehen, er hielt meine Rücklehne mit den Händen, hüpfte auf dem Sitz rauf und runter und »steuerte« mit dem Oberkörper: »Scheue-hat, Scheue-hat.« Der Singsang hielt während der ganzen Fahrt unvermindert an.

Ich denke, diese Episode demonstriert ganz gut, wie eine Wortwahrnehmung zustandekommt. Im Normalfall vollzieht sich der Vorgang blitzschnell; durch die Behinderung des Jungen verlief alles im Zeitlupentempo. Ein Erzieher wird bei Kindern mit Sprechproblemen also auch darauf achten müssen, daß ihnen genügend Zeit gelassen wird, die Worte wirklich mit ihrem ganzen Bewegungsorganismus wahrzunehmen. Man kann die Wortwahrnehmung noch unterstützen, indem man diese zusätzlich durch andere Sinneswahrnehmungen verstärkt. Man muß die Worte greifen (be-greifen), abtasten und schmecken lassen und den Kindern Zeit zum Lauschen zugestehen.

Moderne Psycho- und Neurologie haben aus der Empirie ebenfalls einen Zusammenhang zwischen motorischer Betätigung, Sensorischer Wahrnehmung, Sprache, Begriffs- und Gedächtnisbildung festgestellt (kinästhetisches Gedächtnis). Daraus sind Therapieformen wie Sensorische Integration (nach A. J. Ayres) und Wahrnehmungsschulung (nach F. Affolter) hervorgegangen.

Fördernde Wirkung der Eurythmie Bevor ich zur Darstellung des elften Sinnes fortschreite, möchte ich noch etwas über die fördernde Wirkung der Eurythmie auf die Wahrnehmung des Wortes sagen. Es sei kurz angeführt, daß unter dem Begriff Eurythmie zunächst eine Bewegungskunst zu verstehen ist, die durch bestimmte, von Rudolf Steiner angegebene Gebärden das zur Sichtbarkeit und Erlebbarkeit bringt, was sich seelisch-geistig im Gesang (Toneurythmie) oder in der Dichtung (Lauteurythmie) offenbaren will. Es handelt sich also zunächst um eine für die Bühne vorgesehene künstlerische Ausdrucksform.

Genauso wie Gymnastik in choreographisch-künstlerischer Ausführung einerseits dem Kunstgenuß, in anderer Form der Körperertüchtigung dienen kann oder sich, in spezieller Therapieform, als Heil- oder Krankengymnastik einsetzen läßt, gibt es auch zwei weitere Aufgabengebiete für die Eurythmie. Einmal wird sie in abgewandelter Form für pädagogische Zwecke in Schulen oder Kindergärten (Kleinkindeurythmie) eingesetzt, um Ätherleib, Lebensprozesse und Willensbildung der Kinder fördernd zu beeinflussen. Zum zweiten ist sie als sogenannte Heileurythmie ausgearbeitet worden, um spezielle Krankheiten oder Funktionsstörungen nach ärztlicher Diagnose und Verordnung therapeutisch behandeln zu können. Jede dieser drei Sparten setzt eine mehrjährige Spezialausbildung der Eurythmisten voraus.

In einem Waldorfkindergarten erscheint der Eurythmist in der Regel einmal wöchentlich, um mit den Kindern die Sprache eurythmisch zur Darstellung zu bringen. Die Gebärden sind, wie schon erwähnt, nicht willkürlich gewählt, sondern entsprechen entweder einzelnen Lauten oder geben den Hauptcharakter einer Zeile oder eines Verses wieder. Die Worte, die nur vom Eurythmisten gesprochen werden, rufen unsichtbare Formen in der Luft hervor. Adäquat zu einzelnen Formen wird die Gebärde gestaltet.

Eine Eurythmiestunde unterscheidet sich grundlegend von einer Stunde mit Kreisspielen. Die Kinder bilden zwar meistens einen Kreis, aber sie fassen sich nicht an, auch nicht im Gehen oder Laufen, das dem Sprachrhythmus folgt, denn sie müssen Arme und Hände für die Gebärden frei haben. Es werden nicht, wie es im »Sprachkreis« (siehe Seite 357) zur Förderung der Artikulationsfähigkeit üblich ist, illustrierende, pantomimische oder emotionale Gesten zu gesprochenen Versen ausgeführt. Die Kinder schweigen in einer Eurythmiestunde, lauschen nur den Worten des Eurythmisten und folgen nachahmend seinen Gebärden. So wird in der Bewegung der seelisch erlebbare Laut zugleich mit der Gehörwahrnehmung sichtbar gemacht. Rudolf Steiner spricht von sichtbar gewordener Sprache und von einer in der Eurythmie sprechenden oder singenden Seele (Laut- oder Toneurythmie).

Die Kinder setzen also Lautäußerungen, die der Sprache und dem seelisch Empfundenen gemäß sind, in Gebärden um. Gleichzeitig wird der Sprechimpuls zurückgehalten. Das Mitsprechen erfolgt nur innerlich. Es liegt auf der Hand, daß solche Übungen nicht nur willens- und konzentrationsfördernd sind, sondern darüber hinaus einen gestörten Wortsinn zu sensibilisieren vermögen.

Denk- oder Begriffssinn

Mit dem Denksinn, der parallel zur Sprachentwicklung im Lauf der ersten Lebensjahre zur Entfaltung kommt, erhält das Kind eine Wahrnehmung für Struktur und Inhalt der Gedanken eines Mitmenschen. Diese Wahrnehmung ist und bleibt allerdings bis ins Erwachsenenalter, und bei vielen Menschen ein Leben lang, sehr subjektiv ausgerichtet; ähnlich den Empfindungen des Geschmackssinns. Es spielen dabei häufig Sympathie und Antipathie eine erhebliche Rolle. Erst mit zunehmender Reife vermag sich der Mensch von diesen subjektiven Empfindungen zu distanzieren und ihnen mit eigener Gedankentätigkeit zu begegnen – zu objektivieren. Dies ist eine der Ursachen dafür, daß Jugendliche so anfällig für Ideologien und Phrasen sind und diejenigen Gedanken ablehnen, die ihnen nicht schmecken. Einen Schutz dagegen erhält der Jugendliche, wenn ihm in der Kindheit Vorbilder angeboten werden, die er lieben lernen kann.

Beim Kleinkind, das noch fast ausschließlich in seinen Sinnesempfindungen lebt, nimmt der sich entwickelnde Begriffssinn höchst sensibel die Gedanken seiner Bezugspersonen auf. Er nimmt sie, lange bevor das Kind verstehen kann, nach ihrem Inhalt (Empfindungsgehalt) auf, auch dann, wenn sie nicht ausgesprochen werden. Die Wahrnehmungen dieses Sinnes durchziehen seine inneren Organe, wie die Süße der Muttermilch den Säugling, und beeinflussen dadurch positiv oder negativ das innere Organsystem (je nachdem, ob es sich um liebevolle, jähzornige, verlogene oder verworrene Gedanken handelt).

Man muß also exakt unterscheiden zwischen dem Hören, Erkennen und Verstehen gesprochener Worte und der erwachenden eigenen Sprech- und Denkfähigkeit des Kindes sowie dem unabhängig davon bestehenden Erfassen der Gedanken anderer durch den Denk- oder Begriffssinn. Wie alle Sinne des Kindes findet auch dieser Sinn im Lauf der Kleinkindentwicklung seine Lokalisierung im physischen Leib, und es kommt dem Forscher zu, die entsprechenden sensiblen Fasern aufzudecken. Wo sind die Rezeptoren dieses noch so unbekannten Wahrnehmungsorgans zu suchen?

Die Frage nach dem Sinnesorgan

Eine der Antworten Rudolf Steiners auf die Frage nach dem elften Sinnesorgan lautet nach einem Vortrag vom 2. September 1916 folgendermaßen: »Wahrnehmungsorgan für die Gedanken des Anderen ist alles dasjenige, was wir sind, insoferne wir in uns Regsamkeit, Leben verspüren. Wenn Sie sich also denken, daß Sie in Ihrem ganzen Organismus Leben haben und dieses Leben eine Einheit ist […], so ist diese in Ihnen getragene lebendige Regsamkeit des gesamten Organismus, insofern sich dieses Leben ausdrückt im Physischen, Organ für die Gedanken, die uns von außen entgegen kommen.«

Karl König hat in seinem Buch über die drei ersten Lebensjahre des Kindes sehr anschaulich und ausführlich über das Sinnesareal des Denksinns geschrieben. Hier sei nur darauf hingewiesen, daß der Autor Funktionen des unbewußten, autonomen Nervensystems, das sich in ein »sympathisches« und ein »parasympathisches System« aufteilt, eingehend schildert und das »sympathische System« als das Organ des Lebenssinns bezeichnet (vgl. Seite 234). Dann geht er auf das »parasympathische System« ein und führt aus, wie dieses System durch den breit verästelten »Nervus vagus« repräsentiert wird. Er schreibt: »Dieser Nervus vagus ist unter den zwölf Hirnnerven deshalb ein ganz besonderer, weil er als einziger von ihnen dem autonomen Nervensystem angehört [...]. Und wie der sympathische Anteil des autonomen Nervensystems das Organ des Lebenssinnes, so ist der parasympathische Anteil, der als Nervus vagus mit dem Gehirn in Verbindung steht, das Organ des Denksinnes.«[54]

Wiederum zeigt sich hier ein seltsamer Zusammenhang zwischen einem unteren und einem oberen Sinn, wie es auch zwischen Wort- und Bewegungssinn zu beobachten war. Es handelt sich in beiden Fällen um latente Sinne, die im ersten Säuglingsalter noch nicht in Anspruch genommen werden. Auf diese auffallende Parallelentwicklung werde ich erst bei der Schilderung der basalen Leibessinne ausführlicher eingehen können.

Das Baby kennt Hunger, Durst und Schmerz als körperlichen Zustand. Sein Wohl- oder Mißempfinden wird ihm aber nicht als solches bewußt. Diese Wahrnehmungen werden erst mit zunehmendem Alter differenzierter. Der Erwachsene kann an sich selbst beobachten, wie der Denksinn mit den inneren Organen in Verbindung steht. Wer müde, unwohl oder krank ist, verliert die Fähigkeit, die Gedanken eines anderen wahrzunehmen – er ist nicht mehr »aufnahmefähig«. Riechen, Schmecken, Sehen, Hören bleiben als Wahrnehmungen uneingeschränkt bestehen, ja auch die Worte einer Rede werden wahrgenommen, aber eben nicht mehr in ihrem Zusammenhang begriffen. Der Denk- oder Begriffssinn schwächt sich bei körperlicher Mißempfindung ab, und wer sich frisch fühlt, hat eine ganz andere Aufnahmefähigkeit; er »bekommt alles mit«.

Gestörte Denk- oder Begriffswahrnehmung

Gibt es Kinder, von denen man annehmen muß, daß sie einen gestörten Sinn des Begreifens haben? Auch hier muß man bei der Beantwortung sowohl von den Fällen absehen, in denen der ganze Organismus erkrankt ist und medizinisch-klinische Behandlung benötigt, als auch von jenen, die aufgrund von

Schwerst- oder Mehrfachbehinderung im Säuglings- oder Kleinstkindstadium verbleiben. Im letzten Fall wird man oftmals feststellen können, daß diese Kinder Gedanken intuitiv erfassen.

Eine besondere Gruppe bilden Kinder, deren Entwicklung verzögert verläuft, Kinder mit Down-Syndrom oder angeborenem »Schwach-Sinn«, der sich vorwiegend in den oberen Sinnen bemerkbar macht. Es liegt bei diesen kleinen Sonderlingen keine Störung des Denksinns vor, sondern vielmehr hat sich dieser erst gar nicht recht aus dem Lebenssinn entfaltet.

Von gestörter Begriffswahrnehmung spricht man eigentlich nur dann, wenn bei einem Kind eine primäre oder sekundäre neurologische Gehirnschädigung vorliegt. Es kann vielleicht noch die einzelnen Worte wahrnehmen, weiß vielleicht sogar ihre Bedeutung und kann Dinge benennen, ist aber außerstande, einen Satz oder gar den Zusammenhang in einer kleinen Geschichte zu verstehen. Das kann sowohl auf einer verzerrten Wahrnehmung als auch auf einer Überempfindlichkeit beruhen. Der Gedanke wird gleichsam weggeschoben. Sätze, die der Erwachsene ausspricht, werden sozusagen nur »reflektiert«, d.h. sie prallen zurück, werden haargenau wiederholt, wie ein Echo. Daher sagt man, daß ein Kind mit einer solchen Störung unter »Echolalie« leidet.

In der Praxis sieht es dann etwa so aus: Der Heilpädagoge fragt: »Möchtest du eine Birne haben?« Das Kind antwortet: »Möchtest du eine Birne haben?« Oder auf die Frage: »Möchtest du mitkommen?« lautet die Antwort nur: »Möchtest du mitkommen?« Die Stimme wirkt dabei seltsam automatenhaft und leblos. Viele dieser Kinder werden als Autisten diagnostiziert. Es kommt mir hier nicht auf eine Diagnosebezeichnung an, sondern auf die zu beobachtende gestörte Gedankenwahrnehmung.

Ein in solcher Weise geschädigtes Kind erlebt offensichtlich den Gedanken nur als Hörphänomen, findet den Klang lustig und wiederholt gerne, was es in dieser Weise wahrnimmt. Manche Kinder zeigen eine besondere Vorliebe für komplizierte Redewendungen oder seltsam klingende Fremdwörter. Sie genießen diese und weisen eine unglaubliche Fähigkeit darin auf, sie zu wiederholen. Immer wieder dasselbe komplizierte Wort oder sogar ein ganzer Vers wird mit Lachen oder einem stillen versponnenen Schmunzeln begleitet. Auf die Bedeutung oder die Mitteilung kommt es dem Kind dabei überhaupt nicht an, es »schmeckt« die Wörter nur ab.

Wie weit es gelingen kann, eine solche Schädigung zu beheben oder zu lindern, hängt natürlich vom Schweregrad der Behinderung ab und davon, wie stark die Gestaltungsprozesse sind. Das wiederum ist vom Alter des Kindes abhängig, d.h. davon, wie weit sein Ätherleib noch strukturierend in den Organen tätig ist (vgl. Seite 91). Man wird sich sehr darum zu kümmern haben, daß die Lebensprozesse des Kindes in Ordnung kommen. Das Atmungsvolumen erweist sich häufig als gering. Manchmal ist die Atmung geräuschvoll oder die Ausatmung stimmhaft (die Kinder summen oder stöhnen vor sich hin). Das Eßbedürfnis ist entweder kaum vorhanden, oder es bestehen seltsame Eßrituale mit einseitigen Vorlieben.

Bei aller Beweglichkeit, ja oft Gelenkigkeit, die diese Kinder aufweisen, haben sie etwas Steifes an sich. Sie tragen ihren Körper wie ein Schneckenhaus, sind wie in sich eingeschlossen, gefangen. Sie haben auch keine Vorstellung von ihrem Körper, kein »Körperimago«, dabei sind sie meistens sowohl in den unteren als auch in den mittleren Sinnen und im Gehör hypersensibel. Sie vertragen keine Berührung und auch nicht den Blickkontakt. Es hat den Anschein, als wäre die polare Entfaltung der basalen Sinne (ausgenommen der Gleichgewichtssinn) in den oberen Sinnen nicht erfolgt. Die Worte werden nicht erfaßt, wie auch andere Menschen häufig nur wie unbelebte Gegenstände, nicht als Personen, wahrgenommen werden.

Aus diesen Beobachtungen kann das therapeutische Konzept abgeleitet werden. Da Gehör und Gleichgewichtssinn ohne Störung sind und meistens große Vorliebe für Musik besteht, wird man das Kind einem Musiktherapeuten anvertrauen. Aufgabe der Musiktherapie wird es sein, regulierend auf das gestörte Gefüge der Wesensglieder einzuwirken. Der Heilpädagoge wird vorhandene Sensorismen mancher Sinne zu behandeln haben und versuchen, das Kind soweit wie möglich in das Gruppenleben einzugliedern. Vor allen Dingen wird es gut in Reigen-, Sing- und rhythmische Sprechspiele mit eingebunden werden müssen. Rhythmisierung der Atmung ist ein erstes Ziel. Sprache und feinmotorische Geschicklichkeit wird, je nach dem Alter des Kindes, dann in Einzeltherapie gefördert werden müssen. Wenn nicht zugleich die Wahrnehmung für die gegenüberstehende Person (Ichsinn) zu sehr gestört und Nachahmung von Gebärden möglich ist, kann man durch Heileurythmie (besonders Toneurythmie) weitere Fortschritte in der Entwicklung bewirken.

Die wichtigste Person für die Therapie des gestörten Kleinkindes ist aber die Mutter. Auf ihre Fähigkeit, Angstanfällen, Stereotypien und der Selbstzerstörungslust des Kindes mit Gelassenheit und Zuwendung zu begegnen, kommt es sehr an, wenn die Therapie zum Erfolg führen soll. Tageslauf, Schlafenszeit, die alltäglichen

Verrichtungen, Sauberkeit und Eßverhalten sind Faktoren, die von der Mutter bedacht werden müssen. Gegebenenfalls wird sie auch verordnete Medikamente verabreichen und Bäder oder Diätvorschriften durchführen müssen. Grundsätzlich kommt es bei dieser Form der Verhaltensstörung mit Kontaktproblemen sehr darauf an, die Zahl der betreuenden Personen gering zu halten.

»Gestützte Kommunikation«

Genauso wie sich dieselbe Erkrankung bei verschiedenen Personen unterschiedlich auswirkt und von Fall zu Fall anders auftritt, so unterschiedlich können auch die Folgeerscheinungen von Störungen des Denksinns zutagetreten. Das hängt auch vom angeborenen Temperament und Willenspotential des Kindes ab. Dadurch wird das Erstellen einer einheitlichen Diagnose erschwert, und das erst recht, wenn die Wahrnehmungsorgane der oberen Sinne nicht mit in Erwägung gezogen werden. Allen Kindern gemeinsam scheint aber zu sein, daß sie sich bei der Geburt und in der ersten Säuglingszeit, abgesehen von dem häufig anzutreffenden leeren Blick, völlig unauffällig und normal entwickeln. Abweichungen zeigen sich erst bei beginnender oder vielmehr an Stelle der Sprachentwicklung. Sehr viele dieser Kinder bleiben stumm, andere kommen über Ein- oder Zwei-Wort-Sätze nicht hinaus, aber alle weisen sie charakteristische Sensorismen und im Willensbereich Stereotypien auf.

Warum stockt ihre Entwicklung und die Entfaltung der oberen Sinne? Folgt man den Ausführungen Karl Königs, findet bei ihnen keine »*Identifikation zwischen Geist-Seele und Körperleib*« statt. (Sie benennen sich auch nicht – weder mit »Ich« noch mit ihrem Namen –, sondern verwenden die 2. oder 3. Person.) Die Kinder empfinden ihren eigenen Körper als nicht zu ihnen gehörig und nehmen andere Menschen mehr oder weniger nur wie Automaten wahr. Es kommt nicht zur Nachahmung, nur zu reflexartigen Wiederholungen. Dadurch entstehen Kontaktstörungen, die genauso schwer zu behandeln sind wie schwere leibliche oder kognitive Behinderungen.

Von medizinischer Seite wird noch viel Forschung erforderlich sein, um heilend auf die Strukturstörungen des physischen und des ätherischen Leibes einwirken zu können. Von heilpädagogischer Seite können die Bemühungen von zwei Seiten aus erfolgen. Einmal muß, wie vorhin erwähnt, versucht werden, regulierend auf die Wahrnehmungsabnormitäten des Kindes einzuwirken. Zum anderen wird der Heilpädagoge durch den Einsatz seiner eigenen Persönlichkeit die Verbindung von Leib und Seele seines Schützlings zu stützen suchen.

Weil die körperlich-ätherische Konstitution dem Astralleib dieser Kinder keinen rechten Halt gibt, fließt dieser sozusagen durch die Organe aus und stößt sich an der Außenwelt. Davor fürchtet sich das Kind, denn das schmerzt. Rudolf Steiner bezeichnet diesen Zustand als eine Form der kindlichen Hysterie. Es entsteht der Vorstellungskomplex: »Ich will etwas tun – ich kann es eigentlich nicht, ich muß es aber doch tun – deshalb wird es anders, als es sein soll.«[55]

Bei den Kindern, von denen nun die Rede ist, setzt die Angst noch früher ein. Sie ergreifen ihren Körper erst gar nicht vollständig. Sie finden »keine Identifikation« mit ihm, die Empfindungsseele verbindet sich nicht in rechter Weise mit dem Empfindungsleib. Sie fühlen sich darum in ihrem Körper fremd und zugleich gefangen, weshalb sie eine essentielle Furcht erfüllt. Vor jeder Anforderung, vor jeder Veränderung erleben sie deshalb eine heillose Angst und stoßen Angstschreie aus (vgl. Adrian, Seite 36).

Diese Angst hindert ein Kind auch daran, eine Entscheidung zu fällen oder etwas anderes als seine Spielchen in gewohnter Stereotypie auszuführen. Ein Kind wie Erwin beispielsweise (siehe Seite 32) wiederholt sowohl bei Anforderungen als auch bei Angeboten langsam, mit leiser monotoner Stimme immer wieder: »Will er das – will er nicht – oder will er doch«? Er konnte sich nicht entscheiden, man mußte ihm helfen. Nicht, indem man die Tätigkeiten für ihn ausführte, sondern indem man in seiner Nähe blieb und entweder neben ihm das Gleiche ausführte oder nur andeutungsweise Hilfestellung gab.

Im Heilpädagogischen Kurs sagt Rudolf Steiner zu dieser Angst und diesem Vorstellungskomplex folgendes: »Er [der Komplex] ist fast jedesmal da, wenn das Kind etwas beginnen soll im äußeren Tun oder durch Denken. Er ist fast immer da. Greifen Sie in diesem Moment so ein, daß Sie sanft und mild mittun in dem, was das Kind tun soll, daß Sie gewissermaßen jede Handbewegung in der eigenen Handbewegung fühlen, dann hat das Kind das Gefühl, der zweite Teil wird korrigiert durch das, was Sie tun. Aber natürlich hat das Kind nichts davon, wenn Sie wirklich alles machen, was das Kind machen soll. Sie müssen nur fiktiv eingreifen. Sie lassen das Kind malen, malen aber nicht selbst, fahren aber mit dem Pinsel nebenher, nahe in der Nachbarschaft weiter, indem Sie jede Bewegung begleiten. Sie lassen das Kind so vorstellen, daß Sie das Kind, indem es seine Vorstellungen bildet, sanft leiten, indem Sie möglichst wohlwollend und deutlich dasjenige, was das Kind machen soll, mitmachen, es seelisch in der Nachbarschaft streichelnd begleiten. Bis in solche Intimitäten hinein können wir durch wirkliche Beobachtung der Sachlage finden, was wir zu tun haben.«

Und er schließt mit den Worten: »Aber er [der Erzieher] kommt nur darauf, wenn er geführt wird durch die Wesenheit im Kinde, wie er es im einzelnen Fall machen muß. Es ist eine unbequeme Arbeit, aber sie ist die einzig reale.«

Bei diesen Angaben Rudolf Steiners fällt auf, daß er hier eine Hilfe, eine stützende Methode für Kinder angibt, die inzwischen als moderne, erfolgreiche Maßnahme für halbwüchsige jugendliche Autisten unter der Bezeichnung »Facilitated Communication (FC)« zur Anwendung kommt. Auf deutsch ist dieser Begriff mit »gestützter Kommunikation« übersetzt worden. Mit dieser von Rosemary Crossley in Australien eingeführten Methode der Kommunikation mit Sprachbehinderten konnte zuerst Spastikern, später dann Autisten geholfen werden. Die Jugendlichen, die der Sprache nicht fähig sind, können, wenn die Hand ihres Betreuers ihren Arm stützend begleitet, ihre Gedanken mit Hilfe eines Computers mehr oder weniger gut formulieren. Es zeigt sich, daß sie das Denken erlernen können und über eine innere Sprache verfügen.

Auf die Frage, wie er geschriebene Sprache wahrnehme, ob er stumm gelesene Texte innerlich mitsprechen würde, antwortete (per Computer) der durch die Medien so bekannt gewordene stumme Autist Birger Sellin: »sicher ist, daß ich nicht fotographisch den text aufnehme«. Eine Wortwahrnehmung ist bei diesem Autisten also vorhanden, und im Lauf der Jahre hat er ebenfalls eine feine Sensibilität für Gedanken entwickelt. Das zeigt sich daran, daß er in der Beantwortung des Briefes eines anderen Jungen, der ihm mittels FC schreibt, empört ist, weil der Junge nicht seine eigenen Gedanken niedergeschrieben hat. »sicher schreibt er wie seine mutter redet, er tut mir ehrlich leid kein autist redet so.«

Die Wahrnehmungsfähigkeit sämtlicher Sinne hat sich, ungeachtet aller Störungen, bei Birger Sellin entwickelt, aber trotz seines eisernen Willens gelingt es ihm bis jetzt noch nicht, Reaktionen seines Gedankensinns in reale selbständige Betätigung umzusetzen. Zwei, drei Worte kann er ab und an ohne FC niederschreiben, bekommt dabei aber meistens Schreianfälle. Er erkennt selbst seinen Zustand sehr gut und äußert sich darüber auch in der Hoffnung, ein größeres Verständnis für autistische Störungen zu erwecken. Aus demselben Grund möchte ich einige Sätze von ihm gern im Wortlaut wiedergeben. Sie sind alle seinem Tagebuch: »ich, deserteur einer artigen autistenrasse« entnommen.

(26.7.1993) »es aergert mich einfach diese immer wiederkehrende / doofe angst eine angst unpersönlicher art / eine wesensfremde friedenraubende angst /

eine angst richtig ewigwaehrend / eine aergerliche ersiedende eimerweise angst / wie einmal eine lavamasse sich ergiesst ueber das erdreich / so ergiessen sich die angststroeme innen in sagenhafter / irrer ausserordentlicher gewalt ueber einen wie mich«

(15.11.1993)
»eines ist klar
eines hilft zuerkennung meiner menschenwuerde
eine totale achtung
eine liebereiche siebeninnige einfuehlsame anrede
eine guetige ueberaus beruhigende wirksame haltung
eine zoegernde aengstliche haltung erschwert
eine essentielle rueckkehr einfach wieder
auch eine feige haltung und ein schweigen.«

Er gibt selber an, wie ihm zu helfen ist, und von einem ihn unterrichtenden Lehrer sagt er (31.10.93):

»überhaupt einer wie er wird einsame besser denkend
bearbeiten als manche wertvollen Allwisser
er unterscheidet sich einfach von anderen weil er nicht
überheblich ist ...
einer wie er wird richtig reagieren denn er kennt die
schmerzen ich liebe ihn einfach«

Solche Sätze belegen in erschütternder Weise, wie sehr es auf den Charakter einer Persönlichkeit ankommt. Dieser Lehrer war wohl durch seine Menschlichkeit in der Lage, regulierend auf den Ätherleib des Jungen einzuwirken.

Wie hilfreich der geistesgegenwärtige Einfall (die Invention) einer einfühlsamen Person sein kann, schildert Birger ebenfalls. Er beschreibt das erste Zusammentreffen mit dem Regisseur, der einen Film über seinen Fall drehen will. Birger erwartet seinen Besuch. Als er dann aber eintrifft, bekommt Birger seinen Schreianfall und rennt in den Garten, um in der Sandkiste zur Beruhigung den Sand durch seine Finger rieseln zu lassen. Der Regisseur folgt ihm wortlos, setzt sich zu ihm und läßt ebenfalls den Sand durch seine Finger rieseln. Erst nach einiger Zeit fängt er in aller Ruhe an zu schildern, wie er sich die Ausführung gedacht hat.

Dieses Bild sollte man sich bei der Kleinkindbetreuung vor Augen stellen, sollte immer »*wohlwollend mitmachen*« und »*das Kind seelisch in der Nachbarschaft streichelnd begleiten*«, was durchaus auch als ein »Stützen« verstanden werden kann, jedoch nicht »Führen« sein darf, wie es die Methode nach Felicie Affolter empfiehlt. So kann man auch bei Kleinkindern eine gestützte Kommunikation aufbauen und die Kinder behutsam an die mitmenschliche Umwelt heranführen. Der eine oder andere wird bei frühem Therapiebeginn so weit geheilt werden können, daß man nur an seltsamen Marotten, gleichsam Rückständen, seelischen Narben, durchgemachte Kindheitsprobleme wird erkennen können.

Ich habe in der Praxis einen Schüler aus der Oberstufe eines Gymnasiums gehabt, der durch seine Mutter (eine Logopädin) im Lauf seines 6. Lebensjahres vom Autismus geheilt worden war, es blieben bei ihm nur einige auffällige Manien bestehen, wie z.B. Spiegelschrift zu schreiben oder Schreibhefte und Bücher mit Trompeten zu »verzieren«.

Ichsinn (Personenwahrnehmung)

Bei manchen Kindern mit gestörtem Denksinn kann man – wie bereits dargestellt – die Beobachtung machen, daß sie wenig Interesse für die sie umsorgenden Erwachsenen zeigen. Das Vermögen, einen Menschen als Mensch wahrzunehmen, entwickelt sich bei diesen Kindern nicht. Für sie scheint die Umwelt nur aus beweglichen und unbeweglichen Gegenständen zu bestehen. Alle Bewegungsabläufe, die sich mechanisch wiederholen, fesseln ihre Aufmerksamkeit. Ihr Lieblingsspielzeug ist die Kugelbahn. Auch von winzigen, sich gleichförmig bewegenden Details in der Natur sind sie fasziniert und können stundenlang das Glitzern des Lichts auf einer kleinen Wasseroberfläche oder zitterndes Espenlaub betrachten. An einem Menschen interessiert sie höchstens der Schmuck, den er trägt, wenn er entweder glitzert oder als Perlenkette durch ihre Finger gleiten kann. Es findet keine Wahrnehmung der anderen Person statt, und das schließt zwischenmenschlichen Kontakt aus.

Dieses Wahrnehmungsdefizit beruht nicht allein auf einer Störung des Denksinns, sondern auf einer Behinderung des von Rudolf Steiner als Ichsinn bezeichneten zwölften Sinnes. Dieser nach außen gerichtete Sinn hat absolut nichts mit dem Gewahrwerden des eigenen Wesenskerns, des eigenen Ich, zu tun. Auf diesen Unterschied hinzuweisen, erscheint mir zwingend notwendig, ist doch die eigene Identifikationsfindung ein Willensvorgang und beruht *nicht* auf einer Sinneswahrnehmung – das Wahrnehmen des eigenen Ich beginnt mit der *Selbstbesinnung.* » … dieses innerlich Sie beseelende Ich ist nicht das gleiche wie der Ichsinn. Die beiden Dinge müssen streng voneinander unterschieden werden.« (Rudolf Steiner am 12. August 1916)

Es geht hier also um die Wahrnehmung einer anderen Persönlichkeit, um das Gespür für den anderen, angefangen bei der oberflächlichen Einschätzung bis zur differenzierten unmittelbaren Wahrnehmung seiner Wesenheit. Aus dieser Wahrnehmung kann dann Verständnis und Mitgefühl für den anderen wachsen.

Mit einer solchen Vervollkommnung wäre die letzte Stufe in der Aufeinanderfolge der Sinne erreicht. Es findet ein Übergang zu rein seelischen, nicht organgebundenen Wahrnehmungen statt, die sich bereits leise bei der Seh-Wahrnehmung ankündigen und in zunehmendem Maße, neben den ausschließlich dem Menschen zukommenden Wahrnehmungen von Musik, Sprache, Gedanken und eben Ich, weiter entfalten. Aus den vielen Äußerungen Rudolf Steiners zu diesem zwölften Sinn möchte ich die folgende vom 12. August 1916 in Auszügen wiedergeben: »Und ein noch intimeres Verhältnis zur Außenwelt als der Denksinn gibt uns derjenige Sinn, der es uns möglich macht, mit einem anderen Wesen so zu fühlen, sich eins zu wissen, daß man es wie sich selbst empfindet. Das ist, wenn man durch das Denken, durch das lebendige Denken, das einem das Wesen zuwendet, das Ich dieses Wesens wahrnimmt – der Ichsinn.« Man kann daraus entnehmen, wie eng die Verbindungen und Wechselwirkungen zwischen Denk- und Ichsinn angelegt sind. Die oberen Sinne benötigen eben auch, wenn die Wahrnehmung zu einem konkreten Erlebnis führen soll, die Mitwirkung eines anderen Sinnes. So wie Gehör- und Wortsinn und Wort- und Denksinn einander stützen, sind auch Denk- und Ichsinn voneinander abhängig. Diese Tatsache macht sich gerade bei Schädigung oder Fehlentwicklung eines dieser Sinne sehr deutlich bemerkbar.

Die Reaktionen sowohl des Denksinns als auch des Ichsinns können bei der Begegnung mit einem anderen Menschen ähnlich verlaufen und sich zunächst, vor allem bei Kindern, in einer sehr undifferenzierten Weise zeigen. Man schaut einen Menschen vielleicht flüchtig an, findet dieses oder jenes an ihm sympathisch, geht auf ihn zu, dann schwingt man wieder in eine Distanz zurück. Dieses oder jenes empfindet man als befremdend. Diese Empfindungen der ständig sich abwechselnden Zu- und Abneigung sind charakteristisch für den Ichsinn.

Manche Menschen kommen je nach Mitwirkung von Seh- oder Gehörwahrnehmungen (von Gehabe oder Stimme) schneller zu einem (vorläufigen) Wahrnehmungsresultat. Andere wiederum erleben dieses Hin- und Herschwingen an ihrer eigenen Körperoberfläche. Sie spüren ganz einfach, was der andere für ein Mensch ist – subjektiv empfunden natürlich. Auch Antipathien und Vorurteile können unbegründet einfach auf einer bestimmten Ichwahrnehmung beruhen und korrigiert werden, wenn zusätzliche Sinneswahrnehmungen wie die Wahrnehmung der Gedanken des anderen dazukommen. Es kann auch vorkommen, daß man in einem Raum, in dem man sich ganz alleine glaubt, plötzlich die Empfindung hat: »Da ist doch noch jemand«, was sich dann auch bestätigt. Blinde Menschen entwickeln diesen Sinn häufig ganz besonders gut und haben keine Schwierigkeit, dieses Erlebnisfeld, dieses Sinnesareal, von anderen Sinneswahrnehmungen zu unterscheiden.

Das Sinnesorgan des Ichsinns

Obwohl man bei dem Ichsinn von der Umwandlung eines polaren basalen Sinnes (des Tastsinns) sprechen kann, befindet sich selbstverständlich der Bewußtseinspol im Gehirn, aber das Empfindungsgeflecht erstreckt sich »in einer feinen Substantialität« über die ganze Haut.

Über den Ichsinn sagt Rudolf Steiner am 12. August 1916 weiter: »Wahrhaftig, so unmittelbar wie wir eine Farbe wahrnehmen, nehmen wir das Ich des anderen wahr, indem wir ihm entgegentreten [...]. So wie durch das Auge Hell und Dunkel und Farben wahrgenommen werden, so werden durch den Ichsinn die anderen Iche unmittelbar wahrgenommen. Es ist ein Sinnenverhältnis zu dem anderen Ich. Das muß man erleben. Und ebenso, wie die Farbe durch das Auge auf mich wirkt, so wirkt das andere Ich durch den Ichsinn.«

Die Wahrnehmungen der oberen Sinne werden einem nicht ohne weiteres bewußt, sie sind nicht so gefühlsverwandt wie die mittleren und führen sehr schnell zu Vorstellungen und Urteilen. Sie sind eben vorstellungsverwandt, aber man muß sich die Definition Rudolf Steiners vom »Sinn« stets vor Augen halten – »Sinn ist das, wodurch wir uns eine Erkenntnis verschaffen ohne Mitwirken des Verstandes« – und sich auf die reine Wahrnehmung konzentrieren.

Ich denke, man könnte die erste Regung des Ichsinns mit der Wahrnehmung eines vorüberhuschenden Schattens vergleichen. Mit geschlossenen Augen nimmt der physische Leib den Schatten wahr, beim Öffnen der Augen auch dessen Konturen. Genauso entsteht ein bestimmter Eindruck von einem menschlichen Gegenüber. Man denkt nicht darüber nach, wie die Wahrnehmung zustandegekommen ist, spricht aber ganz selbstverständlich davon: »Er hat einen großen Eindruck auf mich gemacht« oder »gar keinen Eindruck gemacht« oder »einen schlechten Eindruck hinterlassen«. Man geht also ohne zu reflektieren mit diesen Wahrnehmungen um, wie man mit einer Gesichtswahrnehmung umgeht und von dem Eindruck der Farben spricht.

Die Entwicklung des Ichsinns beim Kleinkind

Aus den undifferenzierten Sinnesempfindungen des Säuglings kristallisieren sich erst langsam die Wahrnehmungen des Wort- und des Denksinns heraus. Das ganze Nervensystem muß erst ausreifen und zur bewußten Eigenwahrnehmung von Bewegung und Befinden kommen.

Beim Ichsinn verläuft die Entwicklung ein wenig anders. Da der basale Sinn der begrenzenden Hautoberfläche schon vor der Geburt in Funktion getreten ist, entfaltet sich – als eine Art Umstülpung des innersten Sinnes – der äußerste, der nach außen gerichtete Ichsinn, recht bald. Für den Außenstehenden macht es sich in ersten zarten Regungen als ein Aufmerken des Kindes fremden Personen gegenüber bemerkbar. Man sagt dann: »Das Kind beginnt zu fremdeln.«

Mit diesen Wahrnehmungen des Fremdelns, die den Säugling zunächst erschrecken, muß er lernen zurechtzukommen. Er schwankt einer fremden Person gegenüber zwischen Hinwendung und Ablehnung. Das zu beachten ist wichtig! Man sollte nicht sofort auf einen Säugling oder ein Kleinkind zugehen. *Man muß ihm Zeit zum Wahrnehmen lassen und beim Fremdeln sofort zurücktreten.* Die Ichwahrnehmung braucht einen gewissen Freiraum und ist, wie das Sehen und Fixieren beim Kleinkind, noch nicht voll entwickelt. Erst wenn das Kind seine eigene Person als selbständiges Ich entdeckt, wenn es also beginnt, sich selbst mit »Ich« statt mit Namen zu benennen, werden die Wahrnehmungen des Ichsinns differenzierter. Das geschieht im sogenannten Trotzalter, wenn das Kind anfängt, seinen eigenen Willen zu erproben.

Die volle Funktion des Ichsinns ist dann allerdings noch nicht erreicht. Bei der Schilderung des Sehsinns wurde darauf hingewiesen, daß die volle Funktion erst mit dem 9. bis 10. Lebensjahr erreicht wird. Ähnlich verhält es sich auch mit dem Ichsinn, der um diese Zeit oft sehr »wählerisch« (was Autoritäten betrifft) reagieren kann. Eine weitere Sensibilisierung des Ichsinns kann dann – genau wie bei allen anderen Sinnen – im Lauf des Lebens erfolgen. Das Sich-Einfühlen in einen anderen Menschen bedarf einer gewissen inneren Reife.

Diese hier angeführte Entwicklung des Ichsinns wäre die gesunde, harmonische, wünschenswerte Entfaltung des zwölften Sinnes. Leider läßt aber die Hektik unseres Lebens dem Kind wenig Zeit für seine Wahrnehmungen. Alle Eindrücke verflüchtigen sich schnell, die Reizüberflutung ist groß – zu groß für sensible Kinder. Außerdem treten zunehmend die schon beschriebenen schweren Verhaltensstörungen von Hospitalismus und Distanzlosigkeit auf, die eine Störung des Ichsinns mitbewirken. In der Terminologie der Psychologen spricht man dann häufig von einem »Nachholbedarf« des Kindes an Kleinstkinderfahrungen. Es wurde ihm nicht genügend Zeit gelassen, »klein« zu sein und sich behütet und geborgen in den Armen seiner Eltern und in seiner Spiel- und Phantasiewelt zu fühlen. Es wäre Aufgabe des Elternhauses und des Kindergartens, dafür zu sorgen, daß ein solcher Nachholbedarf erst gar nicht entsteht, sondern ein »Sich-gegenseitig-Wahrnehmen« intensiv gepflegt wird. Das fängt schon beim Hand-Geben, bei Begrüßung oder Abschiednehmen und beim Blickaustausch, dem Zunicken an. Das »Tschüß« wird heute meistens zugleich mit dem Türzuschlagen beim Weggehen zugerufen. Welche Mutter kennt heute schon den Händedruck ihres Kindes?

Viele Kinder, deren Ichsinn nicht durch menschliche Begegnungen, durch menschliche Wärme angeregt worden ist, zeigen besonders dem Menschenantlitz gegenüber eine aggressive Haltung. Sie schlagen oder kratzen anderen Kindern ins Gesicht, zuweilen auch Eltern und Betreuern. Und bei den Puppen werden die Köpfe zerschlagen oder die Augen zerstört. Bei anderen Kindern zeigen sich diese Entbehrungen in einem verstärkten Bedürfnis, lauter Menschen bzw. Gesichter zu malen, Fratzen zu kritzeln oder alle runden Gegenstände mit Augen und Mund zu versehen. Manche Jugendliche benutzen dazu die Verkehrszeichen. Damit signalisieren sie eigentlich schon, was ihnen in ihrer Kindheit gefehlt hat. Kinder, die in dieser Weise auffällig werden, leiden unter einer Kontaktstörung, die auf eine fehlende Personenwahrnehmung zurückzuführen ist. Es können aber auch neurologisch zu begründende Schädigungen des Gehirns zu solchen Fehlentwicklungen des Ichsinns führen.

Kontaktstörungen als Folgeerscheinung einer Fehlentwicklung des Ichsinns

Wenn ein kleines Kind unter Kontaktstörungen leidet, wird fast immer davon ausgegangen, daß ein seelisches Trauma oder schwere Milieuschäden die Verursacher sind, und darum der Psychologe zur Therapie herangezogen. In vielen Fällen wird es sich so verhalten, und dem Kind wird durch Psychotherapie geholfen werden können. In anderen Fällen jedoch kann es sich um von Geburt an bestehende hirnorganische, neurologische Schäden handeln.

Solche Schäden beruhen auf Unregelmäßigkeiten der sinnesorganbildenden Kräfte des Empfindungsleibes. Die Empfindungsseele bleibt gewissermaßen, wie im letzten Abschnitt dargestellt, wie abgekapselt und erfaßt die Umwelt nicht als beseelt, sondern nur in mechanisch wiederholten Abläufen. Der Ichsinn ist sozusagen »blind«. Kinder, die unter einer derartigen schweren Kontaktstörung leiden, haben entweder überhaupt keine Personenwahrnehmung oder übergroße Angst vor einer Begegnung. Man kann einen solchen kleinen Sonderling leicht daran erkennen, daß er keinerlei Notiz nimmt – weder von den Erwachsenen noch von anderen Kindern. Jede Person bleibt »Luft« für ihn. Ein Augenkontakt oder ein Spiel kommt nicht zustande. Meistens ist außerdem die »Wurzel« des Ichsinns, der Tastsinn, geschädigt, und das Kind neigt dazu, sich selbst zu kratzen oder zu beißen. Eine Berührung von anderen Menschen wird nicht ertragen. Will man das Kind anfassen, riskiert man Angstgeschrei. Und doch ist die Berührung, die Reizkonfrontation, zugleich ein Mittel der Therapie.

Es kommt sehr darauf an, wie eine solche Kontaktaufnahme aufgebaut wird (vgl. auch Adrian, Seite 36). Es gibt viele Therapeuten, die nach der Methode der sogenannten »Festhaltetherapie« arbeiten.[56] Das ist eine sehr harte Methode, die sich gegen den Willen des Kindes (bis zu dessen Erschöpfung) durchsetzen muß und deshalb auch sehr umstritten ist. Es läßt sich jedoch nicht leugnen, daß damit oftmals Erfolge erzielt werden können. Diese beruhen dann auf den Unwägbarkeiten der Zuwendung der behandelnden Person, ihrem Einfühlungsvermögen, ihrer Risikobereitschaft im körperlichen Kontakt mit dem Kind, ihrem Vermögen, seine Ängste und seine Lebensfurcht mit durchzustehen. Es ist nur fraglich, wie weit man bei einem größeren Kind sich dabei »vom Wesen im Kinde« führen lassen kann, das hier als Maxime aufgestellt worden ist (siehe Seite 207). Bei einem Kind im Säuglingsalter ist das Drücken, Kneten, Schmusen, Festhalten, kurz der intensive Körperkontakt kein Problem und sollte – ohne gegen den Willen des Kindes angehen zu müssen – von jeder Mutter praktiziert werden können.

Daß die Störungen, wie sie hier als Störungen des Denk- und Ichsinns geschildert worden sind, durch intensive Stimulation der unbewußten, von Rudolf Steiner als »Nachtsinne« bezeichneten Sinne, wenn nicht immer behoben, so jedenfalls gemildert werden können, ist eine durch praktische Erfahrung unbestrittene Tatsache. Ein Verständnis für diese Zusammenhänge kann man m.E. gewinnen, indem man sie im Licht der Zwölf-Sinnes-Lehre betrachtet, in der gerade die körpereigenen Wahrnehmungen eine zentrale Stellung einnehmen und ihre immense Bedeutung für die Kindesentwicklung hervorgehoben wird.

Die basalen Sinne sind wie ein Wurzelwerk, das verschiedene Triebe aus dem Dunkel ins Licht emporsendet und dann völlig neuen Umgestaltungen unterliegt. Einmal wandeln die Zweige sich, wie beschrieben, in obere Wahrnehmungsorgane um. Zum anderen können sich erst auf der Grundlage dieser Sinne die Fähigkeiten des Aufrichtens, Sprechens und Denkens im Kleinkindalter entfalten und aus den daraus gewonnenen Leiberfahrungen im zweiten Jahrsiebt die kognitiven Erkenntnisse erworben werden. So gesehen ruht eigentlich auf diesen Sinnen die ganze menschliche Existenz, und darum müssen sie von den Heilpädagogen besonders sorgfältig gepflegt werden.

Die basale Sinnespflege (Pflege der unteren Sinne)[57]

Unter dem Oberbegriff »basale Sinne« werden zusammengefaßt: der Tastsinn (Hautgefühl), der Lebens- oder Vitalsinn, der (Eigen-) Bewegungssinn und der Gleichgewichts- oder statische Sinn.

Unter diesen vier Sinnen nimmt der Tastsinn eine ganz besondere Stellung ein. Er befindet sich sozusagen im Spannungsfeld zwischen den polaren inneren und äußeren Wahrnehmungsorganen. In der feinen Substanz der Hautoberfläche findet die Überbrückung statt. Und in der Empfindung der Berührung dämmert die Sonne des Bewußtseins in den zarten oder flammenden Farben des Sonnenuntergangs in die Nacht und den Schlafzustand hinüber. Die folgenden drei Sinne sind die eigentlichen »Nachtsinne« zu nennen. Unbewußt und dumpf sind ihre Wahrnehmungen; sie hinterlassen keine Eindrücke in der Erinnerung. Es spielen sich innerhalb des physischen Leibes physiologische, objektive Vorgänge ab, die vom Bewußtsein kaum registriert werden. Dieser unterschiedliche Anteil des Bewußtseins an den Vorgängen in den Sinnesorganen wurde in Parallele zu den Gestirnen betrachtet.[58]

Dazu sagte Rudolf Steiner in einem Vortrag zur Sinneslehre am 25. August 1918 folgendes: »Es geht gewissermaßen im Menschen dasselbe vor, was im Weltengebäude vorgeht. Im Weltengebäude wechseln Tag und Nacht, im Menschen wechselt auch Tag und Nacht, nämlich Wachen und Schlafen, wenn sich auch beide voneinander emanzipiert haben für den gegenwärtigen Bewußtseinszyklus des Menschen [...]. Das Durchschreiten des Menschen durch seine Sinne ist ganz zu parallelisieren mit dem Gang, ob Sie nun sagen, der Sonne um die Erde oder der Erde um die Sonne, das ist ja schließlich für diesen Zweck gleichgültig; aber diese Dinge hängen zusammen. Und diese Zusammenhänge kannten die Weisen der alten Mysterien sehr gut.«

Tastsinn (Hautgefühl)

Man stelle sich ein Kind in der Sonne dösend vor. Es genießt die Wärme, hört Vögel, den Wind, das Rauschen, riecht die Wiese oder das Meer. Wenn man sich dem Kind mit einem Grashalm in der Hand nähert und ihm leicht mit diesem Grashalm über die Wange streicht, ist es sofort hellwach. Der Tastsinn wurde durch die Berührung gereizt. Die Berührung ist die eigentliche Wahrnehmung – es ist eine innere Wahrnehmung, ein Erleben der eigenen Hautgrenze.[59] Erst danach folgt die Differenzierung. Wie war die Berührung? Weich, hart, spitz, kratzend, kribbelnd oder wie? Als drittes schaltet sich dann je nach Alter des Kindes Erinnerung, Erfahrung, Urteil ein. Oder es entsteht ein Schreck, weil die Berührung keinem Objekt zugeordnet werden konnte.

Auf dieses Berührt-Werden, auf das Spüren, das die Sinnesorgane zum Aufmerken bringt, kommt es in der Kleinkindbetreuung an. Erst durch die Berührung erlebt sich der Säugling im Raum und empfindet seine Begrenzung zur Außenwelt. Er will darum gekost, gedrückt, abgerieben, gebürstet, gebadet, gewaschen, geölt, getätschelt werden und – obwohl das in Widerspruch zu der modernen strampelbegeisterten Säuglingspflege steht – in der ersten Zeit auch gerne gut gewickelt, d.h. in Tücher eingeschlagen werden. Das vermittelt ihm ein Gefühl von vertrauter Sicherheit.

Im Uterus konnte die Raumbegrenzung mit dem ganzen Leib wahrgenommen werden. Diese spürbare Umhüllung und der empfundene pulsierende Rhythmus, der von der Mutter ausging, geht bei der Geburt verloren. Wenn das Tasterlebnis des Berührt-Werdens fehlt, stellt sich Angst ein, bei fehlender Wärme der Kälteschock. Um sich in dieses Angst erzeugende Gefühl der Leere, der Widerstandslosigkeit im Raum hineinzuversetzen, braucht man nur daran zu denken, welche panische Angst einen überfallen kann, wenn man ein Körperglied nicht mehr empfindet, sei es, daß ein Nerv geschädigt oder nur abgeklemmt, unterkühlt, betäubt oder »eingeschlafen« ist. Der »eingeschlafene« Arm ist wohl jedem vertraut. Dieser Arm, der nicht empfindet, der »taub« ist und der eigenen tastenden Hand wie ein unheimliches fremdes Ding, wie ein Stock vorkommt, versetzt seinen Besitzer mehr oder weniger in Panik.

Wenn das Kind gedeihen und ein Gefühl der Sicherheit und des Aufgehobenseins (Vertrauen) entwickeln soll, ist es also ein absolutes Muß, seine Hautempfindung sorgfältig zu pflegen. Es handelt sich um eine lebenswichtige Leiberfahrung, die über den Empfindungsleib direkt auf die Psyche, auf die Empfindungsseele übertragen wird.

Bei Berührung erlebt sich der Säugling in seinem von der Haut begrenzten Körper und lernt diesen nach und nach kennen, sowohl über den äußeren Reiz als auch über seine eigenen Tastbemühungen. Zunächst ist diese Leiberfahrung noch sehr undifferenziert. Wo die Berührung stattfindet oder wo es weh tut, wird dem Säugling noch nicht bewußt. Bei einem kleinen Sonderling mit verzögerter Entwicklung wird es daher um so mehr nötig sein, den Vorgang des Bewußtwerdens ein wenig zu unterstützen, indem man die Körperteile während der Berührung benennt.

Beginnen kann man, indem man die eigenen Finger die ganze Körperoberfläche des Kindes »entlangtippeln« läßt. Anfangen wird man irgendwo in der hochsensiblen Gesichtsregion, beim Näschen, Bäckchen oder Mündchen, und im Singsang oder mit einem Vers oder Liedchen bis zu den Füßen »wandern«; erst die eine, dann die andere Seite. Das Kind muß dazu *nicht immer* ausgezogen, und die Berührung darf nicht zu zaghaft sein. Die Füßchen kann man auch durch eine Bettdecke hindurch gut drücken. Allerdings sollten nur die Momente des Wachseins für solche Kontakte mit dem Kind genutzt werden.

Anders ist die Situation eines zu früh geborenen Kindes, sowohl während des Aufenthalts im Brutkasten als auch längere Zeit danach. Es muß so oft wie irgend möglich von einer menschlichen liebevollen Hand berührt, betastet und gestreichelt werden, das ist für seine Entwicklung in diesem Stadium lebenswichtig und beeinträchtigt seinen Schlaf nicht. Die Amerikanerin Diane Ackermann schildert in ihrem Buch »Die schöne Macht der Sinne« eine Gepflogenheit auf der Station für Frühgeburten in Miami. Dort kümmern sich Rentnerinnen und Rentner auch in der Nacht darum, daß die Frühgeburten berührt und gekost werden. Über ihre eigene Erfahrung schreibt sie: »Ich taste mich mit sorgfältig geschrubbten, desinfizierten und angewärmten Händen behutsam durch die Öffnungen des Brutkastens und berühre das Baby. [...]

Zuerst streichle ich seinen Kopf und sein Gesicht ganz langsam, jeweils 6 mal in 10 Sekunden, und genauso oft seinen Hals und seine Schultern. Ich massiere seinen Rücken mit langen kreisenden Bewegungen 6 mal und streichle 6 mal seine Arme und Beine. Wenn die Berührung zu leicht ist, kitzelt sie, wenn sie zu stark ist, regt sie das Baby auf. Sie muß fest und gleichmäßig sein, als ob man eine Falte glätten wollte.« Die Krankenschwestern halten diese Massageperioden strikt ein, und zwar dreimal am Tag. Die in dieser Weise umsorgten Babys nehmen bis zu 50% schneller an Gewicht zu als jene, die nicht massiert werden. Sie nehmen ihre Umgebung besser wahr, orientieren sich schneller und sind einfach »*gefühlssicherer*«. Wie ist das zu verstehen?

Je jünger das Kind, desto ausschließlicher ist die erforderliche Zuwendung mit Hautkontakt gleichzusetzen. Indem das Kind die Raumbegrenzung in angenehmen Empfindungen erlebt, schwinden die Ängste. Es lernt, in sich zu ruhen. Dies wiederum wirkt auf den Blutkreislauf und den Stoffwechsel; es entwickelt sich schneller. Vor allen Dingen aber keimt in seiner Seele, was Diane Ackermann als »Gefühlssicherheit« bezeichnet. Das ist ein Grundgefühl, das ich mit innerem *Vertrauen* bezeichnen möchte. Dieses Vertrauen kann Selbst-, Schicksals- und Gottvertrauen mit einschließen.

Nicht nur dem kleinen Kind hilft die Berührung, Angst zu überwinden. Auch Erwachsene stützen sich gegenseitig mit der Hand auf der Schulter oder einem Händedruck. Um Trost zu vermitteln, wird der andere schließlich in den Arm genommen. Ein Kind will in einer solchen Situation ganz umfangen und fest ans Herz gedrückt werden, bis es sich beruhigt hat. Es gibt zwar eine Berührungsangst, diese beruht aber, sofern kein Schockerlebnis vorliegt, auf einer starken inneren Spannung und Hypersensibilität (d.h. auf einem zu dominanten Astralleib) oder einer hirnorganischen Schädigung (siehe unten).

Die Wechselwirkungen zwischen Hautwahrnehmung und Angst können auch an äußeren Merkmalen erkannt werden. Man kann Gänsehaut bekommen, die Haare können sich sträuben. Es können dadurch Berührungsreize, die sonst nur durch lustvolle Berührungen entstehen, ausgelöst und Empfindungen geweckt werden, die man mit Nervenkitzel oder Gruseln bezeichnet. Zeigen sich Neigungen mancher Kinder, solche Gefühlssensationen übermäßig oft aufzusuchen, oder bemerkt man eine gewisse Quälsucht, muß dem sehr sorgfältig nachgegangen werden. Es könnten Störungen (Hyposensibilität) des Tastsinns vorliegen. Hyposensibel sind auch Kinder, die lächeln, wenn sie verhauen werden, und die Wunden nicht bemerken.

Mitunter können die Leiberfahrungen sehr bewußt werden, nicht hell, aber farbig – wie die Abenddämmerung; in Zärtlichkeiten beispielsweise im Übergang vom Wachsein zum Einschlafen. Eine sanfte permanente Berührung schläfert ein und beruhigt (z.B. die nicht zu entbehrende Kuschelpuppe). Es kann aber auch – wie beim Auge – der Wille aktiv werden, der sowohl im Tastsinn als auch in den anderen unteren Sinnen verborgen schlummert; es folgt ein *Betasten* oder *Ertasten*. Schaltet sich Denken und Urteil ein, vollzieht sich das *Abtasten*, an dem auch die Bewegungs- und Gleichgewichtssinne beteiligt sind. Es kann dann erkannt werden, von welchem Gegenstand der mechanische Reiz herrührt und aus welcher Konsistenz er besteht oder welche Struktur er hat (Stereognostik). Das ist ohne Zuhilfenahme der Augen auch im Dunkeln oder von Blinden, die diese Sinne schulen, sehr treffsicher zu bestimmen.

Kleineren Kindern sollte man das Betasten von Gegenständen nur bei hellem Licht erlauben. Es ist sehr beängstigend, plötzlich ins Feuchte, in ein Tierfell oder spitze Nadeln zu greifen, ohne zu sehen; und für die Wahrnehmungsschulung ist es gerade wichtig, daß so viele Sinne wie möglich gleichzeitig beteiligt werden. Was sich *so* anfühlt, das sieht *so* aus, kann *so* klingen, hat eventuell einen Geruch oder Geschmack, ist warm oder kalt. *Nur aus dem Zusammenspiel der Sinne bildet sich der Erfahrungsschatz der Kinder.*

Gleichwohl ist es wahr, daß ein Sinn intensiviert werden kann, wenn man sich ausschließlich auf diesen konzentriert, z.B. indem man die Augen schließt oder den Gegenstand verdeckt. In Kindergärten werden vielfach kleine Grabbelsäckchen verwendet, deren Inhalt die Kinder abtasten, erkennen und herausholen sollen. Es kommt sehr darauf an, wie solche Übungen durchgeführt werden, und darauf, wie alt die Kinder sind. In der Wahrnehmungsschulung sollten die Erfahrungen unter Ausschaltung des Denkens und Urteilens gewonnen werden.

Die Frage lautet also nicht: »Was hast du in der Hand?« sondern: »Wie fühlt sich das an?« Es kommt zunächst nicht auf die Verschiedenheit der Formen, sondern auf die Berührungsqualität an: weich, fest, rauh, feucht, haarig, elastisch etc. Man kann z.B. Schwämme, Bälle, Bürsten, Plastilinkugeln, Kastanien mit oder ohne äußere Schale, glatte Murmeln, Lappen, Wolle, Felle, Pflaumen oder Pfirsiche auswählen – kurz gesagt: alles aus der Umgebung, das verschiedene Tastempfindungen hervorruft. Doch sollte jeweils nur eine kleine Auswahl getroffen werden, und die Gegenstände sollten aus dem vorangegangenen Spiel vertraut sein.

Für die Kleinsten ist es am schönsten, wenn einfach Spielkisten vorhanden sind, in denen vielerlei Dinge gesammelt werden, die die taktile Neugierde befriedigen. Man kann Schlangen aus verschiedenartigen Wollbommeln oder aus Beutelchen mit verschiedenen Füllungen (auch riechenden Kräutern) herstellen, Bälle aus Leder, Samt oder Seide, Kraken aus Gummi, Wolle, Leder etc. Beginnt man damit und bemerkt den Spaß, den die Kinder beim Anfassen haben, wird man endlos neue Einfälle bekommen und die Dinge von Zeit zu Zeit austauschen. Außerdem gibt es draußen in der Natur tausend Dinge, an denen das Kind prüfen kann, wie sie sich anfühlen: die Rinde am Baum, samtene Blätter, stechende Dornen, Brennesseln etc. Das Spielen mit Sand und Wasser kann auch innerhalb der vier Wände stattfinden (siehe Seite 43). Und im Sommer kann man den kleinen Körper des Kindes in den warmen Sand einbuddeln. Der Sommer ist sowieso die schönste Zeit, um das Kind an taktile Reize heranzuführen. Die Kleidung ist minimal, und die ganze Hautoberfläche Wind und Wetter und den unterschiedlichsten Berührungen ausgesetzt.

Bevor ich näher auf die Sinnesorgane der Haut eingehe, die diese taktilen Erlebnisse vermitteln, möchte ich zwei besondere Eigentümlichkeiten des Berührungssinns hervorheben.

Potenzierung und Ausdehnungsfähigkeit des Tastsinns

Durch die Möglichkeit, sich selbst berühren zu können, entsteht an den Kontaktstellen der Haut eine ungeheure *Potenzierung* der Eigenwahrnehmung. Sich selbst mittels des Tastsinns wahrnehmen zu können, verdoppelt sozusagen die Wahrnehmung und gehört zum Identifikationsprozeß; kleine Babys beginnen schon früh damit, sich selbst zu berühren. Die Händchen fummeln im Gesicht herum, finden die Lippen, die Füßchen usw. Ein wichtiger Moment ist es, wenn beide Hände sich über der Mittelachse des Körpers begegnen und die Wahrnehmungen der Berührung sich überkreuzen. Das ist ein im Unterbewußtsein verlaufender Selbsterfahrungsprozeß (vgl. die Überkreuzung der Sehnerven beim Fixieren). Ein Kleinkind fühlt sich wohl beim Händeklatschen. Zu den ersten Spielchen mit dem Säugling gehören Händepatschspiele wie »Backe-Backe-Kuchen«, und von sich aus unterstreicht ein Kleinkind spontan eine Bitte mit der Geste des Händepatschens.

Eine Eigenberührung kann außerdem die Konzentration unterstützen. Ein Erwachsener führt beim Nachdenken gerne die Hand zur Stirn oder Nase, stützt den Kopf in die Hand, legt die Hände übereinander oder faltet sie. Auch im konzentrierten Gebet werden die Hände gefaltet oder die Handflächen aneinander gelegt. Eine solche Geste ist in wunderbarer Weise von Albrecht

Dürer in der Zeichnung »Betende Hände« dargestellt worden. Sie zeigt eine unendlich behutsame Begegnung der Hände. Es gibt viele beeindruckende Gemälde alter Meister, die auf sanfte Berührungen hinweisen. Solche Berührungen haben etwas mit Frömmigkeit und religiösen Gefühlen, mit Ehrfurcht und Andacht zu tun.

Es wird viel zu wenig bedacht, welche starke seelische Erregung eine Berührung bei einem Kind auslösen kann. Schließlich entsteht bei jeder Berührung von Menschen untereinander sowohl eine Eigen- als auch eine Fremdwahrnehmung. Man spricht von Hautkontakt. Es ist ein ähnlicher Vorgang wie beim Blickkontakt, und genau wie bei diesem muß man sehr behutsam vorgehen und die Reaktionen sehr genau beobachten. Die Achtung vor der Seele, vor der Persönlichkeit des Kindes muß immer gewahrt bleiben. Die Andacht ist bei keiner Sinnespflege so sehr gefragt wie bei der durch Berührung. In ihrem *Wie* liegt die Möglichkeit, den Berührungsreiz von Mensch zu Mensch zu potenzieren und die therapeutische Wirkung zu verstärken. Von behutsamen Händen können ätherische Kräfte ausstrahlen, die nicht nur besänftigend, sondern harmonisierend und zuweilen heilend wirken (siehe Seite 104).

Man muß nur genau wissen, welche Empfindungsstörungen beim Kind vorliegen und wie die Behandlungen dosiert werden müssen. In manchen Fällen kann durchaus ein festes Anfassen, ein festes Bürsten, Massieren etc. angebracht sein. Bei anderen Kindern wiederum, die unter *innerem Wundsein* leiden, kann die Angst vor Berührungen so stark sein, daß schon die Nähe einer Hand bedrohlich wirkt. Man muß gegebenenfalls eine Annäherung zuerst mit feuchtwarmen Schwämmen und Bädern versuchen.

Viele Eltern glauben, daß die Kinder viel Spaß daran haben, gekitzelt zu werden. Das ist meistens ein großer Irrtum, auch wenn die Kinder lachen. Das tun sie, wenn sie aus der Haut fahren, und das ist keineswegs immer ein angenehmes Gefühl. Es kann sogar als quälend empfunden werden, und größere Kinder schreien bald: »Aufhören!« An diesem Punkt setzt oft ein Mißbrauch des Kindes ein. Als Regel gilt: *Im Berühren das Kind seine Leibeshülle empfinden lassen – ja! Aber anhaltendes Kitzeln – nein*! Vorsicht mit den Fußsohlen des Kindes. Diese können sehr empfindlich sein, und man sollte sie nicht bürsten, nur drücken und massieren; es sei denn, sie sind gänzlich ohne Gefühl und benötigen intensive Stimulation.

Die zweite Eigentümlichkeit des Tastsinns ist die *Ausdehnungsfähigkeit* seines Wahrnehmungsradius (über ein Medium). Die Haut ist zwar die Begrenzung des Körpers, aber zugleich ist sie durchlässig, porös. Die Kraftfelder der unsichtbaren Wesensglieder fluktuieren und vibrieren durch sie hindurch (wie die Hautatmung und der Wärmeaustausch). Das gleiche läßt sich von den Wahrnehmungen der zum Tastsinn zählenden Sinnesorgane sagen. Nicht nur durch Kleidung, Decken, Schuhe kann Berührung empfunden werden. Die Wahrnehmung kann sich beispielsweise durch »Medien« wie Pinsel, Stifte, Stöcke, Werkzeuge etc. gleichsam verlagern und über größere Entfernung ausdehnen. So kann manche Information von Objekten außer Reichweite und bei fehlender Sicht eingeholt werden. Ohne die Möglichkeit, das Terrain mit dem Blindenstock abzutasten, würde sich ein Blinder kaum zurechtfinden.

Eine solche Ausdehnung und Verlagerung des Tastsinns muß der Heilpädagoge oft aus therapeutischer Sicht bei kleinen Sonderlingen anregen. Das gilt insbesondere für Kinder, die sich keinen äußeren Tastwahrnehmungen zuwenden, sondern sich ausschließlich und stereotyp mit ihrem eigenen Körper befassen. Ihr Tastsinn ist wie ausgedörrt, sei es aufgrund neurologischer Schäden, sei es als Folge fehlender Zuwendung in der Säuglingszeit. Je mehr es gelingt, ihre Freude an entfernteren Tastwahrnehmungen zu wecken, desto eher werden sie ihre Ängste und ihre Verhaltensstörungen überwinden können. Man muß ihnen ständig Stimulationen und Anstöße von außen zukommen lassen, wie den Kindern, die nach innen horchen (vgl. Gehörsinn, Seite 191).

Man lasse sie beispielsweise Bälle, Murmeln etc. mit dem Besenstiel unter Möbeln hervorholen, mit dem Löffel nach Nüssen in der Grütze suchen oder das in die Milch gefallene Bonbon herausholen. Man kann Kastanien oder Eicheln auf dem Fußboden unter einem Teppich bzw. einer dicken Decke verstecken und die Kinder auffordern, sie mit den Füßen zu suchen. Ein beliebtes Gruppenspiel ist das »Topfschlagen«. Man kann die Kinder aber auch andere Dinge im Raum suchen lassen als nur den Topf mit dem langen Kochlöffel. Das Schlagen kann auch rhythmisiert und so das ganze rhythmische System des Kindes durch Ton- und Vibrationsempfinden stimuliert werden. Mit dem Schlagstöckchen oder Triangelstab wird zugleich mit dem Gehör der Tastsinn angeregt. Wie Kinder von sich aus ihre taktilen Empfindungen auszudehnen und rhythmische Impulse zu empfangen suchen, kann man des öfteren beobachten. Sie laufen mit einem Stock oder Stift in der Hand an Zäunen entlang, die aus Latten oder Gitterstäben bestehen, und drücken diesen dagegen. Fragt man nach dem Grund, lautet die Antwort: »Das fühlt sich so witzig an und knattert so schön.« Solche

Neigungen kann man im Kindergarten aufgreifen und im Tagesprogramm in spielerischer Weise zusammen mit Hörübungen umsetzen.

Die »Humusschicht« der Haut

Die Haut ist nicht nur das größte, sondern auch ein äußerst wichtiges Organsystem des Menschen, das außer der Wahrnehmung mehrere physiologische Funktionen zu erfüllen hat. Bei ernsthaften Schädigungen dieses Oberflächenorgans ist der Organismus nicht lebensfähig, wogegen ein Ausfall des Seh- oder Hörorgans kompensiert werden kann. Schon zu Beginn der embryonalen Entwicklung bildet sich aus dem äußeren Keimblatt (Ektoderm) die aus Haut und Haaren bestehende schützende Umhüllung des werdenden Wesens. Auch die Anlagen zu den Sinnesorganen Ohr und Auge sowie die sensorischen Organe des Riechens, Schmeckens, Berührens, der Temperaturempfindung und des Ichsinns liegen darin verborgen.

Naturgemäß muß dieses sich entfaltende Organsystem außerdem von sämtlichen Lebensprozessen durchzogen, ernährt, belebt, erhalten werden, es muß wachsen und sich regenerieren können. Alle genannten unterschiedlichen Funktionen sind auf verschiedene Schichten der dreifach gegliederten Haut aufgeteilt.

Man unterscheidet eine äußere Schicht, die Oberhaut (Epidermis), die die Begrenzung zur Außenwelt bildet und vor mannigfachen äußeren Einwirkungen abschirmt. Sie überzieht wie eine elastische Hülle den ganzen Leib und (als Schleimhaut) auch alle Aushöhlungen. Sie erneuert sich ständig von innen und schiebt sich als Hornhaut nach außen, wo sie nach 15 bis 30 Tagen abschuppt. Sie ist durchsichtig, enthält aber Farbpigmente, die sich als Strahlenschutz vermehren können und bei unterschiedlichen Rassen verschieden stark in Erscheinung treten. Die Hornhaut bildet zum Schutz der Finger- und Zehenspitzen die Nägel und an stark beanspruchten Stellen Verdickungen, die sogenannten Schwielen.

Die inwendige Schicht der Haut ist das mit dem Gewebe der inneren Organe verbundene Unterhautzellgewebe (Subcutis). Auch diese Schicht hat insofern eine abschirmende Funktion, als sich hier, zum Schutz gegen äußeren Druck, ein Polster aus Fettgewebe bildet, das auch als Nahrungsdepot dient. Die eigentliche Aufgabe dieser Region besteht in der Ernährung und Durchblutung der Haut. Die Lebensprozesse durchdringen die Zellen. Es findet Atmung (Sauerstoffaufnahme) und Wärmeregulierung statt. An der Art, wie die Haut durchblutet wird, können seelische Regungen erkannt werden, z.B. beim Erröten oder

Erblassen. Aber auch Stoffwechselstörungen und Ernährungsfehler lassen sich an der Haut erkennen und diagnostizieren.

Zwischen diesen beiden Schichten breitet sich die eigentliche Lederhaut aus. Neben unendlich feinen Gewebe- und Muskelfasern, neben Drüsenknäueln und Haarwurzeln enthält sie eine unendliche Fülle unterschiedlichster Rezeptoren, die alle die eine Funktion haben, der Wahrnehmung zu dienen; der Wahrnehmung des eigentlichen Leibes in der Auseinandersetzung mit der materiellen Welt.[60]

Diese winzigen Zwiebelchen, Körperchen, Druckpünktchen und freien Nervenenden bilden in der Lederhaut ein scheinbar ungeordnetes Gewirr. So wie der Wind die Samen über den Erdboden streut und unterschiedlich dicht verteilt, liegen sie in dieser Humusschicht und strecken ihre feinen Wurzelfäden bis zum Rückenmark aus und durch dieses hindurch bis zum Gehirn. Ihre Anzahl beträgt weit über eine halbe Million.[61]

Rudolf Steiner vergleicht die Lederhaut mit der Humusschicht des Erdbodens, und vom frühkindlichen Nervensystem sagt er: »... da ist es so, daß tatsächlich das Kind, so lange sein Verstand noch nicht aufgeweckt ist, also im ganzen ersten Jahre, eine sehr lebhafte Zwiebeltätigkeit in sich, in den Nerven hat. [...] Wir tragen da tatsächlich in den Hautnerven ein ganzes Pflanzenreich in uns. Nur hört später, wenn wir in die Volksschule kommen, eigentlich dieses lebhafte Wachsen auf. Da verwenden wir die Kräfte, die vorher aus den Nerven geworden sind, zum Denken.« (20. Dezember 1922)

Das Vorhandensein dieser Humusschicht und die starke Regsamkeit der »Nervensamen« macht es verständlich, daß das kleine Kind als Ganzheit (mit Haut und Haar) als Sinnesorgan betrachtet werden muß. Das Hautgefühl ist bei ihm noch als ideopathisch zu betrachten, d.h. viele der verschiedenen Reize werden als solche noch nicht lokalisiert und differenziert empfunden. Man könnte durchaus sagen, daß alle dem Menschen mögliche physiologischen Empfindungen in der Haut verankert sind, wenn nicht direkt, so doch durch Synästhesien (Kontakte) mit anderen Nervenfasern. Durch das Zusammenwirken von Form- und Berührungssinnen können die Fingerspitzen genau wie Augen abtasten und im Dunkeln »sehen«. Eine gefühllos gewordene Region der Haut nennt man taub, die Vibrationen und Berührungsreize sind stumm.

Viele Forscher versuchen erfolgreich – besonders in Amerika –, mittels Elektroden und Dekodierungsprogrammen nicht nur den Blinden Orientierungshilfen zu geben, sondern durch bestimmte Klangbilder, die über den Tastsinn wahrgenommen werden können, das Gehör zu ersetzen.[62] Über die Zwiebelchen, die Geruch oder Geschmack vermitteln, wurde schon berichtet, und auch über den Wärmesinn. Daß die den Menschen auszeichnenden oberen Sinne als »Umstülpungen« der basalen Sinne entstehen, wurde ebenfalls erwähnt. Die Wahrnehmungen von Form, Zeit und Druck durch die basalen Sinne der Bewegung und des Gleichgewichts haben auch, wie noch ausgeführt werden soll, ihre entsprechenden Fasern in der Haut.

Wie ist es mit der Verteilung der Rezeptoren des hier zu betrachtenden Tast- und Berührungssinns bestellt? Welche Regionen weisen die größte Dichte auf? Welche Körperteile sind besonders empfindsam? Einmal wäre der feine Haarflaum zu erwähnen, der den weitaus größten Teil der Hautoberfläche bedeckt und in der Humusschicht seine Wurzel hat. Jedes einzelne Haar ist unmittelbar mit Nervenfasern verbunden. Schon eine aus der Ferne aufkommende leichte Brise wird durch das Vibrieren des Haars vom Tastsinn aufgenommen, und ein Staubkorn an der Wimper veranlaßt das sofortige Schließen des Lids. Zum anderen wären die Zähne zu nennen. Durch sie hindurch wird von den Rezeptoren in der Pulpa sowohl eine Berührung als auch die Konsistenz einer Materie überaus deutlich empfunden. Nicht nur gewisse Völkerstämme benutzen diese Wahrnehmungsfähigkeit ihrer Zähne. Auch Kinder tun es, und in unseren Küstenregionen die Bernsteinsucher, die die Steinchen mit den Zähnen auf ihre Echtheit prüfen. Diese große Empfindsamkeit der Zähne muß man bei sensitiven Kindern sehr beachten. Es ist ihnen nicht möglich, die Zähne zu putzen, und vielfach haben sie mit dem Kauen und Essen große Probleme. Das wiederum führt, da die Artikulationsmuskulatur nur schwach ausgebildet wird, häufig zu Problemen beim Sprechen. Sogar bevor die Zähnchen herauswachsen, macht auch der Säugling die ersten Erfahrungen mit der Materie im Mundbereich. Er steckt sich alles in den Mund, beißt und lutscht daran herum. Die dichteste Häufung an Tastkörperchen enthalten die Zungenspitze, die Region der Lippen und die Fingerspitzen. Man spricht von einem feinen Fingerspitzengefühl und überträgt diesen Begriff sogar auf die psychologische Ebene.

Bei überempfindlichen Kindern wird man häufig feststellen, daß sie ängstlich ihre Fingerkuppen verstecken, und wenn sie auch, emotional freundlich gestimmt, die Hand zur Begrüßung ausstrecken, so zucken sie im letzten Moment vor der Begegnung mit einer anderen Hand zurück. Andere Kleinkinder wiederum haben überempfindliche Haarwurzeln, und es ist kaum möglich, sie zu kämmen. Sie weichen auch aus oder ducken sich, wenn man ihnen über den Kopf streicheln möchte. Man darf eine solche Reaktion darum nicht falsch interpretieren und ihren Ursprung in früher erhaltenen »Backpfeifen« oder anderen unbeherrschten Erziehungsmaßnahmen vermuten. Blinde Kleinkinder verstehen es mitunter, die Überempfindlichkeit ihrer Haare sinnvoll einzusetzen. Bei einer Borstenfrisur von 2 cm Länge können, wie ich es bei einem 2 1/2 jährigen Mädchen beobachten konnte, die Härchen dem Kind beim Herumkriechen zur Orientierung dienen. Sie reagieren wie kleine Fühler, manchmal schon bevor sie einen Gegenstand berühren, und offene Türen nehmen sie aufgrund von Temperaturveränderungen und Luftzug wahr.

Vom menschlichen Haar sagt Karl König, es sei so eng mit dem Tasterlebnis verschwistert, weil es den organischen Ausdruck des Empfindungsleibes darstellt, und setzt dann fort: »Das Haar ist ein dauernd sich erneuerndes Gebilde, das trotz seiner Wachstumskraft die Verhornungs- und Verhärtungstendenz in sich trägt und den aufbauenden Kräften dauernd die abbauenden entgegenstellt. Es ist ein Wachstums- *und* Empfindungsorgan, der Ausdruck der Vereinigung von Ätherkräften und Seelenerlebnissen.«[63]

Neben den verschiedenen Körperchen enthält die Lederhaut auch Drüsenknäuel und freie Nervenenden. Es handelt sich bei diesen Knäulchen um Schweiß- und Talgdrüsen. Die Schweißabsonderung wurde bereits mehrfach erwähnt – auch der Zusammenhang zwischen Schweißausbruch und Angst. Von den freien Nervenenden, die bis an die Hautoberfläche durchdringen, wird angenommen, daß sie es sind, die eine Schmerzempfindung zum Gehirn weiterleiten. Nach der anthroposophischen Menschenkunde wird sowohl der physiologisch empfundene als auch der psychologisch (seelisch) erfahrene Schmerz (wie auch die Lustempfindung) nicht von Sinnesorganen, sondern vom Astralleib direkt über Nervenfasern aufgenommen und dem Gehirn zur Bewußtwerdung weitergeleitet. (Der letzte Vorgang kann durch Betäubung ausgeschaltet werden.)

Das Werkzeug des Astralleibs ist das ganze Nervensystem, aber über das Medium der eingeatmeten Luft durchzieht er jede Zelle, den ganzen physischen Leib und strahlt zugleich über die Körpergrenze hinaus. Jeder Mensch hat eine gewisse, mehr oder weniger starke Ausstrahlung, die auch unmittelbar vom Ichsinn eines anderen wahrgenommen werden kann. Bei bestimmten Schwächen oder organischen Schäden des Individuums kann sich, wie bereits verschiedentlich ausgeführt, ein »Ausfließen« des Astralleibs mit resultierender Überempfindlichkeit (innerem Wundsein) einstellen. Es gibt aber auch eine entgegengesetzte Abweichung, indem der Astralleib »zurückgeschockt« wird und dadurch eine absolute Unempfindlichkeit der Haut wie eine Art Lähmung (Paralyse) entsteht. Am Kind fällt dann eine seltsame Starrheit auf. Das psychische Korrelat dazu ist nicht die Angst, sondern die Furcht (vgl. Absonderung, Seite 98).

Einen solchen Zustand der absoluten Unempfindlichkeit der Haut – bei hoher Sensitivität der anderen Sinnesorgane – hat der junge Autist Dietmar Zöller (per FC) in folgenden bewegenden Zeilen geschildert:[64]

»Haut, die nichts spürt,
Augen, die zu viel sehen.
Ohren, die zu viel hören.
Das ist ein Leben
der großen Plagen.
Ich weiß Bescheid.«

Körperpflege im Kindergarten

Faßt man in einer inneren Kontemplation alle genannten Funktionen und psychischen Reaktionen der Haut zusammen (einschließlich der auftretenden Allergien und Abnormitäten), wird einem sofort ersichtlich, wie eng die Seelenpflege mit der Hautpflege verbunden ist.

Daraus folgt, daß die Pflege der Haut, der Haare, der Nägel und der Zähne der Kinder nicht nur aus ästhetischen oder hygienischen Gründen verlangt wird, sondern sowohl für ein gesundes leibliches Wohl als auch für ein seelisches Gedeihen des Kindes absolut erforderlich ist. Frischer Schmutz, Matsch oder Farbe schaden dem Kind nicht – sind sogar als Erfahrung oder Stimulation erwünscht –, aber verkrusteter Schmutz, abgebissene Nägel, verfilzte Haare, Kratzspuren, eiternder Schorf und faulende Milchzähne sind Zeichen von fehlender Zuwendung, von Vernachlässigung oder auch Verwahrlosung.

In dieser Weise vernachlässigte Kinder finden sich nicht ausschließlich in sozial schwachen Familien, sie stammen gelegentlich sogar aus äußerst wohlsituierten Verhältnissen der Wohlstandsgesellschaft. Besonders bei ungeliebten Problemkindern, also bei den kleinen Sonderlingen, ist die Gefahr der Vernachlässigung groß. Manche Kinder haben auch Hautstriemen, Beulen oder blaue Flecken von allzu heftigen Auseinandersetzungen in einer gestreßten Familie davongetragen. Manche Kinder sind regelrecht mißhandelt worden. Ein Erzieher – erst recht der Heilpädagoge – muß solche Vorkommnisse objektiv registrieren können und dementsprechend richtig handeln. Im Sommer oder beim Schwimmengehen ist es nicht allzu schwierig, den Zustand der Kinderhaut zu beobachten; bei unseren nördlichen Temperaturen und diesen angepaßter Kleidung muß man sich etwas einfallen lassen.

In einem therapeutischen Institut, in dem Bäder oder Duschen verabreicht werden, kann man einem Kind problemlos eine hautpflegende Behandlung zukommen lassen. Ist das nicht möglich, könnte es ein Kind als diskriminierend empfinden, für eine Waschprozedur abgesondert zu werden. Man kann auch nicht ohne gravierenden Grund ein größeres Kindergartenkind – wie beim Arzt – ausziehen oder sich ausziehen lassen. Es könnte, besonders wenn es seine Verwahrlosungsmerkmale kennt, in seinem Selbstgefühl verletzt werden. Eine fürsorgliche, liebevolle Beobachtung muß möglichst *unauffällig* praktiziert werden. Man kann kleine Rollen- oder Verkleidungsspiele, Fasching und dergleichen veranstalten. Auch kleine An- und Ausziehübungen mit anbehaltener Unterwäsche ermöglichen einen ersten Eindruck von der Hautoberfläche. Einen solchen Eindruck muß man sich schon aus diagnostischen Gründen verschaffen, Auffälligkeiten im Protokoll notieren und eventuell therapeutische Maßnahmen in die Wege leiten.

Kinder zeigen meistens ein großes Interesse an ihrer Haut. Sie identifizieren sich mit dem Hautgefühl. Sie tun das unterbewußt, ohne zu wissen, wie individuell geprägt jede Hautzelle, wie spezifisch der Duft der von ihren Hautdrüsen abgesonderten Feuchtigkeit ist[65] und wie einzigartig und deutlich von anderen zu unterscheiden ihr Fingerabdruck. Sie lieben ihre Haut, stimulieren sie gerne oder lassen ihre innere Wut an ihr aus. Sie ritzen sich mit Nadel oder Nagel und beobachten die entstehende Rötung. Größere Kinder schreiben auf diese Weise Buchstaben und Namen, mitunter greifen sie zu Filzstiften (eine Vorstufe der Tätowierungssucht). Fast alle Kinder schminken oder bemalen sich gerne und schauen sich die Veränderungen im Spiegel an: »Bin ich das – wer bin ich wirklich?«

Besonders interessant sind ihnen Körperfalten, Schleimhäute und Höhlungen. Gerne wird in der Nase gebohrt und werden kleine Gegenstände, wie z.B. Bohnen, in die Nasenlöcher gesteckt. Unvergeßlich bleibt mir ein Kindheitserlebnis: Eine kleine Kusine schob beim Spielen mehrere Kaffeebohnen – bis zur Schmerzgrenze – in ihre Nase und bekam sie nicht mehr heraus, auch der herbeigerufene Erwachsene nicht. Die Kleine mußte schnell in eine Klinik gebracht werden. Diese Erfahrung und spätere Beobachtungen bei Hautstimulationen von wahrnehmungsgestörten Kindern veranlaßten mich, nach anderen Naturmaterialien als gerade Bohnen und Erbsen zu suchen. Denn diese üben anscheinend durch ihre Form eine besondere Faszination auf Kinder aus (zum Rieseln-Lassen eignen sich Linsen, Senfsaat und feiner Sand besser).

Dieses Interesse der kleinen Kinder am eigenen Körper muß man kennen. Heute weiß man, daß es ganz natürlich ist, wenn sie dabei auch ihre Geschlechtsorgane entdecken. Meistens liegt es an falschen Reaktionen der Bezugspersonen, wenn die Kindesentwicklung diesbezüglich in bedenklichen Bahnen verläuft. Falsche Prüderie ist nicht am Platz. Es muß für Sauberkeit ohne hautreizende Seife, Öle oder Salben gesorgt und darauf geachtet werden, daß Juckreize vermieden werden. Das gilt für die gesamte Haut (eventuell auf Wollunterwäsche verzichten). Bei jeder Körperpflege geht es zum einen darum, die Auseinandersetzung des Kindes mit seinem Berührungssinn behutsam zu unterstützen und gleichzeitig vor Überreizung zu schützen, zum anderen darum, die Aufmerksamkeit des Kindes auf die mittleren Sinne zu richten und sein Interesse für die Umwelt zu fördern, damit es nicht in der Beschäftigung mit sich selbst steckenbleibt.

Das sind wichtige Themen für die Elterngesprächsabende. Meistens wissen Eltern zu wenig über eine gute Hautpflege. Das übertriebene und zu häufige Waschen zerstört den Säureschutzmantel der Haut, sie trocknet aus und spannt. Dies wiederum führt zu einem Feuchtigkeitsverlangen, das schließlich beim Kind zu einem Waschzwang führen kann. Es kann auch zu Kräfte- und Wärmeverlust führen. Für die Haarwäsche gilt das gleiche. Es kann außerordentlich problematisch sein, die Haare eines kleinen Sonderlings, besonders bei Hyperaktivität und Sensitivität, zu waschen. In der Regel sollte das Kind den Kopf nach hinten über das Waschbecken (unter Umständen muß man es auf einen hohen Hocker, Teewagen oder dergleichen setzen) oder gut gestützt in der Badewanne halten dürfen. Die Angst vor dem Seifenwasser im Gesicht ist sehr groß. Hat man keinen Zugang zu speziellen Schutzkrämpen, schneidet man ein mittleres rundes Loch in eine Duschhaube und stülpt sie so über den Kopf, daß das Gesicht geschützt ist. Die Eltern sollten Gelegenheit haben, sich über ihre Probleme, Praktiken und Tricks auszutauschen, denn sie werden täglich mit den Fragen der Körperpflege konfrontiert und damit, wie ihr Kind in dieser Beziehung eine gewisse Selbständigkeit erlangen kann, ohne gleichzeitig Zuwendung und Hautstimulation einzubüßen.

Wie kann man diese Bemühungen im Kindergarten unterstützen? Bei vielen Kindern wird das schwierig sein. Man müßte dann abwechselnd mit kleinen

Gruppen üben oder einzelne Kinder eine Zeitlang gesondert behandeln. In Kindergärten und Schulen wird heute vielfach das Zähneputzen geübt. Ein wahrnehmungsgestörtes Kind hat große Probleme damit. Leidet es zusätzlich an unkontrollierten Bewegungen, kann, wenn das Geräusch vertragen wird, vielleicht eine elektrische Bürste ausprobiert werden. Andere Kinder vertragen den Geschmack einer Zahnpaste nicht. Man muß ständig erfinderisch sein, individuelle Lösungen suchen und behutsam mit dem Kind üben, d.h. den Vorgang in Abschnitte aufteilen. Manche Kinder schaffen z.B. das Ausspucken nicht. Das muß dann gesondert nur mit Wasser geübt werden.

Und welches Kleinkind ist schon in der Lage, sich Hände und Füße zu waschen? Meistens nimmt ein Kind die Seife zwischen die Handflächen, schiebt sie kurz hin und her, legt sie wieder hin und macht dann die gleiche Bewegung mit den Händen im Wasser oder unter dem laufenden Hahn. Steht das Kind ohne Hocker vor einem normal hohen Becken, läuft dabei das Wasser in Richtung Ellbogen: mitunter werden die Ärmel naß. Das Abtrocknen gleicht mehr einem Abtupfen, und schon ist das Kind fertig. Aber die Haut bleibt feucht und ist nicht ausreichend gereinigt. Die Hände werden rauh und rissig. Das Händewaschen mit einem Kleinkind zu üben, kann etwas Wunderbares sein. Das Kind muß hoch genug stehen (es gibt rutschfeste Fußschemel) und die Hände tief in das Becken eintauchen können – auch mal patschen dürfen – und dann die Seife (oder den Tropfen des Cremespenders) bis zur richtigen Schaumbildung zwischen den Händen reiben dürfen. Schauen, riechen, spüren, wie sich der Schaum zwischen den Fingern verschieben läßt, ist wahrnehmende Erfahrung; besonders die verschiedenen Stellungen, die die Hände dabei einnehmen können. Man kann mit der linken Hand den rechten Handrücken einreiben und umgekehrt. Man kann beide Handrücken aneinander reiben, man kann mit oder ohne Daumenspreizung die Handflächen einseifen, man kann abwechselnd mit dem rechten oder linken Handrücken nach oben die Finger der anderen Hand einhaken etc. Die Entdeckerfreude der Kinder ist groß (ein 4jähriger Junge demonstrierte mir einmal 12 verschiedene Haltungen). Auf diese Weise macht man die Hände beweglich und geschmeidig – vorausgesetzt, die Prozedur des Abtrocknens wird sorgfältig unter Einbeziehung der Unterarme vorgenommen. Man kann das rhythmisch ausführen und leicht hüpfend mit einem Lied oder Singsang begleiten. Das macht den Kindern Spaß, besonders wenn sie vor dem Abtrocknen den Betreuer oder ein anderes Kind ein wenig naß spritzen dürfen (ein Spritzer im Gesicht ist auch eine Hautstimulation).

Das Füßewaschen wird in einem Kindergarten schwer durchzuführen sein, vielleicht im Sommer – nach dem Barfußlaufen –, draußen im Garten. Es sei denn, man verfügt über eine Duschwanne oder ein Bidet und kann einzelne Kinder davor auf Hocker setzen. In einem therapeutisch orientierten Kindergarten wird man jede Tätigkeit der nackten Zehchen unterstützen und das Kind anhalten, seine Füße zu berühren, also auch einzuseifen, abzutrocknen und eventuell einzucremen. Besonders bei Kindern mit Entwicklungsverzögerungen und bei denen, die nicht in den Zahnwechsel kommen, wird man die »Fußfertigkeit« anzuregen haben (mitunter ist Reflexzonenmassage anzuraten).

Mit besonderer Aufmerksamkeit müssen die Nägel betrachtet werden. Die Kindernägel wachsen meistens sehr schnell, brechen ab, werden rissig oder abgebissen. Das Nägelbeißen ist nicht immer ein Hinweis auf psychische Bedrängnis. Hat ein Kind Sensorismen und Angst vor der Schere oder ungeschickte Eltern, wird es von sich aus dafür sorgen, daß die Nägel durch Abbeißen kurz bleiben. Spröde Nägel und spröde Haare können auf Ernährungsmängeln beruhen (Spurenelemente, Kiesel, Calcium). Handelt es sich um ein träges, wahrnehmungsschwaches Kind, kann es angebracht sein, sowohl Nägel als auch Haare kurz zu halten.

Erfahrungsgemäß fällt im hektischen Familienalltag eine sorgfältige Nagelpflege aus, auch wenn besonders die kleinen Mädchen es lieben, sich die Nägel zu lackieren. Darum sollte man im Kindergarten auch das Nägelreinigen üben; zuerst mit Nagelbürste und Seife, danach – sofern die Nägel nicht zu kurz sind – mit Nagelreinigern aus Holz. Scheren sollten nicht verwendet werden. Statt dessen zeigt man den Kindern, wie sie mit kurzen, feinstkörnigen Feilen ihre Nägel nicht nur kürzen, sondern auch kräftigen können. Dabei sollten sie nicht auf und ab, sondern entlang der Fingerkuppe immer in der gleichen Richtung feilen. Hält man die Nägel so kurz, daß sie die Kuppe nicht überragen, wird manches Kind das Beißen unterlassen. Nagel und Nagelbändchen sollten nach der Reinigung ein wenig eingefettet werden.

Man muß den hygienischen Faktor bei diesen Übungen nicht überbewerten, denn sie dienen hauptsächlich dazu, die Fingerchen geschickt zu machen und Selbständigkeit in den alltäglichen Verrichtungen zu erlangen. Sie helfen, die Gewohnheit des Abbeißens zu überwinden, und tragen dazu bei, ängstliche und sensitive Kinder an die Berührung der Fingerkuppen zu gewöhnen. Das bedeutet zugleich deren Desensibilisierung.

Liegen schwerere Störungen vor, läßt sich die Therapie natürlich nicht unauffällig in die täglichen Übungen einbetten. Es werden dann physiotherapeutische Maßnahmen oder andere Spezialbehandlungen, die alle basalen Sinne mit einbeziehen, angewandt werden müssen. Auch bei den hier genannten Übungen spielen, soweit das Tasten mit einer Bewegung verknüpft wurde, mehrere Sinnesorgane eine Rolle.

Lebenssinn (Vitalsinn)

Bei einer Begegnung zweier Menschen wird der Dialog meistens mit der Frage nach dem Befinden eröffnet. Man fragt entweder aus Konvention, oder weil einen die Antwort wirklich interessiert. Die Frage lautet etwa: »Wie geht es Ihnen?« oder noch genauer: »Wie fühlst Du dich?« Würde die Frage anders lauten, beispielsweise: »Was siehst Du?« oder: »Was hörst Du?«, würde der Befragte seine Augen oder Ohren auf ihre Wahrnehmungen konzentrieren. Bei der Frage nach dem Befinden richtet man, ohne sich dessen bewußt zu sein, seine Aufmerksamkeit auf die Wahrnehmungen des Lebenssinns, und die Antwort wird unterschiedlich ausfallen. Vielleicht: »Ich fühle mich gar nicht gut, ich fühle mich schlapp, müde, zerschlagen«, oder: »Ich fühle mich bestens, fühle mich pudelwohl – ich könnte Bäume ausreißen.«

Daß diese Wahrnehmungen tatsächlich von einem Sinnesorgan, einem Sinnesgeflecht, wie es auch dem Tastsinn eigen ist, herrühren, wurde erst durch Rudolf Steiner erkannt. Er sprach von einem Organ des »Lebens- oder Vitalsinnes«, von Wahrnehmungen des Befindens. »Solche Wahrnehmung, die sich auf die eigene Leiblichkeit bezieht, soll dem Lebenssinn zugeschrieben werden. Sie ist im Grunde beim wachenden Menschen immer vorhanden, wenn sie auch nur bei einer Störung recht bemerkbar wird. Durch sie empfindet sich der Mensch als ein den Raum erfüllendes leibliches Selbst.«[66] (Die Neurologie spricht heute von Informationen aus den inneren Organen, die als »viszeraler Input« bezeichnet werden.)

Mir scheint, man könnte diesen Sinn ganz gut mit einem Barometer vergleichen, denn er registriert die objektiv verlaufenden leiblichen Vorgänge im Innern des Menschen. Er meldet dem Bewußtsein die Hochform des Wohlbehagens und das Abfallen, das Nachlassen. Worauf dieses Abfallen beruht, erfährt man durch den Lebenssinn nicht. Das kann durch Instinkt, Trieb oder Erfahrung erkannt werden, wie z.B. durch Hunger, Durst, Sauerstoffmangel, Unterkühlung oder einzelne schmerzende Organe. Findet man weder durch

Schmerz noch durch Nachdenken eine Erklärung, sagt man sich vielleicht: »Ich fühle mich miserabel, ich glaube, ich muß einen Arzt aufsuchen.« Der Lebenssinn zeigt sozusagen nur das innere »Klima« an. Allerdings nimmt man, wenn keine Störungen vorliegen, von diesen inneren Gefühlen nur wenig Notiz und ahnt nicht, daß sie es sind, durch die man sich als leibliches Selbst zu empfinden vermag.

Durch den Lebenssinn fühlt man sich in seinem Leib zu Hause und empfindet die eigene Selbständigkeit, während der Tastsinn mehr ein Gefühl der Abgrenzung zur Außenwelt vermittelt. Wie aus der Berührungswahrnehmung sowohl Angst als auch Vertrauen entspringen kann, so kann aus der Wahrnehmung der eigenen inneren Leiblichkeit sowohl die Furcht als auch die Ehrfurcht aufkeimen (vgl. Anm. 20). Das ist keineswegs nur bei größeren Kindern zu beobachten. Im Gegenteil. Zwar ist sich das kleine Kind seiner basalen Sinne noch weniger bewußt als das Schulkind, aber in ihrer Funktion als basale, sich verzweigende und vernetzende Sinnesorgane sind sie im ersten Jahrsiebt sogar noch intensiver tätig als in späteren Jahren.

In einem Vortrag vom 20. September 1920 heißt es bei Rudolf Steiner: »Wir fühlen uns in einer gewissen Weise wohl oder nicht wohl. Wir fühlen uns behaglich oder unbehaglich, geradeso wie wir ein Wahrnehmungsvermögen durch die Augen nach außen haben, so haben wir ein Wahrnehmungsvermögen nach innen. Nur ist dieses Wahrnehmungsvermögen gewissermaßen auf den ganzen Organismus gerichtet, ist dadurch dumpf und dunkel, aber es ist da. [...] Dieser Lebenssinn [ist] – wenn ich die Tautologie gebrauchen darf – in der Vitalität des Kindes ganz besonders tätig bis zum Zahnwechsel hin.«

Ein gesunder Säugling strotzt im allgemeinen vor Wohlbehagen. Er lächelt, gurgelt, lallt, strampelt und jauchzt vor sich hin. Das Barometer des Lebenssinns steht hoch. Fällt es ab, beginnt er zu weinen. Manche Mütter hören sofort, woran das Mißempfinden liegt, der Säugling weiß das nicht. Es muß nicht Hunger oder Durst, es kann die Lage, die Temperatur, die fehlende Stimulation oder Zuwendung sein, die ihm Unbehagen verursacht. Der Erwachsene muß dafür sorgen, daß das Mißbehagen soweit wie möglich eliminiert wird (vgl. Frühförderung, ab Seite 278). Bei einem etwas größeren Kind kann man oftmals (besonders gut nach dem Aufwachen) bemerken, wie sein inneres Barometer sich einpendelt. Es streckt sich wohlig im Bett, dehnt die Glieder, atmet tief ein und gähnt vielleicht ausgiebig, um dann in heiterer Laune mit einem Satz aus dem Bett zu springen. Ist ein Kind krank gewesen, kann man, beginnt es seine Glieder im Bett zu strecken, sicher sein, daß sich eine Besserung anbahnt. Das innere Barometer steigt, und langsam stellt sich ein Wohlbehagen ein. Das Kind beginnt, sich zu aalen und zu erholen.

Ohne die Empfindung eines inneren Wohlbehagens ist ein Kind quengelig, unlustig, schwer zu motivieren und macht auch im kognitiven Bereich keine Fortschritte. Liegen keine Störungen durch Krankheit vor, wird man den Lebenssinn, den Sinn des Befindens, stimulieren müssen. Wie kann das geschehen, wo ist dieser Sinn zentriert?

Die Spaltung des autonomen Nervensystems

Im Zusammenhang mit dem Denksinn wurde die Aufspaltung des autonomen Nervensystems in einen »parasympathischen« und einen »sympathischen« Teil erwähnt und auf die Forschungen von Karl König hingewiesen. Auch wenn er nicht der einzige Wissenschaftler ist, der den Aussagen Rudolf Steiners in bezug auf die noch nicht erforschten Sinnesorgane nachgegangen ist, und inzwischen unterschiedliche Theorien aufgestellt wurden, wird man aus der Empirie heraus auf die Frage nach einem Zentralorgan gerne seinen Ausführungen folgen. Er spricht von dem autonomen (vegetativen) Nervensystem und von der Aufgabe des Sympathikus mit seinem Zentralgeflecht, das unterhalb des Zwerchfells, sozusagen im Mittelpunkt des Leibes, dem Magen vorgelagert ist und als Plexus solaris bezeichnet wird. Wenn jede Sinneswahrnehmung als eine Lichtwahrnehmung (im Sinne des Aufmerkens) betrachtet werden kann, leuchtet einem die alte Benennung »Sonnengeflecht« für die dumpfen Leibwahrnehmungen durchaus ein. Fühlt sich ein Kleinkind nicht wohl, klagt es meistens über Bauchweh, denn sein Wohlgefühl ist noch sehr mit der Sättigung verbunden, aber auch mit dem Zwerchfell und dem tiefen Einatmen.

Isoliert ist dieser unterbewußte Sinn kaum zu erreichen, wohl aber in Verbindung mit anderen basalen Sinnen. Auf den Lebenssinn wirken alle Hautreize, soweit sie als angenehm empfunden werden, also Maßnahmen der Hydro- und Physiotherapie, Akupunktur, Sensorische Integration etc. Noch gezielter kann den Kindern durch Kuren, Klimawechsel und sinnvolle Freizeitgestaltung in der Natur geholfen werden. Es steht also eine gewisse spielerische, nicht sportliche Körperertüchtigung im Vordergrund, und zwar mit Schwerpunkt im flüssigen Element: Baden, Duschen, Plantschen, Schwimmen – aber nur in gut temperiertem Wasser und in Verbindung mit hinreichender seelischer Zuwendung.

In manchen Kindergärten stellt man große Wannen mit Plastikkugeln auf und läßt die Kinder darin toben oder hineinrutschen. Das Geräusch ist aber gräßlich, und der Berührungsreiz für Hände und nackte Haut gering. Ich könnte mir eher eine Mischung aus verschiedenen Nüssen, Kastanien und Eicheln vorstellen. Es werden leider nur wenige Kindergärten solche Spielmöglichkeiten einrichten können. Daher muß man versuchen, ähnliche Effekte mit einfacheren Mitteln zu erzielen. Man kann beispielsweise Wasser oder verschiedene Materialien durch die Hände über Beine und Füße rieseln lassen. Das Rieseln ist eine Empfindung, die sowohl auf den Tast- als auch auf den Lebenssinn sehr tief wirkt. Verwenden lassen sich feiner weißer Sand, Linsen, Senfsaat u.a. Es ist ein unglaublich animierendes Gefühl, in einen Sack voller Senfsaat zu greifen und sie langsam rieseln zu lassen, oder die Füße in eine mit Senfkörnern gefüllte Schüssel zu stecken und tüchtig herumzurühren. Auch der Vorgang des Teigknetens und Backens hat ähnlich durchgreifende Wirkung. Es sollten regelmäßige Backtage in Kindergärten eingeführt werden, nicht nur vor Weihnachten, an denen außer Plätzchen auch Brote und Brötchen hergestellt werden, die man schneiden und bestreichen kann.

Eltern und manche Erzieher blicken allzu oft nur auf Leistungen im kognitiven Bereich: »Mein Kind kann schon dies, kann schon das.« »Es kennt die Buchstaben, schreibt seinen Namen, kann schon lesen etc.« Oder sie leiden, weil ihr Kind solche Leistungen nicht aufweisen kann. *Ob sich solche Leistungen einstellen oder nicht, ist völlig belanglos (darum sollte man sie auch nicht anstreben).* Wichtig ist, daß das Kleinkind nichts von seiner natürlichen Vitalität und den Wahrnehmungen des Lebenssinns einbüßt. Diese sind die Grundlagen für kreatives Denken und kommunikativen Dialog in den folgenden Jahrsiebten. Ein sozialer Bezug zu anderen Menschen läßt sich eben bei einem gut entwickelten Lebenssinn leichter herstellen. Wer überschüssige Kräfte erlebt, setzt sie auch gerne ein. Solche Menschen zeigen Spontaneität und können auch, wie man salopp sagt, »aus dem Bauch denken«.

Verkümmert der Lebenssinn, wachsen innere Haltlosigkeit und Furcht des Kindes: eine Furcht vor wirklichen und eingebildeten Gefahren, die dazu führt, daß das Kind in gewisser Weise eine Mauer um sich aufbaut. Es baut sich sein eigenes Gefängnis. Die Umwelt wird ihm immer fremder, schließlich auch sein eigener Leib. Statt natürlicher Kommunikation entstehen Zwangshandlungen und Stereotypien. Auch der Denksinn verkümmert. Denn aus der Wurzel eines gestörten Lebenssinns kann sich die Blüte des Denksinns nicht entfalten.

Andererseits kann auch bei einem intakten Lebenssinn die reguläre Umstülpung zu einem Organ der Wahrnehmung von Gedanken beeinträchtigt sein, etwa aufgrund von Unregelmäßigkeiten in den Strukturen des Leibes und/oder im Gefüge der Wesensglieder (z.B. bei Kindern mit Down-Syndrom oder angeborenem »Schwach-Sinn«).

Die »Nachtseite« des Lebenssinns

Wenn Unregelmäßigkeiten im Gefüge des ätherischen Leibes vorliegen, werden manche innere Vorgänge nicht vom Empfindungsleib auf die Empfindungsseele übertragen. Die Sinne sind nicht unbedingt gestört, die Empfindungen bleiben jedoch mehr oder weniger dumpf. Man spricht dann vom »Schwach-Sinn«. Daraus darf aber nicht gefolgert werden, daß das Kind in seinem Persönlichkeitskern »minderwertig« ist. Sehr deutlich zeigt sich dieses Phänomen bei den kleinen Sonderlingen, die sich mit der Konstitution eines Down-Syndroms auseinanderzusetzen haben. Ihr Denken wird kaum vom »Tageslicht« des Bewußtseins erhellt, um so reicher entfaltet sich dafür ihre innere Gefühlswelt. Es mutet einen fast so an, als gingen dabei die Sterne auf, die bei Helligkeit nicht zu erkennen sind. Man muß nur danach Ausschau halten. Die Nacht dient der Erholung; vielleicht ruht eine Individualität auch einmal in der abgedämpften Sinneswelt aus? Es gibt vereinzelte Äußerungen Rudolf Steiners, die eine solche Möglichkeit andeuten. Dennoch gehört es zur Aufgabe des Heilpädagogen, diese Kinder zu einer größeren Teilnahme an der sie umgebenden Sinneswelt zu führen.

Ihre Entwicklung verläuft generell mit großen Verzögerungen. Zum einen metamorphosieren sich nicht alle basalen Sinne ausreichend in obere, zum anderen vernetzen sie sich nicht mit anderen Sinnen zu komplexen Wahrnehmungen. Daher gelingen den Kindern die differenzierten Leistungen der Feinmotorik nicht, und im Gleichgewichtssinn können Unsicherheiten auftreten. Nicht nur ihr Nerven-Sinnes-System, sondern auch ihr Muskelsystem ist schwach (hypoton) und vielfach auch das Kreislaufsystem, mit zusätzlichen Herzkomplikationen. Daher sind sie von Geburt an auf vielseitige Unterstützung angewiesen. Außerdem benötigen sie viel Zuspruch und Ermunterung, denn durch ihre schwache Lebensverankerung und den Mangel an verstandesmäßiger Verarbeitung der äußeren Eindrücke leiden diese Kinder ganz besonders an Phasen der Furcht, ohne genau zu wissen, wovor sie sich fürchten. Auch Unlustgefühle werden heftig erlebt. Das äußert sich zuweilen – weil die basalen Sinne willensbetont sind – in unvermuteter »Bockigkeit«.

Ihr Gemüt ist – wenn sie entsprechend angeleitet werden – sehr empfänglich für Regungen der Andacht und Ehrfurcht. Ihre Stärke ist die ausgeprägte »Nachtseite« des Lebens- und Tastsinns. Sie lieben die Gemütlichkeit, ihr Zärtlichkeitsbedürfnis ist sehr groß, und eine gewisse Bewußtseinserhellung erleben sie durch die Wahrnehmungen ihres Ichsinns.

Sie nehmen den Erwachsenen sehr genau wahr und sind meistens sofort bereit, sich in seine emotionale Lage zu versetzen. Darin sind viele von ihnen geradezu genial. Und das macht sie so entwaffnend liebenswert. Sie können meistens gut imitieren und übernehmen gerne Rollenspiele. Diese Merkmale des konstitutionell bedingten Schwach-Sinns der oberen Sinne muß man vor Augen haben, wenn man betroffenen Kindern helfen und sie behutsam anleiten will: Schritt für Schritt, Griff für Griff und – je nach ihrer Fähigkeit zu begreifen – auch Wort für Wort.

Darüber hinaus muß man ihrem Lebenssinn genügend Stimulation anbieten und die mittleren Sinne kultivieren (z.B. mit Aromatherapie beginnen). Man wird unterschiedliche Tendenzen bei ihnen finden: Entweder stürzen sie sich auf alles Eßbare – ohne zu differenzieren –, oder ihr Empfindungsleib entwickelt gar keine Triebe. Sie verhalten sich dann wie Kinder, die gar nicht geboren werden wollten oder einen Geburtsschock erlitten haben: Sie nehmen von sich aus keine Nahrung zu sich (ihr Geschmackssinn regt sich überhaupt nicht). Über solche Phasen muß man einem kleinen Sonderling mit viel »Fingerspitzengefühl« hinweghelfen. Er sollte viel Freude erleben dürfen, sich an Bewegungen vergnügen können, seinen Eigenbewegungssinn stimuliert bekommen.

Eigenbewegungssinn

Der nächste basale Sinn ist der Eigenbewegungssinn, durch den man, ohne sich dessen recht bewußt zu werden, seine eigenen Bewegungen wahrnimmt. Ohne ihn würde man keine einzige gezielte Bewegung ausführen können. Beim Säugling besteht noch ein Bewegungschaos mit ungesteuerten Bewegungsreflexen, die, wenn sie nicht entwicklungsgemäß überwunden werden, gezielte Bewegungsimpulse behindern. Es gibt sehr viele verschiedene Störungen des Nervensystems, die die Bewegungswahrnehmung beeinträchtigen. Um diese zu beheben, besteht darum die erste Maßnahme der Therapie darin, Reflexbewegungen und falsche Bewegungsmuster abzubauen, bevor ein normaler Bewegungsablauf angebahnt werden kann. Das geschieht nach unterschiedlichen Methoden durch eine Bewegungsstimulation auf neurophysiologischer Basis.

Wo befinden sich die Sinnesorgane, die in dieser Weise zum Aufmerken veranlaßt werden sollen? Wie bereits erwähnt, spricht man in der Neurologie von Propriozeptoren, den Rezeptoren, die in den tieferen Muskelschichten, in Sehnen und Gelenken eingelagert sind, und ordnet diese einer »Tiefen- und Stellungssensibilität« zu. Von einem gesonderten Sinn oder Sinnesorgan wird nicht gesprochen. Gelegentlich tritt zwar der Ausdruck »Bewegungssinn« auf, ohne daß damit eine bestimmte physiologische Funktion präzisiert wird. Man benutzt den Begriff so, wie man etwa vom Schönheitssinn oder Gemeinsinn spricht, ohne damit ein Organ zu bezeichnen.

Der Präzision wegen wählte Rudolf Steiner den etwas umständlichen Begriff Eigenbewegungssinn. Er spricht nicht nur von den erwähnten Rezeptoren, sondern nimmt eine ausführliche Analyse des Erlebnisfeldes vor. An diesem haben nicht nur die sensorischen, sondern auch die motorischen Nerven ihren Anteil,[67] die letzteren jedoch nur zur Wahrnehmung der Stoffwechselvorgänge im Muskel. Denn nach Rudolf Steiner dienen *alle Nerven* der mehr oder weniger bewußten *Wahrnehmung*. Die Bewegungsimpulse, die die willkürliche Muskulatur in Regsamkeit versetzen, werden direkt durch das Einwirken von Astralleib und Ich (durch Wille und Motiv) ausgelöst. Dieser Vorgang wird vom Nerven-Sinnes-System durch den Eigenbewegungssinn wahrgenommen und in der Ausführung reguliert. Das ist ein äußerst komplexer Vorgang, durch den »ich mich in meiner Bewegung« befinde.

Der Unterschied des Eigenbewegungssinns zum Lebenssinn liegt darin, »daß man durch den Lebenssinn nur etwas wahrnimmt, was in der inneren Leiblichkeit vorhanden ist, ohne daß man selbst etwas dazu tut. Der Eigenbewegungssinn nimmt solches wahr, wozu eine Tätigkeit, eine Regsamkeit vorausgesetzt ist.«[68] Somit ist auch bei diesen basalen Sinnen eine Stufenfolge zu bemerken: Durch den Tastsinn erkenne ich meine Begrenzung zur Außenwelt. Durch den Lebenssinn erlebe ich mein abgeschlossenes, ausgefülltes Sein. Durch den Eigenbewegungssinn nehme ich den äußeren Raum und die Zeit wahr. Ich bestimme selbst die Richtung und das Tempo meiner Bewegung.

Mit Richtung sind hier nicht die Dimensionen im Raum gemeint, die zum Erlebnisareal des Gleichgewichtssinns gehören, sondern die Gestaltung der Bewegungen und die Stellung der Gliedmaßen im Verhältnis zueinander. Besteht dafür keine Wahrnehmung, werden die Bewegungen entweder fahrig, ruckartig, unpräzise oder verlangsamt und im ganzen unkontrolliert erscheinen. Eine harmonische Gestaltung der Bewegungsabläufe kann nicht erreicht werden. Jeder Mensch hat sein ganz individuelles Bewegungsmuster, aber wie sensibel, wie geschickt diffizile Bewegungen ausgeführt werden, beruht nicht allein auf der Veranlagung und dem Training der Muskeln, sondern außerdem auf einer Sensibilisierung der Wahrnehmung, ich möchte sagen, auf einer »Feineinstellung« der Bewegungsfunktionen (wie es bei Artisten, Musikern oder Feinmechanikern zu beobachten ist). Dabei gibt es, funktionell betrachtet, vier gänzlich unterschiedliche Arten der Bewegung, die durch Sensibilisierung des Eigenbewegungssinns verfeinert werden können. Man kann von vier Komponenten dieses Sinnes sprechen.[69]

Die vier Komponenten der Bewegungswahrnehmung

An erster Stelle ist die Wahrnehmung der *Grobmotorik* zu nennen, d.h. die Empfindung für die großen Bewegungen des Körpers und die Stellung der Gliedmaßen. In Verbindung mit dem Lebenssinn entspringt aus diesen Empfindungen ein Gefühl von Kraft und Freiheit. Und aus der Bewegungsfreiheit entwickelt sich beim Kleinkind – wenn auch der Gleichgewichtssinn entsprechend ausgebildet ist – die Bewegungsfreude. Ist die Wahrnehmung der Grobmotorik in der Weise gestört, daß die Bewegungsfreiheit eingeschränkt wird, drückt das sehr auf das Gemüt des Kindes, und es muß – neben den bewegungstherapeutischen Maßnahmen – für häufige Anlässe zu Freude und Heiterkeit gesorgt werden.

In der *Reittherapie* läßt sich – für das etwas größere Kind – beides verbinden, und nach vergleichbaren Möglichkeiten sollte immer gesucht werden. Auch alle sogenannten psychomotorischen Behandlungsweisen verfolgen dieses Ziel. Es kann aber, so Karl König, keine Gymnastik ersetzen, was »die Eurythmie als Erweckerin der Muskelempfindungen und Bewegungswahrnehmungen zu tun imstande ist«. Das gilt auch bei Lähmungen, wenn die Bewegungen nur passiv, d.h. mit Hilfe ausgeführt werden können, denn: »Die Gliedmaße ist nicht nur aus einem Mangel an Motorik, sondern auch aus dem Verlust oder Mangel an Sensorik gelähmt.«[70]

Eine zweite Komponente der Bewegungswahrnehmung ist die Empfindung für die *Feinmotorik*, nämlich für die Bewegungen der Hand- und Fingergelenke (bzw. Fuß- und Zehgelenke), der Mimik und der Kau- und Artikulationstätigkeit einschließlich der Zunge (Mundkinetik). Es besteht eine enge Korrespondenz zwischen der Motorik des Oberkiefers und den oberen Extremitäten sowie zwischen der Motorik des Unterkiefers und den unteren Extremitäten. In der Entwicklung des Säuglings ist das gut zu verfolgen, aber auch im Zusammenspiel von Mimik und Gestik.

Ohne Wahrnehmung und Regulierung dieser differenzierten, oft minimalen Bewegungen entwickelt sich keine flüssige Sprache und keine ausgeprägte Fingerfertigkeit. Denn erst durch die Empfindung für die Stellung der Hände und Finger (für das Greifen) werden, in Verbindung mit dem Tast- und Gleichgewichtssinn, Form und Gestalt der äußeren Dinge durch den eigenen Leib nachempfunden. Dann spricht man zuweilen von einem *Gestalt- oder Formensinn*. Es handelt sich jedoch um eine Nuance des Eigenbewegungssinns, denn man nimmt, genau wie bei der Grobmotorik, das Spannen und Entspannen, das Strecken (auch Spreizen) und Zusammenziehen der Muskelfasern sowie das Strecken und Beugen der Gelenke wahr. Eine derart sensitive Feinmotorik ist nur dem Menschen gegeben, und ihre höchste Steigerung erreicht sie in der Artikulationsfähigkeit und, als Ausdruck der Seele, in der Mimik.

Es gibt noch eine weitere Bewegungsmöglichkeit, die nur im menschlichen Organismus zur vollen Entfaltung kommt. Die Wahrnehmung dieser für den Menschen so unentbehrlichen Bewegungen kann so tief ins Unbewußte versunken sein, daß sie sich beim Kleinkind nur mühsam wecken läßt. Ich meine die *Rotationsbewegungen*. Wir brauchen sie nicht nur für die Drehungen des Kopfes; die ganze Wirbelsäule kann sich um ihre Achse drehen, und wir können den Oberkörper so weit im Kreuz rotieren, daß ein Blickwinkel bis zu 360° ermöglicht wird. Wir brauchen diese Drehmöglichkeiten auch, um aus der Rückenlage aufstehen zu können. Bei der Frühförderung neurogen geschädigter Kinder ist die Behandlung dieses Wahrnehmungsdefizits eine der wichtigsten Aufgaben der Krankengymnastik.

Fast alle Gelenke lassen sich mehr oder weniger drehen. Für das menschliche Handeln ist die Wendemöglichkeit der Hand, die Drehmöglichkeit zwischen Elle und Speiche von entscheidender Bedeutung. Aus den Empfindungen für diese Bewegungen gestalten sich nicht nur das Nehmen und Geben (das Darreichen der offenen Hand), sondern auch Gebärden und Gesten in Sprache und Ausdruckstanz. Und in der »Stauung« dieser Gebärden erfolgt die Umwandlung des Eigenbewegungssinns, d.h. die Anregung der Nervenbahnen, die den Sprachsinn innervieren (vgl. Wort-, Sprach- oder Lautsinn, Seite 195).

Wenn diese im zweiten oder dritten Lebensjahr des Kindes einsetzende Entwicklung gestört ist, etwa weil durch angeborene Taubheit keine Wechselwirkung zwischen Bewegungs- und Wortsinn stattfindet, entstehen häufig unharmonische, heftige Bewegungen (ein Grund mehr, das Kind an die Gebärdensprache heranzuführen, vgl. Gehörsinn, Seite 188). Andererseits wird bei einem unruhigen, hyperaktiven Kind der Sprachsinn in seiner Entfaltung gehemmt. Das wiederum verzögert oder behindert die Sprachentwicklung.

Eine weitere Komponente des Eigenbewegungssinns sind die *Filigranbewegungen* der Augen, an denen auch der Gleichgewichtssinn beteiligt ist. Die Augen können sozusagen gleichgeschaltet und, durch den Eigenbewegungssinn reguliert, blitzschnell in verschiedene Richtungen blicken. Diese Feinregulierung ermöglicht es den Rezeptoren der Retina, Formen, Figuren, Symbole etc. zu erkennen (vgl. Gesichtssinn, Seite 150).

Durch die Überkreuzung der Nervenbahnen entsteht sowohl das räumliche Sehen wie auch die Möglichkeit, Entfernungen, Geschwindigkeiten und Bewegungsabläufe wahrzunehmen und die eigenen Bewegungen danach zu präzisieren. In diesem Seh-Akt werden die Bewegungen eines anderen Wesens vom eigenen Empfindungsleib wahrgenommen. Der Ich-Sinn ist daran beteiligt. Beim Kleinkind setzt sich darum die Beobachtung triebhaft in Nachahmung um. Ein größeres Kind, das nicht mehr so ausgeprägt und ganzheitlich »Sinnesorgan« ist, distanziert sich mehr von diesen Empfindungen – oder sie wecken die Imitationslust.[71] Beim Erwachsenen müssen, um das Beobachtete darzustellen, Wille und Vorstellung mit einbezogen werden. Bei blinden Kindern fällt die Nachahmung von Bewegungen aus, und das Formenerkennen bleibt auf die Finger beschränkt. Ihre kleinen Finger müssen durch ständiges Abtasten sensibilisiert werden, die Feinmotorik muß das Sehen der Augen übernehmen.

Auf ein weiteres Phänomen soll in diesem Zusammenhang hingewiesen werden. Bei kleineren Kindern tritt häufig ein »Schlafwandeln« auf. Die Kinder sind nicht wach, aber ihre Augen sind offen. Der Blick ist starr nach vorne gerichtet und nimmt die Umgebung nicht wahr. Das Kind stockt jedoch bei einer Lichtschranke und kann durch Licht sowie durch akustische Signale geweckt werden. In diesem Dämmerzustand werden Bewegungen nicht wahrgenommen, jedoch durch den Astralleib ausgelöst, und es treten Triebe wie z.B. Hunger auf. Es kann vorkommen, daß ein Kind in diesem Zustand einen Kühlschrank leert und den Inhalt zu sich nimmt, ohne den Eßvorgang zu bemerken. Das hängt damit zusammen, daß sich der Astralleib eines Kindes im Schlafzustand nicht so weit aus dem physischen Leib herauszieht, wie es später der Fall ist. Mit zunehmendem Alter verliert sich darum in der Regel dieses nicht ungefährliche nächtliche Verhalten. Man kann den Eltern in solchen Fällen nur raten, das Kind – ohne es zu wecken – behutsam ins Bett zurückzubringen. Vorbeugend ist es besser, dem Kind einen sogenannten Bauchgurt mit genügend Bewegungsfreiheit anzulegen als eine Lichtsperre einzurichten, die das Kind erschreckt – es sei denn, die Sperre, der Bewegungsmelder, wird so angelegt, daß das Licht die Eltern weckt. Schlafmittel sollten nicht eingesetzt werden.

Zunehmende Geschicklichkeit

Kleine Kinder üben und korrigieren, je nach Wahrnehmungsfähigkeit und Entwicklung, unentwegt ihre Bewegungsfunktionen. Ein Säugling beginnt mit dem Bewegen der Arme und Strampeln der Beine, mit Blicken der Augen und Mimik des Gesichts. Langsam werden die Armbewegungen gezielter und Greifbewegungen geübt. Damit ist aber die Empfindung für das Loslassen noch nicht gegeben. Und bis ein Gegenstand weggeworfen werden kann, dauert es in der Regel noch ein paar Monate. Die Fingerchen beginnen mit Gegenständen (oder den eigenen Füßchen) zu spielen, die Mundmotorik erwacht, und das Lallen und Plappern setzt ein. Über diese Entwicklung und ihre Förderung, über das Aufrichten und Laufenlernen wird an anderer Stelle gesprochen. Hier geht es mir um den Drang des Kindes, durch immerwährende Wiederholung der gleichen Bewegung zu einer deutlichen *Wahrnehmung* dieser Bewegung zu kommen. Das ist ein Vorgang, den man mit dem Stimmen eines Instruments vergleichen könnte. Die optimale Bewegung bei geringstem Kraftaufwand wird gesucht, bis die Ausführung genau und mühelos, d.h. geschickt gelingt (»automatisierte Bewegung«).[72]

Eine Pflege des Eigenbewegungssinns bedeutet also, die Geschicklichkeit des Kindes zu fördern, aber nicht durch Sport und Turnen. Es geht vielmehr darum, daß die Kinder ihre Glieder so deutlich wahrnehmen, daß sie ihre Bewegungen »dosieren« können, daß sie z.B. empfinden, wieviel Kraft sie für einen bestimmten Abstand einsetzen müssen. Für eine solche Sensibilisierung eignen sich Ballspiele in jeder Form ganz hervorragend: Bälle werfen, sie an eine Wand anprallen lassen und wieder auffangen – mit unterschiedlichem Abstand und verschieden großen Bällen. Aber auch das Üben des Umfüllens und Eingießens einer Flüssigkeit aus einer Kanne oder Flasche in ein Glas oder in einen anderen Behälter fördert diese Wahrnehmung. Das Kind muß merken, wie und wann die

Bewegung gebremst werden muß. Dabei wird außerdem Augenmaß und Gehör aktiviert. Je feiner und diffiziler eine Tätigkeit der Hände und Finger ausgeführt werden soll, desto mehr muß das Fingerspitzengefühl geweckt werden, müssen die Augen die Tätigkeit begleiten und korrigieren. Das erfordert Willensanstrengung, Konzentration. Liegen neurologisch bedingte Bewegungsstörungen beim Kind vor (es können ganz minimale sein), gelingen solche Tätigkeiten nicht. Das Kind kann weder seine Bewegungen dosieren noch mit dem Blick verweilen.

Ohne Koordination der unterschiedlichen Komponenten des Eigenbewegungssinns kann beim Kind keine Geschicklichkeit entstehen. Es sind aber nicht nur im physiologischen Sinn behinderte Kinder, die ungeschickt sind. In zunehmendem Maß ist bei allen Kleinkindern ein Nachlassen der Geschicklichkeit und Fingerfertigkeit zu beobachten. *Man muß dieser Entwicklung unbedingt entgegentreten, und zwar in der Heilpädagogik von zwei Seiten her; einmal von der physiologischen, zum anderen von der psychologischen oder, genauer gesagt, von der seelisch-geistigen Seite her.*

Der Heilpädagoge und auch die Eltern sind aufgefordert, das Gemüt des Kindes in der Weise anzuregen, daß seiner Phantasie in altersgerechter Weise innere Vorbilder als »seelische Nahrung« angeboten werden, die den Blutkreislauf und die Muskelbildung anregen. Man kann dazu Märchen auswählen, von Tapferkeit oder Opfer- und Hilfsbereitschaft erzählen; aber bitte nicht sentimental mit »moralischem Zeigefinger«. Des weiteren kommt es darauf an, daß man selbst dem Kind nachahmenswert erscheint und ihm Lust macht auf Fingerfertigkeiten. Das kann durch Fingerspiele geschehen. Die Fingerchen lernen krabbeln, sich einzeln zu bewegen, vor- und zurückzuhüpfen etc. Sie werden benannt, entweder mit Namen, wie sie in bekannten Kinderversen vorkommen, oder man erfindet sie passend für das jeweilige Kind.

Die Hand- und Fingerfertigkeit anzuregen, ist heute besonders wichtig, denn die Kinder haben immer weniger Gelegenheit, sie einzuüben.[73] Alles Drehen und Wenden fällt weg. Vom Lichtschalter zum Fernseher, von der Waschmaschine bis zu den Küchengeräten geschieht alles per Knopfdruck. Reißverschlüsse und Klettbänder an der Kleidung machen Knöpfe und Schleifen überflüssig. Dadurch beschränkt sich die Handtätigkeit der Kinder fast ausschließlich auf die Pronationsstellung der Hand, d.h. mit dem Handrücken nach oben und in fest drückender Weise. Für die *Drehung* der Hand mit der Handfläche nach oben (Supinationsstellung) oder bei herunterhängenden Armen nach vorne fehlt vielen Kindern gänzlich die Wahrnehmung. Man kann das bei Kreisspielen sehr gut beobachten: Wenn alle Kinder die Handflächen nach hinten richten, wie es in der Regel die Erzieherin vormacht, gibt es mitunter beim Anfassen Probleme und Streitigkeiten. Meistens folgen dann tadelnde Rufe der Erzieherin. Sie bemerkt nicht, daß es an ihrem eigenen Verhalten liegt (beide Handrücken nach vorne). Die Kinder machen es ihr nach. In der Regel sollte die rechte Hand die fassende und die *linke* die geöffnete sein, d.h. mit nach vorn gerichteter Handfläche. Wenn es den Kindern so gezeigt und vorgemacht wird, kann es nur bei absoluten Linkshändern Schwierigkeiten geben, die eine Erzieherin dann individuell lösen muß; vielleicht indem sie selbst das Kind an die Hand nimmt. Dem Kind Vorwürfe zu machen, ist gänzlich verfehlt, es steigert nur seinen Frust.

Bevor ich Möglichkeiten aufzeige, wie die Hand- und Fingerfertigkeit im Kindergarten und bei kleinen Sonderlingen gefördert werden können, möchte ich auf eine weitere Eigenschaft des Eigenbewegungssinns aufmerksam machen. Dieser Sinn hat, wie der Tastsinn und seine Verbindungen, die Fähigkeit, sich über die Leibesgrenze hinaus auszudehnen, sich gleichermaßen zum Fern-Sinn zu wandeln. Beim Zeichnen, Malen oder Schreiben verlagert sich (unter Mitwirkung des Sehsinns) der Formensinn in die Spitze des Werkzeugs. Auch im Dunkeln können entferntere Gegenstände mittels eines Stifts oder Stocks erkannt werden. Einfachere Formen lassen sich ebenfalls ohne Hilfe der Augen aus der Vorstellung zeichnerisch oder plastisch gestalten.

Diese Eigenschaft der Tast- und Eigenbewegungssinne ermöglicht erst ein Kompensieren verlorengegangener Sehfähigkeiten. *Ist einem ein blindes Kind anvertraut worden, so ist es unerläßlich, die Sensibilität dieser Sinne zu fördern und zu steigern.* Es braucht sie zur Erweiterung seines Handlungsradius und für das spätere Mobilitätstraining. Nicht nur für ein blindes Kind ist es wichtig, eine Form mit Hilfe von Utensilien ertasten zu können. Um dies zu erreichen, kann das bereits empfohlene »Topfschlagen« herangezogen werden. Es kann vielfach variiert werden. Man kann das Kind mit einem Stöckchen bestimmte Gegenstände, z.B. eine Kanne, bauchige Vase, Schüssel oder ein Kästchen, nach ihren Formen ertasten lassen.

Augen-Hand-Koordination

Ungeschicklichkeiten des Kindes lösen oft heftigste Zänkereien in den Familien aus. Schon wieder ist etwas umgestoßen worden, schon wieder läuft irgendwo etwas aus – oder es geht etwas daneben. »Du guckst ja gar nicht hin«, oder »Wo hast du schon wieder deine Augen gehabt«, sind ständig wiederkehrende

Vorwürfe, und die Spannung und Unsicherheit des Kindes steigert sich immer mehr. Nichts scheint ihm zu gelingen, das Kind gibt auf und kompensiert seine Unbeholfenheit durch Kaspern.

Dabei kann beim Kind eine Störung vorliegen, die es ihm fast unmöglich macht, die Koordination zwischen seinen Augen und Handbewegungen herzustellen, sei es, daß die Augen ständig abirren und nicht verweilen können, sei es, daß neurologisch bedingte Störungen sich abzeichnen, die nur eine ungenügende Wahrnehmung des Bewegungsablaufs zulassen, und daß diese sich dadurch unharmonisch, verlangsamt oder fahrig gestalten und so die Konzentration erschweren. Es bedarf großer Geduld seitens des Heilpädagogen, wenn bei einem solchen Handikap Entwicklungsfortschritte erzielt werden sollen. Gelingt es jedoch, die Kinder so zu motivieren, daß sie Freude an den Übungen haben, wird man häufig feststellen können, daß gerade bewegungsgestörte Kinder über einen sehr starken Willen verfügen. Mitzuerleben, welche Willenskraft ein Kind einsetzen muß, um seine mangelhafte Sensorik zu kompensieren, kann überwältigend und zugleich sehr schmerzhaft sein. Der eiserne Wille drückt sich aus im Blick und im Fixieren der Hände und Finger und in der Bemühung, trotz fehlender Wahrnehmung der Gliederbewegungen die Regulierung durch den Sehsinn zu erreichen (vgl. Reinhold und Heinz, Seite 18, 20).

Fehlt das Verständnis des Erwachsenen für diesen Kraftaufwand des Kindes, wird es schnell resignieren, und die Unbeholfenheiten bleiben bestehen. Der Wille schwächt sich ab, der Kraftaufwand lohnt sich ja nicht. Die Augen gewöhnen sich an das unkonzentrierte Herumschweifen, und die allgemeine Bewegungsunruhe steigert sich; die Grobmotorik gewinnt die Oberhand.

Ist es so weit gekommen, darf man ein Übungsprogramm nicht mit diffizileren, feinmotorischen Aufgaben beginnen. Zuerst müssen Übungen angesetzt werden, die die Augen zum Aufmerken und Verweilen-Können veranlassen, muß eine Lockerung der Gelenke (der Arme, Hände, Daumen) und deren Rotieren trainiert werden. Dieses Drehen und Wenden kann in tausendfachen Variationen bei rhythmischen Spielen erprobt werden, vorausgesetzt, man stellt sich dieser Aufgabe. Eine Unempfindlichkeit im Hautgefühl darf dabei nicht übersehen werden, diese bedürfte dann vorrangig der Behandlung (z.B. bei Autisten). Als nächstes kann man zu Koordinationsübungen zwischen Augen und Grobmotorik übergehen, z.B. zum Werfen und Fangen; für *diesen* Zweck muß immer auf *Beidhändigkeit* geachtet werden. Auch einfache Handspiele am Tisch eignen sich hervorragend. Beispiel: das wechselweise Stapeln der Hände von 2 bis 4 Personen und Wegziehen und Wiederauflegen der untersten Hand bei zunehmender (aber nicht zu schneller) Geschwindigkeit. Erst wenn das Kind gelernt hat (zumindest kurzzeitig), sein Tun mit den Augen zu begleiten, kann man darangehen, seine Augen-Hand-Koordination zu trainieren (auch beidhändig), bis die feinmotorische Geschicklichkeit der Finger, wie sie z.B. für das Schreiben erforderlich ist, erreicht wird.

Diese Übungen verlangen vom Kind nicht nur die Wahrnehmung, Steuerung und Regulierung der Bewegungen, sondern trainieren auch sein Konzentrationsvermögen. Dieses steigert sich und wirkt sich auf die Geschwindigkeit der Tätigkeit aus. Um eine Temposteigerung zu erreichen, wählt man am besten Handarbeiten, die eine länger andauernde gleichmäßige Tätigkeit erfordern. Dadurch stärkt man das Fingerspitzengefühl, d.h. man führt »die Seele bis in die Fingerspitzen« (Rudolf Steiner) hinein. Ein beständig sich wiederholendes Begegnen und Empfinden der Finger bei gleichzeitiger Konzentration des Blicks auf die Tätigkeit der Hände ist das angestrebte Ziel.[74]

Das beidhändige Stricken eignet sich dazu hervorragend, ist aber für kleinere Kinder und besonders für solche mit ungeschickten Fingern oft zu schwierig. Man kann mit Zöpfeflechten beginnen und die Arbeit mit rhythmischem Singsang begleiten. Man kann Wollknäuel aufwickeln und so kleine Bälle herstellen lassen. Man kann kleine Stickrahmen einführen, sofern man einen locker gewebten Leinenstoff und *stumpfe* Nadeln wählt. Das Hineinstechen und Verschwinden der Nadel macht dem Kind Spaß, und es ist sehr spannend herauszufinden, wie und wo die Nadel, ohne daß man sie sehen kann, von unten wieder heraufkommt. Die Gestaltung muß man ganz dem Kind überlassen. Meistens werden zuerst große Stiche kreuz und quer gemacht. Mit zunehmender Geschicklichkeit entstehen vielleicht bald eine Sonne oder kleine Sterne. So ein kleiner Rahmen voller kleiner gelber Sterne auf blauem Stoff ist ein hübsches Bild, das aus dem Rahmen herausgenommen und auf Pappe geklebt werden kann. Vielleicht hängt dann die Mutter das Bildchen über dem Kinderbett auf. Das würde für das Kind ein großes Erfolgserlebnis bedeuten und die Lust auf neue Arbeiten anregen. Eines Tages kann es vielleicht etwas auf den Stoff aufzeichnen, beispielsweise ein Haus, einen Apfelbaum, eine Blume, und es dann im Rahmen mit bunten Fäden aussticken. Es schult das Fingerspitzengefühl beider Hände, wenn das Kind mit ihnen nachtasten muß, wie es die Nadel von unten zu führen hat, damit sie an der richtigen Stelle auf der Oberseite ertastet werden kann. Für diese Übungen verwende man Stickrahmen, die an den Tisch festgeschraubt werden können. Selbstverständlich kann man auch durch Formenkneten oder Sandbacken etc. die Augen-Hand-Koordination trainieren. Es bleibt jedoch die Zeitspanne für die immer gleichen Bewegungsabläufe zu kurz. Sie können nicht automatisiert und nicht durch eine Steigerung der Fingerfertigkeit beschleunigt werden, wie es für die Entwicklung des Eigenbewegungssinns von Vorteil ist.

Der Bewegungsablauf wird durch das Einüben schließlich so »einverleibt« (dem Ätherleib eingeprägt), daß die Tätigkeit unter Ausschaltung des Denkens, nicht aber des Empfindens, vor sich gehen kann. Beispiele: Radfahren, Schwimmen, Schreiben etc. müssen erst erlernt werden, dann aber kann man es »automatisch« für immer (vgl. Seite 242). Für manche Kinder eignet sich, um ein selbständiges, automatisches Arbeiten zu erreichen, ein kleiner Webrahmen recht gut. Er muß dann jedoch wie ein großer Webstuhl eingerichtet sein, d.h. das Kind muß mit einem »Schuß« das »Schiffchen« von rechts nach links und von links nach rechts »schießen« können. Denn wenn ein Wollknäuel oder umwickeltes Stäbchen, ähnlich wie beim Stopfen, durch gespannte Fäden einmal über, einmal unter den Faden geführt werden muß, ist das für ein Kleinkind recht pedantisch und unrhythmisch und für ein Kind mit Störungen des Bewegungssinns entmutigend, zumal es meistens noch unter einem mehr oder weniger deutlichen Tremor der Hände zu leiden hat, der sich nicht immer ohne weiteres erkennen läßt, sondern sich erst nach der Einschulung bei Schreibversuchen zeigt. Darum sollte man auch nicht Spiele wie z.B. Mikado (als Augen-Hand-Koordinationsübung) anbieten.

Als Vorstufe vor dem Stricken erprobte ich in meiner Praxis mit gutem Erfolg eine Handarbeit, die auch den kleineren Kindern Freude macht. Sie läßt sich rhythmisieren und kann darum beschleunigt werden, ohne Tremor hervorzurufen. Darüber hinaus ist sie fesselnd (für die Augen) und konzentrationsfördernd, und das Endprodukt eignet sich als Geschenk an Erwachsene. Fast jede Mutter ist davon sehr ergriffen, und das Kind hat dadurch ein großes Erfolgserlebnis. Einmal erlebte ich, wie eine Mutter vor Freude in Tränen ausbrach, als sie dieses Geschenk zum Muttertag von ihrem erheblich behinderten 4jährigen Sohn erhielt. Sie hatte es nicht für möglich gehalten, daß er je eine solch brauchbare Arbeit würde ausführen können, und zum Muttertag hatte sie noch nie wie andere Mütter etwas von ihrem Kind geschenkt bekommen.

Als Material eignet sich, weil sie warm und elastisch ist, Wolle, aber wenn das Kind gegen Wolle allergisch ist oder die Technik bereits beherrscht, kann Baumwolle verwendet werden. Für den Anfang sollte sie die Stärke haben, wie sie bei Stricknadeln der Nr. 3 oder 4 üblich ist. Die Farbe sollte das Kind selbst auswählen dürfen. Diese Wolle wird nun verwendet, um einen schlichten Kleiderbügel aus Holz zu »verzieren« – ich kann nicht sagen: zu umwickeln, denn das ist hier nicht gemeint. Ich weiß, es wird häufig so gemacht, aber das ist eine sehr einseitige, grobmotorische Armtätigkeit. Was angestrebt werden soll, ist eine lockere Bewegung und Drehung des Unterarms und, zugleich mit dem Fassen und seitwärts Gleitenlassen des Fadens, eine Volldrehung des Handgelenks. Dadurch bildet sich eine Fadenschlinge, die, unter Kontrolle der Augen, auf den Bügel hinübergeführt und schließlich in der Mitte des Bügels festgezogen wird. Für diesen Vorgang lasse man – sofern die individuelle Situation des Kindes nicht eine andere Haltung erfordert – das Kind die rechte Hälfte des Bügels mit der dominanten rechten Hand greifen. Der Bügel muß hochgehalten und lange gehalten werden; das erfordert eine gewisse Kraft. Es ist ein ähnlicher Kraftaufwand nötig, wie man ihn braucht, um aus einer Kanne eine Flüssigkeit einzuschenken. Das geschieht in der Regel ebenfalls mit der rechten Hand. Die Tätigkeit der linken Hand sollte durch kleine, sich wiederholende, rhythmisch gesprochene Sätze unterstützt werden (beispielsweise: Weg der Faden – hoch die Hand – auf den Bügel – zieh, zieh, zieh). Will man den linken Arm des Kindes kräftigen, kann man für die zweite Hälfte die Rolle der Hände tauschen, sonst dreht man einfach den Bügel um. Das Kind muß nicht am Tisch sitzen, das behindert u.U. die Armtätigkeit, und es braucht Platz für den frei hängenden Faden. Am besten liegt das Wollknäuel in einem Körbchen, das man auf den Fußboden neben das Kind stellt. Die Füße des Kindes müssen festen Halt haben. Ist der Stuhl zu hoch, bindet man einen passenden Schemel an den Stuhlbeinen fest.

Je nach Behinderung und Alter werden sich die Kinder unterschiedlich verhalten. In vielen Fällen muß der Erwachsene ihre Hände zunächst stützen und führen, und wenn es den Arbeitsgang selbständig ausführen kann, sind mehr als 3 bis 5 Schlingen vielleicht eine Überforderung. Bei unruhigen Kindern muß man ein Ziel festsetzen. Entweder man zeichnet einen Strich am Bügel oder läßt das Kind 5 Schlingen ein- bis dreimal abzählen oder bemißt verschiedene kürzere Fadenlängen in unterschiedlichen Farben. Der Farbenwechsel kann ein Ansporn sein, länger durchzuhalten. Die Fadenenden müssen vom Erwachsenen mit Nadeln befestigt und die Bügelenden mit kleinen gehäkelten oder genähten »Hütchen« versehen werden. Ist ein kleiner Sonderling durch diese Handarbeit geschickt geworden und hat er Spaß an dieser Tätigkeit, kann man andere Gegenstände in gleicher Weise verzieren, z.B. einen Stift, eine hohe Konservendose, eine schmale Papprolle etc. Letztere kann beispielsweise zu einem Fernrohr gestaltet werden.

Bei schwachen und motorisch behinderten Kindern begnügt man sich am besten mit drei Schlingen, hilft dem Kind beim Halten und macht selbst einige Schlingen dazu, damit die linke Hand des Kindes ausruhen kann und die Arbeit doch ein gewisses Ergebnis aufweist. Die nächsten drei Schlingen macht das Kind wiederum selbst. Diesen Vorgang aber nicht mehr als ein- bis zweimal wiederholen. Ist das Kind sehr phlegmatisch oder erheblich behindert, wiederholt man den Arbeitsgang des öfteren mit längeren Zwischenpausen. Ein schwaches Kind braucht immer wieder neuen Anreiz.

Vermutlich lassen sich zum Zweck dieser Art der Automatisierung auch andere geeignete Tätigkeiten finden. Manchmal führen einen die Kinder selbst auf die richtige Fährte, und zwar durch ihre Behinderung. Auf die Idee mit den hier erwähnten Schlingen brachte mich die kleine *Helga*. Sie konnte nicht recht zupacken und benutzte ihre linke Hand überhaupt nicht. Das änderte sich nach einiger Zeit durch diese Arbeit völlig. Ohne Helga hätte ich sicher diese Invention niemals gehabt, und jedesmal, wenn ich ein Kind an diese Tätigkeit heranführte, habe ich in Dankbarkeit an Helga gedacht. Denn sie fördert die Kinder wirklich und macht ihnen Spaß, vorausgesetzt natürlich, daß kein Zwang ausgeübt wird und die Ausdauer nicht überschätzt wird. Für ein kleines Kindergartenkind sind 15 Minuten Konzentration sehr viel. Es ist für das Kind auch von Wichtigkeit, daß es erzählen darf, für wen das Geschenk schließlich sein soll, und daß man das Gespräch auf diese Person bringt. Das stärkt die seelische Anteilnahme an der Arbeit.

Wenn es den Kindern gelingt, diese Kleiderbügelarbeit einigermaßen gleichmäßig durchzuführen, kann man mit *Stricken* beginnen. Man wähle bei kleinen Händen dicke kurze Stricknadeln, möglichst aus Holz (Größe 8-10), und die dazu passende Wolle. Der Erwachsene muß erst einige Reihen gestrickt haben, bevor er die Arbeit dem Kind in die Hände legt. Es gibt nun verschiedene Methoden, nach denen gestrickt werden kann. In Deutschland ist es üblich, den Faden mit dem rechten Zeigefinger zu führen. Das ist für kleine Kinder mit ihren knubbeligen Händchen recht schwierig, und erst recht für Kinder, die ihre Finger weder recht empfinden noch ihren Willen bis in die Fingerspitzen führen können.

Hier soll eine andere Methode vorgestellt werden, die beide Handgelenke lockert und in verschiedene Phasen unterteilt werden kann. Dadurch wird dem

Kind der Einstieg erleichtert. Außerdem ist sie für Kinder mit Neigung zur Linkshändigkeit problemlos zu bewältigen. Da man dem Kind zu Anfang viel Hilfestellung geben muß, sollte man entweder einen separaten Raum aufsuchen oder dafür sorgen, daß die anderen Kinder mit einer gewohnten Handarbeit (z.B. mit den Kleiderbügeln) voll beschäftigt sind. Man teilt den Lernprozeß zunächst in drei Phasen ein. Wie lange ein Kind in der einzelnen Phase verbleiben muß, wird sich zeigen. Manche werden Zeit brauchen, um von der ersten zur zweiten oder von der zweiten zur dritten Phase zu gelangen, andere lernen das bereits in der ersten Sitzung.

Nachdem man also die Strickarbeit vorbereitet hat, strickt man etwa bis zur Mitte der Reihe, stellt sich hinter das Kind, hält die Arbeit vor seine Brust und läßt es die Nadeln mit anfassen. Das Knäuel bleibt am besten wie gewohnt im Körbchen auf dem Boden.

Phase 1: Das Kind faßt mit beiden Fäustchen die Nadeln und sticht mit der rechten Nadel durch eine Masche. Der Erwachsene, der hinter dem Kind steht, legt den Faden um die Nadel und hilft dem Kind, ihn durch die Masche zu ziehen und mit der neu sich bildenden Masche die alte von der linken Nadel abzuziehen. Diese Phase wird so oft wiederholt, bis sie mühelos verläuft.

Phase 2: Nachdem der Erwachsene den Faden um die Nadel gelegt hat, zieht das Kind allein die neue Masche durch die alte und von der linken Nadel ab. Auch diese Phase wird gut eingeübt, bevor die dritte probiert wird.

Phase 3: Das Kind sticht die rechte Nadel so weit durch die Masche, daß es mit dem rechten Daumen die linke Nadelspitze festhalten kann. Dann kann die linke Hand ihre Nadel loslassen, den herunterhängenden Faden ergreifen und ihn um die rechte Nadelspitze legen, ihn in der Hand behalten und zugleich die linke Nadel umfassen. Dann verfährt es wie in Phase 2.

Im Prinzip kann das Kind jetzt stricken, und man sollte es eine Zeitlang in diesem Stadium belassen. Durch die intensive Beteiligung der linken Hand wird auch der Linkshänder mühelos lernen, die Maschen mit der rechten Hand von links nach rechts abzuziehen. Das ist eine Übung, die es ihm erleichtert, sich beim späteren Schreibenlernen vielleicht doch für die rechte Hand zu entscheiden. Verläuft das Stricken inzwischen ohne Mühe, kann man bei einigen Kindern zur 4. Phase übergehen:

Phase 4: Man zeigt dem Kind, wie es, ohne die linke Nadel loszulassen, den Faden über den linken Zeigefinger legen und mit den »restlichen« 3 Fingern locker an die Nadel anlegen kann. Dann braucht es nur eine leichte Drehung der

Hände, um mit der rechten Nadel den Faden wie vordem zu fassen. Sind die Maschen anfangs zu stramm, hilft man dem Kind ein wenig beim Abhaken.

Fällt es dem Kind schwer, den Faden mit der Nadelspitze zu fassen, wählt man Nadeln, bei denen die rechte Spitze wie eine Häkelnadel geformt ist. Das gibt es auch bei Rundnadeln. Diese sind leider nicht in der gleichen Stärke zu haben, sondern meistens sehr viel dünner und aus Plastik. Dennoch sollte man, sobald das Kind mit den Nadeln gut zurechtkommt, zu Rundnadeln übergehen. Das schwierige Wenden der Handarbeit und der Wechsel zwischen linken und rechten Maschenreihen fällt weg. Die Arbeit wird gleichmäßiger, und das Endprodukt vielseitiger verwendbar. Es eignet sich als Überzug von Dosen und Blumentöpfen oder als Beutel für Bälle, Murmeln oder Hausschuhe. Sogar Mützen können mit einiger Hilfe hergestellt werden. Die Phantasie der Kinder sollte angeregt und Farbenwechsel vorgeschlagen werden. Die Hauptsache ist, daß sie die Tätigkeit ihrer Finger mit Interesse und Freude begleiten. Gemeinschaftsarbeiten können in dieser Weise ebenfalls entstehen. Die Kinder können sich ablösen und eine oder mehrere Runden für einen Spielzeugbeutel oder dergleichen stricken – eventuell jedes Kind mit einer eigenen Farbe. Bei geschickteren Kindern muß für Abwechslung gesorgt werden. Die Übung darf nicht so weit getrieben werden, daß sie zu einer Stereotypie ausartet. Man kann die Schwierigkeitsgrade steigern, linke Maschen und Abzählmuster einführen oder häkeln lassen.

Mit diesen sehr detaillierten Beschreibungen wollte ich auch einmal den Müttern, die über die Ungeschicklichkeit ihrer Kinder klagen, an Beispielen zeigen, wie eine Tätigkeit des Kindes, wenn sie in kleinste, kurze, sich wiederholende Phasen aufgeteilt wird, angebahnt werden kann, und *ihren Blick darauf lenken, wie leicht ein wahrnehmungsgestörtes Kind überfordert ist.* Außerdem schien es mir nicht möglich, in anderer Weise auf den Unterschied zwischen Bastelarbeiten und dem Aneignen von Fertigkeiten hinzuweisen. Damit möchte ich jedoch keineswegs die eigenen Intentionen von Müttern oder Erziehern dämpfen. Selbstverständlich kann bei bestimmten Gelegenheiten und, soweit es den Kindern Spaß macht, auch gebastelt werden. Man darf dabei jedoch nicht vergessen, daß solche Tätigkeiten sehr frustrierend für kleine Sonderlinge sein können; z.B. wenn der Vorgang nicht verstanden und durchschaut wird oder zu viele unterschiedliche Griffe nötig sind. Und wenn eine Tätigkeit nicht Freude und Befriedigung auslöst, ist sie keine Pflege des Eigenbewegungssinns. Wenn bei den 5- bis 6jährigen Kindern Ungeschicklichkeiten oder Tremor der Handkinetik auffallen, ist es erforderlich, die rhythmische Dynamik ihrer dominanten Hand zu erarbeiten (anheben, drücken, gleiten). Sonst bekommen sie beim Schreibenlernen in der Schule Schwierigkeiten (vgl. Die Vorschulgruppe, Seite 361).

Bleibt noch hinzuzufügen, daß die Zehen ebenfalls zur feinmotorischen Komponente des Eigenbewegungssinns gehören und in ihren Bewegungen von den Kindern wahrgenommen werden müssen – und zwar auch in diffizileren Aktionen als der des Tretens (Dreirad, Fußball). Für die Fußübungen wähle man die wärmere Jahreszeit, wenn die Kinder viel barfuß laufen können. Die Füße dürfen natürlich nicht kalt werden, aber sonst ist das Barfußlaufen sehr gesund, vor allen Dingen, wenn es auf Rasen (auch Stoppelfeldern) und am Strand, sowohl im trockenen als auch im nassen Sand, stattfinden kann. Die Kinder können mit den Füßen und dem großen Zeh Figuren im feuchten Sand zeichnen und auf dem Rasen mit den Zehchen Blumen »pflücken«. Man kann aber auch im Zimmer viele Übungen durchführen, z.B. mit den Zehen Murmeln greifen und umladen, einen dicken Zeichenstift zwischen großen und zweiten Zeh stecken und Kreise oder Sterne zeichnen lassen. Auch die Fußgelenke sollten mit Rotierübungen in jeder Richtung trainiert werden. Das geht sitzend und in Begleitung eines Rhythmus am besten. Man kann daraus ein Spielchen machen und abwechselnd mit den Fußballen klopfen (die Fersen bleiben auf dem Fußboden). Solche Übungen fördern nicht nur den Eigenbewegungssinn, sondern auch die Gehirntätigkeit und den Zahnbildungsprozeß des Unterkiefers. Darüber hinaus helfen sie unrhythmischen Kindern, ihr Sprechen mit gleichzeitigen Bewegungen von Händen und Füßen zu koordinieren.

Alle hier beschriebenen Übungen setzen, da sie für Kindergartenkinder konzipiert sind, ein Beherrschen der Grobmotorik und sogar eine gewisse Geschicklichkeit voraus. Das Kind muß bereits gelernt haben, seinen Körper aufzurichten, das Gleichgewicht zu halten und zu verlagern. Es hat sich auch bereits die Dimensionen des Raumes erobert. Das ist nicht möglich ohne die sich unbewußt abspielenden Wahrnehmungen des Gleichgewichtssinns.

Gleichgewichtssinn (statischer Sinn)

Die Wahrnehmung der Bewegung in der Gelenkigkeit, Perfektion und Präzision des Funktionsablaufs erweckt ein Gefühl von Freiheit, Befriedigung und Freude. An diesen Empfindungen ist, ohne daß man sich dessen bewußt wird, der Gleichgewichtssinn mitbeteiligt. Denn jede Bewegung, jede Gewichtsverlagerung ändert die Statik des Leibes.

Man spricht von der Schwerkraft, der Gravitation der Erde und in jüngster Zeit auch viel vom schwerelosen Raum, in dem man niemals fallen kann. Durch den Ausdruck Schwerkraft und dadurch, daß alle Objekte mehr oder weniger schwer sind und nach *unten* fallen können, stellt man sich, graphisch dargestellt, einen nach unten gerichteten Pfeil vor. Immer, wenn ich Mitarbeiter bat, ihre Vorstellung der Schwerkräfte in einer Zeichnung darzustellen, stieß ich auf dieses Phänomen. Schwerkraft ist eben ein mißverständliches Wort; man sollte lieber von der Anziehungskraft der Erde, vom Auftrieb des Wassers und der Aufrichtekraft, die im Menschen der Erdanziehung polar entgegensteht, sprechen.

Jede Materie wird von der Erde angezogen. Es gibt allerdings Schwebeteilchen, die so wenig Masse haben (oder Objekte, die so weit entfernt sind), daß sie von dieser Kraft nicht erfaßt werden. Je größer die Masse, desto stärker wird sie angezogen. Danach mißt man bekanntlich das Gewicht. Soll ein Objekt von der Erdoberfläche im Raum erhöht werden, muß es also an einem oder mehreren Punkten (etwa durch Säulen) unterstützt werden. Wie das zu geschehen hat, wird durch die Gesetze der Statik berechnet.

In lebenden Organismen sind diese Naturgesetze bereits im Körperbau berücksichtigt – heute sagt man: programmiert. Je weiter ein Lebewesen in der Entwicklung fortschreitet, desto mehr erhebt es sich vom Erdboden und muß sein Gleichgewicht finden. Bei den Vögeln liegt der Schwerpunkt unter den Flügeln. Bei den höheren Tiergattungen wird die horizontale Wirbelsäule durch die vier Extremitäten abgestützt. Um sich den Kräftesystemen des Raumes gegenüber adäquat zu verhalten, braucht jedes Lebewesen ein die Statik wahrnehmendes Organ.

Die Anatomie hat dieses Organ auch entdeckt. Es befindet sich bei allen mit einer Wirbelsäule versehenen Lebewesen im Innenohr. Lange Zeit war man sich aber nicht im klaren darüber, wie dieses Organ funktioniert und ob seine Funktion überhaupt wahrgenommen werden kann. Es könnte sich ja um einen Vorgang handeln, der sich mit dem Wiegen auf einer altertümlichen Waage vergleichen läßt.

Eine solche Waage besteht aus einem in der Mitte gestützten frei beweglichen Balken, an dessen beiden Enden je eine Schale befestigt ist. Wird eine der Schalen stärker beladen, muß die Verschiebung des Gleichgewichts an der anderen Schale reguliert werden. Dieses wird durch einen Zeiger, durch das »Zünglein an der

Waage«, das Hypomochlion, angezeigt. Aber ein bloßes Anzeigen der Verschiebung des Gleichgewichts ist für ein Lebewesen nicht ausreichend, um eine Reaktion im Organismus auszulösen, wie schließlich durch Tierexperimente und Beobachtungen von Verletzungen am Innenohr des Menschen herausgefunden wurde. Die Lageveränderungen müssen erst wahrgenommen werden. Damit wurde deutlich, daß es sich bei dem statischen Organ um ein Sinnesorgan handeln muß, um einen besonderen Gleichgewichtssinn. Über ihn sagt Rudolf Steiner: »Seine Eigentümlichkeit ergibt sich, wenn man bedenkt, daß man eine Wahrnehmung der Lage haben muß, wenn man sich als bewußtes Wesen in ihr erhalten soll. Wirkt der Gleichgewichtssinn nicht, so befällt den Menschen Schwindel; er sinkt um. Ein nicht bewußter Gegenstand wird ohne Wahrnehmung seiner Lage in derselben erhalten. Ein solcher kann nicht von Schwindel befallen werden.«[75]

Dieses statische Wahrnehmungsorgan befindet sich im häutigen Labyrinth des Innenohrs und zeichnet sich durch drei kleine bogenförmige Schläuche aus, die mit einem Säckchen des Vorhofs (Vestibulum) verbunden sind. Zwei davon stehen senkrecht im rechten Winkel zueinander, während der dritte Bogen eine horizontale Lage einnimmt. Sie sind mit Endolymphe gefüllt und von der Perilymphe umspült (vgl. Gehörsinn, Seite 178). In dem Säckchen jedoch befinden sich in einer gallertigen Masse kleine Calziumkristalle, die Statolithen, die der Wirkung der Erdanziehung unterliegen und je nach Lage des Kopfs Druck auf zarte borstenartige Rezeptoren ausüben. Dieser Reiz wird durch den Gleichgewichtsnerv (dieser ist als Nervus statoacusticus eng mit den Gehörnerven verbunden) zum Gehirn weitergeleitet; daraus ergibt sich die Wahrnehmung von Unten und Oben. Bei jeder Drehung, bei Stellungswechsel und Gewichtsverlagerung entstehen sowohl in der Perilymphe als auch in der Endolymphe Strömungen. Dadurch ist eine Orientierung in allen Dimensionen des Raums gegeben, und die eigene Lage darin kann bewußt wahrgenommen werden.

Um noch einmal zum Bild der Waage zurückzukehren. Wenn sich das kleine Kind vom Kriechen zum Stehen erhebt und, im zweiten Lebensjahr, seine ersten freien, breitbeinigen Gehversuche unternimmt, breitet es die Arme wie Waagebalken aus und balanciert vorwärts. Das gleiche tut ein Seiltänzer. Das Hypomochlion der Waage – aber ein wahrnehmendes »Hypomochlion« – ist der Mensch selbst, sein bewußtes Ich. Die beiden Waagschalen bilden die beiden mit Flüssigkeit gefüllten Gleichgewichtsorgane der Ohren. Nur wenn besondere Anforderungen an das Gleichgewicht gestellt werden, erhebt – zur Verstärkung der Wahrnehmung – auch der Erwachsene seine Arme.

Wenn das Kind beginnt, sich frei auf seinen Füßen fortzubewegen, erlebt es die Souveränität des Ich (den kleinen »König« in sich) und nennt sich selbst bald nicht mehr mit seinem Namen, sondern sagt: »Ich«. Es ist zugleich ein Erlebnis wie das Öffnen eines Tors. Das Ich tritt wahrnehmend aus seiner Innenwelt in das irdische Umfeld hinaus, bereit, sich mit ihm auseinanderzusetzen. Wie im Kapitel über den Wärmeprozeß ausgeführt, verbindet sich das Ich im aufwachenden, bewußten Menschen nicht nur mit dem physischen Leib, sondern durchdringt diesen und tritt in unmittelbare Beziehung zu den irdischen, den tellurischen Kräften. »Wenn ich also als wacher Mensch aufrecht stehe, so ist für mein Bewußtsein, für das Ich selbst, für die Ich-Organisation, die auch im Wärmeorganismus ihren physischen Ausdruck hat, die Schwerkraft überwunden.« (Rudolf Steiner, Heilpädagogischer Kurs, 3. Vortrag)

Um die Schwerkraft überwinden zu können, muß sie von einem Organ wahrgenommen werden. Jede Lageverschiebung muß empfunden, und dementsprechend müssen willentliche Ausgleichsbewegungen ausgeführt werden. Die Willensimpulse, die diese Bewegungen veranlassen, greifen so unmittelbar in den Muskel ein, daß sie gar nicht erst bewußt werden.[76] Man stößt vielfach auf Widerspruch, wenn man von einem unbewußten Willen spricht. Es wird etwa entgegnet: »Wenn ich die Hand ausstrecken will, dann weiß ich es doch und weiß auch, wie ich es ausführe.« Das stimmt so nicht, denn wie und wann sich der Impuls auslöst, bleibt im Dunkel.

An zwei unterschiedlichen Situationen läßt sich vielleicht verdeutlichen, wie das zu verstehen ist: Durch das Klingeln eines Weckers fährt jemand aus dem Schlaf hoch (reflexbedingt) und weiß, daß er sofort aufstehen muß. In Gedanken tut er das auch, aber da er sich nicht recht aufraffen kann, bleibt er trotzdem liegen. Plötzlich befindet er sich aber stehend – neben seinem Bett. Wann und wie der Entschluß im Organismus zur Tat wurde, kann er nicht rekonstruieren, das bleibt seinem Bewußtsein verborgen. Zweites Beispiel: Man stelle sich einen Tennisspieler vor. Jeder Muskel ist angespannt, die Willensintensität zum äußersten gesteigert. Er weiß jedoch nicht, wo und wie der nächste Ball ihm entgegenkommen wird, er kann seine Bewegungen nicht programmieren. Er ist auf die Wahrnehmungen seines Gesichts-, Bewegungs- und Gleichgewichtssinns angewiesen. Seine Reaktionen erfolgen blitzartig, unterliegen aber keinem Reflex. Obwohl sie sich unbewußt und scheinbar mechanisch vollziehen, sind sie gesteuert. Man nennt solche Aktionen geistesgegenwärtig.

Solche komplizierten Bewegungsabläufe könnten nicht ohne ein differenziertes Zusammenspiel zwischen Augen und Gliedmaßen, zwischen Kopf- und Körperhaltung stattfinden. Das Areal des Gleichgewichtssinns muß demnach den ganzen physischen Leib umfassen. Wie das geschieht, ist neurologisch nachgewiesen worden. Man spricht von einem sekundären Vestibularsystem.

Das sekundäre Vestibularsystem

Die Nervenfasern, die den Reiz aus den Gleichgewichtsorganen (dem primären Vestibularsystem) dem Gehirn zuleiten, verlassen in einem Strang, gemeinsam mit den Hörnerven, das Innenohr und gabeln sich dann in verschiedene Bezirke des statischen Zentrums auf; je nachdem, ob sie lineare, statische oder dynamische Strömungen bzw. Drehbeschleunigungen zu übertragen haben. Es findet hierbei nicht wie bei den Sehnerven eine sofortige Überkreuzung der Bahnen statt. Es entspringen aber von den aus diesen Zentren kommenden Nerven in der Medulla oblongata (das ist das verlängerte Mark zwischen Gehirn und Rückenmark) andere Stränge, die sogenannten sekundären Vestibularbahnen, die mit einzelnen Fasern (Synapsen) kreuzweise verbunden sind, sonst aber rechts oder links von der Mittellinie des Körpers verlaufen und auf statische Reize reagieren.

Ein bedeutender Strang zieht zu den Augenmuskeln, ein anderer zu den Halsmuskeln. Das befähigt Augen und Kopf, unmittelbar auf Lageveränderungen zu reagieren, und zwar in einem außerordentlich präzisen Zusammenspiel. Nur dadurch wird es möglich, daß ein Gegenstand auch dann fixiert werden kann, wenn Kopfbewegungen stattfinden. Das Bild bleibt immer aufrecht und ruhig vor den Augen stehen. Ein dritter Strang verbindet sich mit dem Rückenmark, und zwar bis hinunter zum Sakralmark (dem Kreuzbein), und ist an dem Geäst beteiligt, das sich durch den ganzen physischen Leib ausbreitet. Ohne solche Filigranverästelungen wäre z.B. das Balancieren eines Stabes mit den Händen, den Füßen oder der Nasenspitze gar nicht ausführbar. Auch im Dunkeln nimmt jedes Körperglied wahr, wo oben oder unten ist. Das gilt auch für das Untertauchen im Wasser, sofern das Innenohr nicht beschädigt ist, denn dann können auch die Gleichgewichtsorgane betroffen sein. Das ist bei vielen tauben Menschen der Fall und bei älteren, wenn eine Sklerotisierung das Innenohr beeinträchtigt.

Wie stark die Strömungen im Ohr mit den Gesamtströmungsverhältnissen des Körpers, z.B. des Gehirnwassers, zusammenhängen, wird auch daran deutlich, daß bei Drehungen Schwindel auftreten kann. Dieser kann durch Gegenbewegung der Augen überwunden werden. Tänzer benutzen oft solche Tricks. Andere Schwindelzustände wiederum können durch ein Dagegenatmen bekämpft werden, d.h. es wird dem Rhythmus der inneren Strömungen durch die Atmung ein anderer Rhythmus aufgedrängt. Diese Maßnahme kann in manchen Fällen von Seekrankheit hilfreich sein, ebenso das Tanzen. Interessanterweise werden Säuglinge und Kleinstkinder, die das Laufen noch nicht erlernt haben, nicht seekrank. Auch ohne Lageveränderungen oder Beschleunigungen der Strömungsverhältnisse im Innenohr haben besonders Kinder bei Zugreisen oder im Auto gelegentlich mit Übelkeit zu kämpfen. Das hängt damit zusammen, daß ihre Augen bzw. der Gleichgewichtssinn durch die schnell vorbeisausenden Bilder irritiert werden. Auch Lichtreflexe und Television können solche Reaktionen hervorrufen. Bei Bewußtseinsstörungen, die Schwindelerscheinungen einhergehen, d.h. bei bestimmten epileptischen Erkrankungen, die zum Umfallen der Kinder führen, kann eine Sensibilisierung der Gleichgewichtswahrnehmung zur Heilung beitragen.[77]

Zum Erlebnisareal des Vestibularsystems zählt nach Rudolf Steiner ebenfalls die Wahrnehmung von Druck. Da alle Wahrnehmungen, die sich an der Oberfläche des Leibes bemerkbar machen, bislang als Hautsinne betrachtet wurden, wird die Druckempfindung manchmal noch dem Tastsinn zugeschrieben, zunehmend aber den in den Muskeln befindlichen Propriozeptoren zugeordnet.

Berührung und Druck sind, genau besehen, unterschiedliche Wahrnehmungen. Die Anziehungskraft der Erde verursacht Druck. Um die Empfindung davon zu mildern, schiebt man sich beispielsweise eine Matratze ins Bett, ein Kissen auf den Stuhl, eine weiche Matte auf den Fußboden oder eine Gummisohle unter den Schuh. In vielen südlichen Ländern trägt man gerne die Lasten auf dem Kopf, legt aber zuvor ein Polster unter.

Bei jedem Druck von außen entstehen Lageveränderungen und Verschiebungen im Gewebe, die das sekundäre Vestibularsystem reizen. Der Gleichgewichtssinn nimmt diese Störung wahr, und der Astralleib wird veranlaßt, diese Störung auszugleichen. »In Wahrheit handelt es sich um einen eminent geistigen Vorgang, wenn Druck auf uns ausgeübt wird. Bis in unseren Astralleib führt uns das hinein, wenn Störungen des Gleichgewichts ausgeglichen werden müssen [...]. Diese ausgleichende, rein astrale Wirkung ist so stark, daß sie von innen her den ganzen Druck der Luft von außen zu überwinden vermag. Hier ist buchstäblich der Geist mit Händen zu greifen; man merkt es nur nicht.«

Diese Aussage Rudolf Steiners in einem Vortrag vom 25. Oktober 1909 wirft ein besonderes Licht auf die Tatsache, daß man auch bei einem in Ruhe befindlichen Körper, z.B. bei einem Säugling oder einem schwerbehinderten Kind, den Gleichgewichtssinnn durch Drücken und Massieren stimulieren kann. Eine liebevolle Druckempfindung läßt das Ich des Kindes von außen nach innen vibrieren und regt so den Astralleib an. Ebenso wird verständlich, wodurch die »Festhaltetherapie« therapeutisch wirken und in manchen Fällen angezeigt sein kann, so, wenn Kinder schwere Verhaltensstörungen erkennen lassen, die auf einer inneren Orientierungslosigkeit beruhen. Diese stellt sich nämlich dann ein, wenn ein Kind aufgrund gestörter Gehirnfunktionen nicht in der Lage ist, sich *psychisch* in die Dimensionen des Raumes einzuordnen und von Bewegungsunruhe geplagt wird. Solche Störungen können z.B. nach Enzephalitis auftreten.[78] Andere Schäden des Gehirns lassen die Bewegungen erstarren und verhindern so die *leibliche* Eingliederung in die Raumdimensionen; das ist der Fall bei den cerebralen Lähmungen, die unter der Bezeichnung Spastik bekannt sind.

Karl König hat eindringlich darauf hingewiesen, daß es für den Mediziner unter diagnostischen Gesichtspunkten zwar wichtig sein kann herauszufinden, welche Gehirnpartien betroffen sind – für den Heilpädagogen gilt jedoch eine andere Betrachtungsweise. Er muß dem nachgehen, wie das Kind seelisch die drei Dimensionen des Raumes wahrnimmt und wie es sich leiblich durch Haltung, Gangart, Gestik und Gehabe in diese eingliedert. Dem kann man nur nachgehen, wenn man Statik und Dynamik des Kindes genau beobachtet, das Erblickte nachvollziehend – sowohl meditierend als imitierend – sich selbst einverleibt und so zu einem Nachempfinden des Defizits im Erleben des Kindes kommt.

Das Hineinwachsen des Kindes in die Dreidimensionalität des Raumes[79]

Betrachtet man die erste Dimension, in die ein Kind hineingeboren wird, könnte man vorschnell meinen, es wäre die horizontale Ebene. Versucht man aber nachzuvollziehen, welche Wahrnehmungen dem Kind zukommen, wird man bemerken, daß der kleine Säugling nur das wahrnimmt, was im Vordergrund seines Sichtfeldes erscheint. Er schaut zunächst frontal ins Licht wie auf eine helle belebte Wand, das ist die *Frontalebene* ohne Tiefe, und seine Hände finden noch nicht in einer Mitte zusammen. Was ihm erscheint, ist licht und hell: ist ihm *Tag*. Das, was hinter der Wand, hinter seinem Rücken vorhanden ist, liegt noch im Dunkeln: ist ihm *Nacht*.

Die Wahrnehmung einer zweiten Dimension stellt sich beim Säugling dann ein, wenn er beginnt, seine Augen auf einen Punkt in weiterer Entfernung zu richten (Fixieren), und seine beiden Hände sich begegnen. Er empfindet die Verbindung von Links und Rechts in der sogenannten *Sagittalebene*, in einer Ebene des *vor* und *zurück*.

Will man sich diese Raumdimensionen deutlich zum Bewußtsein bringen, nehme man einen Papierbogen zwischen die Handflächen, hebe ihn senkrecht vor dem Kopf empor und führe ihn vom Körper weg und wieder auf den Körper zu und stelle sich vor, das Papier schneide durch den eigenen Körper. Man würde aus zwei nicht identischen Hälften bestehen, die ein spiegelbildliches Verhältnis zueinander haben. Dann versuche man, sich darauf zu konzentrieren, wie man sich fühlen würde, wenn eine Seite nicht voll erlebt werden könnte, weil ihre Wahrnehmungsfähigkeit und Motorik beschädigt worden sind. Man taste sich an dieses Erlebnis heran. Gelingt das, wird man die richtigen Einfälle für die Behandlung von Kindern erhalten, die sich diese zweite Ebene entweder physisch oder psychisch noch nicht erobern konnten.

Um den Erwerb der nächsten, der dritten Dimension im Kindesleben zu verfolgen, wende man den Blick wieder dem sich entwickelnden Säugling zu, der erst nach und nach, mit Hilfe der kosmischen Aufrichtekräfte, die Fähigkeit erlangt, aufrecht stehen zu können. Langsam löst er seinen physischen Leib von der Erdanziehung; erst ein wenig den Kopf und dann, in der Bauchlage, Schultern, Rumpf und Po. Wenn er sich so weit gelöst hat, beginnt er ein wenig in der Sagittalebene zu schwingen und zu krabbeln, dann erhebt er sich an Gitterstäben oder Stuhlbeinen.

Erst mit diesem Stehen-Können gewinnen die bereits erwähnten Dimensionen ihre wahre Position, setzt eine differenziertere Entwicklung des Gleichgewichtssinns beim Kind ein. Immer wieder fällt es hin, immer wieder steht es auf. Es macht die Erfahrung von *Oben* und *Unten*. Im Ausbreiten der Arme, im trennenden Zwerchfell und im Luftholen und Weiten des Brustkorbs wird ihm im wahrsten Sinn des Wortes die Weite, die *Horizontalebene* erlebbar, die das Obere, das *Leichte*, von dem Unteren, der *Schwere*, trennt (vgl. Seite 312).

Bei einem Kind, das sich ungestört entwickelt, folgen dann die ersten Schritte: meistens zuerst seitwärts in der Frontalebene, an Gegenständen oder Wänden sich festhaltend, schließlich auch nach vorwärts. Immer vollkommener wird sein Laufen. Allmählich lernt es, sich stehend und laufend in der Sagittalebene vor- und rückwärts zu bewegen. Es lernt, zwischen *Leichte* und *Schwere* zu klettern und zu hüpfen. Zuletzt lernt es, sich umzuwenden und nach hinten zu schauen, d.h. das wahrzunehmen, was bisher im *Dunkeln* verborgen war. Die Wahrnehmungsmöglichkeiten für diese unterschiedlichen Lagen und die Fähigkeit und Kraft, sich darin zu behaupten, sind dem Kind angeboren. Voraussetzung für seine Entwicklung ist – neben der Nachahmungsfähigkeit – sein unermüdlicher Wille, immer und immer wieder zu üben. Der Gleichgewichtssinn ist ein stark willensbetonter Sinn, der beim Kleinkind einen unermüdlichen Bewegungsdrang auslöst. In diesen Bewegungen des Kleinkindes spielt sich ein unentwegtes Mathematisieren und Geometrisieren der Glieder nach den gleichen Gesetzmäßigkeiten ab, wie sie sich im ganzen Körperbau und in der Tonwelt nachweisen lassen (vgl. Gehör- oder Tonsinn, Seite 179). In dem sich beschwingt bewegenden Organismus ist Musik.[80]

Bedenkt man den Aufbau des Ohrs und die Übertragung der Schwingungen auf Bogengänge, Schnecke, Gehirnwasser und sämtliche Rezeptoren der Wahrnehmungsareale des Gehörs und des Gleichgewichtssinns, wird die gegenseitige Reizübertragung und Verbundenheit dieser Sinne durchaus verständlich. Die Freude an der Bewegung verstärkt sich durch Musik, und umgekehrt weckt die Freude an der Musik Bewegungsimpulse. Beide Sinne vermitteln Lustgefühle und Freude. Der adäquate Ausdruck für diese Verbindung ist der Tanz. Kaum läuft das Kind seine ersten Schritte, fängt es auch an, sich bei einem Liedchen zu wiegen, sich festhaltend ein wenig dazu zu hüpfen. Dann jauchzt es und freut sich über das Loslösen-Können von der Erdanziehung. Nach einiger Zeit beginnt es auch, sich nach der Musik zu drehen und ein wenig zu tanzen. Größere Freude bereitet es ihm, wenn man mit ihm tanzt. Auch in einer Kindergruppe zeigt sich, daß ein Tänzchen die Kontakte unter den Kindern fördern kann.

Will man die Rückwirkungen gestörter Bewegungsfunktionen und mangelhafter Gleichgewichtsreaktionen auf die psychische Verfassung des Kindes besser verstehen, gilt es, wie schon hervorgehoben, intensiv die Gefühle des sich *ungestört* entwickelnden Kindes nachzuempfinden und die einzelnen Phasen der sensorisch-motorischen Entwicklung genau zu beobachten. Denn körperliche Gebrechen, die nicht mehr vollständig behoben werden können, bedürfen eines Ausgleichs im seelisch-geistigen Bereich. Kann man nachvollziehen, was es für ein Kind bedeutet, die Dreidimensionalität erobert zu haben, was es im Tanz für eine Beglückung erfährt, die sich bis zum Enthusiasmus oder auch zu Rausch und Ekstase steigern kann, wird man ermessen können, welche Folgen Defizite der Gleichgewichtswahrnehmung für das Gemüt eines Kindes haben können. Die Gefahren sind vollständige Isolation und Depression.

Für die Beobachtung der verschiedenen Phasen der Bewegungsentwicklung in den unterschiedlichen Raumlagen eignen sich die Wintermonate besonders gut. Wenn der Schnee liegengeblieben ist, wenn die Gewässer zugefroren sind, lieben es die Kinder, ihren Gleichgewichtssinn auf die Probe zu stellen. Der ältere Mensch tastet sich vorsichtig vorwärts, um die geringe Haftung an die Erde nicht zu verlieren und nicht hinzufallen; die Kinder machen sich Rutschbahnen, sie laufen darauf zu, bleiben stehen, und je nach dem Stadium ihres Gleichgewichtssinns breiten sie die Arme aus, um in aufrechter Haltung verbleiben zu können. Wenn man sie so sieht, wie sie die verschiedensten Ausgleichsbewegungen probieren, um bis zu 10 oder gar 20 Meter vorwärts schlittern zu können, ohne das Gleichgewicht zu verlieren, kann man bemerken, welche Genugtuung sie an der Körperbeherrschung empfinden. Noch deutlicher tritt das beim Eiskunstlauf hervor, besonders dann, wenn die Bewegungen durch Musik eine Unterstützung finden. Eine einzige schmale Schiene als Verbindung mit dem Eis genügt, um sich pfeilschnell wie im Flug in jede Richtung zu bewegen, um Figuren zu zeichnen, Pirouetten zu drehen. Die Faszination an der Körperbeherrschung kann sich sogar auf den Zuschauer übertragen.

Es will mir scheinen, als hätten die basalen Leibessinne eine besondere Affinität zu den vier unterschiedlichen Jahreszeiten. Mit dem heraufkommenden Frühling und der leichteren Kleidung beginnen die Ball-, Murmel-, Fang- und Versteckspiele. Das Gelände wird erforscht, der Wald erkundet, die ersten Blümchen gepflückt. Bewegungen der Gesamtmotorik werden angeregt. Naht der Sommer, wird der Körper immer mehr entkleidet, die Haut wird Wind und Wetter, der Sonne, dem Sand und dem Wasser ausgesetzt. Die unterschiedlichen Wahrnehmungen der Haut stehen im Vordergrund. Im Herbst wird dem Sturm getrotzt, und die Drachen steigen, aber es wird immer früher dunkel, und die Kinder kehren in die Stuben zurück. Sie bringen Kastanien, Bucheckern, Eicheln mit und machen es sich in den Spielecken gemütlich. Es wird geheizt, Bratäpfel und Nüsse werden verzehrt, und in der Küche wird gebacken. Die Zeit des Märchenerzählens und Wohlbehagens ist angesagt, und glücklich die Kinder, die eine solche Pflege ihres Lebenssinns erfahren.

Diese jahreszeitlich bedingten Schwerpunkte der Sinnespflege seien nur als Anregung für das Miterleben des Jahreskreislaufs im Kindergarten erwähnt. Die Technik macht es möglich, sowohl die im Sommer fehlenden Gleitflächen durch

Räder (z.B. Inline-Skates) als auch die im Winter fehlende Luft- und Wassererwärmung durch Elektrizität (beheizte Schwimmhallen) zu ersetzen; und für Kinder, die Raumorientierungsprobleme haben, ist eine ständige Pflege der basalen Sinne vonnöten. Es kann sich aber als günstig erweisen, die Schwerpunkte der therapeutischen Programme im rhythmischen Wechsel und epochenweise unterschiedlich zu gestalten.

Dennoch sind manche Erfahrungen der Kinder unabtrennlich mit dem Erlebnis »Winter« verbunden, besonders dann, wenn ausreichend Schnee gefallen ist. Der Schnee ist ein herrliches Bau- und Gestaltungsmaterial. Und Kinder, die ihren eigenen Körperabdruck im Schnee betrachtet und einen riesigen Schneemann gebaut haben, haben keine Probleme mehr mit ihrem eigenen Körperimago. Nicht umsonst lieben Kinder den Schneemann so sehr. Unterbewußt sehen sie in ihm die drei unterschiedlichen Funktionssysteme ihres eigenen Leibes dargestellt: Der große Ball weist auf ihren Bauch- und Stoffwechselbereich hin, der mittlere auf Brust- und Atmungsbereich, in dem sich die rhythmischen Vorgänge zentrieren. Den kleineren Schneeball, der darüber thront, empfinden sie sehr wohl als den zentrierten Pol ihres Wahrnehmungsvermögens – mit anderen Worten: des Nerven-Sinnes-Systems. Geht man von einer solchen Betrachtung des Körpers aus, erfassen die Kinder empfindungsmäßig den Aufbau ihres Körpers sehr schnell. Daß Beine gebraucht werden, um zu laufen, und Arme, um zu handeln, leuchtet ihnen schnell ein. Und wenn sie den Schneemann mit Steinchen- oder Pflaumenaugen, Möhrennase und Mund aus Hagebutten oder nur Stöckchen versehen und sie kräftig in den Schneeball hineingedrückt haben, malen sie einen Mund nicht mehr oberhalb der Augen. Sicher kann man solche Fehler auch durch wiederholtes Nachmalenlassen korrigieren. Vom Kind werden solche Korrekturen aber nur übernommen, »weil es sich so gehört«, sie werden nicht nachempfunden, d.h. die Seele bleibt ohne Anregung.

Raumlagelabilität und andere Gleichgewichtsstörungen

Es gibt deutlich erkennbare gravierende Gleichgewichtsstörungen, die es dem Kind erschweren, einen aufrechten Gang zu erlangen, oder häufiges Hinfallen bewirken. Es gibt spastische Lähmungserscheinungen, die eine Wahrnehmung der Dimensionen so weit einschränken, daß ein Kind sich mehr oder weniger ausgegrenzt und isoliert fühlt. Solche Störungen erfordern besondere Therapiemaßnahmen der Physiotherapie und Heileurythmie.

Hier möchte ich über die Vielzahl der Kinder berichten, die von weniger deutlich erkennbaren Störungen des Gleichgewichtssinns betroffen sind. Das sind weit mehr, als man zunächst vermutet, und ihre Anzahl steigt von Jahr zu Jahr. Leider werden ihre Störungen oft erst dann erkannt, wenn die Einschulung bevorsteht; und manchmal noch viel später. Man stellt fest, daß sie z.B. nicht auf einem Bein stehen, rückwärts laufen, über ein Seil (am Boden liegend) springen oder die Hände über dem Kopf zusammenführen können. Manche Kinder laufen schwerfällig, bewegen ihre Füße nur ungern und lassen ihre Hände auf dem Tisch ruhen; sie können sozusagen die *Schwere* nicht recht überwinden. Andere wiederum sind wie kleine Quirle, die ständig auf den Fußspitzen laufen oder mit den Beinen zappeln und ins *Leichte* wollen. Immer wieder suchen und finden sie Gelegenheit hochzuklettern. Ihre Finger sind in ständiger Bewegung (vgl. Monica, Seite 21).

Eine Störung der Gesamtorientierung im Raum liegt auch dann vor, wenn die Kinder sich so bewegen, als hätten sie Würmer in den Gliedern. Sie aalen sich, drehen und wenden ihre Arme (vgl. Erika, Seite 125). Auch bei der sogenannten Ataxie liegt eine solche Störung vor. Die Kinder führen eckige, ruckartige Bewegungen aus oder klappen ruckartig zusammen (vgl. Harald, Seite 23). Auffallender noch sind Gleichgewichtsstörungen, die mit Schaukelbewegungen einhergehen. Entweder schaukelt das Kind sitzend mit dem ganzen Oberkörper vor und zurück oder pendelt von links nach rechts und von rechts nach links. Manche schlagen mit dem Kopf seitlich hin und her oder drehen ihn nach links und rechts. Diese Kinder bleiben sozusagen im »weißen Geräusch« ihrer Gleichgewichtsempfindung stecken. Diesem inneren »Blutrauschen« muß man mit äußeren Reizen begegnen. Das kann u.U. durch gezielte, aber vorsichtig dosierte rhythmische Schaukel- oder Schunkelbewegungen erreicht werden sowie durch Massage (Druck). Das Schaukeln und Wippen steht ohnehin bei allen Störungen des Gleichgewichtsempfindens (und auch bei verzögerter Entwicklung) an erster Stelle der therapeutischen Mittel – an zweiter Stelle stehen Balancierübungen. Bei den letzteren muß man allerdings bedenken, daß man niemals etwas üben kann, was das Kind noch nicht bewerkstelligt. Das bedeutet: *Man darf Übungen niemals zu hoch ansetzen, sondern muß zunächst mit ganz simplen spielerischen Mitteln anfangen.*

Zunächst möchte ich auf den Aufbau der Balancierübung eingehen. Bei breitbeinig und unsicher laufenden Kindern wird man einen gummierten Teppichstreifen von 30 cm Breite (notfalls noch mehr) auf den Fußboden zwischen entfernteren Spielecken legen und als »Brücke« über einen Fluß bezeichnen.

Später geht man zu einem »Steg« über (von 20, evtl. 10 cm Breite). Die erste »Erhöhung« erfolgt dann mit einem auf dem Boden liegenden Brett, das nach und nach durch Klötze, schließlich Hocker erhöht werden kann. Dann legt man vielleicht eines Tages nur einen Stab unter die Mitte des Brettes und stellt ein Kind in den Mittelpunkt, wo es stehend durch Lageveränderung das seitliche Hin- und Herwippen üben kann. Nach und nach erhöht man die Wippe. Sitzend können dann zwei Kinder zusammen im Wippen das Oben- oder Untensein erleben. Dabei üben sie auch, sich aufeinander einzustellen und sich einem harmonischen Rhythmus hinzugeben. Werden die Kinder geschickter, legt man ihnen bei allen Übungen ein kleines Reis- oder Hirsekissen auf den Kopf. Danach probiert man Übungen mit Stäben und anderen Gegenständen auf der Hand oder Nasenspitze (für die größeren Kinder). Auch Jonglierbälle, Trampoline, Stelzen, Pedalos gehören zum therapeutischen Spielmaterial. Das »Zirkus-Spielen« ist angesagt.

Wichtig scheint es mir, die Balancierfähigkeit der Kinder erst im Stehen, Gehen (Klettern), Hüpfen – vor- und rückwärts – zu üben (auch auf Stelzen), *bevor* man sie auf Räder setzt. Stützräder sollten nur bei körperbehinderten oder schwer gleichgewichtsgestörten Kindern Verwendung finden. Sie verzögern nämlich die Wahrnehmungsentwicklung der Kinder. Auf das Thema »Schaukeln« und »Schaukeln-Erlernen« komme ich noch zurück (siehe Seite 380). Hier möchte ich nur anfügen, daß Kindern, die schaukeln können, möglichst viel Gelegenheit dazu eingeräumt werden soll. »Sie müssen sich sattschaukeln können«, war ein häufiger Ausdruck von Kurt Gäch, der geradezu zornig werden konnte, wenn Kindergärtnerinnen – der Gerechtigkeit wegen – jedem Kind nur wenige Schwingungen zugestehen wollten. »Man muß differenzieren können«, sagte er. »Manche Kinder benötigen eben solche Wahrnehmungen der Dimensionen mehr als andere.«

Das Schaukeln haben ganz besonders diejenigen Kinder nötig, die ihre *Raumlagelabilität* noch nicht überwunden haben (vgl. Thomas, Seite 40). In der regulären Entwicklung wird beim heranwachsenden Kind der Gleichgewichtssinn zunehmend differenzierter und konzentriert sich immer mehr auf den Kopfbereich. Die Augen erfassen Raumlage und Entfernung immer präziser. Das Augenmaß entwickelt sich, der Kopf wird immer mehr zum ruhigen Pol des Abwägens, wird, bildlich gesehen, zu dem erwähnten Hypomochlion. Erst mit der Erfahrung des Aufrichtens und Hinfallens erlebt das Kind den Unterschied von Oben und Unten. Das geschieht zuerst mit dem ganzen Körper und dann, indem es etwas hochhebt und herunterfallen läßt. Ein wenig länger dauert es, bis das Kleinkind diese Richtung mit den Augen erfassen kann und sein mit dem Gleichgewichtssinn verbundener Sehsinn eine solche Wahrnehmung bildlich umsetzen kann (siehe Seite 164).

Das Kind zeichnet und malt seine ersten Bilder gänzlich unabhängig davon, wo »etwas hingehört«. Ehrgeizige Eltern fangen dann an, zu korrigieren oder das Kind mit bestimmten Zeichnungen (Haus, Baum, Blume etc.) in die Stereotypie zu treiben. Sie merken nicht, daß ihr Kind Oben und Unten gar nicht bildlich nacherleben kann. Dies kann sich darin äußern, daß es das Bilderbuch falschherum hält, aber auch darin, daß es Figur und Hintergrund nicht zu unterscheiden vermag.

In meiner Praxis erlebte ich einmal einen 4jährigen Jungen, *Andreas*, der ausgezeichnet Häuser malen konnte, aber er ging ganz merkwürdig dabei vor. Er begann am oberen Rand mit dem Boden, und das Haus wuchs auf ihn zu und endete mit dem Schornstein am unteren Rand, kurz vor seiner Brust. Um das Haus betrachten zu können, mußte man folglich das Blatt umdrehen. Immer wieder entstanden diese Häuser, sonst nichts. Mit seinen 4 Jahren hätte Andreas eigentlich schon die Raumlageunsicherheit überwunden haben sollen. Ich weiß, daß Psychologen bei solchen Bildern ihre eigenen Deutungen haben. Lag hier ein psychologisches Problem vor, oder handelte es sich schlicht um eine Wahrnehmungsstörung? Ich machte einen Elternbesuch. Der Vater erwies sich als besonders bemüht, die verzögerte Entwicklung des Jungen (Ungeschicklichkeit und Sprachstörung) zu beheben. Die Frage, ob er mit dem Jungen zeichne, bejahte er; er habe ihm beigebracht, Häuser zu malen. Ich bat ihn, in meinem Beisein mit dem Jungen zusammen ein Haus zu malen. Andreas wurde gerufen, Zeichenstifte und Papier hervorgeholt und auf dem Sofatisch bereitgelegt. Der Vater setzte sich auf das Sofa, Andreas sich ihm gegenüber. Der Vater begann, und das Haus »wuchs« auf Andreas zu. Diese Richtung ahmte das Kind nach – sein Haus wuchs auch auf ihn zu, so wie er es auf der Zeichnung des Vaters sah.

Dies mitzuerleben, war für mich sehr lehrreich. In meiner Praxis wurde danach kein Bild mehr von einem Kind angefertigt, ohne daß ich es anschließend bat, es an der Wand aufzuhängen. Da wir Holztäfelung hatten, ließ sich das ganz einfach von den Kindern selbst mittels Knetwachs ausführen. Wie oft erlebte ich es doch, daß die Kinder prüfend und fragend vor der Wand standen: Wie herum soll das Bild nun aufgehängt werden? Das war manchmal nicht so leicht zu entscheiden, denn wuchs ein Baum in die Höhe empor, befand sich die

Sonne vielleicht unten – und wurde das Papier gedreht, war die Sonne zwar oben, aber mit dem Baum stimmte dann etwas nicht. Es mußte also erst ein neues Bild gemalt werden. Hier zeigten sich also schon die Probleme, die sich dann beim Schreiben von Buchstaben für die Kinder so fatal auswirken.

Es handelt sich bei diesen raumlagelabilen Kindern um eine Teilleistungsstörung der Gleichgewichtswahrnehmung. Die Wahrnehmungsreize werden von der Seele nicht aufgenommen und verarbeitet – die Perzeption ist gestört. Diagnostisch spricht man von Kindern mit Perzeptionsstörungen. Viele unterschiedliche Programme sind entwickelt worden, um solche Schwächen zu beheben. Zu den bekanntesten Programmen gehört das von Marianne Frostig ausgearbeitete bildliche Material. Es hat sich bei vielen Kindern als nützlich erwiesen. Es ist sehr sorgfältig und liebevoll durchdacht, berücksichtigt m.E. aber nicht genügend die seelische Empfindungsfähigkeit der Kinder. Es bleibt Trainingsprogramm. Denn wie soll ein Kind nachvollziehen können, daß ein auf dem Papier gezeichneter Bogen einen Weg von einem Haus zum anderen darstellen soll, den es mit dem Finger zu verfolgen hat? Ein solcher Bogen ist auf dem Papier sonst doch der so beliebte Regenbogen. Malt man das gleiche auf dem Fußboden, sieht es schon anders aus. Das Kind kann dann den Weg auch wirklich begehen. Man muß eben doch sehr darauf achten, daß die Empfindung für die Raumdimensionen auch im Bild der Wirklichkeit entsprechen, denn ein Verständnis für Perspektive hat ein Kind im Vorschulalter noch nicht.

Ein Kind im ersten Jahrsiebt kann durch Testmaterial, das eine Blume oder einen Schlüssel genauso groß erscheinen läßt wie ein Auto oder ein Haus, sehr irritiert werden. Es sieht mit beteiligtem Gemüt und noch nicht abstrakt. Ob Raumlagelabilität vorliegt oder nicht, wird man schnell erkennen, wenn man dem Kind bestimmte Puzzles anbietet (siehe Seite 375). Auch wenn es sich dabei nicht unbeholfen zeigt, also keine offensichtlichen Störungen zu erkennen sind, wird man feststellen können, daß bei Sensibilisierung des Gleichgewichtssinns die Schreibfertigkeit und die Formwahrnehmung der Symbole und Schriftzeichen sich zunehmend verbessert. *Die Wahrnehmungsschulung zur Vorbeugung der Legasthenie sollte also bereits im Kindergarten beginnen.*

Grenzen und Übergänge zwischen Innen- und Außenwelt in der Wahrnehmung

Der Gleichgewichtssinn ist der vierte und der letzte der basalen Sinne. Auch wenn die Wahrnehmungen dieses Sinnes nur dunkel sind, der Mensch ist ganz seinen inneren Empfindungen hingegeben und muß in seinen Wahrnehmungen die Grenze zur Außenwelt, will er sie erkennend erfassen, überschreiten. Von diesem letzten Sinn sagte Rudolf Steiner am 25. Oktober 1909: »Der letzte Sinn steht hart an der Grenze zwischen dem, was der Mensch innerlich erlebt, und dem, was er erleben muß, um sich in die Außenwelt eingliedern zu können. [...] Wir kommen nun zum Geruchssinn. [...] Da ergreift den menschlichen Organismus etwas, was unserem Bewußtsein schon näher liegt, nämlich die Bewußtseinsseele selber. Was in der Geisteswissenschaft Bewußtseinsseele genannt wird, tritt in Aktion, wenn gerochen wird. [...] Es ist wie ein Fühler des astralischen Leibes, was durch die Bewußtseinsseele entsteht.«

Der letzte Satz des Zitats war der Ausgangspunkt zu dieser Betrachtung der Zwölf-Sinnes-Lehre, und somit ist ein Kreis geschlossen. Dieser Übergang von dem inneren zum äußeren Erleben ist sanft wie ein langsames Erwachen aus dem Traumzustand. Noch sind die Gestirne des Nachthimmels erkennbar, erst mit dem Geschmackssinn steigt die Sonne (das Bewußtsein) voll über den Horizont: immer höher, bis zu den Wahrnehmungen des Gehörsinns. »Zwischen Tonsinn und Sprachsinn ist die Mittagszeit des Seelenlebens.« (vgl. Seite 175) Schon etwas undeutlicher und subjektiv gefärbt sind dann die Wahrnehmungen des Ichsinns. Dieser Sinn ist jedoch zugleich der Sinn, der aus dem weniger bewußten Wurzelwerk der Eigenempfindung zu einer »höchsten Blüte« der in andere Wesen sich einfühlenden Wahrnehmungen gelangen kann.

Dieses Aufsteigen und Umwandeln der Sinnesorgane von unteren zu oberen Sinnen liegt in ihrer physiologischen Anordnung und ist die leibliche Grundlage für den mikrokosmischen Weg des Bewußtseins. Betrachtet wurde aber auch die Stufenfolge der Empfindungen von der inneren Eigenempfindung zum immer tieferen Vordringen in die äußere Umwelt, um immer tiefere Erkenntnisse von ihr zu gewinnen.

Diese Folge ist ebenfalls eine lineare, aber in der horizontalen Dimension, und in ihrer Anordnung kann man mehrfache Wirkungen geistiger Harmonien und Gleichgewichtskräfte ahnend erfassen. Wenn sich in der Richtung nach innen ein Sinnesorgan entwickelt, entsteht zugleich ein nach außen gerichtetes

Sinnesorgan – wie nach den Gesetzen einer Waage. Es wandeln sich also nicht nur die basalen in obere Sinne, vielmehr finden solche Umkehrungen ebenfalls in den mittleren Sinnen statt: vom Geruchssinn zum Wärmesinn, vom Geschmackssinn zum Sehsinn. Zwischen den beiden letztgenannten befindet sich ein Ruhepol, von Rudolf Steiner als »*Hypomochlion*« bezeichnet. Diese Kenntnis ist für das therapeutische Vorgehen in der heilpädagogischen Praxis von großer Tragweite. Es wird nicht nur verständlich, wie die Pflege des Tastsinns heilsam auf einen gestörten Ichsinn wirken kann, sondern es läßt sich in vielen Fällen daraus ablesen, wodurch ein fehlendes Wahrnehmungsvermögen indirekt stimuliert werden kann, z.B. der Geruchssinn durch zusätzliche Wärme, die Seelenblindheit durch Stimulation des Geschmackssinns.

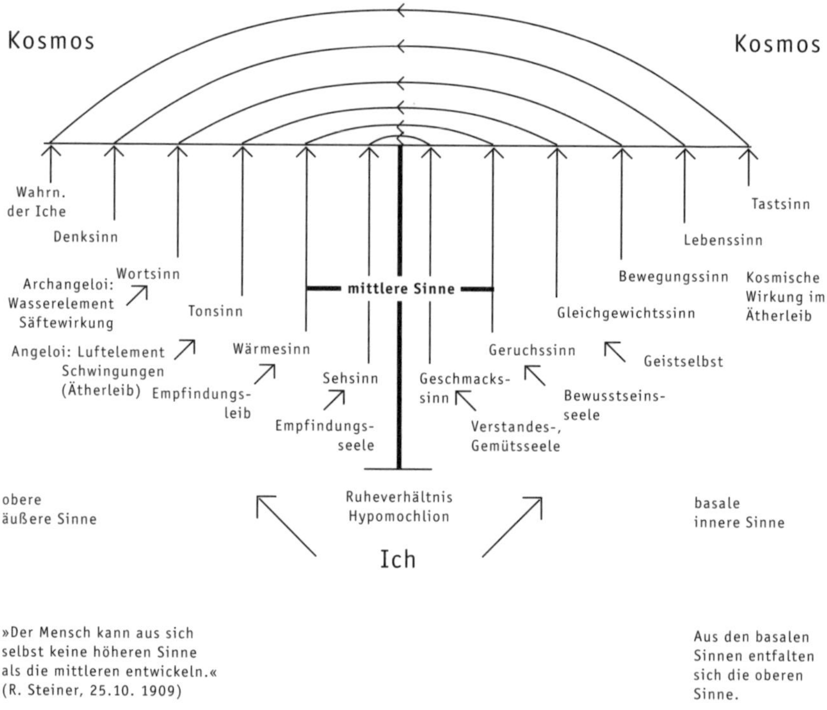

Die Wahrnehmung entspringt im Sinnesorgan, empfunden wird sie in der Seele. Als beglückend kann sie nur dann erlebt werden, wenn eine Harmonie (Ausgewogenheit) empfunden wird. Ein Wohlgeruch, ein Wohlgeschmack muß gut austariert werden, eine Bewegung harmonisch und geschmeidig verlaufen, um schön zu sein. Die Farben eines Gemäldes müssen zusammenklingen, und erst recht die Töne der Instrumente, wenn ein Kunstgenuß entstehen soll. Jeder Mensch (auch das Kind) hat ein mehr oder weniger deutliches Gefühl dafür, wie nicht nur im Wahrnehmungsbereich, sondern auch in der Seele eine innere Kraft tätig ist, die nach Harmonie und Ausgleich, nach einem *inneren* Gleichgewicht strebt. Wie unbefriedigt fühlt man sich doch, wenn einen ein inneres Hin- und Herschwanken befällt oder Einseitigkeiten bedrücken. Man sucht dann ein Gegengewicht.

Dieser Ausgleich der polaren Gegensätze, die innere Harmonie, die auch als Gleichmut oder Gelassenheit bezeichnet werden kann, ist das erstrebenswerte Ideal des Heilpädagogen (Homostatik). Einen solchen inneren Ruhepol – Hypomochlion – erreicht man nicht mit Eigenschaften wie Bequemlichkeit, Langweiligkeit, Gleichgültigkeit oder mit äußeren Ambitionen. Es wird innere Wachheit und Reaktionsfähigkeit gefordert. Um einen Vergleich zu gebrauchen: Es ist wie das geschilderte Stehen in der Mitte einer hohen Wippe, die man, wenn sie mit eigenen oder Problemen der Kinder beladen wird, durch Verlagerungen und inneren Kraftaufwand im Gleichgewicht halten muß. Man spricht heute vielfach von »Empathie« als erstrebenswerter Mitte, die ein Therapeut zu entwickeln hat, um zwischen dem Gefühlsüberschwang der Sympathie und der Abstand nehmenden Haltung der Antipathie eine objektive Einstellung zu gewinnen. Das ist eine Leistung des Ichsinns. Ein objektives Bild erreicht man jedoch nur, wenn man sich selbst in Gelassenheit zurücknehmen und die Bewegungen und Attitüden des Kindes mitvollziehen kann. Dabei handelt es sich keinesfalls um eine »kalte« Gelassenheit, sondern um eine »verstehende« Gelassenheit, wie sie Rudolf Steiner im Vortrag vom 22. November 1914 nannte.

Man muß sich außerdem darüber klar werden, daß zwischen dem Wahrnehmen der Sinne in der physischen Welt (einschließlich der eigenen Leiblichkeit) und den Erlebnissen der Seele eine Art Resonanzverhältnis besteht. Es gibt gleichsam ein seelisches Korrelat zu den Sinneswahrnehmungen, das zumindest in den basalen Sinnen deutlich erlebt und vom Heilpädagogen durch den Nachahmungstrieb des Kindes auf den kleinen Sonderling übertragen werden kann.

Will man bei einem Kind die Empfindung für eine Berührung wecken, ist ein sensibles Tastvermögen beim Betreuer wichtig, wichtiger aber noch ist das innere Korrelat des Tastsinns. Diese innere Feinfühligkeit wurde als Andacht bezeichnet (siehe Seite 221). Liegen Störungen im Bereich des Lebenssinns vor, kommt es sehr darauf an, innerlich die Kräfte der Ehrfurcht zu stärken. Die Gelassenheit als Korrelat zum Gleichgewichtssinn wurde schon erwähnt. Die basalen Sinne sind in einer unbewußten Weise eng mit dem Seelisch-Geistigen des Menschen verbunden – »*man merkt es nur nicht*«.

Welches ist nun das geeignete seelische Korrelat, das man in sich schulen sollte, um die in der Bewegungswahrnehmung gestörten Kinder vor der drohenden Vereinsamung zu bewahren? Ich glaube, man wird es in einem herzlichen, warmen Humor finden. Denn diese Kinder »haben nichts zu lachen«, und das »Lachen-Können« brauchen sie dringend, um ihr seelisches Freiheitsgefühl entfalten zu können.

Die eigene Einstellung zu den Phänomenen, die einem als Heilpädagoge begegnen, ist entscheidend für den Verlauf einer Therapie, und man wird erleben können, wie sich das Verhältnis zu einem kleinen Sonderling ändert, wenn es einem (auch als Elternteil) gelingt – nicht theoretisch, sondern innerlich –, ein Gefühl für Zusammenhänge zwischen Makro- und Mikrokosmos zu entwickeln und sich sinnvoll in das All eingebunden zu fühlen.

Man kann schematisch – als eine Art Diagramm – die Fixsternregionen aufzeichnen, aus denen die kosmischen Kräfte dem Menschen in den Sinnesorganen zuströmen, und diese an ihrer Stelle eintragen. Dann versuche man sich vorzustellen, wie die Planeten ihre Kreise durch diese Regionen ziehen und wie die Lebensprozesse in den Sinnesorganen pulsieren. So kann vor dem inneren Auge ein großartiges sphärisches Bild entstehen, das man sich aber flexibel vorzustellen hat, denn Harmonien folgen zwar einer inneren Ordnung, bleiben aber immer in sich beweglich. Sie entstehen durch ein Zusammenklingen in unterschiedlichen Konstellationen, und es gibt Verschiebungen, genauso wie sich Sonnenauf- und -untergang nach Ort und Tageszeit verschieben.

»Formen Sie das Bild vor Ihrer Seele: Aufgang der Sonne, Erscheinen des Lichtes, wiederum Untergang der Sonne. Formen Sie dieses Bild! Es ist das makrokosmische Bild für das mikrokosmische des Seelenlebens des Menschen, das sich bewegt – allerdings jetzt nicht im Kreislauf, sondern so, wie es Bedürfnis ist für das menschliche Seelenleben – innerhalb der zwölf Sternenbilder des Seelenlebens, d.h. der zwölf Sinne. Jedesmal, wenn wir das Ich eines Anderen

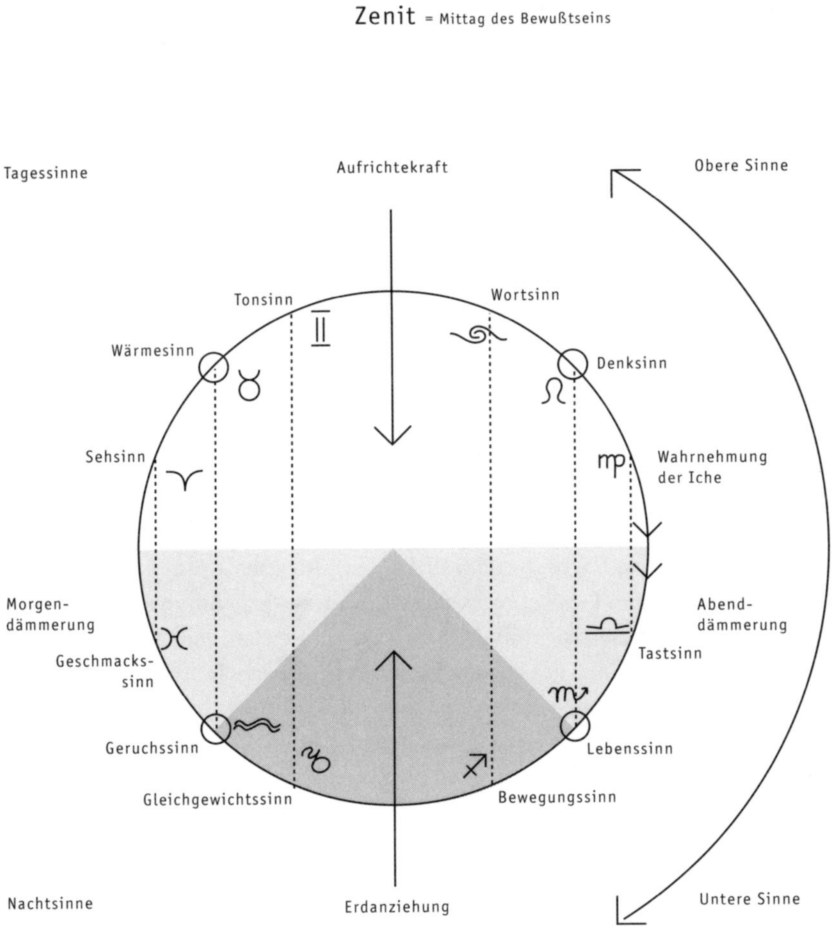

wahrnehmen, sind wir auf der Tagesseite der Seelensonne. Wenn wir in uns selbst eintauchen, unser inneres Gleichgewicht, unsere Bewegung wahrnehmen würden (wir nehmen es nicht wahr, weil es die Nachtseite ist), sind wir eben auf der Nachtseite des Seelenlebens.« (Rudolf Steiner am 20. Juni 1916)

Dieses Urbild des Makrokosmos steht nicht nur hinter den Lebensprozessen und den Sinneswahrnehmungen, es zeigt sich in mehrfachen Zusammenhängen mikrokosmischen menschlichen Lebens (z.B. im Aufbau des Leibes) und steht ebenfalls als Urbild für die in der menschlichen Sprache wirkenden schöpferischen Kräfte des »Logos«.

Es herrscht in der Sprache, zwischen Vokalen und Konsonanten, die gleiche Dynamik wie zwischen den planetarischen und den aus dem Fixsternkosmos stammenden Kräften. Aus den wenigen Lauten des Alphabets lassen sich weltweit die gleichen Begriffe bilden, auch wenn die Zusammenstellung der Laute in unterschiedlichen Sprachen und Ländern verschieden ist.

Seit Urzeiten ist dem Menschen das Wissen um den kosmischen Ursprung der Sprache vertraut (es geht erst heute langsam verloren). Die alten Astrologen wußten um die Wirkungen, die sich in bestimmten Konsonantenlauten offenbaren, und ordneten sie den Fixsternen zu. Desgleichen wußten sie, daß hinter den klingenden Vokalen unterschiedliche planetarische Entitäten schaffend tätig sind.

Fügt man dieses innere Bild des in Lauten tönenden Kosmos dem bereits vorhandenen von den Lebensprozessen und Sinneswahrnehmungen hinzu und läßt es in seiner Großartigkeit in der Seele regsam werden, wird man sehr wohl spüren, wie alle Schichten des Lebens, die leibliche, ätherische, seelische und geistige, ineinander übergehen und in eine sinnvolle Ordnung, zu der jeder Mensch seinen eigenen Klang beisteuert, einmünden.

Hausfrühförderung im Säuglingsalter

Nicht jede Geburt verläuft nach Wunsch, und nicht jedes Kind kommt ohne gesundheitliche oder konstitutionelle Beeinträchtigungen zur Welt. Es kann sein, daß es entweder medizinische, krankengymnastische oder heilpädagogische Hilfe benötigt. Mitunter werden alle diese Hilfsmaßnahmen in Anspruch genommen werden müssen, wobei, zeitlich gesehen, die heilpädagogische Entwicklungshilfe meistens an letzter Stelle steht. Dennoch gibt man als Alter für den Beginn einer solchen Hilfe, die heute allgemein als »Sonderpädagogische Hausfrühförderung« bezeichnet wird, die Zeit von der Geburt bis 3 Jahre an. In der Praxis werden aber trotz ärztlicher Befürwortung die Kosten für eine heilpädagogische Betreuung selten vor dem dritten Monat eines Säuglings von Krankenkasse oder Sozialamt übernommen. Die Begründung lautet meistens: Vor dem dritten Monat gäbe es nichts zu fördern. Das erweist sich immer wieder als ein Irrtum, denn das kleine Wesen muß sich nicht nur auf gänzlich neue Elemente wie Luft, Licht, Klang und andere Wärmeverhältnisse einstellen, sondern auch auf die Raum- und Lageveränderung und den eigenen umgestalteten Kreislauf. Diese Neuregulierungen können einem in seiner Entwicklung geschädigten oder zu früh geborenen Säugling große Probleme bereiten. Zudem ist das erste Vierteljahr für die Mutter oft eine Zeit der Rat- und Hilflosigkeit, wenn sich nämlich das Kind nicht in erwarteter Weise diesen Umstellungen anpassen kann.

Organisator des Lebens eines Säuglings ist der Rhythmus: Atmungs-, Schlaf-, Nahrungsrhythmus. Einem kleinen Sonderling gelingt es vielfach nicht, sich diesem Rhythmus hinzugeben; er schläft nicht, er schreit und spuckt oder trinkt gar nicht. Das bedeutet für eine Mutter außer der enormen psychischen auch eine physische Belastung, der sie häufig nicht gewachsen ist. Nicht zu wissen, wie oder wodurch Abhilfe geschaffen werden kann, treibt sie häufig zur Verzweiflung, und nicht selten hat sie mit Depressionen zu kämpfen. Eine solche Stimmung wirkt sich wiederum negativ auf den Säugling aus.

Wie kann man als Heilpädagoge solchen Situationen begegnen, wie kann man Abhilfe schaffen, und was kann konkret für die Entwicklung eines ungewöhnlichen Kindes im ersten Vierteljahr getan werden? Ich will versuchen, diese Fragen praxisnah zu beantworten. Dabei denke ich nicht an bestimmte Kinder, nicht an einen bestimmten Säugling, sondern an die Situationen, in die man unversehens hineingeraten kann.

Berufliche Aspekte und die Situation der Mutter

Was erwartet eine Heilpädagogin, wenn sie an einer Haus- oder Wohnungstür läutet?[81] Wenn sie zu einem Neugeborenen geschickt oder gerufen wird, handelt es sich vielfach um ein Kind mit einem deutlichen Down-Syndrom. Die Einstellung zu dieser Konstitutionsvariante hat sich durch die Möglichkeit, sie bereits in den ersten Schwangerschaftswochen zu erkennen und eine Abtreibung vorzunehmen, sehr gewandelt. Wird es sich in diesem Fall um eine Mutter handeln, die ihr Kind trotz seiner Behinderung bewußt ausgetragen hat, oder um eine Mutter, die völlig unvorbereitet aus allen Wolken gefallen ist? Im ersten Fall wird man in der Regel mit offenen Armen empfangen, im zweiten kann eine Stimmung der Verzweiflung oder Ablehnung vorherrschen, die sich bei mancher Mutter sogar in Wut und Haßgefühlen entlädt; auf alle Reaktionen muß man innerlich vorbereitet sein. Darauf werde ich noch eingehen, aber erst möchte ich den Leser bitten, in der Vorstellung eine Heilpädagogin zu begleiten, die sich auf dem Weg zu einem Erstbesuch befindet.

Ihre »Arbeitszeit« beträgt 2 1/2 Stunden, eine Stunde ist für die Beschäftigung mit dem Kind vorgesehen, eine Stunde für die Mutter (inklusive Vater oder Familienangehörige) oder später für Vor- und Nachbereitung, Kontaktaufnahme mit Ärzten, Physiotherapeuten, Behörden etc. sowie für Protokoll- und Berichterstellung. Eine halbe Stunde wird für die Fahrzeit einkalkuliert. Sie ist fachlich geschult, hat Berufserfahrung und hat gelernt, Konfrontationen zu vermeiden. Bei einem Erstbesuch wird sie aber trotzdem mit klopfendem Herzen vor der Haus-, Wohnungs- oder schlichten Zimmertür stehen. Manche Kollegin stärkt sich in der Gewißheit ihrer Routine, aber bei den meisten ist beim Drücken des Klingelknopfs ein leises Stoßgebet, an wen auch immer, fällig. Und das um so mehr, je stärker das Bewußtsein ist, nicht nur professionell, sondern auch als Mensch seelisch-geistig gefordert zu sein.

Der erste Besuch ist außerordentlich wichtig, werden doch fast immer die Weichen für die künftige Zusammenarbeit gestellt. Die Heilpädagogin darf von der Mutter nicht als Vertreterin einer Berufsgruppe, die ihre »Arbeit« tut, empfunden werden. Je jünger der Säugling ist, desto empfindsamer ist die Mutter. Sie will kein Mitleid, sie will auch kein berufliches Verständnis. Was sie sucht, ist eine echte Anleitung, wie sie mit *ihren* Mitteln in *ihrer* Familiensituation dem Kind in seiner Entwicklung *helfen* kann. Nicht die Defizite des Säuglings, sondern seine positiven Ansätze und Impulse müssen ihr gezeigt werden und wie sie – oder vielleicht der Vater – diese fördern kann.

Es kommt sehr darauf an, in welcher Phase die Mutter sich gerade befindet. Es ist gut zu wissen, daß es einen natürlichen Ablauf der Schicksalsverarbeitung gibt, in dem die Mutter, nach dem ersten Schock und dem Nicht-wahrhaben-Wollen, drei verschiedene Hürden zu überwinden hat. Wenn sie der Wahrheit ins Auge sehen muß, gerät sie naturgemäß in eine Phase der Aggression: »Warum muß das gerade mir passieren?« Sie empfindet Wut und Ablehnung dem Kindchen, dem Vater, der Familie, der Umwelt, den Betreuern gegenüber. Entweder fällt sie nach einer gewissen Zeit in eine die Wahrheit leugnende Attitüde zurück, oder sie überwindet diese Hürde und tritt in die nächste Phase der Unrast ein: »Man muß doch etwas dagegen tun können.« Viele Mütter verharren lange in dieser Phase und rasen von Therapeut zu Therapeut, von Fachärzten zu Therapiezentren, ohne auf die wahren Bedürfnisse ihres Kindes zu lauschen. Bevor es aber zu einer echten Annahme des Kindes kommt, muß zumeist noch die dritte Phase durchlitten werden: die Phase der Verzweiflung und Depression: »Es ist alles so sinnlos.« Leider wiederholen sich diese Stadien bei einigen Müttern im Lauf ihres Lebens wie in Wellengängen. Die Heilpädagogin muß bei allen diesen seelischen Stürmen, ganz gleich in welcher Phase das Zusammentreffen stattfindet, ihre Gelassenheit bewahren. Sie muß versuchen, so etwas wie eine Atmosphäre der Wärme und Zuversicht zu verbreiten – nicht nur mit Worten, sondern im stillen liebevollen Tun –, und zu erspüren suchen, worin die vordergründigen Probleme der Familie liegen, und mit den Angehörigen zusammen die besten Lösungen ausfindig machen.

Am schwierigsten ist es, so scheint mir, einer Mutter aus der dritten Phase, derjenigen der »Sinnlosigkeit«, herauszuhelfen. Das gilt für alle Arten von Behinderung, aber ganz besonders für Erstgeborene mit Down-Syndrom. Die Mutter verkriecht sich im ihren Schmerz: »Es ist nichts zu machen –, laß mich zufrieden mit meinem Kind.« Je mehr Stimmen aus dem Umfeld die Mutter drängen, fachliche Hilfe zu suchen, desto mehr fühlt sie sich um ihre Mutterschaft betrogen und zieht sich mit ihrem Liebling zurück. Wo eine solche Zweisamkeit vorhanden ist, muß sie erhalten bleiben, sich aber *wandeln*. Der enttäuschte pure Mutterinstinkt muß den Weg aus dieser Phase herausfinden. Es kommt nicht nur auf *ihre* Bedürfnisse an, sondern sie muß lernen, die Bedürfnisse des Kindes zu erraten, ihm helfen, seine Möglichkeiten zu entdecken. In diesen Prozeß sollte sich die Heilpädagogin nahtlos einzugliedern versuchen. Sie muß die Mutter – oft auch den Vater – erleben lassen, daß sie keine Rezepte und kein Schema im Sinn, sondern gelernt hat, bei einer Behandlung oder bei einer Beschäftigung mit dem Kind *auf seine Intentionen zu achten.* Nicht jede Mutter ist in der Lage, diese bei ihrem Kind zu entdecken. Gelingt es ihr oder beiden *Eltern*, so sind sie die allerbesten Helfer und Förderer ihres Kindes.

Die Heilpädagogin wird versuchen, ihnen deutlich zu machen, daß es im Grunde ein Unding ist, bei einem neuen kleinen Erdenbürger von Defiziten oder gar Defekten zu reden. Es kann sich bei dem kleinen Sonderling um einen vor, während oder nach der Geburt erlittenen Unfall handeln. Welche Eltern fühlen sich da nicht aufgerufen, die *Folgen* zu mildern? Oder es handelt sich um ein Inkarnationsproblem: Das erworbene Instrument läßt sich nicht wunschgemäß bedienen. Das ist kein Defizit der Individualität, im Gegenteil – es ist eine *Herausforderung* sowohl an das Kind als auch an die Eltern, damit zurechtzukommen. In einer solchen Situation braucht das Kind Verbündete, die ihm helfen und es optimal fördern, die es *nicht anders* haben wollen, es aber auch *nicht stehen lassen.*

Genau besehen gibt es also bei einem Menschenkind weder Defizite noch Defekte, sondern nur das, was mit dem englischen Ausdruck »Handicap« so treffend bezeichnet wird. Der deutsche Ausdruck »Behinderung« wird vielfach falsch verstanden, denn eine geistige Behinderung gibt es nicht, sondern nur ein Handikap des Gehirns.

Hat eine Mutter die drei Hürden überwunden, sagt man häufig: Sie hat das Kind voll akzeptiert. Sensible Mütter wehren sich gegen diesen Ausdruck, denn er ist sehr nüchtern, und mit diesem Wort ist nichts über die inzwischen gefundene Beziehung ausgesagt: nichts darüber, wie das Neugeborene wirklich liebevoll angenommen worden ist.

An dieser Stelle möchte ich eine Mutter zu Wort kommen lassen. Die Zitate sind Auszüge aus einem vor langer Zeit veröffentlichten Rundbrief zur Frühförderung, den ich mir – um mich besser auf meine Aufgabe einstimmen zu können – immer wieder vor einem ersten Besuch vergegenwärtigt habe. Sie schreibt: »Die ständige Förderung und der Zwang zu Erfolg und Leistung hatte die Kehrseite, daß ich nur selten meinen Sohn einfach als Kind akzeptieren konnte, sehr schnell wurde ich immer wieder darauf gestoßen, daß er behindert ist – in erster Linie jemand, dem etwas fehlt. Als Mutter habe ich andere Ziele als Erzieher: Ich möchte ein möglichst glückliches Kind, das sich akzeptiert fühlt und gern lebt. Kann ich das durch Frühförderung erreichen? Ist das überhaupt ein bewußtes Ziel der Frühförderung? [...] Hierzu möchte ich auch fragen: Was bedeutet für die Mitarbeiter der Frühförderung ›akzeptieren‹? Im Grunde sehen sie – ebenfalls meiner Meinung nach – in einem behinderten Kind in erster Linie einen Menschen mit Defizit, das man soweit wie möglich mindern oder aufheben sollte. [...] Ich habe oft versucht zu erklären, daß mein Sohn eine positive Lebensform ist, nicht eine, die man nur akzeptieren muß, weil sie nun einmal da ist. [...] Ich akzeptiere mein Kind nicht unter diesem Gesichtspunkt, wohl aber tun das die meisten Leute, die beruflich mit meinem Kind zu tun haben. Ich kann dieses Verhalten nur als *negatives Akzeptieren* bezeichnen. Für mich entsteht daraus ein praktisches Problem: Einerseits hätte ich praktische Hilfe benötigt – auch Anteilnahme tut mir wohl –, aber dieses negative Akzeptieren hinderte mich daran, um diese Hilfe zu bitten, sie gern anzunehmen und Mitleid zu ertragen. [...] Für mich ist das Gefühl schwer zu ertragen, daß jemand zu mir freundlich und verständnisvoll ist, weil es zu seinem Beruf gehört.«

In ihren kritischen Überlegungen beklagt sich die Mutter dann auch darüber, daß der Rest der Familie ausgeschlossen wird, und spricht weiter über die immensen Probleme, die mit den nicht-behinderten Geschwistern entstehen und keine Beachtung finden. Sie kommt zu dem Schluß: »Frühförderung ist autoritär: Die Mitarbeit der Eltern beschränkt sich in der Praxis auf das Beantworten von Fragen, das Ausführen von Aufgaben. ... Nun empfinden wohl die meisten Eltern irgendwann ein Gefühl der Auflehnung oder zumindest des Zweifels. Auf die Frage: Warum habe ausgerechnet ich ein solches Kind? folgt dann die Frage: Warum muß ich ständig lernen, an mir zu arbeiten, mit dem Kind zu arbeiten usw.? Mir sind nur zwei Antworten bekannt: 1. Das ist die Pflicht der Eltern. 2. Ohne ständige Förderung wird aus dem ohnehin schlimmen Unglück ein noch schlimmeres Unglück. ... Reicht diese Motivation aus, ist sie in der Lage, Eltern über Jahre hin trotz aller Frustration bei der Stange zu halten?« Und dann schließt die Mutter ihren kritischen Brief mit der Kardinalfrage, die zugleich ein Hilferuf ist: »Könnten die Therapeuten uns helfen, eine Motivation zu finden, die positiv trägt? Haben sie selber überhaupt eine solche Motivation für ihre Arbeit?«

Es ist schon aus diesen Auszügen ersichtlich, was die Mutter vermißt hat und was sie sucht; und damit spricht sie auch aus, was unendlich viele Mütter mit ungewöhnlichen Kleinkindern bewegt. Anhand dieser Fragen läßt sich auch am besten verdeutlichen, wie sehr es darauf ankommt, daß die Heilpädagogin nicht nur über berufliche und fachliche Grundkenntnisse verfügt, sondern aus einer inneren Haltung ihre Motivation findet. Die feste Überzeugung von Sinn und Bedeutung der individuellen Biographie des Kindes wie auch der eigenen Begegnung mit ihm ist für eine Heilpädagogin Motivation genug, sich nicht nur für seine einzelnen sichtbaren Fortschritte zu interessieren, sondern auch für eine förderliche Struktur seiner Familiensituation. Das Familienklima, das ganze Umfeld des Säuglings ist wichtig. *Seelenpflege* bedeutet im Säuglingsalter wohl auch *Sinnespflege*, aber das Wesentliche ist die vorherrschende *Seelenwärme*.

Die Seelenwärme, das Familienklima kann für den kleinen Neuankömmling weitaus wichtiger sein als bestimmte fachliche Anweisungen. Darüber muß sich die Heilpädagogin im klaren sein, wenn sie bei ihrem Erstbesuch hinter der Tür vielleicht ein mit Familienmitgliedern vollgepfropftes Zimmer vorfindet, in dem ein lauter Fernseher schallt, nicht nur um das Schreien des Kindes zu übertönen, sondern weil es Gewohnheit ist, ganz egal, ob jemand zuhört oder hinschaut. Es wäre gänzlich verfehlt, in einem solchen Fall mit vorgefaßten Meinungen zu kommen. Es gilt wahrzunehmen, in welchem seelischen Klima sich das Kind befindet: Wird es mißhandelt, wirkt es verwahrlost, oder wird es geherzt und geliebt? Im letzten Fall wird es nicht schwer sein, der Mutter zu zeigen, wie sie ihre Zuwendung noch effektiver gestalten kann. Die Heilpädagogin muß ihr vormachen, worauf das Kind gut reagiert und was es gerne mag, ohne gleich der Familie zu viel Veränderung zuzumuten. Ein zuvor gut integriertes Kind würde dadurch immer mehr als Fremdkörper empfunden werden. Es ist in diese Familie, in diese Situation und vielleicht auch in eine fremde Sprache und Kultur hineingeboren. Es hat es so gewollt! Das muß sich ein Heilpädagoge immer vor Augen halten.

Was zum Wohl des Kindes getan werden kann, muß nach sorgfältiger Beobachtung im Einverständnis mit der Mutter allmählich und behutsam eingefädelt werden. Es muß ihr vielleicht nicht nur gezeigt werden, was dem Kind wohltut, sondern vorsichtig angedeutet werden, welche Folgen es für das Kind haben kann, wenn bestimmte Übungen unterlassen werden. Mag die Situation noch so verworren erscheinen, man darf niemals als Besserwisser kommen! Man wird als erstes sehen, wie die Mutter mit dem Kind umgeht, wie die alltäglichen Verrichtungen verlaufen, und nach dem Tagesverlauf und den Problemen der Mutter fragen. Immer wieder ist es mir begegnet, daß Mütter aus Liebe zu ihrem Kind erstaunliche Mittel oder kleine praktische Tricks gefunden haben, die ihm förderlich waren. Kurz gesagt, man muß immer darauf eingestellt sein, daß man von einer Mutter etwas lernt, das sich auch in anderen Fällen als nützlich erweisen kann.

Hat man sich ein Bild von der familiären Situation der Betroffenen und von dem Handikap des Kindes machen können, muß in *Kooperation mit der Mutter* ein wöchentlicher »Stundenplan« ausgearbeitet werden. Im ersten Vierteljahr hat ein Säugling nur sehr kurze wache Phasen, und der Hausbesuch muß sich daher nach der Zeit richten, in der das Kind genährt, gewaschen und gewindelt wird. Durch den Eindruck, den die Heilpädagogin von der Ausführung dieser Tätigkeiten bekommt und davon, wie sich das Kind dabei verhält, gewinnt sie Aufschluß darüber, was zusätzlich getan werden kann oder auch anders gestaltet werden sollte.

Manche Mütter sind geschickt, andere wiederum unsagbar unbeholfen und verstehen es nicht, ein noch wackliges Köpfchen zu stützen. Ist das Kind spastisch gelähmt, mit überstrecktem Rücken und verspannten Gliedern, ist die hygienische Pflege allerdings auch ein sehr schwieriges Unternehmen. Es gibt aber entlastende Griffe, die man lernen kann. Diese wird die Heilpädagogin der Mutter zeigen und ihr vormachen, wie man das Körperchen unter Wahrung der nötigen Wärme einölen, massieren und das Hautgefühl durch ein sogenanntes »Tapping«, d.h. ein leichtes Klopfen, stimulieren kann (vgl. Tastsinn, Seite 217). Bestehen Stillprobleme, muß ergründet werden, wo die Ursachen zu finden sind, denn ein gesunder Säugling ist niemals trinkfaul. Vielleicht ist seine Vitalität schwach, vielleicht durch eine zu frühe Geburt die Saugmuskulatur noch nicht kräftig genug oder die Brustwarze der Mutter zu schwer zu fassen. Vielleicht nehmen auch beide eine ungünstige Haltung ein. Gemeinsam müssen Lösungen gefunden werden. Vor allen Dingen muß die Frage gelöst werden, wie häufig und in welchem Rhythmus der Säugling gestillt oder, wenn nötig, auf andere Art ernährt werden sollte.

Unordnung im Tageslauf, ein schreiendes Kind und durchwachte Nächte sind meistens die Faktoren, die nicht nur in der Mutter aggressive Empfindungen wecken. Diese auf nervlicher Überreizung beruhenden Gefühle kommen vielfach in den ersten Wochen nach einer Geburt vor, und erst recht dann, wenn beim Kind ein schweres Handikap vorliegt. Mutter oder auch Vater geraten in

Fluchtstimmung. Die Mutter will den Störenfried möglichst schnell in ein Heim geben. Diesem inneren Kampf der Mutter sollte wie einem Naturereignis gelassen begegnet werden. Spürt sie Widerstand, können sich die Aggressionen dem Kind gegenüber verstärken. Man kann als Heilpädagogin zunächst auf ihren Wunsch eingehen, ihr aber deutlich machen, daß sie sich darauf einrichten muß, den Säugling drei Monate zu nähren und bestens zu versorgen, während sie nach einem Heimplatz sucht. In diesen drei Monaten kann es notwendig sein, zwei bis drei Hausbesuche wöchentlich einzurichten. Vielleicht gelingt es in dieser Zeit, die Mutter zu animieren, dem Kindchen ein Lied vorzusingen, im Schlaf sanft über seine Bäckchen zu streicheln; eines Tages wird sie ein Lächeln oder einen Blick auffangen. Der im Tages- und Nachtverlauf eingeführte Rhythmus beginnt sich auszuwirken. Sie beginnt, das Kind liebzugewinnen, die Bindung verfestigt sich. Die Hausbesuche der Heilpädagogin können eingeschränkt werden, vielleicht auf einmal wöchentlich oder sogar zweiwöchentlich, wenn inzwischen z.B. eine krankengymnastische Behandlung dazukommt. Das kann individuell je nach Handikap sehr unterschiedlich zu beurteilen sein. Meistens wird mit zunehmender Bindung der Gedanke an eine Heimunterbringung von der Mutter aufgegeben oder zumindest aufgeschoben. Allerdings muß gelegentlich wegen gesundheitlicher oder psychischer Labilität der Mutter nach anderweitiger Unterbringung (evtl. geeignete Pflegemutter) des Kindes gesucht werden. So kommt es zuweilen auch vor, daß die Hausfrühförderung bei einer Pflege- oder auch Adoptivmutter stattfindet.

Die Situation des neugeborenen Kindes

Die Leiblichkeit

Mit der Geburt beginnt zugleich die Biographie eines Menschen – anders ausgedrückt: Die Individualität beginnt, sich mit der ihr zur Verfügung gestellten ererbten Gestalt, d.h. mit dem physischen und ätherischen Leib, auseinanderzusetzen. Die unterschiedlichen Wesensglieder müssen einander durchdringen, die wahrnehmende Seele über den Empfindungsleib den Kontakt mit der Sinneswelt aufnehmen. Das Gehirn als Nervenzentrale und Bewußtseinspol muß, mit Unterstützung kosmischer Kräfte, ausgebildet werden; *vom Kopf aus* vollzieht sich die leibliche Entwicklung des Säuglings. Der Kopf ist im Verhältnis zum winzigen Körperchen sehr groß (ca. 1/4 der Gesamtgröße). Der Gliedmaßenkörper erscheint zunächst wie ein Anhängsel, das erst nach und nach seine ihm zugedachten Funktionen übernehmen kann.[82]

Dieses Anhängsel hat ein eigenes Nervenzentrum – eine Art Vorstufe des Gehirns –, das als ein primäres primitives (weil unbewußtes) bezeichnet wird. Es ist im Rückenmark (Medulla spinalis) lokalisiert und für die vegetativen, lebensnotwendigen, unbewußt verlaufenden Reflexe verantwortlich. Im Gehirn spielen sich die bewußtwerdenden Vorgänge ab. Beide Systeme zusammen werden als Zentralnervensystem bezeichnet (ZNS). Dieses duale Zentralnervensystem ist in seiner Substanz außerordentlich empfindlich, darum wird es auch ganz besonders geschützt – das Rückenmark durch die Wirbelsäule und die Rückenmarkflüssigkeit, das Gehirn durch die Schädelknochen und das Gehirnwasser. Wie vordem das Kind im Fruchtwasser des Uterus, so ruht das Gehirn, von Schädelknochen umschlossen, im pulsierenden Gehirnwasser. Die Knochen sind bei der Geburt nicht fest miteinander verwachsen. Zwischen ihnen befinden sich die sogenannten Fontanellen. Das sind feste Häute, die ein Zusammendrücken des Schädels während des Geburtvorgangs ermöglichen, die aber mit zunehmendem Knochenwachstum schrumpfen. Die größte Fontanelle, die oft bis zum Laufalter bestehen bleibt, befindet sich oberhalb der Stirn. Man kann das Pulsieren des Blutes nicht nur mit den Fingern fühlen, sondern meistens sogar mit den Augen erkennen.

Das Gehirn (Großhirn) besteht aus zwei symmetrisch strukturierten, nahezu identischen Halbkugeln, den »Hemisphären«, die durch einen »Balken« (Corpus callosum) fest miteinander verbunden sind. Schon diese Bezeichnung deutet von alters her auf die Beziehung zum Himmelsgewölbe, d.h. zum Makrokosmos hin. Neurologisch gesehen ist am Gehirn (Cerebrum oder auch Enzephalon genannt) die äußere graue Schicht von Nervenzellen (Neuronen) und die darunter befindliche weiße Schicht von Nervenfasern von Bedeutung. Diese beiden Schichten bilden zusammen die Hirnrinde (Cortex), die noch zusätzlich von einer Hirnhaut (Meningis) geschützt wird. In der frühen Kindheit auftretende Entzündungen des Gehirns oder der Häute (Enzephalitis und Meningitis) können schwerwiegende Folgen für die Entwicklung des Kindes haben (z.B. Taubheit) und Verhaltensstörungen hervorrufen. Die von der Hirnhaut geschützte Rinde bildet viele Windungen (wie ein Gedärm), ist aber beim Neugeborenen noch wenig differenziert. Erst durch die zunehmende Beanspruchung und Stimulation entstehen die vielen Rillen. Aufgrund einiger tieferer Furchen unterscheidet man in jeder Hemisphäre vier größere Teile, die als »Lappen« bezeichnet und als »Sitz« unterschiedlicher Wahrnehmungen bzw. der Wahrnehmungsverarbeitung angesehen werden (vgl. Wortsinn, Seite 193). Die beiden Hinterhauptlappen überwölben das Kleinhirn, das gänzlich anders strukturiert ist. Es sieht mit seinen Verästelungen wie eine kleine Bonsai-Mini-Baumkrone aus und ist hauptsächlich ein Organ für das Gleichgewichtsempfinden. Das Rückenmark schiebt sich gewissermaßen mit seiner Verlängerung in das Gehirn (Gehirnstamm). Hier, an der Basis im Mittelhirn, befinden sich auch Drüsen, die durch ihre Absonderungen ebenfalls reflexartig Lebensprozesse auslösen und den Stoffwechsel beeinflussen.[83]

Selbst eine minimale, durch Sauerstoffmangel während der Geburt entstandene Schädigung dieser sensiblen Organe kann zu einer Behinderung des Kindes führen. Andererseits ist die Großhirnrinde sehr wandlungsfähig, ausfallende Funktionen der einen Hemisphäre können unter bestimmten Voraussetzungen (z.B. Training) von der anderen übernommen werden (vgl. Wortsinn, Seite 194). Die enge Verbindung der Hemisphären über den Balken gewährleistet die gleichzeitigen, aber dennoch unterschiedlichen Bewegungsabläufe der beiden Körperhälften (z.B. der Hände beim Brotschneiden, Klavierspielen).

Da man in der Praxis zunehmend mit Kindern zu tun hat, die aufgrund von neurogen bedingten Störungen in ihrer Entwicklung behindert sind, und besorgte Eltern oft medizinische Gutachten mitbringen, die sie in Unruhe versetzen, ist es wichtig, daß ein Heilpädagoge über einige Kenntnisse vom Gehirn und vom Aufbau des Zentralnervensystems verfügt und in der Lage ist, sich sachlich mit den Eltern über die im Gutachten vorkommenden Hinweise zu unterhalten. Mit dem Wort Gehirnschädigung muß man außerordentlich behutsam umgehen und besser von Hirnfunktionsstörungen sprechen. Manche Eltern reagieren, weil sie sich falsche Vorstellungen machen, geradezu panisch, wenn ein Verdacht auf »Hirnschaden« bei ihrem Kind besteht. Das geht manchmal so weit, daß sie es strikt ablehnen, bei dem Kind ein EEG (Elektroenzephalogramm)[84] machen zu lassen. Andere Eltern wiederum atmen auf, wenn sie eine Erklärung für das seltsame Verhalten ihres Kindes finden. Sie hatten bisher seelische Störungen oder Erziehungsfehler befürchtet und gehen erleichtert nach Hause, wenn sie vermuten dürfen, daß bei ihrem Kind eine leibliche Behinderung vorliegt, die behandelbar ist. Sie lassen umgehend die empfohlenen Untersuchungen bei dem Kind vornehmen und sich bereitwillig beraten. Die ganze Familiensituation entspannt sich, und schon dadurch gedeiht das Kind besser. Nach dieser Zwischenbemerkung möchte ich zur Betrachtung der neurogenen Entwicklung des Säuglings zurückkehren, und zwar zu seinen allerersten Regungen, zu den unbewußten Reflexen.

Die ersten Bewegungen des Säuglings werden noch nicht von der Großhirnrinde registriert, sie werden durch Reflexe ausgelöst, man nennt sie darum subcortikale Bewegungen. Die muskuläre Aktivität kann sehr lebhaft sein, es sind aber Massenbewegungen. Es bewegen sich gleichzeitig beide Arme und beide Beine (Synkinese). Diese Bewegungen werden nach und nach durch vom Bewußtsein kontrollierte, gezielte Bewegungen ersetzt. Viele der unbewußten Bewegungen bleiben aber als Begleitbewegungen bestehen, man nennt sie assoziierte Bewegungen, die bei manchen Kindern die Entwicklung stören und darum durch Krankengymnastik und basale Wahrnehmungsschulung eliminiert werden müssen, sonst können z.B. die Hände eines Kindes nicht unabhängig voneinander arbeiten. Manche dieser Bewegungen bleiben allerdings ein Leben lang bestehen, z.B. unwillkürliche Zungen- und Lippenbewegungen bei kniffliger Handtätigkeit.

Die ausgeprägtesten erkennbaren Reflexe des Säuglings sind – neben den Atmungsreflexen – die Such-, Schluck-, Saug- und Beißreflexe sowie die Hand-Greifreflexe. Auch die Augenreflexe und viele andere typische Reflexe von immer gleich verlaufenden muskulären Reaktionen, wie z.B. Abstützreaktionen der Beine und Arme, kennzeichnen die Entwicklungsstufen des Kleinkinds. Das Prüfen dieser Reflexe kann einem Arzt Aufschlüsse über vorliegende Störungen geben. Darum werden sie bei allen Vorsorgeuntersuchungen überprüft. Der Abbau von hemmenden und das Wecken von notwendigen Reflexen sind Kernstück der Krankengymnastik auf neuro-physiologischer Basis (Bobath-Gymnastik), die darum nicht nur bei spastischen Lähmungen verordnet wird.

Die Entwicklung des Gehirns besteht nicht in der Ausbildung neuer Hirnzellen. Ihre Anzahl ist von Geburt an festgelegt, es bilden sich keine neuen, da in ihnen die Naturprozesse gewissermaßen gestoppt werden, sie sind immerwährend im Sterben begriffen. Ihre Anzahl wird in Milliarden gezählt, und bei weitem nicht alle werden während eines Menschenlebens genutzt. Insofern ist die häufige Angst der Eltern vor absterbenden Hirnzellen bei epileptischen Anfällen ihres Kindes unbegründet. Gefährlich werden die Krämpfe, wenn sie Organschäden verursachen, wie es z.B. bei den sogenannten BNS-Krämpfen (Blitz-Nick-Salaam-Krämpfe, die ein ruckartiges Zusammenzucken mit Nicken und Ausstrecken der Arme bewirken) des Kleinkinds der Fall sein kann. Sie müssen medizinisch behandelt werden. Ausgebildet wird das Gehirn durch die ständig neu entstehenden Nervenstränge oder -bahnen, durch deren Knoten und verbindende Fasern sowie durch die bereits erwähnte weitere Differenzierung der Rindenwindungen. Daß diese durch Rückwirkung von willentlichen feinmotorischen Tätigkeiten entstehen, wurde bereits erwähnt. Auch das Ausbilden der Markscheiden der Nervenstränge gehört zur Entwicklung des Nervensystems.[85]

Die Auseinandersetzung mit neuen Rhythmen

Bevor das bewußte Aufmerken (Tenazität) und die willentlichen Tätigkeiten des Neugeborenen die Hirnreifung bewirken können, wird das Gehirn durch den Rhythmus stimuliert und belebt; durch den Rhythmus, der als Organisator der Lebensvorgänge bis zum Lebensende des Individuums tätig sein wird.

Durch die Geburt verändert sich das Leben des Kindes dramatisch, nicht nur aufgrund der einsetzenden Atmung. Es wird aus dem schützenden, 37 Grad warmen Fruchtwasser in die kühle, trockene, unbegrenzte Luftatmosphäre hinausgedrängt. Aus dem Dunkel kommt es in »das Licht der Welt«. Das Bewegen und Bewegtwerden im schwerelosen Zustand wird aufgehoben, die Erdanziehung macht den Leib schwer und behindert die freie Bewegung. Der Blutkreislauf verändert sich, die Ernährung fließt dem Kind nicht mehr permanent zu, neue Rhythmen übernehmen seine Entwicklung. Licht und Dunkel, Wachen und Schlafen, Hunger und Sättigung wechseln sich nunmehr ab. Der einzige Eigenrhythmus, den es mitbringt, ist sein Herzrhythmus. Alle anderen biologischen Funktionen müssen neu rhythmisiert werden.

Das betrifft vor allen Dingen eine weitere, nicht sichtbare funktionelle Dualität des Organismus, nämlich das *Nerven-Sinnes-System* und das *Blutkreislaufsystem*, die durch den Rhythmus der Atmung in Kommunikation treten, sozusagen wie Zahnräder ineinandergreifen müssen. Was der Nerv durch die Sinnesreize aufnimmt, wird auf das Blut übertragen, und die vom Ichbewußtsein gesteuerten Willensimpulse, die mit der Blutwärme durch den Organismus strömen, werden vom Nervensystem wahrgenommen. Der langsamere Rhythmus der Atmung muß sich in den schnelleren Blutrhythmus eingliedern, damit ein einheitlicher Regelkreis entstehen kann.[86]

Der kleine Säugling bringt einen sehr schnellen Puls mit auf die Welt (ca. 120 Schläge pro Minute). Seine Atemzüge müssen sich dementsprechend einpendeln (ca. 60 Einatmungen pro Minute). Dieses Verhältnis ist noch nicht stabil. Die Atmung setzt sogar manchmal für Sekunden aus, bis der Sauerstoffmangel, d.h. das Überhandnehmen des Kohlensäuredrucks im Blut, zwangsläufig den Reflex im Atemzentrum des Gehirns wieder in Gang bringt. Bei diesem Vorgang, der beim Einpendeln der Rhythmen ganz natürlich ist, braucht der Säugling – soweit kein längerer Atemstillstand eintritt – keine Hilfe von außen. Es muß nur darauf geachtet werden, daß die Atemwege, das Näschen, frei sind und die eingeatmete Luft frisch und ohne schädliche Stoffe, z.B. Nikotin, ist (vgl. Der Raum, Seite 108).

Ohne Hilfe der Mutter oder deren Stellvertreter gelingt dem kleinen Neugeborenen aber die Umstellung auf die Rhythmen von Hunger und Sättigung, von Tag und Nacht, von Schlafen und Wachen noch nicht. Die durchschnittliche Schlafzeit innerhalb von 24 Stunden beträgt bei einem voll ausgetragenen Kind ca. 18 bis 20 Stunden, aber vorerst ohne Beachtung von Tag und Nacht. Daher sind, auch bei einer regulären Entwicklung, die ersten Wochen des Neugeborenen eine große Kraftprobe für die Mutter. Die durch den schreienden Säugling gestörte Nachtruhe zehrt nicht nur an ihren Nerven, sondern zieht mitunter eine ganze Familie in Mitleidenschaft. Handelt es sich bei ihrem Kind um eine Frühgeburt oder um einen Säugling mit zusätzlichen Problemen, werden besondere Maßnahmen erforderlich sein, sowohl um dem Kind gerecht zu werden als auch um der Mutter zu zeigen, wie sie die Belastungen minimieren kann.

Der Schlaf des Neugeborenen kann zeitweilig sehr tief sein, dann hat es die Fähigkeit, akustische Reize zu ignorieren. Da sein Ohr immer aufnahmebereit ist, hört es wohl das laute Klingeln z.B. eines Telefons. Man merkt das Erschrecken an seinem Mienenspiel, aber die weiteren Klingelzeichen »überhört« es dann und schläft ruhig weiter. Der Tiefschlaf wechselt mit Perioden einer sehr oberflächlichen »aktiveren« Schlafphase ab. Diesen Dämmerschlaf erkennt man an zuckenden Bewegungen der Glieder und der geschlossenen Augenlider sowie an dem kurz vorüberhuschenden »Engelslächeln«, das so bezaubernd auf den Erwachsenen wirken kann. Nach einer solchen Phase, die je nach Alter und Schlafzeit 10 bis 20 Minuten dauert, kann das Kind sehr leicht aufwachen. Manchmal genügt schon die Annäherung einer fremden Person oder ein ganz leises Geräusch. Diese beim Säugling etwa alle 50 Minuten sich wiederholenden oberflächlichen Phasen[87] sind in größere zyklische Rhythmen zwischen Schlafen und Wachen eingebunden.

Hellwach wird der Säugling, wenn seine biologischen Bedürfnisse nach Nahrung oder Stimulation sich melden und natürlich auch bei Schmerz, Lärm,

Kälte, Hitze, unbequemer Lage etc. Er meldet seine Bedürfnisse und sein Mißbehagen unterschiedlich heftig – vom leisen Quengeln bis zum durchdringenden Schrei. Diese Zustände wird jede Mutter relativ schnell erkennen und für Abhilfe sorgen.

Es gibt aber auch einen nicht deutbaren Schrei, einen unspezifischen Schrei ohne ersichtlichen Grund, der stundenlang, bis zur völligen Erschöpfung des Säuglings anhalten und die ratlose Mutter zur Verzweiflung bringen kann. Dieses Problem steht oft im Vordergrund, wenn bereits im ersten Vierteljahr eine Hausfrühförderung angefordert wird. Von der Mutter ist dieser unspezifische Schrei vielfach als Hungerschrei gedeutet und das Kind immer wieder angelegt worden. Dieses Verhalten sorgte, wenn überhaupt, nur vorübergehend für Abhilfe. Bei einem »Frühchen« kann, da das Gehirn eines zu früh geborenen Kindes noch zu unreif für rhythmische Signale ist, diese Maßnahme auch richtig und notwendig sein. Einem voll ausgetragenen Kind muß man jedoch helfen, seinen Rhythmus zu finden. Mit unregelmäßigem Stillen wird seine Entwicklung nicht gefördert, sondern nur aufgehalten.

Das sind also die beiden Fragen, die bei Neugeborenen zuerst abzuklären sind: Warum schreit das Kind, und wie findet es seinen Rhythmus zwischen Hunger und Sättigung, Schlafen und Wachen, Tag und Nacht?

Der Nahrungsrhythmus

Da ein Säugling bei vollständiger Sättigung meistens sofort einschläft, hat sich die Vorstellung gebildet, der Schlaf- und Wachrhythmus sei an den Grad der Sättigung gekoppelt. Dadurch hat sich in jüngster Zeit die Gewohnheit eingebürgert, daß die Mutter bei jeder Regung des Kindes, auch in der Nacht, dieses stillt oder der Vater angehalten wird, ihm die Flasche zu geben. Das ist, wie bereits angedeutet, nur bei einem zu früh auf die Welt gekommenen oder sehr schwächlichen Kind, das sich die Muttermilch nicht selbst holen kann, berechtigt. Es muß dann jeweils mit dem Arzt besprochen werden, welche Nahrung – wieviel und wie oft – gereicht werden muß (in manchen Kliniken wird, weil zuträglicher als Kuhmilch, Stutenmilch gegeben. Rudolf Steiner hat Eselmilch empfohlen). Das Alter eines zu früh geborenen Kindes darf erst vom errechneten Geburtstermin an in Anschlag gebracht und mit dem eines voll ausgetragenen Säuglings verglichen werden. Obwohl das Kind nach und nach aufholt, muß man bis in das Schulalter hinein von diesem »korrigierten Alter« ausgehen und es vor Überforderung schützen.

Der voll ausgetragene Säugling entwickelt bereits nach Einsetzen der Atmung seine innere biologische Uhr, die von der Mutter wahrgenommen und mit den äußeren Verhältnissen in Einklang gebracht werden sollte. Das bedeutet aber auch, daß sie das Kind in den Tages-Nachtrhythmus eingliedern muß. Es braucht in der Regel 2 bis 6 Wochen, manchmal sogar die doppelte Zeit, bevor das Kind ohne Nachtmahlzeit auskommt. Der biologische Rhythmus der Nahrungsverarbeitung verlangt erst nach circa 4 1/2 Stunden Nachschub. Das Bedürfnis nach neuer Sättigung steigert sich in der letzten Stunde. Somit ist die Mutter gut beraten, von sich aus einen vierstündigen Rhythmus zu wählen, der sich zeitlich in den Stundenplan des familiären Tages einfügen läßt. Die erste Stillzeit am Morgen kann bereits um 5 Uhr, sollte aber nicht ohne zwingenden Grund später als 7 Uhr angesetzt werden, und zwar wegen der zweiten Mahlzeit, die vor der Mittagszeit liegen sollte.

Die Zeit zwischen 9 und 12 Uhr ist die günstigste Zeit für das Aufmerken des Kindes. Es sollte daher möglichst vor der zweiten Mahlzeit gesäubert, gewaschen oder gebadet und frisch gewindelt werden und dabei jede mögliche zärtliche Hautstimulation erfahren. Es muß seine Mutter kennenlernen dürfen; ihr Mienenspiel, ihre Hände, ihre Stimme, ihren Blick. Diese ersten »Sozialspiele« sollten auch nach dem Stillen und eventuellen Aufstoßen fortgesetzt werden, es sei denn, das Kind schläft sofort nach der Sättigung ein. Dann stellt man das Körbchen, Wägelchen oder Bettchen so, daß das Baby indirektes Licht von der Mittagssonne erhalten und, vor Durchzug oder Wind geschützt, die Lungen mit möglichst frischer Luft füllen kann. Der Vormittag ist auch die günstigste Zeit für einen Spaziergang mit dem Kinderwagen, aber erst, wenn das Kind 10 bis 12 Wochen alt ist oder eine wärmere Jahreszeit vor zu kalter Atemluft bewahrt.

Der Wach- und Schlafrhythmus

Haben sich diese Rhythmen langsam bei dem Baby eingespielt und gedeiht es gut, dann kann dazu übergegangen werden, die Nachtmahlzeit auszulassen oder – wenn es gar zu unruhig wird – sie nach und nach zu verschieben. Die Morgenmahlzeit sollte aber auch dann keine große Verschiebung erfahren, wenn sich in der Brust noch nicht ausreichend Milch gebildet hat. Die gesamte Milchmenge und die dementsprechende Gewichtszunahme des Säuglings innerhalb von 24 Stunden ist ausschlaggebend, nicht die Menge der einzelnen Mahlzeit.

Die Befürchtung mancher Mütter, es sei grausam, dem Kind einen Rhythmus aufzuzwingen, erweist sich als unbegründet. Sanft und liebevoll durchgeführt, ist dieser Rhythmus, da er mit dem biologischen in Einklang steht, eine Wohltat für das Kind. Es wird von einem Gefühl der Geborgenheit und des Vertrauens erfüllt. Es weiß, woran es ist, die Unsicherheit der Willkür bleibt ihm erspart. Sanft und liebevoll heißt in diesem Zusammenhang, daß man den Säugling, falls er zur Stillzeit noch schläft, nicht abrupt weckt, sondern ihn vielleicht ein wenig wiegt oder ihm eine Melodie vorspielt oder singt. Kommt er in eine oberflächliche REM-Phase, wird er alsbald aufwachen. Ich glaube, nichts kann für einen Säugling schöner sein, als beim Aufwachen, bevor er den Hunger gewahr wird, die Mutter bereits am Bettchen stehen zu sehen. Schläft er fest, sollte man ihn trotzdem nach etwa 20 Minuten über der Zeit aus dem Bettchen nehmen und behutsam mit dem Windelwechseln beginnen. Sein biologischer Wecker wird sich schon bei ihm melden und die Suchreflexe in Gang setzen.

Wenn das Kind nun aber früher als zum Stilltermin schreit? Damit geht man liebevoll um, wenn man den Säugling erleben läßt, wie seine berechtigten Bedürfnisse gestillt, der Begehrlichkeit aber Grenzen gesetzt werden. *Dazu gehört aber, daß man ihm, wenn er sich im Wachzustand befindet, andere Stimulationen nicht vorenthält.* Man kann ihn aus dem Bettchen heben, herumtragen, schaukeln, mit ihm schmusen, andere Familienmitglieder oder Bezugspersonen einschalten, mit ihm plaudern, mit seinen Händchen spielen und dergleichen mehr. Sobald seine Augen fixieren können und Bewegungen verfolgen, die Hände sich finden und Lall- oder Gurrlaute sich einstellen, kann das Baby seinen Bedarf an *Anregungen (Interesse)* zum Teil selbst decken. Schreit es dennoch, sollte man aber nicht gleich das Stillen als Beruhigungsmittel einsetzen, sondern wegen der nachfolgenden Mahlzeiten der biologischen Uhr höchstens eine halbe Stunde vorgreifen.

Es handelt sich nicht darum, einen starren Zeitplan einzuhalten, sondern um ein flexibles Reagieren auf biologische Gegebenheiten. Der Lebenssinn und auch der Kreislauf des Kindes reagiert darauf positiv. Das Kind macht die Erfahrung, daß Begehrlichkeit in ein richtiges Verhältnis zu den echten Bedürfnissen gebracht werden muß. Das ist eine für sein ganzes weiteres Leben entscheidende elementare Erfahrung. *Ihm diese Erfahrung zu vermitteln, ist eine der allerersten Erziehungsaufgaben der Mutter.* Selbstverständlich muß, wenn das Kind nicht gut gedeiht, seine besondere Situation betrachtet werden. Die Heilpädagogin muß dann zusammen mit der Mutter nach den besten individuellen Lösungen suchen, die auch die Belange der Mutter berücksichtigten. Wie kann die Mutter zur dringend benötigten Nachtruhe kommen? Wie geht man mit einem schreienden Säugling um?

Der unspezifische Schrei des Säuglings

Den Schrei eines Säuglings erkennt man sofort. Er ist in Rhythmus, Struktur und Intensität völlig anders als derjenige größerer Kinder; es fehlt ihm das Stakkato und das Schluchzen. Er besteht aus einem einzigen gepreßten Ton, der so lange andauert, wie die Ausatmung reicht, darauf folgt ein kurzes »Einschnappen« der Luft. Trotzdem kann auch das Schreien eines Säuglings, wenn ein ersichtlicher Grund vorliegt, variabel sein. Solche Schreie melden Mißempfindungen und ansteigenden Nahrungsbedarf und können vielfach von der Mutter gedeutet werden. In der ersten Zeit sind sie als rein reflexbedingt zu betrachten. Erst mit zunehmendem Alter erwacht das Perzeptionsvermögen des Kindes, und es nimmt seine Empfindungen bewußt wahr, die dann auch in der Stimme ihren Ausdruck finden.

Im ersten Vierteljahr lächelt das Kind noch nicht bewußt: Es lächelt in ihm. Lachen kann es noch gar nicht, das Weinen stellt sich meistens erst später als das Lachen ein. Laute bildet das Kind in der ersten Zeit auch nicht, aber es schreit. Dieser Schrei ohne ersichtlichen Grund hat offensichtlich doch einen bestimmten biologischen Zweck, sonst würde man nicht bei allen Kindern eine ähnliche Kurve der Schreizeit und -dauer feststellen können.

Alle Neugeborenen schreien von Woche zu Woche zunehmend bis zum Alter von 6 bis 7 Wochen; danach sinkt die Kurve der Gesamtschreidauer wieder. Am Tag dauert das Schreien meistens nicht länger als eine Viertelstunde in etwa vierstündigem Abstand, dazwischen liegen kürzere Schreiphasen von ca. 5 Minuten. In den Abendstunden kann sich aber ein mehr oder weniger beharrliches Schreien einstellen, das nur von kurzen ruhigen Phasen unterbrochen wird. Die größere Ruhepause liegt in der Nacht, nach den Angaben von Remo H. Largo in »Babyjahre«, zwischen 22 Uhr bis 1 Uhr; nach meinen eigenen Erfahrungen zwischen 24 und 3 Uhr. Das könnte mit anderen Stillzeiten in Kliniken zusammenhängen. Es gibt sowieso große individuelle Unterschiede, sowohl in der Intensität als auch in der Häufigkeit und Zeitdauer. Wichtig ist nur, daß die Mutter erfährt, daß es nicht an ihrem Fehlverhalten liegt, wenn ihr Säugling zunehmend öfter und länger schreit. Manche Mütter werden so verunsichert, daß sie aufhören zu stillen und Fertigpräparate kaufen. Wenn die Zeit, die ein Säugling im zweiten Lebensmonat (nach korrigiertem Alter) innerhalb von 24 Stunden schreiend zubringt, nicht wesentlich mehr als 3 Stunden beträgt, besteht kein Grund zur Besorgnis (natürlich nur, soweit kein ersichtlicher Grund vorliegt). Dennoch muß man versuchen herauszufinden, welche Bedürfnisse vorliegen und wie diese Zeit sinnvoll minimiert werden kann.

Welchen biologischen Zweck könnte dieses reflexmäßig ausgelöste Schreien eines Säuglings verfolgen? Kann es für seine Entwicklung positive Aspekte haben? Die Naturwissenschaft hat meines Wissens bislang keine plausible Erklärung finden können. Im Volksmund sagte man früher: »Das Kind muß turnen.« Vielleicht ist das gar nicht so falsch gedeutet. Im ersten Vierteljahr ist dem Kind noch keine intensive, gezielte Muskelbetätigung möglich. Wie wird sein Stoffwechsel angeregt, wie die Körperwärme erzeugt und wie Herz- und Atemfrequenz gesteigert? Es könnten aber noch andere Ursachen im Vordergrund stehen.

Schaut man sich den schreienden Säugling in nacktem Zustand an, kann man sehr deutlich erkennen, wie er beim Schreien Brustkorb und Zwerchfell anspannt. Die Ausatmung geschieht in diesem winzigen Brustraum mit erheblichem Druck. Das hat zunächst zweierlei physiologische Auswirkungen: einmal die Verstärkung des Drucks auf die Rückenmarkflüssigkeit, die bis zum Gehirnwasser steigt und dieses rhythmisiert (vgl. Atmung, Seite 80).

Man kann den eigentlichen Zweck dieser reflexbedingten Schreiphasen so definieren: Sie bewirken durch das in Bewegung versetzte Gehirnwasser eine *Stimulation des Gehirns*. Bestätigt wird diese Annahme durch die Tatsache, daß eine ähnliche Wirkung auch durch andere Maßnahmen erreicht werden kann.

Jede Mutter weiß instinktiv, wie die Gehirnflüssigkeit in anderer Weise in Bewegung gebracht und auf das Gehirn stimulierend wirken kann. Beginnt das Kind zu schreien, wiegt sie es oder nimmt es auf den Arm und trägt es, sanft schaukelnd, eine Weile mit sich herum. Wenn sie das nicht so hektisch macht, daß eine Überreizung entsteht, läßt das Schreien bald nach. Dem Bedürfnis des Kindes wurde entsprochen, und es kann wieder einschlafen. Wenn das Baby größer geworden ist, wird es selbst manchmal beim Schlafen den Kopf hin und her schaukeln. Erst beim größeren Kind kann dieses Verhalten auf eine Gehirnschädigung hindeuten.

Für die ersten Monate scheint es daher angebracht, das Neugeborene nicht in ein Bettchen, sondern in eine Wiege zu betten und diese nachts neben das Bett der Mutter zu stellen. Anstatt das Kind zur »Unzeit« an die Brust zu legen, kann sie es sachte wiegen und findet dann selbst den Schlaf leichter wieder.

Viele Mütter ziehen es vor, ihr Kind in ihrem eigenen Bett unterzubringen. Wenn beide dabei gedeihen und ausreichend Schlaf erhalten, ist nichts dagegen einzuwenden. Um ein schreiendes Kind zu beruhigen, ist es freilich nicht immer die beste Lösung. Der nahe Kontakt, Geruch und Wärme der Mutter lösen den Suchreflex beim Kind aus, und es verlangt nach der Brust. So erschwert diese Angewohnheit sowohl die Rhythmisierung der Stillperioden wie auch das Entstehen eines Tages-Nachtrhythmus. Eine Ausnahme bilden natürlich die zu früh geborenen oder schwächlichen Kinder, die häufiger gestillt werden müssen.

Man kann den Schrei aber noch unter einem anderen Aspekt betrachten. Er ist eine Vorstufe der Sprache. Die Stimmbänder werden eingeübt, eigene Empfindungen beginnen sich in die reflexartig ausgelösten Schreie einzukoppeln. Mit zunehmender Lautstärke setzt der Schrei auch die Innenohrflüssigkeit in Bewegung, und zwar in zweierlei Weise: einmal durch den Druck aus der Ohrtrompete, zum anderen durch die Schallwellen von außen. Daß dieser Reiz auch vom *vestibularen System* wahrgenommen wird, kann wohl vorausgesetzt werden. Wird diese Wirkung durch andere Mittel erzielt, tritt ebenfalls eine Ruhepause in der Schreiphase ein. Dieses andere Mittel ist die Musik. Gezielt, d.h. mit Hochfrequenz-Tönen eingesetzt, läßt sich, wie ein Musiktherapeut mir erläuterte, sogar bei einem durch Hirnschädigung permanent schreienden Säugling eine deutliche Besserung erreichen.[88] Beruhigende Musik oder einzelne Töne (Monocord) wirken nicht direkt auf den Säugling, können jedoch durch die entspannende Wirkung auf die Mutter indirekt auch das Kind entspannen.

Ein Grund für unaufhörliches nächtliches Schreien auch älterer Säuglinge kann manchmal in einer verdrängten Angst der Mutter, ihrer Unsicherheit und Ratlosigkeit liegen. Diese angstvolle Atmosphäre, die Angespanntheit der Mutter und ihr fehlendes inneres Vertrauen zum Schicksal überträgt sich auf das sensible Nervensystem des Säuglings. Eine Bestätigung dieser Annahme erhielt ich durch eine Mitteilung aus dem Kinderkrankenhaus in Herdecke. Bei fast allen betroffenen Kindern stellte sich sofort oder nach wenigen Tagen der Trennung von der Mutter eine ungestörte Nachtruhe ein. Die Kinder lebten sich in den Tag-Nacht-Rhythmus ein und konnten wieder gedeihen. Wenn es einem Musiktherapeuten also gelingt, durch entsprechende Therapie eine Entspannung der Mutter herbeizuführen, wird sich auch beim Säugling eine Beruhigung einstellen. Es könnte dadurch so manche stationäre Aufnahme eines Kindes erspart bleiben, doch leider übernehmen bisher nicht alle Krankenkassen eine musiktherapeutische Maßnahme.

Diese Erfahrungen deuten darauf hin, daß der Schrei eines Säuglings nicht nur mit der Rhythmisierung seiner Lebensprozesse, sondern auch mit dem rhythmisch zu gestaltenden Beziehungsverhältnis zur Mutter im Zusammenhang stehen kann. Nach den Rhythmen der Atmung, der Still-, Wach- und Schlafzeiten und von Tag und Nacht muß auch der Wechsel zwischen Nähe der Mutter und Alleinsein im Raum, zwischen den Phasen der Kommunikation und Phasen des Getrenntseins zu einer Grunderfahrung werden. Es ist nicht von Vorteil für den Säugling, wenn ihm, nachdem die anderen Rhythmen mit seiner inneren Uhr einigermaßen in Einklang gekommen sind, diese Erfahrung vorenthalten wird.

Viele Eltern suchen heute nach Vorbildern bei Naturvölkern, weil sie meinen, damit ihr Kind naturnäher großziehen zu können. Sie tragen das Kind in verschiedenen Hängevorrichtungen mit sich herum, vergessen aber dabei, daß die Tätigkeit einer Frau in diesen Kulturen weitgehend rhythmisiert ist und ihre Bewegungen vielfach von Gesang begleitet werden. Die übrige Geräuschkulisse wird von Lauten von Vögeln und anderen Tieren bestimmt. In unserer Welt ist die Situation eine ganz andere. Man muß nur einmal innehalten und auf Geräusche, Lichtreflexe und auf das ruckweise Anhalten und Abfahren der Verkehrsmittel und auf das Gedränge auf den Straßen und in Kaufhäusern achten. Das Kind wird mehr geschüttelt als geschaukelt und einer fortdauernden Reizüberflutung ausgesetzt. Sind die Lebensumstände der Eltern so geartet, daß sich keine andere Lösung als die zeitweilige Mitnahme des Kindes finden läßt, muß versucht werden, in den eigenen vier Wänden Ausgleich zu schaffen. Denn eines ist sicher: Ein Kind schreit auch aus Mißempfindungen, die durch Überreizung oder Übermüdung entstehen, oder weil das Gewahrwerden einer fremden Umgebung es ängstigt. Vor solchen Eindrücken ist das Kind allerdings im Wägelchen auch nicht hinreichend geschützt. Dazu kommt häufig die durch Abgase verpestete Luft.

Ganz anders ist die Situation zu beurteilen, wenn das Kind bei einem Wanderausflug der Familie im Spezialrucksack mitgenommen wird – vorausgesetzt natürlich, daß es, seiner Entwicklung entsprechend, genügend Rücken- und Kopfstützung erhält. Der gleichmäßige Schritt des Trägers, der Farbenwechsel der Vegetation, die vertrauten fröhlichen Stimmen der Bezugspersonen, die Düfte und die frische Luft tun dem Kind wohl. Wenn es dann bei einer Rast unter sanft wiegenden Ästen oder flatternden, rauschenden Blättern (vor Insekten geschützt) gesättigt zur Ruhe kommt, wird es meistens, je nach Alter, vergnüglich schmatzen, gurgeln oder lallen, bis es befriedigt in Schlummer sinkt.

Das Betten und Wickeln in den ersten Monaten

Es bestehen große Meinungsverschiedenheiten darüber, wie ein Säugling zu betten ist. Soll er, solange er nicht selbst seine Lage verändern kann, in Bauch- oder Rückenlage hingelegt werden? In den 60er bis 70er Jahren wurde die Bauchlage als neueste wissenschaftliche Erkenntnis proklamiert und als absolutes Muß für Neugeborene angeordnet. Biologen meinten, es sei, verglichen mit der Entwicklung der höheren Tiere, die richtige Lage für die Bewegungsentwicklung der Extremitäten, und die Orthopäden meinten, statistisch festgestellt zu haben, daß bei Bauchlage weniger Kinder von einer Hüftluxation betroffen würden. Letzteres hat sich nicht bewahrheitet, dagegen haben sich bei Bauchlage die Fälle von plötzlichem Kindstod gehäuft. Die werktätigen Hände des Menschen sind eben nicht mit den vorderen Extremitäten eines Vierbeiners zu vergleichen.

Das Neugeborene ist gänzlich hilflos der Erdanziehung ausgeliefert und bleibt so liegen, wie man es hingelegt hat (auch in Bauchlage zunächst mit angezogenen Beinen). Nur das Köpfchen dreht sich selbständig zur Seite. Der Druck des Körpers auf die Unterlage ist nicht unerheblich, und es dauert bei einem Kind in Rückenlage nicht lange, bis es am Hinterkopf eine große kahle Stelle aufweist. Auch die Wölbung des Hinterhaupts wird beeinträchtigt. Ich kenne mehrere Mütter, die die Bauchlage ihres Säuglings mit den Worten begründet haben: »Mein Kind soll einen schönen Hinterkopf bekommen.« Doch solange ein Kind nicht von selbst die Bauchlage aufsucht, ist sie für ein Neugeborenes als gänzlich unnatürlich zu bezeichnen. Der Blickkontakt, das ausgetauschte Mienenspiel zwischen Mutter und Kind kann nicht stattfinden. Die Hände können nicht zusammengeführt werden, und die Füße werden überstreckt oder nach außen rotiert.

Mir sind diese Meinungsverschiedenheiten zwischen Bauch- oder Rückenlage nie verständlich gewesen. Welche ist denn die natürliche Haltung eines Säuglings? Im Uterus lag er leicht zusammengerollt, beide Händchen strebten zum Mund. Diese eingerollte Haltung nehmen auch Erwachsene gerne ein, wenn sie sich gemütlich einkuscheln. Und wie liegt das Neugeborene im Arm der Mutter, wenn es gestillt wird? Doch in Seitenlage! Generationen sind so gebettet worden, auch meine eigenen Kinder. Ich erinnere mich noch sehr deutlich an die Ermahnungen der Hebamme, ja nicht zu vergessen, das Kind jedesmal nach dem Stillen auf die jeweils andere Seite zu legen. Das verhindert den stetigen Druck auf die gleiche Kopf-, Schulter- und Hüftseite. Und sollte das Kind spucken, kann es daran nicht ersticken. Es empfiehlt sich sogar, anfänglich den Rücken ein wenig abzustützen und ein flaches Hirsekissen unter das Köpfchen zu legen (siehe dazu auch die Abschnitte über das Bett, Seite 107). Diesen Stellungswechsel würde ich als natürlich bezeichnen. Ohne besondere Indikation sollte ein Säugling keine andere Lage einnehmen als die, die er auch beim Stillen einnimmt. Wenn später der Blickkontakt, Lächeln und Händchenspiele zustandekommen, rollt das Kind aus eigenem Antrieb auf den Rücken.

Wie das Wickeln gehandhabt werden soll, muß sehr individuell, je nach Behinderung entschieden werden. Wärme (auch als Temperatur) und Zuwendung während der Hygienemaßnahmen sind entscheidend für das Wohlempfinden des Säuglings. Die modernen Wickeltische sind, vom Gesichtspunkt der Hygiene aus gesehen, sicherlich optimal und dienen zudem der Bequemlichkeit der Mutter. Ein sensitives oder permanent schreiendes Kind versorgt man besser auf dem Schoß. Bei dieser Tätigkeit könnte der moderne Mensch tatsächlich viel von den sogenannten primitiven Kulturen lernen. Bevor es Badezimmer und fließend warmes Wasser gab, wurden alle Kinder in dieser Weise gepflegt.

Gegen Ende des Krieges hatte ich selbst Gelegenheit, von einer erfahrenen Mutter diese Wickeltechnik zu erlernen. Man stellt die Wanne des Säuglings entweder direkt auf den Boden oder auf einen niedrigen Hocker, legt die notwendigen Utensilien auf einen Schemel daneben, bindet sich das Badetuch wie eine Schürze um und setzt sich mit dem Kind auf einen Stuhl vor der Wanne. Die Spielchen auf Mutters Schoß, von ihren Armen ins Wasser getaucht, wieder auf ihren Schoß emporgehoben, um frisch bekleidet zu werden, bilden eine vielseitige taktile Erfahrung des Kindes, die in ihm das Gefühl von Geborgenheit und Sicherheit stärkt (vgl. Seite 216). Es werden natürlich keine Strampelhosen dabei verwendet und keine Zellstoffwindeln, vielmehr mit Stoffwindeln, Molton- und Umschlagtuch ein »Puck« um das Kind gelegt. Bei einem in dieser Art gewickelten Säugling kann zwischen seinen Beinen und Füßchen ein Hautkontakt zustandekommen.

Das Merk- oder Tagebuch der Mutter

In den ersten Wochen steht die Frage nach Eingliederung der Lebensprozesse des Neugeborenen in Zeit, Raum und Familie im Vordergrund. Danach kommt die Zeit des Erwachens und Aufmerkens, des Bewußtwerdens der Sinne. Jeder Tag bringt neue Erfahrungen für das Kind. Seine Reaktionen werden differenzierter. Und so wie sein Gewicht nach dem ersten Gewichtssturz zunimmt, verändert sich für einen genauen Beobachter auch sein Verhalten. Nur sieht ein Heilpädagoge, der das Kind nur in Abständen von Tagen oder Wochen zu Gesicht bekommt, alle diese winzigen Zwischenstufen nicht. Daher müssen sie ihm von der Mutter des Kindes mitgeteilt werden. In der Praxis hat es sich in zweifacher Weise bewährt, von der Mutter eine Art Tagebuch zu erbitten. Einmal, damit man sich beim nächsten Besuch mit einem kurzen Blick in die Notizen darüber informieren kann, was inzwischen zu vermerken gewesen ist, und auch, wie weit sich die Beobachtungsfähigkeit der Mutter sensibilisiert hat. Zum anderen, damit die Mutter, falls die Entwicklungsstörungen gravierend und nur kleine Fortschritte zu verzeichnen sind, diese gebührend anerkennen kann und nicht in Resignation verfällt.

Nur allzu oft mußte ich erleben, wie schnell Mütter die ersten mühsam erarbeiteten Fortschritte vergessen und ungeduldig werden: »Das konnte mein Kind doch schon immer.« Ein Blick in die Notizen bringt dann den Verlauf wieder in Erinnerung. Eine Mutter verträgt nur schwer einen Stillstand der Entwicklung, wenn nichts Neues zu vermerken ist. Dabei verläuft jede Entwicklung schubweise, einzelne erworbene Fähigkeiten verschwinden sogar auf Zeit, weil sich der Schwerpunkt der Entwicklung auf ein anderes Gebiet verlagert hat. So kann z.B. das Plappern aussetzen, solange das Gehen erst erlernt werden muß. Erst wenn die einmal erworbenen Fähigkeiten nicht wieder hervorkommen, sondern sogar Rückschritte zu vermerken sind, besteht Anlaß zur Besorgnis. Auch das wird erst aus aufgezeichneten Notizen ersichtlich. Aber natürlich muß nicht täglich von der Mutter alles notiert werden – es soll ja keine zusätzliche Belastung sein –, sondern nur das, was ihr aufgefallen ist, sei es, das Kind ist quengelig, müde, gähnt, schmatzt, gurgelt oder prustet vor sich hin, sei es eine neue Errungenschaft: es lutscht am Daumen, es lächelt, ein erster Blickkontakt fand statt, es greift nach den Haaren etc. Nicht jeden Tag muß etwas vermerkt werden. Der kleine Säugling hat viele Eindrücke zu verarbeiten, und diese Auseinandersetzungen sind nicht äußerlich zu erkennen. Das sind die stillen Phasen – die Ruhetage, an denen es nichts zu vermerken gibt außer dem Ist-Zustand. Handelt es sich um ein permanent schreiendes Kind, muß die Länge der Ruhephasen vermerkt werden, um eine Wirkung der therapeutischen Maßnahmen feststellen zu können.

Kriterien der Entwicklung

Da die ersten Auseinandersetzungen des Neugeborenen mit Raum und Zeit der äußerlichen Betrachtung nicht so zugänglich sind, beschränkt sich die Beurteilung seiner Entwicklung anfänglich auf das Beobachten der Lebensprozesse, insbesondere des Wachstumsprozesses. Das Neugeborene verbraucht in seinen ersten Lebenstagen mehr Kalorien, als es zuführen kann, und scheidet mehr Flüssigkeit aus, als es aufnimmt. Das heißt: es nimmt ständig an Gewicht ab. Die Prozesse der Ernährung kommen nur langsam in Gang. Es braucht Tage, manchmal sogar 2 Wochen, bis das Geburtsgewicht wieder erreicht ist. Danach aber setzt bei einem gesunden Säugling eine unwahrscheinliche Dynamik ein, sowohl was die Gewichtszunahme als auch das Wachstum betrifft (Länge ca. 3,5 cm, Kopfumfang ca. 1 cm pro Monat; nach weniger als einem halben Jahr hat sich das Gewicht verdoppelt). Der Hals, zuvor kaum zu bemerken, und Schultern und Brustbereich entwickeln sich – man kann nicht mehr von einem »Anhängsel« am Kopf sprechen. Reflexe werden zunehmend abgebaut und zum Teil durch Intentionen ersetzt.

In dieser ersten leiblichen Entfaltungsphase kann es durchaus notwendig sein, die Nahrungsaufnahme des Kindes genau mit der Waage zu kontrollieren, denn wie es Neugeborene gibt, die sich schwer vom Geburtsschock erholen, besonders, wenn bei der Geburt Komplikationen eintraten, so gibt es andere, die gar nicht recht in diese Welt hinein wollen. Sie gedeihen einfach nicht, nehmen kaum Nahrung zu sich, sind vielleicht zu schwach, um gestillt zu werden, und spucken ständig die Nährflüssigkeit wieder aus. Manchmal müssen sie sogar über eine Nasensonde ernährt werden. Viele Mütter lernen schnell damit umzugehen und helfen ihrem Kind in bewundernswert geduldiger Weise, Fuß zu fassen im Leben; auch wenn es Jahre dauern sollte.

Ist die Mutter jedoch überängstlich und fehlt ihr der Kontakt zum Kind, muß ihr gezeigt werden, wie sie ihre Zuwendung intensivieren, wie sie das Kind an sich drücken und in den Armen schaukeln kann.[89] Man kann ihr, wenn das

Kind sehr schwach ist, zeigen, wie besondere Nährbäder zubereitet werden können, die die Konstitution des Kindes unterstützen. Denn die fortschreitende Entwicklung des Kindes ist tatsächlich sehr vom Verhalten der Mutter abhängig. Sie kann unterstützend einwirken, kann aber auch durch Fehlverhalten die Entwicklung hemmen. Eine stillende oder fütternde Mutter, die nebenbei Zigaretten raucht, fernsieht oder Zeitung liest, ist immer ein trostloses Bild, und das erst recht, wenn bei dem kleinen Wesen Entwicklungsprobleme bestehen, die nur durch intensive Zuwendung, durch wirkliche Liebe gemindert werden können.

Im ersten Vierteljahr hat sich der Säugling zunächst mit seiner neuen Umweltsituation auseinanderzusetzen. Er gleicht einem Samen, der seine ganze künftige Struktur unsichtbar in sich trägt und dessen Gedeihen vom ihn umgebenden Humus und den kosmischen Energien von Licht und Regen abhängig ist. Sowohl willens- als auch bewußtseinsmäßig befindet er sich in einem trance-ähnlichen Zustand, in dem er sehr wohl alle äußeren Einwirkungen wahrnimmt; sie bleiben jedoch in seinem Unterbewußtsein verborgen (vgl. Abenddämmerung des Tastsinns, Seite 215).

Wie der Samen in der Erde nicht gestört werden darf, so wenig dürfen diese sich im Kind spiegelbildlich zum Kosmos entfaltenden Kräfte gestört werden. Sie müssen zur Auswirkung kommen können. Dies hat eine bedeutsame Konsequenz für das erzieherische Handeln, denn »durch unser Einwirken müssen wir das, was da als Spiegelbild herauskommt, zur Realität befestigen« (Rudolf Steiner, Vortrag vom 2. Februar 1915). *Das kann nur so verstanden werden, daß der Erwachsene aufgefordert ist, sich in die Erlebniswelt des Kindes einzufühlen, seine Intentionen wahrzunehmen und ihm zu helfen, diese zu realisieren.* Das sollte ohne Starren auf irgendein Entwicklungsschema vor sich gehen.

Der amerikanische Babyforscher Daniel N. Stern hat das Dilemma moderner Mütter, die sich nicht in das Leben eines Neugeborenen hineinversetzen können, erkannt und für Eltern ein Tagebuch des Babys geschrieben, in dem er versucht, sich zum Dolmetscher des Kindes zu machen. In einer subtilen, lyrischen Weise tastet er sich an die ständig in Wandlung begriffenen Erlebniswelten des Kindes heran. Ich glaube, mancher Heilpädagoge würde dieses Büchlein der einen oder anderen Mutter gern in die Hand drücken. Es ist ein Versuch, die Entwicklung eines Säuglings psychologisch zu fassen – ohne Wertung, und das ist so wohltuend. Das erste einführende Kapitel trägt die Überschrift: »Die Entfaltung der Wirklichkeit im Leben eines Kindes«.[90] Darum geht es: Wie erlebt und wie ergreift das Kind die Realität? Und wie kann einem kleinen Sonderling geholfen werden, seine aus der übersinnlichen Welt mitgebrachten Impulse in die Realität umzusetzen?

Wie hilfreich ist ein Entwicklungsschema?

Wenn eine Mutter in Angst und Sorge glaubt feststellen zu müssen: »Bei meinem Kind stimmt etwas nicht«, kauft sie zunächst ein Fachbuch nach dem anderen, und in fast jedem findet sie ein Schema darüber, in welchem Zeitraum Fertigkeiten und Fähigkeiten des Kindes erreicht sein sollten. Manches Schema richtet sich mehr nach biologischen, ein anderes nach neurologischen, sensomotorischen oder psychologischen Gesichtspunkten. In ihren Zeitangaben stimmen sie nicht immer überein. (Das eine zeigt scharfe Begrenzungen bei Merkmalen, denen in einem anderen große Zeitspannen erlaubt oder gar keine Erwähnungen gewidmet werden, und umgekehrt.)

In Wirklichkeit sind einige zeitliche Verschiebungen gänzlich unwichtig, während andere individuell alarmierend sein können. Um das zu beurteilen, müssen bestimmte Kenntnisse vorausgesetzt werden, die von einer Mutter nicht erwartet werden können. Noch nie habe ich es erlebt, daß ein solches Schema, Entwicklungsskalen oder entwicklungspsychologische Tabellen für Eltern nutzbringend gewesen sind. *Sie bedenken nicht, daß diese auf Statistik gegründet sind und nichts darüber aussagen, ob das, was am häufigsten festgestellt wird, auch für ihr Kind das Optimale ist.* Nicht *wann* es sitzt, sondern *wie* es sitzt, ist von Bedeutung; nicht der Zeitpunkt, sondern die Qualität ist zu beurteilen.

Was ich dagegen oft bemerken konnte, ist das Mißverständnis darüber, wie ein solches Schema anzuwenden ist. Die Eltern freuen sich, wenn ihr Kind schnell die Datenangaben erreicht, versuchen vielfach vorzugreifen und vergleichen ehrgeizig ihr Baby mit anderen Babys. Immer wieder kann man dieses falsche Verhalten beobachten. Die einen stellen mit Stolz und Ehrgeiz fest, wie weit ihr Kind anderen voraus ist. Andere glauben mit Sorge und Kummer zu bemerken, daß es mit ihrem eigenen Kind gar nicht vorangeht. Solche Vergleiche wecken falsche Ambitionen. Sie lassen den Kindern nicht ihre Freiheit und scheinen mir genauso töricht zu sein, als wollte man unterschiedliche Gewächse miteinander vergleichen und sich darüber freuen, daß die eigenen Kirschen schon reif sind, während die Äpfel im Nachbarsgarten noch nicht geerntet werden können, und der Besitzer der Apfelbäume sich darüber grämt. Das recht verstandene Wachstumsschema lautet in der Regel: Blatt – Knospe – Blüte – Frucht. Form und Reifungszeit ist an die Art gebunden.

Jedes Kind ist eine Art für sich, es hat ein eigenes Gepräge und folgt, im Rahmen eines organischen Entwicklungsschemas, auch immer seinen eigenen Intentionen. Es gilt darum im Sinne der Handhabung und Selbstschulung nicht, »Symptom mit Symptom« zu vergleichen, sondern die individuelle Variation und den ganzen Umkreis des Kindes mit einzubeziehen, um ein ganzheitliches Bild der jeweiligen Situation zu erhalten. Richtig verstanden und entsprechend relativiert, können die vorhandenen Entwicklungsschemata sehr nützlich sein. Ein Heilpädagoge, der die vorhergehende Entwicklung des Babys nicht miterlebt hat, ein Arzt, der das Kind zum ersten Mal sieht, muß bestimmte Anhaltspunkte für die in Rhythmen verlaufende organische Entwicklung des Kindes haben.[91]

Der Heilpädagoge versucht, etwas noch nicht Vorhandenes heranzubilden. Die Aufgabe des Mediziners besteht in der Behandlung von einem zwar vorhandenen, aber beschädigten Zustand. Wenn also der Arzt, den die besorgten Eltern schließlich aufsuchen, keine sichtbaren oder organischen Schäden feststellen kann, wird er nach dem Entwicklungsschema nur die Abweichung von der Norm bemerken, daß das Kind z.B. längst hätte sitzen können müssen. Die Eltern werden mit den Worten »Ihr Kind ist nur ein Spätentwickler« vertröstet, und dem Kind wird eine Krankengymnastik verordnet. Nur selten wird in Erwägung gezogen, daß das Kind vielleicht deshalb nicht zum Sitzen gekommen ist, weil es die Stellung seiner Glieder im Raum und ihre Bewegungen nicht recht wahrnehmen kann. Das kann zu einem Stillstand seiner ganzen Entwicklung oder sogar zu einem bleibenden Handikap führen. Daß solche Störungen auch zu Blockaden der Intelligenzentwicklung führen können, ist eine für die Kindertherapie wichtige Entdeckung der Neurophysiologie.

Entwicklungsfortschritte durch Stimulation der Leibessinne

Die Beobachtung, daß die Ungeschicklichkeiten ihrer kleinen Patienten nicht nur auf die schwache Muskulatur und mangelnde Koordination von Händen und Füßen zurückzuführen ist, sondern eher auf das fehlende Zusammenwirken der Wahrnehmungen, veranlaßte die Neurologin A. Jean Ayres, diesen Sachverhalt genauer zu studieren. Sie bemerkte die immense Bedeutung der

Berührung (Tastsinn) und Druckempfindung und stellte eine Bewegungswahrnehmung fest, die sie auf die Propriozeption und die enge Verbindung mit dem Vestibularsystem zurückführte. Mit der empirisch gewonnenen Einsicht sah sie die Aufgabe des Therapeuten nicht darin, einzelne Sinne zu sensibilisieren, sondern darin, alle Sinne zu »integrieren«. Sie nennt ihre Methode »Sensorische Integration«. Zu den bereits genannten Sinnen zählt A. Jean Ayres noch die Wahrnehmung der inneren Organe, die sie als »viszeralen Input« bezeichnet. Damit geht sie von vier Leibessinnen aus. Besonders bemerkenswert ist aber ihre Feststellung, daß die Stimulation dieser Sinne zu einer Erweiterung der kognitiven Fähigkeiten des Kindes führt und darüber hinaus auch seine leiblichen Aufbauprozesse günstig beeinflussen kann. Auch wenn sie – wie üblich – den Sinnesorganismus mit einem Computer vergleicht, so ist es auffällig, daß sie bereits beim Säugling nicht von einzelnen Reizen, die es nach und nach zu kombinieren gilt, sondern von einem Gesamtnetz des Nervensystems ausgeht, das immer feiner geknüpft werden muß; alle Fasern müssen integriert werden. Bei all diesen revolutionierend neuen Aspekten der Neurophysiologie fallen die vielen Berührungspunkte mit der Zwölf-Sinnes-Lehre auf, wie sie Rudolf Steiner vorausgesagt hat, und es wäre gut, sie nebeneinander gelten zu lassen (siehe Seite 116). Es kommt wie immer darauf an, wie die jeweilige Methode durchgeführt wird und ob sie für das betreffende Kind richtig ist. Trotz aller neu gewonnenen Erkenntnisse, eines ist geblieben: Man schaut auf die Defizite und die Entwicklungsschritte oder -stufen, die erreicht werden sollen. Wenig Beachtung finden die Willensimpulse, die ein Kind mitbringt, die durch das Aufmerken angeregt werden und in der Nachahmung ihren Ausdruck finden.[92] Es sind nicht nur die Stimulationen, sondern auch die Intentionen des Säuglings, die den dynamisch-rhythmischen Entwicklungsprozeß beeinflussen.

Fortschreitende Inkarnation

Die Intentionen des Säuglings

Betrachtet man das Neugeborene nicht nur neurophysiologisch, sondern als ein Wesen, das am Beginn seiner Biographie steht und seine Intentionen in der Realität verankern, d.h. den ihm angebotenen Leib zum angemessenen Werkzeug umformen muß, wird man sich veranlaßt sehen, die unterschiedlichen Stadien der *Willensentwicklung* des Kindes zu verfolgen. Wie gelingt ihm diese

Umformung? Kann es sich den Leib zu eigen machen, wird es durch Schädigungen oder Störungen des Organismus gehemmt, oder zieht sich seine Individualität durch einen Schock bei der Geburt oder durch die spürbare Ablehnung der Mutter zurück?[93]

Der *physische Leib* ist naturgegeben mit Reflexen ausgestattet. Der Wille des Neugeborenen befindet sich zunächst, wie erwähnt, im *Trance*-Zustand. Es wirken unbewußte Intentionen, man könnte sie auch als Instinkte bezeichnen. Im *Ätherleib* entfaltet sich der triebhafte Drang, »das Bedürfnis« oder »die biologische Uhr«, worin sich der Wille schon ein wenig affektbetont regt, aber noch wie im *Schlaf*. Eine nächste Stufe wird erreicht, wenn im *Empfindungsleib* die ersten Empfindungen, Begierden wie im *Traum* erlebt und allmählich von der *Empfindungsseele* durchdrungen werden. Das »*Aufmerken*«, das Interesse (Input) setzt ein, und das Kind beginnt, die Eindrücke der Empfindungsseele (die Wahrnehmungen) in der *Gemütsseele* zu verarbeiten (Perzeption).[94] Danach erst werden gezielte, gewollte, bewußte Bewegungen (bzw. Handlungen) möglich. Die *Bewußtseinsseele* des Kindes erwacht. Von diesem Zeitpunkt an beginnt sein Ich, über die Blutwärme auf den Bewegungsorganismus einzuwirken (Output). Die motorischen Impulse entfalten sich nicht in den sog. motorischen Nerven, sondern, nach Rudolf Steiner, in den feinen Kapillaren des Blutsystems. Damit wendet sich das Kind seiner Umwelt zu. Das geschieht nicht schlagartig, sondern beginnt mit einer langsamen Differenzierung der Sinnesorgane, mit einem »Aufgehen der Sonne« in den Sinnesbezirken (siehe Seite 117).

Was man bei diesem Inkarnationsprozeß als Zuschauer erleben kann, möchte ich mit dem Erblicken der Sonne hinter einer dicken grauen Wolke vergleichen. Man erkennt sie noch nicht, aber an den Wolkenrändern beginnt es weiß zu leuchten; oder es wird die Wolke dünner, und man erkennt die runde durchscheinende Sonnenscheibe, die immer intensiver strahlt und zunehmend Licht und Schatten in der Landschaft hervorzaubert. Beim Säugling macht sich »die Sonne« in ersten Blickbegegnungen bemerkbar. Vom konzentrierten Nervenpol des Kopfes aus erhellt sich das Bewußtsein des Kindes. Geruch und Geschmack wurden zunächst nur wie im Traum wahrgenommen, sein Auge reagierte auf Lichtreize oder starrte ins Leere, bis zu dem Moment, in dem das Aufmerken einsetzte: Die Gemütsseele regt sich, das Bewußtsein erwacht, und der Blickkontakt entsteht. Das Sehen beschränkt sich zuerst auf diesen Kontakt. Es nimmt seinerseits »eine Sonne«, d.h. eine andere Person wahr, aber keine Gegenstände. Es muß ein Gesicht, ein Kopf, aber nicht unbedingt die eigene Mutter sein. Dagegen fängt ein Baby häufig zu schreien an, wenn der Kopf mit einem Hut bedeckt ist oder die Augen hinter einer (dunklen) Brille verborgen sind (vgl. Gesichtssinn, Seite 155).

Der gleiche Vorgang spielt sich beim Lächeln ab, das sich meistens einige Wochen später einstellt. Die Vorstufe ist auch hier reflexhaft. In der »aufmerkenden« Phase erfolgt es als Reaktion auf das menschliche Gesicht. Der Jugendpsychologe Heinz Remplein betont, daß es sich zwar bei jedem beliebigen Menschen einstellen kann, aber nur dann ausgelöst wird, »wenn der Partner in Frontalstellung des Gesichts den Säugling anlächelt und nickende Kopfbewegungen macht; dreht er den Kopf ins Profil, hört das Lächeln des Kindes sofort auf und weicht dem Ausdruck des Befremdens« (dieses Befremden tritt bei Babys auch manchmal auf, weil sie sich vor zu großen Zähnen oder Zahnprothesen fürchten). Mit dem äußeren Merkmal des bewußten Lächelns setzt nach Heinz Remplein eine neue Phase im Leben des Säuglings ein: »Im Schlafalter war die Einstellung zur Umwelt durch reine Passivität mit Übergewicht der abwehrenden Haltung gekennzeichnet. Spontane Hinwendung zur Umwelt erfolgte nur in der Ernährungssituation, sonst nahm das Kind noch keinerlei Anteil an den Vorgängen seiner Umgebung. Mit der Hinwendung zur Welt des biologisch nicht Bedeutsamen bricht darum etwas Neues durch, das zur Abgrenzung einer zweiten Phase berechtigt.«[95]

Diesen letzten Satz empfinde ich als besonders prägnant. Er bezeichnet den Moment des Übergangs von der bloßen biologischen Bindung (Bonding) zur ersten Regung der seelischen Zuneigung. Jede Heilpädagogin sollte ihn sich merken. Wann genau dieser Moment eintritt, hängt von den leiblichen Vorbedingungen ab und ist nicht so entscheidend. Frühgeburt, Krankheiten, Alleinsein, von der Mutter nicht ganz angenommen zu sein oder auch ein Down-Syndrom können die Entwicklung verzögern. *Verbleibt das Kind aber ohne Kontaktbedürfnis über den dritten Monat hinaus passiv, braucht es dringend heilpädagogische Entwicklungshilfe.* Denn bricht dieses *Neue*, die »Sonne«, nicht durch, können wegen mangelnder Wahrnehmung die regulären Funktionen nicht ausreifen.

Vom Sehen her, vom Mienenspiel aus, entfaltet sich nachahmend der nonverbale Dialog. Das Gehör nimmt erst nur eine Geräuschkulisse wahr – auch die vertrauten, bereits im Uterus eingeprägten Rhythmen des mütterlichen Herzschlags – und reagiert reflexartig auf Überreizung. In der neuen Phase wird nun auch die mütterliche Stimme wahrgenommen, und der Drang der Nachahmung reizt das Kind zu ersten Laut- oder Lalltönen. (Bei blinden Kindern muß die

Mutter durch die Nähe ihres Gesichts und die Wärme ihrer rhythmischen oder sprechenden Ausatmung einen gewissen Ausgleich schaffen. Bleiben die Lalltöne eines Tages aus, muß das Gehör des Kindes untersucht werden.)

Das Kind empfindet die Schwere seines großen Kopfes. In der Bauchlage konnte es ihn nur um ca. 30° emporheben. Durch neue Intentionen und beginnende Aufrichtekräfte gelingt es dem Kind, diesen Winkel erheblich zu erweitern, Kopfdrehungen – auch in Rückenlage – willentlich durchzuführen und mit dem Blick ein wenig die Bewegungen der Mutter zu verfolgen. Die Reflexbewegungen von Armen und Händen weichen intentionalen Bewegungen. Die Hände öffnen und begegnen sich. Die Individualität beginnt, den ganzen Körper in Besitz zu nehmen, d.h. seine Glieder als Glieder wahrzunehmen. Die Glieder werden gebeugt und gestreckt, geballt und gespreizt, im unermüdlichen Wechsel, zunächst aber ohne jegliches Ziel. Zwischen Mißlingen und Gelingen finden sich ab und an die Hände und werden kurz angeschaut. Gelegentlich ergreifen sie einen Gegenstand und führen das Ergriffene zum Mund. Eine erste Koordination Hand-Mund wird erprobt. Der Rumpf wird wahrgenommen, wird bewegt, gedreht und rotiert. In Bauchlage beginnen die Arme, den Rumpf abzustützen. Bleibt die Bewegungsentwicklung aufgrund neurologischer Schäden stehen, wird eine Gymnastik auf neurophysiologischer Grundlage erforderlich. Solche Schädigungen zeigen sich meistens durch Überstreckungen der Glieder und des Rückens oder fehlende Kopfkontrolle. Darüber hinaus benötigt das Kind aber anleitende Hilfe zum *Aufmerken und Wahrnehmen.* Denn wenn kein Interesse geweckt wird, fehlt die Intention sowohl für die Bewegung als auch für das Aufrichten, das durch den Nachahmungstrieb angeregt wird.

Bevor aber die Beherrschung des Körpers weiter voranschreitet, erfolgt im Stoffwechsel des Kindes eine neue Veränderung – ein erstes Loslösen von der natürlichen Milchnahrung der Mutter zu einer Nahrung, die das Kind im Absonderungsprozeß individuell bearbeiten muß. Diese Umstellung muß von den Bezugspersonen sehr behutsam durchgeführt werden. Die Zufütterung erfolgt über Säfte bis zum feinsten Mus aus Gemüse, vorzugsweise Möhren (vgl. Ernährungsprozeß, Seite 92). Dabei treten häufig neue Probleme auf, die aber später betrachtet werden sollen. Hier möchte ich weiter verfolgen, wie mit weiter fortschreitender Inkarnation die Entdeckung der »dinglichen Welt« beim Kind einsetzt und wie die Wahrnehmungen der Bewegungs- und Gleichgewichtssinne zunehmend sein Interesse wecken und seinen Willen anregen.

Das Entdecken der dinglichen Welt

Im ersten Stadium des Wahrnehmens wurde die Berührung empfunden, und langsam kann diese nun auch erwidert werden, d.h. die Hand lernt, gezielt anzufassen und zu greifen. Für das Seh- und Fixationsvermögen erweitert sich der Horizont, und das Kind beginnt, sich für *Dinge* – nicht nur Personen – zu interessieren, die sich im Raum bewegen. Der Leib strebt aus der Waagerechten in eine neue Dimension: Wenn das Kind an den Händen angehoben wird, hat es nunmehr seinen Kopf unter Kontrolle und versucht, ihn mit anzuheben. Gegenstände, zum Teil schon mit dem Auge ausgewählt, werden von den Händen ergriffen und zielsicher zum Mund geführt. Von den Lippen werden sie wahrnehmend betastet, von den Kiefern beknabbert, von der Zunge beleckt. Das sind alles Vorübungen für die Artikulationsmotorik. Der Saugdrang läßt nach. Zunge und Lippen beginnen mit Lallmonologen. Werden diese von der Mutter erwidert, kann zwischen den beiden ein entzückendes Spiel entstehen.

Strahlte das Kind früher schon Mutter, Vater und Bezugspersonen an, oder zogen Wolken durch sein Gemüt und ließen die ersten Tränen fallen, so geht jetzt seine »Lebenssonne« vollends auf. Es lacht. Es lacht die Menschen an, lacht über Mienenspiel und Fratzen, lacht über komische Prustegeräusche, über Hampelmänner, über Dinge, die versteckt werden und plötzlich wieder zum Vorschein kommen, über das hoch Empor-gehoben-Werden und den neuen Blickwinkel von oben. Es lacht über tausenderlei Dinge, vorausgesetzt, es geht ihm gut. Es ist ein ausgeprägtes Schäker- und Schmusealter, und die Erwachsenen müssen unbedingt viel Zeit für derlei Spiele einplanen, genauso wie für Zeiten der Hygiene und des Fütterns. Ein kleiner Sonderling mit größeren Geschwistern, die zu schäkern wissen, ist auf diesem Gebiet meistens besser versorgt als das Einzelkind.

In diesem Stadium beginnt das Kind, den Schwerpunkt seines Leibes zu verlagern und die Beine in Rückenlage zu beugen und hochzuheben. Es entdeckt seine Füßchen und steckt zuweilen sogar den großen Zeh in den Mund. Jetzt ist es angebracht, tagsüber zu Strampelhosen überzugehen und das Kind nicht mehr zuzudecken. Es wird auch versuchen, sich vom Bauch auf den Rücken und vom Rücken auf den Bauch zu drehen. Eine Decke auf dem Fußboden wird zunehmend das Bettchen ersetzen, und schließlich benötigt es für unbeaufsichtigte Momente eine Begrenzung, denn das Interesse an der Umwelt wächst, der *Eroberungswille* nimmt zu, und der Fortbewegungsdrang veranlaßt so manches Kind, sich rollenderweise fortzubewegen. Auch in dieser Phase ziehen mitunter

Kummerwolken herauf. Es beginnen die Kiefer zu schmerzen, der eine oder andere Zahn möchte durchbrechen. Häufig tritt eine gewisse Ruhepause ein, in der das bisher Erfahrene wiederholt und neu ausprobiert werden muß.

Eine Heilpädagogin, die den kleinen Sonderling erst nach dem vierten Monat kennenlernt, darf auf keinen Fall sofort mit neuen Übungen anfangen. Sie muß zuerst darauf schauen, wie das Kind seine Bewegungen ausführt, und eventuell, weil sonst die Weiterentwicklung gehemmt wird, die eine oder andere Gewohnheit korrigieren. Die funktionsgerecht verlaufenden Bewegungen müssen dagegen in der Erfahrung des Kindes befestigt werden. Mit fortschreitender Entwicklung wird die Bauchlage Ausgangspunkt für eigenständige Handlungen. Erst stützen die Oberarme, dann die Hände den Oberkörper ab. Das Ich des Kindes schaltet sich immer mehr in die Gleichgewichtswahrnehmungen ein, das Körpergewicht wird verlagert. Dies geschieht, indem sich das Kind mit der Schulter oder dem Ellbogen und der Hüfte der einen Seite zusammen mit dem herübergebeugten Knie der anderen Seite abstützt. Es liegt dann im »Stützdreieck«. Dadurch kann es einen Arm frei in einem großen Radius bewegen. Es ist dies ein erstes Spiel der Kräfte im Raum, bei dessen Durchführung sich neurologisch bedingte Schädigungen oder Entwicklungsstörungen deutlich abzeichnen. Manche Kinder bleiben in diesem Stadium mit dem Bauch am Boden kleben und führen, indem sie das Kreuz durchdrücken, vergebliche Arm- und Beinbewegungen aus: Sie »schwimmen«, ohne dabei im geringsten vorwärts zu kommen. Man erkennt deutlich, wobei das Kind Unterstützung braucht.

Allerdings ist darauf zu achten, daß *nicht zuviel Hilfe* geleistet wird, denn das Kind kann noch nicht unterscheiden, ob seine Intentionen selbsttätig oder nur durch die Hilfe eines Erwachsenen zum Erfolg führen. Der Unterschied zwischen Eigenwirkung und Fremdwirkung muß ihm zum Erlebnis werden. Mißlingen und Enttäuschungen gehören nun einmal zur Lebensrealität, und schon das kleine Kind muß erfahren, daß Widerstände erhöhte Willensintensität erfordern.[96]

Immer wieder mußte ich darüber staunen, welch hohes Willenspotential behinderte Kinder entwickeln können, so, als wäre dies der einzige Zweck ihres Lebens. Wenn das so ist, kann die Aufgabe des Heilpädagogen nur darin bestehen, diesem Willen zum Durchbruch zu verhelfen und die einfachsten selbständigen Handgriffe des Kindes liebevoll mit Geduld zu begleiten. *Dieses Begleiten darf nicht in die selbständige Handlung des Kindes eingreifen.* Gestreßte Mütter scheitern im Alltag nur zu häufig an dieser großen Anforderung und brauchen, um durchzuhalten, die fachkundige Ermunterung.

Das Emporstreben und der Fortbewegungsdrang

Auf die vegetative Phase des Säuglings-Daseins (Schlafalter) folgt eine Phase der »*Hinwendung zur Welt des nicht biologisch Bedeutsamen*« (Zuwendungsalter) und als dritte Phase: die Entdeckung der dinglichen Welt mit erwachendem Spiel- und Nachahmungstrieb. Falls keine gravierenden Hirnverletzungen vorliegen, beginnt danach als nächster Entwicklungsschritt im Inkarnationsprozeß das sehr bedeutsame »Sich-emporrichten-Wollen« in die Vertikale.

Um diesem Drang zu folgen, finden die Kinder unterschiedliche Wege. Meistens erfolgt das Emporrichten, wie geschildert, aus dem Stützdreieck, d.h. der Stützpunkt wird von den Schultern zu den Ellbogen bis in die Hände verlagert, dann wird durch die Rotation im Rücken das Gewicht vom ganzen Gesäß und den Beinen übernommen. Das Kind sitzt nun. Beide Hände werden frei, der Rumpf ist senkrecht aufgerichtet. Welche Stellung die Beine dabei einnehmen, gestreckt oder gebeugt, im Schneidersitz, einwärts oder auswärts, ist zunächst unwichtig. Wichtig ist das selbständige kerzengerade Emporrichten des ganzen Rückgrats.

Woher kommt dieser Drang in die Vertikale, den es so in der ganzen Tierwelt nicht gibt, und was bedeutet die Errungenschaft der senkrechten Lage für das Kind? Um diesen Vorgang nachvollziehen zu können, versetze man sich in Gedanken auf eine Liegewiese oder, besser noch, in den weichen Sand eines Strandes mit offenem Blick zum Horizont. Man stelle sich vor, man liegt entspannt in der Waagerechten, ganz und gar der Erdanziehung hingegeben. Plötzlich aber schlägt eine Flamme – vielleicht durch das Grillfeuer eines Nachbarn – senkrecht empor. Man richtet sich impulsiv auf und beobachtet, wie in der Windstille Flamme und Rauchsäule hochsteigen. Wie kommt diese steile Vertikale von Flamme und Rauchsäule zustande? Zum Emporsteigen gehört ein Wärmeprozeß. Bei den Pflanzen sorgt die Sonne dafür, daß die Säfte aufsteigen. Beim Menschen erfolgt das Emporrichten durch den Impuls des in der Blutwärme wirkenden Kräftepotentials des Ich, und der Impulsauslöser beim Kind ist die Nachahmung. Mit der Fähigkeit, frei zu sitzen, und der Rotation des Rückgrats ist die Individualität des Kindes voll in das Koordinatensystem – das Kreuz – der Erde eingeschaltet. Das wirkt sich auf Gehirn- und Rückenmarkflüssigkeit aus, vor allen Dingen aber werden – das ist wichtig – die Arme frei für menschliche Gebärden.

Manche Säuglinge wählen einen anderen Weg, um dem Drang nach der Vertikalen nachzukommen. Sie haben es sehr eilig, fassen aus der Bauchlage die Gitterstäbe ihres Bettchens und ziehen sich mit den Händchen hoch. Die Knie werden gebeugt und nachgezogen. Einige wollen dann noch höher und benutzen bereits die Füße zum Abstützen. Da stehen sie nun – schwankend, an die Stäbe geklammert –, ohne die Fähigkeit, sich hinsetzen zu können. Die Hände werden müde, die Aufrichtekraft reicht nicht aus. Manches Kind sackt in sich zusammen, ein anderes fängt an zu weinen, läßt die Stütze los und fällt kerzengerade nach hinten. Ist das Bett schmal, kann es ganz erheblich mit dem Kopf auf der anderen Gitterseite aufschlagen. Dieses Überspringen einer Entwicklungsphase kann zu einem größeren Problem werden als eine langsame aber kontinuierliche Entfaltung der psychisch-leiblichen Möglichkeiten.

Mit der Beherrschung der aufrechten Haltung und dem Ausbalancieren der Kräfte – ohne sich festhalten zu müssen – hat das Kind eine neue Stufe der Selbständigkeit erreicht. Es ist mit allen Sinnen diesem Aufwärtsstreben hingegeben. Man kann das sogar an seinem Spielverhalten bemerken: Ehe Bausteine aneinander gereiht werden, werden sie meistens aufeinander gestellt. Immer wieder wird probiert, Türme zu bauen. Bisher konnte das Kind zwar Dinge ergreifen, rütteln und aneinander schlagen, aber es waren vorwiegend Parallelbewegungen. Jetzt ist der Handlungsraum erweitert worden, und die Hände können gemeinsam Unterschiedliches tun, sie arbeiten »Hand in Hand« und können *bewußt* loslassen, ja sogar werfen und etwas aus dem Bettchen fallen lassen. Immer wieder fallenlassen. Es ist für das Kind eine aufregende Erfahrung, die Wirksamkeit der Erdanziehung zu beobachten, die es bisher nur am eigenen Körper spürte. Fällt ein Ball herunter, rollt er weg. Es kann ihn nunmehr mit den Augen verfolgen und spürt den Impuls, sich nun auch selbst fortzubewegen. Welchen Weg es dabei einschlägt, hängt ein wenig davon ab, wie intensiv es seine Beine wahrnimmt. Kleine Kinder mit Down-Syndrom z.B. finden anscheinend ihre Beinchen gar nicht so wichtig. Sie sind gänzlich zufrieden mit dem Erwerb des Sitzens. Da der Drang, in die Ferne zu gelangen, aber zunimmt, entwickeln sie wie viele andere Säuglinge auch eine erstaunliche Technik, auf dem Gesäß durch die Gegend zu rutschen.

Eine erste Fortbewegung erreicht das liegende Kind häufig durch das Rollen oder Sich-Vorwärtsziehen mit den Armen. Dann beginnt es mit einem Robben

(Bauchkriechen), das seitengleich ist. Je mehr der Wille die Beine ergreift, desto mehr wird das Bäuchlein vom Boden abgehoben. Liegen keine Störungen vor, wird das Kind bald den Vierfüßlerstand (Knie-Händestütz) oder Bärengang (gestreckte Knie) ausprobieren. Dieser Übergang ist für das Kind sehr wichtig, denn die dabei einsetzende alternierende, kreuzweise Bewegung der Extremitäten wirkt fördernd auf die Gehirnentwicklung. Darum wird man immer bemüht sein, das zu früh stehende Kind die überschlagene Stufe des Krabbelns nachholen zu lassen oder, wenn es schon älter ist, intensiv das Klettern mit ihm zu üben. Das auf dem Gesäß rutschende Kind wird man vornüber auf eine Teppichrolle legen, seine Beine stimulieren und vielleicht einmal ein Rollbrettchen besorgen. Der Krankengymnast wird einen großen Ball nehmen und sehen, ob die Abstützreaktionen erst noch stimuliert werden müssen.

In der Intention, sich den dreidimensionalen Raum zu erobern, zeigen sich die individuellen Züge eines jeden Kindes immer deutlicher, in seinen Bewegungen und auch in der Art, wie es seine Erfahrungen macht und kombiniert, wie es sie speichert und wiederholt. Aus den Erfahrungen des Greifens und Loslassens, des Hochhebens und Fallenlassens entwickelt sich langsam das Be-greifen. Das Gedächtnis erhält die ersten Spuren, und kausale Zusammenhänge werden begriffen, etwa das Verschwinden und Wiederauftauchen eines Gegenstands. Es heißt nicht mehr »Aus dem Auge aus dem Sinn«, vielmehr können Kinder in dieser Entwicklungsphase sehr beharrlich nach versteckten Dingen suchen und lieben auch die »Guck-guck-Spiele«.

Dieses anfängliche »Kapieren« durch »Be-greifen« ist noch kein abstraktes Denken, sondern ein »Denken aus dem Bauch heraus«. Ist doch der Lebenssinn noch sehr an die ätherischen Gestaltungsprozesse gebunden, dementsprechend natürlich auch der Denksinn. Alle inneren Sinne sind an den Erfahrungen des Kindes beteiligt. Der Wille des Kindes wirkt noch ganz im Stoffwechsel-Gliedmaßen-Bereich. Die Eigenempfindung des Organismus dominiert. Die Sinne haben sich noch nicht in einzelne Bezirke differenziert. Das Kind hört und sieht gleichzeitig, es ahmt nach, es plappert einzelne Wörter nach und findet einen instinktmäßigen Bezug zu ihnen. So entstehen wohl kleine Dialoge, aber noch kein sprachlicher Meinungsaustausch. Der Wille muß im fortschreitenden Inkarnationsprozeß erst noch das rhythmische Atmungssystem ergreifen, die Stimmbänder und die Mundkinetik beherrschen lernen und schließlich auch ins Nerven-Sinnes-System einwirken, um Denkstrukturen verfolgen und selbst bilden zu können.

Zunächst sollte aber bedacht werden, daß dem fortschreitenden Gewahrwerden der unteren Extremitäten auch ein Bemerken der Kiefer als zum Gliedmaßensystem gehörender Komponenten einhergeht (siehe Seite 240). Die Kiefer beginnen, schon bevor die Zähnchen erscheinen, zu mahlen, Kaubewegungen setzen ein. Der Geschmackssinn konzentriert sich immer ausschließlicher auf das Mundareal, und die Umstellung der Ernährung wird notwendig.

Diese neuen Situationen des Alltags müssen von den Heilpädagogen in Zusammenarbeit mit den Müttern gelöst werden, bevor der Drang des Kindes nach aufrechtem Gang und sprachlichem Dialog unterstützt werden kann.

Nahrungsverarbeitung und Mundkinetik

Im gleichen Maß, wie das Kind allmählich die dingliche Welt entdeckt, benötigt der Stoffwechsel zunehmend Nahrungsstoffe aus dieser Welt. Leber und Nieren sind nunmehr voll funktionsfähig und in der Lage, leblose feste Nahrung zu individualisieren und umzuwandeln. Die Muttermilch reicht weder mengenmäßig für die Gewichtszunahme aus, noch enthält sie alle dafür erforderlichen Substanzen. Es muß zugefüttert werden, und zwar, wenn möglich, mit einem Löffelchen (Hornlöffel sind zu empfehlen). Das Kind sollte dabei – ausreichend abgestützt – eine seiner Konstitution angemessene aufrechte Haltung einnehmen.

Hat das Kind damit begonnen, selbständig Dinge an den Mund zu führen, sie zu betasten und schmeckend zu beknabbern, wird es in der Regel auch in aufrechter Lage fähig sein, einen Brei mit Lippenschluß vom Löffel zu streifen. Sowie es beginnt, sich mit den Füßen von der Unterlage abzustoßen, beginnt es auch, mit dem Unterkiefer zu drücken. Es kann Kekse mit den Kiefern abbeißen und mit der Zunge zerdrücken, aber ohne Zähne noch nicht zerkauen. Darum kommen in dieser Zeit nur Mus- und Breikost in Frage. Es sollte nur in Ausnahmefällen eine Flasche mit größerem Saugloch Verwendung finden, die Weiterentwicklung der Mundkinetik könnte sich sonst verzögern.

Von dieser regulären Entwicklung weicht diejenige des wahrnehmungsgestörten oder spastischen Kindes stark ab. Es hat u.U. erhebliche Probleme mit der Mundkinetik. Es kann den Brei weder vom Löffel abstreifen noch schlucken, weil der Zungenrücken den Brei wieder herausbefördert; oder es kann beim Anblick des Löffels den Mund nicht einmal willentlich öffnen. Bei manchen spastischen Lähmungen löst die Intention erst recht eine Verkrampfung aus. Man muß dann versuchen, über Sauger, Schnabeltasse oder -becher eine Entspannung zu erreichen,[97] aber oft wird eine spezielle »Eßtherapie« erforderlich. Es handelt sich dabei vorwiegend um einen bestimmten, fachmännisch versierten Handgriff zwischen Nase und Unterkiefer des Kindes, der auch von der Mutter erlernt und liebevoll durchgeführt werden kann. Er darf vom Kind nicht als Zwangsmaßnahme empfunden werden. (Zur Stimulation der Lippen werden diese zuweilen mit Eisstückchen bestrichen.)

Wie wichtig ein verantwortungsbewußtes Vorgehen bei der Umstellung der Säuglingsnahrung für das Gedeihen des Kindes ist, sei nochmals hervorgehoben. Neben den Substanzen, der Konsistenz und dem Geschmack spielt die *Zubereitungsweise* eine bedeutende Rolle (vgl. Geschmackssinn, Seite 132). Unsere Zeit hat es mit sich gebracht, daß die Mutter in jedem Lebensmittelgeschäft fertig zubereitete Babynahrung in Gläsern kaufen kann. Manche Mütter glauben, dadurch qualitativ besseres, weniger kunstgedüngtes Gemüse zu erhalten. Gibt es kein unbehandeltes Obst und Gemüse, mag das stimmen. Es fragt sich nur, ob diese Vorteile nicht von zugesetzten Substanzen wie z.B. Salz (das wegen besserer Haltbarkeit beigemengt wird) aufgehoben werden. Dazu kommt noch die Qualitätsminderung durch das maschinelle Zerkleinern (die Rotation einer Zentrifuge verändert die Vitalkräfte einer Substanz) und die langen Lagerzeiten. In jedem Fall günstiger für den Säugling ist ganz gewiß der für ihn von seiner Mutter mit liebevollen Gedanken sorgfältig zubereitete Brei. Das Kind ist an den süßlichen Geschmack der Muttermilch gewöhnt und auch schon an den Möhrensaft. Die Mutter wird für die Breikost daher zunächst zarte Möhren wählen, sie in wenig Wasser gut durchgaren lassen, durch ein feines Sieb streichen und dem Kind den noch warmen Brei vom Babyteller anbieten. Dabei sollte sie mit dem Kind plaudern und auch ein wenig darauf achten, ob sie das Kind von links oder rechts füttert.[98]

Noch greift das Baby seine Flasche oder Tasse mit beiden Händchen. Einen gefüllten Löffel kann es noch nicht zum Mund führen. Falls keine erhebliche Behinderung vorliegt, wird es das jedoch lernen. Die Mutter muß das jetzt beim Füttern bedenken, und zwar ganz besonders dann, wenn sie Linkshänderin ist. Gewöhnt sich das Baby daran, den Kopf zur Nahrungsaufnahme nach links zu richten, wird es in Zukunft auch den Löffel in die linke Hand nehmen; das erschwert dem Kind später die Entwicklung einer endgültigen Seitendominanz. Sitzt das Kind der Mutter gegenüber, sollte eine rechtshändige Mutter ein wenig nach links rücken oder mit der linken Hand füttern.

Sowie die ersten Zähnchen kommen, möchte das Kind das Kauen erproben – auch wenn die Backenzähne noch nicht zu erkennen sind. Dafür eignen sich Kekse, Zwieback, Brotrinden und Brötchenkrusten. Das Innere des Brötchens wird mit dem Speichel des Kindes kloßartig und bleibt leicht im Hals stecken. Kinder mit gehemmter Mundmotorik haben oft eine panische Angst vor kloßartigen Speisen. Sie sollten darum Kleinstkindern nicht angeboten werden. Zu dicker Brei oder zu weiches Brot werden häufig verweigert. Dagegen kauen viele Kleinkinder mit Begeisterung Knäckebrot; sie fühlen genau, wo es sich im Mund befindet. Bei besonders mundempfindlichen Kindern empfiehlt sich eine mürbe Sorte oder mittelfeines Roggenknäckebrot. Auf Fleisch kann verzichtet werden, aber als Übergang zu einer nicht vegetarischen Erwachsenenkost sollte man zunächst »helles Fleisch« (Rudolf Steiner), also Geflügel und Kalb, anbieten; ich würde auch Fisch dazurechnen.

Die Entwicklung der Kaubewegung muß äußerst sorgfältig beobachtet werden. Von der Differenziertheit der Mundmuskulatur hängt nämlich nicht nur die gute Einspeichelung und Zerspaltung als Vorarbeit für die Verdauung ab, sondern auch das Vermögen, gut artikuliert zu sprechen. Dieses Faktum wird allzu oft vergessen. Es muß den Kindern genügend Zeit gelassen werden, die Speisen im Mund ordentlich zu drehen und zu wenden, zu zerdrücken, zu zerkauen und – zu schmecken. Das Hineinstopfen über den Zungenrücken hinweg ist nur in der Übergangsphase von der Flasche zum Löffel angebracht und darf nicht aus Bequemlichkeit oder Zeitersparnis beibehalten werden. Sobald das Kind Intentionen zeigt, die Speisen selbst zum Mund führen zu wollen, muß das unterstützt werden. Wie es die Speisen in den Mund nimmt, so wird es bald auch die »Worte in den Mund nehmen«, vorausgesetzt, man unterhält sich mit ihm. Nur aus dem Dialog erwacht der Sprachsinn.

Der Erwerb des aufrechten Gangs

Das Ziel der fortschreitenden Willensentfaltung im Stoffwechsel-Gliedmaßen-System des Kindes ist der aufrechte Gang. Bei ungehemmter Entwicklung besteht zeitlich ein individueller Spielraum, innerhalb dessen dieses Ziel erreicht wird; er liegt im Alter zwischen 15 bis 20 Monaten. Bei verzögerter Entwicklung kann es bis zum 4. Lebensjahr und bei schweren neurogenen Schäden mehrere Jahre dauern, bis das Kind ungestützt gehen und schließlich auch laufen kann. Bei irreversiblen Schäden des ZNS bleibt ein Kind zuweilen an den

Rollstuhl gebunden. Für dieses Handikap muß nach seelisch-geistigem Ausgleich gesucht werden.

Dieser definitiv freie senkrechte Stand auf den winzigen Flächen der Fußsohlen und der wechselnde Schritt ist eine Höchstleistung des Gleichgewichtssinns, wie sie keinem anderen Lebewesen möglich ist. Er verändert nicht nur die Druckverhältnisse im ganzen Flüssigkeitsmenschen. Das emporgehobene Zwerchfell, die ausgestreckten, das Gleichgewicht unterstützenden Arme, die Spannung zwischen »Schwere und Leichte«, der Widerstand gegen die Erdanziehung: alles das steht für ein Eintreten des Kindes in eine neue Dimension. Zugleich wirken diese Faktoren auf sämtliche leibliche Organe und auf die Seele, insbesondere über den Sehsinn, an dem sowohl Gleichgewichtssinn als auch Bewegungssinn stark beteiligt sind. Das räumliche Sehen erweitert sich, das Kind unterscheidet Formen und Positionen im Raum viel deutlicher. Es erlebt auch den eigenen »Freiraum« ganz anders. Der neugierige Fortbewegungsdrang des Kriechens wird ergänzt von der überwältigenden Freude des *»Entgegengehen-Könnens«*. Die ersten freien Schritte wagt das Kind auf eine geliebte Person zu, um von ihren Armen empfangen und hochgehoben zu werden. Die meisten Kinder jauchzen dabei vor Freude.

Bis es soweit ist, müssen aber die unbewußten Intentionen des Kindes, seine Willensentfaltung und die Aufrichtekraft bis in die Unterschenkel und Füße dringen. Als kleines Baby spielt das Kind nur mit den Zehchen, strampelt mit den Beinen, planscht mit ihnen im Wasser und schiebt sie über den Boden – von der Standfähigkeit weiß es noch nichts. Kurz nach der Geburt war das anders. Da gab es, wie im Tierreich auch, einen unmittelbaren Reflex, der die Extremitäten gegen den Boden abstützen ließ und bereits Gehbewegungen veranlaßte. Ein neugeborenes Säugetier steht wenige Minuten nach der Geburt auf und stakst unbeholfen, aber selbständig auf das Euter des Muttertiers zu. Beim menschlichen Säugling verliert sich dieser Reflex, er muß, wie so viele andere auch, durch den Inkarnationswillen ersetzt werden.

Beobachtet man vorurteilsfrei die Entwicklung des aufrechten Gangs beim Menschen, kann man die eminente seelisch-geistige Bedeutung dieses Vorgangs erahnen. An seinem endgültigen Gang kann man einen Menschen erkennen. Er wird von den mitgebrachten Voraussetzungen der Individualität geprägt; und nach deren seelisch-geistigen Intentionen und Motiven werden die Schritte im Leben gelenkt. Aus diesen ergibt sich die Biographie eines Lebens, die über das Lebensende hinaus ihre Konsequenzen haben wird.

Das Baby muß sich seiner unteren Extremitäten erst bewußt werden. Dann fängt es an, sie zu benutzen; zunächst für die Vorwärtsbewegung. Dafür genügen die Oberschenkel und der Kniestand, das Herumrutschen und Krabbeln. Die Fußsohle als für den aufrechten Gang ausreichende Standfläche ist noch nicht entdeckt. An diesem Punkt stockt bei vielen Kleinkindern der Inkarnationswille. Dadurch verzögert sich auch die sprachliche Entwicklung, denn diese vollzieht sich im Zusammenhang mit der Wahrnehmung der Belastbarkeit der Füße und dem bereits erwähnten Differenzierungsvermögen der Mundkinetik. Warum stockt das Kind an diesem Punkt? Es hat vielfach den Anschein, als wäre es jetzt von allen Sinnes- und Seelenerlebnissen, die ihm zunehmend bewußt und zur Erfahrung werden, im Gemüt bereits so voll ergriffen, daß es das Gefühl hat, schon ganz auf der Erde angekommen zu sein. Die aufrechte Haltung des Rückgrats hat es erreicht. Der zusätzliche Antrieb zum Stehen bleibt aus. Es richtet sich im Kniestand oder im Fersensitz gemütlich ein. Sind seine Gelenke sehr überdehnbar, sitzt es sogar zwischen den Fersen (siehe Adrian, Seite 36).

Bei Kindern mit Down-Syndrom kann man dieses Lebensgefühl sehr gut beobachten. Auch wenn sie bis zum 3. oder 4. Lebensjahr mit Hilfe den aufrechten Gang erwerben – sie leben ganz aus ihrem Gemüt und setzen sich schnell wieder in ihren »Buddhasitz«. Diese Tendenz behalten sie bis zum Erwachsenenalter bei. Bei solchen Entwicklungsverzögerungen müssen zunächst die leiblichen Voraussetzungen der Muskulatur geschaffen werden. Das gehört – nach heutigen Ausbildungskriterien – in das Aufgabengebiet von Krankengymnasten. Aber ohne intakten Gleichgewichtssinn und taktile Wahrnehmung der Beine und Füße bzw. des Eigenbewegungssinns dieser Glieder greifen die Intentionen des Kindes entweder gar nicht oder viel zu heftig in den physischen Leib ein. Es entstehen verkrampfte, unwillkürliche, falsche Bewegungsmuster, wie es etwa bei spastischen Kindern der Fall sein kann. In beiden Fällen müssen die basalen Sinne stimuliert und der Inkarnationswille im heiteren Zusammensein mit anderen Kindern angelockt werden. Diese Entspannung durch Freude hilft bei fachkundiger Anleitung zugleich, die falschen Bewegungsmuster abzubauen.[99] *Diese empirisch gewonnene Erkenntnis weist auch deutlich darauf hin, wie wichtig es für das Kind ist, rechtzeitig – wenn möglich bereits im Übergang von der Sitz- zur Krabbelphase – mit anderen Kindern zusammengeführt zu werden*; d.h. die Hausfrühförderung muß eingestellt und in ein Institut für ambulante Frühförderung verlegt werden; zumindest ist dies erforderlich, wenn keine Geschwister im Kleinkindalter da sind (siehe Seite 350). Das Kind muß seine eigenen Unbeholfenheiten und deren Überwindung auch an anderen Kindern wahrnehmen können. Sein Spielverhalten und sein Kommunikationsvermögen werden von anderen Kindern beeinflußt. Sie animieren sich gegenseitig.

Spiel- und Kommunikationsverhalten

Die ersten Spiele des Säuglings sind kommunikativer Art, entstehen aber nur in der Begegnung mit einer anleitenden Person. Im Lauf der Monate lösen sich Schmuse-, Guck-guck-, Versteck- und Kniereiter-Spiele ab. Bei letztgenanntem Spiel kann man erkennen, wie die Seele des Kindes auf den Sprachrhythmus reagiert und zum Mitsprechen animiert wird. Sie wird »angelockt«. Der Inkarnationswille greift vom Stoffwechsel-Gliedmaßen-System zum rhythmischen System über, Atmung und Stimmbildung werden angeregt. Das Kind beginnt, einzelne Laute und Wörter nachzusprechen. Taube Kinder plappern mit den Händen.

Die stundenlangen Beschäftigungen des Babys mit der Betrachtung der Hände, mit Finger- und Zehenspielen sind genau genommen Erkundungen, Wahrnehmungserlebnisse und leibliche Erfahrungen, ebenso wie das spätere Aufstehen und Immer-wieder-Hinfallen kein Spiel, sondern Körpertraining bedeutet. Gleiches gilt für die Entdeckung der dinglichen Welt. Die Entdeckungslust, die Neugier ist der Auslöser, nicht die Phantasie. Das Kind kann Dinge in die Hand nehmen, befühlen, drehen, wenden, rollen, in die andere Hand geben, aneinanderschlagen, ineinanderstecken, hochheben, fallen lassen: Das alles sind wichtige Lernprozesse.

Echte Spiele entfalten sich erst, wenn die Phantasie des Kindes durch Rhythmus und Singsang angeregt wird (Vokalspiele). Einerseits fühlt es den Drang, sich selbst zu äußern, andererseits wirken die Vorbilder, und die Spielgegenstände (nicht nur Puppen) werden in der Vorstellung zu lebendigen Wesen. Sie erhalten Namen und agieren miteinander. Ein Holzklotz wird vielleicht zum Auto und unter Brummgeräuschen vorwärts geschoben. Je »primitiver« und einfacher die Spielgegenstände sind, desto mehr regen sie die Kreativität des Kindes an. Eltern tun dem Kind nichts Gutes, wenn sie ihm allzu ausgeklügeltes Spielzeug schenken. Die Kreativität der Kinderseele erlahmt.[100] Während dieser Phase des Krabbelns und nachahmenden Spielens bleibt das Kind zunächst ein Solospieler. Folgende Episode möge verdeutlichen, wie lebhaft und kreativ ein Kind mit einfachsten Mitteln zu spielen vermag: Eines Tages konnte ich in einem Kindergarten beobachten, wie ein 3jähriger Junge, der sich in einem unbeobachteten Augenblick etliche Zahnbürsten aus dem Waschraum angeeignet hatte, hinreißend mit diesen Rollenspiele durchführte und dabei auch seine Stimme verstellte. Er war so in sein Spiel versunken, daß er gar nicht bemerkte, wie er beobachtet wurde, und wie fasziniert die anderen Kinder seiner Vorführung folgten.

Dieses Beispiel zeigt gewiß einen Höhepunkt des Allein-spielen-Könnens. Andererseits sollte ein solches Verhalten bei einem 3jährigen vom Erzieher genau beobachtet werden, denn es kann u.U. auch auf eine stereotype Einseitigkeit des Kindes hindeuten, nämlich auf eine Unfähigkeit, sich mit anderen Spielgefährten zu arrangieren und zum kommunikativen Austausch mit ihnen zu kommen. *Wenn sich also ein Kind beim gemeinsamen Spiel immerfort absondert und ausschließlich seiner eigenen Phantasie nachgeht, sollte eine Alarmglocke läuten; denn ein solches Sozialverhalten kann auf Wahrnehmungsstörungen hindeuten.* Dann braucht das Kind heilpädagogisch-therapeutische Hilfe.

Ein kommunikatives Spiel setzt voraus, daß der Reifungsprozeß des Sprach- und Denksinns bereits begonnen hat. Die Individualität dringt im Inkarnationsprozeß mit ihrem Willen in das rhythmische Gefühlssystem ein und eignet sich durch Nachahmung die Muttersprache an. Die Worte gewinnen Bedeutung. Das Denken der umgebenden Menschen wird bewußt aufgefaßt, nicht mehr nur gefühlsmäßig. Wenn die Entwicklung des Kindes diese Stufe des Verstehens erreicht hat, hat sein Inkarnationswille auch das Nerven-Sinnes-System ergriffen. Es kann nunmehr kleine Sätze bilden und Zusammenhänge erfassen. Es fragt nach dem Warum, bildet eigene Gedanken, äußert eigene Wünsche und empfindet sich als »König« in seinem eigenen Reich. Es nennt sich »Ich« und setzt sich oft im Trotz (Trotzalter) von den Erwachsenen ab (vgl. Wärmeprozeß, Seite 87). Aus dem unbewußten Willen entfaltet sich der Eigenwille. Mit dem Erwerb dieser nur dem Menschen zukommenden Fähigkeiten der Handfertigkeit, des aufrechten Gangs, der sprachlichen Kommunikation und des selbständigen Denkens ist das tragende Fundament für das künftige Leben des Kindes gelegt. Wie es damit umgeht, ist noch offen. Es braucht vor allem schützende Nestwärme und nachahmenswerte Vorbilder. Dies um so mehr, je weniger es ihm gelungen ist, seinen physischen Leib so zu ergreifen, daß sich diese Fähigkeiten entfalten konnten. Dem Kind in seinen Bemühungen um eine altersgemäße Entwicklung solchen Fundaments zur Seite zu stehen, ist die Aufgabe der Frühförderung bzw. einer Therapie im Kleinkindalter.

Zwei Wege der Therapie

Im Vorangegangenen habe ich zu verdeutlichen versucht, wie die Entwicklungsschritte des Kindes mit dem ihm innewohnenden (nicht erkennenden) Willen in Verbindung zu bringen sind und wie dieser durch Anregung der Sinne und der Seele unterstützt werden kann. Die Bezugspersonen und der Therapeut dürfen sich nicht nach dem richten, was das Kind können sollte, sondern müssen zu erkennen versuchen, welche Intentionen das Kind hat und in welchem Bereich dieser Wille möglicherweise gehemmt wird, ausweicht oder sich zurückzieht. Dazu gehört das Vertrautsein mit der organischen Entwicklung und den geschilderten Phasen. Je nach der individuellen Situation des Kindes muß dann entschieden werden, in welcher Weise die Therapie erfolgen soll. Es stehen zwei Wege zur Auswahl.

Bei dem einen wird man zunächst den genauen Entwicklungsstand des Kindes ermitteln und für den Bereich, in dem die Schwierigkeiten auftreten, nach neuen Möglichkeiten oder – bei Organschäden – nach Umwegen oder Kompensationen suchen. Diesem Weg zu folgen heißt, im Sinne der Heilpädagogik etwas zu erwirken, was noch nicht vorhanden war. Es ist ein Weg der *Anbahnung*. Dabei handelt es sich im Säuglingsalter neben der Sinnesstimulation vorwiegend um Bewegungstherapie, die besonders wirksam wird, »wenn sie im eurythmischen Sinne« durchgeführt werden kann.[101] Das wirkt sich sogar auf die Kopfform und den ganzen Nerven-Sinnes-Organismus aus.

Der zweite Weg muß gewählt werden, wenn der Inkarnationsprozeß plötzlich durch Schock, Unfall, Krankheit, mißglückte Impfung etc. unterbrochen wurde und die Individualität in eine frühere Phase zurückfällt. Dieser Weg ist ein Weg der *Rekapitulation*; man muß mit dem Kind zusammen den Inkarnationsprozeß Schritt für Schritt nachvollziehen, u.U. vom ersten Trance- oder Schlafzustand des Säuglings an. Bei einem Kind, das längere Zeit im Koma verbracht hat, scheint das ganz verständlich. Verlorenes muß wiedergewonnen werden. Man spricht dann von Rehabilitation.

Es gibt aber auch andere Formen von unregelmäßigen Inkarnationsprozessen, bei denen man den Weg der Rekapitulation wählen kann. In einigen Bereichen scheint das Kind altersentsprechend entwickelt zu sein, vielleicht sogar seinem Alter voraus, während andere Bereiche vom Willen nicht erfaßt worden sind. Es kommt mit seinem physischen Leib überhaupt nicht zurecht und zeigt seltsame Verhaltensweisen. Der astralische Leib und die Ich-Organisation können diesen physischen Leib und Ätherleib nicht voll durchdringen. Was kann man in einem solchen Fall tun? Man muß »das Nervensystem, insoferne es die Grundlage ist für den astralischen Leib und die Ich-Organisation, unterstützen. [...] Wollen Sie auf das Nervensystem wirken, dann müssen Sie von außen herankommen, dann müssen Sie Bäder geben oder Abwaschungen.«[102] Zu den Wirkungen von außen gehört die *Hautstimulation*. Sieht man sich also durch den Zustand des Kindes veranlaßt, mit ihm den Weg der Rekapitulation zu gehen, wird man versuchen, ihm die Erfahrungen des kleinen Säuglings, die ihm u.U. vorenthalten wurden, noch einmal zu vermitteln. Man wird es hydrotherapeutisch und mit rhythmischer Massage behandeln, seine Haut mit unterschiedlichen Materialien, mit Wärme, Kälte, Vibrationen etc. stimulieren und es seine Hände und Füße wieder entdecken lassen. Dann wird man einen Schritt weiter gehen, man wird es schaukeln, wenn möglich, ihm beibringen, selbst zu schaukeln (siehe Seite 379), und es das Krabbeln und Aufrichten neu erleben lassen. Kurz gesagt, man wird den astralischen Leib und die Ich-Organisation unterstützen, indem man das Kind seinen bisherigen Entwicklungsweg – ohne Auslassen von Zwischenstufen – wiederholen läßt.

Beide Wege gehören dem medizinisch-therapeutischen Bereich an und werden häufig von Vertretern verschiedener Berufsgruppen bei einem und demselben Kind verfolgt, entweder parallel oder epochenartig nacheinander (z.B. durch Gymnastik nach Bobath oder Voita oder Sensorische Integration nach A.J. Ayres). Die Pädagogik steht bei diesen Verfahren nicht im Vordergrund, weswegen man auch von interdisziplinären therapeutischen Ansätzen in der Frühförderung spricht (unter dem Oberbegriff Kindertherapie, zu der auch die Verhaltenstherapie gerechnet wird).[103] Dennoch bleibt die Frage nach der Motivation eine psychologisch-pädagogische. Sowohl das Kind als auch die Mutter müssen motiviert werden: Das Kind zum Mittun, die Mutter zur Einsicht in das Sinnvolle ihres Tuns. Es sollte ein »pädagogisches« und kein »medizinisches« Klima bei der Durchführung einer Behandlung herrschen.

Eine recht verstandene Heilpädagogik müßte in Zukunft – unter Berücksichtigung der Zwölf-Sinnes-Lehre und der Sinnesentwicklung des Säuglings – bei entsprechender fachlicher Basisbildung der Therapeuten in der Lage sein, die beiden genannten Wege zum Konzept einer ganzheitlichen Behandlung des Kleinkindes zu vereinen. Denn die Hauptaufgabe des Heilpädagogen liegt darin, bei dem Kind eine »*gemüthafte Aufmerksamkeit*« für die Dinge der Außenwelt zu entwickeln. »Es handelt sich darum, daß intellektuelle Aufmerksamkeit nicht therapeutisch wirken kann, sondern daß man das Gefühl, den Willen engagieren muß bei der Aufmerksamkeit gegenüber der Außenwelt.«[104]

Die ganzheitliche Frühförderung gewinnt zunehmend bei neuen Methoden an Bedeutung und wird besonders hervorgehoben. Meistens jedoch bleibt unklar, was man unter ihr zu verstehen hat. Ich möchte an dieser Stelle den Leiter des Frühförderzentrums in München, Otto Speck, zitieren: »Der Begriff ›ganzheitlich‹ bedarf einer Klärung [...], wir meinen einen kontextbezogenen Orientierungsbegriff, der sich am ehesten als Gegenbegriff zur vereinzelnden Spezialisierung verstehen läßt. Das System der Interventionsmethoden und der entsprechenden Anwender – sprich Berufsgruppen und ›Schulen‹ – hat sich derart ausdifferenziert, daß die Wirkzusammenhänge und damit der Sinn des Ganzen für die Situation des Kindes auseinander zu fallen drohen. [...] So effizient diese Einzelverfahren im Einzelfall eingeschätzt werden können, werden sie offenbar erst dann voll wirksam, wenn sie in den Lebenskontext eines Kindes hineinpassen, wenn sie ökologisch – d.h. biologisch, psychologisch und sozial – stimmig sind. [...] Es genügt demnach nicht die bloße Anwendung standardisierter Verfahren, sondern nötig ist ein Eingehen auf das Kind in seinem Lebenskontext, d.h. ein Berücksichtigen seiner eigenen Entwicklungsansätze im Kontext seines Lebensbereiches. Im Grund bedeutet dies immer auch ein Lernen vom Kinde.«[105]

Diese biologische, psychologische und soziale Stimmigkeit streben Heilpädagogen auf anthroposophischer Basis an. Sie beziehen in diesen Kontext außerdem noch die Kenntnis von den Wesensgliedern des Menschen mit ein und die Möglichkeit, auf sie heilend und harmonisierend einzuwirken (vgl. Seite 75). Das heißt: schon aus der genannten Menschenkunde ergibt sich biologisch-psychologisch eine ganzheitliche Betrachtungs- und Behandlungsweise. Das gilt ebenfalls für das Einbeziehen der soziologischen Komponente (vgl. Familienklima, Seite 278).

Der physische Leib des Säuglings ist dem mütterlichen Uterus entschlüpft, bleibt aber noch bis zum Gestaltwandel und Zahnwechsel von einer »ätherischen Hülle« abhängig. Gefühlsmäßig spricht man allgemein von der Nestwärme, die ein Säugling benötigt. Genau wie der noch unvollkommene physische Leib des Säuglings muß der ätherische Leib erst seine Gestalt ausformen. Dabei ist das Kind auf eine gemütvolle, harmonische, umhüllende Umgebung und liebevolle Zuneigung der Bezugspersonen angewiesen.

Natürlich benötigt eine Mutter den fachlich geschulten Helfer, sie darf sich aber nicht ausklinken. Hier liegt eines der größten Probleme der Frühförderung, wie es auch in dem zitierten Brief einer Mutter (siehe Seite 276) zum Ausdruck kommt. Dieses Problem tritt besonders deutlich auf, wenn es darum geht, den ersten der genannten Therapiewege einzuschlagen: also dann, wenn die Bewegungsentwicklung nicht so recht voranschreitet. Es werden Übungen erforderlich. Diese führen am ehesten zum Erfolg, wenn sie nicht übermäßig lange, dafür aber häufig durchgeführt werden. Darin liegt freilich auch eine Gefahr, die jede Bemühung zunichte machen kann. Denn wenn eine ohnehin gestreßte Mutter noch zusätzlich ein Trainingsprogramm durchführen muß, bedeutet das häufig eine übermäßige Belastung und führt unweigerlich zu einer Entfremdung zwischen ihr und dem Baby. Lehnt sie hingegen eine Kooperation ab und überläßt alles den Fachleuten, entzieht sie dem Kind die Nestwärme, die ein kleiner Sonderling besonders nötig hat. Eine Heilung schreitet ganz anders voran, wenn sich die Mutter mit umhüllender seelischer Wärme an Therapie und Pflege beteiligt. Das ist ein auch in Kinderkliniken wohlbekanntes Phänomen.

Von fachlicher Seite kann man ihr die Schwierigkeiten, mit denen das Baby zu kämpfen hat, erläutern und zeigen, wo es im Inkarnationsprozeß (nach Otto Speck: »im Entwicklungsansatz«) ins Stocken geraten ist und Hilfe braucht. Gemeinsam kann man dann erörtern, wie ihm im Alltag Gelegenheit geschaffen werden kann, seine Fertigkeiten zu üben, damit das, was durch Anbahnung erworben wird, nicht verlorengeht, sondern gefestigt wird. Es sollte eine Möglichkeit der Interaktion angestrebt werden, die nicht als Belastung empfunden wird, sondern sowohl der Mutter wie auch ihrem Kind Freude macht. *Grundsätzlich gilt aber, daß die Mutter nicht vorgreifen und Dinge bzw. Bewegungen vom Kind verlangen darf, die noch nicht angebahnt sind.* Das würde die Entwicklung nicht voranbringen, sondern für beide nur Frust bedeuten.

Im folgenden Abschnitt wird beschrieben, wie die sich entwickelnden Bewegungsfunktionen im alltäglichen Leben behutsam unterstützt werden können. Ich denke dabei an Babys mit stockendem Inkarnationsprozeß oder schwächlicher Konstitution, d.h. an retardierte Kinder. Bei Kindern mit spastischen Lähmungen und gestörten Reflexen ist, neben der fachlichen Therapie, zu Hause ein besonderes »Handling« erforderlich, aber die angestrebten Entwicklungsschritte sind die gleichen.[106]

Die unentbehrliche Mutter (Lernprozesse im Alltagsleben)

Wie ausgeführt, ist das mütterliche Element für das Gedeihen des Neugeborenen so unentbehrlich wie für das Ungeborene der Uterus. Dieser wird im Notfall durch einen Inkubator ersetzt. Genauso muß, wenn die eigene Mutter nicht da oder nicht in der Lage ist, ihre Rolle wahrzunehmen, eine andere Person diese übernehmen. Manchmal tut das ganz von selbst ein Vater. In diesem Sinne bitte ich den folgenden Abschnitt zu verstehen, wenn ich mich jetzt den Aufgaben der Mutter zuwende.

Ist die Mutter hoch motiviert und eine intakte Familie vorhanden, ist die Ausgangssituation für den kleinen Sonderling und auch für die mit der Förderung betraute Heilpädagogin optimal. Befindet sich die Mutter aber noch in einem Zustand der Enttäuschung oder Verzweiflung über eine Behinderung des Kindes, hat sie keinen Raum für andere Empfindungen. Ganz besonders trifft das für alleinstehende Mütter zu. Man hat dann abzuwarten, bis sich beim Säugling Reaktionen auf Stimulationen oder Lockungen zeigen, die im Grunde auch von der Mutter ausgelöst werden könnten. Kann die Mutter solche Erfolge für sich verbuchen, ist manchmal das Eis schon gebrochen, und ihr Interesse an der Beteiligung wächst. Die Heilpädagogin muß ihr möglichst konkret beschreiben, wie eine funktionsgerechte Bewegungsentwicklung für das Kind zugleich einen Lernprozeß bedeutet, der simultan eine Rückwirkung auf die Entfaltung des Gehirns ausübt.

Bei den Übungen, die in den häuslichen Alltag eingebunden werden können, handelt es sich sowohl um Anregung solcher Lernprozesse als auch um das Anbahnen der Selbständigkeit bei alltäglichen Verrichtungen.

Vom Bewegungsdrang zur Bewegungsgestaltung

Greifen lernen

Die voll entwickelte, feinmotorisch differenzierte menschliche Hand ist ein wahres Wunder. Es lohnt sich, darüber zu meditieren, was Hände alles tun, ausdrücken und bewirken können. Geht man von dieser Universalität der Hände aus, wird man feststellen, daß jeder von uns nur einen Bruchteil dieser latenten Fähigkeiten nutzt und in vielen Fällen äußerst ungeschickt oder in der Feinmotorik sogar erheblich behindert ist. Oft liegt dem eine Vernachlässigung der manuellen Entwicklung des kleinen Kindes zugrunde. Eltern schimpfen zwar über Ungeschicklichkeiten ihres Kindes, gehen aber zu selten den Ursachen nach – oder führen alles selbst aus, was das Kind nicht fertigbringt. Daß jede Handlung genauso ein Lernprozeß ist wie später das Lösen von Schulaufgaben, wird – da sie bei vielen Kindern ganz selbstverständlich abzulaufen scheint – nicht gesehen. Viele von ihnen benötigen jedoch eine Nachhilfe, die ihnen nur selten zuteil wird.

Die erste scheinbar gezielte Handlung des Neugeborenen gelingt ihm mitunter schon in seiner ersten Trance-Phase, sie wird vom Saugverlangen ausgelöst, und die Hand bzw. die Fingerchen finden den Weg zum Mund; ganz unabhängig von der Lage des Kindes. Dieser Vorgang wird nicht bewußt wahrgenommen, löst *kein* Aufmerken aus und kann deswegen nicht als Mund-Hand-Koordination bezeichnet werden. Dieses Faktum ist bedeutsam. Denn wenn Eltern dem Säugling anstelle der Fingerchen einen Schnuller anbieten, hemmen sie seine Entwicklung in zweifacher Weise. (Daß ein Schnuller Deformationen der Kiefer verhindert, hat sich als nicht stichhaltig erwiesen.) Die Willensentwicklung soll ja dahin erfolgen, daß seine Hände durch den Wunsch, etwas zu greifen und zu ertasten, intentionale Impulse erhalten, die den instinkthaften Drang des Lutschens zurückdrängen. Es ist ein Lernprozeß des Entweder-Oder, der dem Kind durch die Eltern vorenthalten wird. Der Nuckeldrang wird nicht recht abgebaut. Das Kind wird womöglich ein Dauernuckler bis ins Schulalter hinein. Es schreit, wenn es den Schnuller verliert, oder wenn man ihn wegnimmt. Einen zweiten, noch schlimmeren Schaden verursachen die Eltern dadurch, daß sie, indem sie dem Kind einen Schnuller in den Mund stecken, sein Brabbeln unterbinden und seine Lallmonologe verhindern. Die Sprachentwicklung wird gehemmt.

Auch wenn das Neugeborene seine Fingerchen nicht sogleich findet, sollte man nicht zur Beruhigung nach dem Schnuller greifen, sondern behutsam ein wenig am Ellbogen nachhelfen. Hat es sich bereits an den Schnuller gewöhnt, muß man beim Entziehen ähnlich vorgehen, aber erst dann, wenn mit Spielchen begonnen werden kann. *Eine eiserne Regel: Dem Kind nie den Schnuller im Mund belassen, wenn man sich mit ihm beschäftigt oder wenn es selber spielt.*

Mögliche Stimulationen sämtlicher Sinne durch Bürsten, Baden, Ölen, Massieren, Wickeln, Schmusen und Tätscheln wurden erwähnt. Hat das Baby aber die Phase erreicht, in dem die Hände sich öffnen und die Augen herumblicken, ohne daß sich Intentionen zeigen, die Hände auch zusammenzuführen, muß es animiert und gelockt werden. Wenn die Mutter ihr Gesicht über das Baby neigt, seine Ärmchen anfaßt, die Händchen anpustet und sie an ihre Wangen patschen läßt, fängt das Baby vielleicht von selbst an, ihr Gesicht zu betasten. Spürt sie eine Eigenintention des Kindes, muß sie sofort seine Ärmchen loslassen, damit seine Hände auf eigene Faust ihre Erfahrungen machen können. Zur Verdoppelung seiner Berührungsempfindung – indem sich die Hände gegenseitig berühren – kann man ihm durch Klatschübungen wie z.B. »Backe-Backe-Kuchen« verhelfen. Sobald das Kind seine Hände wahrnimmt wird es auch anfangen, mit ihnen zu spielen.

Manche Babys bleiben auch nach dem ersten Vierteljahr zufrieden auf dem Rücken und mit angewinkelten Ärmchen liegen, ohne die geringste Intention, mit den Händen etwas anzufangen. Legt man einen leichten Schleier über das Gesicht eines solchen kleinen Sonderlings, wird er durch Kopfdrehungen versuchen, sich von ihm zu befreien. Umfaßt man nun seine Hände und läßt ihn fühlen, wie er das Tuch durch Anfassen vom Gesicht herunterziehen kann, bahnt man eine erste Selbsthilfe an – und die Hände merken sich etwas. Solche kleinen Übungen bedeuten keine Belastung für eine Mutter. Sie können immer wieder beim Herausheben des Kindes aus dem Bettchen oder beim Hinlegen gespielt werden. Der Schleier wird gegen ein festeres Tuch, ein Deckchen und schließlich gegen ein kleines Kissen ausgetauscht. Die Hände werden kräftiger und sollten auch unterschiedliche Schweregrade empfinden und ihren eigenen Kraftaufwand dosieren lernen.

Dann folgt die eigentliche Phase der Klatsch- und Fingerspielchen, von den einfachsten bis zu den komplizierteren mit Fingerkrabbeln und dgl., die von der Mutter vorgemacht werden. Beginnt das Baby zu greifen, ist auch die Zeit gekommen, in der man ihm die unterschiedlichsten Dinge in die Hände geben kann – nicht nur ausgedachtes Spielzeug. Bereits auf dem Wickeltisch gibt es Dosen und Flaschen, Seifen, Schwämme, Bürsten etc. Was unschädlich und sauber genug ist, um es auch in den Mund zu stecken, kann ins Bettchen mitgenommen werden. Eine erfinderische Mutter wird immer neue Anregungen geben können.[107]

Zunächst greift ein Kind mit der ganzen Faust und beiden Händen. (Hält der Greifreflex beim Baby noch lange an, darf man nicht durch Aufbiegen der Finger die Hand gewaltsam öffnen wollen. Durch Verstärken der Beugung im Handgelenk – Hand herunterdrücken – öffnen sie sich von selbst.) Das Greifvermögen muß aber nicht nur zum Zweck des Greifens immer differenzierter werden, sondern auch, um auf die Ausbildung der Hirnrindenwindungen zurückwirken zu können. An diesem Punkt zeigen sich bei vielen Babys Schwierigkeiten, besonders bei Kindern mit Vierfingerfurche.[108] Meistens werden bei retardierter Entwicklung bestimmte Übungsprogramme für die »Greifentwicklung« erstellt und der Mutter in bester Absicht die »Defizite« des Kindes vorgeführt. So wird unter Umständen von ihr verlangt, mit dem Kind an Steckbrettern zu üben, mit ihm verschieden dicke Holzperlen an Schnürsenkeln aufzuziehen und vieles mehr. Da beginnen dann Frust und Unlust. Das muß aber nicht so sein. Jede Vorstellung von »Defizit« müßte verbannt werden! Ein Kind hat seinen Weg zu gehen, und wenn dieser schwierig ist, benötigt es Hilfeleistung und Ermunterung. Vertrauen und Liebe stärken seine Intentionen.

Wie aber kann eine Mutter dem Kind in anderer Weise behilflich sein, vom Faustgriff zu differenzierteren Griffen voranzuschreiten? Dazu muß sie die Greifentwicklung kennen, d.h. genau genommen handelt es sich nicht nur um Griffe, sondern um ein *Gebrauchen-Können* der Hände. Die Finger müssen nicht nur das Strecken, Anfassen und Beugen üben, sondern genauso das *Loslassen*, und zwar in jeder Position. Der erste Griff erfolgt palmar, d.h. mit der ganzen Faust, ohne opponierenden Daumen. Das Gegenüberstellen des Daumens ist die nächste Stufe, der sogenannte »Scherengriff«, bei dem nur die vier gestreckten Finger mit dem gestreckten Daumen zusammen etwas ergreifen. Es folgt der »Pinzettengriff« mit gestrecktem Daumen und einem Finger (meistens Zeigefinger) und schließlich der »Kneifzangengriff« mit gleichzeitigem Krümmen des opponierenden Daumens und des Zeigefingers. Außer dem Greifen und Loslassen müssen die Finger das gezielte Hineinstecken und Herausziehen lernen. Die Hände müssen heben, drücken, wenden, und sowohl die Hand- als auch die Daumengelenke rotieren können. Schließlich muß ein Kind auch das Koordinieren unterschiedlicher Griffe der beiden Hände erlernen.

Ist das Kind in seiner Entwicklung so weit fortgeschritten, daß es gut in einem Hochsitz oder in einem aufgehängten Hopser sitzen kann (das ist mit der Krankengymnastin abzusprechen, es gibt Gegenindikationen), muß es sich nicht mehr in einem Bettchen oder auf dem Boden aufhalten. Die Mutter kann es dort hinsetzen, wo sie tätig ist. Keine therapeutische Praxis kann besser für Hand- und Fingerübungen ausgestattet sein und so viele Sinnesreize anbieten wie die häusliche Küche. Was gibt es da nicht alles an herrlichen Dingen! Man kann mit einem Kochlöffel auf Töpfe hauen, Deckel zusammenschlagen oder an seltsamen Gegenständen wie Sieben und Reiben herumtasten. Ein Baby kann einen Finger in tausend verschiedene Löcher oder in Förmchen stecken, es kann unendlich lange mit dem Schwengel einer Handmühle (Kaffeemühle) herumhantieren etc.

Mit Teig umzugehen ist wunderbar, und wenn gebacken, gerührt, geschleckt und geschnuppert werden kann, erst recht. Zum Üben ist das aber nicht unbedingt erforderlich. Man kann für Trainingszwecke einen nicht gut schmeckenden Teig bereithalten. Mit Salz anstelle von Zucker zubereitet, schmeckt er dem Kind nicht und hält sich länger. Er darf dem Kind aber nicht kalt in die Hände gegeben werden. Das Kind lernt dabei, daß man nicht wahllos alles in den Mund stecken darf. Man sollte es aber auch zum Helfen animieren und zwei größere Schalen hinstellen, von denen die eine unterschiedliche, seinem Greifvermögen angepaßte Beeren oder Gemüse enthält (blaue und grüne Trauben, Stachelbeeren, kleine Tomaten, Champignons, kleine Zwiebeln, Nüsse etc.), unter denen es eine bestimmte Sorte aussuchen und in die andere Schale legen darf. Allmählich geht man dann zu kleineren Dingen über (Blaubeeren, Johannisbeeren, Bohnen, Erbsen, Linsen und dgl.). Man kann kleine Haufen von beispielsweise Mais oder Wacholderbeeren auf den Tisch schütten und sie vom Kind in unterschiedliche Behälter oder auch Flaschen stecken lassen. Die Mutter macht es ab und zu ein wenig vor – ein kleiner rhythmischer Vers oder Sing-Sang hilft dabei –, aber sonst kann sie in dieser Zeit die Essenszubereitung erledigen. Es ist gemütlich in einer Küche. Es dampft und duftet. Hat das Kind den Zangengriff erlernt, kann es durch Herauspicken von Rosinen aus einem Backwerk die Geschicklichkeit steigern. Es gibt aber auch andere Plätze, an denen es »helfen« kann. Am Wohnzimmertisch kann es mit unterschiedlichen Knöpfen spielen, bestimmte heraussuchen oder sogar (zum Aufbewahren) auf eine Schnur ziehen und diese zusammenbinden. Das Kind kann unter mehreren den passenden Deckel für ein Dose heraussuchen oder einen bestimmten Schraubverschluß für ein kleines Fläschchen. Es ist dabei voll beschäftigt, übt zugleich die Griffe, die von der Therapeutin angebahnt worden sind, und muß nicht unentwegt große Holzperlen aufziehen, die immer wieder auseinandergenommen werden, um wieder aufgezogen zu werden. Das schließt nicht aus, daß es auch einmal eine Kette zum Verschenken herstellen darf, z.B. aus Dörrobst oder anderen Naturmaterialien. Eine Empfindung der Befriedigung über das Helfen-Können oder darüber, jemandem ein Geschenk zu machen, spornt die Handfertigkeit des Kindes an (vgl. Augen-Hand-Koordination, Seite 249).

Solche kleine Gemeinsamkeiten im Tageslauf festigen die Mutter-Kind-Beziehung. Es ist kein stures Trainingsprogramm – die Kreativität der Mutter ist immer gefragt. Das Aufeinanderstapeln und Ineinanderstellen, das Ziehen, Schieben und Rollen kann ein Baby, wenn es ihm gezeigt wird, allein im Ställchen mit Klötzen, Schachteln und Bällen auf dem Boden üben. Solange sich beim Kind die Phantasie und das Denken noch nicht regen, ist ihm das Üben von Bewegungen, die es zu beherrschen begonnen hat, ein herrliches Spiel.

Gehen lernen

Bei vielen kleinen Sonderlingen kann es lange dauern, bis ihre Willensintentionen – d.h. Astralleib und Ich – die unteren Extremitäten ergreifen und sie das Abstützvermögen ihrer Füße bemerken und der Nachahmungsdrang sie zum Aufstehen anregt. Kommen Gleichgewichtsstörungen hemmend hinzu, werden vielleicht schon beim Kniestand Probleme auftreten. Wie im einzelnen nachgeholfen werden kann, hängt von der Diagnose ab und sollte am besten vom kundigen Therapeuten vorgeführt werden. Da es aber häufig passiert, daß Kinder durch Unkenntnis der Mutter zu früh zum Stehen und Gehen angehalten werden und dadurch falsche Bewegungsmuster einüben, möchte ich hier doch etwas näher auf diesen Vorgang eingehen.

Wenn das Baby angefangen hat, mit Dingen zu spielen und nach ihnen zu greifen, kann ihm die Mutter am Wickeltisch auch seine Füße zum Greifen anbieten. Das ist bei weitem nicht bei allen Babys ein eigener Impuls. Und immer wieder kann sie gegen seine Fußsohlen drücken und es so zum Dagegenstemmen animieren; gegen ihre Hände oder ihren Oberkörper. Sie kann es auf ihrem Schoß hopsen lassen, ohne daß es dabei sein volles Gewicht tragen muß.

Sobald das Kind frei sitzen kann (nicht den Rücken sondern die Hüften stützen!), sollte der erwähnte Hopser angeschafft werden. Sitzend und doch halb stehend, ist es in einem solchen Stoffkorb, durch den die Beine durchgestreckt werden können, gut aufgehoben. Wird dieser Hopser so tief aufgehängt, daß es mit den Füßen den Boden erreicht, wird es merken, wie es sich mittels der Füße in Bewegung setzen und durch Abstoßen hüpfen kann. Es übt spielend das Übernehmen des Gewichts durch die Füße, und auch der Gleichgewichtssinn wird angeregt. Sitzt das Kind am Tisch in einem Hochstuhl, sollte darauf geachtet werden, daß es die Füße aufstützen kann. Es muß immer einen Gegendruck an den ganzen Fußsohlen empfinden können (das ist auch bei einem bereits laufenden Kind wichtig, besonders wenn Neigung zu Spitzfußgang besteht). Bei größeren Kindern kann man sich auch mit einem Schemel für die Füße behelfen. Ein Kindertisch mit dazugehörigem Stuhl ist weniger gut geeignet. Das Kind sollte möglichst mit am Tisch der »Großen« sitzen dürfen.[109]

Hat es seine Füße wahrgenommen und ihre Standfestigkeit erprobt, fängt es auch in der schon erwähnten Weise an, sich seitlich an Möbeln oder Wänden fortzubewegen (vgl. Gleichgewichtssinn, Seite 259). Durch Anfassen der Hüften kann man ihm bei der Gewichtsverlagerung ein wenig helfen. Es sollte niemals, indem z.B. der Erwachsene rückwärts geht, an den Händen vorwärts gezogen werden. Zum Zweck solcher Übungen werden in Ausstattungsgeschäften für Babys Stangen angeboten, die die Hände der Erwachsenen ersetzen sollen; sie sind, sofern keine besondere Indikation vorliegt, nicht zu empfehlen, auch die Gehhilfen zum Schieben nicht. Da das Kind dabei seinen Schwerpunkt nach vorne verlagert, entstehen ein falsches Bewegungsgefühl und eine falsche Haltung. Das erschwert ihm die Ausgestaltung seines eigenen Gangs. Dieser richtet sich zwar zunächst nach dem Vorbild, aber nur dann, wenn das Kind in der Lage ist, einen einzelnen Fuß zu belasten, und das *Bedürfnis* zu gehen zeigt. *Jedes Vorgreifen sollte vermieden werden;* denn es führt zu späteren Schäden. Hat ein Kind aufgrund einer Behinderung (z.B. einer Hirnfunktionsstörung) diesen inneren Antrieb aber nicht, benötigt es unbedingt Hilfeleistungen von seiten eines Erwachsenen, in manchen Fällen der Gehunfähigkeit sogar Schienen, Verbände oder Stehhilfen. *Man darf es in seiner Schwäche auf keinen Fall sich selbst überlassen.* Beim Gehenlernen des Kindes müssen alle Hilfeleistungen »in Liebe getaucht« werden (vgl. Zitat Seite 328). Das gilt um so mehr, wenn dem Kind wegen neurogener Schäden gewisse »Zwangsmittel« nicht erspart werden können.

Gerade beim Gehenlernen ihres Kindes zeigen sich dem Therapeuten häufig Mangel an Instinkt und *wahrer* Liebefähigkeit der Mütter in bestürzender Weise. Man würde das nicht glauben, wenn es nicht so oft in der Praxis vorkäme. Erstens gibt es viele ehrgeizige Mütter. Wenn das Kind im 12. Monat steht und nicht langsam zu gehen anfängt, werden alle möglichen Gehhilfen angeschafft und erprobt. Der eigene Antrieb geht beim Kind verloren. Zweitens fehlt, wenn das Kind ein Handikap zu überwinden hat und besondere Zuwendung braucht, erschreckend oft das notwendige Einfühlungsvermögen.

Dazu das Beispiel der kleinen *Verena.* Als ich Verena kennenlernte, befand sie sich im 3. Lebensjahr. Ihre geistige Entwicklung war beeinträchtigt, und sie konnte in keiner Weise verbal kommunizieren. Sie war ein sehr empfindsames, etwas nervöses Kind mit schwächlichen Beinen und unkontrollierten, etwas fahrigen Bewegungen. Der Arzt hatte ihr ein Stehbrett verordnet, das schräg an einen Tisch gelehnt werden mußte. An dieses angeschnallt, verbrachte sie täglich 30 bis 40 Minuten. Ich habe sie beim Hausbesuch so stehen sehen. Sie zitterte, stand vermutlich schon zu lange in dem Gestell. Ein paar Greiflinge lagen unberührt vor ihr. Die Mutter war nicht lieblos, aber unerfahren und instinktlos. Ich fragte sie, was sie in der Zeit täte, in der Verena am Tisch angeschnallt steht. »Ja, in der Zeit gehe ich meistens einkaufen«, lautete die Antwort. Ich erschrak zutiefst und fragte, ob sie nicht bedacht hätte, welche Angst das so verlassene Kind auszustehen hätte. Sie antwortete mit einer Frage. »Ja kann denn ein so behindertes Kind Angst haben?« Ich versuchte, ihr die Gefühle des Kindes zu beschreiben, und bat sie, Verena zu holen und während unseres Gesprächs auf dem Schoß zu behalten. Nebenbei sei bemerkt, daß Verena auf Heileurythmie gut ansprach und im Institut das Gehen – ohne Schienen – erlernt hat.

Trotz aller Vorsorgeuntersuchungen ist es immer noch so, daß manche Unregelmäßigkeiten in der Entwicklung des Babys nicht entdeckt werden und daß manche Mutter erst dann unruhig wird, wenn zu Beginn des 2. Lebensjahrs noch kein Antrieb zum Stehen- und Gehenwollen beim Baby sichtbar wird. Dann ist aber Besonnenheit vonnöten. Dem Kind nützt es nichts, wenn eine Mutter unreflektiert und hektisch handelt; sie bedarf fachlichen Rats. Man muß bedenken, daß das Gehen keine Pendelbewegung der Beine ist, sondern mit Balance, Gewichtsverlagerung, Lösen und Versetzen eines Fußes sowie mit einer Rotation im Kreuz zu tun hat. Diese Gewandtheit kann das Kind nur durch entsprechendes Wahrnehmungstraining der basalen Sinne und mit guter Motivation erwerben. Bei schwerer Retardierung kann es Jahre dauern, bis erste Schritte möglich werden (siehe Söhnke, Seite 346) – manche Schäden sind durch Hirnfunktionsstörungen unheilbar, und das Kind bleibt auf den Rollstuhl angewiesen.

Besteht eine gute Mutter-Kind-Beziehung, wird die Mutter bei Entwicklungsstörungen immer den Antrieb ihres Kindes wecken können. Denn das Gehen strebt zunächst nicht von der Mutter weg, sondern auf die Mutter zu. Sie hilft ihrem Kind aber nicht, wenn sie rückwärts vor ihm hergeht. Das irritiert nur seinen Nachahmungstrieb. Wenn sich aber die Heilpädagogin hinter dem Rücken des Kindes auf die Knie niederläßt und, indem sie seine Hüften umfaßt, es ein wenig zum Rhythmus eines Verses seitlich hin und her wackeln läßt, gewöhnt es sich an die Gewichtsverlagerung. Geht sie dann selbst auf den Knien vorwärts und dreht jeweils ein wenig am Becken des Kindes (Rotation im Kreuz), spürt es den Vorwärtsimpuls in den Beinen und breitet, um das Gleichgewicht zu halten, die Arme aus. Steht dann die geliebte Mutter mit offenen Armen in seiner Blickrichtung und geht vorwärts auf ihr Kind zu, wird es auch seine ersten Schritte – auf sie zu – wagen. Die Heilpädagogin kann seine Hüften loslassen.

Sind die ersten freien Schritte gewagt, folgen bald die nächsten. Doch erst, wenn das Kind sieben Schritte allein gehen kann, spricht man von freiem Gang.

Bis es soweit ist, kann die Mutter (nach Anleitung) die Rolle des Heilpädagogen übernehmen und das Kind z.B. auf den Vater zugehen lassen und in dieser Weise mit ihrem Kind üben, bis es sein Tempo beschleunigen und auch laufen kann. Die Hauptsache für das Gehenlernen ist aber, daß es von den Erwachsenen mit Liebe begleitet wird.

Sprechen lernen

»Und haben wir nötig, bei der Hilfeleistung, die wir beim Gehen anzuwenden haben, alles in Liebe zu tauchen, haben wir nötig, weil das Kind innerlich das nachbildet, was in seiner Umgebung sich realisiert, beim Sprechenlernen der gediegensten Wahrhaftigkeit uns zu befleißigen, so haben wir nötig, damit das Kind, das ganz Sinnesorgan ist und auch das Geistige innerlich physisch nachbildet, aus dem Sprechen das richtige Denken herausholt, in unserem Denken in der Umgebung des Kindes Klarheit walten zu lassen.« (Rudolf Steiner, Vortrag vom 10. August 1923)

Wie der Säugling beim Gestilltwerden mit seiner ganzen Physis die Süße und Wärme der Muttermilch erlebt, so erlebt er auch Klang, Timbre und Melodie der Stimme seiner Mutter und, wenn sie sich über ihn beugt, die Wärme ihrer Atmung. Er schaut fasziniert auf die Mimik ihres Gesichts, auf die sich bewegenden Lippen und die strahlenden Augen. Er spürt, daß diese Kommunikation ihm gilt. Sein Wortsinn erwacht an der Muttersprache, und in diesem Medium fühlt er sich so wohl wie ein Fisch im Wasser. Dieses Leben in der Sprache ist so wichtig für den Säugling wie das Gewiegtwerden. Es muß gut artikuliert in vollen Sätzen mit ihm gesprochen werden. Zwar können einzelne Laute im Sing-Sang wiederholt werden; sein Ohr nimmt sie wie Musik und Melodie auf, und er versucht, sie emotional nachzumachen. Die lustigen Lippenbewegungen seiner Mutter, wenn sie mit ihm spricht, möchte er aber gerne abgucken und mit den Fingern betasten. Kann er sie nachmachen? Kann er brabbeln, kann er Lippen und Zunge bewegen und Lallmonologe produzieren? Diese Vorstadien spielen sich alle im ersten halben Jahr ab. Seine Intentionen erfüllen sein Herz und seine

Atmung, er möchte seine Gefühle zum Ausdruck bringen. Um zu wissen wie, braucht er unbedingt das akustische Vorbild, denn seine eigenen Laute nimmt er von innen über die Gehörtrompete wahr und korrigiert dann seine Artikulation, bis die Silben denjenigen seiner Mutter ähneln. Ist der Säugling taub – ich möchte noch einmal darauf hinweisen –, hört dieses Lallen langsam wieder auf. Setzt es nach einiger Zeit nicht wieder ein und fängt das Kind nicht an, Laute als Zeichen, als Wörter mit Bedeutung zu erfassen, muß es einem Audiologen vorgestellt werden. Denn Kinderärzte erkennen leider nur selten die Taubheit eines Babys. Sie vergessen, wie sehr der Sinnesorganismus eines kleinen Kindes auf Vibrationen und Luftzug reagiert. Ertönt hinter ihm ein Klang, bemerkt es das schon, aber eben nicht unbedingt mit dem Ohr. Sehr anschaulich ist diese Tatsache im autobiographischen Bericht der tauben Schauspielerin Emanuelle Laborit geschildert. Ich möchte diesen Bericht sowohl Heilpädagogen als auch Eltern wärmstens empfehlen.[110] Die Autorin schildert nicht nur sehr drastisch das Aufwachsen und die Empfindung eines Kindes ohne Gehör, sondern erläutert auch, warum eine frühzeitige Aufklärung des Kindes über das jeweilige Handikap unerläßlich ist. Ihre Erfahrungen gelten durchaus auch anderen Behinderungen. Aus Unsicherheit und falscher Scham begehen Eltern in dieser Hinsicht oft große Fehler.

Haben sich durch die Untersuchung alle Zweifel über eine Gehörschädigung des Babys zerstreuen lassen, sollten Eltern dennoch künftig darauf achten, ob das sprechende Kind manchmal Probleme mit dem Auffassen eines Wortes hat. Es können im Hörbereich, genau wie im Sehbereich, Teilleistungsstörungen vorliegen. Das heißt, daß für das Kind bestimmte Frequenzen unhörbar bleiben und gesprochene Sätze folglich nur verzerrt wahrgenommen werden, so als kämen sie von einer beschädigten oder zerkratzten Schallplatte. Dann muß wiederum der Audiologe konsultiert und, je nach Befund, mit einer therapeutischen Behandlung begonnen werden.

Handelt es sich jedoch um ein sehbehindertes Baby, muß die Mutter ihm häufig Gelegenheit geben, ihre sprechenden Lippen, ihre Mimik und ihren Kehlkopf zu betasten. Sie muß es an sich drücken, damit es auch die Vibrationen ihres Brustkorbs wahrnehmen kann.

Bildet ein Baby trotz intaktem Hör- und Sehvermögen nicht gegen Ende des ersten Jahres kleine Silben, und fängt es nicht an, einzelne Worte nachzuahmen, kann dies sowohl auf mangelnde Intentionen wie auch auf Störungen des Wort- oder Eigenbewegungssinns (Mundkinetik) hindeuten.

Man spricht allgemein von einer sensorischen und einer motorischen Wurzel der Sprache. Ohne hier näher auf die Sprache als solche einzugehen, möchte ich im Sinne des bisher Ausgeführten dennoch hervorheben, daß diese beiden Wurzeln als dem Sinnesorganismus zugehörig betrachtet werden können: Das bedeutet, sie dem Wahrnehmungsvermögen des Kindes zuzuordnen. Impulsiert wird die Motorik nicht durch den Reiz eines Nervs, sondern durch das Bedürfnis des Kindes, seinen Gefühlen Ausdruck zu verleihen und in Kommunikation mit der Umwelt zu treten. Der Sprachorganismus ist von rein seelisch-geistiger Struktur und in der Verbindung mit dem diffizilen physischen System der unterschiedlichsten Koordinationen (wie unter »Wortsinn« angesprochen, Seite 196) mannigfachen Störungen oder Hemmungen ausgesetzt. Um sie zu beheben, bedarf es einer gezielten individuellen Sprachheilbehandlung. Dies soll und kann aber nicht heißen, daß eine Mutter nicht dazu beitragen kann, die Sprechfähigkeit ihres Kindes zu unterstützen und zu fördern. Das kann sie sehr wohl. Erstens dadurch, daß sie viel mit ihrem Baby spricht. Es muß keineswegs verstehen, was sie sagt. Sein Wortsinn wird durch Lauschen der Laute aktiviert. Zweitens fördert sie die Sprechfähigkeit, indem sie ihm den Schnuller entzieht und seine Mundkinetik aktiviert.

Sprechen und Schmusen mit dem Säugling kann die Mutter vom ersten Tag an. Die Aktivierung der Mundkinetik beginnt mit der Nahrungsumstellung. Manche Babys erleben, wenn sie gestillt wurden, diese Umstellung wie eine Abnabelung von der Mutter und brauchen mehr Zuwendung als bisher. Die Mutter sollte nicht nur füttern, sondern dabei auch dem Baby »zureden«, selbst vielleicht einen Keks essen und dem Kind vormachen, wie sie schmeckt, kaut oder trinkt. Manche Menschen wollen es nicht wahrhaben, aber die Werkzeuge, die wir zum Sprechen benötigen, sind die gleichen, die wir zum Essen verwenden. Die Nahrung wird im Mund bearbeitet und hinuntergeschluckt. Die Stimme wird von der Luft emporgetragen und im Mund zu Worten geformt. Das erste, was eine Mutter zur Aktivierung der Sprechmuskulatur ihres Babys tun kann, ist, mit ihm das Schlecken zu üben. Ein wenig Honig, Frucht- oder Ahornsirup, auf die Oberlippe (später auf die Unterlippe) gestrichen, regt das Baby schon an, ihn mit der Zunge abzuschlecken. Viele Babys haben eine »schwere« Zunge; nicht nur diejenigen mit Down-Syndrom. Ist das Kind älter, kann von Tellern, Tassen, vom Finger etc. geschleckt werden. Und man kann kleine Turnübungen mit der Zunge als Spielchen vormachen: Wie weit reicht sie, nach unten, seitlich, nach oben, bis zur Nasenspitze? Im allgemeinen sollte bei Kleinstkindern auf

Spiegel verzichtet werden. Sie zeigen seitenverkehrt, also ein unwahres Bild (Ausnahme siehe Seite 154).

Die Bäckchen des Kindes müssen massiert werden: von außen mit dem Finger, von innen am besten mit einer weichen Zahnbürste. Sobald die Backenzähne hervorkommen, muß darauf geachtet werden, daß das Kind *ordentlich kaut* – nicht nur auf- und zubeißt und nicht einfach schlingt. Bei verminderter Empfindung im Mundbereich kann man ein wenig Hagelzucker zwischen Oberkiefer und Wange schieben. Das irritiert ein wenig, schmeckt jedoch süß; später kann man zu feingehackten Nüssen übergehen, die aber gekaut werden müssen. Kleine Pinienkerne oder Apfelstückchen kann man im Brei verstecken und das Kind bitten, sie mit der Zunge auszusortieren und zu zeigen, bevor es sie zerkaut; aber erst dann, wenn ein Kind diese Aufforderung begreift und seine Zunge schon ein wenig geschickt geworden ist. Bitte auch hierbei niemals vorgreifen, jedoch stetig das üben lassen, was das Kind beherrscht. Sind die Hände schon zielsicher im Greifen geworden, sollte man dem frei sitzenden Kind schon erlauben, bei Tisch selbständig etwas in den Mund zu schieben; zuerst mit den Fingern, dann mit dem Löffel. Dabei sollte das Baby aber *nicht alleingelassen werden.* Eine Mahlzeit sollte von Anfang an ein wenig zelebriert werden. Das warme vertraute Beisammensein, wie das Kind es beim Stillen genossen hatte, sollte nicht abrupt unterbrochen und durch ein Abspeisen in Hetze ersetzt werden. Wenigstens bei der Hauptmahlzeit, bei einem gemeinsamen Tisch (vielleicht sind auch Geschwister vorhanden) könnte ein kleiner Spruch[111] oder ein Tischgebet gesprochen, eine Kerze angezündet oder eine Blume auf den Tisch gestellt werden. Jede gemeinsame Mahlzeit ist doch ein kleines Fest, und das Kleinkind mit seinem ausgeprägten Sinnesorganismus erlebt das intensiv, vor allen Dingen durch seinen Lebenssinn, der die Basis für die beginnende Entwicklung der bewußten Gedankenwahrnehmung bildet. In diesem Sinne ist auch ein aktivierter Lebenssinn der Sprachentwicklung förderlich. Das Mitteilungsbedürfnis des Kindes drängt vom Einwort- zum Mehrwortsatz, zur Gedankenbildung. Einzelne Wörter und kleine Sätze werden verstanden, wiederholt und – wenn der Denksinn wahrnehmungsfähig ist – auch sinngemäß verwendet.

Dieses anfängliche Sprachvermögen eines Kindes ist so mimosenhaft empfindsam wie eine junge Pflanze. Man muß es behutsam pflegen und nicht durch ständige Korrekturen hemmen. Spricht ein kleiner Sonderling verkehrt oder beginnt er zu poltern, zu stammeln oder zu stottern, dürfen Mutter und Familienmitglieder nicht anders eingreifen als dadurch, daß sie selbst die kleinen Sätze richtig sprechen und nebenbei immerzu wiederholen. Verbesserungen hemmen ein Kind und entfremden es seiner Mutter. *Ihre Rolle beschränkt sich darauf, beim Essen die Mundkinetik des Kindes zu beachten und alle ihre Tätigkeiten mit gleichzeitigem Sprechen zu begleiten.* Darin aber ist sie unentbehrlich, vorausgesetzt, sie erfüllt diese Aufgabe mit wahrer Liebe und Konsequenz. So wie die Muttermilch ein erstes »natürliches« Erziehungsmittel ist, so ist die Sprache ein erstes »seelisches« Erziehungsmittel.

Selbstverständlich können eine Mutter und sämtliche Familienmitglieder auch beim Spielen die Mundkinetik des Kleinkinds fördern: z.B. es die Kerzen – auch wenn das noch lange nicht klappt – auspusten lassen. Es gibt unzählige Möglichkeiten zu Pustespielen, mit Mobiles, kleinen Federn oder Ping-Pong-Bällen auf dem Tisch etc. Das Fenster anhauchen und auf die beschlagene Stelle mit Fingerchen zeichnen, ist sehr beliebt. Aber es darf aus solchen Spielen kein zweckgebundenes Übungsprogramm entstehen. Die Sprache des Kindes muß sich frei und mit Freude entfalten können. (Eventuell notwendige logopädische Übungen kommen bei kleinen Sonderlingen eigentlich erst mit dem beginnenden Zahnwechsel, also im Vorschulalter, in Betracht, und es ist nicht immer ratsam, eine Mutter damit zu beauftragen.) Setzt die Sprechlust beim Kind nicht ein, sollte es sich in einer heilpädagogisch betreuten Gruppe einleben dürfen und gemeinsam mit anderen Kleinkindern im *Sprachkreis* gefördert werden (siehe Seite 357).

Der fördernde Wert, den ein Zusammenbringen von Kindern mit unterschiedlichen Behinderungen haben kann, wurde hier oft betont, darüber hinaus erziehen sie sich auch gegenseitig. Ein kleines Beispiel aus der Praxis: Eine kleine Gruppe sitzt gemeinsam am Frühstückstisch, darunter auch der 4jährige *Hauke*. Er hat beim Essen keine guten Manieren, er schließt den Mund nicht recht und kaut schlecht. Jede Ermahnung geht an ihm vorbei. Eines Tages wird es dem kleinen gleichaltrigen Tischnachbarn zu bunt. Mit seiner hellen Knabenstimme schreit er empört: »Mensch Hauke – schmatz doch nicht so.« Hauke wird knallrot und schließt die Lippen sofort. Er hat nie wieder geschmatzt und lernte danach, seine Lippen sehr gut zu beherrschen. Solch eine emotionale Reaktion von einem Erwachsenen hätte bei Hauke nur Trotz und wahrscheinlich auch Aggression ausgelöst, von einem gleichaltrigen Spielkameraden wurde sie aber angenommen und beherzigt.

Selbständigkeitstraining

Man spricht von Selbständigkeitstraining und meint damit »die Erziehung eines Kindes zur Selbständigkeit in allen täglichen hygienischen und häuslichen Verrichtungen des Alltags«. Die Betonung liegt dabei häufig auf dem Begriff der Hygiene; die Kindergärten lehnen meistens die Aufnahme eines Kindes ab, das noch nicht zur Sauberkeit erzogen worden ist, d.h. noch einnäßt. In diesem Sinne von einer Sauberkeitserziehung des Kleinkindes zu sprechen, ist m.E. absolut abwegig. Nicht das Kind muß zur Sauberkeit erzogen werden, sondern die Mutter muß sich selbst zu guten Gewohnheiten erziehen. Das Kind wird schon im Rahmen seiner Möglichkeiten in diese hineinwachsen.

Sauberkeit

Auf kaum einem Gebiet werden die Diskussionen von Psychologen so kontrovers geführt wie auf dem der Sauberkeitserziehung. Viele sind der Meinung, Kinder mögen sich von ihren Ausscheidungen nicht trennen, und man solle sie, wenn das Töpfchen einen Inhalt aufweist, loben und beschenken. Das ist unnatürlich, unnatürlich ist aber auch, wenn die Mutter von einem Kind, dessen Schließmuskulatur noch nicht ganz entwickelt ist, trockene Windeln verlangt und es immerfort aufs Töpfchen setzt. Es wäre besser, sie würde ihr Beobachtungsvermögen schulen. Sie kann, wenn sie beim Stillen und Füttern einen regelmäßigen Tageslauf einhält, bald bemerken, daß die Ausscheidungen des Kindes allmählich einem ähnlichen Rhythmus unterliegen. Wird der Säugling naß aus der Wiege gehoben, wird sie ihn vor dem Stillen trockenlegen. Nach einigen Wochen oder Monaten wird sie entdecken können, daß die Windel ziemlich regelmäßig 20 bis 30 Minuten später wieder feucht ist oder – vielfach morgens – Stuhlgang enthält. Wenn sie den Zeitpunkt kennt, kann sie die Exkremente in einer Wegwerfwindel abfangen. Sonst sollten Wegwerfwindeln möglichst keine Verwendung finden. Zumindest in Großstädten gibt es heute einen Windelwäschedienst, der frische Windeln liefert und gebrauchte zum Waschen mitnimmt.

Bleibt das Kind nach der Sättigung länger wach und kann es bereits sitzen, sollte man es nach 20 bis 30 Minuten für eine Weile (5 bis 7 Minuten) aufs Töpfchen oder, besser noch, auf das durch einen Sondersitz oder Einlegering paßgerecht gemachte normale Klosett setzen – aber bei ihm bleiben. Läßt man Wasser ins Handbecken laufen, wirkt das Geräusch anregend. Wichtig ist, daß sich das

Kind entspannt. Es darf keine Angst haben. Hebt man es herunter und läßt es spülen, macht ihm das Spaß. Eines Kommentars sollte man sich m.E. enthalten. Ein kleines Kind beobachtet die Mimik der Mutter sehr genau, bemerkt die Funktion seiner Blase und des Darms jedoch noch nicht. Mit oder ohne Resultat – die Gewohnheit wird sich einspielen und auch eines Tages zum Erfolg führen. Wird das Höschen sofort nach dem Toilettengang naß, kann man mit einer Bemerkung wie: »Nanu, wollte das vorhin nicht kommen?« trockene Wäsche anziehen – keinesfalls aber tadeln oder genervt handeln. Es geht hier um die Selbsterziehung der Mutter – ihre Reaktionen spielen eine Rolle. Von einem bereits laufenden Kind kann sie sich beim Toilettengang auch begleiten lassen. Alle natürlichen Vorgänge sollten ohne Prüderie dem Kind natürlich bleiben.

Bevor ein Kind aufmerkt und sich mit den Worten »Ich muß mal« meldet, wird eine gut beobachtende Mutter auch das feststellen können, denn es gibt bei jedem Kind bestimmte Vorzeichen. Bei einem kleinen Sonderling mit verzögerter Entwicklung ist es für den Erfolg entscheidend, diese zu kennen und rechtzeitig zu reagieren, denn von sich aus zieht er keine Schlüsse; erst langsam wird ihm der Vorgang zur Erfahrung. So können bei ihm plötzlich starr und groß blickende Augen auffallen oder ein abruptes Aufhören beim Trinken, Kauen oder Spielen, ein unruhiges Hin- und Herschieben beim Sitzen oder ein unruhig trippelnder Gang. Manche Mutter hat auch ganz andere individuelle Merkmale beobachtet. Beim größeren, schon laufenden Kind muß man damit rechnen, es – je nach Alter – alle 1 bis 2 Stunden zur Toilette führen zu müssen. Zum Aufmerken bringt man ein 3jähriges Kind am besten, wenn man es an warmen Sommertagen draußen ganz ohne Höschen herumlaufen läßt. Kleine, mit dicken »Pampershosen« versehene Kinder am Strand spielen zu sehen, ist ein trauriger Anblick.

Die nächste Frage nach Selbständigkeit in der Hygiene lautet: Kann sich das Kind selbst waschen? Hände und Gesicht müssen nicht immer sauber sein; vor und nach dem Essen aber schon. Wird ein passender Hocker vor das Waschbecken gestellt und dem Kind der Umgang mit Seife und Waschlappen beigebracht, wird es – vorausgesetzt, es besteht kein manuelles Handikap – recht bald selbst damit umgehen können. Etwas problematischer wird es beim Kämmen oder Zähneputzen, insbesondere dann, wenn das Körperimago noch fehlt. Eventuell muß ein Heilpädagoge erst die Griffe, die individuell erforderlich werden, mit dem Kind einüben. Das gleiche gilt für Probleme bei den Mahlzeiten (wenn z.B. der Mund von der Hand nicht gefunden wird).

Selbständig essen

Sobald das Kind selbständig sitzen kann, sollte es in der Regel nie wieder aus der Nuckelflasche trinken. Natürlich dauert es länger und erfordert Geduld, einem Kind das Trinken aus einem von ihm selbst gehaltenen Becher – oder vielleicht zunächst nur vom Löffel – anzugewöhnen: Es ist wieder eine Frage der Selbsterziehung der Mutter. In vielen Fällen besteht Erziehung darin, sich selbst zurückzunehmen und dem Kind rechtzeitig Gelegenheit zu geben, aus eigener Tätigkeit zu lernen. Mit dem Zurechtmachen von Butterbroten etwa sollte eine Mutter baldmöglichst aufhören und sich nur auf die Brote beschränken, die in den Kindergarten (oder später die Schule) mitgenommen werden sollen. Wenn die Butter (Margarine, Honig etc.) nicht zu hart ist, kann bereits ein Kleinkind lernen, seine Brotschnitte *selbst* zu bestreichen (siehe auch Seite 360). Das jahrelange Bemuttern am Tisch ist in den meisten Fällen völlig überflüssig. Das ewige Zurechtschneiden von kleinen Happen verzärtelt das Kind nur. Lasse man die Kinder doch ruhig üben – auch wenn es zunächst daneben geht –, es sind das doch alles wichtige Lernprozesse der Geschicklichkeit. Wie weit auf Behinderungen Rücksicht genommen bzw. eingewirkt werden muß, kann die Mutter von einem Therapeuten erfahren.

Kleine Kinder mögen alles, was knuspert und salzig schmeckt, wie Salzstangen und -brezel oder auch die Brötchenrinde, die sie gern abschlecken und ein wenig beknabbern. Einem größeren Baby kann man ein ganzes Brötchen zum rundherum Beknabbern in die Hände drücken, doch besser ist es, das Brötchen von unten in Scheiben zu schneiden und diese ein wenig eintrocknen zu lassen oder zu toasten. Dann sind sie knusprig und können problemlos vom Kind verzehrt werden (vgl. Seite 311).

Um mit dem Löffel vom Teller essen zu können, wird manches Kind eine Übergangshilfe brauchen, mitunter auch einen besonderen, eventuell angewinkelten Löffel. Wer von den Eltern geschickt ist, kann den Stiel mittels Knetmasse dem Handikap des Kindes anpassen. Manchmal genügt es schon, den Griff ein wenig dicker zu machen. Wenn keine Gegenindikation vorliegt, sollte das Kind den Löffel in die rechte Hand nehmen. Als zweite Hilfe gibt man dem Kind einen Schieber in die linke Hand (oder ein Stückchen Knäckebrot). Den Zeitpunkt für den Übergang zu einem handelsüblichen Kinderbesteck kann die Mutter dem Kind überlassen, anbieten sollte sie es ihm aber hin und wieder. Viele Sonderlinge haben ihre eigenen Unbeholfenheiten, dann muß vielleicht ein Therapeut beratend eingreifen, aber die Lenkung der Mahlzeiten ist schon eine Domäne von

Mutter oder Vater. Nur in Ausnahmefällen sollte sie von anderen Bezugspersonen bzw. einem Therapeuten übernommen werden.

Selbständig an- und ausziehen

Das Ausziehen ist zweifellos einfacher als das Anziehen, und viele Mütter haben mit dem Problem zu kämpfen, daß die Kleinen das, was ihnen gerade mühevoll angezogen worden ist, in unbeobachteten Momenten sofort wieder ausziehen. Die ersten Kleidungsstücke, mit denen die Kinder ihre Selbständigkeit üben können und sollten, sind die, die sie des öfteren an- und ausziehen müssen, also Höschen und Schuhe, gefolgt von Mänteln, Jacken und Mützen.

Es ist ein ständig wiederkehrendes Bild im Kindergarten: Das Kind ist wohl in der Lage, auf der Toilette seine Hosen herunterzuziehen, aber nach Erledigung des Geschäfts steht es hilflos da und zerrt mit beiden Händchen am vorderen Rand des Gummizugs, dabei rutscht das Höschen aber nicht über das Hinterteil. Erwachsene sollten in diesem Fall nicht schnell eingreifen, sondern dem Kind zeigen, wie es mit dem Daumen hinter den Gummirand der Hosen (auch Strumpfhosen) greifen und die Hände links und rechts den Hosenrand entlang in großem Bogen bis nach hinten gleiten lassen kann. Wenn das Hemdchen vorher schön heruntergezogen worden ist, bleibt es bei dieser Verfahrensweise auch im Rücken an seinem Platz.

Mit den Schuhen kann es schwieriger werden. Man übe erst mit Socken und Hausschuhen. Ein festeres Schuhzeug braucht das Kind erst außerhalb des Hauses. Bei der Wahl sollte der Rat des Therapeuten eingeholt werden. Manche Kleinkinder benötigen leichte Schuhe mit einfachem Klett- oder Reißverschluß, andere wiederum feste Schnallenschuhe oder gar schwere Schnürschuhe oder Stiefelchen; das richtet sich nach Tritt- oder Gangart des Kindes. Gar manches Kind bemerkt selbst im Schulalter noch nicht, welches der rechte oder linke Schuh ist, und zieht sie verkehrt an. Es ist ratsam, den Schuh des dominanten Fußes zu kennzeichnen (z.B. mit einem Farbtupfer). Bis ein Kind Schleifen binden kann, dauert es ein paar Jahre, und noch länger bei Kindern mit unbeholfenen Fingern, Sehproblemen oder Raumlagelabilität. Man lasse sich vom Heilpädagogen zeigen, in welcher Weise diese Fertigkeit mit dem Kind geübt werden kann.

Für ein raumlagelabiles Kind kann es außerordentlich schwer sein, eine Mütze aufzusetzen. Das sollte in aller Geduld immer wieder sorgsam geübt werden. Gleiches gilt für Mantel bzw. Anorak und Jacke; da brauchen die Kleinen noch lange Hilfe. Man kann ihnen aber zeigen, wie eine Jacke aufgehängt wird –

zunächst über eine Stuhllehne, dann über einen am Stuhl aufgehängten Kleiderbügel und schließlich direkt auf den Kleiderbügel am Garderobenhaken. Es macht den Kindern Spaß, den Stuhl oder den Bügel »anzuziehen«, und sie üben dabei ihren Orientierungssinn. Außerdem nützt es der Gewohnheitsbildung. Man sollte immer darauf achten, daß ein Kind sein Kleidungsstück nicht einfach hinwirft, sondern es zumindest auf dem vorgesehenen Haken aufhängt (geschieht das einmal emotional: nicht tadeln, aber später aufheben lassen).

Die meisten Jacken und Anoraks sind heutzutage leider mit Reißverschluß versehen. Er ist zwar leicht hochzuziehen, aber zuvor müssen zwei Teile ineinandergesteckt werden, und das gelingt den Kleinen selten und frustriert die Flinken und Zappeligen unter ihnen. Die Verschlüsse sind schnell kaputt. Selten findet sich ein Kleidungsstück mit Klettband oder Knebelknöpfen. Ein paar zusätzliche Knebelverschlüsse können aber an jeder Jacke angenäht werden. Dann braucht das Kind nicht immer Hilfe in Anspruch zu nehmen oder läuft nicht, wie man es so oft beobachten kann, bei kaltem Wetter mit offener Jacke herum, denn diese Knöpfe lassen sich leicht in ihre Schlingen stecken.

Pullover, Unterhemden und Shirts brauchen nicht so oft an- und ausgezogen zu werden, aber das selbständige Anziehen will gelernt sein. Das kann bei langen Ärmeln und engem Halsausschnitt sehr knifflig werden, denn diese Kleidungsstücke müssen über den Kopf gezogen werden. Davor hat ein kleiner Sonderling womöglich Angst. Es gibt zwei Vorgehensweisen. Entweder steckt man den Kopf zuerst durch den Halsausschnitt und sucht dann die Ärmel, um die Arme hineinstecken zu können, oder man sucht die Ärmel zuerst und zieht sie regelrecht an, dann muß aber der ganze Pullover oder das Hemd über den Kopf gezogen werden. Der Erwachsene wählt beim Anziehen eines schon laufenden Kindes meistens das letztgenannte Verfahren, weil es schneller durchzuführen ist. Geht es aber nicht glatt oder ist der Halsausschnitt zu knapp, entsteht beim Kind Angst. Es sieht nichts, die Atmung scheint ihm bedroht. Wenn es sich selbst in dieser Weise anziehen soll, gerät es oft in Panik, weil es sich irgendwie verheddert hat. Bei dem ersten Verfahren verheddert es sich auch manchmal und findet die Ärmellöcher nicht – das macht aber nichts, die kann man es in aller Geduld suchen lassen, der Kopf ist ja bereits schnell durchgeschlüpft.

Mit kurzen Socken kommt manches Kind bald selbst zurecht, aber das Anziehen von Strumpfhosen wird oft zum Stolperstein. Auch diese Prozedur kann vereinfacht werden: Man dreht die Strumpfhose einfach um (also die linke Seite nach außen) und steckt zunächst nur die Fußteile wieder hinein. Diese zieht man dem Kind wie Socken an und zeigt ihm, wie es nun stückchenweise die Strümpfe, abwechselnd an jedem Bein, hochkrempeln kann, bis sie über die Knie reichen. Dann kann es den Bund anfassen und die Strumpfhose wie ein Höschen hochziehen. In gleicher Weise kann es die Strumpfhose ausziehen, dann ist sie bereits für das nächste Anziehen »linksgewendet«.

Natürlich hängt es von der Art des Handikaps ab, wann oder wie diese Selbständigkeit vom Kind erlernt werden kann. Sie sollte aber angestrebt werden; bei Problemen unter Hinzuziehung eines Heilpädagogen, damit kein häuslicher Streß entsteht oder das Kind falsche Gewohnheiten bzw. Griffe einübt. Das Alltagsleben muß von der Mutter – oder der Bezugsperson, die ihre Stelle zu vertreten hat – geordnet und organisiert werden, und zwar so, daß sich jedes Familienmitglied einbezogen fühlen kann. Dazu braucht es Disziplin und Konsequenz. Ein Kind darf nicht verwöhnt werden (das ist bequem), doch wollen seine berechtigten Bedürfnisse beachtet sein.

Für Kinder, die schwer begreifen und deren obere Sinne sich nicht recht entfalten können, ist es erforderlich, »seelische Prothesen« zu suchen, mit deren Hilfe sie sich im Leben zurechtfinden können. Sie benötigen diese in gleicher Weise wie Gehbehinderte Gehstützen brauchen. Diese »seelischen Prothesen« sind: Übung (neu erüben), Wiederholung (das Gekonnte festigen), Gewohnheit (sich auskennen), Vertrautheit (sich geborgen fühlen) und Zeiterfahrung durch gleichmäßigen Rhythmus (sowohl in kleineren als auch in größeren Zeitabschnitten). Diese Stützen müssen dem Kind im Alltag von der Mutter oder ihrem Stellvertreter angeboten werden, daran führt kein Weg vorbei. Aber der Heilpädagoge kann den Weg zeigen, die Mutter stützen, die Sinne des Kindes sensibilisieren (oder desensibilisieren) und den Zeitpunkt feststellen, an dem das Kind aus der mobilen in die ambulante institutionelle Frühförderung überwechseln und mit anderen Kindern zusammengeführt werden kann.

Späte Nestwärme

Der hier geschilderte Weg der Förderung eines retardierten Babys im Alltagsleben ist ein Weg der Anbahnung. Wie steht es aber mit den hyperaktiven, chaotischen, schnell begreifenden, abweisenden, schwer zu erziehenden, verhaltensgestörten Kindern?

Da die Bewegungsentwicklung bei einem derartigen Handikap für Laien in normalen Bahnen zu verlaufen scheint, das Kind vielleicht sogar als besonders früh entwickelt und intelligent eingeschätzt wird, hat die Mutter die ersten schwierigen Jahre allein durchzustehen und wird häufig sogar als unfähig betrachtet, das Kind zu erziehen. Erst wenn Anfälle von Aggressivität oder gänzliche Sprachlosigkeit auffallend werden, wird heilpädagogischer Rat gesucht. Dann ist das Kind aber in der Lage, an der ambulanten Förderung eines Instituts teilzunehmen. Es wird die Aufgabe der Heilpädagogen sein herauszufinden, an welchem Punkt die organische Entwicklung einen Sprung hat, um von dieser Phase aus einen Weg der Rekapitulation des Inkarnationsweges anzuregen.

Es kommt aber auch vor, daß eine Behinderung so geartet ist, daß die Neugeborenenphase intensiv wiederholt werden muß. Das kann bei einem autistischen Kind der Fall sein, dessen Haut schwer wahrnehmungsgestört ist. Dann muß genau eruiert werden, ob die Situation der Familie einer solchen Belastung gewachsen ist, ob sich die Mutter-Kind-Bindung in erwünschter Weise entfalten oder jemand die Rolle der Mutter übernehmen kann, oder ob es für alle Beteiligten (auch für das Kind) besser wäre, eine institutionelle Unterbringung zu suchen, in der die erforderliche Nestwärme gespendet und die notwendige Rekapitulation durchgeführt werden kann. Die gleichen Fragen stellen sich bei Kindern, die durch einen Schicksalsschlag, durch Krankheit, Koma etc., in ihrer Entwicklung zurückgeworfen worden sind und sozusagen einen »zweiten Anlauf« nehmen müssen.

Mobile und ambulante Förderung des schwer und mehrfach behinderten Kindes

Die mobile Frühförderung wird nicht nur für Säuglinge und größere Babys angefordert, sondern auch für ältere Kinder, wenn diese aufgrund ihrer schweren Behinderung einem Transport nicht ausgesetzt werden sollen oder es darum geht, mit der Mutter gemeinsam Richtlinien der Therapie im Kontext mit dem Alltagsleben auszuarbeiten. (Die Altersgrenze ist auf 3 bis 4 Jahre angesetzt, wird jedoch in einzelnen Fällen erheblich heraufgesetzt.) Diese Kinder haben u.U. lange Krankenhausaufenthalte hinter sich oder galten lange Zeit, z.B. nach einem Unfall, als Pflegefälle, bis die Eltern sich auf den Weg machten, nach einer geeigneten ganzheitlichen Förderung des Kindes zu suchen. Manchmal fordert auch der Arzt, eine Sozial- oder andere Behörde die mobile Förderung an. Dann heißt es vielleicht: Es handelt sich um ein von Geburt an schwer behindertes 3jähriges Kind mit einem Entwicklungsstand von 6 Monaten. Wie alt ist das Kind dann eigentlich? Das Alter kann nicht, wie bei Frühgeburten üblich, »korrigiert« werden.

Das ist das Merkwürdige bei diesen kleinen Sonderlingen: So unterschiedlich ihre Behinderung (Diagnose und Anamnese) sein mag, alle sind sie irgendwie außerhalb der Zeit. Zwar folgt die organische Entwicklung den biologischen Gesetzen, ihr Wille aber und ihr Bewußtsein nimmt daran wenig Anteil. Sie leben gleichsam außerhalb ihres Leibes und scheinen ohne Alter, ja manchmal sogar uralt zu sein.

Die Behandlung eines solchen Kindes ist zunächst weder ein Weg der Anbahnung noch ein Weg der Rekapitulation. Ein Ansatzpunkt findet sich nur, wenn man herausfindet, worauf es mit Interesse reagiert, und dann den Einfall (die Invention) hat, wie es von diesem Ansatz aus gefördert werden kann. Auch in den offensichtlich – physiologisch gesehen – unheilbaren Fällen kann Seelenwärme wirksam und einer ganzen Familie zur Kraftquelle werden. Manche Mütter erweisen sich geradezu als genial, und ein Heilpädagoge kann mitunter viel von ihnen lernen. Um zu verdeutlichen, wie das gemeint ist, werde ich von meiner Begegnung mit Angela erzählen.

Angela saß, mit ausgestreckten Beinchen gut abgestützt, in einer Sofaecke. Ihre Ärmchen schlenkerten, der Kopf schwankte durch fehlende Kopfkontrolle hin und her – aber da waren die strahlenden großen blauen Augen, die in kurzen, aber wiederholten Blicken den Kontakt mit meinen Augen suchten. Ein zeitloser Blick von weit her. Mein erster Gedanke war: ihr Name paßt zu ihr; mein zweiter: sie ist viel älter als wir, die wir hier um sie herumstehen, sie hat gar kein Alter, schon gar nicht das von einem 6 Monate alten Baby. Es wäre absurd, mit ihr wie mit einem Baby umzugehen. Die Mutter erzählte mir von der Geburt ihres Kindes. Angeblich war Angela vor 3 1/2 Jahren ohne Balken (Corpus callosum) geboren worden, und es bestand keine Möglichkeit, eine Koordination der Glieder herbeizuführen. Krankengymnastisch war sie bestens betreut, und jetzt ging es darum, was sonst noch für Angela getan werden konnte.

Angela hatte zwar einen schwer behinderten physischen Leib erhalten, zugleich aber das Glück, eine einfühlsame, liebevolle Mutter gefunden zu haben. Ich kann es nicht anders ausdrücken: In diesem Haus lebte, trotz des schweren

Schicksals, wahre Liebe. Angela war davon umgeben, sie verstand es aber auch, durch ihre sanfte Art, ihr vorüberhuschendes Lächeln und ihren strahlend warmen Blick, diese Liebe selbst zu geben. Jeder, der das Haus betrat, wurde von dieser Atmosphäre »angesteckt« und ging beschenkt nach Hause.

Ich weiß nicht mehr, wie lange ich Angela behandelt habe, vielleicht ein viertel oder ein halbes Jahr. Die Mutter war genial: Sie verstand genau, was ich mit dem Begriff »*Therapie durch Invention*« zu definieren suchte. Liebevoll und behutsam machte sie nach der Anleitung Sinnesstimulationen über die Haut und beobachtete genau, wann sich bei Angela Regungen zeigten. Sie ließ sich »vom Kind führen«. Kein Therapeut hätte das besser machen können. Somit konnten die Hausbesuche nach kurzer Zeit eingestellt werden.

Vom Einfallsreichtum dieser Mutter habe ich viel lernen können. Sie hatte z.B. bei ihrem Kind etwas erreicht, was Ärzte für unmöglich hielten: Angela war trocken und sauber. Die Mutter hatte einen Trick gefunden, der zur Gewohnheit geworden war und auch funktionierte. 20 Minuten nach einer Mahlzeit setzte sie das Mädchen auf einen Topf in der Sofaecke, in der es genügend Halt hatte, zog ihm Socken und Strümpfe aus, holte eine flache Schüssel mit warmem (nicht heißem) Wasser und stellte Angelas Füße hinein. Nach einer Weile wirkte die Erwärmung wohl lösend und entspannend, man konnte hören, wie der Urin ins Töpfchen floß. Diesen Vorgang wiederholte sie nach Angelas biologischer Uhr, und auch der morgendliche Stuhlgang wurde in gleicher Weise abgefangen. Diesen »Trick« habe ich manchmal weitervermitteln können. Aber nicht alle Mütter sind genial. Das hatte ich zuerst nicht bedacht, und eine Mutter versetzte ihrem Kind durch zu heißes Wasser einen Schock. Man muß diese Prozedur zusammen mit der Mutter durchführen. Auch der Hinweis auf handwarmes Wasser genügt nicht. Die Füße eines Kindes sind meistens empfindlicher als die Hände der Mutter.

Es gibt mehrere solche Schicksale wie dasjenige von Angela. Eine selbständige Lebensführung liegt nicht im Rahmen der Möglichkeiten, aber jeder kleinste Schritt auf dem Weg der Wahrnehmungserfahrung hat für die Seele einen bleibenden Wert. Durch die Bemühungen des Kindes und das einfühlsame Eingehen der betreuenden Personen darauf entsteht, wie in jedem schöpferischen Prozeß, etwas Neues: Ein zarter Sproß der Freude und der Liebe beginnt zu keimen, ja sogar ein Gefühl von Glücklichsein kann sich beim Kind entfalten. Ihm solche Erfahrungen vorzuenthalten und es in seinem Zustand zu belassen, gleicht einer Unterlassungssünde; einer Unterlassungssünde gegen die Menschenwürde und sein angeborenes Recht.

Oft genug hat sich herausgestellt, daß sich der Erwachsene von einer Behinderung täuschen läßt und die Gedankenwahrnehmung und -bildung der kommunikationslosen Kinder total unterschätzt. Das hat sich sowohl bei tauben wie auch bei spastisch gelähmten Kindern gezeigt und ist jetzt auch für Autisten (durch FC) festgestellt. Man kann jedenfalls davon ausgehen, daß die Kinder auf gewisse Sinnesreize reagieren und daß diese zum Erlebnis werden können. Dadurch kann auch eine »seelische Sättigung« des Kindes erfolgen. Es können Gesichts- oder Höreindrücke, Temperatur-, Berührungs- oder Druckempfindungen sein. Auch Vestibularreizungen (Schaukeln) werden mehr oder weniger bewußt wahrgenommen. Es gibt tausend Varianten, ein Aufmerken zu erreichen. Manchmal freilich muß ein bestimmter Sinn (z.B. die Haut wegen Übersensibilität) zuerst desensibilisiert werden. Ein kleines Glöckchen, am Fuß- oder Handgelenk befestigt, kann ein Kind bemerken lassen, daß es durch seine Bewegung selbst etwas auszulösen vermag. Durch das Drücken eines Balles, einer Puppe oder dgl. kann es vielleicht einen quietschenden Ton auslösen. Eine Mutter zeigte mir, wie sie ihr Kind auf eine Art Luftmatratze mit verschieden tönenden Segmenten gelegt hatte, die bei jeder Lageveränderung oder durch Druck ertönten. Die Töne waren nicht sauber, und ich war nicht sehr beglückt darüber, mußte aber zugeben, daß die Eltern auf diese Weise beim Kind ein Verständnis für den Zusammenhang zwischen Bewegung und Ton erreicht hatten, das sich auch nach dem Einführen einer kleinen pentatonischen Kinderharfe bewährte.

Manchmal muß man schon bereit sein, zu solchen »Krücken« zu greifen, bevor die eigentlich therapeutisch wirkenden Mittel angewendet werden können. Das gilt z.B. für die kleinen Kindermundharmonikas aus Plastik. Sie haben sich außerordentlich bewährt, wenn es darum ging, ein schwer behindertes Kind zur Entdeckung seiner Atmung zu bringen und es bemerken zu lassen, daß es durch diese auch Töne hervorzaubern kann. Gelingt das und läßt dadurch das Sabbern nach, kann man zu qualitativ besseren Instrumenten greifen.

In diesem Zusammenhang möchte ich noch einmal auf den mehrfach behinderten *Tobias* zurückkommen (siehe Seite 127). Er gehörte zu den Kindern »ohne Alter«. Mit seinen 12 Jahren hatte dieser blinde Junge bei oberflächlicher Betrachtung den Entwicklungsstand eines Babys. Er war spastisch gelähmt, saß im Rollstuhl, konnte die Hände nicht gezielt bewegen und nur undeutlich sprechen. Außerdem litt er an epileptischen Anfällen und hatte keine Berührungswahrnehmung. Er atmete flach und sabberte stark, aber seine oberen Sinne waren, wie sich herausstellte, in keiner Weise gestört. Sein Gehör und sein Gedächtnis waren ausgezeichnet. Er hörte gerne Radio und versuchte, einzelne Töne und Melodien mitzusingen. Dieses letztere war für mich ein Ansatzpunkt. Tobias hat viele billige Plastikinstrumente verschlissen. Er konnte sie selbst nicht halten, aber sie anpusten und den Kopf bewegen. Seine Atmung wurde tiefer, und auch das Sabbern verbesserte sich soweit, daß kleine, sauber klingende echte Mundharmonikas besorgt werden konnten. Schließlich wurde er auch zur ambulanten Behandlung ins Institut gebracht, und eine zweite Heilpädagogin, die unendlich viele Kinder- und Volkslieder kannte und diese auch auf Kantelen und sogenannten »Gärtner-Leiern« begleiten konnte, wurde hinzugezogen. Tobias bekam ein gutes Instrument, für das ein Gestell so um seinen Nacken konstruiert wurde, daß niemand mehr die Mundharmonika halten mußte. Ein gemeinsames Musizieren wurde möglich, denn Tobias wußte die richtigen Töne zu finden. Allerdings mußte die Mundharmonika einige Male geschüttelt und abgetrocknet, und schließlich – wenn sie zu naß war – das Spiel beendet werden. Tobias lachte gerne und zeigte immer wieder nicht nur einen ganz eigenen Witz, der weit über dem eines Kindes angesiedelt war, sondern nahm auch regen Anteil an den Gesprächen der Erwachsenen. Er hatte eben kein in Jahren zu schätzendes Entwicklungsalter (vgl. Heinz, Seite 19).

Wer in irgendeiner Weise mit schwerbehinderten Kindern zu tun hat, darf auf keinen Fall – ich möchte es noch einmal hervorheben – den Humor vergessen, denn auch er ist ein Faktor unter den Heilmitteln. Mein Arbeitsmaterial suche ich nicht nur unter Kinderspielwaren und auf Kunsthandwerksmärkten, sondern ab und an auch bei Scherzartikeln. Manchem Kind mit kraftlosen Händen gelingt womöglich das Drücken eines kleinen Gummiballs, wenn es bemerkt, daß dadurch der Suppenteller des Nachbarn zu wackeln anfängt. Einem Kind, das keine Kerze ausblasen kann, gelingt es jedoch, seinem Gegenüber einen »Blasrüssel« ins Gesicht zu pusten. Mancher Kitsch kann – zeitlich begrenzt – durchaus seine Berechtigung haben, darf aber nicht unappetitlich sein, Schrecken auslösen oder das Kind in irgendeiner Weise gefährden.

Für jedes Kind muß etwas entdeckt werden, worauf es reagiert. Unruhigen tatenlosen Händen kann es eine Hilfe sein, die Erdanziehung zu erleben, indem sie ein Gewicht zu halten versuchen (über dem Tisch). Ich verwendete dafür eine schwere Eisenkugel von der Größe einer Orange. Oder: Für schwer verhaltensgestörte hyperaktive Kinder kann es beruhigend sein, einen Gummiklumpen immer wieder neu formen, ziehen, kneten zu dürfen und so ihre rastlosen Finger zu kreativer Tätigkeit anzuhalten. Sie beginnen tiefer zu atmen und entspannen sich etwas. Es gibt spezielles Therapiegummi, das z.B. nach Handverletzungen verordnet wird. Es hat jedoch eine etwas eklige Hautfarbe. Ich habe meistens die blauen Typenreiniger verwendet, die in kleinen blauen Plastikschachteln verwahrt werden. Diese sind auch Eltern zu empfehlen, die mit ihren hyperaktiven Kindern lange Wartezeiten beim Arzt, bei Behörden oder in Restaurants verbringen müssen.

Die im Handel angebotenen und empfohlenen Standardkoffer, die eine Reihe von Hilfs- und Spielgegenständen für die mobile Frühförderung enthalten, habe ich immer vermieden. Erstens wirken sie auf die Mutter befremdend professionell, zweitens ist ein individuell für das jeweilige Kind zusammengestellter Korb, den es aus- und einpacken, oder ein Rucksack mit Riemen und Schnallen, an dem es herumspielen kann, viel interessanter. Auch aus hygienischen Gesichtspunkten ist es angebracht, weitgehend gesonderte Körbe oder getrenntes Material zu verwenden. Außerdem ist es völlig verfehlt, einem größeren schwer behinderten Kind »Babykram« anzubieten, das wirkt auf eine Mutter deprimierend.

Manche Mütter – gelegentlich auch Väter – sind außerordentlich erfindungsreich, wenn es darum geht, das für ihr Kind hilfreiche Material herzustellen. Eines Tages rief mich eine Mutter an: Ob es mir wohl möglich wäre, ins Kinderkrankenhaus zu kommen und sie zu beraten. Sie pflegte dort seit einigen Tagen ihren 5jährigen Sohn *Nils*, der jetzt zeitweilig aus seinem Koma erwachte. Er war im Heimatort verunglückt und per Hubschrauber nach Hamburg gebracht worden. Als ich am nächsten Tag ins Krankenzimmer trat, mußte ich über diese Mutter und über alles, was sie bis jetzt fertiggebracht hatte, staunen. Sie hatte es erreicht – wie, ist mir schleierhaft –, daß sie Nils auf dem Boden betten durfte. Sie hatte stundenlang das Lager mit ihm geteilt, ihn an sich gedrückt und ihm seine Lieblingslieder und alte Weisen vorgesungen. Sie hatte Lageveränderungen vorgenommen und ihn mittels Verbandsmaterial abgestützt, ihn gestreichelt und gehätschelt. Jetzt hatte sie ihm für seine »helleren« Momente Puppe und Spielzeug aus Verbandsmaterial hergestellt. Darunter befand sich auch ein elastischer Armverband, ein Schlauch, den sie mit allerlei Kram gefüllt und durch Zubinden in Segmente eingeteilt hatte: eine herrliche Raupe zum Betasten. Ich ließ ihr einen echten kleinen Schwamm da, den sie, feucht und mit mildem Duftstoff präpariert, zum Anregen von Nils Haut und Händen verwenden konnte (Geruchs-, Tast- und Bewegungssinn), und riet zum Anschaffen einer den Wärmeorganismus anregenden Kupferkugel (auch für das Rollen an den Füßen). Im Grunde genommen hatte sie bisher durch Invention das richtige getan, und es stellte sich heraus, daß sie die kleine Kinderharfe kannte und von einer Bekannten auch ausleihen konnte. Später habe ich erfahren, daß die Heilung schnell voranschritt und Nils bald nach Hause in häusliche Pflege entlassen werden konnte. Wie es ihm weiter ergangen ist, weiß ich leider nicht.

Das ist eine schmerzhafte Erfahrung der Heilpädagogen in der Entwicklungshilfe bei kleinen Kindern: Man gibt einmal einen Rat, übernimmt für einen kürzeren oder längeren Zeitabschnitt die Behandlung und verliert danach das Kind aus den Augen. Es sei denn, man kann es in eine Gruppe übernehmen, die man selbst oder ein Kollege betreut. Manchmal bleibt eine Verbindung dadurch bestehen, daß die Kinder in Kindergärten, Schulen oder Institute überwechseln, die ihrerseits den Kontakt suchen. Die Regel ist das jedoch nicht. An bestimmten »Knotenpunkten« ihres Lebens tauchen jedoch manche Kinder wieder auf. Sei es, weil die Eltern einen Schulwechsel anstreben, sei es, weil das Kind in ein Heim überwechselt oder eine beschützende Werkstatt gefunden werden muß. Oder weil es – davor bleiben auch Eltern von behinderten Kindern zuweilen nicht verschont – verstorben ist: Die Eltern melden sich und suchen das Gespräch.

Daß einem schwer behinderten Kind oft nur eine kurze Lebensspanne bemessen ist, gehört zu der Realität, mit der man als Heilpädagoge umzugehen hat. Manchmal erlebt man dieses Sterben mit und versucht, die Mutter in dieser schwierigen Situation zu stützen. Denn die Mutter eines behinderten Kindes erlebt den Verlust mindestens so schmerzlich, wenn nicht noch intensiver, wie andere betroffene Mütter. Der ständige nahe Umgang miteinander, die vielen Entsagungen, die die Mutter wegen ihres Kindes auf sich genommen hatte, haben eine Symbiose bewirkt, die bis in den Ätherleib hineinreicht. Sie hat das Gefühl, als ob ein Teil von ihr selbst weggerissen worden wäre, sie findet sich nur schwer wieder zurecht. Es ist nicht nur eine Lücke, sondern gleichsam ein ganzer Hohlraum um sie entstanden.

Wie kann man als Heilpädagoge einem solchen Schicksal gegenübertreten, wie helfen, wie trösten? Es gibt m.E. nur eine Möglichkeit, dem zu begegnen: indem man das Kind in der Erinnerung wieder »aufleben« läßt, mit der Mutter ins Gespräch kommt, sich Episoden erzählen läßt, Fotos anschaut etc. Man wird immer auf Gegebenheiten stoßen, die auf den Sinn des gelebten Lebens hindeuten, die Individualität deutlicher erkennen lassen oder einiges aufzeigen, was ohne dieses Dasein nicht zustandegekommen wäre. Von der Entdeckung dieser Gegebenheiten schrieb mir eine Mutter wenige Monate nach dem Verlust ihres 16jährigen Sohnes Sönke.

Sönke war noch kein Jahr alt, als ich ihn kennenlernte. Die Mutter brachte ihn in einer Tragetasche ins Institut. Die Entfernung vom Wohnort war weit, und so wurde zunächst eine ambulante Therapie verabredet, die später von Kollegen und einer mobilen Frühförderung ergänzt wurde. Sönke war ein mehrfach schwer behindertes Kind, und es ging vorrangig darum, seine Wahrnehmungen zu intensivieren, Aufmerksamkeit und Nachahmungsvermögen zu wecken. Seine Entwicklung verlief stark retardiert, aber er lernte im 3. Lebensjahr das Sitzen und schließlich auch, sich selbständig hinzulegen und wieder hinzusetzen. Dann fand er endlich einen Platz in einem nahegelegenen Sonderkindergarten, und ich verlor ihn aus den Augen. In meiner Erinnerung lebt er als ein 2- bis 3jähriger, äußerst freundlicher, aber in sich verschlossener Junge. Dem Brief der Mutter waren Kopien eines Fotoalbums beigefügt. Er hatte sich prächtig entwickelt und zwischen dem 10. und 12. Lebensjahr auch das Laufen erlernt, das Sprechen und selbständige Essen jedoch noch nicht. Es stellte sich heraus, daß Sönke eine heilpädagogische Schule besucht hatte. Ich konnte das auch an den Fotos erkennen. Er hatte an Klassenspielen teilgenommen. Lange schaute ich mir das Bild vom Krippenspiel (Drei-Königs-Spiel) an. Er ist darauf als einer der Engel zu erkennen – gut ein halbes Jahr vor seinem Tod.

Es fielen mir dabei die Gestalt der Mignon aus Goethes »Wilhelm Meisters Lehrjahre« ein und die bewegenden Verse, die sie beim Ausziehen eines Engelsgewands spricht.

So laßt mich scheinen, bis ich werde;
Zieht mir das weiße Kleid nicht aus!
Ich eile von der schönen Erde
Hinab in jenes feste Haus.

Dort ruh ich eine kleine Stille,
Dann öffnet sich der frische Blick,
Ich lasse dann die reine Hülle,
Den Gürtel und den Kranz zurück.

Und jene himmlischen Gestalten,
Sie fragen nicht nach Mann und Weib,
Und keine Kleider, keine Falten
Umgeben den verklärten Leib.

Zwar lebt ich ohne Sorg und Mühe;
Doch fühlt ich tiefen Schmerz genug;
Vor Kummer altert ich zu frühe
Macht mich auf ewig wieder jung!

Sönke hat seinen Erdenweg vollendet; was er bewirkt hat, lebt aber weiter und wird ihn auch begleiten. Mit zwei Sätzen aus dem Brief seiner Mutter möchte ich (mit ihrem Einverständnis) dieses Kapitel beschließen: »Trotz allem empfinde ich auch manchmal ein Gefühl der Dankbarkeit, dafür, daß ich Sönke als Kind haben durfte, solch ein reines und aufrichtiges Wesen, das seine Zuneigung bedingungslos schenkte und so tapfer durchs Leben gegangen ist. [...] Ich bin stolz auf ihn, weil er auch vieles in Bewegung gesetzt hat, unwissentlich.«

Integration – aber wie?

Das Wort Integration ist geradezu ein Modewort geworden. Fremde Völkergruppen, Anderssprachige und Flüchtlinge können und sollen selbstverständlich in die Gesellschaft integriert werden. Wenn es aber um den Behinderten geht, ist der Ausdruck eigentlich nicht angebracht, denn genaugenommen kann nur das integriert werden, was noch nicht dazu gehört. *Behinderte sollten erst gar nicht ausgesondert werden.* Wie kann das bei Kindern verhindert werden, ohne daß ihr berechtigter Anspruch auf eine spezielle, ihnen notwendige Hilfe vernachlässigt wird? Denn ein »Mehr« an Zuwendungen benötigen sie allemal. Ob ihnen dieses »Mehr« in Regeleinrichtungen geboten werden kann, ist fraglich und müßte von Fall zu Fall geprüft werden. Denn das Problem ist keinesfalls damit zu lösen, daß man ein mehr oder weniger behindertes Kind in irgendeine Gruppe oder Klasse setzt und glaubt, es sei damit schon integriert.

Es hat – wenn es mit den Anforderungen nicht Schritt halten kann – wenig davon. Und die meisten merken sehr wohl, daß sie auf Rücksicht angewiesen sind, und lernen vielfach weniger, als sie lernen könnten, wenn die Lernschritte ihnen gemäß wären. Für manches Kind ist es unerträglich, in der Schule zu hören: »Es kann dies nicht und kann das nicht – es ist ja behindert.« Nun: Was kann es statt dessen – wie soll sich denn sein Selbstwertgefühl entwickeln können? Es ist wirklich absurd, wie das Durchschnittskind zum Maß aller Dinge bzw. aller Erziehung gemacht worden ist.

Die nicht-behinderten Kinder profitieren vom Umgang mit Behinderungen in mancher Beziehung. Sie lernen andere Probleme kennen, sie üben Sozialverhalten, Rücksicht und Hilfsbereitschaft. Aber genau das gleiche Recht steht einem behinderten Kind zu! Auch das behinderte Kind möchte sich gerne nützlich machen oder sich einem schwächeren hilfespendend zuwenden. Kinder sind gewiß oft rücksichtslos, aber aus Unverstand, denn im Grunde ist jedes Kind hilfsbereit und liebefähig, sofern der Erwachsene es nicht verbogen hat. Helfen zu können, macht ein Kind stolz und hebt sein Selbstwertgefühl. Dieses Faktum wird in modernen Einrichtungen für Behinderte nur allzu oft außer acht gelassen. Die Kinder werden nach ihren Behinderungen und Diagnosen »sortiert« und in Sonderschulen und Kindergärten für eine bestimmte »Sparte« zusammengeführt.

Bei blinden oder tauben Kindern ist dieses Vorgehen sehr verständlich, weil sowohl die Unterrichtsgestaltung wie auch das benötigte Material sehr unterschiedlich sind. Das hat aber den Nachteil, daß sie nur unter ihresgleichen sind. Wie sie das empfinden, kann individuell sehr unterschiedlich sein. Ein taubes Kind wird sich, nachdem es die Gebärden- oder Taubstummensprache erlernt hat, sicher nur dort richtig wohlfühlen, wo es diese Kommunikationsmöglichkeiten auch anwenden kann, aber für die seelische Entwicklung wäre das Zusammensein mit anderen ungewöhnlichen Kindern weitaus förderlicher. Von einem blinden Jungen, der in einem integrativen Kindergarten untergebracht worden war, hörte ich, daß es massive Probleme gegeben hatte: Der Junge war tief enttäuscht, weil er zuwenig von dem erfassen konnte, was seine Spielkameraden bewegte. Stürzten sie plötzlich ans Fenster, wenn sie etwas gesehen hatten, blieb er verlassen sitzen. Wenn ihn jemand kniff, wußte er nicht, wer es war, und konnte nicht dementsprechend reagieren. Er weigerte sich schließlich, in diesen Kindergarten zu gehen, und es ging sogar so weit, daß er, wenn ein anderes Kind sich ihm näherte, um mit ihm zu spielen, sagte: »Bist du blind? Sonst spiele ich nicht mit dir.« Bei einem anderen blinden Jungen dagegen verlief der Besuch eines kleinen privaten Kindergartens einige Jahre zur vollen Zufriedenheit (siehe Bruno, Seite 33). Dennoch entwickelte er gewisse Stereotypien und benötigte schließlich heilpädagogische Unterstützung – er war unmerklich vereinsamt.

Ein anderes, spastisch gelähmtes Kind fühlte sich immer als Außenseiter in einer Grundschulklasse, bis die Eltern den Jungen in eine Sonderschule für körperbehinderte Kinder überwechseln ließen. Er erlebte zum ersten Mal, daß es auf der Welt noch andere Spastiker gibt, die genau die gleichen Probleme haben wie er. Von diesem Moment an überwand er seine Minderwertigkeitsgefühle und lernte, seine eigenen Möglichkeiten und Grenzen richtig einzuschätzen.

Genau darum sollte es gehen, wenn über die Rehabilitation von Behinderten gesprochen wird. Es müßte ihnen bereits in der Kindheit die Möglichkeit gegeben werden, eigene Grenzen und Stärken kennenzulernen. Das scheint mir nur durch die Aufnahme in einen heilpädagogischen Kindergarten möglich, in dem ausreichend qualifizierte Mitarbeiter tätig sind. Denn nur diese sind in der Lage, den verschiedenen Behinderungen gerecht zu werden. Die Kinder können in Gruppen zusammengefaßt, für die notwendigen Maßnahmen aber gesondert betreut werden.

Das geistig behinderte, das »schwach-sinnige« Kind lernt dann, daß es dem körperbehinderten eine Hilfe zu sein vermag. Daß es z.B. den Rollstuhl schieben kann, läßt es voller Stolz strahlen. Oder ein verhaltensgestörtes Kind macht die Erfahrung, daß ein »schwach-sinniges« Kind ihm zulächelt, daß es auf seine Hilfe vertraut und sich durch ungezogene Wörter oder Gesten, die es nicht versteht, nicht aus der Ruhe bringen läßt. Jeder lernt eben des anderen Probleme kennen und merkt, was er nicht kann, aber auch, was ihm besser als seinem kleinen Nachbarn gelingt. Das festigt das Selbstwertgefühl und die eigene Position in der Gruppe. Die so erworbene Sicherheit kommt dem behinderten Kind zugute, wenn man sich nach einer gewissen Zeit entschließt, es in einen Regel-Kindergarten oder eine Grundschule überwechseln zu lassen. Ganz abgesehen davon, daß es inzwischen viel gelernt hat, was ihm das »Mithalten-Können« erleichtert. Ohne diese Erfahrung der eigenen Stärke fühlt sich ein Kind auch bei sorgfältiger Sonderbetreuung in der Regeleinrichtung häufig fremd und überfordert – wie ein Nichtschwimmer unter Schwimmenden in immer tiefer werdenden Gewässern.

Mit dieser Einstellung rufe ich bei vielen Eltern höchste Empörung hervor, dessen bin ich mir bewußt, aber ich möchte diese Eltern bitten, einmal ehrlich zu überlegen, ob sie ihr Kind gut beobachtet haben und seine Bedürfnisse auch wirklich erkennen, oder ob nicht ihr eigenes Wunschdenken im Vordergrund steht. Zu oft habe ich die Spannungen zwischen Eltern körper- und sogenannter geistig-seelisch behinderter Kinder miterlebt. »*Mein* Kind soll unter normalen Kindern aufwachsen und nicht mit ›denen da‹.« Genau das, was sie den Eltern der normalen, pflegeleichten Kinder vorwerfen, *praktizieren sie selbst.* Sie stellen Normen und eine Rangordnung auf, an denen zwar ihr eigenes Kind teilhaben soll, aber ja keine schwächeren Kinder. Dabei fehlt ihnen meistens die fachliche Kompetenz, um beurteilen zu können, wer schwächer ist (siehe Birthe, Seite 44). Eine schöne *Grunderfahrung* des menschlichen Miteinanderlebens bleibt ihrem Kind dann vorenthalten.

Es wird hier gewiß nicht die Meinung vertreten, man solle eine individuelle Begabung unter anders oder geringer begabten Kindern verkümmern lassen, wie es leider heute noch des öfteren vorkommt – insbesondere bei sprachgestörten Kindern, die sich nicht artikulieren können. Ich hoffe aber, daß durch die bisherigen Ausführungen deutlich genug geworden ist, wie sehr die Beobachtungsgabe vom Erzieher verlangt und gefordert wird. Ein Kind darf niemals stehengelassen, es darf aber auch nicht gedrängt und nicht alleingelassen werden. Es muß sich »streichelnd begleitet« fühlen können. Für einen guten Beobachter kann gerade das Spielen behinderter Kinder miteinander sehr aufschlußreich sein und ihm andeuten, welche Schwerpunkte bei therapeutischen Maßnahmen gesetzt werden müssen. Natürlich muß bei der Zusammensetzung der Gruppe darauf geachtet werden, welche wechselseitigen Förderungsmaßnahmen die Kinder untereinander ausüben können. *Besonders sprachbehinderte Kinder sind sehr darauf angewiesen, sowohl mit normalsprechenden als auch mit gleichbetroffenen Kindern zusammen zu sein. Ein Sonderkindergarten nur für sprachbehinderte Kinder ist eigentlich ein Unding.*

In einem heilpädagogischen Kindergarten steht man oft vor der Frage: Kann ich mit gutem Gewissen dieses Kind aufnehmen? Z.B. ein blindes Kind? Wie kann ich es fördern? Welcher Mitarbeiter bringt die Voraussetzungen mit, um die notwendige Sensibilisierung des Tast- und Orientierungssinns bei diesem Kind zu schulen? Oder sollte für gewisse Förderstunden eine spezielle Honorarkraft, die dies übernehmen kann, angestellt werden? Kann ein taubes Kind aufgenommen werden? Wer beherrscht die Gebärdensprache?

Wenn Eltern die Aufnahme eines Kindes in einen Regelkindergarten anstreben, muß man sich fragen: Inwieweit hat das Kind wirklich einen Nutzen davon? Bei verhaltensgestörten Kindern und bei Kindern mit Leistungsdefiziten, psychischer Labilität und Hirnfunktionsstörungen, denen man ihre Behinderung so gar nicht ansieht, kann der Besuch eines Regelkindergartens zur Katastrophe führen. Die Erfahrung zeigt, daß die Kinder unbedingt erst gruppenfähig werden müssen, sonst beginnt der Leidensweg von Kindergarten zu Kindergarten. Sie werden als untragbare Störenfriede einfach herausgesetzt und gewinnen keine Freunde. Das gleiche gilt für frühbegabte Kinder mit Teilleistungsstörungen (vgl. Thomas, Seite 40).

Ideal wäre es, wenn jedes neugeborene Kind sorgfältig in seiner Entwicklung und in seinen Willensintentionen begleitet würde und, wenn notwendig, die entsprechende Frühförderung erhielte. Wenn sich zeigt, daß Entwicklungsabweichungen bestehen, wird ein heilpädagogisch ausgerichteter Kindergarten gewählt, in dem die Frühförderung fortgesetzt werden kann. Hat sich das Kind in einer Gruppe mit anderen behinderten Kindern gut eingelebt, ist es selbständig geworden und findet im sozialen Zusammenhang sein Betätigungsfeld, dann ist die Zeit gekommen, in der es sich in einer größeren Regelgruppe behaupten und auch davon profitieren kann. Dann sollte eine passende Einrichtung gesucht werden. Manche Kinder brauchen jedoch den Schonraum noch längere Zeit, besonders dann, wenn ihre Behinderung erst spät entdeckt wurde oder in früher Kindheit durch Unfall oder Krankheit eintrat. Sie werden dann in der Regel noch ein Jahr vom Schulbesuch zurückgestellt.

Welche Schule anschließend gewählt wird, muß verantwortungsbewußt durchdacht und von den *Bedürfnissen des Kindes* aus betrachtet werden. Wird es besser in einer Sonderschule gedeihen, oder kann man es schon einer großen Grundschulklasse aussetzen? Eines sollte man auf keinen Fall vergessen: Die Wahrnehmungskulisse in einer Schule erscheint den behinderten Kindern in den meisten Fällen – sofern nicht in allen Sinnesbereichen »Schwach-Sinn« vorherrscht – allzu vielfältig. Da ihr Erleben außerordentlich intensiv ist, werden sie schnell überfordert und übermüdet. Eine Schulstunde ist für einen kleinen Sonderling weitaus anstrengender als für ein Kind mit durchschnittlicher Reizwahrnehmung. Sein Problem beginnt bereits mit dem Geräuschpegel. In einer lärmenden Großklasse ist alles zu laut. Nach kurzer Zeit ist das sensible Kind total erschöpft, oder es reagiert aggressiv (siehe Gehörsinn, Seite 189). Viele Gesichtseindrücke huschen an seinem Blick vorbei – helles Licht, bunte Kleidung, tollende Kinder, Blumen in den Fenstern, Bilder an den Wänden, Symbole an der Tafel usw. Es dauert einige Zeit, bis es lernt, alle diese Eindrücke zu verarbeiten, ja bis es lernt, über sie hinwegzusehen, hinwegzuhören.

Wenn eine »kleine Klasse« nicht aufzutreiben ist, muß für ausreichend viele oder längere Pausen sowie einen Ruheraum gesorgt und im Unterrichtsverlauf eine größere Flexibilität angestrebt werden. Die Kinder mit Problemen sollten sich zurückziehen können, eine kürzere Verweildauer in der Klasse haben dürfen und zusätzlich eine Förderung in kleineren Gruppen oder notfalls auch einzeln erhalten.

Das Klassenpensum zu erreichen, ist nicht so wichtig wie das Eingebundensein und sich *Wohlfühlen* in der Gemeinschaft. Dieses Faktum sollte die Familie und das soziale Umfeld vor Augen haben und dafür sorgen, daß keine Kinder aus ihm ausgesondert werden – dann müssen sie nicht erst künstlich wieder integriert werden. Den Anschluß an das geforderte Bildungsziel der Schulen werden sie unter Umständen erst viel später erreichen oder, aufgrund einer schwereren Behinderung, gar nicht anstreben können. Als Individualitäten mit eigenem

Schicksal haben sie Anspruch auf unterstützende Hilfsmaßnahmen, ganz gleich, ob ersichtliche schulische Erfolge zu verzeichnen sind oder nicht.

Es gibt heute Kindergärten, die sich nach verschiedenen Gesichtspunkten um »Integrationsmodelle« bemühen. Sie arbeiten z.B. nach Montessori, nach bewegungs-therapeutischen oder anderen Methoden. Darunter wird der eine oder andere Kindergarten sein, dessen Leiter oder Leiterin Geschick und Gespür für die Probleme des behinderten, besonders des kognitiv behinderten Kindes mitbringt und es ganz hervorragend fördern kann. Die Regel ist das leider nicht. Allzu oft werden die Kinder nur behütet oder umsorgt wie ein zur Gruppe gehörendes Maskottchen, oder sie werden nach dem Motto »mitgehangen, mitgefangen« einfach mitgeschleppt.

Die Überforderung zeigt sich dann zu Hause in Übermüdung, Unruhe und Schlaflosigkeit, manchmal sogar in Angstzuständen. Auf jeden Fall muß die Wirkung des Kindergartenbesuchs auf das Kind sorgfältig beobachtet werden, und es sollte eine zusätzliche Beratung von kompetenter Seite erfolgen. Eine Ausnahme bilden die freundlichen, anschmiegsamen Down-Syndrom-Kinder mit ihrer großen Herzlichkeit. Da sie meistens sehr gut imitieren können, profitieren sie auch von einem Aufenthalt in einem Regelkindergarten, wohlgemerkt, wenn auch sie mit kleinen Aufgaben, die sie bewältigen können, betreut werden. Daß sie nicht so recht mithalten können, bemerken sie kaum, denn zumeist zeigt sich ihr Begriffssinn durch ihre Konstitution erheblich gehemmt. Diejenigen freilich, bei denen dies weniger der Fall ist, fühlen sich überfordert und entwickeln dann häufig ein äußerst aggressives Verhalten. Davor sollte man sie bewahren. Durch kleine Lernschritte und stetige Wiederholungen sind erstaunliche Entwicklungsfortschritte möglich. Das sollte auch in Regelkindergärten beachtet werden. Aber die Gefahr ist groß, daß diese Lernfähigkeit, wenn das Kind so schön integriert ist, völlig vernachlässigt wird. Das dürfte auf keinen Fall geschehen.

Eine weitere Gefahr muß in diesem Zusammenhang erwähnt werden. Sie betrifft den Kindergarten, der unter der Bezeichnung *Betriebs-Kindergarten* manchen Institutionen angegliedert ist. In diesen Kindergärten werden die Mitarbeiter-Kinder eines Instituts, Krankenhauses oder einer Sonderschule betreut. Gleichzeitig nennt sich der Kindergarten »Integrativer Kindergarten« und nimmt, meistens um die freien Plätze zu füllen, noch Kinder auf, die im Institut behandelt wurden oder noch werden oder später dort zur Schule gehen sollen. Das ergibt zuweilen die groteske Situation, daß manchmal eine größere Gruppe behinderter Kinder zusammen mit 2 bis 4 Kindern von Mitarbeitern, die sonst einen Regel-Kindergarten besuchen würden, betreut werden. Das ist für ein fröhliches, gesundes und natürlich entwickeltes Kleinkind eine zu große Belastung, denn auch dieses braucht für seine gesunde Entwicklung Vorbilder zur Nachahmung. Werden Gruppen gemischt, muß also auch auf ein gutes Verhältnis geachtet werden. Mindestens die Hälfte der Kinder sollten »Regelkinder« sein, die anderen kleine Sonderlinge von unterschiedlicher Behinderung, denn ein einzelnes behindertes Kind wäre isoliert.

Mancher Erzieher wird auch die Erfahrung gemacht haben, daß bisher unauffällige Kinder ganz plötzlich sehr auffällig wurden und aus dem Rahmen fielen. Was kann man tun, damit sie nicht ausgesondert werden? Sei es, daß sie Spezialbegabungen aufweisen und nicht ausgelastet waren, sei es, daß sie von unentdeckten Leistungsschwächen oder Perzeptionsstörungen betroffen sind, sie brauchen auf jeden Fall eine behutsame Sinnespflege. Somit kommt ein Erzieher gar nicht umhin, sich mit Wahrnehmungsproblemen und Perzeptionsstörungen zu befassen.

Auch im Interesse der »Regelkinder«, die häufig nervös, aggressiv und unkonzentriert sind, wäre es gut, wenn sich der Erzieher mehr Kenntnisse im Geschicklichkeitstraining und in sprachlich-rhythmischen Übungen verschaffen würde. Ansonsten sollte es doch möglich sein, einen Heilpädagogen oder Bewegungstherapeuten mindestens für einige Wochenstunden zusätzlich zu engagieren. Möglich wäre auch die Anschaffung von einfachen Hilfsmitteln – nicht aufwendige didaktische Spiele sind hier gemeint –, die spielerisch zu betätigen sind. Sie würden der Sinnesschulung aller betreuten Kinder dienen. Gleiches gilt für die Raumausstattung mit Geräten und Mobiliar.

Bevor ich einige solche Hilfsmittel vorstelle, bleibt noch nachzutragen, wie man sich Gruppen von Kindern mit unterschiedlicher Behinderung in ambulanter heilpädagogischer Betreuung praktisch vorzustellen hat und wie therapeutische Schwerpunkte gesetzt werden.

Sukzessive Gruppenbildung

Der erste Treffpunkt der Krabbelkinder in Großstädten ist meistens der Sandkasten. Die Mütter oder Betreuer sitzen im Park mit dem Kinderwagen, und sobald die Kleinen ein wenig herangewachsen sind, werden sie mit Förmchen und Eimerchen in den Sand gesetzt. Für viele Mütter ist es die erste Gelegenheit (abgesehen von behördlichen oder ärztlichen Wartezimmern), sich mit anderen Müttern über die Entwicklung ihrer Kinder auszutauschen. Dann gibt es plötzlich Geschrei und Rauferei im Sandkasten. Eines der Kinder hat dem anderen etwas weggenommen. Vielleicht ist ein bestimmtes Kind immer der Bösewicht und wird schließlich gemieden. Seine Mutter fühlt sich mit ihm ungeliebt und ausgestoßen. Je nach Veranlagung zieht sie sich zurück oder gerät in Zorn.

Das Kind ist kein Bösewicht, es kennt nur noch nicht das »Wechselspiel«. Kleinkinder ahmen nach und spielen parallel das gleiche. Das Miteinander-Spielen, das kommunikative, interaktive Spiel mit Gegenständen, setzt einen Reifegrad voraus, der zumeist erst im Laufalter erreicht wird. Vorher ist das Kind eben auch nicht »kindergartenreif«. Ein Kind mit Handikap, ein hyperaktives oder retardiertes Kind, findet nicht ohne Hilfe heraus, wie solch ein Wechselspiel zustandekommen kann. Es brummt mit seinem Auto, rollt seinen Ball. Wenn es einen anderen Ball oder ein anderes Auto sieht, will es in gleicher Weise mit diesem spielen. »Die Kinder werden sich schon einigen«, sagen einige Mütter unbesorgt – andere trennen die Kinder sofort. Für ein Kind mit Wahrnehmungsproblemen oder sonstigen Schwierigkeiten ist weder die eine noch die andere Haltung der Mutter eine Hilfe, es muß Schritt für Schritt lernen, d.h. gezeigt bekommen, wie Geben und Nehmen wechseln und ein interaktiver Handlungsablauf vor sich gehen kann; z.B. durch Hin- und Herrollen des Balls. Lernt es das nicht, droht ihm durch sein Fehlverhalten baldige Isolation.

Nicht spielen zu können, ist eines der typischen Merkmale entwicklungsgestörter Kinder. Dem sollte man sobald als möglich zuvorkommen. Wird die vertraute Umgebung nicht mehr den ganzen Tag benötigt und kann dem Kind ein Transport zugemutet werden, dann kann es mit seiner Bezugsperson in eine heilpädagogische Praxis bzw. in einen heilpädagogischen Kindergarten kommen. Ein Heilpädagoge wird die Stunde so einplanen, daß zwei Kinder eine Zeitlang zusammengeführt und gemeinsame Spiele angebahnt werden können. Nach einiger Zeit kann dann ein drittes Kind hinzukommen. So entsteht eine kleine Gruppe. Die Kinder fangen an, sich gegenseitig wahrzunehmen, und es kann mit einer Gruppentherapie begonnen werden, bei der sie voneinander lernen können. Gelegentlich kann auch ein schwer behindertes Kind eine Weile dabei sein, denn es profitiert durch Anschauen und Lauschen von der Anwesenheit anderer Kinder.

Sind die Kinder noch nicht aus der Krabbelphase heraus oder erheblich in ihrer Entwicklung gehemmt, bleibt die Gruppe auf 3 Kinder begrenzt. Falls ein zweiter Erwachsener mithilft, kann noch ein viertes und vielleicht ein fünftes Kind zusätzlich aufgenommen werden. Das ist in der Regel die Grenze. Oder die Gruppe wird geteilt, und ein oder zwei ältere, deutlich sprechende Kinder werden dazugenommen. Die Aufenthaltsdauer in einer Kindergruppe ist nach der Belastungsfähigkeit des Kindes und der vorgesehenen Therapiemaßnahme zu bemessen; die Therapieeinheit wird ein- bis dreimal wöchentlich wiederholt.

Ältere Kleinkinder und Vorschulgruppen kommen täglich. Damit auch das Sozialverhalten innerhalb eines größeren Verbands (Regelkindergarten oder Klasse) eingeübt werden kann, führen die Betreuer bei Kreisspielen, Spielen im Freien, Geburtstagsfeiern und anderen Festlichkeiten gelegentlich zwei oder mehrere Gruppen zusammen. Begleitende Eltern haben die Möglichkeit, in der Wartezeit Kontakt aufzunehmen und sich über ihre Probleme auszutauschen – selbstverständlich auch an Elternabenden. Darüber hinaus werden informative Kurse und Familienfreizeiten für sie angeboten.

Wie bereits hervorgehoben, ist in einem heilpädagogischen Kindergarten auf der hier vertretenen Basis der Rhythmus und die Wiederholung ein Mittel der Therapie. Jeder Tag hat seinen bestimmten Schwerpunkt, und es kann durchaus vorkommen, daß das eine oder andere Kind nur an bestimmten Tagen an bestimmten Maßnahmen teilnimmt, sei es die Bewegungstherapie, das Naß-in-Naß-Malen, das Backen, das feinmotorische Training, Musik- oder Sprachheilbehandlung. Das Selbständigkeitstraining, die Mahlzeit, das freie Spiel, Tänze und Reigenspiel füllen die Pausen und die restlichen Stunden. Die Kinder bemerken nicht, daß die Heilpädagogen nebenbei eine intensive Sinnesstimulation aller zwölf Sinne im Tagesablauf mit einplanen. Außerdem ist es für alle Kinder selbstverständlich, daß jedes einmal für eine Sondermaßnahme aus der Gruppe herausgeholt wird. Die Mutter muß nicht zusätzlich zu verschiedenen Therapeuten fahren. Sie befinden sich oder kommen fast ausnahmslos ins Institut, bis auf die Krankengymnastin. Da die Kinder in der Regel bereits vor ihrer Aufnahme in den Kindergarten krankengymnastisch betreut wurden, sollten sie bei der ihnen vertrauten Krankengymnastin bleiben.

Kinder, die kurz vor der Einschulung stehen oder ein Jahr von der Schule zurückgestellt wurden, erhalten zweimal in der Woche gesonderten »Vorschulunterricht«. Sie lernen mit Stiften und Heften umzugehen, einfache Symbole abzuzeichnen und, soweit möglich, rhythmisch zu zählen. Daß Sprache und

Atmung, Sprache und Bewegung nicht adäquat koordiniert werden können, ist eines der größten Probleme nicht nur bei den retardierten, sondern ebenfalls bei den hyperaktiven Kindern – ja sogar bei den Kindern, die man als kleine »Schlauberger« bezeichnet. Diese frühbegabten Kinder (mit überdurchschnittlichem Intelligenzquotienten), die zunehmend die Aufmerksamkeit der Öffentlichkeit auf sich ziehen, fallen oft dadurch auf, daß sie sehr schnell und schludrig sprechen. Ihre Sätze sind kurz, mit vielen Pausen und Wiederholungen. Meistens holen sie in schnappender Weise Luft und sprechen arhythmisch. Weil sie so schlau und pfiffig sind, besuchen sie vorerst keinen heilpädagogischen, sondern einen Regelkindergarten. Dort entwickeln sie, aufgrund ihrer hochgradigen Sensitivität, ein auffälliges Verhalten und erschweren das Leben der Erzieher, oder sie erscheinen, weil sie mit ihren Gedanken ganz woanders sind, verträumt und situationsblind. Dadurch können sie Gefahren auch nicht rechtzeitig erkennen und wirken unbeholfen. Viele ziehen sich nicht richtig an, machen ihre Jacke nicht zu und können keine Schleifen binden. Sie sind sozusagen im Nerven-Sinnes-System »hypertrophiert« und brauchen dringend eine Stärkung ihres rhythmischen Systems.

Das trifft auf fast alle ungewöhnlichen Kinder zu. Sie haben Probleme mit der Atmung, mit dem Sprechen und der Mund- und Handmotorik, mit der Geschicklichkeit und dem Gleichgewicht. Um dem abzuhelfen, ist neben der Sinnespflege eine intensive Sprachpflege erforderlich. Im Haus Mignon wurde eine spezielle »Sprachheilbehandlung auf psychomotorischer Basis« durchgeführt, die hier nur andeutungsweise vorgestellt werden kann. (Diese Gruppentherapie ist kein Ersatz für eine logopädische Einzelbehandlung. In leichteren Fällen kann sie einer solchen jedoch vorbeugen.) Neben den kleinen Versen und Sprüchen, die im Morgenkreis zur Begrüßung, zu den Mahlzeiten, bei Rollenspielen und als Abschluß vor dem Auseinandergehen gesprochen werden, findet als Schwerpunkt zweimal wöchentlich der »Sprachkreis« statt.

Der »Sprachkreis«

Die Kinder sitzen auf niedrigen Hockern (Spastiker auf Spezialstühlen) im Kreis. Diesen Kreis sollen sie versuchen selbst herzustellen. Soweit sie dazu fähig sind, tragen sie ihren Hocker selbst in den Raum. Sie schieben die Hocker zurecht – es wird zuerst immer wieder eine Reihe daraus. In der Vorstellung mit den Hockern einen Kreis zu bilden, erfordert für raumlagelabile Kinder intensive Übung. Scheint es sinnvoll, mehr als 5 Kinder teilnehmen zu lassen – es sollten zwei sprechende Kinder zur Anregung der Nachahmung dabei sein –, werden, je nach den Problemen der Kinder, 2 bis 3 Erwachsene teilnehmen.

Sobald die Kinder Platz genommen haben, fängt man mit einem kleinen Frage-Antwort-Spiel an, oder es wird durch Blinzelzeichen ein »Platz-Tausch-Spiel« oder ähnliches durchgeführt. Dann geht man zu den Versen über, die mit Finger-, Hand- und Armbewegungen und/oder Fußbewegungen begleitet werden. Bei ausgeprägtem Takt wird geklatscht, gestampft oder getrampelt. Mitunter schweigt der Erwachsene bei dem einen oder anderen Wort; vom Rhythmus getragen, finden die Kinder von allein die Fortsetzung. (Dieses Innehalten ist für die Aktivierung des Wortsinns außerordentlich wichtig.) Man kann solche Übungen tausendfach abändern und die Kinder unterschiedlich fordern. Von dem einfachen *Bim-Bam* mit Hin- und Herwiegen des Kopfes (durch Anfassen und Ziehen an den Ohrläppchen) oder einem

Lirum, Larum, Löffelstiel,
wer das schon kann,
der kann recht viel

mit Rührbewegungen aus dem Handgelenk (mit oder ohne Stäbchen) bis zu differenzierten Gebärden sind viele kreative Varianten möglich. Dem Kleinkindalter angemessen, werden vorwiegend Verse aus dem Volksgut ausgewählt, aber auch kleine humorvolle, spaßige Verse, Sprüchlein und Fingerspiele kommen zur Anwendung. Das Lachen tritt bei Kindern mit Handikap nicht so oft auf und sollte darum bewußt gepflegt werden, aber auch das Mitfühlen, z.B. mit Vögeln oder Häschen im Winter.

Winter, Winter du,
deckst die Häuser zu,
jeden Baum und Strauch,
Felder und Wiesen auch.
Wie wird dann das Häschen satt?
Findet nirgendwo ein Blatt,
nirgendwo ein Gräschen –
Armes Winterhäschen!

Es ist nicht erforderlich, daß die Kinder den Wortlaut von vornherein verstehen, entscheidend für die therapeutische Wirkung ist, daß ihr Gemüt durch Rhythmus und Melos berührt und ihr Wille geweckt wird. Davon geht dann, wie es so schön heißt: »der Mund über«, und die Entfaltung des Denksinns wird ebenfalls angespornt. An den beiden folgenden Beispielen unterschiedlicher Stimmung läßt sich vielleicht nachempfinden, wie ein solcher Vorgang ablaufen könnte.

1. Zunächst ein Vers mit kräftigem Rhythmus, der mit »Hammerschlägen« betont werden kann. Als Hammer und Amboß dienen die Fäustchen (die eine Faust auf dem Knie abgestützt) oder bei Vorschulkindern Rhythmusstäbchen.

Schmied – Schmied – Schmied,
nimm dein Hämmerlein mit.
Willst' den Gaul beschlagen,
mußt' dein Hämmerlein bei dir tragen.
Schmied – Schmied – Schmied,
nimm dein Hämmerlein mit.

2. Ein langsamer Rhythmus und ein (für Hamburger Kinder) vertrautes Bild.

Auf der Elbe fahren Schiffe,
kleine und große, hin und her,
und die allergrößten fahren
weit hinaus aufs Meer.
Tu-u-u-u-ut

Langsam werden die Arme angehoben und ausgebreitet, dabei sind die Zeigefinger hochgestellt (der Mast), und dann »gleiten« die so dargestellten Schiffe »hin und her«, aufeinander zu und aneinander vorbei und wieder in die Weite. Beim »Meer« sind die Arme ganz ausgebreitet. Beim »Tu-u-ut« werden die ausgestreckten Arme vor den Augen zusammengeführt. Beim letzten »t« gibt es einen leichten »Zusammenstoß«; wie auch zwischen Zunge und oberen Vorderzähnen. Das »u« muß mit schön gerundeten Lippen so lange ertönen, bis dem Kind die Luft aus der Lunge ganz herausgepreßt ist (Wirkung auf Rückenmarksflüssigkeit und Gehirn, siehe Seite 80). Die Sprache reguliert die Atmung – nicht umgekehrt. Sobald die Verse den Kindern vertraut sind, muß bei Wiederholungen sehr darauf geachtet werden, daß sich *kein Leiern* einschleicht. Es müßte dann unterbrochen und ein anderer Vers gewählt werden. Manche Kinder treffen gerne von sich aus eine Wahl; dem sollte man folgen.

Diese ganz der Sprache gewidmete Zeit ist eine starke Herausforderung an den Sprachorganismus und die Konzentrationsfähigkeit der Kinder. Sie leben sozusagen ganz im Element der Sprache, und es wäre falsch, dazwischen Lieder zu singen. Jede sonstige Tätigkeit und jedes Spiel kann mit Singen begleitet werden, aber der Wortsinn wird dadurch nicht aktiviert. Wird dann der Sprachkreis nach 20 bis 30 Minuten aufgelöst, muß ein behutsamer Übergang zu Bewegungsspielen gefunden werden. Es können Seifenblasen, Luftballons, Schleier, Federn etc. durch Pusten oder leichtes Antippen in die Luft gewirbelt werden. Umgedrehte Hocker laden zum Klettern, ein Brett lädt zum Balancieren ein. Kein Toben, sondern ein Lockern des Bewegungsorganismus (der dem Sprachsinn so konzentriert gedient hat) ist damit beabsichtigt. Nach und nach verlassen die Kinder dann den Raum – den »Sprachkreis« –, um in den gewohnten Tagesablauf zurückzukehren.

Die »Tischrunde« als Ort der Pflege von Gemeinsinn und Gespräch

In den Tageslauf zurückkehren, heißt zugleich: Es muß der Tisch zum Frühstück gedeckt werden. Davor muß aber das Waschbecken bzw. die Toilette aufgesucht werden. Je nach Alter und Zustand wird das Kind Hilfe brauchen. Selbständigkeit in allen täglichen Verrichtungen ist das angestrebte Ziel. Dabei sollte nicht vergessen werden, daß jeder Schritt auf dem Weg zur Selbständigkeit zugleich ein Weg zum Gemeinsinn sein muß. Kann ich mir selbst helfen, bin ich auch in der Lage, den anderen zu helfen. Diese Tatsache kann und sollte man den Kindern vor Augen halten und es ihnen zeigen. Das geht besonders gut beim Vorbereiten des Frühstücks. Wer Teller und Becher tragen kann, kann auch für die anderen den Tisch decken. Wer gelernt hat, seine Brotschnitten mit Butter oder Marmelade zu bestreichen, kann das auch für seine Nachbarn tun (nebenbei gesagt, kann – wenn kein gravierendes Handikap vorliegt – bereits ein 2jähriges Kind seine Schnitte mittels eines Holzmessers zurechtmachen). Nüsse für ein gemeinsames Müsli können geknackt, Apfelsinen oder Bananen geschält werden etc. Auch beim Abräumen kann geholfen werden, ebenso beim Blumengießen und dergleichen. An und für sich macht es den Kindern Freude, helfen zu können, das sollte man ihnen nicht durch Kritik oder Überforderung vermiesen. Nirgendwo kann der Gemeinsinn besser kultiviert werden als im Kindergarten. Das ist neben der einzelnen heilpädagogischen Maßnahme eine wichtige soziale Aufgabe, an die auch jedes ungewöhnliche Kind herangeführt werden sollte.

Auch die sprachliche Kommunikation, d.h. das Gespräch zwischen Kindern und Erwachsenen, läßt sich besonders gut bei Tisch pflegen. Zwar sollen die Kinder nicht mit vollem Mund sprechen, aber es ist unbestreitbar, daß die angeregte Kaumuskulatur und die gesteigerte Salivation (Speichelfluß) die Sprechlust erhöhen. Das kindliche Denken – die Erzähllust – wird durch den aktivierten Lebenssinn geweckt; dazu kommt die entspannende Wirkung des wohligen Geschmacksempfindens (vgl. Geschmackssinn, Seite 143).

Verstehen die Heilpädagogen diese Tischrunde geschickt zu nutzen, können sie den Wortschatz eines Kindes erheblich erweitern und das Bilden ganzer Sätze fördern. Beispielsweise statt »Milch!«: »Kann ich, bitte, mehr Milch haben?« Oder gegen Ende der Mahlzeit – wenn einige schon fertig sind – Ratespiele einführen wie: »Ich sehe was, was du nicht siehst; und das ist …« Wenn geschickte Fragen gestellt werden, werden die sprechfähigen Kinder auch von eigenen Erlebnissen erzählen und manches auszutauschen haben. Dabei lernen die ständigen Schwätzer, ihren Redefluß zu bändigen und zuzuhören; und die schnellen Esser lernen das Abwarten, ohne ungeduldig zu werden.

Die Vorschulgruppe

Steht einem kleinen Sonderling die Einschulung bevor, muß ihm unbedingt der Einstieg erleichtert werden. Bei Raumlagelabilität, bei mangelhafter Augen-Hand-Koordination, bei gespanntem Muskeltonus, bei Tremor oder verzögerten Bewegungsfunktionen werden sonst erhebliche Probleme beim Lesen-, Schreiben- und Rechnenlernen auftreten. Vor allen Dingen muß endgültig festgestellt werden, welche Hand – die rechte oder die linke – am besten in der Lage ist, den graphomotorischen Anforderungen zu genügen.

Für eine Übungsstunde werden zweimal wöchentlich 4 Kinder in ein schulmäßig ausgestattetes Zimmer geführt. Jedes Kind erhält ein eigenes unliniertes Heft im DIN A4-Format und einen dicken Farbbuntstift. Für das vorgesehene dynamische Schreiben (oder auch Zeichnen genannt) werden zwar Linien benötigt, diese müssen jedoch individuell den feinmotorischen Bewegungsfähigkeiten des Kindes angepaßt werden, d.h. der Heilpädagoge muß für jedes Kind ein geeignetes Linienblatt anfertigen. Für die ersten geraden Striche muß der Abstand zwischen den Linien meistens 2 bis 5 cm betragen.

Es ist von Vorteil, wenn das Kind bei jedem Strich, den es zieht – der mit Ansetzen und Druck gezogen wird –, auch zählt oder spricht (vgl. Seite 27). Das Mitzählen bindet den Blick an die Tätigkeit der Finger, und das gleichzeitige Sprechen verhindert bei den häufig arhythmischen Kindern, daß diese drei zusammengehörigen Komponenten auseinanderfallen. Bleibt dieses Manko bestehen, gelingt den Kindern ein korrektes Abzählen nicht. Auch das Weitergleiten mit der Hand fällt manchem Kind schwer, besonders gegen Ende der Zeile. Man muß ihm zunächst schon erlauben, sein Heft nach links herüberzuziehen – wenn es den Nachbarn stört, dann muß man eben die Kinder anders plazieren.

Erst wenn der Rhythmus von Drücken, Anheben und Weitergleiten dem Kind gelingt, können die Striche verkleinert und mit Aufstrich verbunden werden. Mit steigender Geschicklichkeit können Bögen, Schlaufen, Lemniskaten in dieser Weise eingeübt werden. Entscheidend ist der Wechsel zwischen dem zarten Aufstrich und dem deutlichen Abstrich und die Gewöhnung daran, mit Blick und Hand von links nach rechts zu gleiten. Auch der Linkshänder kann in dieser Weise arbeiten, wenn er seine Hand *oberhalb* der Linie halten und gleiten lassen darf. Auch das Abzeichnen einfacher Symbole von der Tafel kann geübt werden, ebenso das Zuhören und Nacherzählen. Mit einer solchen individuellen Starthilfe wird sich auch ein Kind mit Handikap schnell in einer Grundschulklasse behaupten können. Stehen nicht ausreichend Räume für Vorschule, Einzeltherapie, Elternaufenthalte etc. zu Verfügung, läßt sich meistens eine Lösung durch geschickte *Zeiteinteilung* finden. Für die Jüngsten genügen, wie erwähnt, 2 bis 3 Stunden zwei- oder dreimal wöchentlich vor- oder nachmittags. Ein Vormittag kann für die Hausfrühförderung reserviert werden. Ihren Sinn erfüllt eine institutionalisierte Einrichtung meinem Verständnis nach jedoch nur, wenn sie multidisziplinär arbeitet, wenn also zusätzliche Therapeuten (z.B. Heileurythmist, Musiktherapeut, Logopäde) zu bestimmten Terminen ins Haus kommen. Es sollte sowohl den Kindern als auch den Eltern erspart bleiben, zwischen verschiedenen Institutionen hin- und herfahren zu müssen. Die Kinder brauchen neben ihrem Zuhause noch einen zweiten Ort stetiger Nestwärme, einen Hort, in dem ihre Sinne und ihre Seele die notwendige Pflege erfahren.

Therapeutisches Spielmaterial

In einem heilpädagogischen Kindergarten werden viele Fördermittel verwendet, die in dem täglichen Spielverlauf genutzt und von den Kindern als Spielzeug empfunden werden können. Die gängigsten und beliebtesten sollen hier aufgeführt und die Einsatzmöglichkeiten, die sich bewährt haben, beschrieben werden.

Die Wollwinde Die Wollwinde ist ein idealer Gegenstand, um bei kleinen Kindern die Handgeschicklichkeit, Koordinationsfähigkeit und Ausdauer spielerisch zu steigern und die Seitendominanz zu stärken. Dazu kommt, daß die Winde leicht auf- und abmontiert werden kann, wenig Platz einnimmt und erschwinglich ist. Man erhält sie in Handarbeitsgeschäften und Wolle-Läden.

Für therapeutische Zwecke kommt nur hundertprozentige Wolle (bei Allergie-Kindern eventuell Baumwolle) in Frage. Sie riecht angenehm »wollig«, fühlt sich gut an, ist ausreichend elastisch, und der Faden gleitet nicht so leicht vom entstehenden Knäuel ab. Man wählt eine Farbe, die das Kind mag, schraubt die Winde in passender Höhe – d.h. in Brusthöhe des Kindes – am Tisch oder Hocker an und spannt die Garndocke darauf. Es ist zweckmäßig, dem Kind zuerst ein kleines vorgefertigtes Knäuel in die Hand zu drücken. Dann kann es mit dem Aufwickeln beginnen. Das Wickeln muß lustbetont verlaufen. Man kann einen rhythmischen Vers vorsprechen oder ein Liedchen dazu singen und kleine Figuren an die Winde heften, die wie bei einem Karussell im Lauf des Wickelns herumwirbeln. Manche Kinder mögen es sehr gern, wenn ihr geliebter Kasper in der Runde mitfährt, und begrüßen ihn mit »Hallo« und »Tschüs«, wenn er hervorkommt und wieder verschwindet. Bei sprachbehinderten Kindern genügt es, ein einfaches »da« und »weg« anzuregen. Die Winde, so angewendet, animiert also zugleich auch die sprachliche Äußerungslust.

Für den Heilpädagogen, der sich in den Bewegungsfunktionen und -abläufen auskennt, ist es interessant zu beobachten, auf welche Art das Aufwickeln erledigt wird. Wird der ganze Arm, nur der Unterarm oder nur das Handgelenk betätigt? Ziel der Übung muß es sein, dem Kind zu einem lockeren, freibeweglichen Handgelenk zu verhelfen. Bei Kindern mit stark gespanntem Muskeltonus gehen die Arme unmerklich immer weiter auseinander; bei schwachem Tonus nähern sich die Unterarme, bei Kindern mit Down-Syndrom wollen sich die Händchen sogar überkreuzen. Wenn man sie walten ließe, wären sie schließlich bis zu den Oberarmen total »verwickelt«. Man hat den Eindruck, als wollten sie die ganze Winde mitsamt Kasperle umarmen.

Ist das übende Kind ein Rechtshänder oder beidhändig veranlagt, läßt man es das Knäuel in die rechte Hand nehmen. Die linke Hand soll den Faden vor der Winde nur passiv halten, wickeln soll die rechte Hand. Bemerkt man, daß die linke Hand beginnt, den Faden um das Knäuel zu legen, so daß also beide Hände rotieren, sollte man unterbrechen und die Seitendominanz des Kindes genau überprüfen. Es ist mir wohl bewußt, daß der erwachsene Rechtshänder das Knäuel häufig in der linken Hand hält. Das hängt damit zusammen, daß das Knäuel erhebliche Größe erreicht und die rechte Hand den Faden aktiver darum herumführen kann. Dabei wird dann aber der Unterarm und nicht das Handgelenk betätigt. Wenn es sich um ein eindeutig linkshändiges Kind handelt, muß der ganze Vorgang natürlich umgedreht, das Garn anders herum aufgelegt und das Knäuel in die linke Hand genommen werden. Es sollte sorgfältig vorgegangen werden, damit die später schreibende Hand ausgebildet wird; sie muß locker im Handgelenk sein und leicht gehalten werden können.

Man wird feststellen, daß dieses Wickeln manchen Kindern recht schwer fällt, nicht weil sie verspannt oder ungeschickt wären, sondern weil sie es nicht gewohnt sind, Hand und Auge genau zu koordinieren. Flugs schauen sie während des Wickelns für Augenblicke in eine andere Richtung, und es entsteht statt des Knäuels ein totales Wirrwarr. Das abgewickelte Garn muß dann auf die Winde zurückbefördert, und es muß von neuem angefangen werden.

Bei diesem Tun ist es natürlich auch wichtig, daß das Kind ein Erfolgserlebnis hat. Entweder legt man nicht mehr Wolle auf, als das Kind bewältigen kann, oder man beschließt während des Wickelns, bei einer bestimmten Größe – z.B. Tennisballgröße – aufzuhören und das Kind den Faden abschneiden zu lassen. Nach und nach sollte die Länge der abgewickelten Wolle vergrößert werden. Wenn die ersten Schwierigkeiten überwunden sind, ist das Kind auch meistens bereit, immer größere Knäuel herzustellen, und unmerklich steigert sich dabei seine Fähigkeit, Ausdauer zu entwickeln.

Ein tennisball-großes Knäuel kann für eine weitere Übung – zu weiterem Spaß – dienen. Man knotet das kleine Knäuel zu, läßt aber eine Fadenlänge von ca. 30 cm heraushängen. Dieses Ende läßt man das Kind nun ergreifen. Das Knäuel wird dann von der dominanten Hand mit gestrecktem Arm rhythmisch vor- und zurückgeschwungen, bis es genügend Schwung erhalten hat, um beim Loslassen kräftig auf die gegenüberliegende Wand aufzuschlagen. Das Knäuel prallt zum Vergnügen des Kindes zurück, und der Vorgang kann wiederholt werden. Es kommt – wie immer – auf die Phantasie und das Geschick der Heilpädagogen an, dann wird eine Übungsstunde den Kindern viel Spaß bereiten. Die Knäuel lassen sich auch für Puppenköpfe oder Hasen verwenden, die größeren können zum Stricken und für sonstige Handarbeiten benutzt werden. Bei schwer bewegungsgestörten Kindern wird man sich mit 5 Minuten Abwickeln begnügen müssen, desgleichen bei den 3- bis 4jährigen. Das Vormachen darf nicht vergessen werden.

Die Handmühle Das Kleinkind hat in einer modern eingerichteten, mit den neuesten zivilisatorischen Errungenschaften ausgestatteten Wohnung wenig Gelegenheit, seine Motorik auf natürliche, spielerische Weise einzuüben. Es hat meistens nur eine Erfahrung, die des Tastendrucks, und erlebt dabei den so erregenden wie freudigen Schrecken, Auslöser von unbegreiflichen Ereignissen zu sein: Das Licht geht an oder aus, die Waschmaschine startet und rotiert, der Fernseher flimmert. Das macht Spaß und wird unermüdlich erprobt: an und aus – an und aus. Aber dabei erfährt das Kind nichts über die eigene Kraft und Geschicklichkeit. Bereits das Betätigen eines Lichtschalters hat sich verändert. Es gibt sie kaum noch, die Drehschalter, zu deren Betätigung die Kinder wenigstens Daumen und Zeigefinger benutzen mußten. Auch die Drehscheibe beim Telefon, die ein Finger in Bewegung setzen kann, wurde von der modernen Tastatur ersetzt. Fast alle Handlungen, die Kinder beobachten können, werden mit Druck auf Tasten oder Pedale ausgelöst. So ist es nicht weiter verwunderlich, daß sich dieses Erlebnis auch in den Spielen der Kinder wiederspiegelt. Es wird gedrückt, gestoßen, geschubst, getreten.

Mir wurde dieser Sachverhalt eines Tages schlagartig bewußt, als ich vergebens versuchte, mit einigen Kindern »Pferd und Kutscher« zu spielen. Die Kinder waren nicht fähig, die »Zügel« zu halten, weil sie es nicht verstanden, diese an sich zu ziehen. Sie wollten »das Pferd« immer nur anstoßen, und im »Sprachkreis«, beim Sprechen rhythmischer Verse mit Gestenbegleitung – also mit imaginären Zügeln –, zeigte sich diese Tendenz des Stoßen-Wollens in eklatanter Weise. »*Wipper, Wapper, Wupper, Wagen, meine Kutsche kommt gefahren*« – das rhythmische Heranziehen der Unterarme mußte regelrecht gelernt und geübt werden. Durch die Gewohnheit, nur zu drücken, bleibt auch die Handentwicklung zurück. Der Handrücken bleibt immer in Pronationshaltung, nach oben oder nach außen gerichtet, und so wird auch gegriffen. Mehr und mehr fallen die vielen Gelegenheiten weg, die Hand zu drehen, das kindliche Handgelenk bleibt ungeschickt.

Um dem entgegenzuwirken, kann man Handmühlen im Kindergarten und zu Hause einführen. Wie beliebt ist doch die altmodische Kaffeemühle! Heute hat sie geradezu einen nostalgischen Wert und steht höchstens als Schmuckstück auf einem Bord. Sie läßt sich jedoch betätigen – und was für ein Erfolgserlebnis kann es doch für einen kleinen Knirps bedeuten, den sonntäglichen Morgenkaffee für die Eltern selbständig gemahlen zu haben!

Im heilpädagogischen Kindergarten wird die Kaffeemühle vielfach eingesetzt: nicht um Kaffee zu mahlen, sondern um Korn oder Linsen zu zerkleinern. Man läßt die Kinder – je nach Kraft und Fähigkeit – das Mahlgut grob oder fein mahlen. Für einige Kinder wird man garnichts in die Mulde füllen oder nur ein paar große bunte Glasmurmeln, die bei rotierender Mühle etwas herumkullern. Ein solches Vorgehen wird erforderlich, wenn die Kinder noch nicht in der Lage sind, das Drehen durchzuführen – entweder, weil sie unter Bewegungsstörungen leiden, oder weil sie gänzlich kraftlos sind. Sie fassen nur den Knauf und bewegen ihn ruckartig hin und her und brauchen für die kreisende Bewegung die Hilfe des Erwachsenen.

Beim Betätigen der Kaffeemühle wird das Schulter- und Ellenbogengelenk durch die Horizontalbewegung geschmeidig gemacht. Es gibt aber viele andere Handmühlen, die eingesetzt werden können – auch in der Vertikalbewegung –, z.B. der Fleischwolf, die kleine Mandelmühle oder der Bleistiftanspitzer. Ideal wäre ein Schleifstein, er läßt sich aber heute wohl kaum für einen Kindergarten auftreiben – das gleiche gilt für die Drehorgel. Je kleiner die Mühlen gewählt werden, desto mehr verlagert sich die rotierende Bewegung von den Großgelenken zu Hand- und Fingergelenken. Auch das sollte unterstützt werden. Außer dem Bleistiftanspitzer – mit dem ein Kind auch die Stifte anderer Kinder anspitzen kann –, der schon der Erfolgserlebnisse wegen niemals fehlen darf, wählt man Gewürz- und Pfeffermühlen und schließlich aufziehbares Spielzeug und Spieldosen.

Es gibt Mini-Spielwalzen ohne Gehäuse, deren Knäufe zwischen Murmel- und Erbsengröße variieren. Man kann diese Spielwalzen auf ein Brett aufschrauben, dann entfalten sie einen vollen Klang. Natürlich muß man versuchen, schöne Melodien zusammenzustellen. Dadurch bekommen diese kleinen Spielwalzen noch einen zweiten, pädagogisch zu nützenden Effekt. An der Melodie hören die Kinder, wie die Drehbewegung in Tempo und Rhythmus erfolgen muß und wann sie beim Ende des Liedes anhalten müssen. Es entsteht sozusagen eine Koordination zwischen Hand und Ohr des Kindes, wenn man es behutsam üben läßt.

Auch die Fähigkeit der Ausdauer läßt sich wunderbar mit einer Handmühle steigern. Es wird nicht nur *eine* Tasse Roggen für die Kaffeemühle bereitgestellt, sondern deren *zwei* oder *drei,* nicht nur *ein* Buntstift zum Anspitzen, sondern *mehrere.* Es lassen sich auch kleine Wettspiele veranstalten: Wer mahlt die größte Menge Mehl, oder wer hält am längsten durch? Bei lebhaften kräftigen Jungen ist ein solches Spiel sehr beliebt. Die Kleinsten können aus dem gewonnenen Mehl dann auch einen Knetteig herstellen. Bei solchen Gelegenheiten läßt sich ganz nebenbei das Sozialverhalten der Kinder positiv beeinflussen – und auch die Dominanz der Hand bei unentschiedener Händigkeit.

Der Trudelreifen In meiner Kindheit war der leichte Holzreifen ein so beliebtes Spielzeug, daß er immer mit dabei sein mußte, wenn man zum Spielen auf die Straße ging. Sogar auf dem Schulweg blieb er Begleiter. Man gab ihm einen leichten Stoß und hielt ihn mitlaufend in rollender Bewegung, indem man mit einem Hölzchen darauf schlug und so gleichzeitig die Richtung beeinflußte. Bei einer späteren Erfindung wurde das Stöckchen durch einen um den Reifen gebogenen Stahlgriff ersetzt. Dieser verhinderte ein Wegrollen des Reifens, forderte aber weniger Geschicklichkeit und war darum weniger spannend. Heute sieht man solche Spiele nicht mehr. Der Holzreifen wurde vorübergehend durch einen Reifen aus Plastik ersetzt, der unter dem Namen »Hula-Hoop-Reifen« in den Handel kam. Seine Handhabung erforderte vorwiegend akrobatisches Geschick und erinnerte kaum noch an ein Kinderspiel.

In den 70er Jahren hat ein ganz anderes Produkt (vorzugsweise für Gymnastik und Sport) aus farbigem harten Kunststoff Einzug auf dem Markt gehalten. Diese Reifen bzw. großen bunten Ringe sind heilpädagogisch vielseitig einsetzbar. Sie lassen sich ebenso für das genannte Spiel benutzen wie auch zum grobmotorischen und feinmotorischen Training, zum Werfen, Jonglieren, Springen, Durchkriechen – für kognitive Schulung wie Raumorientierungs-Übungen. Die Reifen sind fest und stabil, dabei aber von geringem Gewicht, so daß auch ein kleines Kind gut mit ihnen umgehen kann. Sie sind etwas flach geformt, mit einer beidseitigen Rille; das macht sie leichter und gefälliger. Zugleich ermöglicht dies zusätzliche Geschicklichkeitsübungen.

Zuerst möchte ich jedoch auf den Symbolwert des Reifens eingehen: Für alles Kreis- oder Kugelrunde hat das kleine Kind spontan eine bestimmte Vorliebe, beispielsweise für Bälle, Ballons, Murmeln, Kugeln oder Reifen und Ringe. Es malt Kreise und Sonnen oder runde Gesichter in tausend Variationen, bis zu den wohlbekannten Kopffüßlern. Das Kind erlebt die »Ganzheit« oder Harmonie eines solchen Gebildes, es vermittelt ihm Wohlbehagen und Vertrauen (ein geplatzter Ballon löst darum echte Erschütterung beim Kind aus). In der Phantasie des Kindes kann der Reifen verschiedene Rollen übernehmen. Manchmal ist er der Gefährte, mit dem Gespräche geführt werden (wie auch mit dem Ball), manchmal symbolisiert er einen Ort der Handlung, einen Brunnen, einen Stall etc.

Bekommt ein Kind bei Kreisspielen einen Reifen nach seiner Farbwahl zugeteilt und legt ihn an einer bestimmten Stelle auf den Boden, bedeutet er wie ganz selbstverständlich das eigene Haus. Dieses Verhalten des Kindes hilft ungemein, in lockerer Weise Ordnung und Ruhe in die Gruppe zu bringen. Leider sind heute die wenigsten Fußböden geeignet, Aufzeichnungen in Kreide zu bewahren, denn auch ein Kreidekreis würde genügen, dem Kind seinen festen Platz zuzuweisen. Im Reifen hat das Kind auf jeden Fall einen sicheren Ort, ganz gleich, ob Übungen im Stehen oder im Sitzen durchgeführt werden. Bei Bedarf läßt sich sogar der Hocker in das »Reifenhaus« einstellen.

Man kann die Spiele auch ausweiten und leichte kognitive Aufgaben mit einbauen: Nach bestimmten Farben oder einer bestimmten Anzahl fragen (im Zahlenraum von 1–5) und dabei ganze Sätze üben, mit Worten wie »bringen« – »holen« – »tauschen« – »hinlegen« – »stellen« oder »aufhängen«. Das Kind kann das Hinein- und Herausspringen üben, in ein anderes »Haus« wechseln etc.

Eine ganz große Aufmerksamkeit erfordert es, eine Murmel mittels Zeigefinger in der Rille des liegenden Reifens herumrollen zu lassen. Viele Kinder zeigen überschießende Bewegungen und stoßen ihre Murmeln über den Rand. Wenn es dem Kind gelingt, der Rundung mit einer Murmel zu folgen, kann man nach und nach einige Kugeln dazulegen. Dabei immer Farben und Anzahl nennen lassen, allerdings nur dann, wenn keine Unsicherheit mehr besteht. Größere Vorschulkinder mit gut entwickeltem Gleichgewichtssinn lernen es, die Murmeln ohne antreibenden Finger, nur mittels Anheben des Reifens, in Schwung zu halten. Man kann den Reifen auf verschieden hohe Klötze legen, geschickte Kinder können gemeinsam sogar mehrere Reifen in unterschiedlicher Höhe plazieren, dabei die Murmeln in Gang halten und in verschiedenen Ebenen kreuzen lassen. Eine weitere Übung für Handgelenk und Finger stellt das Drehen des hochgestellten Reifens dar. Allerdings kommt auch diese Übung erst für Vorschulkinder in Frage. Wenn 4jährige Kinder das Drehen nachahmen wollen, sollte man sie nicht bremsen, aber man sollte solche Übungen nicht verfrüht ansetzen. Auch das Wegrollenlassen des Reifens mit einem Rückwärtseffekt, der ihn nach einigen Metern wieder zurückrollen läßt, ist für das Kleinkindalter noch nicht als Übung angebracht.

Manche Kinder lernen das Seilspringen mit einem Reifen leichter als mit einem schwingenden Seil, sei es, weil sie eine gewisse Angst vor ihm haben, sei es, weil sie es selbst nicht gut in Schwung halten können. Mit dem Reifen läßt sich jede Phase des Sprungs langsam nachvollziehen, ohne daß er wie das Seil durchhängt. Außerdem fällt es dem Kind leichter, die Arme im Reifen zusammenzuhalten und ihn mit den Händen zu drehen, als sie mit dem Springseil auszubreiten und das Schwingen mit dem Sprung zu koordinieren.

Geschulte Bewegungstherapeuten finden vielfältige Möglichkeiten, den Reifen als Übungsmaterial einzusetzen. Hier möchte ich mich lediglich auf spielerische Übungen beschränken, die auch im Kindergarten gut durchgeführt werden können. So sollte das Rotierenlassen der Reifen um Körper und Gliedmaßen nicht angestrebt werden, auch nicht das Werfen. Das lassoartige Einfangen mit dem Reifen sollte ebenfalls unterbleiben, weil das bei Kindern mit Handikap unter Umständen Angst erzeugt. Man kann die Reifen aber hervorragend in konstruktive Spiele einbeziehen, als Steuerrad oder zum Durchkriechen. Wenn jedes von mehreren Kindern nebeneinander einen Reifen hochgestellt hält, ergibt das einen langen Tunnel, in den sich auch ängstliche Kinder trauen. Nach und nach kann man ihn dann auch mit Stoff behängen und verdunkeln. Oder man besorgt sich einen fertigen – aus Reifen oder Spiralen hergestellten – Tunnel, wie er im Handel angeboten wird.

Wichtig ist immer, die Phantasie der Kinder mit einzubeziehen, und es sollte schon jedes Kind einer Spielgruppe seinen eigenen Reifen besitzen. Er kann zum »Freund« werden, der mitläuft, zum geschützten Raum für kleine Spiele, zum sicheren Standort, aber auch zur »lieben Sonne«, die eine Spielecke bescheint: Dies demonstrierte mir einmal ein 3jähriges Mädchen, das mit äußerster Konzentration eine geraume Zeitspanne »die Sonne« (einen gelben Reifen) hoch über die Puppenstube hielt.

Springseile und Bälle Diese Gegenstände sind selbstverständlich in jedem Kindergarten reichlich vorhanden. Dennoch möchte ich sie erwähnen – erstens, weil ihre Anwendung therapeutisch genutzt werden kann, und zweitens, weil sie in verschiedener Ausführung (Seile: Stärke, Länge; Bälle: Material und Größe) angeboten werden.

Ich möchte auf das »Kutschieren« zurückkommen. Dafür braucht man ein etwas längeres Seil als die gewöhnlichen Springseile des Kleinkinds. Dieses Spiel eignet sich hervorragend, um Partnerschaft und Geschicklichkeit zu schulen. Das Seil oder eine dicke Kordel (keine dünne Schnur) darf ruhig um den Nacken des Kindes, das die Rolle des Pferdes übernimmt, gelegt und unter den Achselhöhlen nach hinten zum »Kutscher« geführt werden. Bei größeren, ungestümen Kindern ist eventuell der Kragen oder ein Schal zu unterlegen. Der »Kutscher« darf nicht zerren, das »Pferd« nicht davonstürmen. Beide Kinder müssen lernen, aufeinander Rücksicht zu nehmen. Es bedarf einiger Übung, bevor der »Kutscher« mit zarter Hand zu lenken und das »Pferd« auf diese Signale zu reagieren lernt. Viel zu selten werden heute solche Spiele gepflegt.

Hat man ein langes dickes Seil zur Verfügung, kann man ein Labyrinth, eine Schnecke oder einen gewundenen Pfad auf den Fußboden legen. Dieser »Weg« kann zum »Zauberschloß« oder zu sonst einem schönen Ziel führen. Man läßt die Kinder Schuhe und Strümpfe ausziehen und dorthin balancieren. Beim Danebentreten muß wieder von vorne angefangen werden. Das ist eine gute Konzentrations- und Gleichgewichtsübung. Auch das Knoten-Binden läßt sich mit einem Seil oder einer Kordel leichter erlernen als mit einer Schnur.

Über Größe, Gewicht, Material und Hüpffähigkeit eines Balls vom Ping-Pong- zum Hand- oder Fußball muß man sich bei Anschaffung für einen Kindergarten schon Gedanken machen – auch auf Farben und Muster ist zu achten. Die Kleinstkinder brauchen weiche, mollige Bälle aus gestricktem oder gewebtem Material mit unterschiedlichen Füllungen. Die Hüpffähigkeit dieser Bälle ist noch nicht so wichtig. Von Zitronen- über Kokosnuß- bis zur Melonengröße sind sie zum Drücken, Werfen und Rollen geeignet. Erst wenn die Kinder mit den Bällen vertraut sind, führt man den hüpfenden Gummiball ein. Man zeigt dem Kind, wie der Ball hüpfen kann, und begleitet den Vorgang sprachlich z.B. mit »hopp-hopp«, »bum-bum«, »ping-pang« … oder beim rollenden Ball mit »rolle-rolle« oder ähnlichen Lautierungen, die das Kind zum Nachahmen anregen und die Bewegung mit dem Lautieren koordiniert.

Ein rollender Ball fördert die Sprechbereitschaft eines Kindes ungemein. Man kann kleine Sätze einflechten wie »Paß auf – es kommt der große Ball«, »Es kommt der kleine Ball«, »Der Ball ist rot«, »Der Ball ist bunt« etc. Beim Hin- und

Herrollen eines Balls – auch im größeren Kreis auf dem Fußboden – kann eine kleine Konversation beginnen oder eine kleine Geschichte erzählt werden, die die Kinder schließlich auswendig lernen und selbst beim Rollen des Balls nacherzählen können.

Es ist sehr lange her, daß ich Kinder bei Ballspielen an einer Wand oder beim »Geschichtenball« beobachten konnte. Mir scheint, daß diese Ballspiele ganz aus der Mode gekommen sind. Dabei fördern sie je nach Spielwahl die rhythmische Zählfähigkeit, die Koordination der Bewegungsfunktionen oder auch Phantasie und Sprachgewandtheit. Die Ballwand sollte in keinem Kindergarten fehlen. Sicher wird der Erzieher erst vormachen müssen, was man alles an einer solchen Wand machen kann, und den Unbeholfeneren helfen. Die kleine Geschichte läßt man am eindrucksvollsten mit einem Ausruf beim ersten Anprall des Balls beginnen und wirft während des Erzählens gleichmäßig ruhig oder spannend beschleunigt den federnden Ball ständig zurück zur Wand. Die Geschichte kann sich ein nächstes Mal wiederholen, sie kann auch endlos weitergesponnen werden. Gewandte Kinder werden solche Spiele schnell nachmachen. Sie werden sich an der Ballwand ablösen und gegenseitig anstacheln, noch spannendere Geschichten zu erfinden oder beim Zählen schwerere Wurfübungen, z.B. mit Faust, Knie oder mit den Händen hinter dem Rücken über den Kopf, auszuprobieren.

Ein Wort möchte ich noch zum Fußball bzw. zum »Ballkicken« sagen. Kleine Kinder leben aus der Nachahmung. Wenn in ihrer Umgebung Fußball gespielt wird oder der Vater mit dem Sohn Ballkicken übt, muß man das tolerieren. Unterstützen sollte man diese Spiele im zarten Kindesalter aber nicht und sie auch nicht anstreben. Wie bereits bei der Erwähnung des Reifens angesprochen, hat die runde Kugelform für manches Kleinkind noch eine starke Gefühls- und Symbolkomponente. Werden diese Regungen verdrängt, kann sich an ihrer Stelle das Gegenteil, nämlich Brutalität, in den Vordergrund schieben, die zu aggressivem Verhalten führt. Erst bei den größeren Vorschulkindern kann man, um der Seitendominanz zum Durchbruch zu verhelfen, das Ball-Rollen mit einem Fuß üben lassen oder bei Körperbehinderung zur Stabilisierung des Selbstwertgefühls auch das »Kicken« gestatten.

Luftballons und Seifenblasen Alle Kinder lieben Luftballons, besonders die farbig leuchtenden, kugelrunden, mit Gas gefüllt emporstrebenden. Aber auch der nur mit Luft aufgeblasene, unbeschreiblich leichte Ballon gefällt ihnen. Diese

Leichtheit ist es auch, die pädagogisch-therapeutisch genutzt werden kann. Nur ganz behutsam kann so ein Luftball angefaßt werden, von unbeholfenen Kindern schon gar nicht, denn es trifft sie zu sehr, wenn sie den Ballon aus Versehen zum Platzen bringen. Beim Spielen muß es darum gehen, den Ballon nirgends landen zu lassen. Er wird mit Handrücken oder Fingerspitzen leicht angestoßen und muß sich ständig in der Luft bewegen. Die Kinder laufen frei in einem größeren Bewegungsraum herum. Allmählich kann man einen zweiten, dritten Ballon hochwerfen. Die Kinder können lernen, den Ballon außer mit den Händen mit Ellbogen, Knie, Rücken und Kopf schwebend zu halten. Bei atmungskräftigeren Kindern genügt bereits ein Anpusten des sich heruntersenkenden Ballons, um ihn wieder hochfliegen zu lassen.

Will man – als Sprachanbahnung – kleinere Kinder das Pusten üben lassen, könnte man anstelle der Ballons Seifenblasen einsetzen, die nur durch Anpusten in der Schwebe gehalten werden. Laufen die Kinder dabei im Raum herum, können sie nicht gleichzeitig einen Flüssigkeitsbehälter halten; der Erzieher muß die Blasen hoch in die Luft pusten. Dabei darf natürlich kein Wind oder Durchzug herrschen. Das Selbst-Aufblasen einer Seifenblase ist für viele Kinder nur schwer erlernbar und wird am besten mit dem einzelnen Kind außerhalb der Gruppe geübt.

Das Kindertelefon Bei Kindern, die unter verzögertem Spracherwerb leiden, schüchtern und gehemmt sind, Sprachverweigerung oder Agrammatismus aufweisen, kann ein Spieltelefon geradezu Wunder wirken. Ganz besonders positiv wirkt es sich aus, wenn der Erwachsene sichtbar, aber ohne das Kind anzuschauen, das Gespräch am »anderen Ende des Drahts« anleitet und, indem er genau das gleiche Gerät betätigt, weiterführt. Das Kind schlüpft bei diesem Spiel schnell in die Rolle eines telefonierenden Erwachsenen, indem es dessen Attitüden annimmt. Zuweilen ahmt es sogar Stimmlage, Wortwendungen und Ausrufe der Mutter nach. Und die Tatsache, daß es dabei nicht angeschaut wird, enthemmt es und lockert seine oft verkrampfte Sprechmuskulatur. Voraussetzung ist allerdings, daß es dem Erwachsenen gelingt, Ferne zu suggerieren, obwohl er ganz in der Nähe ist. Das erste Mal wird das Kind meistens das Gespräch schnell beenden und den »Hörer« auflegen. Man kann dann erneut »anrufen« und kurze Fragen stellen, später noch einmal, bis sich das Kind in seine Rolle hineinfühlt und mehr Spaß daran gewinnt.

Unter Kindertelefon ist hier ein einfaches, etwas klobiges, schlichtes Holzmodell zu verstehen, mit zwei Muscheln an kurzer Schnur, die an einem Auflegeklotz mit kleiner Drehscheibe angebracht ist. Also ein stabiles Stück, das beim Wählen an der Scheibe nicht gleich herunterpurzelt. Ist die Drehscheibe dem Kind unbekannt, muß allerdings ein Tastenfeld hergestellt werden, denn entwicklungsverzögerte Kinder brauchen schon einen Gegenstand, der annähernd wie ein Telefon aussieht. Andere Kinder benötigen nicht viel, um die Phantasie zu beleben. Ich habe schon mit Kindern »telefoniert«, indem ich einen Untersetzer ans Ohr hielt und auch dem Kind einen anbot. Ich erinnere mich an zwei Kinder von etwa 4 Jahren, die regelmäßig am Frühstückstisch, unter Zuhilfenahme der Serviettenringe, die sie an ihr Ohr hielten, miteinander »telefonierten«. Auch das Selbstgespräch eines Kindes kann, ähnlich wie beim Ballspielen, durch so ein stummes Telefon angeregt werden. Oft erhält der Erzieher im Hintergrund durch ein solches Gespräch Aufschlüsse über Vorgänge innerhalb der Familie oder über Spannungen zwischen Geschwistern. Unter Umständen sind auch Kinder dabei, deren Gespräch nicht über »Hallo« und »Tschüs« hinausreicht. Trotzdem muß man sie weiterhin zum Telefonieren anhalten, denn es ist ein zaghaftes Kontaktnehmen aus eigener Initiative über einen Abstand hinweg. Durch ständige Wiederholung fallen manche Hemmschwellen weg, und es kommen schließlich doch kleine Sätze zum Vorschein.

Ich habe auch Situationen bei Neuankömmlingen erlebt, die plötzlich Sehnsucht nach der Mami bekamen und sich leichter trösten ließen, wenn sie solch ein imaginäres Telefonat mit der Mutter führen konnten. Die reale Stimme der Mutter hätte den Trennschmerz womöglich nur verstärkt. Natürlich muß der Erzieher ein solches »Zwiegespräch« ein wenig steuern.

Von weiterem Nutzen kann das Telefon für das Kind sein, wenn z.B. zwei Jungen nicht so recht etwas anzufangen wissen, unruhig, laut und spielverderbend die Eintracht einer Gruppe stören: Man schickt sie zum Telefonieren an die Spieltelefone. Es kann etwas beim »Kaufmann« für die Gruppe bestellt, ein »Krankenwagen« angefordert oder ein Termin verabredet werden, je nachdem, was so in der Gruppe anliegt, oder die Kinder erzählen sich ausgedachte Erlebnisse. Inzwischen verpufft dann meistens die Spannung, und das Spiel kann ungestört weitergehen.

Tücher und Schleier Je mehr Tücher in einem Kindergarten vorhanden sind, desto besser ist es. Tücher in verschiedenen Größen, Farben und Mustern regen die Phantasie an. Man kann Höhlen und Zelte bauen. Man kann damit Bereiche auf dem Boden oder im Raum abgrenzen, man kann sich verkleiden oder schmücken. Man kann in der Puppenecke Wäscheleinen damit behängen, Kaspertheater damit herrichten und unendlich vieles mehr.

Zur Unterstützung der Rollenspiele ist nicht immer das Verkleiden notwendig. Oft genügen leichte unifarbene Tücher. Die Kinder sollten sie im Lauf der Zeit auch selbst zusammenlegen können. Für orientierungsgestörte, raumlagelabile Kinder ist das Zusammenlegen von rechteckigen Stoffen sehr fördernd. Wenn man es nicht gesehen hat, glaubt man einfach nicht, wie schwer eine solch einfache Alltagshandlung für ein Kind sein kann.

Für Kinder mit einem derartigen Handikap erweist es sich als zweckmäßig, zum Frühstück quadratische Leinen- oder Baumwollservietten altmodischer Größe einzuführen. Im Nacken geknotet, schützen sie nicht nur beim unvermeidlichen Kleckern, sondern unterstützen Handgeschicklichkeit, Raumorientierung und Ordnungsgefühl. Denn manchem größeren Kind gelingt es, den Knoten im Nacken selbst zu binden, dem kleineren gelingt nur das Loslösen nach der Mahlzeit. Dann folgt das 2- bis 3fache Zusammenlegen, wobei meistens alle Hilfe brauchen. Danach folgt das Rollen der zusammengelegten Serviette und das Einstecken in den eigenen, deutlich gekennzeichneten Servietten-Ring. Ein Kind bekommt abwechselnd die Aufgabe, Servietten-Ausleger oder -Einsammler zu sein. Lätzchen werden von den größeren Kindern nicht gern angenommen, sie wollen keine Babys mehr sein. Ist aber ein Krabbelkind mit Lätzchen in der Gruppe, ergibt sich eine hervorragende Gelegenheit, an seinen Latzbändern das Schleifenbinden zu üben. Wenn die Kinder den Knoten schon beherrschen, können sie – bevor sie mit einer zweiten »Umdrehung« den Knoten vollenden – an jedem Band eine Schlaufe bilden, sie zusammenkneifen, mit ihr die »zweite Umdrehung« durchführen und festziehen. Damit ist die Schleife fertig.

Sehr wichtig ist es, über ein Sortiment von Schleiern aus allerleichtestem, durchsichtigem Gewebe zu verfügen. Sie sollten so leicht sein, daß sie durch Anpusten wie Luftballons in die Luft fliegen können. Es gibt diese Art von Schleier preiswert in Kaufhäusern. Fast alle Farbtöne sind vorhanden. Diese Tücher eignen sich nicht nur zum Spielen, sondern auch hervorragend für gymnastisch-rhythmische Übungen. Man kann mit ihnen, indem man sie nur an einem Zipfel festhält, in der Luft Kreise senkrecht und waagerecht ziehen, ovale Rundungen oder sich überkreuzende Schlingen in der Luft »malen«. Bei größeren Kindern ist die »stehende« oder »liegende« 8 sehr beliebt, wenn sie erst einmal herausgefunden haben, wie der Schleier zu führen ist. Diese Lemniskatenbewegung eignet sich hervorragend dafür, die später nötige lockere Schreibhaltung der Hand vorzutrainieren.

Der Schleier, der in der Regel in der Diagonalen ca. 80 cm mißt, läßt sich – am Zipfel angefaßt – auch als imaginäre Angel verwenden. Natürlich kann man am anderen Ende zunächst einen Magneten anbringen und die Kinder kleine Gegenstände (Fische) von einem blauen Tuch auf dem Fußboden angeln lassen. Kennen die Kinder den Vorgang und die Geste des plötzlichen, ruckartigen Herausholens eines anbeißenden Fisches erst, ist das Angeln – auch als Phantasiespiel in einer Gruppe durchgeführt – sehr spannend.

Wenn ein Kind in der Raumorientierung unsicher ist, hat es Angst vor verbundenen Augen und verweigert sich bei Spielen wie »Blinde Kuh« und dergleichen. Beginnt man dann, mit durchsichtigem Schleier zu spielen, erst nur locker über den Kopf gelegt, später einfach gebunden, wird das Kind sich bald nicht mehr zurückziehen. Bleibt die Unsicherheit bestehen, muß für dieses Kind eine Einzeltherapie angeordnet werden.

Kupferkugeln, Kupferstäbe und Instrumente Kupferkugeln und -stäbe kommen in solchen Kindergärten zur Anwendung, die Eurythmie oder andere rhythmisch-gymnastische Unterweisung anbieten. Sie regen über die Haut den Wärmeorganismus an. Von den Möglichkeiten der im Kindergarten tätigen Pädagogen wird es abhängen, wie weit Musikinstrumente Verwendung finden können. Es wäre jedoch sehr zu wünschen, daß zumindest für die kleinsten Kinder einige Kinderharfen oder Kantelen, wie sie in den Waldorfkindergärten üblich sind, angeschafft werden können. Diese Instrumente schulen nicht nur das Lauschen, sondern auch das Fingerspitzengefühl. Außerdem ist ihr schwingender Ton sehr zart und reizt die im Gehör überempfindlichen Kinder nicht. Das ist leider oft der Fall bei Xylophonen und Tamburinen, die in vielen Kindergärten verwendet werden. Einfache Flöten wie Kuckucks- oder Bambusflöten sowie Choroi-Flöten stärken die Atmung der Kinder.

Das Puzzle Zur Standardausrüstung eines Kindergartens gehört selbstverständlich mindestens ein Puzzle, vielleicht sogar ein ganzer Stapel verschiedener Schwierigkeitsgrade. Es mag dem Leser verfehlt erscheinen, ein Puzzle als therapeutisches Hilfsmittel und nicht als lehrreiches Spielzeug angeführt zu finden, denn jedes geschickte Kleinkind hat Spaß daran, die bunten Teile zusammenzusetzen. Es entsteht dabei aber ein Bild, und jedes Bild wirkt auch auf die seelische

Stimmung des Kindes. Es ist an den Erwachsenen, für die Erlebniswelt des Kindes Einfühlsamkeit mitzubringen. Nicht jedes Puzzle ist geeignet. Das Bild muß farbig ansprechend sein. Für das Kleinkind ist es wichtig, daß die einzelnen Teile, in die das Puzzle zerlegt werden kann, nicht Gesichtszüge, Gliedmaßen oder Tiere zerschneiden. Das empfindet es unter Umständen schmerzlich. Man zeigt ihm also zuerst das ganze Bild, das altersspezifisch gewählt werden sollte, zerlegt es – oder einen Teil – in größere Stücke und bittet nun das Kind, das Bild wieder »heile« zu machen. Landschaftsbilder oder Bilder aus dem täglichen Leben eignen sich am besten. Das Material sollte stabil sein, am besten aus Holz, das nebenher dem Kind unterbewußt taktile Reize vermittelt. Für Spastiker und sehr kleine Kinder sind die einfügbaren Teile mit einem Knopf versehen, und es ist ein Erfolgserlebnis für das Kind, wenn das Bild wieder zusammengesetzt ist. Hier macht die Übung die Finger geschickter.

Es gibt aber Kinder mit Perzeptionsstörungen und Teilleistungsschwächen, die entweder die Formen nicht erkennen oder Figuren nicht vom Hintergrund unterscheiden können. Das wird der Erzieher beim Puzzlelegen des Kindes schon bemerken. Damit wäre bereits ein Zweck des Puzzles erfüllt. Erzieher und Bezugspersonen sollten dann nicht mit sturem Üben anhand vieler Puzzles fortfahren, sondern den Heilpädagogen zu Rate ziehen. Dieser wird dann vorerst klären, wie das Wahrnehmungsvermögen des Kindes beschaffen ist, vor allen Dingen in den basalen Sinnesbereichen wie Gleichgewicht etc. Es wäre grausam, einem Kind, das nicht richtig wahrnimmt, immer schwierigere Puzzles vorzusetzen.

Besonders neigen ehrgeizige Mütter dazu und freuen sich, wenn das Kind aufgrund der vielen Wiederholungen schließlich automatisch das Zusammensetzen schafft, aber die Perzeptionsstörungen des Kindes sind damit keineswegs behoben, im Gegenteil. Außerdem entsteht daraus vermutlich eine Beziehungsstörung zwischen Mutter und Kind, die die Erziehung nur erschwert, weil sich das Kind nicht verstanden fühlt und seine Probleme nicht artikulieren kann.

Bei der Aufnahmevorstellung von Kindern im Alter von 5 bis 7 Jahren war es mir oft eine Genugtuung – weil es für das Kind eine war –, der Mutter ein einfaches Spezialpuzzle von 10 bis 12 Teilen anzubieten, an dem das Kind in ihrer Gegenwart gescheitert war. Von der Mutter unbemerkt, hatte ich 2 bis 3 Teile gewendet, und siehe da, ihr gelang das Zusammensetzen – trotz nervösen Hin- und Herschiebens der Teile – auch nicht.

Ein massives zusammengesetztes Holzpuzzle mit wenigen farbigen, wendbaren Teilen kann von einem 6 Jahre alten Kind eventuell auch schon aus der Erinnerung mit den entsprechenden Farben nachgemalt werden. Das Bild sollte dann eine Weile betrachtet werden dürfen, bevor man es versteckt. Es ist sehr interessant und aufschlußreich zu verfolgen, wie das Kind eine solche Aufgabe anpackt. Man erhält Auskunft über die Perzeptionsfähigkeit im Orientierungs- bzw. Bewegungs- und Tastsinn sowie über die Koordination von Sehen und Handeln und anschließend auch über Formen- und Farbengedächtnis. Individuelle Züge, wie Sorgfalt oder Ungeduld, und manche Gemütsstimmungen lassen sich dann aus dem fertiggestellten Erinnerungsbild ablesen. Eine völlig fehlerhafte Wiedergabe schließlich deutet auf Probleme hin.

Andere Perzeptionsstörungen wiederum zeigen sich beim Legen von Klötze-Puzzles. Es sind dies schlichte aneinandergelegte Holzklötze von ca. 4 x 4 cm, die mit Bildausschnitten beklebt sind. Man kann ein solches Puzzle selbst herstellen, indem man 5 bis 6 Klötze in 5 bis 6 Reihen neben- und untereinander legt, bis ein Quadrat von ca. 20 x 20 bzw. 24 x 24 cm Größe entsteht. Darauf wird die Illustration einer belebten Situation, z.B. Bauernhof, Märchenbild oder ähnliches, geklebt und anschließend mit einem scharfen Messer auseinandergeschnitten und umgedreht. Mit einem zweiten Bild verfährt man nun genauso wie mit dem ersten. Für den Anfang reicht es, wenn bei einem Kind mit Seh- und Orientierungsproblemen nur 2 bis 3 Seiten der Holzklötze beklebt werden. Ganz fertig ist dieses Puzzle aber erst, wenn alle 6 Seiten bebildert sind. Am besten zu handhaben ist es in einem in der Größe angepaßten Karton oder Holzkasten.

Es ist immer wieder erstaunlich festzustellen, wie manche Kinder einfach nicht bemerken, daß in dem von ihnen zusammengesetzten Bild ein Holzklotz (oder vielleicht sogar mehrere) verkehrt herum liegt oder einen falschen Ausschnitt zeigt. Besonders raumlagelabile Kinder haben große Probleme mit einem solchen Puzzle. Wenn ein Puzzle auch nicht direkt therapeutisch wirkt, so hilft es doch, Schwächen des Kindes zu entdecken. Ein aufmerksamer Erzieher kann dann Konsequenzen ziehen und dafür sorgen, daß diese Teilleistungsstörungen durch Sinnesschulung behoben werden.

Die Wäscheklammer Wäscheklammern aus Holz sind hervorragend zur Kräftigung von Daumen und Zeigefinger und zur Förderung der Phantasie geeignet. Man kann mit ihnen nicht nur die Tücher und Puppenkleider nach der Puppenwäsche auf eine Leine hängen. Sie lassen sich in verschiedenster Weise aneinanderkoppeln. Umklammert man eine auf dem Tisch liegende Klammer von oben mit einer anderen, erhält man z.B. ein niedliches »Schiffchen«. Man kann kleine Zäune damit anfertigen und vieles mehr. Nimmt man einen runden Holz- oder Korkuntersetzer, ein rundes Tablett oder dicke Pappe und läßt die Kinder rundum Klammern anbringen, entstehen schöne »Sonnenblumen«.

Die Murmelbahn Mit Murmeln zu spielen, ist von alters her eine Lieblingsbeschäftigung der Kinder, und sobald sie verständig genug sind, diese nicht in den Mund zu stecken, kann man sie ihnen auch geben. Die Spielzeug-Industrie hat diese Vorliebe der Kinder aufgegriffen und fertige, mehr oder weniger mechanische Spielgegenstände hergestellt, vor allen Dingen Bahnen, in denen Murmeln von oben nach unten, in schrägen Bahnen hin- und her- oder um einen Turm rollen, vielleicht, um unterwegs noch Glöckchen oder ähnliches anzutippen und zum Klingeln zu bringen. Diese Bahnen erweisen sich bei Kindern, die retardiert und wahrnehmungsschwach sind oder bewegte Gegenstände nicht mit den Augen verfolgen können, als gut verwendbar. Man kann sie mit einem solchen Spiel zum »Aufmerken« anregen.

Dennoch möchte ich vor diesen Murmelbahnen warnen. Ein Durchschnittskind spielt eine Weile damit, um dann zu eigenen Phantasiespielen überzugehen, aber ein Kind mit Neigung zu Automatismen und Stereotypien kommt davon nicht mehr los und entwickelt beim Anschauen der permanenten Rollbewegungen geradezu eine Manie bis zur Unansprechbarkeit. Das darf man nicht zulassen. Bereits bei einer schwachen Tendenz dazu sollte das Kind von den Betreuern mit etwas anderem abgelenkt werden, es sei denn, es handelt sich um eines, das bereits unter schweren Angstzuständen und Zwängen leidet (z.B. Autisten). Es braucht die Stereotypie, um sich abzureagieren, geht aber meistens in seinem Spiel kreativer vor. In einem solchen Fall ist heilpädagogisch-medizinische Hilfe erforderlich.

Stelzen und »Dollys« Die hohen Stelzen, wie man sie im allgemeinen kennt, sind eigentlich unter den Spiel- oder Sportgeräten anzuführen, aber es gibt kleinere Versionen davon. Diese winzigen Stelzen, die man auch selbst herstellen kann, sind nicht höher als das Kind selbst, und der Steg für den Fuß wird ganz niedrig angebracht. Manche käufliche Stelzen haben einen unterschiedlich hohen, austauschbaren Bodenpflock. Besser ist es aber, das Kind bei größer werdender Fertigkeit auf höhere Stelzen umsteigen zu lassen. Es sollten zwei bis drei Größen vorhanden sein.

Der »Stelzengang« bewirkt neben der Förderung von Konzentration, Geschicklichkeit und Gleichgewicht eine völlige Umstellung des Gehvorgangs.

Wenn ein kleines Kind vom Robben zum Kriechen kommt, lernt es das kreuzweise Bewegen der Extremitäten. Linker Arm, rechtes Knie und rechter Arm, linkes Knie werden gleichzeitig in Gang gesetzt. Später, mit dem frei erworbenen aufrechten Gang, schwingen die Arme weiterhin kreuzweise mit. Das geht beim Stelzenlaufen nicht. Die Arme müssen die Stelzen anheben und führen. Das Kind wiederholt sozusagen eine Vorstufe des Gangs, den man mit dem Paßgang eines Kamels vergleichen könnte. Die Koordination der Glieder muß anders verlaufen. Das bedeutet für manche Kinder eine schwere Umstellung, festigt aber die Körperbeherrschung.

Für die jüngeren Kinder kann man für die gleiche Übung die sogenannten Dollys spielerisch verwenden. Bei Wettspielen hat man dafür früher leere Konservendosen benutzt. Diese sind aber zu unstabil und nicht für Übungszwecke zu empfehlen. Die fabrikmäßig als Spielzeug hergestellten »Dosen« sind größer und aus festem Kunststoff sowie mit einem Gummirand versehen, der ein Ausrutschen verhindert. Sie haben eine schöne rote Farbe, der gelbe Kordelgriff läßt sich längen oder kürzen, je nach Bedürfnis des Kindes. Sie werden unter dem Namen »Dollys« im Handel angeboten. Zunächst erfordert ein Lauf auf Dollys noch mehr Koordinationsfähigkeit als der Lauf auf Stelzen. Die Kordel muß beim Versetzen des Fußes ganz strammgezogen werden, sonst folgt der Dolly dem Schritt nicht. Für größere Kinder kann man auch Holzpflöcke verwenden, für die Kleinsten sind sie etwas zu schwer.

Zuerst läßt man die Kinder auf Hockern sitzend üben. Die Füße werden auf die Dollys gestellt – das Hinstellen und wieder Hinsetzen geübt. Beim Hinstellen werden die Kordeln strammgezogen. Beim Stehen wird das Hochheben des Fußes mit Dolly geprobt. Für die ersten Schritte braucht ein Kind dann mehr oder weniger Hilfe. Wenn die Kinder sicher sind, lassen sich viele Reigen-, Wett- oder Phantasiespiele erfinden. Auch Rückwärts- oder Seitwärtslaufen will geübt sein.

Bei solchen Spielen muß man allerdings sehr auf die Konstitution des Kindes achten. Es darf nicht überfordert werden und nicht zu viele Mißerfolge haben. Kinder, die noch nicht den Fuß beim Treppensteigen wechseln, gehören nicht auf Dollys – und Kinder, die keine Freude daran haben, auch nicht.

Die Hängeschaukel (Kleinkinderschaukel) ist unverzichtbar. Sie kann in die Türöffnung eingehängt werden. Für die Kleinsten kommen aber auch ein »Hopser« oder ein Autositz in Frage. Daran läßt sich das selbständige Schaukeln üben. Vielfach haben die Kinder damit heute Kummer. Sie schaffen es einfach nicht, die

Schaukel durch rhythmisches Vor- und Zurückstrecken der Beine in Gang zu halten. Sie reagieren verzögert, strecken die Beine erst beim Zurückschwingen und bremsen damit den Schwung. Man kann ihnen auf folgende Weise dabei helfen:

Man läßt die Schaukel so weit herunter, daß das Kind sich ein wenig mit den Füßen abstoßen kann. Wenn es sie nicht hochhebt, erlebt es, indem die Schaukel wieder vorwärts schwingt, die Beugung im Knie, und das ist wichtig. Als nächstes wird die Schaukel ein klein wenig höher gehängt, d.h. so weit, daß die Füße noch einen Ball von Luftballongröße berühren können. Der Erwachsene bringt die Schaukel in Gang, setzt sich vor dem Kind auf einen Hocker und rollt den Ball auf das Kind zu. Der Abstand muß so gewählt werden, daß er von den Füßen des vorwärts schwingenden Kindes erreicht werden kann. Man fordert es auf, den Ball »zurückzukicken« und danach die Knie ganz schnell wieder zu beugen. Am Anfang wird der Ball, durch die oft eintretende Bewegungsverzögerung, unter dem Kind vorbeirollen. Darum ist es zweckmäßig, eine zweite Person um Unterstützung zu bitten, die bei nachlassendem Schwung die Schaukel anstoßen kann. Wenn es dann gelingt, hat das Kind an diesem »Fußballspiel« große Freude. Die Schwingungen werden allmählich größer, und damit auch die Rollbahn des Balls länger.

Ein stabiler *Drehhocker* aus massivem Holz mit rundem Sitz eignet sich – bei behutsamer Drehung des Kindes – hervorragend zur Stimulation des Vestibularsystems, und auch das selbständige Hoch- und Tiefschrauben des Gewindes bringt dem Kind vielseitige Erfahrung. Er ist aber auch in waagrechter Stellung, zwischen umgedrehten Hockern als Steuerrad benutzt, ein beliebtes Spielgerät.

Ein *Trampolin* ist zwar sehr nützlich, aber den Kleinsten leistet eine Sprungfedermatraze den gleichen Dienst, sie ist zudem vielseitig verwendbar: zum Purzelbäume üben, zum Ausruhen zwischendurch, als Schutz unter einer Sprossenwand; und sie kann platzsparend an die Wand gestellt bzw. gehängt werden.

Anschauende Beurteilung eines Kindes – Behandlungskonzepte und Berichte

Die Aufnahme eines kleinen Sonderlings

Bei den Kindern, die sukzessiv vom Kindergarten übernommen werden, handelt es sich überwiegend um solche, die bereits von der mobilen Frühförderung betreut wurden. Auch wenn dies nicht der Fall ist, so sind es kleine Sonderlinge, die in ihren ersten Inkarnationsstufen des Greifens, Stehens oder Sprechens nicht vorankommen. Bereits daraus ergeben sich Richtlinien für die individuellen Therapiemaßnahmen und dementsprechend auch für die notwendigen begleitenden Berichte. Ganz anders ist die Situation eines Kindes, bei dem ein Handikap erst später auftritt oder lange Zeit nicht erkannt, vielleicht falsch eingeschätzt oder falsch behandelt wurde. Es »fällt aus dem Rahmen«, und sein Verhalten wird auffällig. Vom Fach-, Amts- oder Hausarzt wird es dem Institut mit oder – wenn die Symptome nicht eindeutig sind – ohne Diagnose zur Gruppen- oder Einzeltherapie überwiesen. Das bedeutet, daß ein Heilpädagoge das Kind nicht wie in einen regulären Kindergarten aufnehmen, sondern eine längere Zeit in Ruhe kennenlernen und beobachten kann. Er muß in der Lage sein, bereits beim ersten Vorstellungsgespräch ein Behandlungskonzept mit Kostenvoranschlag aufzustellen und die Mutter oder die Eltern zu beraten.

Die dazu erforderlichen Fähigkeiten kann sich ein Heilpädagoge nur durch mehrjährige Erfahrung im Erstellen von Berichten und durch häufige Assistenz bei Kollegen erwerben, die solche Aufnahmen und Elterngespräche durchzuführen hatten. Gelingt es einem Heilpädagogen, sich schnell ein deutliches Bild von dem Kind und seinen Problemen zu machen und es auch protokollarisch festzuhalten, so kommt sicher der Tag, an dem er vor die Aufgabe gestellt wird, in eigener Verantwortung ein Kind zur Behandlung im Institut aufzunehmen. Wie man sich in ein systematisches Berichten und Protokollieren einüben kann, wird noch erläutert werden. Zunächst soll das Vorgehen bei der ersten Begegnung mit dem Kind, das in Begleitung Erwachsener zu einem Vorstellungstermin im Institut erscheint, besprochen werden. Ganz gleich, ob eine Überweisung vorliegt oder die Eltern aus eigener Initiative kommen: Es sind besorgte Eltern oder alleinerziehende Mütter, die ein ungewöhnliches Kind mitbringen, entweder, weil sie mit ihm nicht zurechtkommen, oder weil es von Behinderung bedroht oder bereits erheblich behindert ist. Sie erwarten eine Beurteilung des Kindes und ein beratendes Gespräch.

Jeder Heilpädagoge oder Psychologe wird es bestätigen, wie wichtig diese Erstbegegnung sein kann, wie sehr es darauf ankommt, bei diesen häufig total verängstigten kleinen Geschöpfen eine zwanglose, warme, möglichst heitere Atmosphäre zu schaffen. Wie solch eine »gelöste Stimmung« erzeugt werden kann, ist eine sehr individuelle Angelegenheit. Jeder Heilpädagoge wird dabei seine eigene Vorgehensweise entwickeln, die von Begegnung zu Begegnung auch ganz unterschiedlich sein kann. Zugang zu dem kleinen Sonderling findet man aber nur, wenn man ihn als selbständige Person ernstnimmt.

Wenn mit der Mutter über das Kind gesprochen werden muß – also während der Aufnahme einer Anamnese –, sollte ein Kind, das älter als 3 Jahre ist, möglichst nicht anwesend sein. Es ist sehr wichtig, das zu beachten, denn sein Selbstwertgefühl könnte durch aufgeschnappte, für ihn unverständliche Satzbrocken empfindlich gestört werden.

Ein angrenzender Spielraum mit offener Tür hat sich in der Praxis sehr bewährt. Aus dem bereitgestellten Spielangebot findet das Kind meistens etwas, das ihm zusagt und einen räumlichen Abstand von der Mutter erleichtert. Man kann sich dann in Ruhe der Mutter bzw. den Eltern zuwenden und sie ihre Sorgen erzählen lassen, man erwähne aber gleich, daß man sich erst *nach* der Beschäftigung mit dem Kind mit ihnen über dessen Lebenslauf und seine Besonderheiten (vor und nach der Geburt) unterhalten möchte. Denn erst nach der Beobachtung des Kindes ist man in der Lage, sie zu beraten und Therapievorschläge zu machen.

Für die Wartezeit biete man den Eltern Informationsmaterial, Fotoalben, Broschüren etc. an, die ihnen einen Einblick in die Arbeit des Instituts oder Kindergartens gewähren.

Handelt es sich um ein ängstliches Kleinkind, das nicht allein im Nebenraum spielen mag, empfiehlt sich – vorausgesetzt, die Umstände gestatten eine Mutter-Kind-Trennung –, es für die Dauer des Aufnahmegesprächs zum Frühstück in einer Kleinkindgruppe einzuladen. Das vertraute Sitzen an einem Eßtisch, vielleicht mit Honigschnitte oder Müsli, wirkt entspannend. Vor allem wird das Kind von der Gewißheit beruhigt, daß die »Fremden« von ihrem Platz aus keine »Angriffe« starten werden (auch für den Beginn einer Gruppentherapie ist ein solcher Einstieg von Vorteil).

Der Gruppenleiter hat während des Frühstücks gute Gelegenheit, das Kind in seinen Bewegungen, seinem Verhalten, seiner Sprache zu beobachten. Sorgsam ordnet der Betreffende innerlich die Beobachtungen nach dem bereits vertrauten »Berichtsgerüst« und teilt später seine Eindrücke dem mit der Aufnahme betrauten Heilpädagogen mit (vgl. Protokoll-Gerüst, Seite 390).

Für sehr wichtig halte ich es – bevor man sich dem Kind zuwendet –, von der Mutter zu erfahren, wie sie das Kind auf diesen Besuch vorbereitet hat. Man kann dann dem Kind gegenüber darauf eingehen oder sogleich darauf achten, gewisse Befürchtungen oder Ängste aus dem Weg zu räumen.

Einen ersten Eindruck hat man natürlich bereits bei der Begrüßung erhalten. Man hat bemerkt, wie es sich verhält, ob es sich von der Mutter lösen kann, ob es scheu oder kontaktfreudig ist, ob Blickkontakt möglich ist etc. Jetzt kommt es darauf an, Spiel und Dialog so zu führen, daß im Kind niemals ein Gefühl des Versagens auftritt. Es muß merken, daß man ihm helfen will. Natürlich wird man während des Spiels seine Bewegungsabläufe, Geschicklichkeit und sprachlichen Ausdrucksmöglichkeit im Verhältnis zu seinem Alter überprüfen. Nur wenn dem Kind seine Schwächen selbst bewußt sind, sollte man darauf eingehen und ihm Mut zusprechen.

Gibt das Kind von sich aus dem Beobachter wenig Gelegenheit, die Beeinträchtigungen zu erkennen, müssen dem Kind bestimmte Aufgaben gestellt werden. Man muß nur dafür sorgen, daß keine Testangst bei ihm aufkommt. Man wird als erstes versuchen festzustellen, inwieweit es in der Lage ist, Gesten und Bewegungen nachzuahmen. Und wenn nicht: Sträubt es sich nur, sie nachzumachen, oder kann es sie vielleicht nicht wahrnehmen und darum nicht nachvollziehen?

Viele Aufgaben kann man in ein Spiel einbauen und zwischendurch einmal sagen: »Mach' das auch mal« (z.B. die Hände über dem Kopf zusammenführen oder Nase, Ohr, Lippen, Auge anfassen, Lippen schlecken, sich drehen, knicksen etc.).

Man wird ihm Gleichgewichtsübungen anbieten und ihm vormachen, wie man auf einem am Boden liegenden Streifen, Seil oder Brett laufen kann (balancieren), und beobachten, wie das Kind es dann macht, wie es die Füße setzt, wie sich die Arme dabei verhalten. Man läßt das Kind über das Seil oder Brett steigen, vorwärts und rückwärts. Welchen Fuß bevorzugt es, kann es eventuell mit beiden Füßen darüberspringen? Ist es überhaupt in der Lage, zu springen (von einem niedrigen Schemel, Kinderhocker oder Stuhl)? Wie läuft es Stufen hinauf oder hinunter? Mit Wechselschritt oder nur mit einem Bein – mit welchem?

Muß es sich dabei festhalten? Kann es im Stehen mit aneinandergestellten Füßen sein Gewicht verlagern, auf die Zehen, auf die Fersen? Wie weit begleiten Hände und eventuell auch Arme die Auswärtsdrehung der Füße?

Hat man herausgefunden, ob der rechte oder linke Fuß bevorzugt wird, gilt es festzustellen, ob das Kind schon eine Seitendominanz entwickelt hat, d.h. ob der rechte Fuß, die rechte Hand, das rechte Auge, das rechte Ohr dominant sind. Es kann auch eine linke Dominanz bestehen. Häufig findet man aber bei Kindern mit Entwicklungsproblemen, daß z.B. Fuß und Auge der rechten Seite dominant sind, die linke Hand aber die führende und vielleicht auch das linke Ohr das empfindsamere ist. Eine solche Überkreuzung der Dominanz hemmt die Kinder und erschwert die Koordination der Bewegungen. Das wirkt wiederum auf das psychische Verhalten zurück, sie werden ungeduldig und reizbar.

Welches Ohr dominant ist, läßt sich relativ leicht bestimmen. Welches Auge das aktivere ist – auch bei gleich guter Sehkraft –, ist bei kleinen Kindern schwerer herauszufinden. Das Kind darf bei der Überprüfung nicht beeinflußt werden. Man kann dem Kind einfach eine Papprolle hinlegen und es bitten, durchzugucken und etwas Bestimmtes anzuschauen. Man wird die Rolle aber so hinlegen, daß es dem Kind überlassen bleibt, welche Hand es nimmt. Die dominante Hand wird man dabei erkennen, aber nicht unbedingt das aktivere Auge. Man muß das Kind dann schon bitten, es auch mit der anderen Hand, dem anderen Auge zu probieren, oder besser gleich ein Kaleidoskop anbieten. Die Angaben des Kindes, mit welchem Auge es deutlicher sehen kann, sind aber nicht zuverlässig, man muß diese Versuche öfter durchspielen oder das Kind auch einmal nebenbei durch ein Schlüsselloch gucken lassen. Am liebsten habe ich für diesen Test einen DIN A3-Pappbogen benutzt, den ich in der Mitte mittels spitzem Bleistift durchstach. Wenn man einem Kind einen solchen Bogen mit kleinem Loch hinlegt, müssen beide Hände zufassen und es hochheben. Es dauert dann eine Weile, bis das Kind durch Hin- und Herschieben des Bogens oder des Köpfchens den besten Durchblick findet. Kinder mit erheblichem Entwicklungsrückstand, ebenso wie ganz kleine Kinder, kommen damit nicht zurecht, aber bei ihnen wird man auch nicht zu prüfen haben, ob die Probleme im Zusammenhang mit Dominanzschwierigkeiten stehen. Kognitiv behinderte Kinder halten das Loch direkt vor die Nase.

Des weiteren wird man die visuelle Perzeptionsfähigkeit des Kindes zu prüfen haben. Dazu können die erwähnten Puzzles verwendet werden, oder man läßt das Kind Bilderbücher betrachten. Die Bilder sollten viele Details enthalten, aber auch viel Handlung illustrieren, damit man prüfen kann, inwieweit das Kind die Bildgeschichte visuell erfaßt. Ob es seine Handbewegungen mit den Augen begleitet oder nicht und wie es umblättert, muß ebenfalls beobachtet werden. Anhand der Bilderbücher läßt sich auch eine kleine Konversation führen und die sprachliche Stufe des Kindes ermitteln. Macht das Kind während des Sprechens begleitende Gesten? Die Hände müssen stets beobachtet werden, um festzustellen, ob ihre Geschicklichkeit altersgemäß entwickelt ist.

Sehr schön ist es, wenn das Kind spontan ein Bild malt. Man legt nicht zu große Bogen (DIN A4 reicht) und Buntstifte jeder Art und Farbe auf einem Tischchen zurecht. Will das Kind lieber auf dem Boden liegend malen, läßt man das zu. Spontane Intentionen des Kindes sind immer zu begrüßen.

Es kann tief erschütternd sein zu beobachten, wie manches Kind den Aufforderungscharakter, den Buntstifte immer an sich haben, bewußt übersieht oder – wenn es zum Tisch geführt wird – mutlos vor dem weißen Blatt sitzen bleibt.

Manche Kinder kennen ihre Schwächen recht gut und haben Angst davor, sich bloßzustellen. Wenn es einem gelingt, ihnen diese Scheu zu nehmen, indem man sie, z.B. bäuchlings auf den Fußboden liegend, die Farben einfach ausprobieren läßt, blühen sie manchmal richtig auf und folgen zum Schluß doch noch ganz gelöst einer Aufforderung. Man darf nur nicht unnachgiebig auf einer Anweisung beharren. Diese psychischen Reaktionen des Kindes auf die gestellten Aufgaben müssen genauso beachtet werden wie deren Bewältigung. Sie zeigen sich z.B. in Gespanntheit der Haltung, Rötung des Gesichts, Beschleunigung von Herzschlag und Atmung oder auch Atmungsstockung (evtl. Stöhnen oder Stottern) und Ticks. Weitere Aufschlüsse über die Lebensprozesse und das Verhalten des Kindes muß man im anschließenden Gespräch mit den Eltern des Kindes zu erhalten versuchen.

Meistens ist es im Lauf von 40 bis 50 Minuten möglich herauszufinden, womit sich das Kind eine Weile – während des Gesprächs mit der Mutter (evtl. den Eltern) – beschäftigen kann. Vielleicht setzt es das gemeinsame Bauen an einer Konstruktion (z.B. Holzeisenbahn) weiter fort oder malt ein angefangenes Bild zu Ende. Vielleicht mag es weiter in Büchern blättern, mit Murmeln oder Puppen spielen, mit einem kleinen Trecker Linsen und Bucheckern verladen oder einfach Papierschnitzel reißen oder in einer Schaukel schaukeln, um nur einige Beispiele zu nennen. Man läßt es nie ganz allein, es muß immer den Weg zur Mutter finden können. Entweder läßt man die Türen offen oder bittet jemanden, während dieser Zeit mit dem Kind weiterzuspielen (evtl. den künftigen Gruppenleiter zum Kennenlernen). Dann konzentriert man sich auf das bevorstehende Elterngespräch, faßt innerlich die Eindrücke von der Begegnung mit dem Kind zusammen und überlegt, welche offenen Fragen vielleicht von der Mutter beantwortet werden können.

Das Elterngespräch

In der Zwischenzeit haben die Eltern sich ein wenig informieren und sich ihrerseits ihre Fragen überlegen können. Vielleicht haben sie auch bereits das unumgängliche Aufnahmeformular – mit Familienangaben, Adressen, Daten, bisherigen Behandlungen und betreuenden Ärzten, notwendigen Medikamenten etc. – ausgefüllt und warten gespannt auf die Äußerungen des Heilpädagogen.

Leider ist nur selten der Vater anwesend, entweder weil er beruflich verhindert oder die Mutter alleinstehend ist. Viele Fragen können allerdings nur von der Mutter beantwortet werden, Fragen über die Schwangerschaft, die Stillzeit, Krabbel- und Laufbeginn des Kindes, Sprachentwicklung, Schlaf- und Eßverhalten, Krankheiten und dergleichen mehr. Dennoch war ich immer froh, wenn auch der Vater an dem Gespräch teilnahm und meine Eindrücke von dem Kind und meine Überlegungen und Ratschläge mit anhören konnte, insbesondere dann, wenn sich bei dem Kind erhebliche Störungen gezeigt hatten, die bisher nicht erkannt worden waren.

Ein solch schwerer Schicksalsschlag trägt sich leichter zu zweit – außerdem wird die Tatsache einer Behinderung von der Mutter dann nicht so leicht verdrängt, wie das so häufig der Fall ist. Vielfach will sie die Mitteilung gar nicht gehört oder verstanden haben. Es kommt sogar vor, daß sie ein Therapieangebot ignoriert und später behauptet, daß ihr niemand je etwas von der vorhandenen oder drohenden Behinderung gesagt habe.

Man muß offen über die Entwicklungsstörungen und Behinderungen des Kindes reden, jedoch nicht, ohne die für eine Therapie günstigen Aspekte herauszustellen. Man wird versuchen, von ihr etwas über den familiären Hintergrund, über ihre Empfindungen und Vorstellungen zu erfahren, und ihr schließlich Hinweise für den Alltag geben. Dann wird man die Therapievorschläge (Gruppenteilnahme oder Einzeltherapie) unterbreiten und deren mögliche Durchführung mit ihr (oder beiden Eltern) besprechen.

Dieses Gespräch mit einer betroffenen Mutter gehört gewiß zum schwierigsten Teil eines Aufnahmegesprächs. Was weiß sie wirklich vom Handikap ihres Kindes? Wie steht sie dazu? Wievieles verdrängt sie? Welche Befürchtungen hegt sie – berechtigter- oder unberechtigterweise –, welche Hoffnungen macht sie sich? Wie weit ist sie in der Lage, objektive Angaben zu machen? Stimmt ihre Erinnerung, verschweigt oder verdreht sie bewußt Tatsachen? Wie zuverlässig sind ihre Beobachtungen? Welche Rolle spielen ihre Emotionen bei dem Kind? Haben Mutter und Vater gänzlich verschiedene Ansichten über Ursache oder Schweregrad der Behinderung?

Ein Erstgespräch kann beglückend für alle Teile verlaufen, wenn festgestellt werden kann, daß dem Kind im gemeinsamen Tun Hilfe zuteil wird. Es kann aber auch das Gefühl aufkommen, als würde man aufs Glatteis geführt; nichts scheint zu stimmen. Man sollte dann den Worten kein so großes Gewicht beilegen. Entweder werden spätere Kontakte, wenn die Vertrauensbasis gesicherter ist, einiges klären können, oder es werden sich Einsichten im Umgang mit dem Kind ergeben. Auf jeden Fall tut man gut daran, Bewegungen und Körpersprache der Eltern auf sich wirken zu lassen und sich die Sätze, die mehr so nebenbei, am Schluß des Gesprächs, vielleicht sogar nach dem Verabschieden zwischen Tür und Angel fallen, zu merken. Nach »überstandener Spannung« und in dem erleichternden Gefühl, diesen Termin hinter sich gebracht zu haben, löst sich bei manchem plötzlich einiges aus dem Unbewußten und kommt ungewollt zutage. So ein unbewußtes Wort kann, wenn man darüber nachdenkt, manchmal ein Licht auf die ganze Situation werfen, man sieht dann, wo die Probleme liegen. Es ist wirklich so, daß im Umgang mit den Betroffenen und ihren Familien (Pflegeeltern eingeschlossen) ständige innere Wachheit und Sensibilität gefragt sind. Wenn man eine gewisse Erfahrung und Gewandtheit in der Gesprächsführung erlangt hat – und vielleicht mehrere Aufnahmegespräche an demselben Tag zu erledigen sind –, wird man sich sehr vor der Gefahr einer Routine hüten müssen. Diese würde unweigerlich von empfindsamen Eltern wahrgenommen werden.

Vertrauen fassen sie nicht nur durch gesprochene Worte. Mein Verhalten, meine Körpersprache müssen deutlich wahres Interesse und Aufnahmebereitschaft signalisieren, meine Haltung muß lauschend, meine Gebärden müssen ruhig sein. Eine allzu lässige Haltung ist nicht zumutbar. Der Mensch mir gegenüber hat ein Schicksalsproblem zu lösen, und zwar ein ganz individuelles, das darf ich nicht aus den Augen verlieren. *Es kann hilfreich sein, sich einen Rol-*

lentausch vorzustellen, indem ich mich selbst in die Rolle der betroffenen Mutter oder des betroffenen Vaters versetze.

Wird das Kind aufgenommen und einer Kindergartengruppe zugeteilt, bedeutet dies, daß es regelmäßig – meistens an fünf Tagen der Woche – kommen wird. Den Sinn der Maßnahmen und den täglichen rhythmisch gestalteten Ablauf des Vormittagsprogramms muß man der Mutter so zu schildern versuchen, daß sie sich nicht ausgeschlossen, sondern mit einbezogen fühlen kann, d.h. indem man auf die Dringlichkeit der Kooperation hinweist.

Es ist zu empfehlen, ein kleines »Verkehrsheft« einzurichten, das das Kind in seiner Umhängetasche mit sich führt und in dem Notizen ausgetauscht werden können. Für die Mutter ist es wichtig, über besondere Vorkommnisse, freudige Anlässe oder Unpäßlichkeiten des Kindes während des Vormittags unterrichtet zu werden. Für den Gruppenleiter ist es von Bedeutung zu erfahren, ob ein Kind in der Nacht unruhig war oder vielleicht gar nicht geschlafen hat, ob es Anfälle gehabt oder während des Wochenendes oder der Ferien gefiebert hat. Ein solcher Austausch zwischen Elternhaus und Institut wirkt sich bei dem kleinen Sonderling immer positiv aus.

Wenn es aber um die Frage geht, ob auch bestimmte Übungen von der Mutter zu Hause durchgeführt werden können, darf man nicht leichtfertig zustimmen. Oftmals hat das nicht die erwünschte Wirkung, sondern bedeutet nur eine Überforderung der Mutter und des Kindes und entfremdet sie voneinander. Und das darf auf keinen Fall geschehen.

Andererseits kann die Mutter sehr wohl nicht nur das Gesamtbefinden des Kindes günstig beeinflussen und dadurch die positive Wirkung einer Therapie verstärken, sondern, wie hier immer wieder betont worden ist, auch mit eigenen Impulsen die Therapie unterstützen. Das wird vorwiegend im Bereich der Lebensprozesse der Fall sein und in späteren Sprechstunden mit ihr besprochen. Falls die Mutter berufstätig ist, muß über den Aufenthalt des Kindes nach dem Kindergartenbesuch und über das Maß an Schonung (gegen Reizüberflutung) oder Anregung gesprochen werden, die das Kind für den Rest des Tages benötigt. Vielleicht muß der Kontakt zu einer Bezugsperson hergestellt werden. Damit man die Mutter und die Familiensituation des kleinen Sonderlings besser verstehen lernt und die Interaktion zwischen ihm, der Mutter und anderen Angehörigen wahrnehmen kann, werden Hausbesuche verabredet. Je besser das Vertrauensverhältnis von beiden Seiten aufgebaut werden kann, desto besser ist es für das Kind.

Man wird die Mutter um ihr Einverständnis bitten, Kontakt mit weiteren, an der Behandlung des Kindes beteiligten Personen aufzunehmen, vielleicht mit einer Krankengymnastin oder einem Arzt, damit möglichst alle Maßnahmen koordiniert werden können. Besteht ein Vertrauensverhältnis zu einem Haus- oder Facharzt, wird man dieses nicht stören – im Gegenteil, man wird ihm manche Erfahrung mitteilen und auch von ihm hilfreiche Hinweise annehmen können.

Nur für den Fall, daß ein Kind sinnlos mit allerlei Beruhigungstabletten vollgestopft wird und dadurch benommen und aufnahmeunfähig erscheint oder die Mutter selbst Unzufriedenheit mit ihrem Arzt äußert, wird man einen Arztwechsel vorschlagen.

Es wird besprochen, wann die Mutter die künftigen Betreuer ihres Kindes kennenlernen, ob sie am ersten Tag oder an den ersten Stunden einer Therapie teilnehmen kann oder besser im Elternzimmer wartet, ob sie zu gegebener Zeit das Kind abholen kommt bzw. abholen läßt.

All das muß dann von Fall zu Fall entschieden werden.

Zu welchem Termin das Kind dann tatsächlich aufgenommen werden kann, hängt erstens davon ab, ob das Behandlungskonzept und der Kostenvoranschlag von der jeweiligen Krankenkasse gebilligt wird oder die Kostenübernahme beim Amt für Rehabilitation bzw. Sozialamt/Amtsarzt beantragt werden muß. Die Kosten für Therapiestunden und Eingliederungsmaßnahmen in einen heilpädagogischen Kindergarten müssen bei »von Behinderung bedrohten Kindern« nicht von den Eltern getragen werden. Zweitens hängt der Termin auch davon ab, wann ein für das Kind geeigneter Platz im Kindergarten frei wird. Wer die Behandlung übernehmen kann oder welche Gruppe in Frage kommt, wird anhand des Aufnahmeprotokolls in der Mitarbeiterkonferenz besprochen.

Das Aufnahmeprotokoll

Um die bei der Aufnahme und im Elterngespräch gewonnenen Einblicke von der Situation und dem Handikap des Kindes protokollarisch festzuhalten, muß man die Kriterien kennen, die beachtet werden müssen, und in der Lage sein, Besonderheiten wahrzunehmen. Selbstverständlich gibt es vorgedruckte Formulare sowohl für eine Anamnese wie auch für die Kinderbeurteilung. Meine Erfahrung mit Formularen ist jedoch die, daß entweder Dinge angeführt werden, die in dem aktuellen Fall nicht zutreffen, folglich durchgestrichen werden müssen, oder daß bestimmte Fragen pauschal mit Bewertungszeichen (plus, minus oder Zahl) abgehakt werden sollen. Dafür fehlen Zeilen für andere, mir wichtiger erscheinende Merkmale oder Vorkommnisse. Ausgefüllt kommt mir dann ein solcher Fragebogen wie eine »TÜV-Überprüfung« vor. Die Defizite und Störungen sind zwar ablesbar, aber ein charakteristisches Bild von der Persönlichkeit des Kindes und seinen Problemen kann ich dem nicht entnehmen. Darum möchte ich hier für eine grundlegend andere Betrachtungsweise eintreten, die sich in langjähriger Praxis sehr bewährt hat. Sie ergibt sich aus den Kenntnissen der anthroposophischen Menschenkunde, die den Gestaltphänomenen und Lebensprozessen eine große Bedeutung beimißt und durch die Zwölf-Sinnes-Lehre eine differenziertere Beurteilung der Wahrnehmungsfähigkeiten, vor allen Dingen der Leibessinne (z.B. Bewegungs- und Gleichgewichtssinn), ermöglicht.

Unabhängig davon, ob es sich um ein erstes Protokoll oder um Folgeberichte handelt, das prinzipielle systematische Vorgehen ist das gleiche. Darum ist es einem geübten Heilpädagogen meistens möglich, seine Erfahrungen mit dem Kind innerlich bereits so zu rubrizieren, daß Notizen in Anwesenheit des Kindes weitgehend vermieden werden können. Das gleiche gilt für das Elterngespräch. Erst nach der Verabschiedung von den Eltern und dem Kind wird das Protokoll so ausführlich und präzise erstellt, wie es nach den gewonnenen Eindrücken möglich ist. Es ist auch dann erforderlich, wenn das Kind mit einer ärztlich festgehaltenen Diagnose angemeldet worden ist und das Rezept für eine bestimmte Therapie mitbringt. Denn es kommt darauf an, daß man selbst im objektiven Anschauen der Phänomene, die zum Gesamtbild gehören, die gehemmten Interaktionen des Kindes wahrnimmt und seine Situation richtig zu beurteilen und nachzuempfinden vermag. Nur dann ist man in der Lage zu erkennen, durch welche Maßnahmen seine Störungen gemildert oder kompensiert werden können, und ein dementsprechendes Therapiekonzept auszuarbeiten.

Darüber hinaus läßt sich ein sorgfältig ausgeführtes Aufnahmeprotokoll jederzeit um neue Beobachtungen ergänzen. Somit hilft es auch vorzubeugen, daß im Lauf der Zeit etwas übersehen wird, und erleichtert das Erstellen von nachträglichen therapiebegleitenden Entwicklungsberichten.

Wie hat man sich nun ein solches »Protokoll-Gerüst« vorzustellen, in das man die am Kind wahrgenommene Auffälligkeit nach menschenkundlichen Gesichtspunkten eintragen kann und das den genormten Fragebogen überflüssig macht? Von einem objektiven, weder von Sympathie noch von Antipathie getrübten Blick war schon öfter die Rede, aber noch nicht von einem systematischen Vorgehen, das die gewonnenen Eindrücke festhält und auch anderen zugänglich macht. Eine solche Systematik ergibt sich aber ganz von selbst, wenn man seine Aufmerksamkeit auf die äußere Erscheinung des Kindes, auf seine Lebensprozesse und die Wahrnehmungsfähigkeit sämtlicher zwölf Sinne richtet. Allerdings muß der Heilpädagoge dabei seine eigenen Sinne – nicht nur die Augen – mit ganzer Sensibilität einsetzen. Mit dem Ohr kann man z.B. seltsame Atemgeräusche, Schmatzen, knirschende Zähne, scharrende Füße und anderes wahrnehmen. Mit den Händen erfaßt man Hautbeschaffenheit, Wärme- und Kälteverhältnisse des Körpers sowie Berühungssensibilitäten oder Unempfindlichkeiten. Mitunter wird man spezifische, vom Kind ausgehende Gerüche wahrnehmen können. Alle genannten Phänomene gehören zum äußeren Erscheinungsbild, das in einer ersten Rubrik vermerkt wird. Um sie aber anschaulich einordnen zu können, bedarf es noch der Unterteilung des Protokolls in Nebenrubriken. Man wird den Wuchs und die Proportionen des Kindes getrennt vom Erscheinungsbild betrachten, man wird sich nebenbei einen Eindruck von seinem Allgemeinzustand und der äußerlich erkennbaren Verhaltensweise verschaffen. Nachdem Auffälliges vermerkt worden ist, wird man sich den Wahrnehmungsfähigkeiten und Fertigkeiten des Kindes zuwenden.

Einiges wird man beobachten können, anderes muß von der Mutter erfragt werden: Wie geschickt ist das Kind, wie selbständig in alltäglichen Verrichtungen etc.? In einer letzten Rubrik ist dann das (Sozial-) Verhalten des Kindes zu vermerken. Ein so erstelltes Protokoll der Beobachtungen ist dann wie ein Gerüst, das man mit immer neuen »Bausteinen«, d.h. mit Erkenntnissen vom Charakter und den Problemen des Kindes, anfüllen kann. So entsteht allmählich ein Bild von der Persönlichkeit des Kindes und seinen Intentionen. Man erkennt, wofür und welche heilpädagogisch-therapeutische Maßnahmen erforderlich sind.

Nach dieser ersten Übersicht soll nun die systematische Anordnung des Protokolls vorgestellt werden. Zur äußeren Erscheinung gehören:

- die statische Gestalt (Körperbau),
- die dynamische Gestalt (Bewegungsbild),
- das Inkarnat (Lebensprozesse),
- der Allgemeinzustand (A.Z.),
- Verhaltensweisen, soweit sie bereits im Erscheinungsbild auffallen.

Die statische Gestalt

Beim Kleinkind ist die individuelle Gestalt noch nicht so ausgeprägt wie beim Schulkind. Es haften ihm, bis in die Haltung hinein, noch viele ererbte Merkmale an, die nicht als bleibend zu betrachten sind, und so muß man sich vor vorschnellen Schlüssen in acht nehmen. Gewisse Auffälligkeiten sind jedoch zu vermerken.

– Ist vielleicht die Größe und statische Entwicklung dem Alter nicht angemessen? Ist der Gestaltwandel eventuell verspätet oder verfrüht?

– Wie sind die Proportionen zwischen Kopf, Hals, Gliedmaßen – lange Glieder, kleiner Kopf oder großer Kopf, gedrungene Glieder – und zwischen Rumpf und Beinen (z.B. »Sitzriese«)?

– Sind die Schultern auffallend breit oder schmal, fällt am Brustkorb etwas auf, eventuell »Hühnerbrust«?

– Ist die Kopfform auffällig (z.B. großer Hinterkopf, hoher Schädel, schmale Schläfen, vorgewölbte Stirn, unterentwickeltes oder herunterhängendes Kinn)?

– Ist das Gesicht altersgemäß ausgeprägt? Ist der Augenabstand eng oder weit? Sind die Augen auffallend groß, welche Farbe haben sie? Ist an dem Augenlid eventuell eine Falte, ein Epikanthus zu bemerken?

– Besteht eine sogenannte »Steckkontaktnase« oder unausgebildete Ohren?

– Wie sind die Zähne – schwarz oder abgefault –, noch Milchzähne oder beginnender Zahnwechsel? Besteht eventuell ein Lippenbändchen oder eine operierte Hasenscharte?

– Wie ist das Haar? Dunkel, hell, rötlich, kräftig, kraus, glatt, dürftig? Vielleicht reicht es weit hinunter am Nacken? Eventuell bei der Mutter erfragen, ob die Behaarung auch am Rückgrat besteht. Ist starke Behaarung an Armen und Beinen oder deutlicher Flaum am Gesicht zu bemerken? Wie sind die Wimpern und Augenbrauen? Hat das Kind Muttermale oder Sommersprossen? Die Hände müssen sehr genau beobachtet werden (und, sobald möglich, auch die Füße).

– Ist die Hand breit, mit kurzen Fingern, oder schmal, ist sie kräftig oder schlapp, sind die Gelenke überstreckbar? Besteht vielleicht eine Vierfingerfurche?

– Sind die Fingerkuppen spitz oder deutlich breit und platt? Wie stehen sie zueinander – laufen sie konisch zusammen? Ist der kleine Finger kurz und gebogen? Wie ist der Zustand der Nägel?

Knick-, Platt- oder Spitzfüße sollten im Lauf der Zeit ebenso wenig übersehen werden wie durchgedrückte Knie, deutliches Hohlkreuz oder andere Haltungsanomalien. Da diese sich aber vielfach aus falschen Bewegungsgewohnheiten entwickeln, wende man sich der dynamischen Gestalt zu.

Die dynamische Gestalt

– Sind die Bewegungsfunktionen des Kindes altersgemäß und harmonisch entwickelt?

– Wie steht, geht, läuft es? Zeigen sich Behinderungen, Lähmungen, Ataxien oder sonstige Abweichungen im natürlichen Bewegungsablauf?

– Ist der Gang schwerfällig, mit krummem Rücken, hängendem Kopf oder trippelnd, auf Zehenspitzen tänzelnd?

– Wie setzt das Kind seine Füße auf – mit nach innen oder außen rotierten Füßen? Man muß den Gang kurz schildern und auch die dabei ausgeführten Armbewegungen – vielleicht werden die Schultern beim Laufen verkrampft hochgezogen?

– Wirken die Bewegungen lässig, unsicher, verzögert, fahrig, ruckartig, ringelnd, eretisch? Bestehen tickartige Zuckungen (z.B. Beine und Schultern) oder Tremor der Hände?

– Wie hält das Kind seinen Kopf? Unruhig hin und her schaukelnd?

– Sind ruckartige Vorwärtsbewegungen des Kinns oder andere Ticks wie Grimassen, Hochziehen der Luft in die Nase, Knirschen mit den Zähnen zu bemerken?

– Sind mit der Motorik des Kindes eigenartige Geräusche verbunden (z.B. Schnaufen, Hüsteln, Stöhnen, Schmatzen)? Werden die feinmotorischen Bewegungen der Hände mit der Zunge begleitet (z.B. beim Malen)? Fallen sonstige assoziierte Bewegungen, die nicht mehr altersgemäß sind, auf?

– Besteht Koordination zwischen Hand und Augen – oder schaut das Kind nicht darauf, was seine Hände ausführen?

– Liegt eine linke, rechte oder eine überkreuzte Seitendominanz vor?

– Wie bewegen sich die Augen? Ist der Blick unstet, mit zwinkernden Augen, oder schielt das Kind vielleicht? Blindheit oder schwere Seh-Behinderung erkennt man auch an zaghaften, tappenden Bewegungen.

Fast jedes Problem eines Kindes ist für einen geschulten Beobachter aus den Bewegungsmustern abzulesen. Darum sollten Absonderlichkeiten wie Drehbewegungen, Schaukeln, ständige Verbeugungen oder das Wedeln mit den Händen möglichst genau beschrieben werden.

Das Inkarnat

– Wie schaut das Kind aus? Hat es eine gesunde, gut durchblutete zartrosa Haut, oder ist es blaß, mit blauen Ringen unter den Augen?

– Sind die Ohren auffallend rot oder die Wangen zuweilen hektisch gerötet (»Apfelbäckchen«)? Färben sich die Lippen manchmal blau? Besteht Hyperventilation, oder leidet das Kind an Sauerstoffmangel?

Die äußeren Lebensprozesse der Atmung, Wärmung und Ernährung sollten so weit wie möglich beachtet werden. In einer ambulanten Einrichtung ist man darauf angewiesen, Beobachtungen aus dem Elternhaus mit einzubeziehen, und man muß versuchen, die Wahrnehmungssensibilität der Eltern anzuregen.

– Wie atmet das Kind, ungehindert, gleichmäßig, hechelnd, flach, mit Nebengeräuschen?

– Leidet es unter Asthma, oder treten Krämpfe auf? Sind Wärme- oder Kältezonen am Körper wahrzunehmen (erhitzter Kopf, kalte Hände)? Wird dem Kind schnell heiß, fröstelt es häufig, oder bemerkt es äußere Temperaturveränderungen gar nicht? Ist die Haut stellenweise marmoriert (Arme, Oberschenkel)?

– Wie fühlt sich die Haut an? Ist sie kalkig oder gar klebrig, z.B. an den Armen?

– Hat das Kind feuchte Hände? Schwitzt es leicht? Ist starker Schweißgeruch wahrnehmbar? Besteht Speichelfluß (Hypersalivation)?

Mit diesen letzten Beobachtungen wendet man sich den inneren Lebensprozessen zu und kommt über die Ernährung zur Absonderung. Im gröberen Sinne gehören auch Verdauung und Ausscheidung dazu, wobei man dann gänzlich auf Angaben der Eltern angewiesen ist.

Es kommt vor, daß keine zuverlässigen Angaben übermittelt werden und man sogar Zeichen der Verwahrlosung an dem Kind bemerkt. Auf jeden Fall muß man das Augenmerk auch auf den Allgemeinzustand des Kindes richten.

Zuerst möchte ich aber noch anfügen, daß weitere Lebensprozesse, wie Wachstum z.B., nicht der momentanen Beobachtung zugänglich sind. Darum wurde der Zustand der Haare, Zähne und Nägel im Zusammenhang mit dem Körperbau erwähnt. Gewicht, Kopfumfang und Größenwachstum des Kindes werden in den Berichten später erwähnt. Denn bei einer Aufnahme sollte man nicht mit Wiegen und Messen beginnen, sondern nur Eindrücke festhalten.

Der Allgemeinzustand

– Scheint das Kind fürsorglich gepflegt oder verwahrlost zu sein? Wird es überfüttert oder vielleicht zu spärlich ernährt? Wird es »übermuttert«, zu kindlich gehalten (nach dem Säuglingsalter noch gewindelt, mit der Flasche ernährt oder mit einem Schnuller versehen)?

– Macht es einen gesunden oder kränklichen, übermüdeten Eindruck (gegebenenfalls Fernsehkind)?

Verhaltensauffälligkeiten Unter dieser Rubrik notiert man Auffälligkeiten, die sich sofort an der äußeren Erscheinung bemerkbar machen. Es können das z.B. selbstzerstörerische Zeichen wie Kratzspuren oder blaue Flecken sein, aber auch Nuckeln, Haarelutschen, Nägelbeißen, Stottern, Unansprechbarkeit, Stummheit, Distanzlosigkeit, Hyperaktivität etc. Ausführlicheres wird dann unter Sozialverhalten, Sprache oder Perzeptionsfähigkeit notiert.

Wahrnehmungsfähigkeiten oder Perzeptionsstörungen Um die Wahrnehmungsfähigkeiten des Kindes überprüfen zu können, wird man sich intensiv mit ihm beschäftigen und für entsprechende Reize und Übungen sorgen müssen. Selbstverständlich kann man nach einer ersten Begegnung noch keine präzisen Angaben über seine Wahrnehmungsfähigkeiten machen. Weder die organische noch die psychische Komponente läßt sich bei jedem Kind sofort beurteilen. Man wird aber bemerken, wann und wobei Probleme auftreten, und dem nachgehen. Die Beobachtungen aus dem alltäglichen häuslichen Umfeld werden ebenfalls dazu benötigt. Manchmal wird man sich veranlaßt sehen, der Mutter vorzuschlagen, ihr Kind dem Neurologen, dem Augenarzt oder Audiologen vorzustellen.

Erkennt man die Wahrnehmungs- oder Perzeptionsstörung, weiß man zugleich, wie eine Behandlung durchgeführt werden muß. Zuerst versucht man festzustellen, wie weit das Kind seinen eigenen Körper wahrnimmt, und richtet die Aufmerksamkeit auf seine basalen Sinne.

Sensibilität der basalen Sinne Wie ist es mit dem Gleichgewichtsgefühl, mit der Raumorientierung und der Bewegungssicherheit des Kindes bestellt? Hat es ein »Körper-Imago«, d.h. ein Empfinden für seine Gestalt und Glieder? Besteht Übersensibilität der Haut oder Unempfindlichkeit? Wo? Im Mundbereich? Dazu muß die Mutter befragt werden, auch danach, ob das Kind sich wohlfühlt oder häufig Unlustgefühle äußert.

Sensibilität der mittleren Sinne Wie empfindsam ist der Geruchssinn des Kindes und wie reagiert sein Geschmackssinn? Empfängt das Kind Erlebnisse durch diese Sinne? Kann es sie einordnen und entsprechend reagieren, oder sind Perzeptionsstörungen zu vermuten? Sind die Augen sehr lichtempfindlich? Ist die Reaktion auf Licht bei beiden Pupillen gleich? Bleiben sie ungewöhnlich weit oder sind sie stechend klein? Besteht »Silberblick«? Wie blickt das Kind, geht es zu nah an die Dinge heran? Welches Auge ist dominant? Kann es – seinem Alter gemäß – erkennen, was es sieht, oder bleibt der Blick »leer«? Meidet es den Blickkontakt?

Kann es mit den Händen warm und kalt unterscheiden? Mit Lippen und Zunge? Reagiert es vielleicht überempfindlich auf Temperatur (schreit es z.B. beim Baden in Gewässern unter 28 Grad)?

Sensibilität der oberen Sinne Eine erste undifferenzierte Prüfung des Gehörsinns, d.h. ob das Kind lauschen kann, läßt sich sehr leicht unauffällig durchführen. Auch die häufig vorkommende Übersensibilität gegenüber Geräuschen wird man relativ schnell bemerken können. Ob aber manche Frequenzen dem Kind verlorengehen und ob es gesprochene Worte nur verzerrt wahrnimmt, wird sich erst allmählich herausstellen. Eine nicht altersgemäße Sprache legt den Verdacht auf eine Störung der Gehörwahrnehmung nahe. Außerdem sollte man feststellen, wie das Kind auf Rhythmen reagiert, ob es gerne tanzt und Musik liebt. Man muß erfragen, ob es zu Hause (oder im Kindergarten) gerne singt. Ahmt es Geräusche, Tierlaute, Stimmen nach?

Wie ist das Sprachverständnis? Ist das Kind imstande, einen Dialog zu führen, oder fallen Störungen und Rückstand in der sprachlichen Entwicklung auf? Sollte das der Fall sein, muß eine besondere Rubrik über die sprachliche und kognitive Entwicklung des Kindes eingefügt werden.

Störungen des zwölften Sinnes – der Wahrnehmung des anderen Menschen als Mensch – sind dem Beobachter nur als Beziehungsstörungen erkennbar und darum am besten unter Sozialverhalten zu notieren.

Sprachliche und kognitive Entwicklung Unter dieser Rubrik muß ausführlich geschildert werden, über welche sprachliche Möglichkeiten das Kind verfügt, welche Artikulations- oder andere Sprachstörungen vorliegen (Stammeln, Lispeln etc.). Liegt Echolalie vor? Wie weit unterscheidet sich der passive vom aktiven Wortschatz? Welche Möglichkeiten hat das Kind sich auszudrücken – verbal oder nonverbal? Wie ist das Aufgabenverständnis entwickelt? Besteht situationsgerechtes Handeln? Ist das Zahlenverständnis und das Gedächtnis altersgemäß entwickelt? Wie steht es mit der Konzentrationsfähigkeit? Besteht vielleicht eine Begabung im praktischen oder sozialen Bereich und ein ausgeprägtes Gerechtigkeitsempfinden?

Fertigkeiten Unter dieser Rubrik ist die Geschicklichkeit und nicht nur das Erscheinungsbild der motorischen Funktionen, d.h. das sinnvolle Zusammenspiel verschiedener Muskelgruppen, sowohl der Grob- wie der Feinmotorik, zu schildern.

Wie ist der zeitliche Ablauf von der Intention bis zur Ausführung? Verläuft eine die Sprache des Kindes begleitende Geste gleichzeitig, ist sie langsamer oder schneller? Besteht Diskrepanz zwischen dem Verständnis für eine Aufgabe und der Möglichkeit sie auszuführen? Ist die Geschicklichkeit der Hände altersgemäß entwickelt (an- und ausziehen, mit Knöpfen und Schleifen umgehen, selbständig essen)? Ist das Kind noch als beidhändig zu bezeichnen, oder zeigt sich deutliche Lateralität? Welche ist die liebste Beschäftigung? Kann das Kind malen, zeichnen? Kann es mit Klötzen bauen, in Sand oder Wachs Formen herstellen, in einem Buch blättern usw.?

Bei Kleinstkindern oder bei schwerer Behinderung muß genau geschildert werden, wie weit die Kinder in den alltäglichen Verrichtungen und in der Sauberkeitsentwicklung fortgeschritten sind.

Verhalten – Sozialverhalten Unter dieser Rubrik ist auf das individuelle Verhalten des Kindes – im Tageslauf, beim Spiel, allein und in Gemeinschaft – einzugehen. Es wäre wünschenswert, von den Eltern zu erfahren, wie sich das Kind beim Aufwachen und Einschlafen verhält. Welche Gemütsstimmung ist wahrzunehmen?

Leidet es beim Einschlafen unter Ängsten, hat es Angstträume? Schläft es durch? Sucht es nachts das Bett der Mutter auf? Ist es Bettnässer, tritt yactus nocturnus auf? Schläft es noch mittags – wie lange? Wie verbringt es den Tag? Wie ist das Verhältnis zu Geschwistern, zu Anverwandten?

Läßt es sich von der Mutter leicht lenken, oder zeigt es sich frech, draufgängerisch, quengelig, ängstlich, aggressiv? Ist es auffallend langsam, träge und interesselos? Ist es vorwiegend still? Lacht oder weint es viel? Spricht es beim Spielen? Hängt es am »Rockzipfel«? Wie verhält es sich bei Mahlzeiten?

Die Antworten der Mutter sind dann später mit den Erfahrungen in der Gruppe und bei den gemeinsamen Mahlzeiten zu vergleichen. Vor allen Dingen bei Artikulationsstörungen muß das Eß- und Kauverhalten genauestens beobachtet werden.

Wenn bereits Erfahrungen aus Spielgruppen oder aus dem Kindergarten vorliegen, sind womöglich folgende Angaben aufschlußreich, andernfalls sind sie einige Zeit nach der Aufnahme zu ergänzen: Wie verhält sich das Kind in der Gruppe jüngeren oder älteren Kindern gegenüber? Ist es problemlos zu integrieren, oder wird es gemieden? Warum? Sondert es sich selbst ab?

Spielt es altersgemäß, nachahmend, kreativ, konstruktiv oder gar stereotyp? Zeigt es Durchhaltevermögen und Willigkeit im Übernehmen und in der Ausführung von Aufgaben? Kann es warten, kann es verlieren? Ist es ein »Raufbold«, ein schüchternes oder hyperaktives Kind? Ist sein Verhalten vielleicht eine Folge von Wahrnehmungsstörungen?

Letzteres ist für das Therapiekonzept außerordentlich wichtig, denn wenn ein bestimmtes, unter Umständen fixiertes Verhalten durch eine Wahrnehmungsstörung hervorgerufen wird, ist dem Kind nicht mit pädagogisch-psychologischen Maßnahmen, sondern allein mit Sinnespflege zu helfen.

Zusammenfassung Aus dem Puzzle oder, besser gesagt: aus dem Mosaik der beobachteten und notierten Einzelphänomene versucht man, einen Gesamteindruck von der Persönlichkeit eines ungewöhnlichen Kindes und der zugrundeliegenden Entwicklungsstörung zu gewinnen, seinem speziellen Problem nachzuspüren. Dieses Nachspüren oder Einfühlen ist fast ein meditativer Vorgang, manchmal gelingt es sogleich, manchmal gelingt es weniger gut oder erst nach einer gewissen Zeit, d.h. nach der Aufnahme des Kindes.

Es kommt darauf an – unter Berücksichtigung eigener Intentionen des Kindes –, den Ansatzpunkt für mögliche therapeutische Maßnahmen zu finden oder zu erkennen, was sich als behandlungsbedürftig erweist. Allerdings nicht in dem Sinne, daß diverse Symptome behandelt werden sollten, sondern so, daß die hinter dem Symptom liegenden seelisch-geistigen Ursachen ergründet und mit in Betracht gezogen werden.

Als Resultat der Erwägungen wird man ein Therapiekonzept entwerfen und die ins Auge gefaßten Ziele kurz benennen. Handelt es sich um eine Einzeltherapie mit einer bestimmten Anzahl von Therapiestunden, ist nach Ablauf dieser Stunden ein kurzer Bericht über erzielte Fortschritte, abgeschlossene Behandlung oder notwendige Weiterbehandlung zu erstellen und beim Kostenträger einzureichen. Handelt es sich dagegen um eine Langzeit-Therapie, die eventuell bis zum Einschulungsalter fortgeführt werden soll und eine Gruppentherapie im heilpädagogischen Kindergarten mit einschließt, wird von dem Kostenträger jeweils nach Ablauf eines halben oder ganzen Jahres ein sogenannter Entwicklungsbericht angefordert. Hat man seine Notizen ständig therapiebegleitend nach den hier vorgestellten Gesichtspunkten vervollständigt, ist der jeweilige Entwicklungsstand sofort abzulesen und der erbetene Bericht mühelos zu erstellen. Dennoch gilt, daß das Wesentliche möglichst kurz und präzise ausgedrückt werden muß. Die Daten des Kindes – sein Alter, Gewicht, Größe zum Zeitpunkt des Berichts – sollten schnell ablesbar sein, ebenso die Angabe, um welchen Folgebericht es sich handelt.

Es ist zu empfehlen, markante Tatsachen zu unterstreichen, damit ein »Querlesen« – wie es in vielen Dienststellen und Praxen gehandhabt wird – erleichtert wird. Sonst wird der Bericht am Ende gar nicht gelesen oder nur ungenau, was sich für die Weiterbehandlung oder Kostenübernahme nachteilig auswirken kann.

Aus diesem Grund ist auch eine Zusammenfassung am Schluß des Berichts angezeigt. Hier müssen anhand des Notierten die Entwicklungsschritte, die als nächste angestrebt werden sollen, erwähnt werden, und zwar der Reihenfolge nach. Die vorgesehenen Therapiemaßnahmen müssen erläutert werden. Wenn es sich um Folgeberichte handelt, muß über die seit dem letzten Bericht erreichten Ziele informiert werden. Erweist sich eine andere oder vielleicht eine zusätzliche Maßnahme als erforderlich, muß diese eingehend begründet werden.

Außerdem möchte ich hinzufügen, daß es niemals versäumt werden sollte, auf positive Charakterzüge und ausgleichende Fähigkeiten hinzuweisen. Gerade diese sind es, die Ansatzpunkte für ein Gelingen der therapeutischen Maßnahmen ergeben.

Anmerkungen

1 Wegen der sog. »Mongolenfalte« (Epikanthus) am inneren Augenwinkel sprach man früher von »mongoloiden« Kindern. Ihre Behinderung beruht auf einer Abweichung in der leiblichen Struktur (Chromosomenteilung). J. Langdon Down beschrieb als erster diesen Typ der beeinträchtigten Intelligenz. Die heute verwendete Kurzbezeichnung: Down-(Syndrom-) Kind.

2 Der Erinnerungsstoß bringt es mit sich, daß etwas früher Vertrautes wiedererkannt und benannt wird. Der Heilpädagoge muß dieses Wort aufgreifen und des öfteren wiederholen; er muß versuchen, die Erinnerung des Kindes durch Fragen zu aktivieren. Dann kann es passieren, daß das Kind fließend antwortet, als wäre es nie stumm gewesen.

3 s. Jakob Lutz, *Kinderpsychiatrie*, Zürich 1972.

4 Die Bliss-Symbolkommunikation ist ein internationales Verständigungssystem mittels Piktogramm, d.h. mittels graphischer Symbole, die vowiegend bei spastischen Artikulationslähmungen verwendet werden. Auf Piktogrammtafeln wird mit der Hand oder dem Fuß gezeigt oder gezielt darauf geblickt. Tastbare Piktogramme sind eine Hilfe für blinde Kleinkinder, bevor sie das Alphabet erlernen. Auch lernbehinderte oder taube Kinder können von diesem System profitieren.

5 Rudolf Steiner, *Heilpädagogischer Kurs*, zwölf Vorträge zwischen dem 25. Juni und 7. Juli 1924 vor Ärzten und Heilpädagogen (GA, Gesamtausgabe Nr. 317).

6 Die Angaben Rudolf Steiners zu diesem Beziehungssystem können nicht als Hypothese gelten, sie sind vielmehr Ergebnisse seiner Geistesforschung, über die er sich selbst in dem 1917 veröffentlichten Buch *Von Seelenrätseln* (GA 21) so äußert: »Skizzenhaft möchte ich nun auch darstellen, was sich mir ergeben hat über die Beziehungen des Seelischen zu dem Physisch-Leiblichen. Ich darf wohl sagen, daß ich damit die Ergebnisse einer 30 Jahre währenden Geistesforschung verzeichne [...]. Ihre Begründung kann durchaus mit den heute vorhandenen wissenschaftlichen Mitteln gegeben werden.«
Diese Ergebnisse wurden der Vortragsreihe *Allgemeine Menschenkunde als Grundlage der Pädagogik* (GA 293), die Rudolf Steiner zur Begründung der ersten Waldorfschule in Stuttgart gehalten hat, zugrundegelegt. Ich möchte nur noch anfügen, daß diese Erkenntnisse als eine epochale Errungenschaft dieses Jahrhunderts bezeichnet werden können, zumal sie nicht allein das Verhältnis zwischen Leib und Seele, sondern zudem dasjenige zwischen Leib, Seele und Geist aufzeigen. Des weiteren erläuterte Rudolf Steiner, wie die Seele in dreifacher Gliederung, in Vorstellen, Fühlen und Wollen, in verschiedenen leiblichen Funktionssystemen

in Erscheinung tritt (im Nerven-Sinnes-System, rhythmischen System und Gliedmaßen-Stoffwechsel-System). Ohne intensive Einarbeitung in diese erkenntnistheoretischen Grundlagen ist eine Arbeit auf anthroposophischer Basis nicht möglich. Deshalb hat nicht nur Rudolf Steiner in unzähligen Vorträgen diese Zusammenhänge wiederholt und je von neuen Gesichtspunkten aus beleuchtet, auch jede Sekundärliteratur muß, sofern sie nicht Vorkenntnisse voraussetzen kann, mehr oder weniger ausführlich darauf eingehen.

7 Für Heilpädagogen, die weitere Informationen suchen oder Probleme damit haben, wie man geisteswissenschaftliche Grundlagen an Eltern und Interessierte vermitteln kann, will ich zusätzlich auf eine Vortragsreihe hinweisen, die Rudolf Steiner eben unter diesem Gesichtspunkt gehalten hat, *Eine Einführung in die anthroposophische Weltanschauung, für Mitglieder* (GA 234). Für Leser mit Vorkenntnissen von der geisteswissenschaftlichen Menschenkunde möchte ich darauf hinweisen, daß die »Lebensprozesse« nicht mit den »Lebensstufen« identisch sind und auch nicht mit der Tätigkeit der Organe (z.B. erfolgt die Atmung nicht nur durch die Lunge).

8 Näheres über den von der Naturwissenschaft vernachlässigten anderen Teil und über die Wärme als überbrückendes Element zwischen sinnlicher und übersinnlicher Welt kann der Vortragsreihe Rudolf Steiners, *Geisteswissenschaftliche Impulse zur Entwicklung der Physik* (GA 320, 321), entommen werden.

9 Innerhalb des lebenden Organismus spielt sich der Verbrennungsvorgang anders ab, als er in der Außenwelt zu beobachten ist, identisch ist nur seine mittlere Stufe; vgl. Rudolf Steiner am 3.9. 1919.

10 Solange das Ich noch strukturierend in den Organen tätig ist, stellt sich dieser Rhythmus beim Kleinkind noch nicht ein.

11 Dazu die Beobachtung einer Krankenschwester in einem Heim für seelenpflegebedürftige Kinder: Wenn ich am Morgen die Betten aufdecke, kommt mir die Schlafwärme der Kinder entgegen, nur bei den Autisten nicht. Ihre Betten sind kalt; sie scheinen nie zu schwitzen.

12 Auch im »Flüssigkeitsmenschen« läßt sich, wie im physischen Leib, eine Dreigliederung der Funktionssysteme erkennen. Zum Nervensystem gehört eine klare mineralhaltige Flüssigkeit, zum Stoffwechselsystem die trübe fetthaltige der Darmzotten im Dünndarm, der Chylus, der im Rückenbereich des Brustkorbs zur Schlüsselbeinblutader aufsteigt, und die Lymphe. Dazwischen pulsiert das Blut im rhythmischen System.

13 s. dazu die Kinderbesprechung im *Heilpädagogischen Kurs* Rudolf Steiners (GA 317).

14 vgl. im *Heilpädagogischen Kurs* Rudolf Steiners (GA 317) Kapitel 5 und den Vortrag vom 16. September 1922.

15 s. Hertha Hafer, *Die heimliche Droge Nahrungsphosphat,* [3]1984.

16 s. Rudolf Steiner, *Konferenzen mit den Lehrern der Freien Waldorfschule 1919 bis 1924* (GA 300).

17 Nachzulesen im 7. Vortrag von Rudolf Steiners *Heilpädagogischem Kurs* (GA 317), wo er auch einen Weg zeigt, »Antiappetit« abzubauen.

18 Diese Abwehrreaktion stellt z.B. bei Transplantationen das größte Problem dar.

19 Im 4. Vortrag des *Heilpädagogischen Kurs* Rudolf Steiners (GA 317) ist dieser Zustand ausführlich beschrieben, es werden auch Wege zur Heilung gezeigt. Sie beziehen sich jedoch auf das Kind im Schulalter und müssen für das Kleinkind modifiziert werden.

20 Zum Thema Angst und Furcht s. Karl König, *Sinnesentwicklung und Leiberfahrung,* Stuttgart 1986.

21 Zur Wirkungsweise und natürlichen Verwandlung von Wachstums- und Ernährungskräften ein Zitat Rudolf Steiners aus dem Vortrag vom 22. Juli 1924: »Schematisch vorgestellt, kann man sagen: In den ersten Lebensjahren des Kindes sind beide Kräfte noch durcheinandergemischt, sind noch nicht geschieden; dann sondert sich später das Gedächtnis als eine besondere Fähigkeit aus dem Ungeschiedenen heraus, und die Wachstums- und Ernährungsfähigkeit ebenfalls. Weil das Kind in den ersten Lebensjahren seine Gedächtniskräfte noch dazu braucht, um seinen Magen zu versorgen und die Milch zu verdauen, kann es sich an nichts erinnern; wenn es dann später seine Gedächtniskraft nicht mehr dazu braucht, dem Magen zu dienen, wenn der Magen weniger Ansprüche stellt und nur wenige Kräfte zurückbehält, dann wird ein Teil der Wachstumskräfte seelisches Gedächtnis, Erinnerungskraft.«

22 s. *Heilpädagogischer Kurs* (GA 317).

23 s. den Vortrag Rudolf Steiners vom 21. Dezember 1908.

24 vgl. den Vortrag Rudolf Steiners vom 16. April 1923.

25 Hier sind die größeren biologischen Zyklen und nicht die des REM-Schlafes gemeint; s. Frühförderung, Seite 273.

26 Dieser Hinweis Rudolf Steiners stammt aus einer Lehrerkonferenz über die Elternberatung zu diesem Thema.

27 Heute spricht man von neurophysiologischen und neuropsychologischen Komponenten der Wahrnehmung.

28 s. *Das Rätsel des Menschen* (GA 170) und *Makrokosmos und Mikrokosmos* (GA 119) von Rudolf Steiner.

29 Nachzulesen bei Hans Erhard Lauer *Die zwölf Sinne des Menschen,* Schaffhausen 1977.

30 Die Ätherwelt der Flora astralisiert sich in Duft und Farbe der Blüten.

31 Aufschlußreich zu diesem Thema ist das Buch *Der unheimliche Fremdling* von Carl H. Delacato, Freiburg i.Br. 1974.

32 Auf die Bedeutung der konkreten Erfahrung weist auch Felicie Affolter in *Wahr-*

nehmung, Wirklichkeit und Sprache, Villingen-Schwenningen 1987, hin.

33 Der anthroposophisch orientierte Leser möge die technischen Begriffe »input«, »Perzeption« und »output« gegen Empfindungs-, Verstandes- oder Gemütsseele und Bewußtseinsseele austauschen.

34 Es handelt sich um eine besondere Form spastischer Lähmung (Athetose), die wurmartig ringelnde Bewegungen hervorruft.

35 Annabel Stehli, *Dancing in the Rain. Ein autistisches Mädchen besiegt seine geheimnisvolle Krankheit,* München 1991.

36 Kurt Gäch, Kinderpsychiater und -neurologe, war bis zu seinem frühen Tod leitender Arzt in einem Heim für seelenpflegebedürftige Kinder in der Nähe von Lüneburg. In einem Heim bei Hamburg hielt er regelmäßig Abendkurse in Heilpädagogik. Er war mein Lehrer, und ich assistierte ihm bei Kinderuntersuchungen.

37 Für das soziale Zusammenleben ist es nötig, daß Kinder auch lernen, mit ihrem »Antiappetit« fertig zu werden. Von Speisen, die sie nicht mögen, sollten sie wenigstens einen kleinen »Pflichthappen« zu sich nehmen, auch von ihnen unbekannten. Nur wenn eine ärztliche Verordnung vorliegt, braucht ein Kind strenge Diät.

38 Carl H. Delacato beschreibt in *Der unheimliche Fremdling,* 1974, sehr detailliert, wie solche Maßnahmen durchgeführt werden können. Er hat auch in schweren Fällen Erfolge erzielt. Es kommt immer darauf an, *wie* eine Maßnahme durchgeführt wird.

39 Genauer nachzulesen im *Ersten naturwissenschaftlichen Kurs* Rudolf Steiners (GA 320).

40 Hans Erhard Lauer, *Die zwölf Sinne des Menschen*, Schaffhausen 1977.

41 Störungen in diesem Bereich sind vielfach an Augenzittern (Nystagmus) zu erkennen, das durch unwillkürliche Augenmuskelkontraktionen entsteht, wie sie z.B. auch nach Drehungen um die eigene Achse auftreten. Die Messung der Zeitdauer dieses postrotatorischen Nystagmus (Hin- und Herbewegen der Augen) ist ein diagnostisches Mittel zur Untersuchung des vestibulären Systems.

42 vgl. auch Kontaktstörungen als Folgeerscheinung einer Fehlentwicklung des Ichsinns, Seite 213.

43 Dazu J.J.M. Sauters Vortrag vom 2. Oktober 1989 in Prag: *Einfluß des Visuellen auf Körperhaltung, Leistungsfähigkeit der Motorik, Legasthenie und Dysphasie.*

44 In manchen Vorträgen (z.B. demjenigen vom 25. August 1918) ordnet Rudolf Steiner den Wärmesinn den Eigenwahrnehmungen zu. Das ist aber ein Teilaspekt, denn dieser Sinn öffnet sich der Außenwelt.

45 In der Neurologie ordnet man heute die Empfindungen von warm und kalt unterschiedlichen Sinnesbereichen zu. Rudolf Steiner geht vom Erlebnisfeld der Temperatur aus und nennt diesen Sinn »Wärmesinn«. Das erscheint naturwissenschaft-

lich nicht weniger legitim als die Zusammenfassung der in unterschiedlichen Regionen verankerten Geschmacksknospen der Sauer- und Süßempfindung unter dem Oberbegriff »Geschmackssinn«.

46 Diese Bäder werden Öldispersionsbäder genannt. Das Öl wird durch eine spezielle Apparatur fein verteilt und das Wasser rhythmisch bewegt.

47 Die Ohrmuschel wird von Joachim Ernst Berendt, *Das dritte Ohr, Vom Hören der Welt*, Reinbek 1988, als Abbild des ganzen Menschen (des Embryos im Uterus) erkannt. Auch die chinesische Akupunktur geht von solchen Vorstellungen aus.

48 Rudolf Steiner, *Das Tonerlebnis im Menschen* (GA 283).

49 Man spricht auch vom »Farbton« oder vom Malen »Ton in Ton«.

50 s. über Epilepsie im *Heilpädagogischen Kurs*, wo Rudolf Steiner nicht von Musiktherapie spricht, aber vom Kontakt zu den Elementen.

51 Noch heute verläuft die Diskussion zwischen den Befürwortern der Laut- und der Gebärdensprache nicht nur kontrovers, sondern äußerst heftig; s. dazu Harlan Lane, *Mit der Seele hören*, München 1990, und *Der Schrei der Möve*, Bergisch Gladbach 1995,von Emanuelle Laborit.

52 Als »Pyramidenbahn« werden Nervenstränge bezeichnet, die, von den Nervenfasern der Gehirnrinde ausgehend, durch die Pyramiden der Medulla oblongata (das verlängerte Mark), wo sie sich überkreuzen, links und rechts des Rückenmarks verlaufen (vgl. Seite 256).

53 Die Konsonanten werden den drei Qualitäten des Seelenlebens zugeordnet, dem Denken, Fühlen und Wollen (Zahn-, Lippen- und Gaumenlaute).

54 In zunehmendem Maß befaßt sich die psychosomatische Medizin mit dem Vagus-Nerven, der die Nerven des Verdauungstrakts mit dem Gehirn in Verbindung bringt. Die Tatsache, daß bei Darmerkrankungen und Verdauungsstörungen psychische Faktoren eine so große Rollle spielen, könnte darin eine Erklärung finden.

55 Rudolf Steiner, 4. Vortrag des *Heilpädagogischen Kurs* (GA 317).

56 »Forced Holding« nach Martha Welch; s. dazu auch Jirina Prekop, *Hättest du mich festgehalten,* München 1992.

57 Nicht zu verwechseln mit der Methode der basalen Stimulation nach Andreas Fröhlich. Diese gilt der Stimulation der Gesamtwahrnehmung Schwerstbehinderter.

58 Diese Beziehung zu den Gestirnen darf man sich keineswegs nebulös »astrologisch« vorstellen, sie ist vielmehr ganz konkret. Während der intrauterinen Entwicklung wirken die gestaltenden Kräfte des Kosmos auf die Ausbildung des Gehirns und der zwölfpaarigen Gehirnnerven.

59 Jüngste neurologische Forschungen unterscheiden zwischen passivem und aktivem Tastsinn.

60 Diese Rezeptoren reagieren auf mechanische, thermische, chemische und elektrische Reize.

61 Früher nach ihren Entdeckern Meissner, Paccini und Ruffini benannt, heute jedoch unter dem Begriff »Oberflächensensibilität« zusammengefaßt.

62 s. Diane Ackermann, *Die schöne Macht der Sinne*, München 1993, und Ashley Montagu, *Körperkontakt*, Stuttgart 1980.

63 Karl König, *Sinnesentwicklung und Leiberfahrung,* Stuttgart [3]1986.

64 Dietmar Zöller, *Ich gebe nicht auf,* München 1992.

65 Auf einen Quadratzentimeter Haut entfallen etwa 100 Schweißdrüsen und 15 Talgdrüsen. Die Verdunstung beträgt 1/2 bis 2 Liter täglich.

66 Rudolf Steiner, *Anthroposophie, ein Fragment* (GA 45).

67 s. Karl König, *Sinnesentwicklung und Leiberfahrung,* Stuttgart [3]1986.

68 Rudolf Steiner, *Anthroposophie, ein Fragment* (GA 45).

69 Hier sind nicht die vier Phasen der Bewegungsentwicklung des Säuglings gemeint (siehe dazu Fortschreitende Inkarnation, Seite 300).

70 Karl König, *Sinnesentwicklung und Leiberfahrung,* Stuttgart [3]1986.

71 Auch bei Schwach-Sinn ist dies der Fall (vgl. Die »Nachtseite« des Lebenssinns, Seite 236).

72 »Automatisch« wird hier nur in der ursprünglichen Bedeutung von selbstregelnd benutzt, d.h. für eine durch Übung schließlich »wie von selbst« ablaufende Bewegung, die jedoch vom Willen gesteuert werden kann (vgl. Autogramm). Für »zwangsläufig« wird dagegen »mechanisch«, »reflexbedingt« oder »unwillkürlich« verwendet.

73 Das Geschickt-Werden der Finger wirkt sich nicht nur auf die Ausbildung der Gehirnwindungen aus, es fördert auch die Zahnbildung, s. Rudolf Steiners Vortrag vom 6. April 1920.

74 Das ist kein Widerspruch zur Bemühung um eine Handdominanz.

75 Rudolf Steiner, *Anthroposophie, ein Fragment* (GA 45).

76 s. dazu Karl Königs Nachwort in dem Buch *So geboren,* Stuttgart 1981, von Earl R. Carlson.

77 s. den dritten Vortrag in Rudolf Steiners *Heilpädagogischer Kurs* (GA 317).

78 Lesenswert zu diesem Thema ist das Buch über ein »scheinbar ganz normales Kind« von Roswitha Defersdorf, *Drück mich mal ganz fest,* Freiburg 1994.

79 Die Darstellung der drei Dimensionen folgt Karl König, *Heilpädagogische Diagnostik,* Arlesheim 1972.

80 Auch in der Musik begegnet man den drei Dimensionen: dem Rhythmus auf der Ebene zwischen Vorne und Hinten, dem Takt zwischen Rechts und Links und der Tonhöhe (Melos) zwischen Oben und Unten.

81 Die Frühförderung der Säuglinge ist im allgemeinen auf Heilpädagoginnen beschränkt. Wenn an den Kursen für

Frühtherapeuten, die ich im Spastikerzentrum Pelzerhaken absolvierte, auch Männer teilnahmen, so handelte es sich um Ärzte, die selbst Institute eröffnen oder Ausbildungskurse leiten wollten.

82 Beim Neugeborenen ist schon in der äußeren Erscheinung die Zweiheit des physischen Leibes zu erkennen, von der Rudolf Steiner von unterschiedlichen Aspekten aus immer wieder gesprochen hat (u.a. auch am 20. März 1911). Alle im physischen Leib vorkommenden Zweiheiten oder in gewisser Weise polar wirkenden Systeme (bewußte und unbewußte, synthetische und analytische, aufbauende und abbauende) sind durch Rhythmen oder durch ein rhythmisches System organisiert und aufeinander bezogen.

83 In diesem inneren Pol des Gehirns entsteht durch die Drüsen Hypo- und Epiphyse ein enges Zusammenwirken von Astralleib und Ich (Absonderung).

84 Analog zum EKG, das die Herztätigkeit graphisch aufzeichnet, zeichnet das EEG die Gehirntätigkeiten der verschiedenen Hirnregionen auf.

85 Diese Entwicklung vollzieht sich unter Mitwirkung des Astralleibs. Dabei werden zunehmend die Wahrnehmungen der Sinnesorgane vom Gehirn registriert und seelisch verarbeitet. Es entwickelt sich das sog. Perzeptionsvermögen. »Und im Nervensystem, das die Pflanzen noch nicht haben, müssen wir das äußere Werkzeug des Astralleibes sehen, als des geistigen Urbildes des Nervensystems. Wie das Urbild zu seiner Offenbarung, zu seinem Abbild, so verhält sich der Astralleib zu dem Nervensystem.« (Rudolf Steiner, *Eine okkulte Physiologie,* Vortrag vom 21. März 1911, GA 128)

86 Die Vorstellung von diesem Regelkreis mit dem Willen als Auslöser ersetzt diejenige von elektrischen Impulsen und dem Gehirn als »Verarbeitungsmaschine« (A. Jean Ayres). Darum wird die Tätigkeit der motorischen Nerven auch anders interpretiert (siehe Seite 238).

87 Wegen der unter den Lidern sich bewegenden Augen REM-Schlaf genannt (Abkürzung für Rapid Eye Movement). Siehe zum Schlafverhalten auch Remo H. Largo, *Babyjahre*, Hamburg, 1993.

88 Der permanent schreiende Säugling ist in seinem ZNS oder auch an inneren Organen geschädigt und braucht medizinische und physiotherapeutische Hilfe, in manchen Fällen – wenn die Mutter süchtig war – eine Entziehungskur.

89 Die Druckempfindung versetzt das Ich des Kindes von außen nach innen in Vibration und regt den Astralleib an.

90 Daniel N. Stern, *Tagebuch eines Babys,* München 1993.

91 s. dazu Britta Holle, *Die motorische und perzeptuelle Entwicklung des Kindes,* München 1993; Leander Pflüger, *Neurogene Entwicklungsstörungen,* München 1991.

92 Zwar weist A. Jean Ayres in *Bausteine der kindlichen Entwicklung*, Berlin 1984, auf ein System hin, das sie »Ich-will-es-tun-System« nennt und damit sensible Fasern

des Muskelsystems meint, und spricht von der Bedeutung des Bewußtseins; es bleibt aber beim Computervergleich.

93 Der Schweizer Kinderarzt Fritz Stirnemann, der Forschungen über das vorgeburtliche Verhalten des Kindes angestellt hat, äußert die Meinung (in *Das Seelenleben des Ungeborenen,* Hamburg 1983, von Thomas Verny und John Kelly), daß die ablehnende Haltung der Mutter bereits vor der Geburt die Bindung des Kindes an sie stört. Deswegen zeige das Neugeborene eine die Mutter ablehnende Haltung und einhergehende psychische Störungen.

94 vgl. Rudolf Steiner, *Allgemeine Menschenkunde* (GA 293). Die Gemütsseele ist beim Säugling mit Verstandesseele gleichzusetzen, Empfindungsseele und Empfindungsleib gemeinsam mit Astralleib (siehe Seite 79).

95 Heinz Remplein, *Die seelische Entwicklung des Menschen im Kindes- und Jugendalter,* München [17]1971.

96 Diese Gesichtspunkte der Kinderpädagogik hat Emmi Pikler in *Laßt mir Zeit. Die selbständige Bewegungsentwicklung des Kindes bis zum freien Gehen,* München 1988, anhand detaillierter Schilderungen, Fotos und Zeichnungen für jede Phase herausgearbeitet und vertreten.

97 In Schweden kann man für diesen Zweck spezielle Schälchen kaufen (Arta-Plast AB, Stockholm), die wie kleine Saucieren aussehen. U.U. kann man auch in asiatischen Teestuben fündig werden.

98 Kostempfehlungen sowie genaue Mengenangaben, je nach Alter und Zufütterung mit Kuhmilch, sind den Tabellen in Wolfgang Goebel und Michaela Glöckler, *Kindersprechstunde,* Stuttgart [10]1992, zu entnehmen.

99 Auf dieser Vorgehensweise beruhen die Erfolge der Therapiekonzepte des Ungarn András Petö, der auch für Spastiker eine ganzheitliche Therapie verfolgt. In jüngster Zeit entstehen auch in Deutschland Petö-Institute.

100 s. Rudolf Steiner, *Die Erziehung des Kindes vom Gesichtspunkte der Geisteswissenschaft,* Dornach 1988.

101 Aus dem sechsten Vortrag von Rudolf Steiners *Heilpädagogischer Kurs* (GA 317).

102 Aus dem sechsten Vortrag von Rudolf Steiners *Heilpädagogischer Kurs* (GA 317).

103 s. Otto Speck (Hrsg.), *Kindertherapie. Interdisziplinäre Beiträge aus Forschung und Praxis,* München 1987.

104 Aus dem sechsten Vortrag von Rudolf Steiners *Heilpädagogischer Kurs* (GA 317).

105 Otto Speck (Hrsg.), *Kindertherapie. Interdisziplinäre Beiträge aus Forschung und Praxis,* München 1987, Seite 16 f.

106 Dieses »Handling« ist von der Bobath-Gymnastin Nancy R. Finnie in *Hilfe für das zerebral geschädigte Kind* ausführlich und leicht verständlich erläutert worden, s. dazu auch Karl König, *Heilpädagogische Diagnostik,* Dornach 1994, und sein Nachwort zu *So geboren,* Stuttgart 1981, von Earl R. Carlson.

107 Die verkrampften Hände eines spastisch gelähmten Kindes können durch kleine Therapiekugeln aus Kupfer entspannt werden, denn Kupfer regt den Wärmeorganismus an. Kalte Füßchen werden durch Kupfersohlen (mit Kupfer präpariertes Leder) in den Socken besser durchblutet (vgl. Seite 375).

108 Eine einzige, quer verlaufende Handlinie, häufiges Merkmal bei Kindern mit Down-Syndrom.

109 Tisch und Stuhl müssen normale Höhe haben, die Kinder mit Sitzkissen und Fußschemel versorgt werden. Die richtige Sitzhöhe ist erreicht, wenn bei anliegenden Armen die Unterarme rechtwinklig auf dem Tisch aufliegen können, ohne daß die Schultern hochgezogen werden müssen. Auch Füße, Knie und Hüften müssen rechtwinklig abgestützt werden.

110 Emanuelle Laborit, *Der Schrei der Möwe,* Bergisch Gladbach 1995.

111 z.B. von Christian Morgenstern:
Erde, die uns dies gebracht,
Sonne, die es reif gemacht,
Liebe Sonne, liebe Erde,
Euer nie vergessen werde.

Register

JENS HEISTERKAMP

Wissen oder Weisheit
Ethische Perspektiven im biotechnischen Zeitalter

80 SEITEN, BROSCHIERT
ISBN 3-930717-52-3

Die Biotechnologie ist eine Zukunftswissenschaft. Der Entschluß, sie zu betreiben, wird den Menschen und seine Welt verändern, von den Nahrungsmitteln über die Tier- und Pflanzenarten bis zu seinem eigenen Bestand. Hinterher hinkt die Anthropologie, und längst hat die Angst vor moralischen Regulativen, die zu einer Beschneidung der individuellen Entscheidungsfreiheit führen könnten, die Ethik desavouiert. Die Auseinandersetzung wird über abstrakte Definitionen und Schlußfolgerungen kaum zu bestreiten sein. Es bedarf einer Ethik der Begegnung, die im menschlichen Gegenüber unmittelbar die unteilbare Ganzheit und Einmaligkeit erkennt und hinter dem Leib eine Biographie (wie sie schon eine Stimme am Telefon besagen kann). Selbst wenn sich das Einzigartige der Biographie beschädigt, verhüllt oder behindert zeigen sollte, so ist es doch entwicklungs- und entfaltungsfähig, besitzt Herkunft wie Zukunft. Bloßes Wissen freilich schöpft dies nicht aus, aber Weisheit kann es erahnen. Ihr gegenüber sind die Naturwissenschaften und Technologien blind und taub, sie beschränken sich auf gegenwärtig verfügbares und fragmentarisches Wissen und geben den Menschen wie sich selbst der Hoffnungs- und Zukunftslosigkeit preis.

edition tertium

CEES ZWART

Die Kraft der inneren Stimme
Hoffnung für die Zukunft

Aus dem Niederländischen von Martien Elderhorst

240 Seiten, broschiert
ISBN 3-930717-28-X

Wie die Erinnerung mit der Vergangenheit, so hat es die Hoffnung mit der Zukunft zu tun. Weit weniger aber als Erinnerung und Geschichte wird Hoffnung gepflegt. Sie muß erst entdeckt und erkannt werden als eigenständige Fähigkeit, denn sie entsteht nicht aus der Verlängerung der Vergangenheit über die Gegenwart hinaus. Schließlich kommt die Zukunft auf uns zu und fordert uns zu autonomem Handeln aus dem Wissen um die Vergangenheit auf. Der Umgang mit der Hoffnung bedarf eigener Erkenntnisse und Fähigkeiten, eines methodischen Zugangs, gespeist weder aus persönlichen Zielen noch phantasievollen gesellschaftlichen Plänen, schon gar nicht aus Utopien. Hoffnung ist also ein Umgang mit den immer gegebenen Möglichkeiten – zum Guten wie zum Schlechten.

edition tertium